PRINCIPES

DE

Phonétique Expérimentale

PAR

L'abbé ROUSSELOT

Professeur à la Faculté des Lettres de l'Institut Catholique
Directeur du Laboratoire de Phonétique expérimentale du Collège de France

TOME II

Prix net : 50 francs

PARIS

H. DIDIER, ÉDITEUR

PRINCIPES

DE

Phonétique Expérimentale

PAR

L'abbé ROUSSELOT

Professeur de Phonétique expérimentale à l'Institut Catholique de Paris
et au Collège de France.

Nouvelle édition

TOME II

PARIS
H. DIDIER, Éditeur
4 et 6, rue de la Sorbonne

TOULOUSE
Ed. PRIVAT, Éditeur
14, rue des Arts

1925

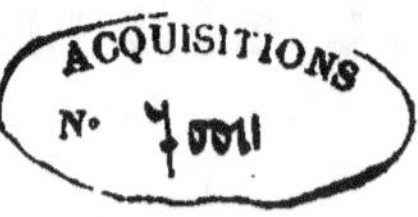

NOTE DES ÉDITEURS

La révision des Principes ayant été interrompue par la mort de l'auteur, nous reproduisons sans changement, pour ce Tome II, le texte de l'édition de 1901-1908. Mais les derniers travaux de M. l'Abbé Rousselot nous autorisent à prévenir le lecteur que ses corrections eussent porté principalement :

1° Sur la note caractéristique des voyelles mixtes (p. 749), d'après le cours du Collège de France des 13 et 20 février 1924.

2° Sur la mesure de l'intensité et les tableaux des pages 1021-1048, destinés à être revisés, d'après les cours du Collége de France des 7 mars et 9 mai 1923.

3° Sur la notation comparée de la hauteur musicale et de l'intensité (pages 1004-1005).

(Renseignements communiqués par M. l'Abbé Millet.)

PRINCIPES

DE

Phonétique Expérimentale

TOME II

———

Les voyelles constituent la syllabe. C'est leur rôle ordinaire. On est donc autorisé à considérer certaines consonnes, qui remplissent le même emploi, comme des voyelles, par exemple : l'*m* de *mtu* et l'*n* de *nei* (fig. 350 et 351), qui forment à elles seules une syllabe mélodique. J'aurais pu citer encore l'*m* de *mfüa* « le vent » dans le dialecte des Fang (Papouins), d'après un tracé du R. P. Trilles. Pour des tranches de 1/2 dixième de seconde, je lis :

$$\overset{m}{+\ ut\sharp_2} \quad fa\sharp_2 \quad -\ mi_2 \qquad\qquad \overset{fü}{fa\sharp_2 + ut\sharp_2} \quad \overset{a}{sol\sharp_1}$$

Les figures 354-356 nous font assister à la réduction progressive de *æn* à *n*. Dans *tækkæn* (fig. 354), l'*æ* devant *n* est certain ; dans *toppæn* (fig. 355), l'*æ* existe encore, mais très fortement nasalisé; enfin dans *vattn* (fig. 356) il ne reste plus que l'*n* qui sert à la fois d'explosion pour le *t* et de voyelle. L'allemand et l'anglais fournissent abondamment des exemples semblables.

Mon patois renferme un *r* qui remplace, à lui seul, un ancien *ær* : *pr mĕ* « pour moi » (fig. 425, 1). Il n'y a

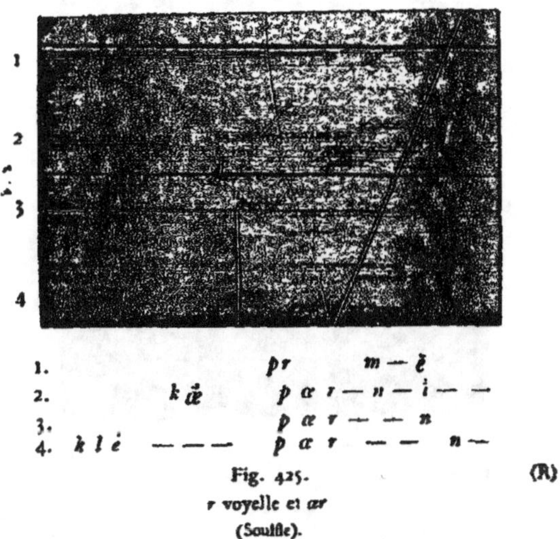

1.			*p r*	*m — ĕ*
2.	*k ǽ*		*p œ r — n — i — —*	
3.			*p œ r — — n*	
4. *k l ė*		*— — —*	*p œ r — — n ~*	

Fig. 425.   (R)
r voyelle et *œr*
(Souffle).

certainement pas place pour un *œ* entre l'explosion du *p* et l'*r*. C'est donc bien une *r* voyelle.

Cependant la réduction n'est pas toujours aussi complète qu'elle paraît. Ainsi, avant d'avoir vu les tracés, je ne sentais qu'une *r* seule sans voyelle de soutien dans *kæ prnĭ* « ce prunier » (2), *prn* « prune » (3), *klĕ prn* « ces prunes » (4).

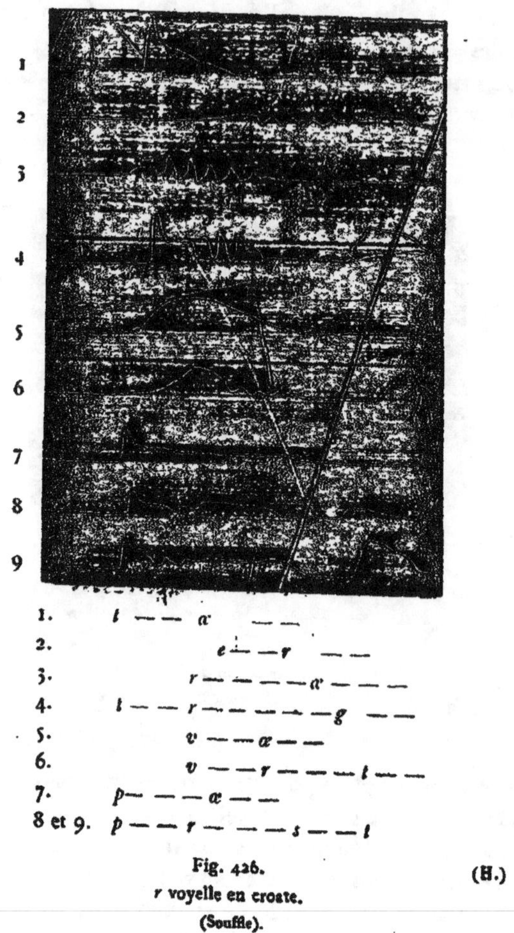

1.   *t — — a*   — —
2.   *e — r*   — —
3.   *r — — — a* — — —
4.   *t — r — — — g* — —
5.   *v — — œ — —*
6.   *v — — r — — — t — —*
7.   *p — — — œ — —*
8 et 9.   *p — — r — — — s — — t*

Fig. 426.   (H.)

r voyelle en croate.

(Souffle).

Je me trompais : il y a un *æ* très petit dans *ké pœrné*, un plus long dans *pœrn*, un plus long encore dans *klé pœrnu*. C'est à l'atone que la réduction est la plus complète.

La même illusion existe ailleurs. Par exemple, M. Spieser écrit *hàmr* le mot représenté (fig. 340); mais l'*æ* n'est pas douteux : voir ligne B, après l'occlusion de l'*m* et avant les battements de l'*r*.

1. — *t* — *r* — — *g* — —
2. — *v* — *r* — — *t* — —
3. — *p* — *r* — — *s* — — — *t* —

Fig. 427.   (R)

r voyelle de Cellefrouin dans les mots croates.

(Souffle).

En Croate, on croit aussi à une *r* vocalique dans *trg* « place », *vrt* « jardin, » *prst* « doigt ». Mais les inscriptions dénotent l'existence d'une voyelle très brève avant l'*r*. Pour s'en convaincre, il suffit de comparer (fig. 426) *tœ* (1), *er* (2), *rœ* (3) et *trg* (4), *vœ* (5) et *vrt* (6), — *pœ* (7) et *prst* (8 et 9) : on sent nettement que l'*r* interconsonantique s'appuie sur une faible voyelle. J'ai inscrit les mots *trg*, *vrt*, *prst* avec mon *r* voyelle, et les tracés que j'ai obtenus (fig. 427) viennent confirmer la présence d'une voyelle d'appui dans la prononciation croate.

Convient-il d'aller plus loin, et de voir des voyelles dans (*f! pst*? Je n'en sens pas l'utilité. Et pourquoi pas alors dans le *v* de *vnu* « venu », et le *p* de *pti* « petit »? Nous pourrons y revenir à propos de la syllabation.

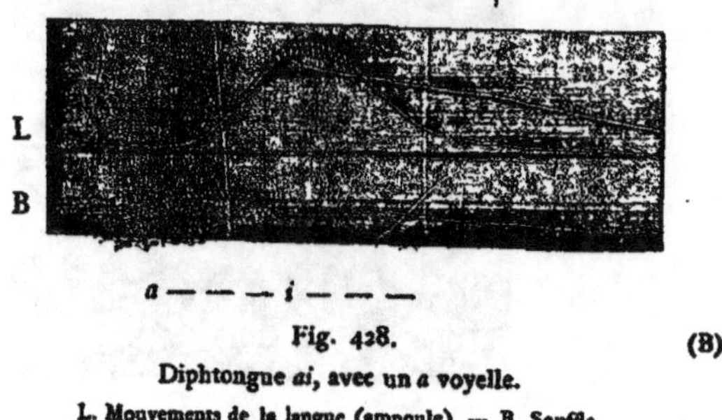

Fig. 428.   (B)

Diphtongue *ai*, avec un *a* voyelle.

L. Mouvements de la langue (ampoule). — B. Souffle.

Tenons-nous-en donc, pour le sens de *voyelle* et de *consonne*, tout en l'élargissant un peu, à la conception vulgaire.

Quant au terme de *semi-voyelle* nous l'appliquerons à toute voyelle qui s'appuiera sur une autre voyelle sans former syllabe, et qui sera entièrement comprise dans les limites d'un mouvement articulatoire.

Ce dernier caractère suffit pour distinguer la semi-voyelle d'une voyelle brève. Comparez, par exemple, l'*a* bref de *ai* (fig. 428) avec l'*a* semi-voyelle de *ai* (fig. 424).

La distinction est souvent délicate. Ainsi la diphtongue

allemande *eu* de *treu* (fig. 429) se divise nettement en trois parties : un *e*, une articulation de passage relativement

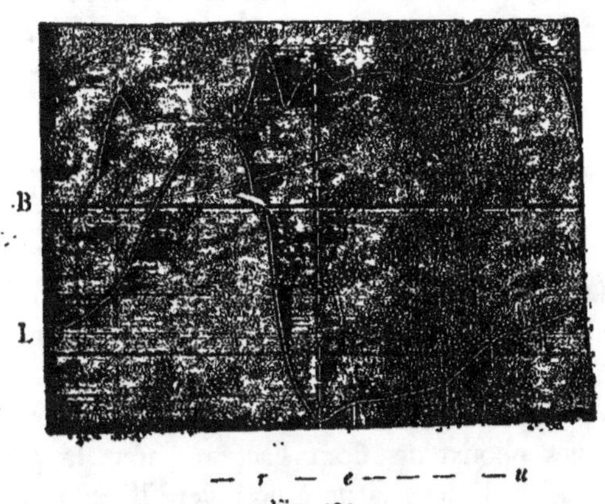

Fig. 429.   (K)

Diphtongue allemande *eu*.

B. Souffle. — L. Mouvements de la langue.

De α à β, *e*; de β à γ, articulation de passage ; de γ à δ, *u*.

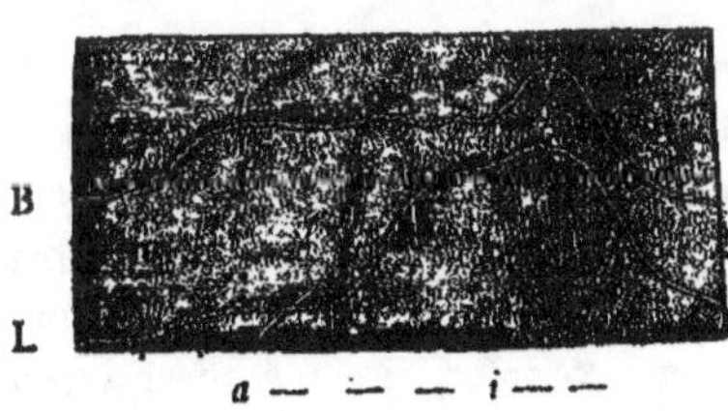

Fig. 430.   (K)

Diphtongue allemande *ai*.

B. Souffle. — L. Mouvements de la langue.

Avant α, a ; de α à b, articulation de passage ; après b, i.

longue, et un *u* très bref. Au contraire dans *ai* (fig. 430),

l'*a* et l'*i* ont leur forme complète et ne sont séparés que par
un mouvement assez court proportionnellement à l'*i* final.
Aussi, dans certains cas, la semi-voyelle se distingue à
l'oreille ; dans d'autres, elle passe inaperçue et se confond
avec les voyelles contiguës. C'est surtout affaire de durée.

II

CLASSES PARTICULIÈRES

Les voyelles et les consonnes sont déterminées physio-·
logiquement par le jeu organique qui les produit.

Cependant comme toute classification doit reposer sur
des données simples, on a choisi pour base de celle-ci les
organes phonateurs dont l'action paraît la plus caractéristique et la plus facile à observer. Il est raisonnable de
procéder ainsi. Mais nous aurons garde de négliger les
autres parties de l'organisme qui viennent soit confirmer les
divisions établies, soit les compléter en introduisant des
variétés nouvelles.

Cette partie de mon travail serait sans limite, si je
songeais à la pousser à fond. Ce serait du reste une préten-
tion irréalisable. Je n'ai pas à poser le couronnement de la
phonétique expérimentale ; toute mon ambition est d'aider
à en creuser les premiers fondements. Loin donc d'avoir le
souci d'être complet, je n'épuiserai pas même ce que
pourraient me fournir les expériences déjà faites. Partant
des cadres adoptés, j'indiquerai le moyen d'y mettre à sa
place une articulation quelconque. Je donnerai des
exemples. Au besoin, j'esquisserai des cadres nouveaux.

Je m'occuperai successivement des *voyelles*, des *semi·*

voyelles, des *consonnes*, enfin des *sons indéterminés*, restes d'articulations antérieures ou germes d'articulations nouvelles en voie de développement.

1° VOYELLES

Les deux organes qui ont servi (en dehors du voile du palais) à classer les voyelles, sont la langue et les lèvres. Nous commencerons par ceux-ci. Puis nous interrogerons les mâchoires, les joues, le voile du palais, le larynx, l'ensemble des cavités sus-glottiques par leurs principales résonances et la distribution du souffle, enfin la trachée et l'appareil respiratoire.

LANGUE

Une exploration sommaire, faite avec le miroir ou simplement avec le doigt, suffit pour montrer que, dans l'articulation des voyelles, la langue exécute deux séries de mouvements qui tendent à porter, l'un la pointe en avant, l'autre la racine en arrière, et qui se combinent avec un mouvement progressif de bas en haut. C'est ainsi que les voyelles se rangent en quatre classes : les *antérieures* et les *postérieures*, les *ouvertes* et les *fermées*, et que chaque voyelle se distingue dans sa classe par une position de la langue plus ou moins avancée ou reculée, et plus ou moins rapprochée du palais. La position moyenne, celle qui sert de point de départ à chacune des séries, donne naissance à une voyelle *moyenne* ou *neutre*. Cette position est, avec les extrêmes, la plus facile à définir. C'est par elle qu'il convient de commencer toute classification. La voyelle *moyenne* est l'*a*; les voyelles antérieures (série non labiale et série labiale) les plus fermées, l'*i* et l'*u*; la voyelle postérieure la plus fermée, l'*u* (ou). Les voyelles intermédiaires pour les deux premières séries, sont *e*, *œ* (eu); pour la troisième, *o*. Mais les nuances des voyelles sont aussi nombreuses que peuvent être les positions de la langue; d'où, pour chaque type reconnu, d'innombrables variétés seraient à définir au point de vue physiologique. L'oreille n'en reconnaît que quelques-unes. Et c'est à celles-ci que l'on s'arrête. Prenons comme exemple les voyelles françaises telles que je les produis consciemment et à l'état isolé. Je m'en rapporterai pour l'impression auditive à mon oreille et pour les diverses positions aux mesures prises directement par M. le Dr Natier à l'aide du miroir et grâce à deux brèches que j'ai entre les dents, sortes de fenêtres ouvertes sur l'intérieur de la bouche.

Je reconnais nettement : trois *a*, cinq *e*, deux *i*, cinq *œ*, deux *u*, cinq *o*, deux *u*. Mais je ne suis bien sûr d'émettre correctement que trois *e*, trois *œ*, trois *o*. C'est à ces variétés que j'ai limité les observations.

La voyelle *neutre* est l'*a* (celui de Paris), que j'appelle *moyen*. Il a son point d'articulation dans la partie moyenne de la bouche, juste à égale distance de ceux des deux voyelles extrêmes *i* et *u* (ou), soit à 50^{mm} des dents. C'est à cet endroit que la langue, étendue sur le plancher de la bouche dans la position du repos, se soulève légèrement pour l'émission de la voyelle.

Un autre *a* (l'*à*, celui du parisien « il part ») s'articule 5^{mm} plus en avant. C'est la première voyelle de la série antérieure. Cet *a* diffère peu au point de vue acoustique de l'*a* moyen, avec lequel on le confond souvent.

Enfin un troisième *a* (l'*â* de pas) s'articule à 5^{mm} plus en arrière, formant le premier degré de la série postérieure.

La série antérieure non labiale se continue par *è* (fête), *e* (périr), *é* (chantée), *i* (pigeon) *í* (nids) dont les points d'articulation, séparés les uns des autres par 5 ^{mm}, sont respectivement à 40, 35, 30, 25 et 20 ^{mm} des dents. La série antérieure labiale se compose de *è* (he*u*re), *œ* (*peut*-être), *ǽ* (*œu*fs) *u* (*pu*nir), *ù* (n*u*s) qui s'articulent à 40, 37, 32, 26 et 23 ^{mm} des dents.

Lorsque ces voyelles sont ainsi émises successivement, le déplacement du point d'articulation produit, sur l'œil de l'observateur, l'effet d'une onde qui avancerait d'un mouvement régulier.

La série postérieure est constituée comme la série antérieure, les points d'articulations se succédant de 5 en 5 ^{mm} : avec *à* (p*a*s) 55 ^{mm}, *ò* (*or*) 60 ^{mm}, *o* (b*o*l) 65 ^{mm}, *ó* (b*eau*) 70 ^{mm}, *u* (b*ou*ton) 75 ^{mm}, *ù* (b*ou*e) 80 ^{mm} des dents. Le fond de la bouche est à 86 ^{mm}.

La distance de la langue au palais, mesurée au point d'articulation, varie dans des proportions inverses : *a*, 13 ^{mm} ; *à*, 10 ; *è*, 8 ; *e*, 4,5 ; *é*, 2,5 ; *i*, moins de 1 ^{mm} ; — *ǽ*, 13 ^{mm} ; *œ*, 10 ; *ǽ*, 4 ; *u*, 3 ; — *à*, 18 ^{mm} ; *ò*, 12 ; *o*, 10 ; *ó*, 9 ; *u*, 8 ; *ù*, 6, du moins dans la partie visible.

L'appellation des voyelles ouvertes se justifie donc pour *è*, *ǽ*, *ò*, par rapport à *é*, *ǽ*, *ó* qui sont avec raison dits fermés. De même *e*, *œ*, *o* sont bien réellement moyens. D'un autre côté, *í*, *ú*, *ù* étant fermés, *i*, *u*, *u* pourraient être appelés ouverts, mais par comparaison avec d'autres variétés étrangères ou seulement avec les autres voyelles françaises, ils sont plus justement considérés comme moyens. Les *a* seuls font difficulté pour entrer dans cette classification. Si on les y a introduits, c'est surtout pour des raisons de commodité. On regarde l'*à* comme ouvert, l'*á* comme fermé. L'*a* moyen va de soi. A ne considérer chez moi que l'élévation de la langue au point d'articulation, cette dénomination ne serait pas fondée ; mais si l'on fait intervenir la fermeture des lèvres (fig. 473) elle se défend très bien. Il en est de même chez la petite Parisienne (fig. 475). Mais beaucoup ont le sentiment d'ouvrir la bouche plus pour *á* que pour *à*. Cela tient à une différence d'articulation. On peut produire un *á* avec la position soit linguale, soit labiale de l'*à*, mais dans le premier cas, en fermant les

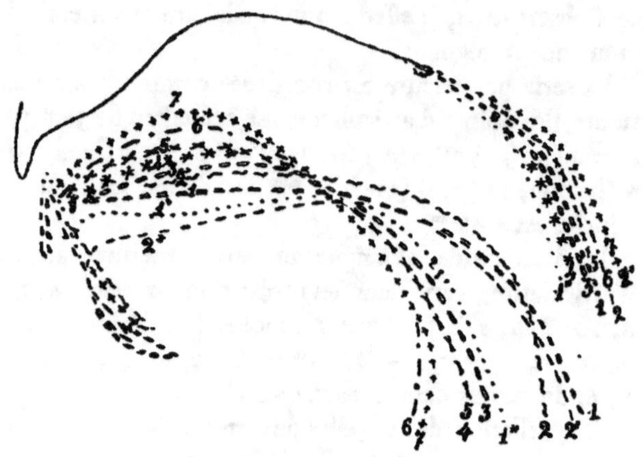

Fig. 431.

Position de la langue et du voile du palais pour les voyelles anglaises
de Boston.
Série antérieure.

1. *a* (part), — 2. *œ̆* (upper), — 3. *á* (bat), — 4. *è* (bet), — 5. *é* (bait), — 6. *ĭ* (bit), —
7. *í* (beat).

1°. *œ̆* (hurt), — 2°. *œ̆* (hull).

lèvres, et dans le second, en creusant la langue et, par conséquent, en agrandissant la partie antérieure de la bouche : dans les deux cas, en diminuant l'orifice du résonnateur par rapport à sa capacité, ce qui suffit pour autoriser les dénominations courantes.

M. Grandgent[1], d'après un procédé indiqué plus haut (p. 277), nous a donné des diverses positions de la langue pour ses voyelles des croquis que je groupe en deux figures (fig. 431 et 432), pour en rendre la comparaison plus facile. M. Atkinson[2] a fait le même travail suivant une autre

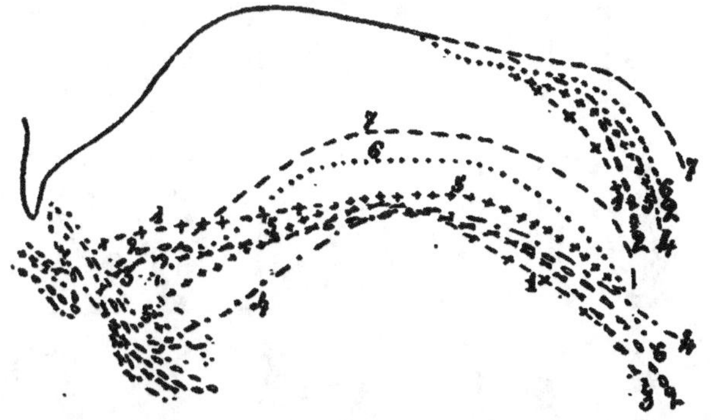

Fig. 432.
Position de la langue et du voile du palais pour les voyelles anglaises de Boston.

Série postérieure.

1. *a* (part), — 2. *o* (woble), — 3. *ŏ* (pot), — 4. *ă* (bough), — 5. *ōw* (boat), — 6. *ŭ* (book), — 7. *ū* (boot).

Pour 1, 2, 3, la langue se trouve dans la partie antérieure de la bouche. Mais pour 4, 5, 6, 7, elle est nettement rejetée en arrière.

méthode (p. 278), qui a été suivie aussi par M. Laclotte[3] pour quelques voyelles seulement.

La difficulté de l'expérimentation avec ces procédés ne

1. *Vowel measurements.*

2. *Modern Language Quarterly*, 1897 (juin); *Neuere Sprachen*, 1898 (nov.-déc.).

3. *La Parole*, année 1899, p. 347-351.

manque pas de laisser flotter dans nos esprits à l'égard des résultats ainsi obtenus, quelque intéressants du reste qu'ils

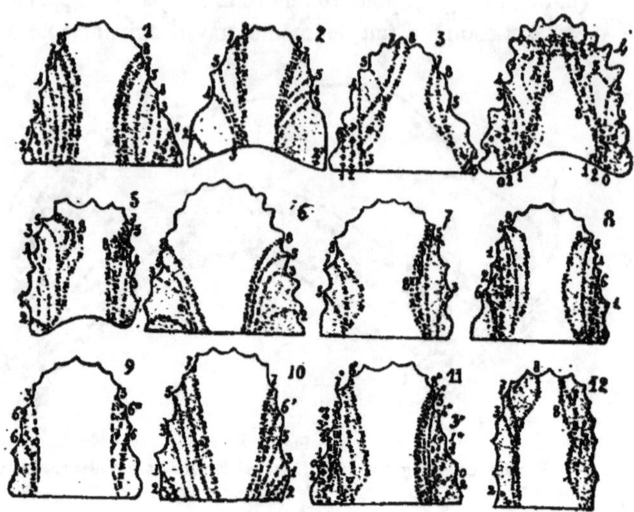

Fig. 433.

Voyelles antérieures.

Tracés. — o. *â*, — 2. *a*, — 1. *â*, — 3. *é*, — 4. *é*, — 5. *é*, — 6. *i*, — 7. *i*, — 8. *i*.

Nº 8 : 1. *ask*, — 2. *cat*, — 4. *mat*, — 5. *cake*. — 6. *pretty*, — 8. *meat*.

Nº 9 : 6. *j* = je = *aè*; 6 pretty.

Nº 10 : 6'. *é*.

Nº 11 : o. *â*, — 2. *mamma*, — 1. *pappa*, — 1. *â* bref, 3. *â* long, —, 4. *é*, — 5. *é*, — 7. *i*. — 8. *i*.

Nº 1. Voyelles augoumoisines (R). — 2. parisiennes (A), — 3. parisiennes (C), — 4. parisiennes (D), — 5. liégeoises (G), — 6. portugaises (V), — 7. irlandaises (W). — 8, 9. anglaises (A'), — 10. alsaciennes (Sp.), — 11. suédoises (K), — 12. russes (O).

Remarque. — Les tracés du Parisien C présentent une anomalie dont il est possible de tirer parti. La pointe de la langue touche le palais pour presque toutes les articulations.

soient, une certaine défiance. L'exploration avec le palais artificiel est à la fois et plus facile et plus sûre; mais elle est d'une application plus restreinte et d'une interprétation plus délicate.

Les voyelles antérieures et fermées sont naturellement celles qui fournissent les tracés les plus étendus et les plus expressifs. Comme, pour toutes les voyelles, le dos de la langue ne touche jamais entièrement la voûte du palais, la ligne de contact marque seulement la hauteur des bords. On en conclut la hauteur totale de l'organe. Ainsi le palais est d'autant plus atteint par la langue, et d'arrière en avant, que l'on s'élève davantage dans la série (fig. 433).

Les divers tracés que je reproduis montrent à la fois l'accord qui existe entre les différentes langues, les variétés qui les distinguent et la possibilité de nombreuses nuances

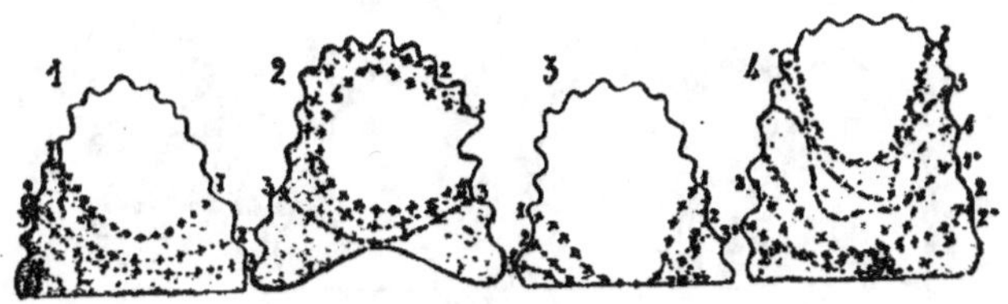

Fig. 434.

Voyelles antérieures associées à *k*.

Nᵒˢ 1, 2 : 1. *kdo*, — 2. *kav*, — 3. *ldo*.

Nᵒ 3 : 1. I *can*, — 2. *ko* français. — 3. *ka* avec l'*a* de *park*.

Nᵒ 4 : 1. *kâ*, — 2. *ka* fr., — 2. *kà* (écrit) *kd*, — 4. *kĕ* (*hĕ*), — 5. *kĕ*, — 7. *ki*.

Nᵒ 1. parisien (C), — 2. parisien (D), — 3. anglais (M), — 4. hongrois (Sch.).

intermédiaires entre différentes voyelles. Je n'insisterai que sur les points divergents. Remarquez : 1º la distance qu'il y a entre *a* et *è*, *è* et *i* (2); — 2º l'*e* (moyen) chez M. Grégoire (5) pour lequel la langue est plus élevée, mais moins allongée que pour *è*; — 3º le maintien de la langue

en arrière dans la série portugaise (6); — 4° l'absence de
l'*a* et de l'*é* dans la série irlandaise, la langue n'atteignant
pas le palais pour ces voyelles (7); — 5° la différence

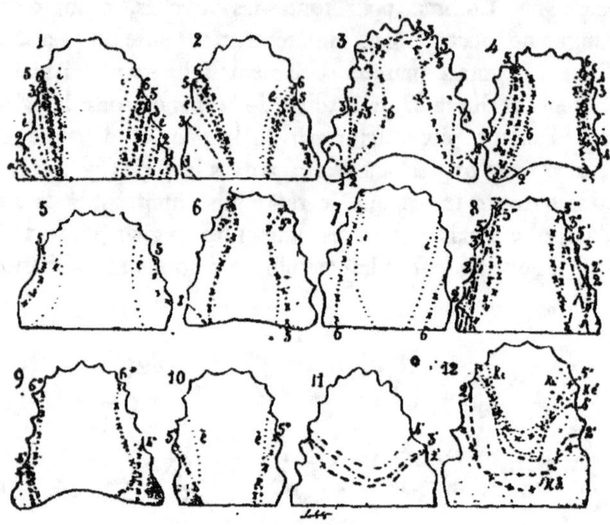

Fig. 435.

Voyelles antérieures labiales,

1. *ǽ*, — 2. *œ*, — 3. *ǽ*, — 4. *ü*, — 5. *u*, — 6. *ü*.

N° 4 : 2', *œ* (*e* dit muet).

N° 6 : 1, *teb*, — 5. *u* français dans la bouche d'une Anglaise; 5 *u* anglais (*yu*).

N° 8 : 1. *wire*, — 2. *hör*; — 3 *ǽ* (O). 3. *ö*: — 5 *y*, — 5. *y* (= *üy*).

N° 9 : 4. *ü* (upp), — 6. *ü* (uf).

N° 10 : 5. *u* russe.

N° 11 : 2. *ěg*, — 3. *œg*, — 4. *ág*.

N° 12 : 2. *ka*. — 4. *kǫ* — 5. *ku*.

N° 1. angoumoisin (R), — 2. parisien (A). — 3. parisien (D), 4. liégeois (G), — 5. franc-comtois (Ro), — 6. anglais (américaine), — 7. alsacien (Sp.), 8 et 9. suédois (K), — 10. russe (O), — 11. parisien (C), — 12. hongrois (Sch.)

notable qui distingue les *a* en anglais, et la présence dans
cette langue d'un *i* très ouvert, plus ouvert que l'*e* de *met*,

assez voisin de l'*è*, ce qui explique l'impression qu'il produit sur l'oreille d'un Français (8), fait très clair dans le n° 9 où sont comparés *é* français, *J* « je » et la finale de *pretty* ; — 6° l'existence d'un *é* très fermé en alsacien (10) ; 7° l'anomalie d'un *i* moins fermé que *i* en suédois (11) ; — 8° la distance énorme qui sépare *á* en *è* de russe (12).

Lorsque les tracés sont trop peu importants, comme pour *a*, il est possible de leur donner plus d'étendue en associant la voyelle à une consonne gutturale, *k* par exemple. C'est ainsi que les trois *a* du parisien ont été mis en évidence (fig. 434 : 1 et 2). Les *a* de *i can*, de *park* et l'*a* moyen français transportés dans les syllabes *ka, ka, ká* (3), ont été de même nettement séparés. Le rapport de l'*a* français avec les voyelles hongroises, apparaît aussi très clairement dans la série (4), qui fait voir comment un *a* français est guttural pour les Hongrois, tandis que leur *e* (écrit par les Finnois *ä*), qui ressemble beaucoup ¹ à notre *a*, leur paraît plus palatal.

La série labiale *œ œ œ u u* (fig. 435), les voyelles étant prononcées isolément ou, au besoin, associées à une gutturale (11, 12) se reconnaît également bien sur le palais artificiel. Et, si l'on transporte sur les tracés obtenus ceux de la série non labiale (*à é e é e i*), les relations qui existent entre les deux sont très faciles à saisir. On remarquera : 1° que jamais l'*u* n'est aussi fermé que l'*i*, même il peut l'être moins que l'*é* (5) ou l'*è* (10) ; — 2° que trois *u* (*ù u* et *ü*) peuvent exister dans un même parler (4) ; — 3° que l'*u*

---

1. Pour M. Schmidt, c'est l'*a* de « allez à la glace ». C'est ainsi que je l'entend : *eke* = *ákà* « charrue ». Les Allemands et les Slaves de la Hongrie le remplacent par *e*. Dans quelques langues du groupe finnois, il devient *a*.

anglais (*yu*) est plus avancé que l'*u* français et que les anglais sont exposés à porter la langue trop en avant pour notre *u* (6); — 4° que l'*y* suédois est plus fermé que l'*u* français (8), et se distingue de l'*u* de la même langue par un contact moins étendu (9); que l'*u* russe est plus en arrière que l'*u* français (10).

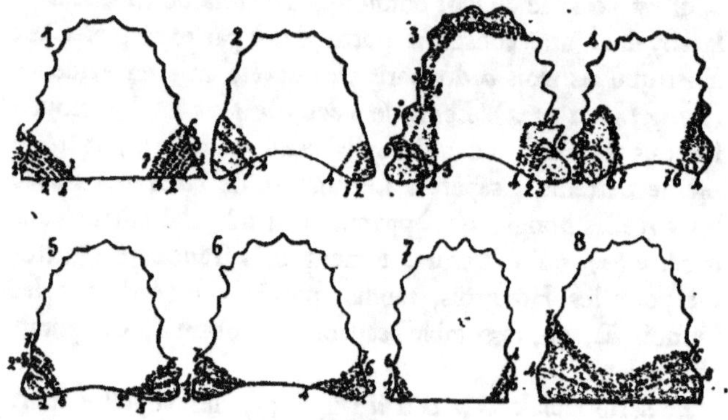

Fig. 436.
Voyelles postérieures.

1. ǫ́, — 2. ǫ̀, — 3. o, — 4. ǒ, — 5. ü̆ — 6. u — 7. ǘ.

N° 5 : 1. father. — 2. cost. — 5. move. — 6. put, — wood.

N° 6 : 3. ǒ, — 4. õ, — 6. ü̆, — 7. ǘ.

N° 8 : 4. kǒ, — 6. ku, — 7. küi.

N° 1. angoumoisin (R), — 2. parisien (A), — 3. parisien (D), — 4. liégeois (G), — 5. anglais (américaine). — 6. suédois (K). — 7. russe (O). — 8. parisien (A).

La série postérieure est moins marquée; c'est en effet sur la partie mobile du voile que touchent les bords de la langue. Néanmoins avec beaucoup d'attention on arrive à noter des nuances même délicates (fig. 436). Mais il est souvent nécessaire d'associer la consonne à une gutturale pour avoir des tracés bien distincts. Ainsi les tracés de *ə* et de *u* étonnent (2), mais ils deviennent normaux dans *kó ku* (8).

Pour donner une idée de la précision à laquelle on peut arriver pour certaines voyelles, je rappellerai les expériences que j'ai faites en vue de déterminer l'*e* moyen dans la prononciation de Paris [1]. Un Parisien prononce difficilement cette voyelle à l'état isolé : il dira plutôt un *è* ou un *é* qu'il rendra très bref. On aura donc *ĕ* et *ĕ*. Ce n'est pas l'*e* moyen. Mais celui-ci, il peut arriver à l'abstraire de la

Fig. 437.

Nᵒˢ 1 et 2. Variétés de l'*e*.

1. *ĕ*, — 2. *ĕ*. — 3. *e*, — 4. *ĕ*. — 5. *ĕ*.

Nᵒ 3. Variétés de l'*i* final.

1 et 2. *i* final dans un récit rapide.

3 et 4, dans un récit lent.

phrase où il le prononce très bien, après un certain nombre d'essais. Or un observateur dont l'oreille est très exercée (et la mienne ne saurait me tromper en ce point; car, dans mon dialecte, une différence de sens s'attache à l'*e* moyen) peut établir une relation exacte entre le tracé laissé sur le palais et le son émis. C'est ainsi que j'ai pu reconnaître les cinq *e* : *ĕ*, *ĕ*, *e*, *ĕ*, *ĕ* (fig. 437). Les tracés supposent d'autres variétés encore, mais mon oreille ne les saisit pas.

---

1. *La Parole*, année 1899, nᵒ 7, p. 520-521, 537.

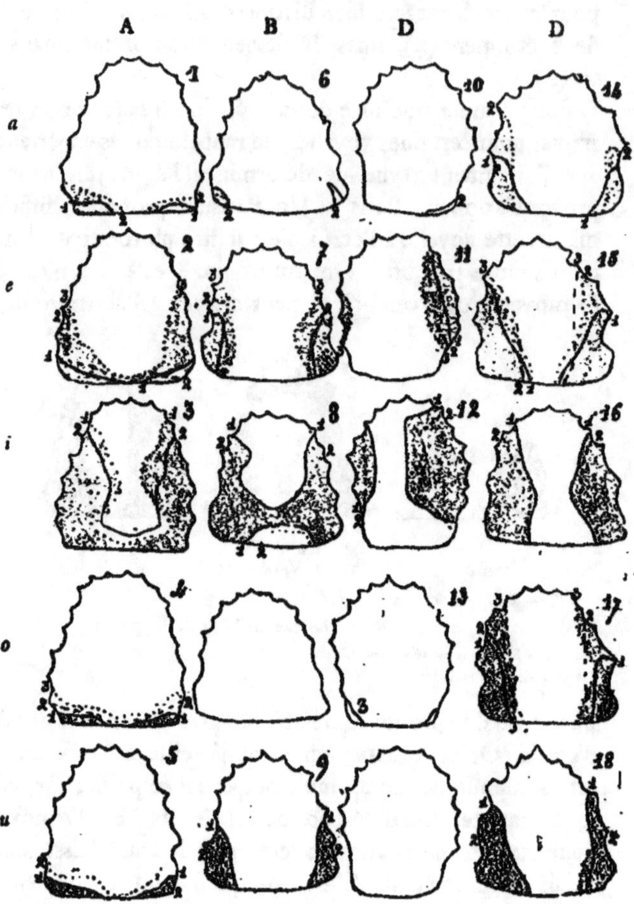

Fig. 438.

a. — ama (A, B, C), ala (D). — 2. ame, alo.
e. — 1. 1ᵉʳ e, 2. 2ᵉ e, 3. 3ᵉ e de credere (A), de tenere (B), du fremere (C. D).
i. 1. inni, — 2. inni.
o. 1. popolo, — 2. popolo. — 3. popolo.
u (ü). 1. virtu (A), uku (B et C). — 2. rumore (A), uku (B et C).

J'ajoute un autre exemple que j'emprunte à M. Josselyn [1]. C'est le tableau des voyelles italiennes. On y verra, outre les différences dialectales, celles qui résultent de l'accent dans le mot (fig. 438).

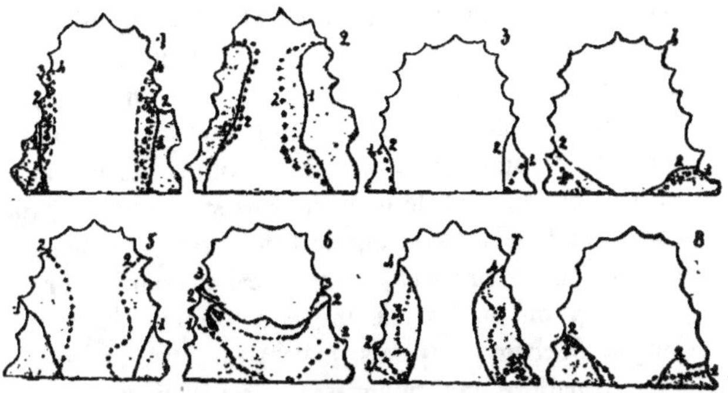

Fig. 437.

Voyelles rouergates et roumaines.

Rouergat (Ri) :

1. — 1. $\grave{e}$ dans *bè* (bêlement des brebis) ; — 2. *bë* (« moyen) ; — 3. *pé* « pied » ; — 4. *bé* « il vient ».

2. — 1. *bi* « vin » ; — 2. *bi* « vin », prononcé d'une manière emphatique.

Roumain (Po) :

3. — 1. *a*; — 2. *â*.
4. — 1. *bd*; — 2. *kd*.
5. — 1. *i*; — 2. *i*.
6. — 1. *ki*; — 2 et 3. *ki*.
7. — 1. *fir*; — 2. *vir*; — 3. *fir*; — 4. *vir*.
8. — 1. *ci*; — 2. *car*.

Il n'est pas de dialecte qui n'apporte des faits intéressants. Je signalerai encore : en rouergat (fig. 439) quatre *e* assez voisins les uns des autres pour que souvent l'oreille hésite

---

1. *La Parole*, année 1900, p. 427.

sur leur qualité (1), et l'*i* de *bi* « vin » (2) qui varie énormément suivant que dans la phrase le mot est atone ou porte
l'accent; en roumain, *a* et *ă* (3-4), *i* et *î* (5-7), qui diffèrent
entre eux plus que la graphie ne porterait à le croire.

D'ordinaire (et c'est le cas pour presque toutes les
observations qui ont été utilisées plus haut), on est obligé
d'abstraire la voyelle du mot qui la renferme. On obtient
ainsi le tracé d'une voyelle, non inconsciente, mais
réfléchie, voulue; ce qui restreint la portée de l'expérience.
Mais cette condition n'est pas toujours indispensable. Il
est possible en effet de trouver dans la langue des groupes
composés de telle façon que le tracé de la voyelle soit seul
pris (la langue ne touchant pas au palais pour les consonnes
voisines), ou qu'il se distingue nettement des autres (la
langue touchant au palais, mais à un autre endroit, pour
les articulations environnantes). C'est ainsi que nous avons
comparé les *a* de *kàv, kav, kăv* (fig. 434), etc. Non seulement on peut étudier de cette manière des mots isolés, mais
même des phrases entières. Ainsi dans mes *Études de
prononciations parisiennes* ¹, j'ai recherché la valeur de l'*i*
final dans cette phrase : *j ě vü œ mirâk à pàri* « J'ai vu un
miracle à Paris ». Deux articulations seulement ont laissé
une trace sur le palais (fig. 437 : 3) : *k*, qui est marqué dans
la partie inférieure par l'occlusion gutturale, et l'*i* final, qui
occupe le reste de la figure. En effet, l'*i* de *mirak*, étant atone,
a moins touché que celui de *pari*, l'*u* est encore moins
palatal, les consonnes *m, r, p*, ne le sont pas du tout. Ne
nous occupons que de l'*i* final dont la trace est bien sûrement
sous nos yeux. Nous avons deux variantes représentant

---

1. *La Parole*, année 1899, n° 7.

quatre expériences qui, dans l'intention du sujet parlant, devaient être identiques, sauf pour la vitesse du débit. La phrase a été dite deux fois lentement, et deux fois d'une façon rapide. Dans le premier cas, nous avons eu un *i* (fermé); dans le second, un *i* (moyen).

Les voyelles nasales sont ramenées par l'analyse à celles des voyelles buccales qui leur correspondent le mieux. Mais cette concordance, qui ne semble jamais complète, a besoin d'être définie avec précision.

Fig. 440.
Nasales parisiennes.

1. *ã*, — 2. *õ*, — 3. *ẽ* et *œ̃*.
Les lignes pointées représentent : 1. *a*, — 2. *o*, — 3. *i*

On peut avec le petit doigt posé sur la langue s'en faire une première idée, en passant d'une voyelle nasale à une buccale ou inversement.

L'observation directe est assez facile du reste pour *ã ẽ*. J'ai déjà remarqué [1] que, pour la langue, mon *ã* est plus fermé que *á*, que *ẽ* est de 2 ou 3 mm plus ouvert que *é*, que *õ* est sensiblement égal à *o* moyen.

On peut disposer son miroir de façon que les dents du haut viennent se réfléter sur le palais et que la partie

---

1. *Modifications phonétiques du langage*, p. 31-32.

nférieure de l'image rase la surface de la langue. Dans cette
situation, la moindre élévation de la langue devient appré-

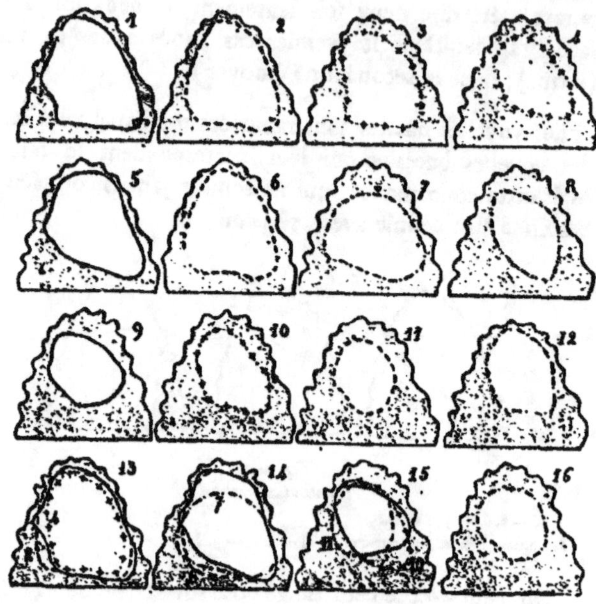

Fig. 441.

Analyse des nasales parisiennes ã õ ɛ̃.　(C)

1. lãg, — 2. lõg, — 3. lãg, — 4. lag.
5. lõg, — 6. tõg, — 7. log, — 8. tõg.
6. lɛ̃g, — 10. lag, — 11. lɛ̃g, — 12. leg.
13. lãg comparé à lõg (2) et lãg (4), — 14. lõg comparé à lõg (2) et log (7). — 15. lɛ̃g
comparé à lag (4) et à lɛ̃g (11). — 16. lœg.

ciable par la coloration spéciale que prend alors l'image
des dents.

Avec le palais artificiel, la comparaison des nasales avec
les voyelles buccales est plus facile encore comme nous

l'avons vu pour *ï ü* en franc-comtois rapprochés de *i* et *u* (fig. 321). Il en est de même pour les nasales parisiennes (fig. 440). On constate que, chez le sujet observé, *ã* est un *à*, *ẽ* une voyelle intermédiaire entre *a* et *è*, *œ̃* un *œ̀* très ouvert, *õ* un *ò* très ouvert.

Mais, comme ces tracés, sauf le dernier (3), manquent d'étendue, et que chez certains sujets ils se réduisent presque à rien ou même font tout à fait défaut, le meilleur moyen d'analyse consiste à enfermer la nasale entre deux consonnes dont les tracés combinés envelopperont entièrement les bords du palais, comme *l g*, et à les remplacer

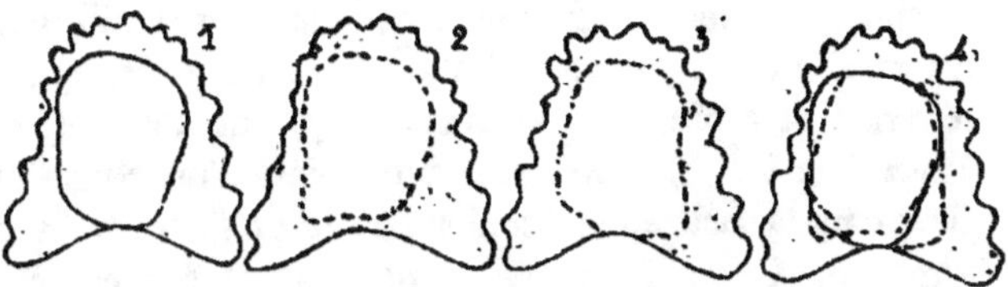

Fig. 442.
Analyse de la nasale parisienne *œ̃*.   (D)
1. *lãg*, — 2. *làg*, — 3. *læg*, — 4. *lœ̃g* comparé à *lèg* et à *lag*.

successivement par chacune des voyelles orales qui peuvent lui être comparées. On arrive par cet artifice à des constatations d'une étonnante précision. Procédons de la sorte, par exemple, pour les voyelles nasales parisiennes[1]. Nous recueillons d'abord le tracé de *langue* (fig. 441 : 1) puis ceux de *lògue* (2), *lágue* (3), *lague* (4), formes supposées, mais dont la prononciation n'offre aucune difficulté. Et nous

---

1. *La Parole*, année 1899, p. 501, 525-526, 528.

remarquons que l'*ā* ne correspond exactement à aucun *a*, mais à un intermédiaire entre *ŏ* et *á* : le haut de la figure est celui de l'*ŏ*, et le côté gauche du bas, celui de l'*á*. Il n'est donc pas étonnant que l'*ā* parisien se change facilement en *ŏ* et que la fille de la Parisienne qui a fourni le tracé dise nettement *ŏ* pour *ā*. De même *longue* (5), comparé à *lŏguĕ* (6), *logue* (7), *lŏgue* (8), montre que l'*ŏ* est un *ŏ* intermédiaire entre *ŏ* (ouvert) et *o* (moyen), plus près de *ŏ*; et *lingue* (9) (dans bi-*lingue*), comparé à *lague* (10), *lĕgue* (11), *lĕgue* (12), que l'*ă* est aussi un intermédiaire entre *a* et *ĕ* (*a* pour le haut de la figure à droite, *ĕ* pour le bas à gauche). L'*œ* de *lœgue* (16) est la voyelle la plus voisine. Pour rendre ces rapprochements plus sensibles on n'a qu'à reporter sur les mêmes figures les tracés qui se ressemblent le plus : *ā*, avec *ŏ* et *á* (13), *ă* avec *a* et *ĕ* (14), *ŏ* avec *ŏ* et *o* (15). Chez un autre sujet, d'un rang plus élevé dans la société, *ā* se confond à peu près avec *á*, *ŏ* avec *o* moyen. Quant à l'*ă* qui manque au sujet précédent, nous voyons par le même procédé (fig. 442) qu'il est très voisin de l'*œ* (ouvert).

Enfin, avant de quitter ce mode d'expérimentation, je voudrais bien poser au moins une question, si je ne puis pas la résoudre. Y a-t-il des voyelles mouillées, comme il y a des consonnes mouillées? Le russe est tout indiqué pour l'étude de la question. Nous avons vu que, dans cette langue riche en mouillures, une labiale mouillée se distingue toujours de la labiale + *y* comme (fig. 443 : 1 et 2). J'ai donc essayé de faire prononcer les séries *ya yé yo yu*, un *y* voulu, puis la voyelle molle toute seule (я е ѣ ю, *ia ié io iou*). Les tracés obtenus attestent une différence qui peut exciter à de nouvelles recherches, mais qui ne permet de rien conclure. L'anglais, aussi, pourrait être invoqué :

Comparez (3) le *u* de *united* avec *yu* dans *Eustace* (nom propre) prononcé *yustis* avec un *y* parfaitement senti.

L'élévation de la langue pour chaque série vocalique s'inscrit très bien à l'aide d'une ampoule convenable mise dans la bouche (p. 86), ou avec une capsule retenue sous

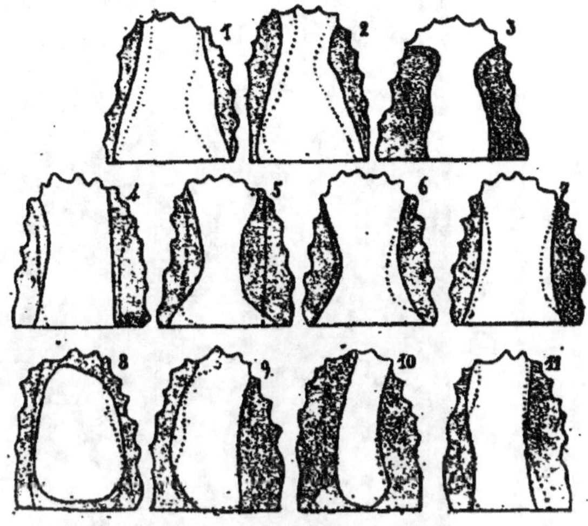

Fig. 443.

Mouillures.

La partie ombrée représente l'articulation mouillée ; la ligne pointillée limite la même articulation non mouillée suivie de *ə*.

1. *ж* mouillée et *ny* (T). — 2. *ж* mouillée et *ny* (M). — 3. *united* et *Eustace* (Américaine).

4. ia (Я) et ya, — 5. ié (e) et yé — 6. io (ё) et yo, — 7. iou (Ю) et yu (T).

8. ia (Я) et ya, — 9. ié (e) et yé — 10. io (ё) et yo , — 11. iou (Ю) et yu (M).

le menton (fig. 36 et 37). L'ampoule se place soit en avant, soit en arrière, suivant la qualité des voyelles à inscrire. Nous avons (fig. 444) le tableau des trois séries de voyelles. Recueillies dans une seule expérience à la suite les unes

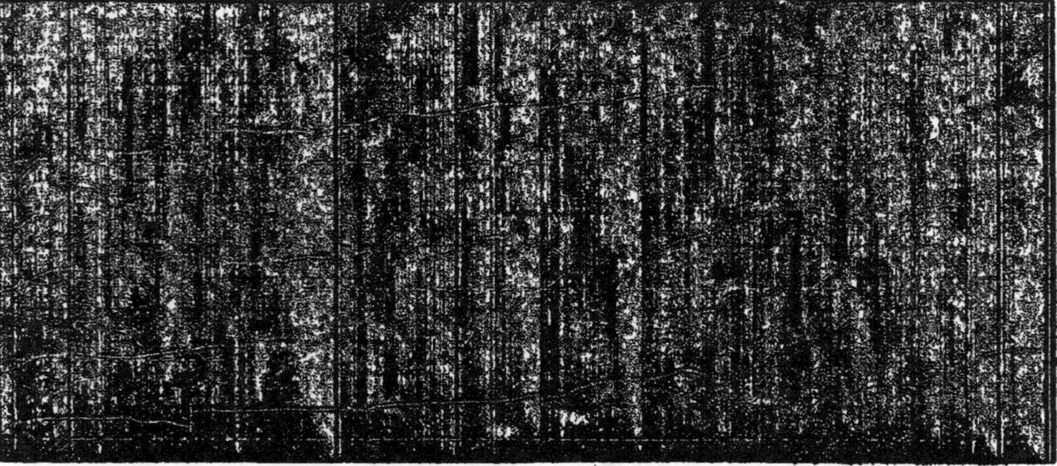

Fig. 444.

Élévation de la langue prise dans la bouche (ampoule).

1. $a, b, e, e, i, i.$ — 2. $\alpha, \alpha, \alpha, u, u.$ — 3. $a, d, b, o, o, u, u.$

Les lignes pointillées marquent la position de repos.

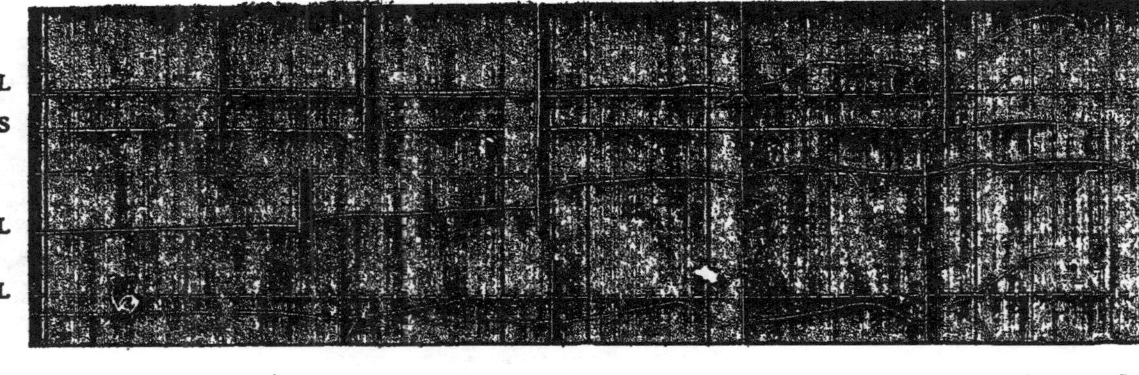

Fig. 445.

Élévation de la langue prise dans la bouche. Série des voyelles antérieures non labiales.

1. françaises, 2. allemandes, 3. anglaises.

L. Langue. — S. Souffle.

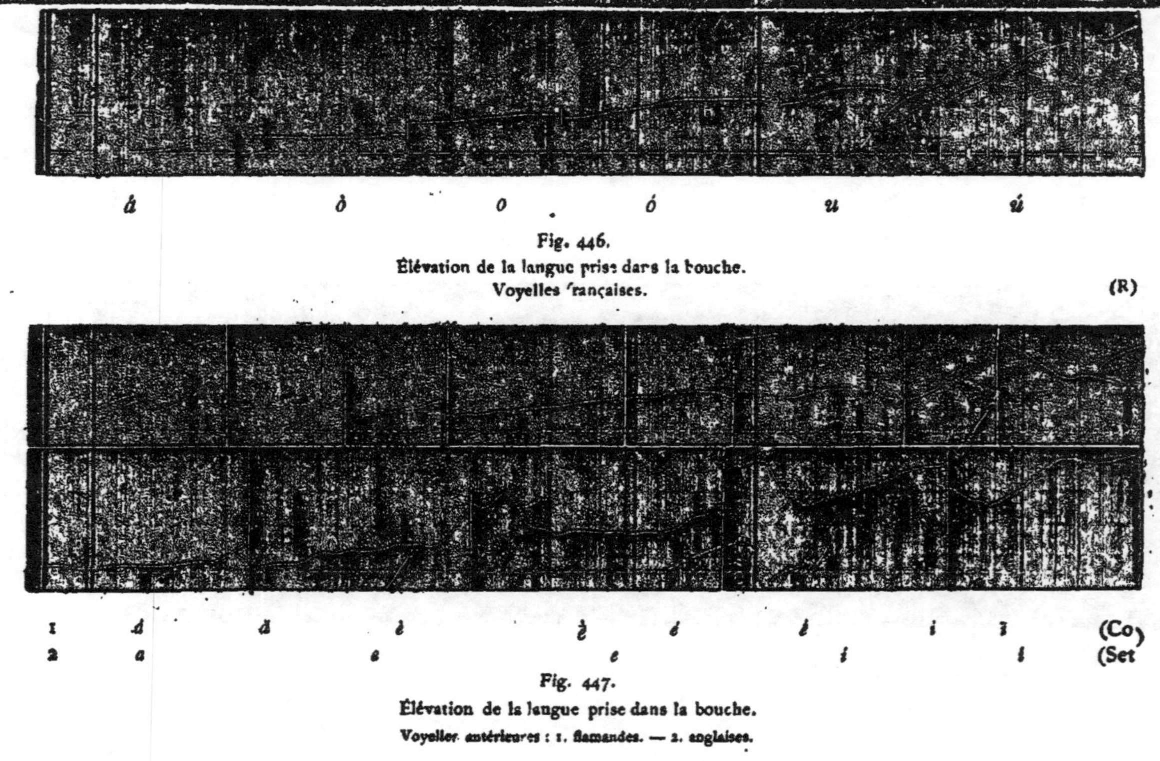

Fig. 446.
Élévation de la langue prise dans la bouche.
Voyelles françaises.

Fig. 447.
Élévation de la langue prise dans la bouche.
Voyelles antérieures : 1. flamandes. — 2. anglaises.

des autres, elles sont donc tout à fait comparables. Mais il n'y a vraiment intérêt à rapprocher que la suite des voyelles dans chaque série et les deux séries antérieures. On remarquera que le rapport de *é* avec *è æ*, de *e* avec *è*, de *e* avec *u* est à peu près celui que nous avons déjà observé. Sauf pour *u* et *ú*, qui sont peu différents l'un de l'autre, la progression dans le degré de fermeture se montre très régulière. Mais il n'en est pas nécessairement ainsi. Des variantes notables peuvent exister pour les voyelles relâchées, *e, æ, u, o, u*. Aussi l'expérience à laquelle j'ai emprunté les tracés que nous étudions, fournit un *é* plus fermé que *u*, un *o* plus ouvert que *ò*. Comparez *ò* et *u* (fig. 436 : 2). Dans ces cas, il y a compensation du côté des lèvres. La série postérieure nous apparaît avec toute sa régularité dans la figure 446.

La distinction de l'*i* et de l'*í* toujours si nette en français (fig. 445 : 1) et en anglais (3), s'efface souvent en allemand (2). C'est ce qui explique pourquoi certains phonéticiens de cette dernière langue se sont refusés à en reconnaître la réalité.

De même, les trois *i* des Anglais (fig. 445 : 3) se constatent aisément. Et l'impression que leur *i* (ouvert), plus voisin de l'*é* et même de l'*è* que de l'*i*, fait sur notre oreille se justifie complètement.

Dans la série des voyelles flamandes (fig. 447 : 1) nous voyons que l'*a* est fermé par rapport à *à*, que *é* et *i* brefs sont légèrement plus ouverts que les longues correspondantes.

Une série anglaise (fig. 447 : 2) est surtout remarquable par l'instabilité organique qu'elle décèle, principalement pour les voyelles fermées.

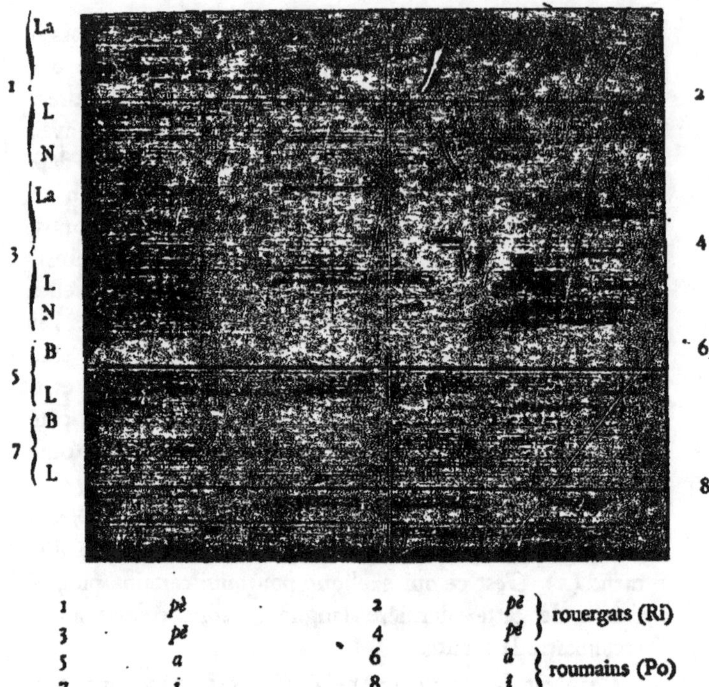

Fig. 448.

1. *a* ; — 2. *pé* ; — 3. *pé* (2 var.); — 4. *pé* (2 var.).

Voyelles *à é é* rouergates (Ri); *a d, i* roumains (Po).

A. Inscription des mouvements du larynx (La), de la Langue (L), du souffle nasal (N), buccal (B).

Remarquer la double forme que prend l'*e* moyen, ce qui explique son peu de netteté à l'oreille.

B. Rapports de l'ampoule avec les régions de contact de la langue sur le palais. L'ampoule a 15ᵐᵐ sur 27 en surface et 10ᵐᵐˢ d'épaisseur.

Rapportons encore (fig. 448) les tracés des *e* rouergats de *a ă* et de *i ĭ* roumains (cf. fig. 439).

Des différences se marquent sur les tracés, alors même que l'oreille n'en reconnaît aucune. Ainsi l'*a* de M. Oussof m'a toujours paru semblable au mien. Pourtant dans une

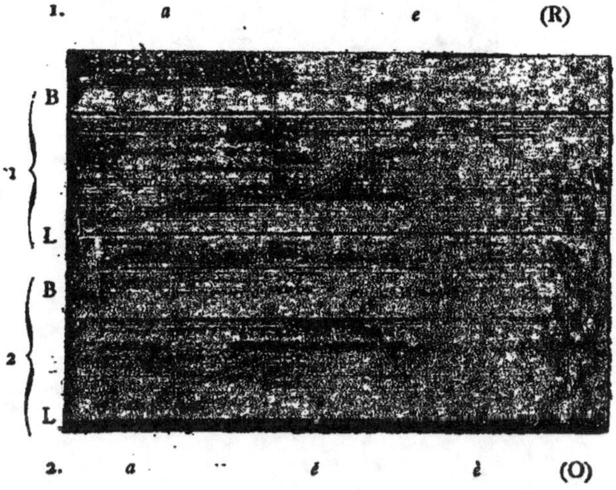

Fig. 449.

Voyelles françaises et russes.

B. Souffle de la bouche. — L. Langue.

La ligne pointillée permet de comparer les deux positions extrêmes.
Cette figure a été prise sur un décalque du tracé original.

expérience où nous avons inscrit successivement nos voyelles avec les mêmes appareils, nos deux *a*, comparés à *é*, se sont montrés tout à fait dissemblables (fig. 449).

Nous n'avons considéré jusqu'ici qu'un seul point de la langue, celui qui se soulève dans l'articulation et dont le

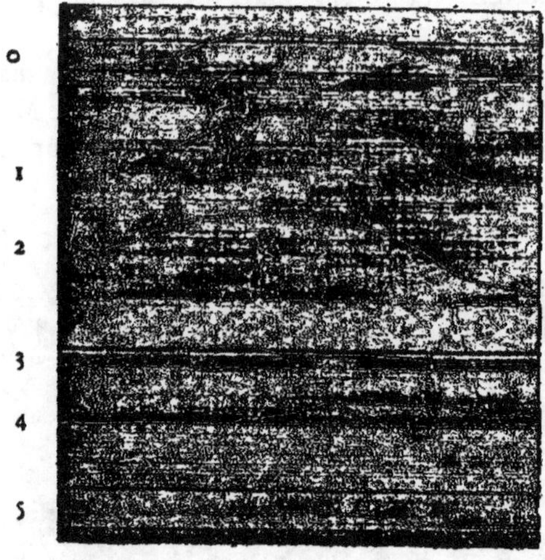

Fig. 450.

Élévation de la langue prise à différents niveaux (Ampoule).

o. L'ampoule est au contact des dents; — 1. à 1 centimètre; — 2. à 2 centimètres, etc.
La ligne pointillée correspond au point *zéro*, et sert à la comparaison des diverses élévations
de la langue.

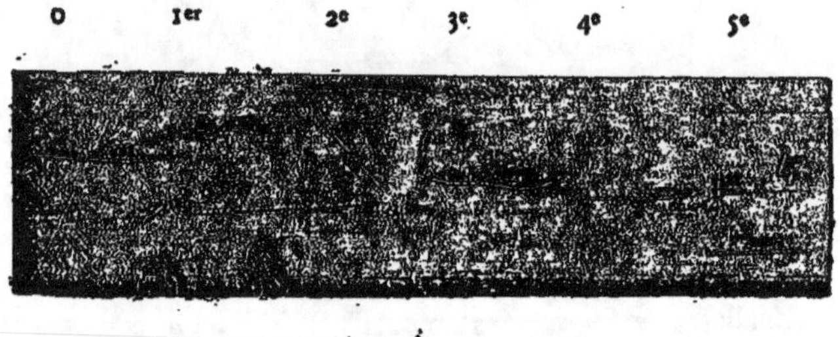

Fig. 451.   (R)

Élévation de la langue prise à différents niveaux (Ampoule).

Chacune des positions de la langue est marquée par la partie moyenne du tracé. Cette
figure est empruntée à une autre expérience que la précédente. Ainsi s'expliquent les variantes.

mouvement suffit pour déterminer la place de chaque voyelle dans sa classe. Mais il est des cas où une exploration plus complète s'impose. Alors on aura recours à des inscriptions successives. Ainsi, avec une petite ampoule de 15^{mm} de longueur, 25^{mm} de largeur et 8^{mm} d'épaisseur, placée d'abord derrière les dents, puis à 1^{cm}, à 2^{cm}, à 3^{cm}, à 4^{cm}, enfin à 5^{cm}, on obtient (fig. 450) pour la voyelle *i* des tracés qui représentent l'élévation de la langue à ces mêmes niveaux sur une surface d'environ 3^{cmq}. On en a une image plus sensible encore (fig. 454), où les tracés sont disposés de manière à dessiner le dos de la langue.

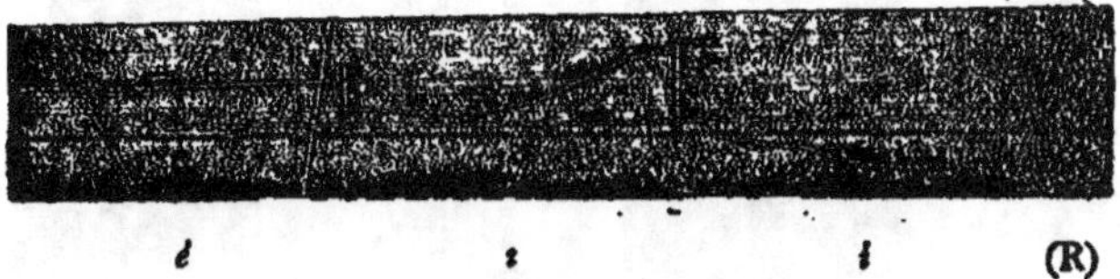

Fig. 452.

Exploration de la partie postérieure de la langue (Ampoule).

De même, avec une grosse ampoule posée à plat sur la langue au delà du point d'articulation de l'*é*, la progression entre *é i i* se traduit, en regard des tracés précédents, par une échelle descendante (fig. 452).

Le recul ou l'avancement de la pointe de la langue, avec leurs divers degrés, pour la série postérieure, se prennent aisément avec une ampoule dont la paroi, comprimée par la langue, s'écarte en même temps qu'elle. Comparez (fig. 453) les divers degrés de recul depuis *a* jusqu'à *u*.

Enfin il y a lieu de tenir compte du degré de pression de la pointe de la langue sur le plancher de la bouche. Celui-ci

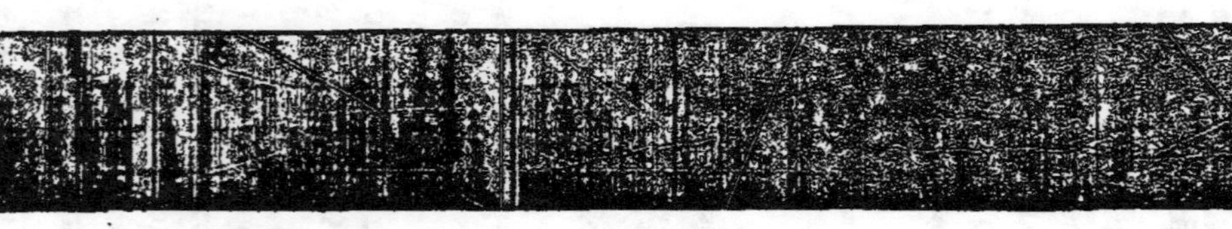

Fig. 453.

Recul de la langue dans la série postérieure.

La ligne pointillée sert de repère : plus le tracé s'en rapproche plus la pointe de la langue recule.

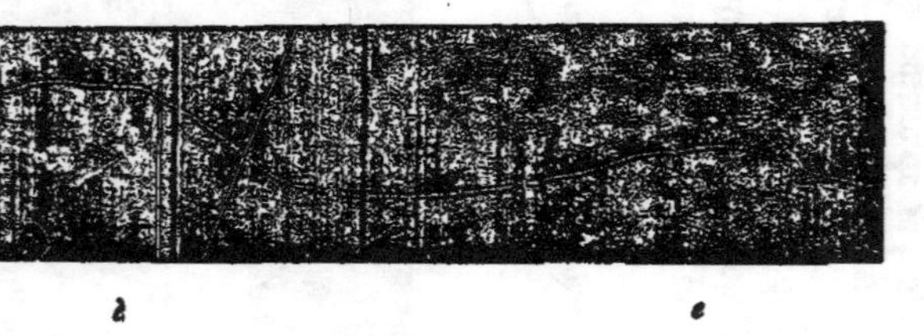

Fig. 454.   (R)

Pression de la pointe de la langue sur le plancher de la bouche.

se mesure sans peine à l'aide d'une toute petite ampoule. Par exemple, nous avons (fig. 454) la différence à cet égard entre *é* et *e* dans ma prononciation La pointe de ma langue se soulève pour *e* et comprime moins l'ampoule que pour *é*.

Tous les mouvements de la langue ont une répercution naturelle sur les muscles qui forment le plancher de la bouche, et deviennent visibles sous le menton. On les sent même en les explorant simplement avec le pouce ou le dos de la main. On remarque qu'à chaque articulation correspond un petit mouvement sur un point qui se déplace d'arrière en avant à mesure que l'on parcourt chacune des séries de *a* à *i*, à *u* et à *u*; que le plancher descend dans la partie postérieure; et que la base de la langue s'écarte du cou considéré dans la position de repos.

1° Le point où se produit le petit affaissement articulatoire peut être suivi à l'œil : il produit dans ses déplacements l'effet de vague qui a été observé dans l'intérieur de la bouche (p. 648). M. le Dr Natier a relevé sur moi les mesures suivantes en comptant à partir du menton (70^{mm} du cou) : *a* 60^{mm}, *à* 55, *é* 50, *e* 40, *è* 30, *i* 20, *i* 10; — *è* 50, *œ* 45, *é* 35, *u* 30, *u* 20; — *á* 65, *ò* 55, *o* 50, *ó* 45, *u* 35, *u* 25.

La direction de ce mouvement a quelque chose qui étonne de prime abord. On la comprend pour les deux séries antérieures (*a-i*, *a-u*) : en se soulevant, la pointe de la langue presse sur le plancher. Mais pourquoi la même direction pour la série postérieure (*a-u*)? C'est l'inverse de ce qui se produit dans la bouche, la langue pour cette série se portant en arrière. Ici nous avons, non l'effet direct du mouvement articulatoire, mais la conséquence de celui qui ramène en avant la base de la langue. Les muscles du plancher se raccourcissent et par conséquent se gonflent, et cela aussi bien à l'intérieur de la bouche que sous le menton. Au point de vue expérimental, ce mouvement n'en est pas moins utilisable pour la distinction des voyelles, et cela nous suffit.

Non seulement le point d'affaissement du plancher se déplace d'arrière en avant; mais encore il s'accentue en raison directe du degré de fermeture des voyelles. Ainsi le plancher descend de *a* à *é* ou *à* d'environ 4 à 5 ^{mm}, de *a* à *ü* de 6, soit moins de 1 ^{mm} par chaque échelon vocalique. L'articulation de l'*a*, la bouche étant ouverte, fait fléchir le plancher de 1 ^{mm}, ou bien, la bouche étant fermée, de 3 à 4 ^{mm}.

Pour les nasales, le plancher s'abaisse plus que pour les voyelles pures correspondantes. Il descend de 2 ^{mm} de *a* à *ã*, de 1 ^{mm} de *é* à *ẽ*, de *œ* à *œ̃*, de *o* à *õ*.

2°. L'abaissement progressif de la base de la langue semble se produire dans des proportions analogues : environ 4 ^{mm} pour chaque série, 5 ^{mm} au plus.

3° La projection de la base de la langue en avant paraît être aussi de moins de 1 ^{mm} pour chaque voyelle, 4 ou 5 pour chaque série.

L'exploration méthodique du plancher de la bouche faite sous mon menton à l'aide de l'appareil spécial (fig. 36) confirme en général cette vue rapide. J'ai recueilli successivement [1] les tracés de 7 points différents

---

1. Une expérience unique faite avec 7 capsules exploratrices reliées à 7 tambours inscripteurs semblables et parfaitement réglés eût fourni des renseignements plus rapides et plus exacts; mais les appareils me manquent et il ne m'a pas paru nécessaire de viser à plus de précision.

placés à 1^{cm} les uns des autres, le premier étant à 1^{cm} de la courbure interne du menton et le dernier touchant le cou. Je donne comme spécimen les tracés de la série *a à è é i i* pris au 3e centimètre (fig. 455). La ligne pointillée représente la ligne organique tracée à vide ; la ligne pleine, qui s'en sépare en s'élevant au-dessus, marque

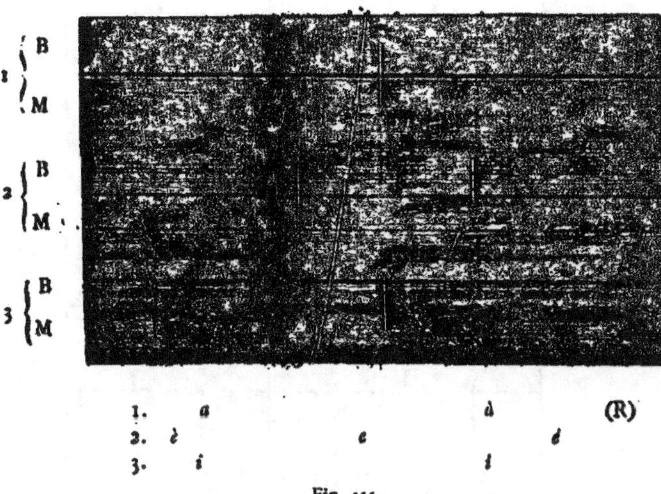

Fig. 455.

Abaissement du plancher de la bouche pour la série *a à é e é i i*.
(3e cent. à partir du menton.)
B. Souffle buccal. — M. Plancher de la bouche exploré sous le menton.
La ligne pointillée marque la position de repos.

l'abaissement du plancher de la bouche en cet endroit ; enfin la ligne B, donnant les vibrations de l'air, permet de délimiter ce qui dans la ligne articulatoire, appartient à chaque voyelle. C'est avec ces tracés et d'autres analogues qu'ont été faits les croquis (fig. 456-458). Chacun des points

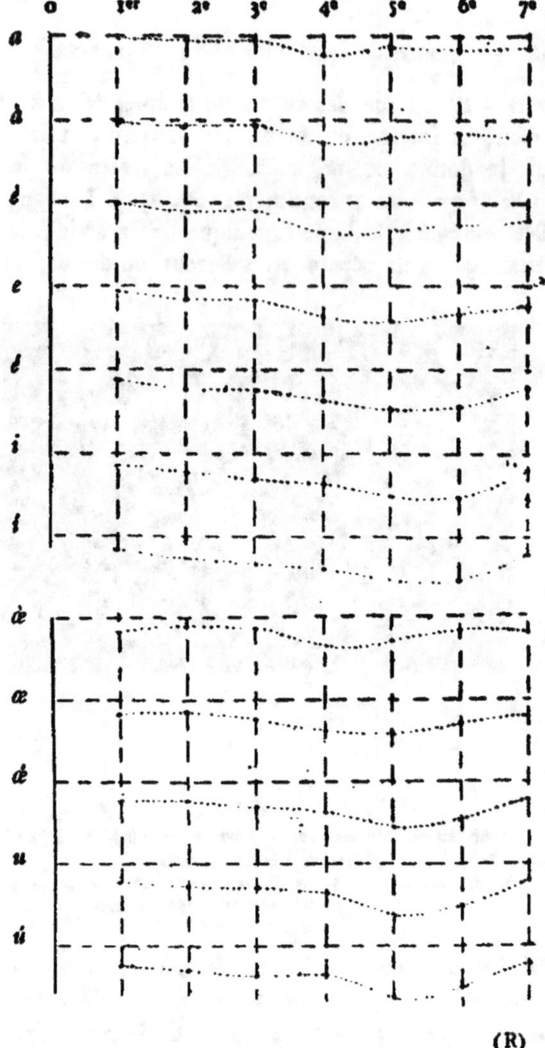

Fig. 456.
Abaissement du plancher de la bouche.
(Séries antérieures.)

culminants ont été reportés au-dessous de la ligne de repos (pointillée), de manière à jalonner le plan des muscles au moment de l'articulation. On voit ainsi que le plancher de la bouche descend progressivement en avant et en arrière de *a* à *i*, surtout de *a* à *ü* (fig. 456) et de *a* à *ù* (fig. 457); que, en dehors de la région moyenne, le point

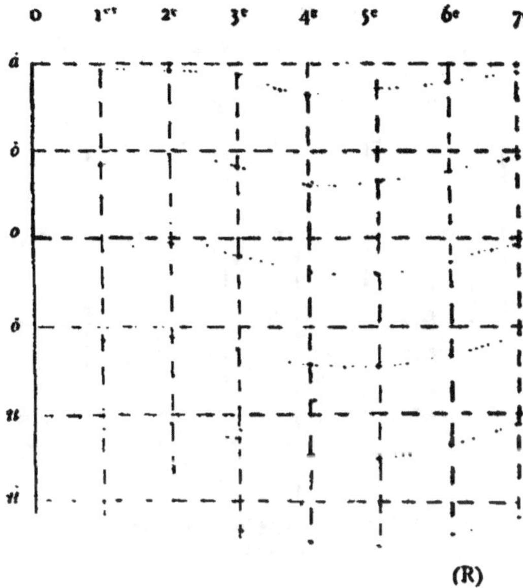

Fig. 457.
Abaissement du plancher de la bouche.
(Série postérieure.)

de plus forte dépression se déplace en avant pour les séries antérieures (comparez *a* à *é* avec *i*, *à* *œ* avec *ü*, sous les 1ᵉʳ, 2ᵉ et 3ᵉ centimètres), en arrière pour la série postérieure (comparez *à* *ô* avec *u* *ù* sous les 4ᵉ et 5ᵉ centi-

mètres); qu'en outre aux voyelles fermées correspond un
affaissement de plus en plus considérable du plancher dans
la partie opposée à celle où se fait l'articulation : en
arrière pour les voyelles antérieures (comparez *a à* avec *é i,
à* avec *u* sous les 5ᵉ et 6ᵉ centimètres), en avant pour les
voyelles postérieures (comparez *à* avec *ó u* sous les 1ᵉ et
2ᵉ centimètres); que dans la région moyenne (sous les 4ᵉ,
5ᵉ et même 6ᵉ centimètres), l'abaissement du plancher est

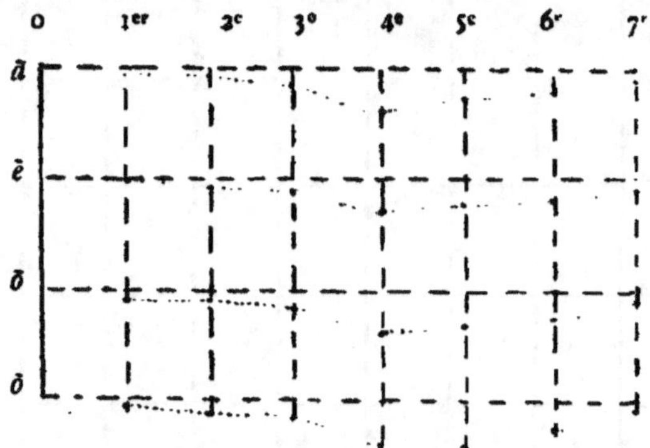

Fig. 458.

Abaissement du plancher de la bouche
(Nasales.)

régulier et peut servir à caractériser les voyelles de toutes
les classes (c'est le point qu'il est le plus avantageux
d'explorer); qu'enfin les nasales (fig. 458) peuvent par ce
moyen être rapprochées des voyelles pures et en être
suffisamment distinguées (comparez *à* avec *à, é à* avec *é* et
è, ô avec *o*).

En retournant les figures, de manière à les voir dans le
sens de la largeur, nous pouvons juger du degré d'affaisse-

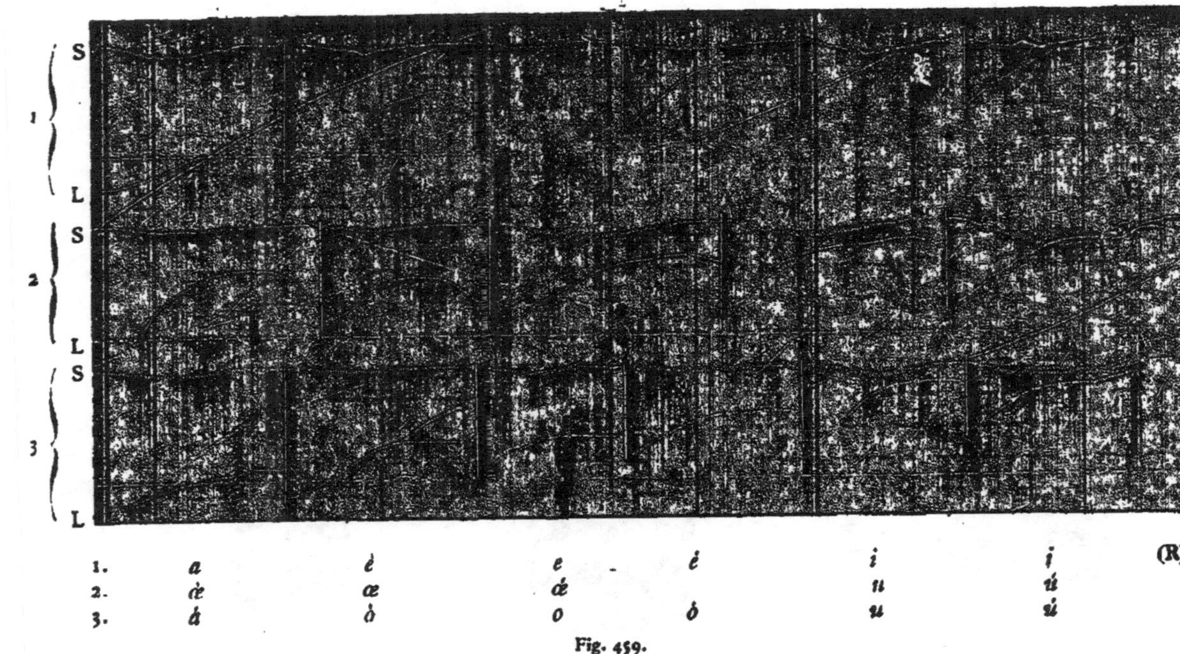

Fig. 459.

Élévation de la langue prise sous le menton

S. Souffle. — L. Langue. (Oreille inscriptrice.)

Les lignes pointillées marquent une même position moyenne, qui permet d'apprécier

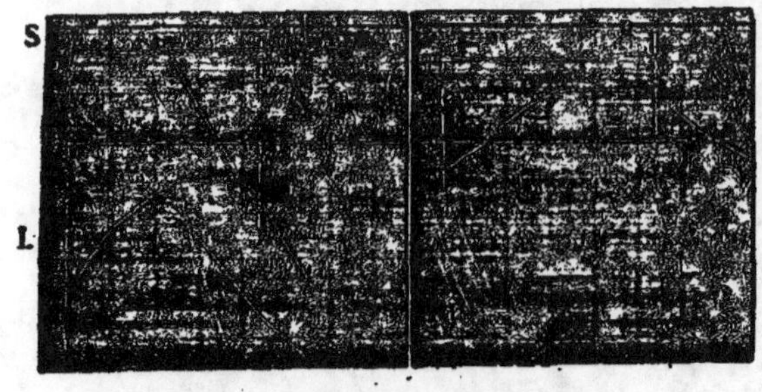

Fig. 460. (Sp.)

Élévation de la langue prise sous le menton.
(Différence entre *u* et de *i* en alsacien.)

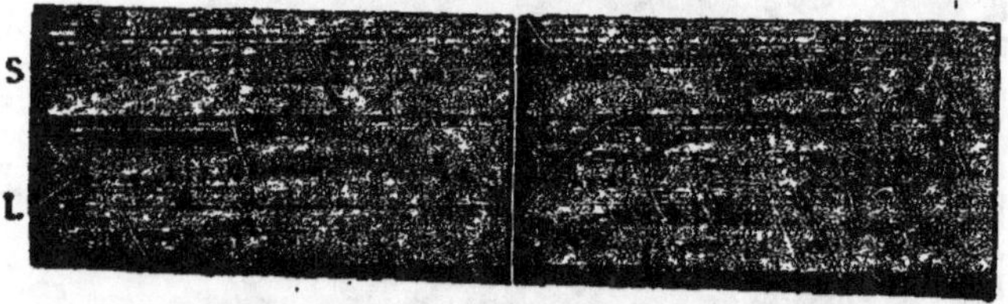

Fig. 461. (Sp.)

Élévation de la langue prise sous le menton.
(Différence de fermeture entre *i* et *ĭ* en alsacien.)

Fig. 462. (Sp.)

Élévation de la langue prise sous le menton.
(Comparaison de *è* et de *è* en alsacien.)

ment du plancher de la bouche sous chacun des centimètres
pour toutes les voyelles dans chaque série et vérifier la loi
que plus une voyelle est fermée plus les muscles du
menton s'abaissent, ou, ce qui revient au même, plus la
langue s'élève. On en aura une image plus expressive
encore dans la figure 459, qui reproduit une expérience
faite avec un tambour portant une membrane rigide (ce
qui a donné les vibrations) et un levier à long bras (ce qui
a considérablement agrandi le tracé); le bouton de l'explorateur étant placé en arrière.

Ce genre d'expérimentation peut surtout être employé
quand on a des raisons de craindre qu'un corps étranger,
posé sur la langue, n'en altère les mouvements. C'est
d'après ce procédé que j'ai comparé en alsacien *i* et *u*
(fig. 460), *i* et *ī* (fig. 461), *é* et *è* (fig. 462) : l'*u* est
beaucoup moins fermé que l'*i*, et celui-ci moins encore
que l'*ī*. En revanche l'*è* est plus ouvert que l'*é*; c'est aussi
ce que nous avons constaté en parisien (p. 662).

Par le double procédé d'inscription, soit interne, soit
externe, des mouvements de la langue, on peut aisément
définir et placer à leur rang, dans la classification, toutes
les voyelles, qu'elles soient isolées ou associées à d'autres
articulations dans un groupe; on peut encore noter le
progrès d'une voyelle vers la complexité et celui d'un
composé vocalique vers l'unité. Nous avons là le fonde-
ment d'une nouvelle distinction : les voyelles *simples* et
les voyelles *complexes* avec le perpétuel passage des unes
aux autres.

Une voyelle *simple* est celle qui est produite par un
mouvement organique uniforme, par exemple : *é* (fig. 463 :
1). La tenue de la voyelle est représentée par une ligne à

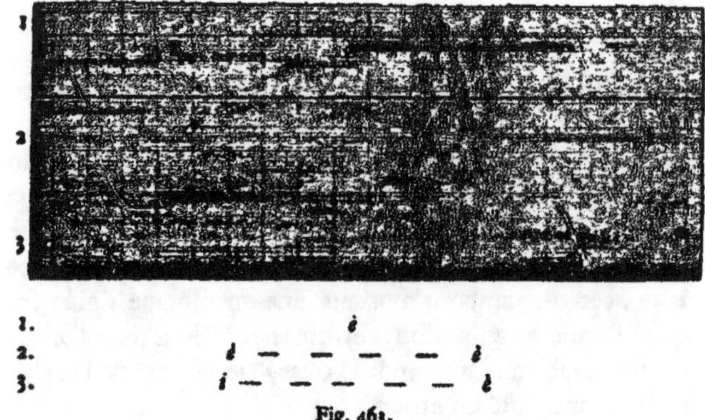

Fig. 463.

Élévation de la langue.

Voyelle simple, voyelle complexe ou diphtonguée.

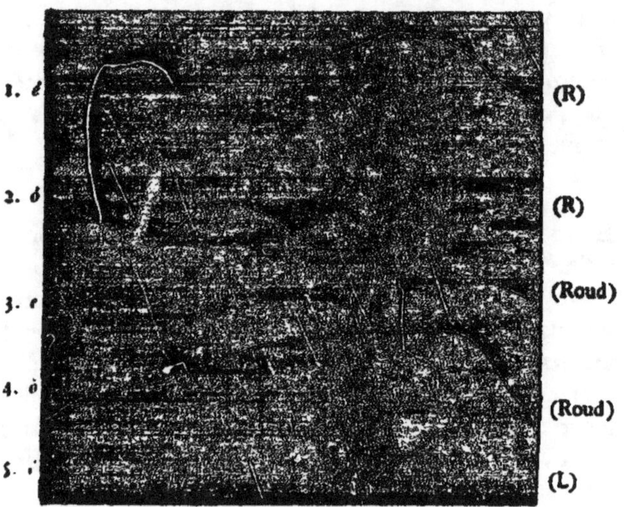

Fig. 464.

Mouvements de la langue.

(Tendance à la diphtongaison.)

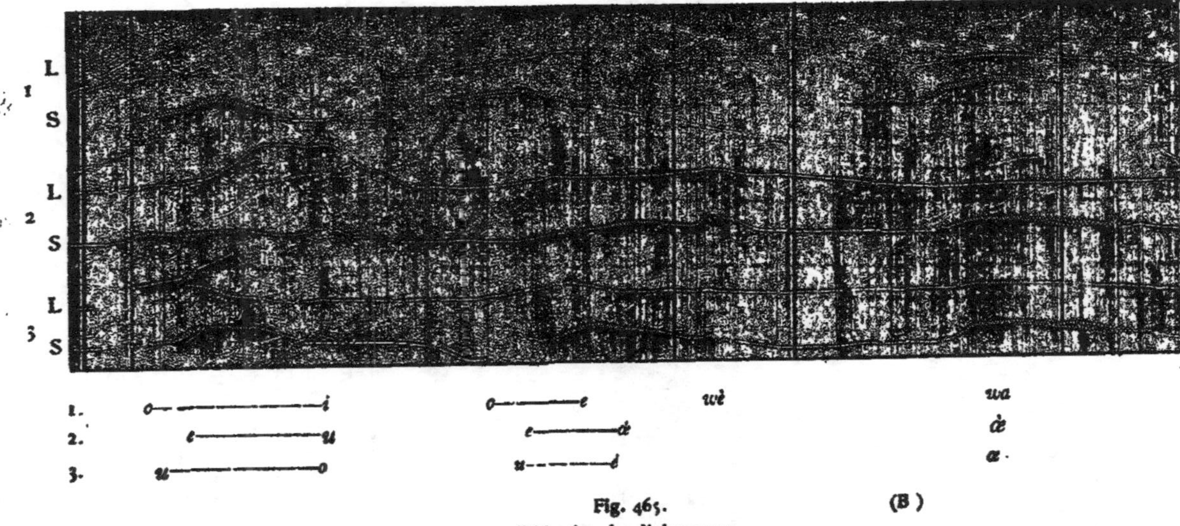

Fig. 465.
Réduction des diphtongues.
L. Langue. — S. Souffle.

peu près droite, indice de la fixité de la position une fois prise. Supposons que, dans la première partie, la langue se soulève en dépassant le but, pour y revenir ensuite, la voyelle cessera d'être simple; elle deviendra *complexe*, et une oreille fine démêlera une diphtongue *ié* (2); et, si le mouvement est plus exagéré encore, *ié* (3).

La figure 464 présente des tracés de voyelles qui ont paru simples à l'oreille mais dont quatre sont déjà, dans la réalité, diphtonguées (1-4) et une même triphtonguée (5). On peut ainsi assister à la naissance des diphtongues et

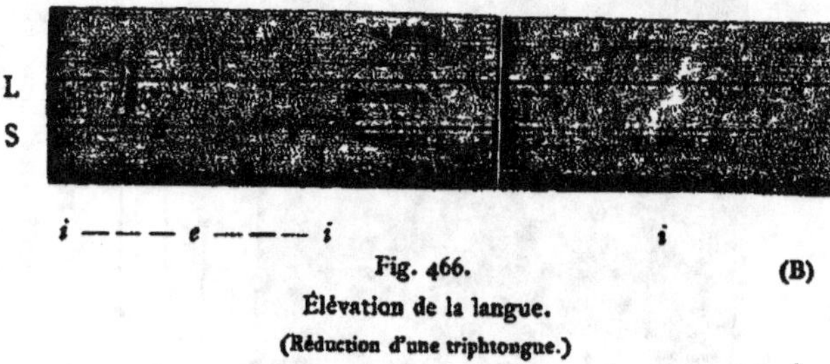

Fig. 466.
Élévation de la langue.
(Réduction d'une triphtongue.)

prévoir dès l'origine la forme qu'elles prendront : ainsi *e* (1) tend vers *ei*, *é* (3) vers *ié*, *ó* (2) vers *uo*, *ó* (4) vers *ou*.

On peut également en suivre pas à pas la réduction progressive. Nous voyons (fig. 465) le mouvement multiple des diphtongues *oi* (1), *eu* (2), *uo* (3) tendre par degrés vers l'uniformité, ce qui réduit le son complexe soit à une voyelle simple, *è* (2) *œ* (3), soit à ce que l'on est convenu d'appeler une fausse diphtongue *wa* (1).

Les triphtongues ont un développement semblable — voir *é* (fig. 464 : 5) qui tend vers *ééi* — et s'analysent avec une égale facilité, soit que les trois mouvements se réduisent à un seul, *iéi*, *i* (fig. 466), soit qu'ils se transforment en un mouvement consonantique et en un autre vocalique, *uoi, ui* (fig. 467).

Fig. 467.
Élévation de la langue.
(Réduction d'une triphtongue en diphtongue).

Dans la voix chuchotée, les choses se passent un peu autrement.

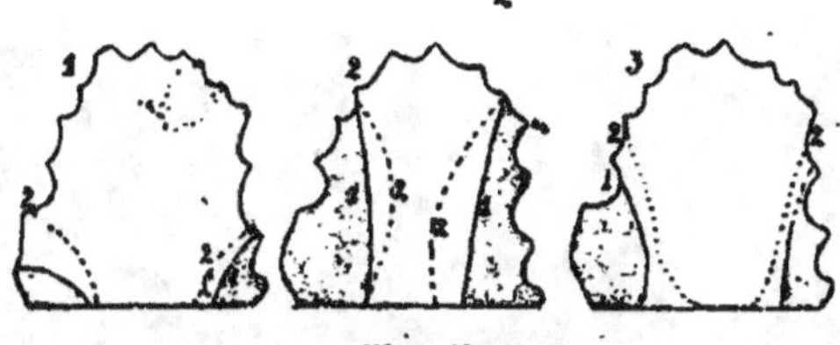

Fig. 468.   (R)
Voyelles chuchotées et voyelles parlées.
La partie ombrée (1) représente la voyelle parlée. L'articulation de la voyelle chuchotée intéresse le palais jusqu'au pointillé (2).
1. *d*, — 2. *i* ; — 3 *d*

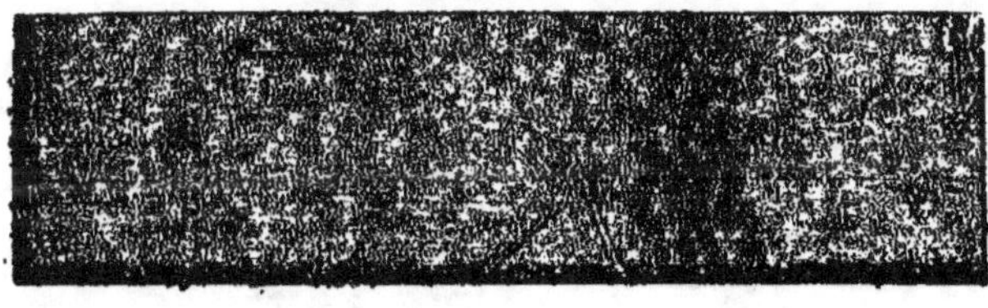

Fig. 469.
Élévation comparative de la langue dans les voyelles chuchotées et dans les voyelles parlées (lignes couvertes de sinuosités).

Le point d'articulation, à l'intérieur de la bouche, est
reculé de 5 ᵐᵐ pour *a* tandis qu'il est avancé d'une égale

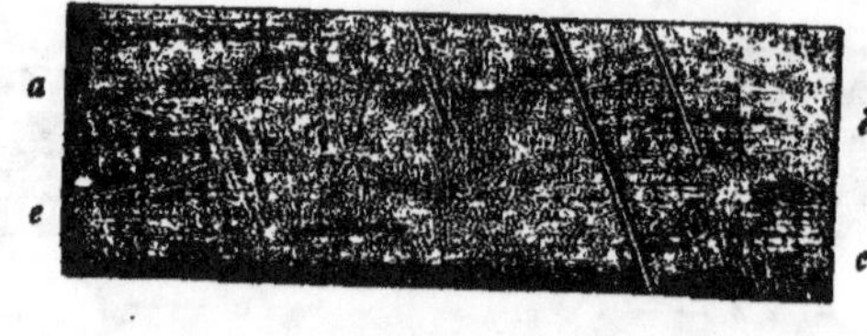

(R)

Fig. 470.

Abaissement du plancher de la bouche dans les voyelles chuchotées
et dans les voyelles parlées.

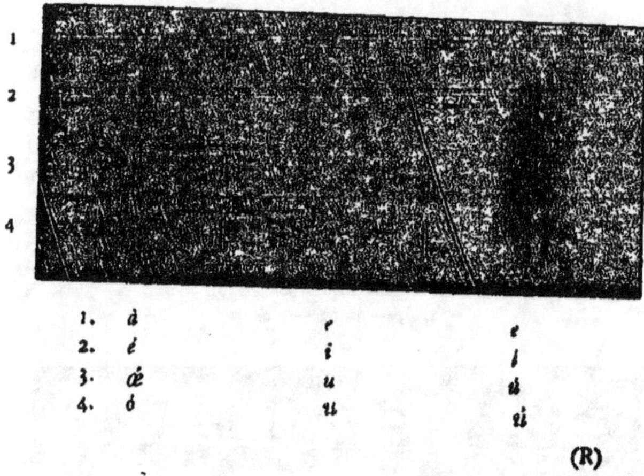

1.	*å*	*e*	*e*
2.	*é*	*i*	*i*
3.	*œ*	*u*	*ù*
4.	*ó*	*u*	*ü*

(R)

Fig. 471.

Partie postérieure du plancher de la bouche dans les voyelles chuchotées.
Les lignes pointillées marquent la position de repos.

quantité pour *i*, de 15 ᵐᵐ pour *u* ; il est de même reculé de
10 ᵐᵐ pour *á*, de 5 pour *ó*, de 10 pour *o*, de 5 pour *ô* et pour *u*.

En même temps, la langue se rapproche davantage du palais ; de 1 ᵐᵐ environ de plus dans chaque série que dans la voix parlée. Le fait est sensible sur le palais artificiel — comparer, par exemple, les traces de *a*, *i*, *œ* parlés et chuchotés (fig. 468) — et dans l'exploration interne faite avec une ampoule, comme le montre la comparaison de *e é i* (fig. 469).

Fig. 472.

Élévation de la partie postérieure du plancher de la bouche pour un saint-gallois.

En revanche le plancher de la bouche descend moins que dans la voix parlée : 2 ᵐᵐ environ pour les séries *a è e é*, *è œ.œ́*, *à ò o ó*. Comparez *a è é* pris sous le menton à 1 ᶜᵐ du cou (fig. 470) : la ligne enveloppante est celle des voyelles prononcées à voix haute. Mais la différence la plus grande est celle qui s'observe pour les voyelles fermées. La partie postérieure du plancher s'élève, au lieu de s'abaisser : 1 ᵐᵐ pour *i í*, *u ú*, 1/2 millimètre pour *u ú*. Comparez (fig. 471) les tracés de ces voyelles avec ceux de *é*, *œ́*, *ó*, les uns et les autres pris sous le menton à 1 ᶜᵐ du cou.

Cependant je dois dire que je trouve dans mes feuilles d'expérience des tracés de *é i í* (fig. 472) qui supposent un mécanisme analogue dans la voix parlée.

En réalité, on ne peut donc pas dire que la voyelle

chuchotée ne se distingue de la voyelle parlée que par l'absence de vibrations laryngiennes. L'articulation elle-même est différente. Et cela se conçoit. Dans la voyelle chuchotée, le frôlement de l'air contre les parois remplace le son. Il est donc naturel que ces parois se rapprochent le plus possible pour augmenter la force du bruit.

LÈVRES

Les lèvres forment l'orifice du résonnateur. De là l'importance de leur rôle. Elles concourent à produire les voyelles dites *labiales*, sinon comme agents indispensables, du moins comme agents ordinaires : on peut en effet très bien arriver à émettre toutes les voyelles labiales en les écartant avec les doigts. Mais, bien qu'elles puissent être suppléées, il suffit qu'elles accomplissent un travail réel et indépendant pour qu'il soit légitime d'en attendre de sérieux éléments d'analyse. Même lorsqu'elles n'ont qu'un rôle secondaire et subordonné, comme dans les voyelles non labiales, leurs mouvements fournissent néanmoins des indications très utiles.

On peut considérer les positions des lèvres et leurs mouvements.

On relève facilement la position des lèvres à l'œil, en s'aidant d'un compas, d'une bande de papier, ou encore en se passant sur les lèvres de l'encre que l'on recueille avec du papier buvard. C'est ce que j'ai fait pour mon patois de Cellefrouin[1]. Je reproduis ici des croquis représentant l'ouverture des lèvres pour toutes mes voyelles non

---

1. *Les modifications phonétiques du langage*, p. 30-31.

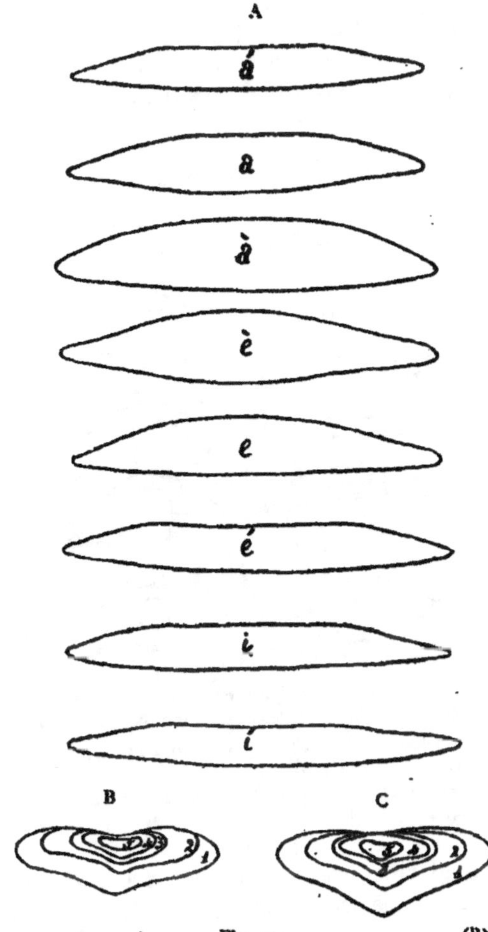

Fig. 473.   (R)
Ouverture des lèvres pour les voyelles du Haut Angoumois.
A. Voyelles non labiales.
B. Voyelles labiales : 1 œ̀, 2 œ, 3 œ́, 4 u, 5 ü.
C. Voyelles labiales : 1 ò, 2 o, 3 ó, 4 u, 5 ü.

labiales et autres (fig. 473) et je les mets en parallèle avec ceux de M. Grandgent [1] (fig. 474).

On voit que ces deux systèmes (français et anglais) de voyelles se distinguent à la fois par l'ouverture et l'arrondissement des lèvres.

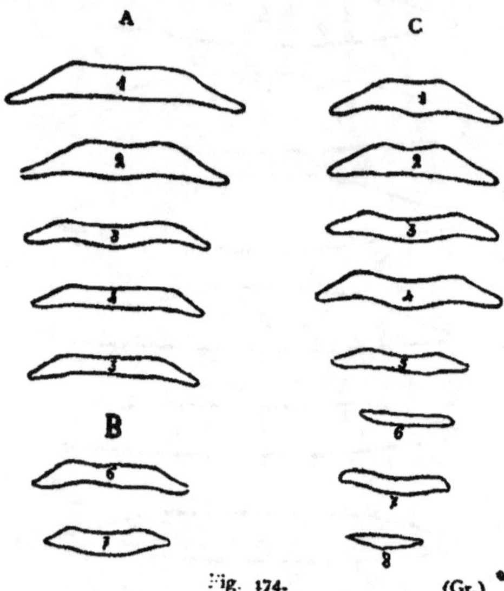

Fig. 474. (Gr.)

Ouverture des lèvres pour les voyelles anglaises de Boston.

A. Voyelles non labiales : 1 *ĕ* (bet), 2 *ă* (bat), 3 *é* (bait), 4 *ĭ* (bit), *i* (bean).
B. Voyelles labiales : 6 *e* (upper), 7 *ĕ* (hurl).
C. Voyelles labiales : 1 *a* (part), 2 *ŏ* (pot) 3 *ā* (bought), 4 *u* (bull), 5 *o* (whole), 6 *ō* (boat), 7 *ŭ* (book), 8 *ū* (boot).

La photographie, avec ses plaques très sensibles, offre aujourd'hui le meilleur procédé, car elle rend la forme

---

1. *Vowel measuraments.*

même de l'organe. J'emprunte à M. Burguet la série voca-
calique d'une petite fille de Paris, en réduisant les figures
à la bouche seule, afin que la comparaison des lèvres dans
leurs différentes positions soit plus facile à faire (fig. 475).
Les voyelles parisiennes ont une parenté très marquée avec
celles de l'Angoumois, mais elles semblent s'en écarter en
un point. Les *œ* et *o* moyens diffèrent peu des *ǽ* et *ó* (fermés), tandis que la distinction est très prononcée chez moi.
Est-ce que les voyelles moyennes manqueraient en parisien ?

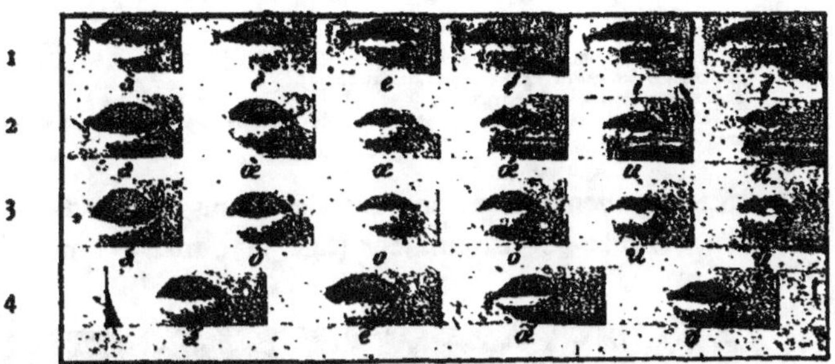

(P)

Fig. 475.
Position des lèvres pour les voyelles parisiennes.

Non. Mais, tandis qu'elles existent chez moi comme dans
le parisien ancien à la tonique et à la finale, elles ne se
trouvent plus dans le parisien actuel qu'à l'atone ou à la
tonique devant une consonne. Un Parisien dira très bien
œy (œil) avec un *œ* moyen ; mais, si on lui demande *œ*, il
répondra *ǽ*. C'est ainsi que l'enfant, devant prendre la
position de *œ o*, a pensé à *ǽ ó*. Elle a mieux réussi pour *e*
a, quoique la difficulté soit la même. En revanche, la distinction des trois *a* reste bien marquée dans la figure. Le
premier (*à*) appartient certainement à la série non labiale ;

le troisième (*à*) à la série labiale; le second tient le milieu, il est déjà légèrement labialisé.

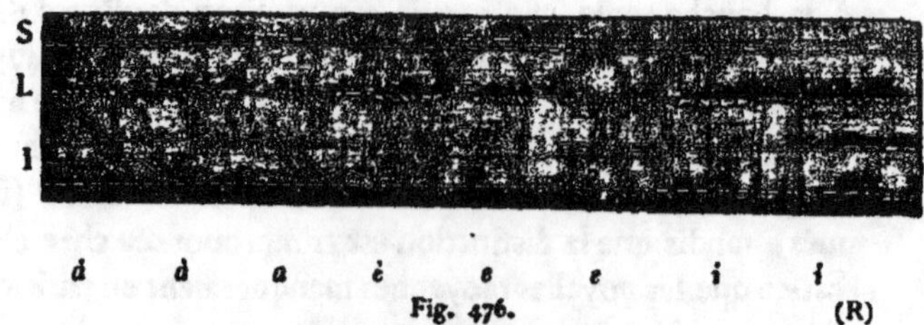

Fig. 476. (R)

Voyelles angoumoisines non labiales.
(Rapprochement des lèvres.)

S. Lèvre supérieure. — L. Larynx. — I. Lèvre inférieure.
Explorateur des lèvres (fig. 33, moins l'embouchure).
Explorateur électrique du larynx (fig. 45 et 41).
Les lignes pointillées marquent des points fixes de comparaison pour les divers degrés de fermeture.

Les mouvements de chacune des lèvres s'inscrivent très bien à l'aide de l'explorateur (fig. 33); mais, comme les

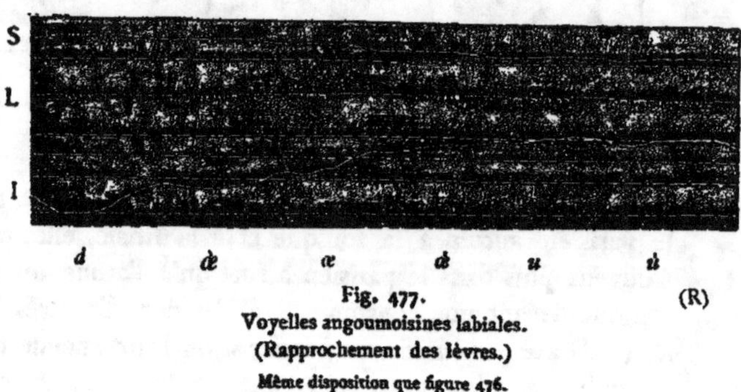

Fig. 477. (R)

Voyelles angoumoisines labiales.
(Rapprochement des lèvres.)
Même disposition que figure 476.

vibrations échappent le plus souvent à l'appareil, il est nécessaire de recueillir en même temps soit le souffle, soit les vibrations du larynx. Ce sont ces dernières que j'ai

inscrites dans mes premières expériences, dont les figures
476, 477 et 478 fournissent des spécimens. On y lit aisément, grâce aux lignes pointillées, les moindres mouvements
de chacune des lèvres. Pour *á à a é e é i í* (fig. 476), ce sont
les lèvres du bas qui se déplacent, suivant le mouvement
des mâchoires (comparez fig. 475 : 1). Pour *á œ œ œ u ú*
(fig. 477) et *á ò o ó u ú* (fig. 478), les deux lèvres se rapprochent en s'arrondissant (comparez fig. 475 : 2 et 3).
On remarquera avec quelle netteté les variétés *e, œ, o* se
détachent chez moi de *é è, œ œ, ò ó*.

Le simple rapprochement des lèvres suffit d'ordinaire
dans les recherches. Ainsi nous avons (fig. 479) les voyelles

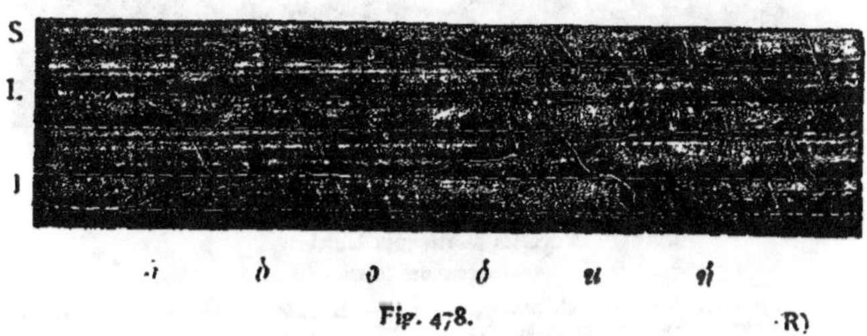

Fig. 478.

Voyelles angoumoisines labiales.
(Rapprochement des lèvres).
Même disposition que figure 476.

á u ú de M. Koschwitz inscrites par l'explorateur fonctionnant de façon à ne donner que le seul degré de fermeture
(p. 92) : les différences se mesurent facilement, et leur peu
d'importance explique très bien pourquoi des phonéticiens
allemands n'ont reconnu qu'un seul *u* en français.

Une simple ampoule, placée entre les lèvres, donne, à
elle seule, des renseignements de même nature et aussi
complet, puisqu'elle est sensible non seulement à la pression

mais encore au mouvement vibratoire qui marque la place de la voyelle, par exemple : *ò o ó u ú* (fig. 480).

Non moins que le rapprochement des lèvres, leur projection en avant constitue une excellente base d'analyse. Par exemple, dans la figure 481, qui représente l'avancement des lèvres pour mes voyelles *è œ é u ú*, nous remarquons que le recul des lèvres est plus grand pour *è* que pour *œ*, preuve que l'*œ* est une voyelle relâchée, tandis que l'*è* est plus fortement tendu.

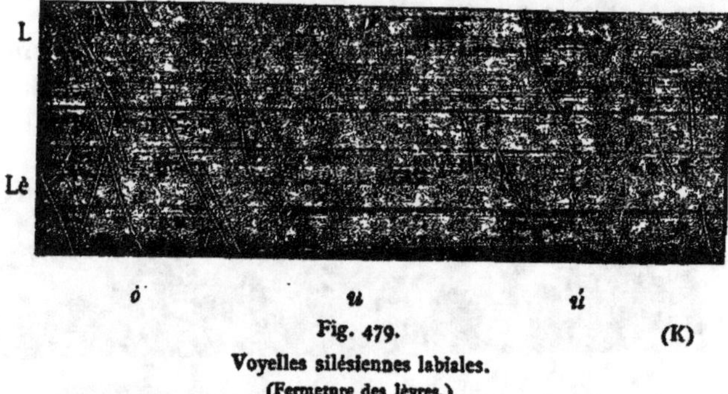

Fig. 479. (K)

Voyelles silésiennes labiales.
(Fermeture des lèvres.)

L. Larynx (Explorateur électrique, fig. 45, 41). — Lè. Lèvres (Explorateur, fig. 33, les deux capsules réunies à un seul tambour).
Les pointillées verticales limitent les voyelles ; les horizontales marquent des points fixes qui aident à juger du degré de fermeture, lequel dépend du degré d'élévation de la ligne (Lè.)

C'est par ce caractère que se distinguent surtout nos voyelles labiales de celles des Anglais, comme on peut le pressentir par les figures 473 et 474, car l'allongement des lèvres ne va pas sans l'arrondissement de l'orifice, et leur application sur les mâchoires sans l'écartement des commissures.

Une différence analogue existe entre l'*y* et l'*u* suédois et norvégiens. Pour *y*, les lèvres sont projetées en avant

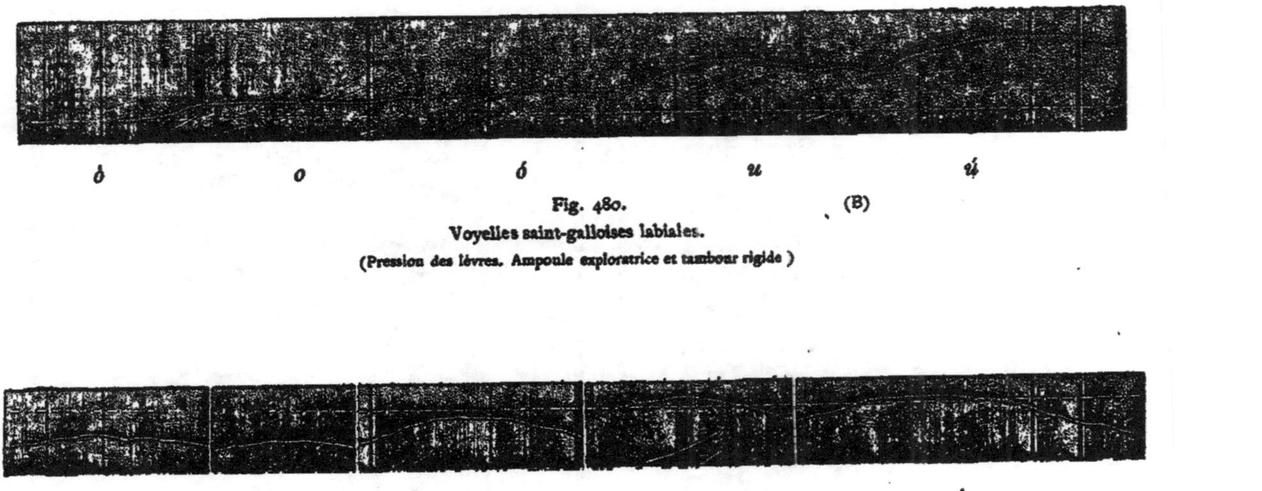

Fig. 480.
Voyelles saint-galloises labiales.
(Pression des lèvres. Ampoule exploratrice et tambour rigide)

Fig. 481.
Voyelles angoumoisines labiales.
(Projection des lèvres. Capsule fig. 34 et tambour.)

(fig. 282) et serrées à la partie interne, les bords s'évasant en forme d'entonnoir, tandis que pour *u* elles sont pincées et serrées contre les dents.

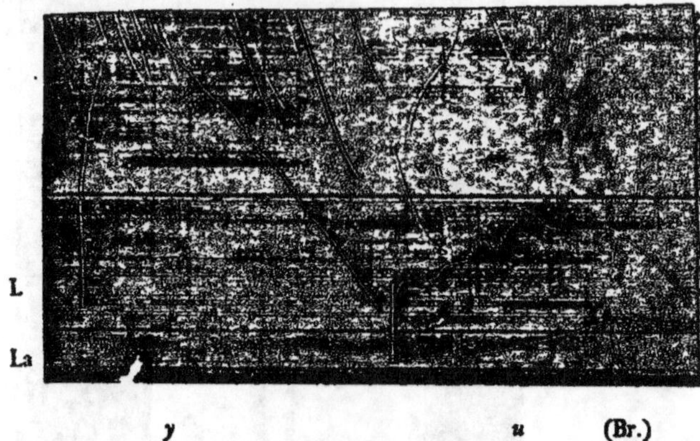

Fig. 482.

Différence dans l'avancement des lèvres pour *y* et *u* suédois et norvégiens.

L. Lèvres. — La. Larynx.
L'allongement des lèvres est proportionnel à l'élévation de la ligne.

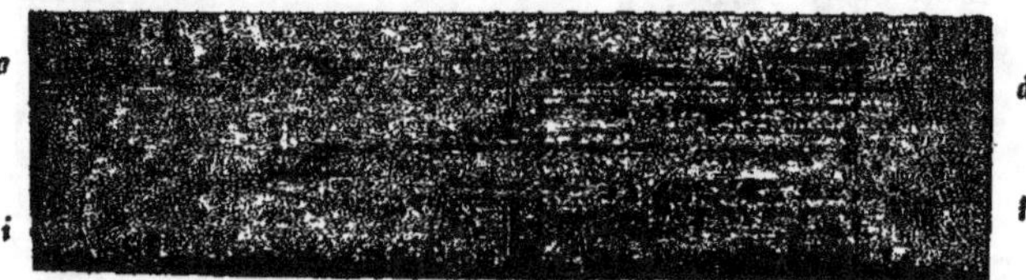

Fig. 483.   (Po).

Rapprochement des lèvres pour les voyelles roumaines *â î* comparées à *a i*.

Les voyelles roumaines *â* et *î* demandent que les lèvres soient plus rapprochées que pour *a* et *i* (fig. 483).

L'inscription des mouvements des lèvres nous renseigne

non seulement sur une position fixe, caractéristique et voulue, mais encore sur les stations successives de l'organe
pendant l'émission de la voyelle, comme l'ont montré les
tracés qui précèdent. C'est là un grand secours pour l'analyse
graphique de voyelles voisines par le timbre et successives,
par exemple l'*u* de *sú* et de *mâtu* (fig. 486), et surtout pour
la décomposition des diphtongues, triphtongues, etc.

Soit (fig. 484 : 2) la diphtongue *au* allemande dans *aus*.
Comparons-la à *as* (fig. 472 : 1). Les lèvres (L) étant
arrivées à un certain degré d'ouverture, la voyelle *a* éclate et
les premières vibrations du souffle (S) apparaissent (1re ligne
pointillée). Jusqu'à la 2e ligne pointillée, la position des
lèvres reste sensiblement la même : c'est la tenue. A
partir de ce moment, l'*s* se prépare par le rapprochement
des mâchoires qui entraînent les lèvres. Les vibrations ne
cessant qu'à la 3e ligne pointillée, nous pouvons admettre
que la voyelle se prolonge à peu près jusque là (voir, pour
le passage de la voyelle à la consonne, p. 430 et 434).
Entre les pointillées (2) et (3), la ligne des lèvres remonte
régulièrement, indiquant un mouvement de fermeture
régulier et continu. Dans cet espace, la voyelle s'altère naturellement de plus en plus ; mais, comme l'oreille n'y prend
pas garde, nous la considérons comme simple. Voilà comment
les choses se passent pour une voyelle simple suivie d'une
s. Dans *aus*, nous avons, comme il est naturel, sur la ligne
des lèvres un début correspondant à l'*a*, entre (1) et (2).
Mais, au delà jusqu'à la fin des vibrations (c'est-à-dire
jusqu'à peu près la cessation du son vocalique), nous ren-
controns deux stations limitées par (3) et (4), (5) et (6), et
séparées par deux glissements, de (2) à (3), de (4) à (5).
Nous devons donc conclure à l'existence de trois voyelles
fixes, séparées par des voyelles transitoires ou des semi-

voyelles. L'oreille n'est frappée que par la première et la dernière, *a* et *u*.

Les diphtongues non labiales, reconnaissables elles-mêmes sur la ligne des lèvres, peuvent aussi se prêter à ce genre d'analyse. Ainsi *eis* (fig. 484 : 3) se décompose clairement en deux parties : *e*, de (1) à (2), *i* de (2) à (3).

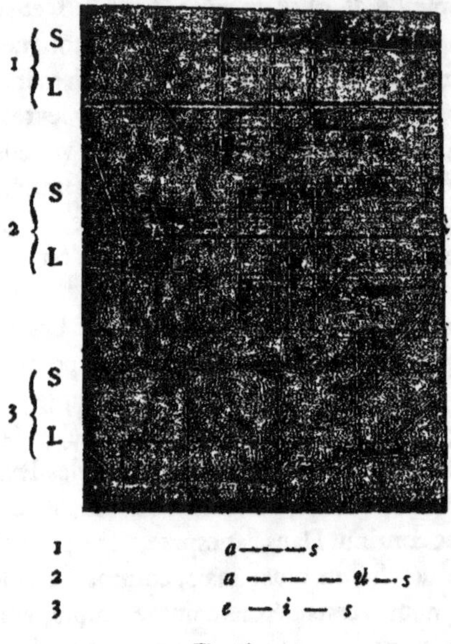

Fig. 484. (G)

Analyse graphique des diphtongues d'après les mouvements des lèvres.

S. Souffle ; L. Lèvres (Dispositif, fig. 33).
Les lignes pointillées indiquent, suivant les degrés de fermeture, les états successifs du son vocalique.

Mais il est possible d'aller plus loin encore et de retrouver la valeur des sons composants fixes et même de ceux qui ne sont que transitoires. Soit, par exemple, la diphtongue *au* de *fau* « faux » dans un parler français de Bretagne (fig. 485). Les voyelles composantes appartiennent vraisemblablement à la gamme qui va de *a* à *u* puisque ces deux sons se détachent assez nettement des autres à l'oreille. En conséquence, après avoir inscrit, avec le dispositif (fig. 33), le mot que je note provisoirement *fau*, j'inscris à la suite *fa, fá, fo, fó, fu*. Comme l'appareil enregistreur, dont je me suis servi, était mu à la main (p. 77), les vibrations d'un diapason de 200 v. d. (D) ont dû être recueillies sur le cylindre en même temps que le souffle (S) et le mouvement de fermeture des lèvres (L). La ligne du souffle permet, par ses vibrations, de délimiter le son vocalique. Or, en reportant, au moyen de lignes horizontales, la position des lèvres pour chacune des voyelles isolées sur le tracé labial de la diphtongue, on détermine une série de points où il y a eu égalité (au moins au point de vue de la labialisation et sans doute aussi pour le reste) entre la voyelle qui sert d'étalon et la portion correspondante de la diphtongue. C'est ainsi que nous pouvons constater dans celle-ci : au début, un *a*; à la fin, un *u*; entre les deux, une gamme filée qui passe successivement par *á, o* et *ó*. Des perpendiculaires rejoignant la ligne du diapason permettent de mesurer la durée de tous ces sons. L'*a* initial a duré 6 centièmes de seconde; le passage de *a* à *á*, 1,5; ceux de *á* à *o*, de *o* à *ó*, de *ó* à *u*, chacun 2. La position de l'*u* n'a été atteinte d'abord qu'un instant; puis, pendant 10 centièmes de seconde, on a eu une voyelle intermédiaire entre *ó* et *u*, ce qui explique pourquoi, en jugeant la diphtongue avec l'oreille seule, on hésite entre *aó* et *au*. Enfin la position de l'*u* a été reprise pendant 10,5 centièmes de seconde.

Le même procédé appliqué à quatre diphtongues analogues a donné les résultats suivants, qui sont représentés

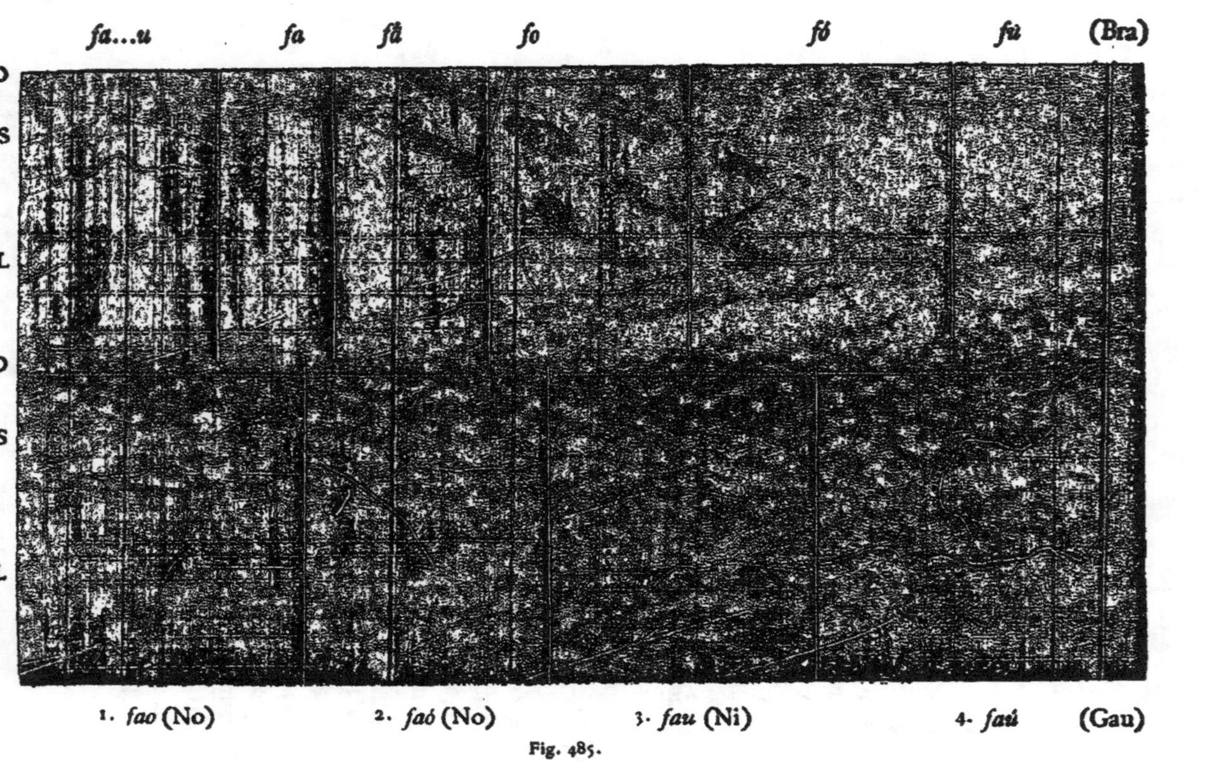

Fig. 485.

dans la seconde rangée de la même figure, mais cette fois,
pour ménager la place, sans les tracés directeurs (*fa, fà, fô,
fo, fô, fu*) dont j'ai tracé en pointillé les prolongements. Les
sinuosités de la ligne des lèvres en disent beaucoup plus sur
les diverses variations de la sonorité vocalique que ne saurait faire la meilleure description. J'y renvoie le lecteur,
me bornant à attirer son attention sur quelques points.
Remarquer : n° 1, que la diphtongue débute par une voyelle
plus ouverte que *a* et finit par un *o* intermédiaire entre *ô* et
o; — n° 2, que l'*a* initial, qui a été un instant très ouvert,
est vite passé à *a*, et que, comme compensation, la voyelle
finale a été plus fermée que celle du n° 1 ; — n° 3, que l'*a*
initial étant moins ouvert, la voyelle finale est aussi plus
fermée ; — n° 4, que le composé sonore renferme au milieu
un *u* très fermé suivi d'une ouverture labiale ; c'est en
réalité une suite de quatre sons fixes : *a, ô, u, ô*, reliés par
des voyelles transitoires, l'*u* ayant le caractère consonantique.

La figure 486 nous présente la même diphtongue dans
šapyau « chapeau » et dans *fau* « faux ». Les éléments de
l'analyse sont fournis par les mots mêmes du petit dialogue
qui a été inscrit : *kôbyē t kut tô šapyau* « Combien te coûte
ton chapeau »? *sī su* « cinq sous ». — *sé fau. té ē mātü*
« C'est faux. Tu es un menteur. » Il n'a été retranché du tracé
que les silences. Étudions la diphtongue de *šapyau*. Elle
débute par un *a* un peu plus ouvert que celui de *ša*; puis,
après un son de passage, elle arrive à quelque chose de
comparable à *ô*, moins la nasalité, soit un *o* moyen; ensuite
vient un *u* qui est au début un peu plus fermé, à la fin un
peu plus ouvert que l'*u* de *kut*. Il faut lire à peu près en
gros *aôu*, soit : après et avant des sons transitoires de 4 centièmes de seconde chacun, un *à* qui n'a duré qu'un instant,

Fig. 486. (Bo)
Analyse graphique des diphtongues d'après les mouvements des lèvres.
D. Diapason. — S. Souffle; — L. Lèvres (Dispositif, fig. 33).

puis un *o* de 5 centièmes de seconde, enfin un son qui tend vers *ú* (très fermé) pendant 5 centièmes de seconde, pour se relâcher ensuite pendant 8,5 centièmes de seconde.

Le mot *fau* a été prononcé avec énergie. Aussi la diphtongue se trouve modifiée dans le sens d'une fermeture plus grande. Elle commence par un *a* plus fermé que celui de *ă* dans *mătu*. Il faut compter un *a* fermé. Le son arrive assez vite à un *u* un peu moins fermé que celui de *mătu*, qui est un *u* moyen et relâché par suite de sa position à la fin de la phrase; puis vient un *ú*, d'abord très fermé (plus que celui de *sú*), et se terminant en un *u* moyen. Donc à peu près *áóú*, avec de nombreux intermédiaires et une finale relâchée, accidents que l'œil suit aisément sur le tracé.

MACHOIRES

Les mâchoires préparent et facilitent les mouvements de la langue et des lèvres; mais elles ne jouent pas un rôle essentiel dans la production des voyelles puisqu'il est possible de les émettre toutes en tenant les dents serrées. L'écartement des mâchoires varie suivant les pays et aussi suivant les sujets. Sous le beau ciel du midi de la France, pour bien parler, il faut bien béer (*për byëm parlà kal byëm badà*). Dans les rudes vallées de Alpes, au contraire, on s'efforce de parler sans ouvrir la bouche. Enfin, dans une même région, un sujet sain et bien constitué n'aura aucune difficulté à écarter largement les mâchoires; un sujet nerveux les tiendra plutôt rapprochées et comme clouées l'une contre l'autre.

Le maxillaire inférieur exécute deux sortes de mouvements : l'un de haut en bas, l'autre d'arrière en avant. Comme ces mouvements sont visibles et faciles à mesurer

(p. 100 et 283), il est naturel que l'on ait songé à les utiliser comme indice du travail articulatoire.

Merkel note que pour *a* l'intervalle entre les deux incisives est environ de 7 à 8^{mm}, pour *i* de 2 à 2,5 seulement [1].

M. Grandgent (p. 284) s'est servi de l'écartement des mâchoires pour l'analyse de ses voyelles. J'ai renouvelé les mêmes expériences après lui, mais en simplifiant le procédé de mesurage : je me suis contenté d'un simple compas dont je plaçais les branches ouvertes entre les incisives et j'ajoutais au chiffre obtenu 5^{mm}, qui correspondent à l'emboîtement de mes dents supérieures sur les inférieures.

M. Montmitonnet [2] a mesuré les distances horizontales et verticales de la mâchoire inférieure par rapport à la supérieure au moyen d'un viseur dont le point fixe était fourni par les dents d'en haut, chez des sujets parlant le français et le russe : la distance horizontale des dents varierait de 0 à 5 et 6^{mm} pour le français, de 0 à 2^{mm} pour le russe ; la différence verticale serait plus grande encore, les Russes n'ouvrant presque pas la bouche.

Plus tard, en 1896, M. Gallée et M. Zwaardemaker, qui se sont fait une sorte d'obligation de n'explorer les organes que par l'extérieur, ont inscrit le mouvement lui-même des mâchoires. Pour cela, ils ont pris comme point fixe le front, qu'entoure un cercle (cf. fig. 35) portant suspendu un cylindre élastique (cf. fig. 29), auquel vient

---

1. *Anatomie und Physiologie der menschlichen Stimm- und Sprach-Organs*, p. 783.

2. *Mémoires de la Société de linguistique* (1897), t. X, p. 110-121.

s'attacher une pièce fixée sur la mâchoire inférieure (cf. fig. 37). La traction raréfie l'air dans l'appareil, et l'inscription se fait au moyen d'un tambour à levier [1]. M. Eijkman [2] est allé plus loin : il a donné à ces tracés une expression numérique par comparaison avec des écarts connus (cf. p. 152). Pour déterminer ces écarts, il se servait de petits blocs de différentes épaisseurs implantés sur ses canines, et il mesurait au compas la distance des mâchoires, d'une gencive à l'autre.

Je rapproche, à titre de spécimen, dans un même tableau, les mesures relevées par M. Grandgent (G), et par M. Eijkman (E) et par moi (R) pour certaines de nos voyelles.

Les voyelles sont notées phonétiquement d'après la transcription de M. Grandgent pour l'anglais, d'après ma prononciation pour le français, et, pour le hollandais, d'après la prononciation des environs de Namur, M. Eijkman ayant négligé de les définir autrement que par des exemples [3].

L'écartement des mâchoires est exprimé en millimètres. C'est cette seule donnée que je fais entrer dans la composition du tableau. Mais je la considère à deux points de vue différents : comme valeur absolue dans chaque langue et

---

1. *Onderzoeking van het Physiol. Laboratorium der Utrechtsche Hoogeschool*, série V, t. I, fasc. I, et divers articles, entre autres un publié dans *La Voix*, année 1900, p. 18.

2. *Signification des mouvements de la mâchoire en parlant*, dans les Archives Teyler, série II, t. VII, 2ᵉ partie (1900).

3. Un autre Hollandais de Leyde m'a fourni les variantes suivantes : *baat (à)*, *bet (á)*, *biet (ï)*, *bunt (ü)*.

comme valeur proportionnelle dans la comparaison des trois idiomes. La possibilité de l'envisager ainsi apparaît dès qu'on rapproche les unes des autres les mesures expérimentales qui correspondent à des voyelles sensiblement égales. Par exemple en français et en anglais : *a* donne $\frac{20}{7}$, *o* $\frac{13}{4.5}$, *u* $\frac{105}{3.4}$, *ü* $\frac{2}{5}$ soit un rapport environ de 2,857 (= $\frac{20}{7}$); en français et en hollandais : *a* donne de même $\frac{20}{8.75}$, *œ* $\frac{2}{4}$, *u* $\frac{7}{3}$ soit à peu près un rapport de 2,28 (= $\frac{20}{8.75}$). On est donc en droit de supposer entre les autres voyelles des rapports d'autant plus voisins de ceux-ci qu'elles-mêmes se ressemblent davantage. Dès lors, par un artifice de calcul bien simple (en multipliant chaque nombre des deux séries G et E par le rapport observé, 2,857 pour G, 2,28 pour E), je réduis tous les rapports à une expression uniforme qui permet de faire rentrer toutes les voyelles dans une seule échelle, et de les comparer sans peine. Les résultats obtenus sont inscrits dans les deux dernières colonnes.

La lecture du tableau confirme les vues générales qui en ont dirigé la composition. On voit en effet les voyelles non seulement s'échelonner dans les colonnes verticales suivant un ordre qui s'explique de soi, mais encore se grouper sur les lignes horizontales et marquer ainsi elles-mêmes la place qui leur revient dans l'échelle vocalique, par exemple : *å* anglais puis au-dessous *å* hollandais, et *ò* français, l'*e* anglais dans le voisinage de l'*è* français (ce qui explique la difficulté qu'ont les Américains à prononcer notre *é*), etc.

Ce procédé d'analyse deviendrait plus précis encore avec plus d'unité dans l'expérimentation et de sûreté dans la notation phonétique. Mais j'en ai dit assez, j'espère, pour montrer à quel point il est simple et fécond. Il mérite d'être repris et appliqué à un plus grand nombre de langues.

ANGLAIS (G)		HOLLANDAIS (E)		FRANÇAIS (R)		VALEURS proportionnelles	
						G	E
a (bat)	7	â (baat)	8 75	a (il bat)	20	20	20
a (part)	—	é (bijt)	—			—	—
ð (pot)	—					—	
		ă (bat)	8 50	œ (heure)	19		19 44
		ä (kastje)	8 25				18 87
		ð (bout)	—	á (pas)	18		—
å (bought)	6 50						
e (bet)	6	ô (buit)	7 50	é (fête)	17	18 52	
u (hull)	—	å (bat)	7 25	ò (or)	16	17 10	17 13
e (bait)	5 .50			e (périr)	—	—	16 56
				é (chantée)	15	16 67	
i (bit)	5			i (bile)	14	14 28	
œ (hurle)	—			œ (œuf)	—	—	
		é (beet, beer)	5 75				13 18
o (whole)	4 50	v (pot)	5 50	o (votre)	13	12 85	12 58
í (beat)	—	i (bit)	5 25			—	12 »
œ (upper)	—	œ (bepalon)	—			—	—
ó (bout)	4	ó (boot)	4 75			11 42	10 86
		ð (bot)	4 50	ó (côte)	10 50		10 29
ú (book)	3 50			u (boule)	10	9 99	
				í (gîte)	—		
		ó (boor)	4				9 15
		ǽ (beur)	—	œ́ (eux)	9		—
ú (boot)	3			u (boue)	8	8 57	
		ǽ (put)	3 25	u (butte)	—		
		î (biet)	—				7 43
		ä (buut)	3	ú (bue)	7		6 86
		œ (kastje)	2 75				6 28
		ǽ (beur)	2 25				5 14
		ǔ (boet)	—				—

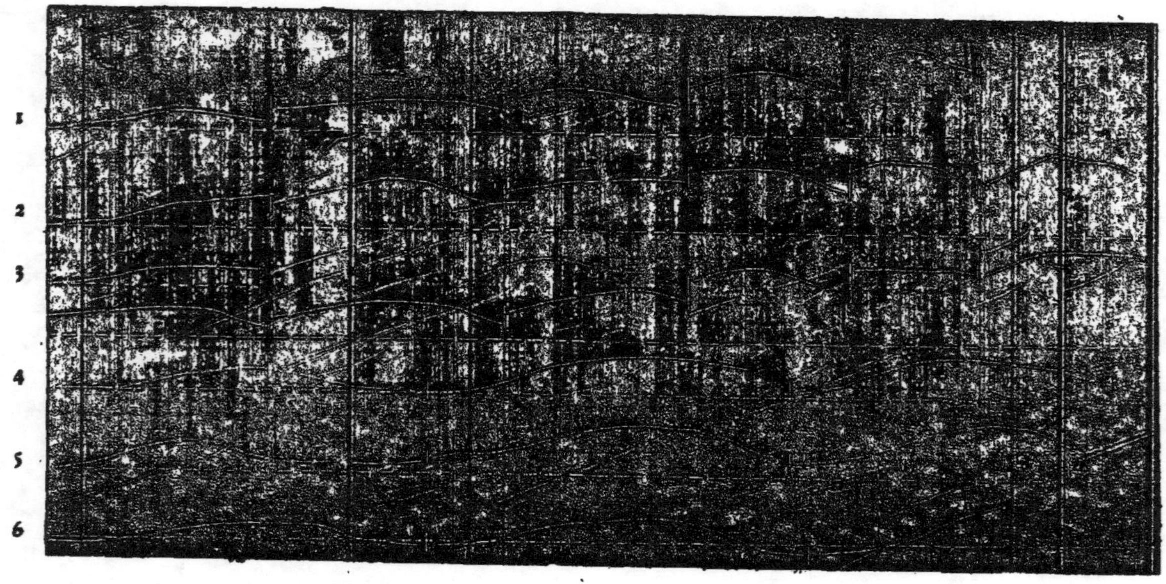

(R)

1. a, è, e, é, i, î. — 2. a, ǽ, æ, ǽ, u, ú. — 3. a, á, ò, o, ó, u, ú.
4. è, ǽ, e. — 5. e, ǽ, é. — 6. é, u, i.

Fig. 487.
Écartement des mâchoires.

Les mouvements des mâchoires sont très faciles à inscrire. Il suffit de mettre entre les deux premières molaires une ampoule assez épaisse et de la relier à un tambour inscripteur sensible aux vibrations : on obtient ainsi les divers degrés d'écartement et les vibrations de la voyelle. Nous avons (fig. 487), les séries : *a è e é i ì* (1), *a ǎ æ ǎ u ù* (2), *a ɑ̀ ɔ o ó u ù* (3) ; les tracés comparatifs de *è ǎ e* (4), *e ǎ é* (5), *é u i* (6). La progression qui se fait dans la fermeture est très claire, ainsi que la relation des voyelles antérieures labiales et non labiales. Complétons ces données par les tracés de l'*u* (fig. 488) et des nasales

u   (R)

Fig. 488.
Écartement des mâchoires.
Le pointillé supérieur marque le point atteint par le tracé de l'*i*.

(fig. 489). Dans ces expériences, l'écartement des mâchoires nous apparaît pour *ǎ* moindre que pour *è* et plus grand que pour *e*. Ainsi en est-il pour *ǎ* et *u* comparés l'un à *e é*, l'autre à *é i*. L'écart est à peu près égal pour *u* et *i*. De même *ǎ* se place plus près de *a* que de *ɑ̀* , *ě* entre *à* et *è*; *æ* est un *ǎ*, *ö* un *ó*.

En rapprochant ces résultats de ceux qui ont été obtenus par d'autres moyens, particulièrement avec le tableau (p. 708), on note quelques variantes qu'il n'est pas inutile d'expliquer. Les uns montrent que l'élévation de la langue n'est pas entièrement sous la dépendance du rapproche-

ment des mâchoires. Les autres (celles du tableau) prouvent
que dans deux expériences faites d'une façon indépendante
et à des époques éloignées, on peut considérer comme

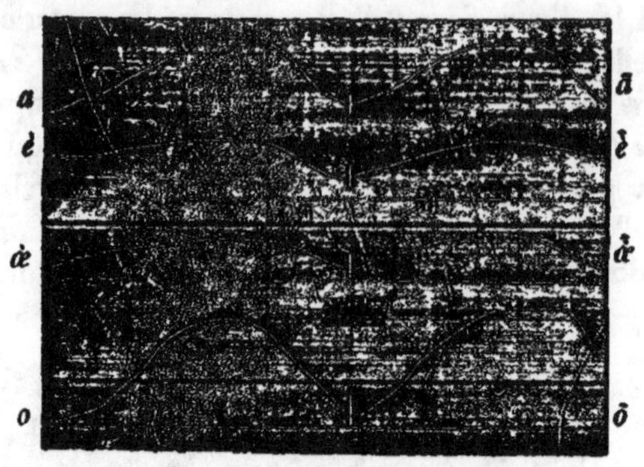

Fig. 489.   (R)
Écartement des mâchoires.
(Diapason de 50 v. d. à la seconde.)

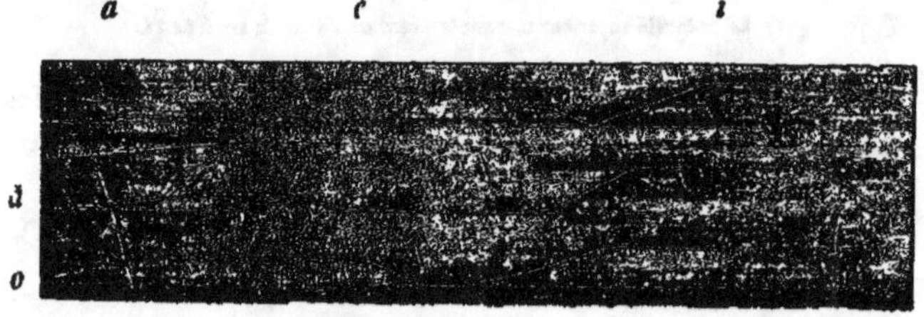

Fig. 490.   (Po)
Écartement des mâchoires pour les voyelles roumaines.

normales des positions légèrement différentes les unes des
autres, c'est que la compensation se fait, dans le cas présent,

très aisément par la langue et les joues. Dans le conflit de deux méthodes, je donnerais la préférence à celle qui est la plus simple et qui exige de la part du sujet le moins de réflexion, c'est-à-dire à cette dernière.

Je termine par le tableau des voyelles principales du roumain (fig. 490).

JOUES.

Les joues forment les parois du résonnateur buccal. Leur rôle dans la distinction des voyelles est difficile à définir. Elles se conforment aux mouvements des mâchoires et des lèvres : se creusant lorsque les mâchoires s'écartent ou que les lèvres s'avancent, s'arrondissant quand les commissures sont reportées en arrière.

VOILE DU PALAIS, PHARYNX

Le voile du palais s'élève, et, obstruant ainsi le passage par le nez, il réduit le résonateur au pharynx et à la bouche ; ou bien il reste abaissé et il accroît de toutes les cavités nasales la chambre de résonance. C'est, on le sait, le principe de la distinction des voyelles en *pures* ou *buccales* et en *nasales* (p. 525 et suivantes).

Là ne se borne pas le rôle du voile. Nous avons déjà vu qu'il change de position pour différentes voyelles (p. 267-268). Mais, en observant de plus près, comme l'a fait sur moi-même M. le Dr Natier, on constate que le voile, ses piliers et la luette se conforment au mouvement général qui prépare les voyelles pures : le voile se soulève plus ou moins, les piliers s'écartent ou se rapprochent, la luette s'avance ou recule.

Quand la bouche est disposée pour *a*, ni la luette, ni les piliers ne se voient, cachés par la langue. Mais, au moment de l'articulation de la voyelle, la moitié postérieure du voile se soulève en se creusant dans la partie médiane, la luette se montre sur une longueur de 3^{mm} et se tient à 3 ou 4^{mm} de la paroi postérieure du pharynx, les piliers restant écartés de 12 à 13^{mm}.

A partir de *a*, et à mesure que l'on avance dans chaque série, le voile s'élève de plus en plus, de *à* à *i*, comme de *è* à *u* et de *á* à *u*, le dôme devenant de plus en plus aigu dans la série *a à è e é i*, s'arrondissant dans les séries *è œ é u* et *á ò o ó u*. Pour *ó*, il forme comme un cul-de-sac, qui s'accentue encore pour *u*. La luette recule à proportion : elle est à 2^{mm} de la paroi du pharynx pour *é*, *è*, *á*; à 1^{mm} pour *é* et semble plus en arrière pour les voyelles plus fermées. Les piliers s'écartent dans la série labiale : séparés par une distance de 12 à 13^{mm} pour *a*, ils sont passés à 15 pour *è* et continuent à s'écarter pour *é* et pour *i*. Au contraire, ils se rapprochent dans les séries labiales : ils ne sont qu'à 10^{mm} pour *á* et continuent à se rapprocher pour *ò o ó u*, *ú*, de même pour *è œ é u*.

C'est sur ce caractère physiologique que s'appuie la dénomination d'*a fermé* donnée à l'*a* de *pas*, par opposition à celui du parisien p*a*rt, le premier supposant, pour l'écartement des piliers qui forment l'isthme du gosier, 10^{mm} seulement, le second 13 ou 14.

La paroi postérieure du pharynx est, elle aussi, animée de mouvements divers. Pour *a*, elle se ride à peine; pour *è*, elle se resserre légèrement par la contraction des fibres transversales. Mais pour *á*, elle se ramasse dans tous les sens, se resserrant et s'élevant à la fois. Chez certains sujets, ces mouvements sont beaucoup plus sensibles encore.

Toutes ces constatations sont assez faciles à faire au moyen d'un abaisse-langue, qui est nécessaire pour toutes les voyelles autres que les *a*. Elles nous laissent assez entendre que le voile du palais et les autres parois du pharynx concourent à la transformation du résonateur sus-glottique.

Un moyen simple d'inscrire d'une façon indirecte les mouvements du voile et du pharynx, c'est de recueillir l'air

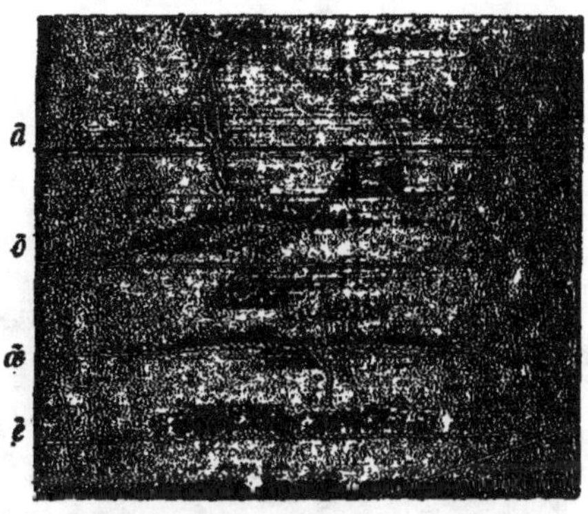

Fig. 491.   (R)

Tracé du souffle sortant par le nez pour les voyelles nasales.

L'élévation de la ligne au-dessus du pointillé marque la quantité d'air qui sort par l'une des narines, l'autre restant ouverte.

que ces organes laissent passer par la voie du nez. En pratiquant l'exploration par une seule narine, on obtient pour les voyelles nasales des tracés très expressifs, par exemple : *ã, õ, œ̃, ɛ̃* français (fig. 491), où les différences dans l'écoulement de l'air, et par conséquent dans l'occlusion pharyngienne, sont très notables. Même on prend sur le fait la

A

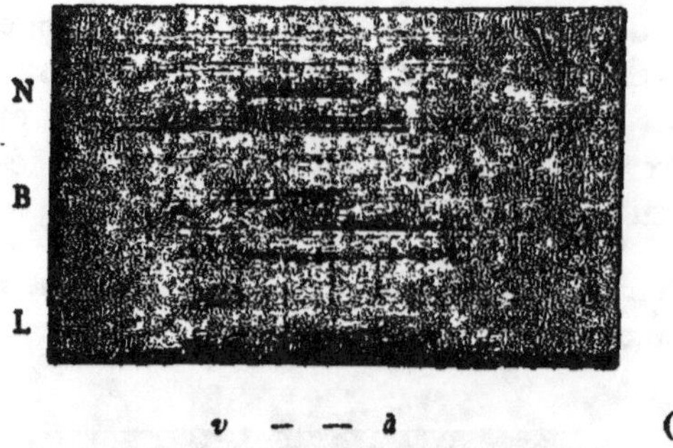

v — — à   (Ro)
(van)

B

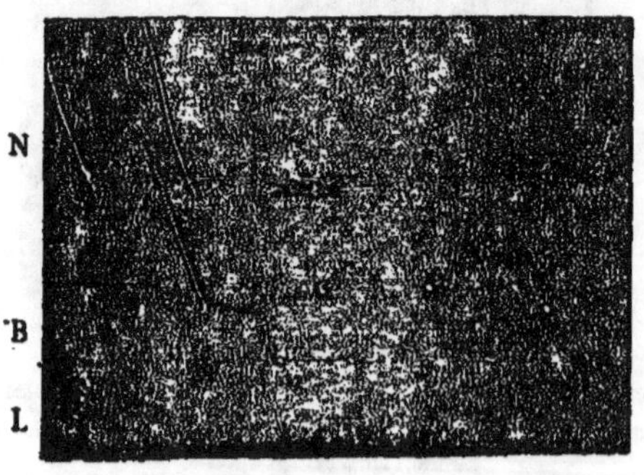

v — — à — —   (Ro)
(vent)

Fig. 492.

Comparaison de la voyelle nasale *à* suivant qu'elle sort de *tannum* (A) ou de
ventum (B).

N. nez. — B. Souffle buccal. — L. Lèvres.
La consonne elle-même est nasalisée.

cause de certaines nuances, comme celle qui existe en
franc-comtois entre les deux nasales de *vă* (*vannum*) et *vă*
(*ventum*) (fig. 492) sensible pour un indigène, mais non
pour un étranger. On constate que le souffle nasal sort
pour le premier *ă* plus lentement et pendant une plus
grande durée, pour le second plus rapidement et pendant
une durée moindre : d'où il est aisé de conclure la position
du voile du palais dans l'une et l'autre articulation.

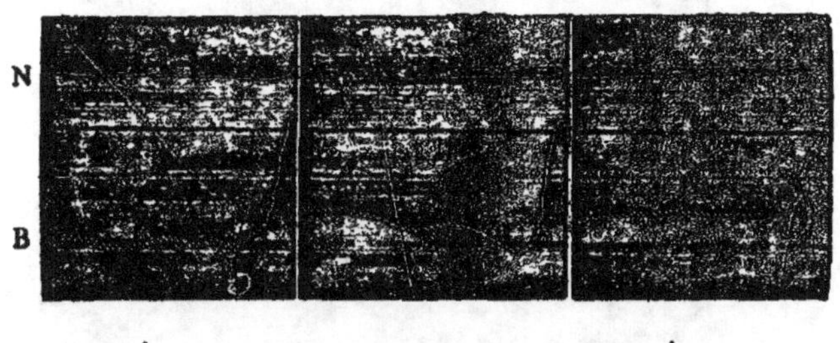

Fig. 493. (B)

Vibrations nasales pendant l'émission de voyelles pures.
N. Nez. — B. Bouche.

Les voyelles pures elles-mêmes s'accompagnent souvent
de résonances nasales et celles-ci varient suivant la nature
des voyelles.

J'en ai déjà dit un mot (p. 287). Or je trouve justement
des tracés qui viennent à l'appui. Chacune des séries de
voyelles pures avait été prise avec l'embouchure et l'olive
nasale dans une narine, l'autre étant ouverte. La ligne du
nez est naturellement toute droite pendant la durée de la
voyelle, sauf à la fin, pour la reprise du mouvement respiratoire ; mais elle est toute couverte de petites vibrations

synchroniques à celles du souffle buccal. Or, dans les trois séries *a è é i í, è œ œ̀ u ú, ò o ó u ú*, on constate nettement que l'amplitude des vibrations buccales va en diminuant, et celle des vibrations nasales en augmentant. Je me contente de reproduire *a e i* (fig. 493). Les intermédiaires se

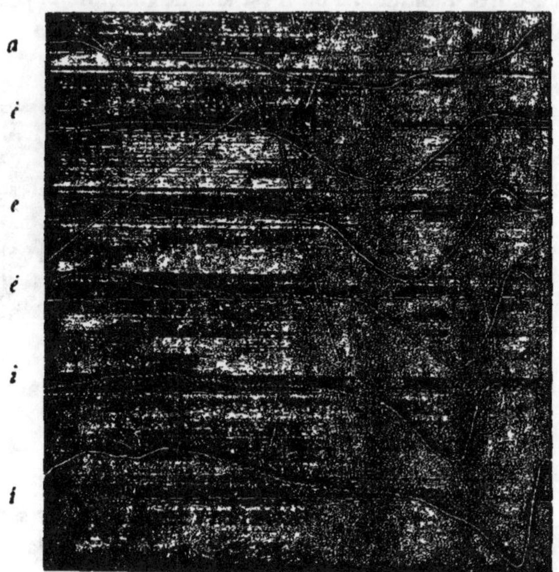

Fig. 494.   (R)

Sortie du souffle par le nez dans les voyelles pures.
(Série antérieure non labiale.)

devineront sans peine. On peut du reste prendre une idée rapide du phénomène : il suffit de prononcer les voyelles en appuyant légèrement les doigts au-dessus des ailes du nez.

Mais c'est dans l'exploration complète du courant d'air,

à l'aide de deux olives, que le degré d'intensité des résonances et la faiblesse graduelle de l'occlusion pharyngienne se montrent d'une façon évidente. Comparez les trois séries de voyelles non nasales *a è e é i ï* (fig. 494), *è œ œ̈ u ü* (fig. 495), *à ò o ó u ú* (fig. 496). L'élévation de la ligne

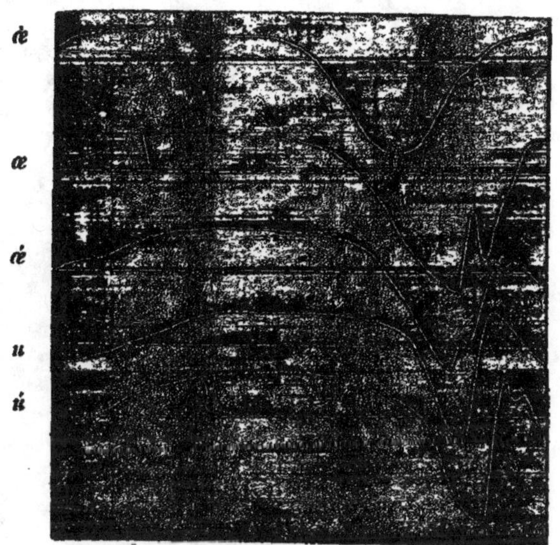

Fig. 495. (R)
Sortie de l'air par le nez dans les voyelles pures.
(Série antérieure labiale.)

nasale au-dessus du pointillé marque la quantité d'air qui est passée entre le voile et les parois du pharynx ; et l'amplitude des vibrations, l'intensité des résonances. Or il résulte de cette comparaison que l'une et l'autre croissent à mesure que l'on s'élève dans chaque série en se rapprochant des voyelles fermées, et que l'on passe de la série non labiale (*a è, etc.*) aux séries labiales (*œ œ... etc., à ò... etc.*). Conviendrait-il d'aller plus loin et de tenter l'inscription

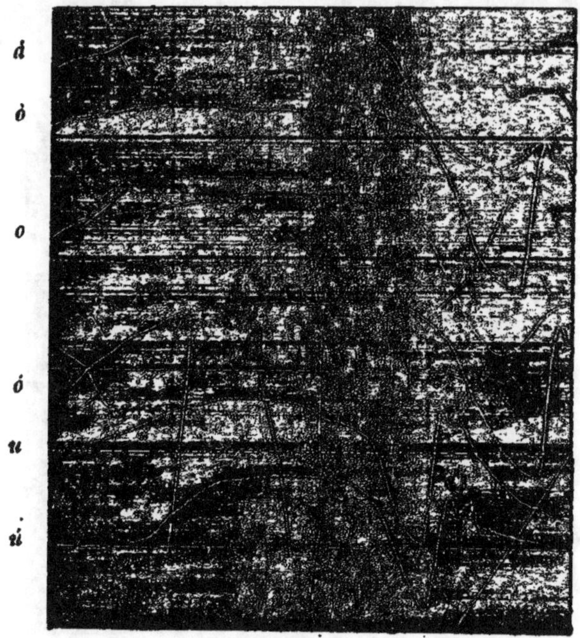

Fig. 496.   (R)

Sortie du souffle par le nez dans les voyelles pures.
(Série postérieure.)

directe (p. 94)? Les résultats enregistrés par M. Weeks, outre qu'ils sont fort pénibles à obtenir, sont vraiment peu encourageants. La méthode n'a rien donné pour les

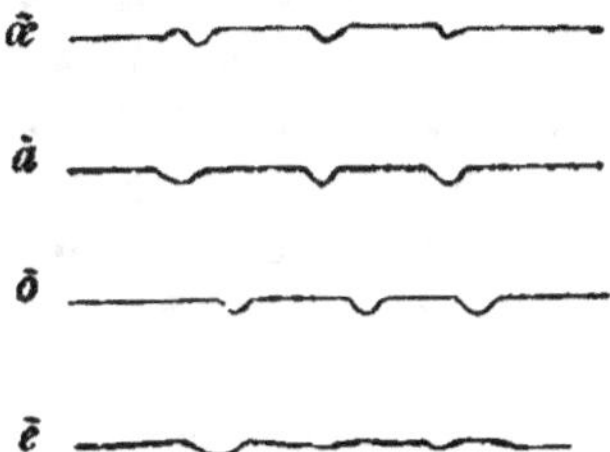

Fig. 497.   (Weeks)

Tracés du voile du palais pour les voyelles nasales françaises *un*, *an*, *on*, *in*,
chacune répétée trois fois.

voyelles anglaises, et les nasales françaises[1] sont seulement
marquées par les tracés que je reproduis (fig. 497).

LARYNX

En voix normale, le larynx donne le son fondamental
sur lequel se groupent les résonances qui constituent le
timbre de chaque voyelle. Mais la vibration du larynx n'est
pas nécessaire pour réveiller les résonances supraglottiques :
les voyelles chuchotées sont reconnaissables; même le
souffle traversant la glotte largement ouverte produit, en
passant dans la bouche disposée pour une voyelle donnée,
un bruit qui se teinte de la nuance de cette voyelle. C'est
donc le résonateur qui fait essentiellement la voyelle et
non le larynx. Mais c'est le larynx qui fait la voyelle
vivante, harmonieuse. Un appareil musical, remplaçant le

---

1. *Studies and notes in Philology and Litterature*, vol. II,
p. 219.

larynx, n'y suffit pas. L'expérience signalée ci-dessus (p. 170) est renouvelée sur le vivant toutes les fois qu'un larynx artificiel est devenu nécessaire. J'ai vu un cas de ce genre. Le malade parlait d'une façon très distincte, et son larynx était formé de deux membranes de caoutchouc[1] !

Toutefois, le fonctionnement du larynx varie assez avec chaque voyelle pour qu'il puisse être invoqué dans une classification.

Quand on observe cet organe en vue du timbre des voyelles, il est nécessaire d'éliminer tous les changements qui n'auraient pour cause que l'intensité ou la hauteur musicale, en émettant chaque voyelle avec une force et sur un ton autant que possible uniformes.

Le larynx dans sa totalité se meut dans les deux sens, vertical et horizontal. D'après les mesures prises sur moi par M. le Dr Natier, la position moyenne est celle de l'*a*; de là jusqu'à *u* le larynx s'abaisse, et jusqu'à *i*, il s'élève. La position de repos étant *zéro*, on a successivement : *u* 4^{mm}, *u* 6, *ô* 7, *o* 8, *ô* 9, *à* 10; — *a* 11; — *à* 12, *è* 12,5, *e* 13, *é* 14, *i* 15, *i* 17. Cette élévation progressive du larynx répond à la division des voyelles en *graves* et *aiguës*. Sont graves : *u*, *ô*, *à*, *è*, *i*; aiguës : *u*, *ô*, *à*, *é*, *i*, les notes caractéristiques des premières voyelles étant respectivement moins aiguës que celles des secondes. Les voyelles *o*, *a*, *e* restent moyennes. Quant à *i* et *u*, rien n'empêche de les considérer aussi comme moyens. La série antérieure labiale ne cadre pas exactement avec la série non labiale : le larynx descend plus bas et monte plus haut. Ainsi nous avons : *œ* 9^{mm}, *œ* 12, *œ* 13, *u* 17, *u* 19. Les nasales présentent les

---

1. *La Parole*, année 1902, n° 2.

égalités suivantes : *ã* = *å*, *õ* = *o*, *è* = *é*, *œ* = *ĕ*. Nous reviendrons sur la distinction des voyelles en *graves* et *aiguës*, p. 740.

La projection du larynx dans le sens horizontal s'accorde exactement avec la division en trois séries que nous avons établie dès l'abord. Elle est de 3ᵐᵐ de l'*å* à l'*i*, de l'*a* à l'*u*, de 4ᵐᵐ de l'*å* à l'*u*, le point de repos étant *zéro*, les *a* à 2ᵐᵐ, *i u* à 5, *u* à 6; les autres voyelles se partagent à peu près également la distance intermédiaire.

L'élévation du larynx se constate également par l'intérieur. Ainsi l'épiglotte, qui n'apparaît chez moi qu'avec *ò*, 1ᵐᵐ au-dessus du point de repos, monte successivement : à 2ᵐᵐ, *a* 3, *å* 5, *è* 7, *e* 9, *é* 10, *i* 12; — *ĕ* 5, *œ* 6, *ĕ* 7, *u* 8, *u* 9. Ces chiffres, si l'on tient compte de l'abaissement de l'épiglotte pour les voyelles fermées, concordent avec ceux de l'élévation du larynx pris extérieurement. De même aussi, les bandes ventriculaires, invisibles pour *a*, se découvrent chez moi de 1/4 pour *è*, des 2/3 pour *é*, des 3/4 pour *i*. Chez un autre sujet, montrant mieux son larynx, les cordes vocales se découvrent graduellement : pour *è* sur une longueur de 5ᵐᵐ, pour *é* de 10, pour *i* de 15; — pour *ĕ* de 4, pour *ĕ* de 9.

Chacune des parties observables du larynx change de forme pour chaque voyelle, et nous ramène à nos trois séries. L'épiglotte, observée par M. le Dʳ Natier chez un sujet qui s'efforçait de dire toutes les voyelles sur le même ton et avec une égale intensité, a paru s'étaler sur la base de la langue pour les voyelles ouvertes (les *a*), puis s'en séparer progressivement en formant avec elle un angle d'autant moins aigu, et se repliant d'autant plus par les bords que, dans chaque série, la voyelle était plus fermée. L'angle est aigu pour *é*, s'ouvre pour *è*, et prend pour *i* la forme d'un *u*, (cf. fig. 94 et 99), qui devient plus net encore pour *i*, quoique la base de la langue soit rejetée en arrière. La correspondance des deux séries antérieures diffère un peu de celle que nous avons reconnue d'après les mouvements de la langue, la contraction étant respectivement plus considérable dans les labiales : *œ* se rapproche de *é*; *œ* de *i*; les bords de l'épiglotte sont plus repliés pour *u u* que pour *i i*. Même observation pour les voyelles postérieures : *ò*, on sent une légère tendance des bords à se replier sur eux-mêmes; — *ô*, l'angle est semblable à celui de l'*é*; — *u*, l'angle s'ouvre beaucoup et l'épiglotte se creuse nettement en forme de tuile; — *u*, l'angle s'agrandit encore et les bords continuent à se rapprocher.

En conséquence, l'épiglotte se redresse sur sa base pour *a*, puis il s'abaisse légèrement pour les voyelles antérieures non labiales, d'une façon très sensible pour les autres séries. Voici les rapports que M. le Dr Natier a cru pouvoir mesurer. Position de repos, *zéro*; — *a* 11^mm, *é* 10, *è* 9; — *œ* 7, *œ* 6, *œ u u* 5; — *à* 10, *ò* 9, *ó* 8, *u* 7, *u* 5.

Les bandes ventriculaires, ou cordes vocales supérieures, sont écartées pour les voyelles ouvertes, rapprochées pour les voyelles fermées, ce qui donne à l'orifice supérieur du ventricule l'aspect d'un cercle pour les premières, d'une ellipse qui s'allonge progressivement pour les secondes. De plus, en même temps qu'elles se rapprochent, les bandes se contractent et s'arrondissent dans leur épaisseur. Chez moi, elles se montrent bien pour *é e é i, œ œ œ u*, et les mouvements de fermeture progressive et de contraction se voient très clairement. Noter que pour *œ* l'orifice parait plus fermé que pour *è* chez un autre sujet mieux disposé, qui permet de voir très nettement ce qui se passe pour *i i, u u, u. u*, confirmant ce qui avait été déjà reconnu chez moi.

Quant aux cordes vocales proprement dites et à la glotte qu'elles circonscrivent, il est facile de constater qu'elles n'ont ni le même aspect ni la même position pour les différentes voyelles. Sur une femme habituée à montrer son larynx et à qui j'avais préalablement appris à dire les voyelles sur le même ton et avec une intensité égale, M. le Dr Natier a vu : 1° que la fente de la glotte est linéaire pour *é, è, æ*, fusiforme pour *e*, ovalaire pour *i*; 2° que les cordes vocales sont légèrement écartées pour *é*, un peu plus pour *é*, plus encore pour *i*; 3° enfin que les rubans vocaux, plats pour les autres voyelles, se ramassent sur eux-mêmes, et prennent la forme de cordes pour *i*. Deux autres sujets, qui laissent très bien voir leur larynx, ont montré plus clairement encore que les rubans vocaux se contractent à mesure que l'on s'élève dans les séries *a é é i, è æ u* et *ò ó u* : les bords, d'abord étalés, s'arrondissent progressivement, et la fente glottique s'élargit de même, soit en forme de fuseau, soit parallèlement, suivant que le ton est plus ou moins grave.

Tous ces mouvements, qu'il est assez facile de suivre et même de mesurer de l'œil, échappent, sauf ceux de projection et d'élévation, à un appareil inscripteur.

L'avancement ou le recul du larynx s'inscrit aisément par le seul fait que le cartilage thyroïde exerce une pression variable sur la membrane de la capsule exploratrice.

L'élévation et l'abaissement demandent, pour être pris d'une façon correcte, certaines précautions. Il est à craindre, en effet, que la base de la langue, qui s'abaisse dans la voix haute pour les voyelles fermées (p. 675), n'entraîne dans son mouvement la capsule appliquée sur le thyroïde.

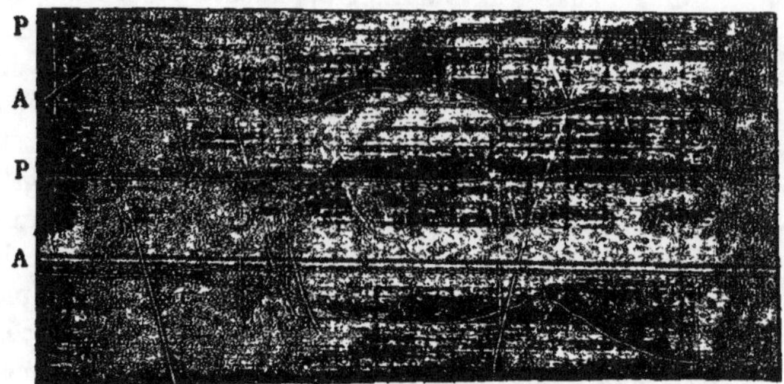

Fig. 498. (Ri)

Abaissement du larynx dans la série

i é á ò ó u

(Appareil, fig. 40, modifié).

P. Projection. La capsule étant très petite, le déplacement est presque nul.
A. Abaissement. Le degré d'abaissement se mesure sur la ligne pointillée qui marque
une position fixe.

Fig. 499. (Ri)

Projection du larynx en avant pour les voyelles *á ò ú ù*.
(Capsule laryngienne).
Les lignes pointillées répondent à une position fixe, la même pour tous les tracés.

Les expériences que j'ai eu à renouveler m'ont amené à modifier l'explorateur (fig. 40). J'en reparlerai dans un

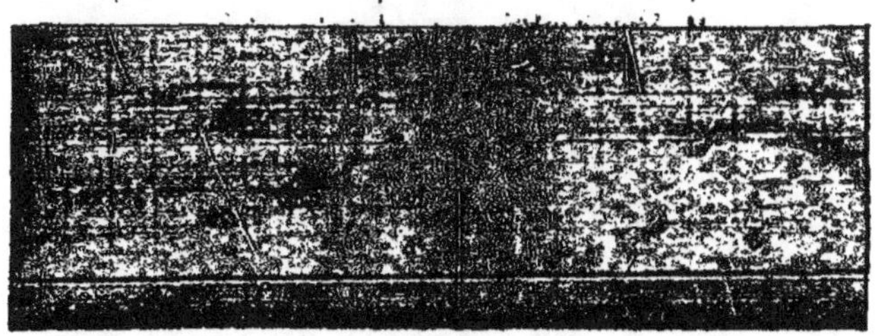

Fig. 500.   (P)

Projection du larynx pour les voyelles roumaines.

Même disposition que fig. 499.

appendice. Disons tout de suite que la capsule exploratrice doit être toute petite pour n'être pas influencée par la langue.

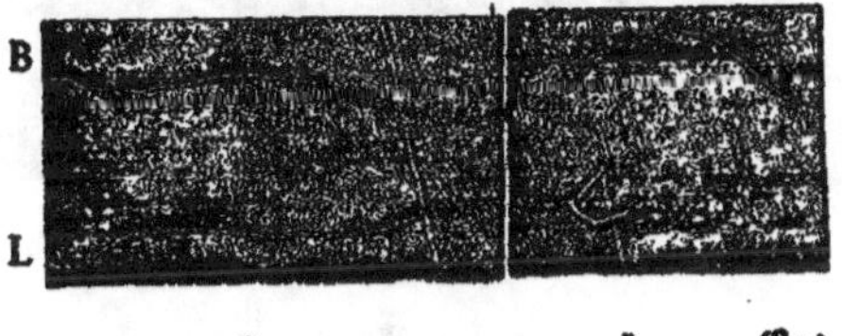

(Sp.)

Fig. 501.

Larynx pour les voyelles alsaciennes *é* et *è*.

B. Souffle. — L. Larynx.

La projection est marquée par l'élévation de ligne (L), le relâchement par son abaissement.

Nous avons l'abaissement progressif du larynx pour *i é à ò ó u* (fig. 498), et sa projection en avant (fig. 499 et 500).

Les mouvements verticaux du larynx pourront être utilisés sans doute dans l'analyse de certaines voyelles,

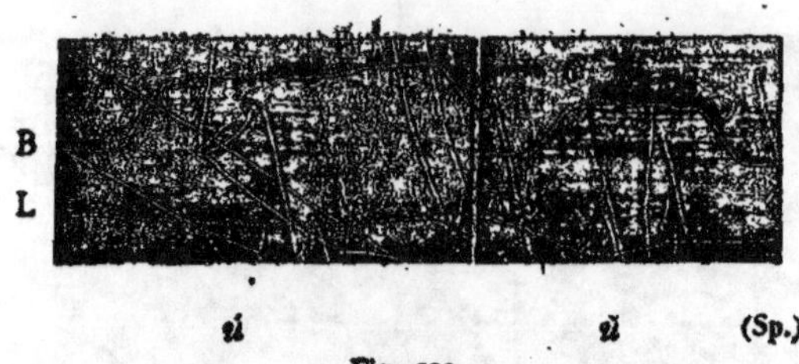

Fig. 502.

Larynx pour les voyelles alsaciennnes *ü* et *ü*.

B. Souffle. — L. Larynx.

Le relâchement pour *ü* est très sensible.

Fig. 503.

Larynx dans la diphtongue alsacienne *ai*.

N. Nez. — B. Bouche. — L. Larynx.

Le larynx s'avance progressivement depuis le commencement de l'*a* jusqu'à *i*; puis il se relâche.

La ligne du nez ne donne rien.

quand on disposera d'un instrument commode pour les enregistrer. Pour le moment, je n'ai qu'un seul fait très

Fig. 504.   (Sp.)

Larynx dans la diphtongue alsacienne *àî*.

N. Nez. — B. Bouche. — L. Larynx.

Le larynx exécute le même mouvement que dans *aı* (fig. 503).
La nasalité (N) est fort intéressante.

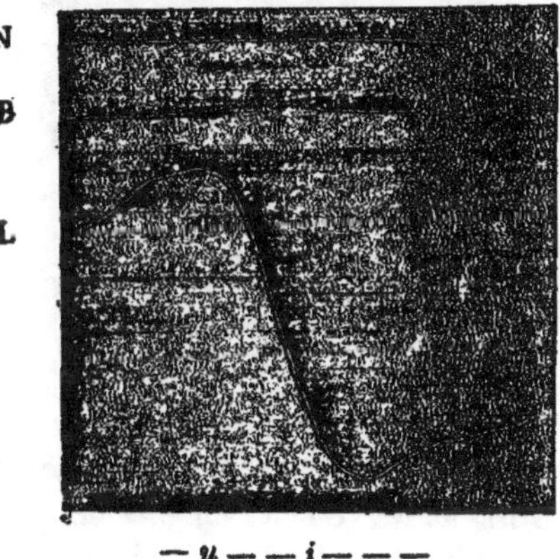

Fig. 505.   (Sp.)

Larynx dans la diphtongue alsacienne *uî*.

N. Nez. — B. Bouche. — L. Larynx.

Le larynx se relâche pour
Le nez ne donne rien.

intéressant à signaler : c'est que, d'après le degré d'élévation du larynx, l'*u* roumain (Po.) se place entre *a* et *e*. On songe naturellement que l'*u* latin, pour arriver à l'*u* français, a dû passer par cette étape, et l'on se demande si l'*u* roumain n'est pas en train d'opérer une semblable évolution.

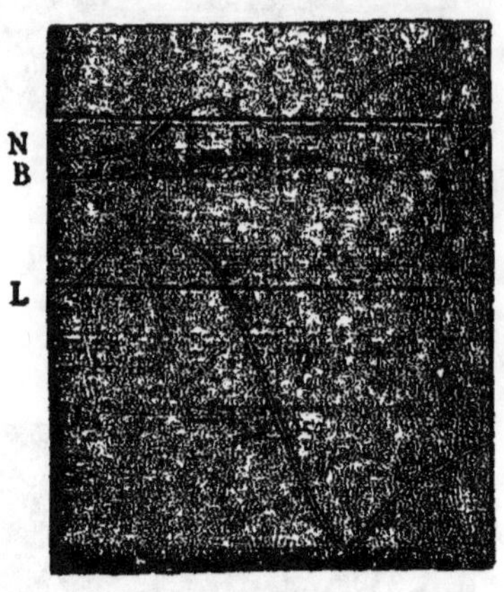

Fig. 506.　　　　　　　　(Sp.)

Larynx dans la diphtongue alsacienne *üï*.

N. Nez. — B. Bouche. — L. Larynx.

Le larynx se comporte comme dans *üi* (fig. 439).

Le simple mouvement de projection donne d'utiles indications. Ainsi dans les voyelles alsaciennes, il nous permet de distinguer les voyelles longues des brèves, et nous montre que celles-ci sont très relâchées : *é* et *è* (fig. 501), *u* et *ü* (fig. 502). Pour les diphtongues, nous pouvons isoler à peu près sûrement chacune des voyelles, par exemple : dans *ai* (fig. 503), *ä* (fig. 504), *ui* (fig. 505) et *üi* (fig. 506).

Est-il possible que le larynx soit ainsi soulevé ou abaissé, porté en avant ou rejeté en arrière sans subir en son fonctionnement intérieur aucune modification ? On pourrait le supposer d'une caisse à parois rigides et insensibles à la poussée comme à la traction, suspendue par des points solides. Mais ce n'est pas le cas pour le larynx. (Voir p. 244-250, 256.) Il est donc naturel que la forme de la glotte elle-même change, comme nous l'avons vu, avec le travail articulatoire.

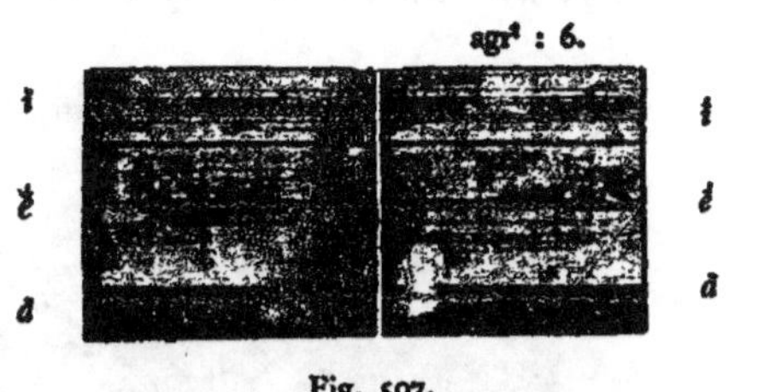

Fig. 507. (Co)

Vibrations du larynx pour différentes voyelles (Capsule laryngienne).

D'où à conclure une différence dans la forme de la vibration, il n y a qu'un pas. J'ai déjà introduit la question (p. 523), mais sans m'y arrêter ; et je me suis contenté de reproduire quelques expériences qui montrent bien que le mouvement vibratoire du larynx n'est pas toujours uniforme. Aujourd'hui, je puis y revenir avec des faits nouveaux. Voici d'abord des tracés que j'emprunte à d'anciennes expériences sur les voyelles flamandes. Les uns (fig. 507) représentent i i, e e, a a inscrits à la vitesse moyenne du cylindre et agrandis 6 fois : ils laissent voir entre chaque voyelle des différences assez sensibles. Les autres (fig. 508) permettent la comparaison de la période telle qu'elle a été recueillie dans la colonne d'air au sortir de la bouche te telle que l'a saisie la capsule laryngienne sur le cartilage thyroïde. On remarquera la ressemblance de forme qui existe entre les deux tracés. La vibration laryngienne ne nous apparaît donc pas comme celle d'un son simple. Mais aurait-elle été déjà modifiée par les résonances de la bouche se propageant par les tissus? Je me le suis demandé un instant, et je l'ai craint. Mais le doute, après de nouvelles recherches, n'est presque plus possible. Les tracés mentionnés plus haut que je n'avais recueillis que dans des conditions exceptionnelles sur des larynx très proéminents, et

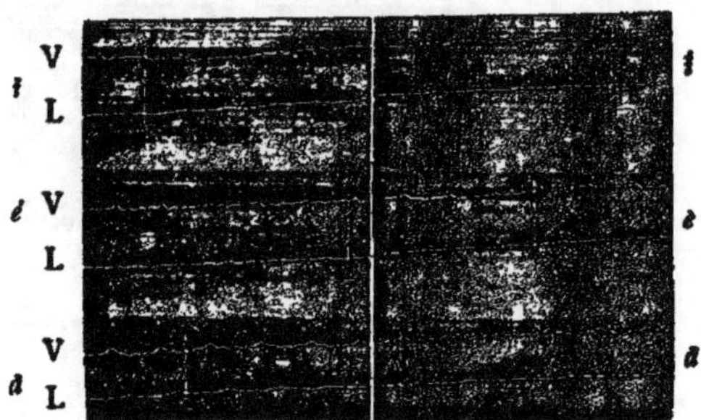

Fig. 508.   (Co)

Vibrations du larynx comparées à celles de la voix dans différentes voyelles
(Capsule laryngienne).

grâce à des tambours inscripteurs que le hasard avait rendus propres à cet usage, je les obtiens aujourd'hui sans peine et à coup sûr, si bien que la forme de la vibration laryngienne, quand la capsule emboîte bien le larynx, se montre constamment caractéristique de la voyelle et reproduit d'une façon atténuée, mais très nette, la période même prise dans la colonne d'air sortant par la bouche. Je dois ce nouveau progrès à mes petits tambours inscripteurs. (Voir l'Appen-

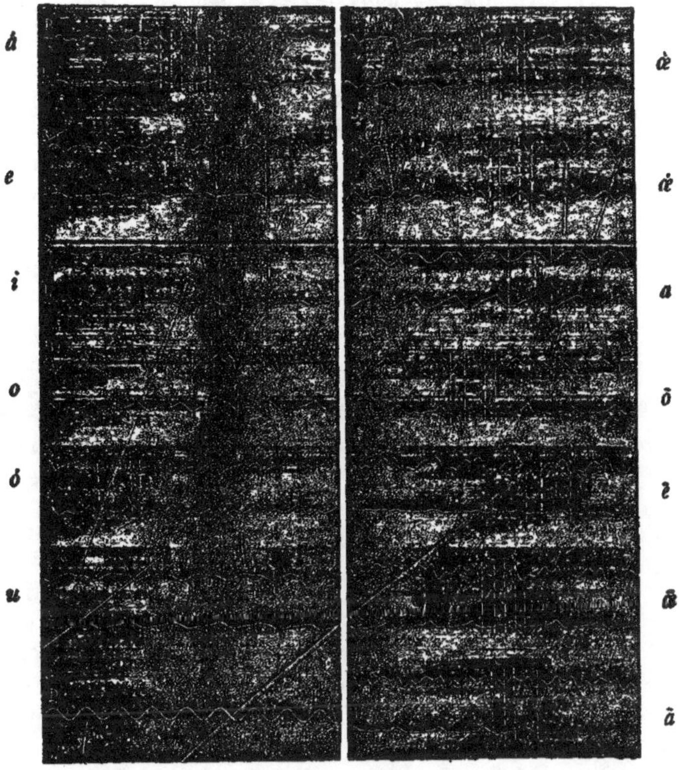

Fig. 509. (Ri)

Comparaison des tracés du larynx avec ceux du souffle dans les voyelles.

B. Souffle buccal. — L. Larynx. — D. Diapason de 200 v. d.

Les lignes pointillées, établissant le synchronisme entre les diverses parties de la période pour le souffle et le larynx, permettent une comparaison rigoureuse.

L'amplitude des vibrations est comparable pour toutes les voyelles, sauf pour *i*, qui a dû être inscrit avec une intensité moindre.

dice.) Ceux dont je me suis servi pour ces expériences ont 15^{mm} de largeur de cuvette, 1^{mm} de profondeur, 6^{mm} et 131^{mm} comme longueurs de bras de levier. Ils sont montés d'une façon à peu près égale : en les remplaçant l'un par l'autre, on ne voit pas de différence dans les tracés. Le premier inscrivait les vibrations du larynx ; le second, la colonne d'air. Or la ressemblance des deux tracés est frappante (fig. 509). On distingue clairement, à l'œil, dans celui du larynx les harmoniques graves qui ont été renforcées par la bouche. L'accord est d'autant plus apparent que les sinuosités sont plus amples et plus découpées. On pourrait remarquer, en outre, comme on en jugera mieux

Fig. 510. (Ri)

Comparaison de l'amplitude des vibrations du larynx dans la série *a é i*.

du reste par la figure 510, que les vibrations du larynx croissent en amplitude à mesure que la voyelle est plus élevée dans les séries *a-é*, *a-u* et *a-i*. L'*i* est produit par des vibrations laryngiennes si intenses qu'aucun des *i* enregistrés en même temps et avec la même intensité voulue que les autres voyelles n'a pu être utilisé. Il a fallu l'inscrire à part en modérant la voix.

Donc, bien que l'on puisse expérimentalement reproduire à peu près les différentes voyelles avec un même composé sonore, nous devons admettre que la voyelle existe déjà dans la vibration laryngienne, et que les cordes

vocales elles-mêmes, en suivant les contractions articulatoires du résonateur sus-glottique, peuvent aussi servir de
base pour une classification.

Et en effet nous retrouvons dans les tracés du larynx, bien
pris, des indications suffisantes : pour suivre les variations
subies par le timbre d'une voyelle au cours de son émission
(fig. 511), suivant qu'on la considère pendant la tension,

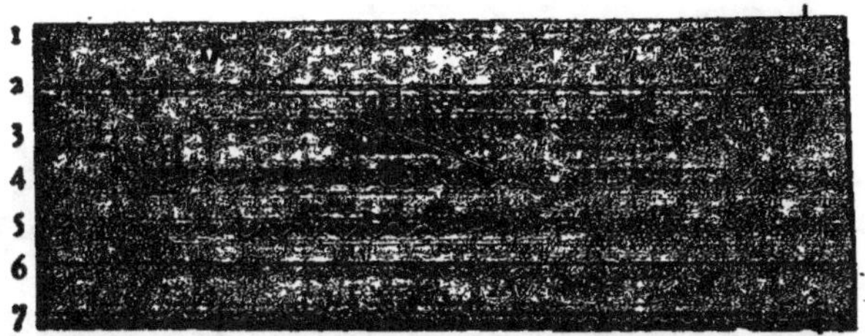

Fig. 511.   (Ri)

Vibrations du larynx pour les syllabes *ogé* un rouergat.

o : 1re, 2e lignes et première moitié de la 3e.
g : deuxième moitié de la 3e ligne, et commencement de la 4e.
é : le reste des tracés (4e, 5e, 6e et 7e lignes).
La tension de l'*o* (début de la 1re ligne) et la détente de l'*é* (6e et 7e lignes) se reconnaissent
à la simplification du tracé.

On peut suivre période par période les diverses transformations des voyelles : par exemple,
voir (1re ligne) comment la période de l'*o*, composée au début de la tenue de 4 sinuosités, se
réduit à 3 par l'union des deux dernières ; comment, d'autre part, la période de l'*é*, à la
détente (6e ligne), se réduit de 3 sinuosités à 2 par la confusion progressive des deux
premières.
La consonne (3e et 4e lignes) se distingue par la simplicité de sa période.
Le passage de la voyelle *o* à la consonne et de celle-ci à *é* se reconnaît dans le premier cas
à la diminution, dans le second à l'accroissement de plus en plus accentué de l'amplitude des
sinuosités secondaires de chaque période. Comparer l'*é* dans ce mot avec l'*é* isolé (fig. 511).

la tenue ou la détente ; pour reconnaître la limite qui sépare
une voyelle d'une consonne sonore (fig. 511) ; pour isoler
les voyelles contenues dans les diphtongues et même les
distinguer des semi-voyelles (fig. 512).

La possibilité d'analyser les diphtongues par le larynx
seul est démontrée par l'accord de ses tracés avec ceux

Fig. 512.   (Ri)

Vibrations du larynx.

Une diphtongue et deux voyelles.

üo. — L'o s'annonce déjà à la 10ᵉ période, il ne devient net qu'après quelques périodes.

Comparer cet *o* avec celui qui est placé au-dessous et qui a été prononcé isolément.
i. Le comparer avec celui de la figure précédente.

D. Diapason de 200 v. d. — Il donne aussi l'échelle pour la figure 512.

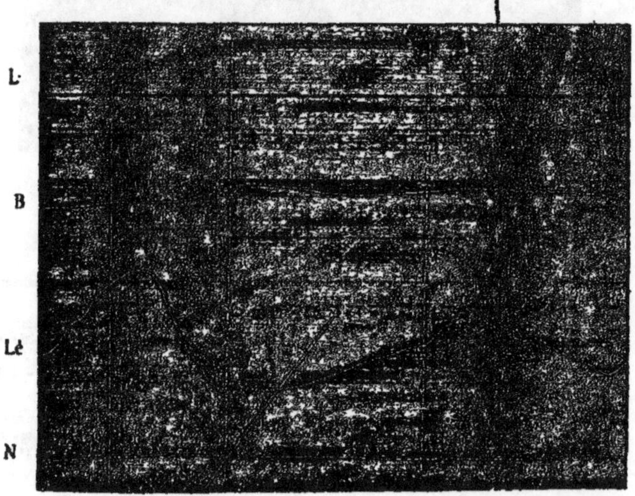

Fig. 513.   (Ri)

Triphtongue *woy*

L. Larynx. — B. Souffle buccal. — Lè. Lèvres. — N. Nez.

Le *w* sonore est précédé d'une émission d'air sourd. Il se termine à la 2ᵉ ligne pointillée.

L'*o* commence à la 2ᵉ ligne pointillée. — Remarquer la forme des vibrations du larynx. — La résonance nasale est moins forte que pour les deux semi-voyelles w et y.

L'*y* commence à la 3ᵉ ligne pointillée. — Comparer les vibrations du larynx avec celles du *o* Le début du y est clair dans les quatre tracés.

Fig. 514.

Diphtongues roumaines : 1. *io*, — 2. *oi*, d'après les vibrations du larynx (L.) et les mouvements de la langue (La).

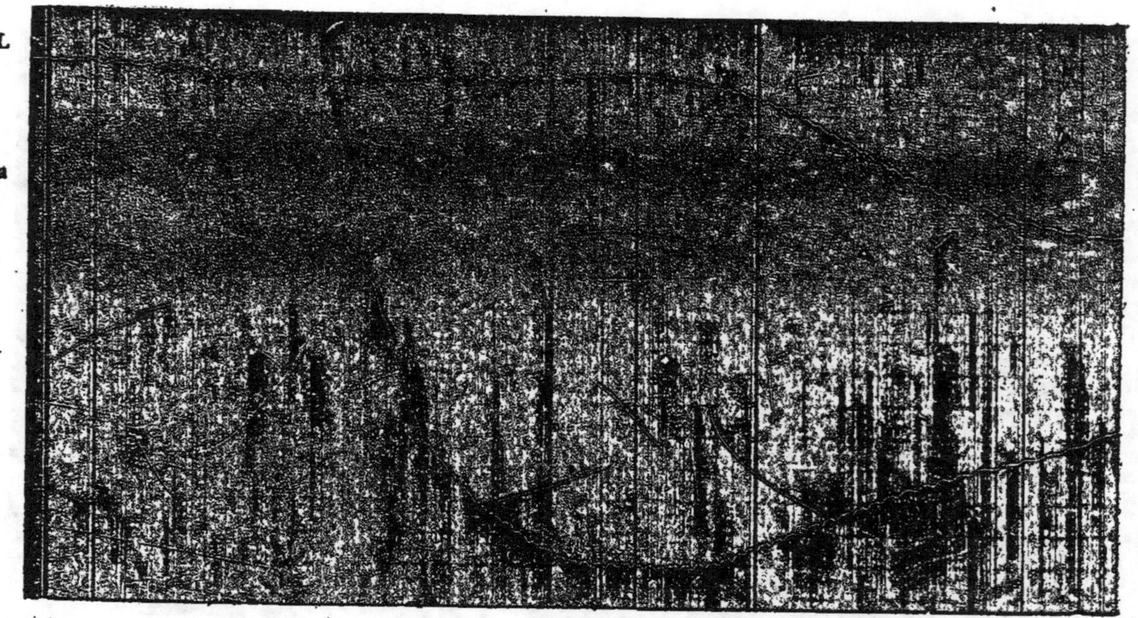

Fig. 515.
Diphtongue norvégienne *yo*, d'après les vibrations du larynx (L) et les mouvements de la langue (La)

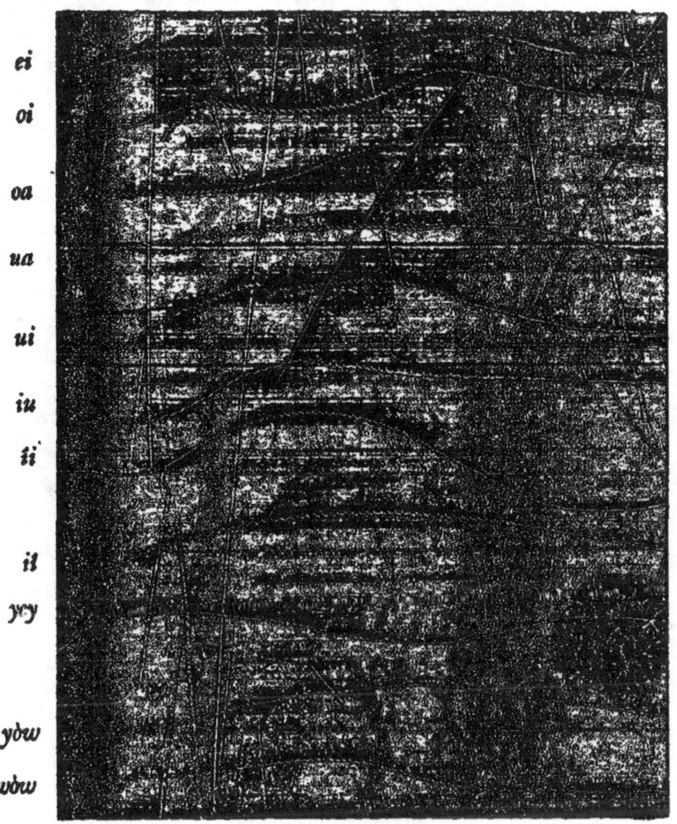

Fig. 516.

Diphtongues roumaines *si*, *oi*, *oa*, *ua*, *ui*, *iu*, *ii*, *ii* (Po) et triphtongues rouergates
yɛy, *yɔw*, *wow* (Ri), d'après les seules vibrations du larynx.

du souffle, de l'organe articulateur (lèvres ou langue), et, chez certains sujets, même du nez. C'est ce qui peut se voir (fig. 513) pour la triphtongue rouergate *woy*, où les deux semi-voyelles *w* et *y* se distinguent très bien sur les lignes de la bouche, des lèvres et du nez, en même temps qu'elles correspondent à une forme toute particulière des vibrations du larynx. Mais, comme le tracé est petit, il m'a paru nécessaire de donner (fig. 514 et 515) des agrandissements tels que les caractéristiques de la voyelle et de la semi-voyelle sautent aux yeux. Les verticales pointillées marquent le début de la voyelle qui concorde avec l'apparition des sinuosités secondaires de la période et le commencement du mouvement articulatoire de la voyelle. On remarquera que la semi-voyelle est caractérisée par des périodes relativement simples. (Comparez p. 404-410.)

Ce caractère une fois reconnu, on distinguera aisément (fig. 516) les diphtongues et les triphtongues ne contenant que des voyelles comme *ei, oi, oa, ua, ui, ti* en roumain de celles qui renferment une semi-voyelle plus ou moins longue, comme *iu, it* en roumain, *yey, yòw, wow* en rouergat.

ENSEMBLE DES CAVITÉS SUS-GLOTTIQUE

(Résonance caractéristique. — Notes composantes. — Régime du souffle.)

Les cavités sus-glottiques sont suffisamment déterminées par les résonances, surtout celle qu'elles renforcent le plus, et par la forme qu'elles imposent au courant d'air phonateur.

C'est à trouver la résonance propre ou note caractéristique des voyelles que les physiciens se sont appliqués, dans l'espoir d'en définir le timbre (p. 176 et suivantes).

La hauteur de la résonance propre a servi de base à une nouvelle classification. De ce chef, les voyelles se distinguent en *graves* et en *aiguës*.

La concordance entre cette nouvelle classification et celles que nous avons établies est la suivante :

$$\begin{aligned}
\textit{ú} \text{ grave} &= \textit{ú} \text{ fermé} \\
\textit{o} \text{ grave} &= \textit{ó} \text{ fermé} \\
\textit{u} \text{ aigu} &= \textit{ú} \text{ ouvert} \\
\textit{o} \text{ aigu} &= \textit{ò} \text{ ouvert}
\end{aligned}$$

mais :

$$\left. \begin{matrix} \textit{i} \\ \textit{u} \end{matrix} \right\} \text{graves} = \left. \begin{matrix} \textit{i} \\ \textit{ú} \end{matrix} \right\} \text{ouverts}$$

$$\left. \begin{matrix} \textit{é} \\ \textit{æ} \end{matrix} \right\} \text{graves} = \left. \begin{matrix} \textit{é} \\ \textit{æ} \end{matrix} \right\} \text{ouverts}$$

$$\left. \begin{matrix} \textit{i} \\ \textit{u} \end{matrix} \right\} \text{aigus} = \left. \begin{matrix} \textit{i} \\ \textit{ú} \end{matrix} \right\} \text{fermés}$$

$$\left. \begin{matrix} \textit{é} \\ \textit{æ} \end{matrix} \right\} \text{aigus} = \left. \begin{matrix} \textit{é} \\ \textit{æ} \end{matrix} \right\} \text{fermés}$$

Laissant de côté les *a*, sur lesquels nous reviendrons, nous sommes encore ici en présence de deux séries distinctes: l'une où la voyelle fermée est grave, et la voyelle ouverte, aiguë ; l'autre où la voyelle fermée est aiguë et la voyelle fermée, grave.

Or, pourquoi ce renversement? Je l'ai déjà constaté il y a une douzaine d'années[1], mais sans le comprendre. J'y ai pensé quelquefois depuis, et c'est seulement en écrivant ces lignes que l'explication s'en est présentée à mon esprit. La figure 196 nous rend visible pour *u*, au fur et à mesure que le ton s'élève, un harmonique aigu qui n'est pas indi-

---

1. *Les Modifications phonétiques du langage*, p. 32.

qué par la théorie et qui doit exister à côté de l'harmonique grave. Généralisons cette idée et accordons deux
résonances principales aux voyelles *u, o, i u, é œ̆, è œ̆*,
l'une *aiguë* au point d'articulation, là où l'organe est rétréci,
l'autre *grave*, soit en avant, soit en arrière de ce point :
et l'accord sera parfait. Pour les voyelles postérieures, la
résonance grave, se produisant en avant, sera dominante,
et la résonance aiguë échappera à l'observateur; pour les
voyelles antérieures, au contraire, c'est la résonance aiguë
qui se fera le plus sentir et qui pourra masquer la résonance grave. Nous aurons ainsi deux résonances, dont
l'une s'élève dans l'échelle musicale à mesure que l'autre
descend. Et, si j'appelle principale celle qui prend naissance au point d'articulation, secondaire celle qui l'accompagne, je dirai que l'on a caractérisé la série *postérieure* par
la résonance *secondaire*, et la série *antérieure* par la *principale* : d'où la contradiction qui résulte d'une observation
incomplète, mais qui n'existe point dans la nature. Cette
manière de voir trouve un appui dans des constatations
partielles faites antérieurement. Une double résonance a
été reconnue pour *é, i* par Donders (p. 180), pour *é, è, i, œ̆,
u* par Helmholtz (p. 182), pour *e* et *u* par M. Hermann
(p. 216). Moi-même, j'ai noté plusieurs fois la présence
d'un son aigu là où l'on s'attendait à n'en trouver que
de graves, par exemple, au début et à la fin des voyelles
(p. 363-364, 406), alors que l'organe est le plus resserré,
et dans les consonnes. Enfin, j'ai une nouvelle preuve dans
mes observations récentes sur le champ auditif des personnes qui ont subi une diminution de l'ouïe dans les
notes graves. Toutes confondent, à des distances variables
suivant l'altération de leur organe, les voyelles fermées, *ou*
(*u*) avec *u, i, é, eu* (*œ̆*), et même *i* avec *u*. Ainsi sur 31 cas,

que je viens de relever à l'*Institut de Laryngologie et Ortho-phonie*, 18 malades, au lieu de *u*, ont entendu *u*, 6 *i*, 2 *u* ou *i*, 2 *é* ou *eu* (*œ̆*), 3 *é*, *œ* ou *u*. Inversement, j'ai trouvé 3 autres cas où un *i* a été entendu à la place de l'*u*. Or cette confusion ne peut s'expliquer que par la perception de notes aiguës contenues dans *u* comme dans *u*, *i*, *é*, *œ̆*, et par l'insensibilité de l'oreille pour les notes graves qui servent à différencier ces voyelles. Il est évident que, si l'*u* et l'*i* n'avaient pour caractéristiques que des notes sépa-rées par trois ou quatre octaves, toute confusion serait impossible. Il y a donc une élévation progressive de la résonance principale de *a* à *u* comme de *a* à *i* et à *u*. Et l'accord entre les deux classifications acoustique et physio-logique est parfait.

Mais alors la distinction en voyelles *graves* et *aiguës* s'évanouit? Non : seulement il faut savoir qu'elle est fondée, non pas sur la réalité, mais sur l'impression d'une oreille saine qui est frappée surtout par la résonance produite dans la partie antérieure de la bouche, c'est-à-dire l'*aiguë* pour la série antérieure, la *grave* pour la série postérieure. Les résultats obtenus n'en sont pas moins justes, puisque les deux résonances sont proportionnelles, l'un des résonateurs de la bouche diminuant ou s'agrandissant à mesure que l'autre s'agrandit ou diminue.

Pour *a*, la différence des résonateurs est la moins consi-dérable. Presque nulle pour l'*a* moyen, elle ne devient un peu sensible que pour *à* ouvert et *á* fermé, la cavité antérieure de la bouche étant la plus petite pour le premier (*à*), la plus grande pour le second (*á*).

A l'aide de diapasons, Helmholtz a déterminé pour *ó à é* des notes (p. 182) que nous pouvons regarder comme justes. Kœnig a trouvé les mêmes ; et, de plus, il a complété la série en y faisant entrer l'*ü* et l'*i* (p. 186). Chacune de ces voyelles est séparée par une octave :

$$\text{\textit{ü} \quad \textit{ô} \quad \textit{â} \quad \textit{é} \quad \textit{i}}$$
$$sib_2 \quad sib_3 \quad sib_4 \quad sib_5 \quad sib_6$$

ou plus exactement, d'après les diapasons construits par Kœnig pour ces voyelles, en vibrations doubles :

$$\text{\textit{ü} \quad \textit{ô} \quad \textit{â} \quad \textit{é} \quad \textit{i}}$$
$$224 \quad 448 \quad 896 \quad 1792 \quad 3584$$

Les bases de l'analyse étaient posées. Les physiciens avaient fait leur œuvre. Restait aux linguistes à continuer. Malheureusement, le conseil était plus facile à donner qu'à suivre. Il fallait un outillage fort coûteux et un apprentis-

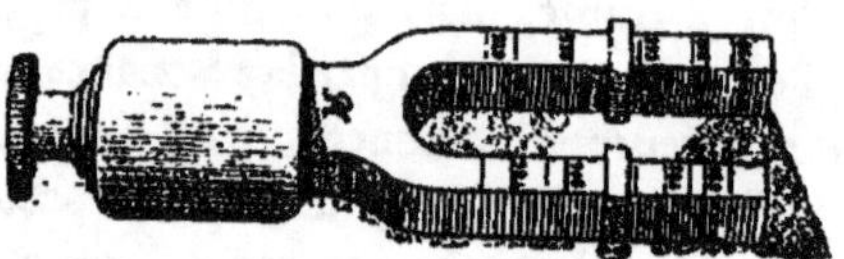

Fig. 517.

Diapason pour la voyelle *â*.

sage qui n'est pas à la portée de tous. Je me fis construire un *diapason à poids glissants* (fig. 517), pour la recherche des variations dialectales de l'*â* fermé (celui de Helmhotz et Kœnig). Les résultats obtenus étaient encourageants. J'en ai déjà cité un exemple typique (p. 165). En voici d'autres qui n'ont pas moins d'intérêt. J'ai étudié avec grand soin les *a* de M. Spieser qui est de Muhlbach (vallée de Munster, Alsace). La note de plus forte résonance pour *à* est sûrement entre 896 et 900 v. d. ; nous avons cru devoir la fixer à 899. C'est l'*a* de *Vater*, mais déjà inclinant vers *ò*, au jugement du professeur de M. Spieser (un Hessois), qui corrigeait sur ce point tous les enfants de la vallée. M. Spieser possède un autre *a* plus aigu, qui représente dans son dialecte l'*à* de *Väter*. L'expérience nous a donné des résultats tout à fait nets : il correspond à 930 v. d. Or, pour moi, cet *a* incline déjà vers *è*. C'est que mon *à* est caractérisé par une résonance de 912 v. d. — L'*à* de M. Gilliéron (908) est plus grave que le mien de 4 vibrations, et cela suffit pour que l'oreille de cet excellent dialectologue sente dans mon *a* moyen une légère tendance vers l'*è*. — Enfin quelques variantes : Champagne 904, Lorraine 907, Normandie 908, Paris 906 et 910, Flandre Occidentale 908, Mâcon 912, Aveyron 916, Gers 918; Sud de la Suède 908, Prusse 907. (Je corrige ici une erreur de lecture des *Modifications phonétiques du langage*.)

Il faut conclure de là qu'une faible différence de hauteur dans la note caractéristique de l'*à* produit sur l'oreille un effet très sensible, et que ce mode d'analyse mérite d'être étudié.

De plus, les différences d'appréciation qui sont chez l'auditeur la conséquence d'une différence dans le timbre de son *à*, jointes à d'autres faits personnels, m'ont porté à penser qu'il se rencontre des échelles vocaliques se composant d'échelons à peu près égaux, avec un point de départ variable. Ainsi je m'expliquais pourquoi certaines personnes sentaient parfois déjà un *è* et un *i* là où je n'entendais encore qu'un *a* et un *è*, et pourquoi, dans d'autres cas, les perceptions de divers auditeurs étaient identiques. Un schéma fera mieux comprendre ma pensée.

Supposons deux séries de voyelles *a ḁ é i*, *a ḁ ɛ ɩ* égales
par les intervalles, mais différentes par la hauteur des deux
a, dont l'un (série A) est de 910 v. d., l'autre (série B)
de 900; et représentons-les (fig. 518) par deux échelles
parallèles formées de degrés égaux : chacun de ceux-ci aura
une partie commune, une partie plus élevée, une autre
plus basse que le degré de la série correspondante. Considérons, par exemple, *é* et *ɛ* : leurs champs réunis sont

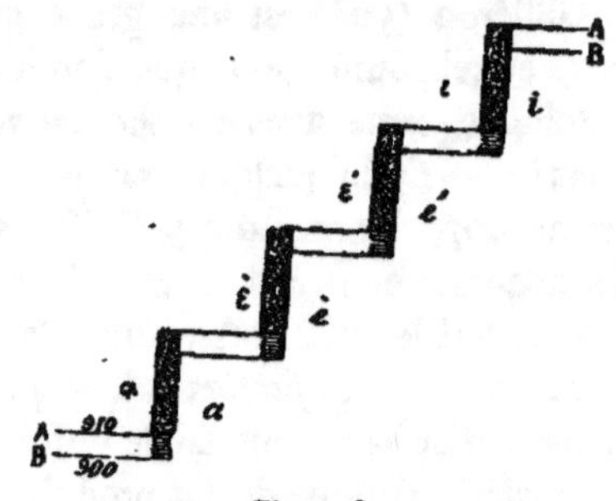

Fig. 518.

Schéma de deux échelles vocaliques.   (A. B.)

La partie commune de chaque degré est en grisaille. Les zones extrêmes sont marquées :
dans le haut par des lignes verticales avec des points, dans le bas par des lignes horizontales.

limités en bas par le degré inférieur de B, en haut par le
degré supérieur de A. Au milieu, est la région commune
où les deux auditeurs A et B entendront également *é*.
Mais la zone du dessous appartient à l'*a* de la série A,
celle de dessus à l'*é* de la série B. Donc un *é* compris dans l'une de ces deux zones sera entendu diversement
par les deux auditeurs : dans l'inférieure, *é* par B, *a* par A ;
dans la supérieure, *é* par A, *ɛ* par B. De même pour les

autres voyelles. D'où je concluais que les gammes vocaliques devaient être transposables et j'exprimais le regret de n'avoir pas le moyen de pousser mes expériences plus loin.

Il me manquait des diapasons. Je pouvais bien en faire construire pour *ú*, *ó*, *é*, *í*, en me basant sur les analyses de Helmholtz et Kœnig. Mais pour déterminer les résonances des autres voyelles, il m'aurait fallu pouvoir suivre vibration par vibration toute la série des sons simples comprise au moins entre 200 et 4.000 v. d. L'outil ne faisait point défaut, et il permettait d'aller bien en deçà et au delà. Kœnig, le grand artiste, l'admirable constructeur dont tous les acousticiens déplorent la perte, l'avait construit pour son usage personnel. Mais il le traitait avec un respect si scrupuleux, une affection si touchante que jamais, malgré sa grande complaisance, je n'ai osé le lui demander, pour des recherches que je supposais très longues. Aujourd'hui que la prévenante et délicate générosité du Président de l'Institut de Laryngologie et Orthophonie, M. Rémond, a mis entre mes mains cet inestimable trésor, je puis reprendre les choses au point où je les avais laissées.

J'ai constaté d'abord que la différence qui existe entre mon *à* et celui de Helmholtz et Kœnig se retrouve exactement la même pour *ú*, *ó*, *é* et *í*, ce qui donne pour mes voyelles, en vibrations doubles :

ú	*ó*	*à*	*e*	*í*
228	456	912	1824	4648

Les gammes vocaliques sont donc bien, au moins pour ce qui nous concerne, réellement transposables.

Je devais rechercher ensuite comment se distribuent les intervalles. Il est clair que les gammes extrêmes, celles de l'*u* et de l'*é*, sont les moins riches. Nous ne possédons en français qu'un seul intermédiaire; *u* moyen entre *ú* et *ó*, *i* moyen entre *é* et *í*. Je soupçonnai qu'il devait occuper le milieu de la gamme, ce qui se trouva vérifié. Nous avons donc :

ú	*u*	*ó*
228	342	456
é	*i*	*í*
1824	2736	3648

Notre gamme de l'*ó* renferme deux intermédiaires (*o* moyen et *ó* ouvert); celle de l'*á*, quatre (*a* moyen, *á* ouvert, *é* ouvert et *e* moyen). Ici, je me suis demandé si les intervalles vocaliques se conformaient à ceux de la gamme musicale, ou s'ils n'étaient pas plus simples. J'imaginai un partage de la gamme en 8 parties égales, ce qui suppose :

$$1 \quad \frac{9}{8} \quad \frac{10}{8} \quad \frac{11}{8} \quad \frac{12}{8} \quad \frac{13}{8} \quad \frac{14}{8} \quad \frac{15}{8} \quad 2$$

en regard de :

$$1 \quad \frac{9}{8} \quad \frac{5}{4} \quad \frac{4}{3} \quad \frac{3}{2} \quad \frac{5}{3} \quad \frac{15}{8} \quad 2$$

soit pour la gamme de mon *ó* :

456 513 570 627 684 751 798 855 912

ou :

456 513 570 608 684 760 855 912

Le milieu de la gamme, qui correspond au sol, a été essayé pour mon *o* moyen. Il est juste. Puis j'ai conjecturé que l'*ó* ouvert devait répondre au troisième quart de gamme. Je me suis d'abord arrêté à 792; mais à un nouvel examen, j'ai trouvé 798 meilleur. Déjà 762 est bon, 768 vaut mieux, 792 résonne plus longtemps; mais c'est bien 798 qu'il faut choisir. Ainsi s'annonce la gamme régularisée.

Une voyelle étrangère à ma langue, mais que j'ai entendue tout jeune dans des parlers de l'Angoumois, l'*å*, semblable, sinon identique à l'*a* anglais de *all*, répond à la dernière note de la gamme : 855.

Je puis donc poser :

ó		*o*	*ò*	*å*	*á*
456		684	798	855	912

La gamme de mon *å* suppose :

912   1026   1140   *1254*   1368   *1482*   *1596*   1710   1824

ou :

912   1026   1140   *1216*   1368   *1520*   1710   1824

L'*è* ouvert occupe le milieu (1368); l'*e* moyen le 3ᵉ quart (1596); mais d'autres places encore (1482 et 1710) peuvent convenir, c'est que le timbre de ces voyelles comporte de nombreuses nuances (voir p. 647 et 656).

L'*a* moyen répond au 1ᵉʳ intervalle (1026), *à* ouvert au 2ᵉ (1140). Reste le 3ᵉ intervalle pour la voyelle si fréquente qui tient de l'*à* et de l'*è* (*ǎ*).

Nous pouvons donc caractériser les voyelles de cette série (les nuances intermédiaires étant imprimées en petits caractères) par les notes suivantes :

912	1026	1140	1254	1368	1482	1596	1710	1824
á	*a*	*à*	*(ǎ)*	*è*	*è*	*e*	*e*	*é*

ce qui donne pour la partie fondamentale de mon système vocalique :

	1	$\frac{9}{8}$	$\frac{10}{8}$	$\frac{11}{8}$	$\frac{12}{8}$	$\frac{13}{8}$	$\frac{14}{8}$	$\frac{15}{8}$	2
1ʳᵉ Gᵐᵉ	ú				ú				ò
2ᵉ —	ò				o		ò	(d)	á
3ᵉ —	á	a	à	(d)	è	i	ɛ	e	é
4ᵉ —	é				i				i

-Soit : une gamme entière pour les *u*, une autre pour les *o*, une et démie pour les *e* et les *i*, une demie seulement pour les *a*.

Quant à la série antérieure labiale, on peut supposer *a priori* qu'elle correspond aux résonances réunies d'une voyelle antérieure non labiale et d'une voyelle postérieure labiale, en reculant d'un degré de façon que l'*ú* concorde avec l'*i* moyen et l'*u* comme l'indiquent les observations faites plus haut.

Nous aurions donc :

$$
\begin{aligned}
\dot{œ} &= é + à &&= 1368 + 912 \\
œ &= e + ò &&= 1596 + 768 \\
\acute{œ} &= e + o &&= 1710 + 684 \\
u &= é + ò &&= 1824 + 456 \\
ú &= i + u &&= 2736 + 342
\end{aligned}
$$

Ce qui, à l'expérience, se vérifie complètement. Chacun des diapasons isolé fait déjà entendre la voyelle, mais faiblement ; les deux réunis lui donnent un beau timbre qui éclate avec force.

Enfin, mes voyelles nasales doivent se placer, d'après ce que nous avons vu (p. 660 et 679) dans le voisinage de *o, á, é, œ̇*. En effet, je trouve :

$$\tilde{o} \quad 690 \text{ au lieu de} \quad 684 \; (o)$$
$$\tilde{a} \quad 918 \quad — \quad 912 \; (\acute{a})$$
$$\left.\begin{array}{l} \tilde{e} \; 1348 \\ \tilde{\alpha} \; 1352 \end{array}\right\} \quad — \quad 1368 \; (\acute{e})$$

Les nasales $\tilde{o}$ et $\tilde{a}$ sont respectivement plus aiguës que o et $\acute{a}$, cela est naturel, la cavité buccale étant diminuée. Inversement, $\tilde{e}$ et $\tilde{\alpha}$ sont plus graves que $\acute{e}$ et se rapprochent un peu de l'a (p. 660).

Le chercheur a souvent des heures délicieuses, mais je ne crois pas en avoir eu de meilleures que la soirée, où, ayant abordé avec crainte ce sujet en apparence si vaste, je devinai subitement un fil conducteur, qui me permettait de tomber, sans hésitation, sur les notes dont j'avais besoin, pour établir les résonances cherchées et les justifier, au grand étonnement des témoins de mes expériences. Une fois, je m'en souviens, une note, trouvée juste, renversait la théorie : il y avait erreur de lecture !

Les intervalles que je viens d'établir d'après mes observations personnelles ne sauraient convenir qu'à des systèmes vocaliques bien définis. Ils ne peuvent donc pas s'appliquer aux voyelles en cours d'évolution, qui se séparent d'un type ancien et qui sont en mouvement vers une étape nouvelle, comme, par exemple, l'a aigu de M. Spieser, dont j'ai parlé plus haut. Mais le champ des recherches est limité et d'une exploration facile.

On vient de me signaler une étude de M. le Dr Loewenberg sur les voyelles nasales, pour laquelle le tonomètre de Kœnig, « cet appareil, dit l'auteur, d'une précision et d'une étendue sans pareille » a été utilisé. M. Loewenberg a cru reconnaître les caractéristiques suivantes, qu'il note en vibrations simples :

on	an	en(in)	eun
768	1478	3008	858

et pour des voyelles nasales non françaises :

ong	ang	eng	eung(oeng)
480	960	1920	640

Privé des secours que fournit la linguistique et pressé sans doute par le désir de ne pas retenir M. Kœnig trop longtemps, qui sûrement l'assistait, il lui était difficile de trouver juste.

L'emploi des diapasons cache en effet quelques pièges où l'inexpérience peut aisément se laisser prendre. Il peut y avoir deux sortes d'erreurs, qui proviennent soit d'une disposition défectueuse de la bouche, soit d'une fausse détermination de la résonance principale.

Nous avons une tendance naturelle d'accorder la cavité buccale au diapason qui résonne devant. Il est facile de s'en rendre compte avec une glace et de s'en corriger. De plus, on fera bien de recourir aux précautions suivantes : prendre la position de la voyelle avant d'approcher le diapason ; et, comme le passage d'une articulation à une autre favorise l'oreille, varier les mouvements articulatoires, en produisant tour à tour ceux des lèvres et ceux de la langue seule, de manière à faire entendre successivement, par exemple, soit *áo, oá*, soit *áé, éá* ; enfin veiller à ne pas confondre la résonance de passage (celle de *o* à *á*, ou de *é* à *á*), avec celle de la voyelle cherchée.

Du côté de la résonance, nous devons observer que, si elle éclate avec *la plus grande force* sous l'influence du son auquel la cavité est accordée, elle est aussi réveillée par beaucoup d'autres avec des intensités variables qui demandent de l'attention pour être appréciées. Ainsi la

résonance de l'*à* que j'ai fixée à 912 v. d. (un peu au-
dessous de *si*♭₃, gamme de Kœnig) se fait déjà sentir,
quoique très faiblement, il est vrai, à une octave au-dessous
et à une octave au-dessus, quand les diapasons sont fortement ébranlés. L'erreur dans ce cas n'est pas à craindre ;
mais elle devient possible entre *fa*₄ et *fa*₅. Un bon moyen
de découvrir assez vite la note juste consiste à comparer
les intensités des divers diapasons au moment où la résonance s'éteint : la caractéristique est celle qui est renforcée
le plus longtemps et qui dure à peu près tant que le son
du diapason lui-même est perceptible. On portera le diapason à l'oreille dès que la résonance ne sera plus sentie,
et, s'il ne s'entend plus, la caractéristique est trouvée. On
peut encore comparer les résonances de trois voyelles voisines, de *ao* et de *ea*, par exemple : en partant des notes
inférieures, on sent l'*o* s'affaiblir graduellement jusqu'à la
caractéristique de l'*a*, tandis que celui-ci prend de plus en
plus du corps et de la rondeur ; mais, dès que la note propre
de l'*a* a été dépassée, c'est au tour de l'*é* à gagner en
intensité et de l'*à* à décroître. Avec le diapason de
912 v. d., je sens très nettement *aô aô* ; mais, au moment
où le son va s'éteindre, je n'entends plus que l'*à*. Un
dernier procédé : on dispose la bouche pour la voyelle ;
puis l'on place devant le diapason supposé juste ; et, sans
varier les mouvements organiques, on interrompt de
temps en temps la résonance à l'aide d'une carte de visite.
De la sorte on s'aperçoit très bien quand la résonance
cesse entièrement : c'est alors le moment de porter le
diapason à son oreille. A la suite d'un peu d'exercice, on
arrive à se décider sans trop d'hésitation entre 1 ou 2
vibrations et même pour la note juste. Cela est vrai surtout pour les notes graves. Mais dans les notes aiguës

l'indécision devient plus grande ; car, entre autres raisons, les diapasons ont besoin d'être plus fortement ébranlés, et l'on est privé du contrôle que fournit l'extinction simultanée du diapason et de la résonance.

Dans la recherche des notes caractéristiques d'un système de voyelles, l'ordre à suivre n'est point indifférent. Il semble plus avantageux de commencer par *á*, de continuer par *ó*, *ú*, puis de reprendre *é*, *í*. La découverte de chacune des notes correspondantes sert à la détermination des autres : un désaccord quelconque pique l'attention et invite à des observations nouvelles et plus attentives. Cette base posée, on passe aux voyelles intermédiaires et aux nasales.

Aidés de ces conseils et avertis en gros de la disposition des gammes vocaliques, de façon à être guidés sans être influencés dans leurs appréciations, trois de mes élèves ont entrepris, après moi, les mêmes recherches sur les résonances caractéristiques de leurs propres voyelles. Les chiffres auxquels ils se sont arrêtés confirment dans son ensemble la théorie.

M. Laclotte, d'Agen, a étudié les voyelles de son français, en s'en tenant à la division de la gamme vocalique en *huitièmes*, soit :

1	$\frac{9}{8}$	$\frac{10}{8}$	$\frac{11}{8}$	$\frac{12}{8}$	$\frac{13}{8}$	$\frac{14}{8}$	$\frac{15}{8}$	2
229				344				459
ú				*u*				*ó*
459				688		803		918
ó				*o*		*ò*		*á*
918	1032	1147		1377		1606		1836
á	*a*	*à*		*é*		*e*		*é*
1836				2754				3672
é				*i*				*í*

$$\text{œ̀ } 918 + 1376$$
$$\text{æ } 804 + 1606$$
$$\text{œ́ } 688 + 1702$$
$$u\ 459 + 1836$$
$$\text{ü } 344 + 2754$$
$$\bar{o}\ 698$$
$$\grave{a}\ 920$$
$$\tilde{a}\ 1370$$
$$\grave{e}\ 1380$$

M. l'abbé Rigal, d'Albaret d'Estaing (Aveyron), a soumis les voyelles de son patois à une étude très attentive et plus étendue. Après avoir reconnu les intervalles principaux, il a partagé la gamme en *seizièmes*; et, dans une seconde série de recherches, partant de l'intervalle donné, il accordait sa bouche au diapason et tâchait d'identifier la voyelle correspondant au son produit. Il se plaît à reconnaître combien son oreille a gagné, à cet exercice, de finesse et de sensibilité.

Il a reconnu bons les intervalles suivants :

1	$\frac{9}{8}$	$\frac{10}{8}$	$\frac{11}{8}$	$\frac{12}{8}$	$\frac{13}{8}$	$\frac{14}{8}$	$\frac{15}{8}$	2
228,5						399	428	457
ú						*u*	*ù(aù)*	*ó*
457	514			685,5	742		856	914
ó(pó)	*ó* at. fin.			*o* at. prot.	*o*		*o(o+y)*	*á*
914		1142		1371	1485	1599		1828
á		*á(a+y)*		*è(ᴧ+r)*	*è(ey)*	*e*		*é*
1828				2742				3656
é				*i*				*i*

J'ajoute quelques observations que je trouve dans la note de M. Rigal.

428. — C'est l'*i* des diphtongues *ai*, *ai*.

457. — C'est *l'o* qui se trouve après les labiales *po* « pain », *bo* « il va ».

514. — *o* atone final.

685. — *o* atone protonique : okope « oh ! que oui », otopa « attraper ».

742. — *o* des diphtongues *wọ* : *okwọ* « cela » et *o* moyen tonique.

856. — Dans quelques cas de *o* $+$ *y* : boylet « valet ».

914. — L'*à* (sans recul notable de la langue comme en français), essayé sur un de ses frères, a paru plus juste à 915 ou 916.

1142. — *ọ* $+$ *y* : bọylo « donne ».

1371. — *è* forcé dans *bè*, cri imitatif du bêlement, et dans *e* $+$ *r* : sèrko « cherche ! ».

1485. — *è* dans pèyro « pierre » twèno « [An]toine ».

1942. — *è* très fermé.

Dans son *u* moyen, M. Rigal a reconnu la caractéristique de l'*ó* (457). Mais la résonance de l'*è* (1828) n'est pas bonne : il préfère les degrés suivants, notamment 2512 qui représente $\frac{11}{8}$, note voisine de celle de l'*i* $\left(\frac{12}{8}\right)$.

On remarquera que, seule des voyelles moyennes, l'*i* occupe la même place que chez M. Laclotte et chez moi. L'*u* moyen et l'*e* moyen correspondent au $\frac{14}{8}$. Il y a dans ce dialecte une tendance à hausser le ton des voyelles moyennes.

M. Popovici, de Cliciova en Banat, a limité ses recherches aux voyelles qui déterminent les gammes[1] :

---

1. *La Parole*, année 1902, p. 237 et suivantes.

u (*u*)	*o*	*a*	*e*	*i*
225	450	900	1800	3600

et aux deux voyelles propres au roumain :

ă	*î*
1156	3718

Nous ne nous arrêterons que sur ces deux derniers, et seulement pour faire remarquer, à leur occasion, l'accord des données acoustiques avec celles de la physiologie. L'*ă* se place entre *a* et *e*, l'*î* après *i*. C'est le même rang que leur assigne l'écartement des mâchoires (fig. 490) : le résonateur se trouvant diminué par rapport à *a* et à *i*, il est naturel que la résonance devienne plus aiguë. Le rapprochement

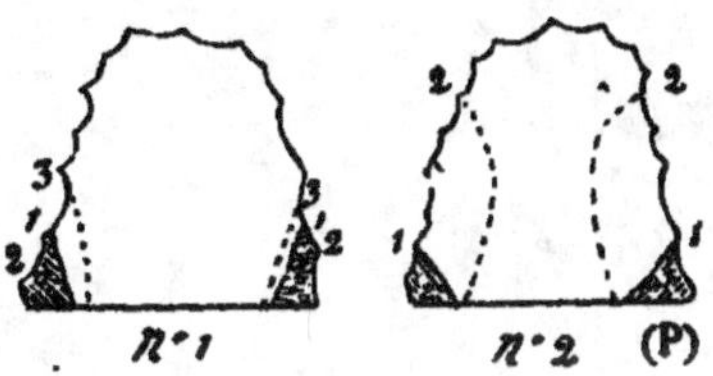

Fig. 519.

Comparaison des lieux d'articulation de *a* (1) et de *ă* (2) et *i* (1), n° 1 ; — de *î* (1) et de *i* (2), n° 2 : Voyelles roumaines.
Les parties ombrées représentant les voyelles *ă* (1), *î* (n° 2).

des lèvres (fig. 482) aurait pu, par contre, rendre le résonateur plus grave en resserrant l'orifice ; mais il se trouve insuffisant et ne compense pas la diminution de la cavité buccale. La langue fournirait des données contradictoires si l'on ne considérait que l'élévation prise derrière les dents avec une grosse ampoule qui amplifie beaucoup les mouvements et accentue les différences (fig. 448 : A 5, 6, —

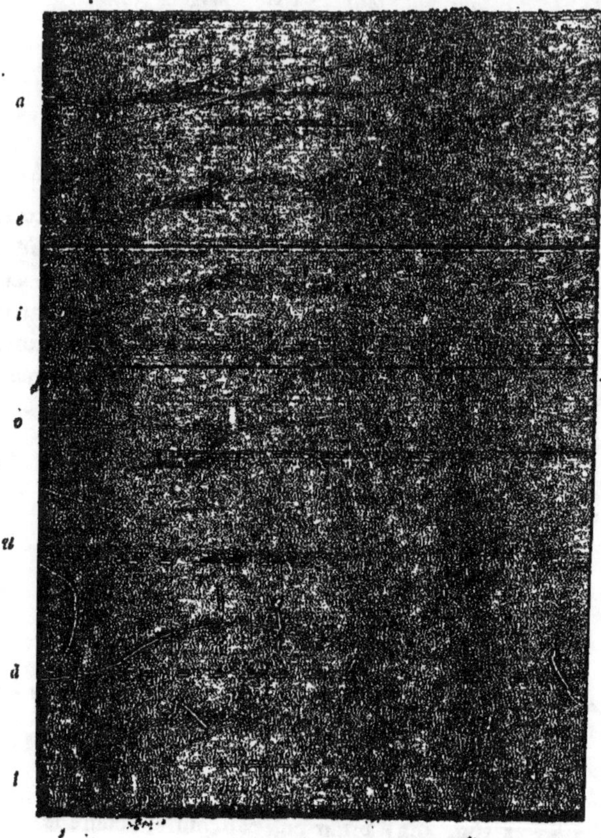

Fig. 520.

Elévation comparative de la langue derrière les dents, prise au moyen d'une ampoule,
pour les voyelles roumaines.
Les lignes pointillées marquent la position neutre, la distance du tracé à cette ligne indique
l'élévation de la langue pour la voyelle, dont la place correspond aux vibrations.

7, 8); mais tout désaccord s'évanouit devant une exploration plus complète. Le palais artificiel montre bien que le lieu d'articulation de l'ä est entre *a* et *è* (fig. 519, n° 1).

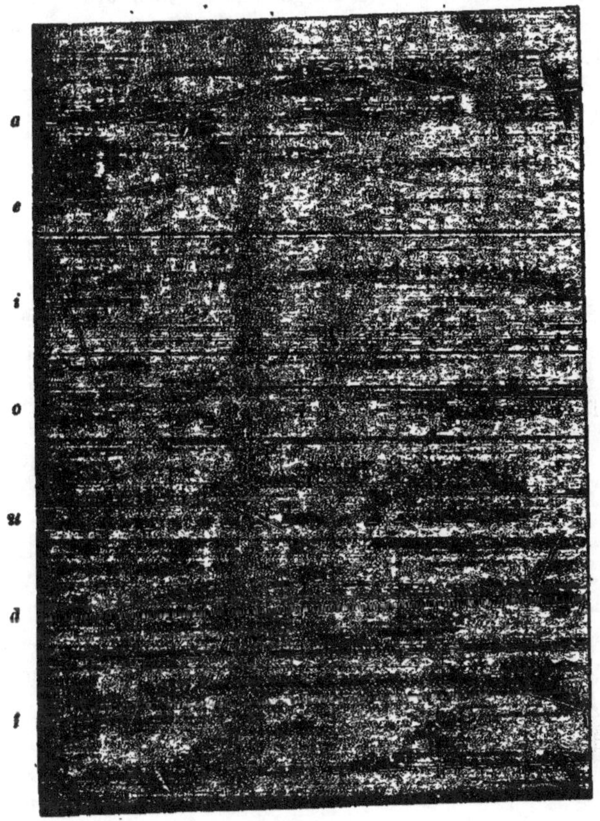

Fig. 521.

Elévation du dos de la langue prise au moyen d'une ampoule pour les mêmes voyelles.
Comparez fig. 520.

Quant à l'*ï*, il nous apparaît comme une voyelle postérieure, comparé à l'*i* (fig. 519, n° 2) : la langue est plus abaissée en avant (fig. 448 et 520) et plus relevée en arrière (fig. 521).

Après ces expériences, il était intéressant d'en essayer de semblables sur une langue à sons très variés comme l'anglais, par exemple. C'est ce que j'ai fait, non pour toutes les voyelles, mais pour les principales.

La théorie s'est trouvée vérifiée dans ses grandes lignes. Voici, en attendant un examen plus complet, les chiffres que j'ai obtenus :

1	$\dfrac{9}{8}$	$\dfrac{10}{8}$	$\dfrac{11}{8}$	$\dfrac{12}{8}$	$\dfrac{13}{8}$	$\dfrac{14}{8}$	$\dfrac{15}{8}$	2
222,5								445
boot								110
445				667,5		778	836	890
no				body		ò	all	father
890	1001			1335				1780
father	at			air				cape
1780				2670				3560
cape				it				beat

Je ne m'étendrai pas davantage sur ce procédé d'analyse. Ce que j'en ai dit suffira, j'espère, pour lui gagner la faveur des linguistes. Il est possible, du reste, de le mettre à la portée de tous en construisant pour chaque voyelle-type des diapasons à glissants analogues à celui qui m'a servi pour l'*á* (fig. 517). Je possède déjà les diapasons de : *u, ó, á, é, i*.

Théoriquement, les résonateurs (p. 162) devraient pouvoir remplacer les diapasons dans la recherche des notes caractéristiques. Le résonateur qui renforcerait le plus une voyelle prononcée devant son orifice se trouverait accordé à la cavité buccale. Il ne resterait plus à connaître que la note correspondante. On n'aurait même pas besoin d'émettre la voyelle sur une fondamentale déterminée : on prendrait naturellement le ton le plus commode et l'harmonique renforcé serait la caractéristique de la voyelle. La pratique ne contredit point la théorie. En effet, des résonateurs accordés à des diapasons, l'un de 918 v. d., l'autre de 1836, sont fortement ébranlés par un *a* et un *é* correspondant à ces notes, et une modification légère produite dans leur capacité ou leur ouverture est suffisamment sensible à l'oreille.

Ce qui a manqué jusqu'ici pour ce mode de recherche, ce sont des résonateurs appropriés.

Kœnig, lui-même, qui apportait au réglage de ses diapasons un soin si méticuleux, négligeait le résonateur. C'était pour lui un appareil accessoire bon uniquement à renforcer le son des diapasons. Il ne croyait même pas à la possibilité de les régler d'une façon rigoureuse. Pourtant il en a construit qui sont d'un réglage facile. Je veux parler de ceux qui accompagnent son tonomètre universel.

Tous ces résonateurs (fig. 522) sont faits sur le même modèle ; ils ne diffèrent que par les dimensions. Ce sont des cylindres à fonds mobiles qui se déplacent à l'aide d'une vis. Rien n'est donc plus simple que d'en faire varier la capacité dans des proportions très petites et parfaitement mesurables. Des supports appropriés permettent de fixer le résonateur et, devant son orifice, le diapason auquel il s'agit de l'accorder (fig. 523). Mais le travail du réglage restait à faire. Je n'ai point à m'en plaindre. Je m'y suis appliqué avec l'aide de M. Landry, le collaborateur de 30 ans de Kœnig, aujourd'hui son continuateur : un contrôle dans des expériences où la finesse de l'oreille est en jeu donne plus de sécurité. Je n'ai pas été long à m'apercevoir que pour ces résonateurs la différence d'une octave correspond, dans la longueur d'un même cylindre, à un rapport de $\frac{1}{3}$

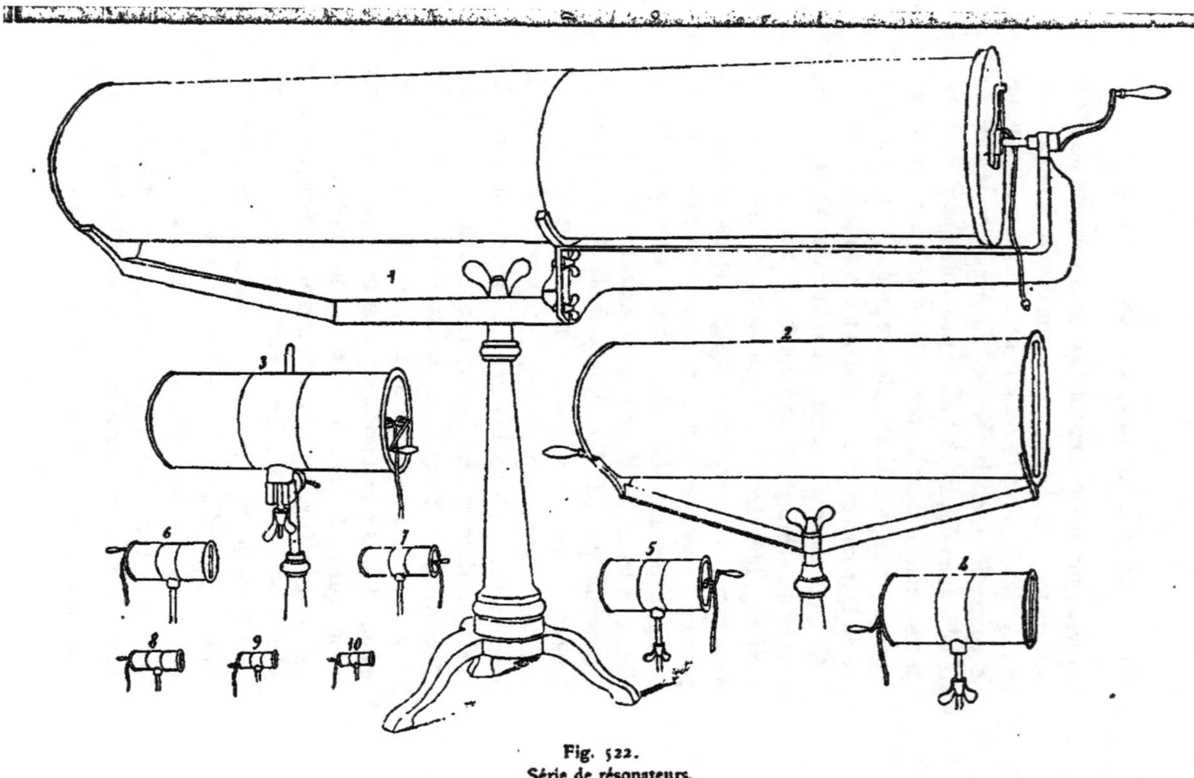

Fig. 122.
Série de résonateurs.

entre le grave et l'aigu, c'est-à-dire que si le résonateur est accordé pour ut_4, par exemple, à $11^{cm}7$ de longueur, il faudrait lui donner $3^{cm}9$ pour ut_5, et $1,3$ pour ut_6. Cette

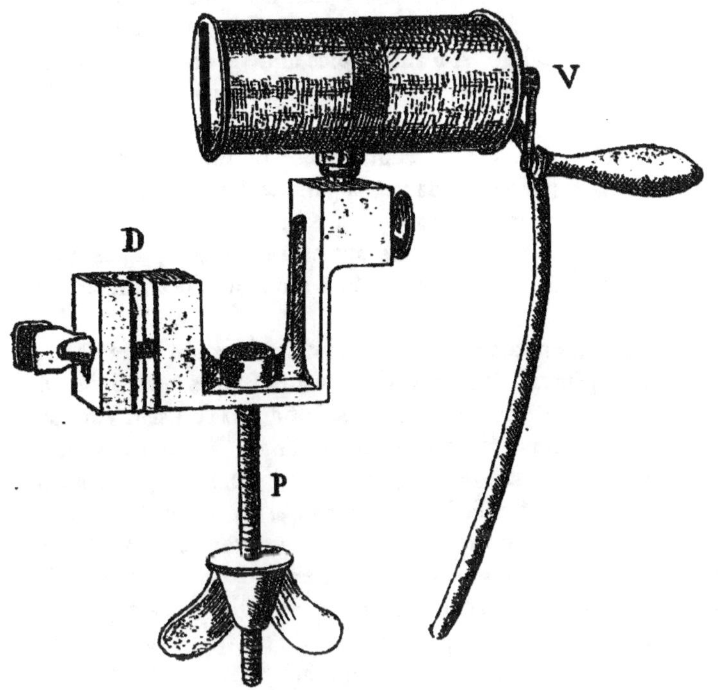

Fig. 523.

Résonateur avec son support.

V. Vis qui permet de déplacer le fond du résonateur.
D. Support du diapason.
P. Vis servant à fixer le tout sur un pied de fonte.

loi s'est trouvée vérifiée en gros par toutes les expériences qui ont suivi.

Une autre observation qui ne s'est pas fait attendre, c'est que si l'on procède au réglage sans une idée directrice, l'attention se fatigue et peut se laisser surprendre par des résonances secondaires, qui, se produisant à diverses longueurs, sont facilement prises pour la résonance principale.

Enfin une dernière remarque, qui a bien aussi son importance : le réglage est d'autant plus difficile que l'on s'éloigne davantage, soit vers le grave, soit vers l'aigu, des notes du *médium*.

Aussi ai-je choisi, comme base de mes recherches, le résonateur correspondant à la gamme d'ut_3 (fig. 522, n° 4). Le rapport entre chaque note soigneusement établi, m'a guidé dans le réglage des autres résonateurs, après que, par voie de tâtonnement, j'étais parvenu à déterminer l'ut grave.

Chaque note a été soumise à une vérification scrupuleuse, et en général l'expérience a confirmé mes prévisions. A ce métier d'accordeur, l'oreille s'affine, et l'on sent vite, au son que rend le résonateur, si l'on a rencontré la note juste. Du reste, on imagine divers procédés qui rendent l'opération plus facile : on ferme et l'on ouvre alternativement l'orifice du résonateur avec un carton, et l'on juge de la force de la résonance. Mieux encore, on se contente de diminuer légèrement l'ouverture. Si le son en est augmenté notablement, c'est que le résonateur est trop aigu, par conséquent trop petit. S'il est diminué, le résonateur est : ou bien juste, ou bien trop grave et par conséquent trop grand. Le point juste est celui où la résonance est meilleure quand l'ouverture du résonateur est entière. Souvent aussi, on est averti par un petit frémissement qui se produit dans le métal.

J'ai profité de ce premier réglage pour disposer une série harmonique de ut^2 comprenant 32 résonateurs, et j'ai recherché les sons composants des voyelles roumaines comme je dirai ci-après.

Mais, si l'on veut utiliser d'une façon complète les résonateurs, un réglage suivant les notes de la gamme ne suffit pas ; il devient nécessaire de déterminer d'avance la hauteur de chacune des résonances et pour des intervalles même très rapprochés. Dans ce but, j'ai fait modifier l'un des résonateurs (le n° 5), de façon à lui donner plus de longueur et à le débarrasser de toutes les charpentes intérieures dont Kœnig n'avait pas craint d'armer ses appareils.

Le nouveau résonateur se compose d'un cylindre complèment vide, d'un diamètre intérieur de 12 ^{cm} 5 et d'une longueur de 26 ^{cm} 7. Le fond est plan et lisse, percé d'un trou de 1/2 ^{cm} de diamètre pour permettre la communication de la masse d'air avec l'oreille. Une vis extérieure de 2 ^{mm} de filet fait avancer ou reculer le fond, et une aiguille mesure ses déplacements. L'orifice seul n'a pas été changé : il est formé par une fenêtre de 2 ^{cm} 5 de largeur, limitée en haut et en bas par deux lignes courbes, ce qui lui donne de chaque côté 6 ^{cm} 4 de hauteur et au milieu 6 ^{cm} 9.

Au lieu de prendre, comme j'avais fait, au début de mon travail de réglage, les intervalles irréguliers de la gamme, j'ai choisi des divisions décimales : 500, 600, 700, 800, 900, 1000 vibrations simples ; puis 550, 650, 750, 850, 950. J'ai pu embrasser trois octaves ayant chacune 10 divisions correspondantes : 500, 1000, 2000 ; 550, 1100, 2200, etc. Les expériences se contrôlaient ainsi les unes les autres, et une erreur dans ces séries régulières se dénonçait du premier coup.

Les longueurs ainsi obtenues ont été portées en ordonnées, centimètre pour centimètre, sur un papier quadrillé, et les notes en abcisses, chaque millimètre représentant un intervalle de 10 vibrations pour la première gamme, de 20 pour la seconde et 40 pour la troisième. La courbe qui réunissait tous les points permettait de déterminer tous les autres. Étant connue la longueur du tube correspondant à une résonance donnée, le tableau indiquait la hauteur de cette résonance. J'ai cherché ainsi les notes caractéristiques de mes différentes voyelles. Pour cela, j'avais à l'oreille le tube de caoutchouc qui m'apportait les sons du résonateur pendant que, émettant la voyelle sur un ton ferme, je cherchais les points de plus forte résonance. Les déterminations se faisaient sans trop de peine. Et, en consultant la table, je trouvai pour chacune de mes voyelles des dimensions qui supposaient des chiffres correspondant à ceux que m'avaient donnés les diapasons.

C'était pour moi une grande joie de rencontrer si juste, et je pus croire que j'étais en possession d'un résonateur universel suffisant pour toutes mes gammes vocaliques.

A une année d'intervalle, je fus surpris d'un accord si complet, et je craignis d'avoir été influencé par l'idée que je me faisais du résonateur que je venais d'accorder. Il me parut donc nécessaire, alors que je n'avais plus dans la mémoire une seule des mesures prises, de recommencer l'expérience. Je marquai les divers points où j'entendais clairement des résonances pendant l'émission des voyelles : il s'en produit à peu près tout le long du tube (je reviendrai sur ce sujet); mais je n'eus aucune hésitation à m'arrêter pour les *a*, les *o* et l'*u* moyen à des résonances qui me paraissaient être celles des caractéristiques et qui se trouvèrent concorder avec celles de l'année précédente. Pourtant je ne reconnus rien de bon pour les *e* et les *i*. Et c'était naturel, car le réglage était faux pour les notes correspondant à ces voyelles.

J'en conclus que ce résonateur, excellent pour les voyelles à caractéristiques graves, perdait de sa valeur à partir de la gamme de l'*e*. Cette conclusion est vraie malgré des erreurs qu'il me paraît aujourd'hui à peu près impossible d'éviter avec des résonnateurs à modifications lentes et que j'ai corrigées depuis. Aussi, quoique mes préférences aillent à un autre appareil que je décrirai plus loin, j'indique les longueurs de tube nécessaires pour tracer la courbe des sons dans le résonateur tel que je l'ai défini. Cette fois, je n'ai aucune crainte d'erreur grave, ayant rendu pour le réglage le fond très mobile (p. 768) :

275 v. d.	23^{cm}	700	4, 5
300	19	800	3, 3
350	14, 3	900	2, 4
400	11, 8	1.000	1, 72
450	9, 9	1.100	1, 24
500	8, 4	1.200	0, 9
550	7, 25	1.300	0, 7
600	6, 1	1.400	0, 5
650	5, 25	1.600	0, 3

Encouragé par les résultats obtenus, je me mis à chercher un résonateur capable de faire ressortir les caractéristiques aiguës ; et je portai mon choix sur le résonateur n° 9 (diamètre 4^{cm}, ouverture 2^{cm} 9 et 3^{cm} 1 de hauteur sur 1^{cm} 3 de largeur).

J'en fis construire un du même diamètre, sans armature intérieure et à ouverture variable. Malheureusement, ou plutôt heureusement, je n'obtins pas le résultat espéré.

Les différences de longueur pour des notes assez éloignées (ce que j'aurais dû prévoir) étaient insignifiantes : entre 3600 v. d et 4000 je n'obtenais qu'un écart de 1/2 millimètre.

Il fallait donc chercher autre chose. Je pris un tube de verre de 9^{mm} du diamètre, j'en formai le fond avec un simple bouchon piqué au bout d'une tringle de fer et fonctionnant comme un piston. Je l'essayai sans en modifier l'ouverture. C'était donc un tube fermé que j'avais et non un résonateur au sens propre du mot. Le résultat n'en fut que meilleur. Je fus frappé de l'éclat et de la netteté des résonances que les notes aiguës produisaient quand le piston passait aux nœuds, c'est-à-dire au 1er *quart d'onde* puis à *chaque demi-onde* au delà. Si le piston est tiré vivement, l'oreille est saisie par un petit bruit sec qui se répète à des distances égales et qui s'éteint aussitôt que le point de résonance est dépassé. Par une température de 15°, et dans un tube de 9^{mm} de diamètre les résonances se sont produites pour les notes :

3600	v. d.	à	2^{cm}3	7,1	11,8	16,7	21,2
1800	—	—	4^{cm}7	14,3	23,7		
900	—	—	9^{cm}5				
450	—	—	19^{cm}				

La vérification est facile. On sait que la longueur d'onde (*l*) a pour formule (p. 8) :

$$l = \frac{v}{n}$$

v étant la vitesse de propagation du son dans l'air, à savoir 330^{m},7 à la température de *zéro* degré, plus 0^{m}63 pour chaque degré au-dessus de *zéro*; *n*, le nombre de vibrations du corps sonore par seconde. Pour 15° ($v =$ 340,15) et pour $n = 3600$ v. d., la longueur d'onde est donc de 9ᶜᵐ444861, dont le 1/4 est 2ᶜᵐ36 et le 1/2 4,724. Par conséquent, la 1ʳᵉ résonance doit se produire à une longueur de 2ᶜᵐ36; la 2ᵉ, 4,724 plus loin, soit à 7,086; la 3ᵉ, à 11,8; la 4ᵉ, à 16,53; la 5ᵉ, à 21,25. La différence entre ces chiffres théoriques et ceux de l'expérience tient à l'imperfection de l'appareil improvisé et à la difficulté spéciale de l'expérience faite avec un diapason aigu dont le son s'éteint rapidement. On obtiendra de la même façon les longueurs d'onde des notes 1800 (18,8), 900 (37,7), etc.

Donc étant donnée une note, on peut dire d'avance quelle sera la longueur du tube résonateur.

De plus, étant connue la longueur du tube nécessaire à la résonance, il est facile d'en déduire la note qui la produit :

$$n = \frac{v}{l}$$

Par conséquent, la note qui fait parler le tube résonateur à une longueur de 2ᶜᵐ36 (1ʳᵉ tranche), ou 7,08 (2ᵉ tranche), ou encore de 11,8 (3ᵉ tranche), etc., a pour longueur d'onde 2,36×4, ou (7,08 — 2,36)×2, ou (11,8 — 7,08)×2, etc., soit 9ᶜᵐ4, exactement 9,444861. Et cette note, à la température de 15°, correspond à $\frac{340,15}{0,094486}$ c'est-à-dire à 3600 v. d.

L'appareil est d'une grande commodité. Le piston glissant entre les parois transparentes, il est facile de comparer entre eux les différents points de résonance, et la mémoire n'a qu'un *minimum* de travail à fournir. Les fonds qui se déplacent très lentement au moyen d'une vis sont loin d'offrir le même avantage et la même sécurité.

Théoriquement, l'exactitude est parfaite. Reste à savoir jusqu'où il est possible d'en approcher dans la pratique.

Étudions d'abord les conditions dans lesquelles se produisent les résonances dans le tube, lorsque le son excitateur est donné par des diapasons :

1° Pour que la *1re tranche résonante* soit conforme à la règle observée, une relation entre le diamètre du tube et la longueur d'onde est nécessaire. Si le diamètre est grand et l'onde courte, cette 1re tranche est diminuée. Le tableau suivant montrera dans quelles proportions.

Longueur de la 1re tranche résonante :

Tubes de :

Diap. de :	9^{mm}	$10^{mm}1/2$	$11^{mm}1/2$	16^{mm}	20^{mm}	25^{mm}	27^{mm}	40^{mm}
3600 v. d. :	$2^{cm}4$	$2^{cm}2$	2^{cm}	2^{cm}	2^{cm}	2^{cm}	2^{cm}	$1^{cm}3$
1800 — :	4,7	4,5	4,3	4,3	4,3	4,3	3,8	3
900 — :	9,5	9,5	9,3	9,5	9	9	8,5	8.05
450 — :	19	19	19	19	19	19	18,8	
225 — :	38	38	38	38	38	38	37,7	

2° La résistance de l'air est accrue, si l'orifice est diminué, et la 1re tranche sera encore raccourcie.

J'ai étudié l'influence des variations de l'orifice sur la longueur de la 1re tranche avec le tube de 40^{mm} auquel est adaptée une ouverture mobile de $2^{mm}8$ d'épaisseur, d'une longueur fixe de $27^{mm}5$ et d'une largeur égale, que j'ai fait varier de 2 en 2^{mm} à partir de 26^{mm}. J'obtenais ainsi une diminution constante de 55^{mm2} pour chaque nouvelle expérience. J'ai répété plusieurs fois les mêmes mesures, sans réussir à éliminer d'une façon certaine toutes les variantes. Toutefois la construction d'une courbe m'a permis de fixer mon choix avec une assez grande probabilité. L'intérêt de ces expériences est de nous renseigner, non seulement sur l'influence des dimensions de l'orifice, mais encore sur les rapports qui existent entre les longueurs des résonateurs à ouverture fixe pour des différences d'une octave. Ces données sont réunies dans le tableau suivant :

Ouverture	Diap.	Diap.	Rap. d'oct.	Diap.	Rap. d'oct.	Diap.	Rap. d'oct.
	450 v.d.	900 v.d.		1800		3600	
27,5 × 27,5 (756^{mm}25)		71^{mm}2		26^{mm}6	2,67	7^{mm}3	3,64
— 26 (715)		70		26	2,69	7	3,71
— 24 (660)		68		25	2,72	6,6	3,78
— 22 (605)		66		24	2,75	6,1	3,95
— 20 (550)		63,9		23	2,77	5,6	4,10
— 18 (495)		61,6		21,85	2,81	5	4,37
— 16 (440)		59		20,45	2,88	4,3	4.75
— 14 (385)		56,4		19,1	2,95	3,5	5,48
— 12 (330)		52,5		17,7	3,02	2,7	6,55
— 10 (275)		51,3		16,1	3,18	1,9	8,47
— 8 (220)		46,9		14,25	3,29		
— 6 (165)		43,1		12,50	3.44		
— 4 (110)	133	39	3,41	10,5	3,71		
— 2 (55)	117	33	3,54	7,5	4,4		

Pour les octaves suraiguë (3600 v. d.) et grave (450 v. d.), les déterminations sont difficiles ; car dans la 1re les diapasons s'éteignent très vite, et dans la 2e on a de la peine à reconnaître avec ce résonateur le point de plus grand renforcement. Les rapports marqués sont donc plus incertains pour ces notes que pour 900 et 1800 v. d.

Les mêmes expériences ont été renouvelées avec le tube de 27^{mm} en verre, son piston improvisé et des orifices de 3^{mm}5 d'épaisseur. Parmi les nombreux cas observés, je n'en cite que deux qui peuvent être comparés aux précédents :

	225 v.d.	450 v.d.	Rap.	900 v.d.	Rap.	1800 v.d.	Rap.
Diam. 22^{mm} (379,94)	37^{cm}5	18^{cm}	2,083	8^{cm}1	2,22	3^{cm}4	2,38
— 8 (60,24)	32	13,8	2,31	4,8	2,87	1,5	3,2

Ces chiffres, dont l'exactitude est garantie par la comparaison des autres tranches résonantes (voir p. 774), prouvent que le rapport d'octave varie suivant la longueur des ondes comparées, le degré de fermeture et le diamètre du tube.

On comprend dès lors la valeur réelle du rapport 3, que j'avais constaté entre deux gammes dans les résonateurs de Kœnig. Je me trouvais en présence d'un cas particulier qu'il aurait été imprudent de généraliser : c'est à peu près celui qui convient au tube de 40 ^{mm} avec un orifice de 27 ^{mm} 5 $\times$ 14 ($=$ 385 $^{mm\,2}$) En effet le résonateur de Kœnig répond aux mêmes données : diamètre 40 ^{mm} ; orifice de 13 ^{mm} de largeur sur une longueur moyenne de 30 ^{mm} (la plus grande longueur étant de 31, la plus petite de 29), soit une surface de 390 $^{mm\,2}$. Pour qu'il y ait égalité de surface pour les deux orifices que nous comparons, il suffit d'ajouter à la largeur 0,15, un peu moins de 2 *dixièmes* de millimètre. Il est possible aussi que le rapport 3 pour les résonateurs de Kœnig ne soit pas toujours rigoureusement exact : les difficultés que soulevaient certaines mesures et que j'étais tenté d'attribuer à une imperfection de l'appareil, me porteraient aujourd'hui à le croire.

3° Si l'orifice est fermé par un tube étroit, la première tranche subit une nouvelle diminution ; mais le point de résonance devient encore plus imprécis. Par exemple, la résonance se produit :

Tube de 6^{mm} de diamètre :

	225 v. d.	450	900	1800
4^{mm} de long.	25^{cm}	11^{cm}	3^{cm}	1^{cm}
8^{mm} —	20	8 ou 5	3	1

Tube de 3^{mm} :

	225 v. d.	450	900	1800
4^{mm} de long.	20	7	2	0,5
6^{mm} —	15	4 ou 5	1,3	0,5
10^{mm} —	10	5	0,8	0,5

L'influence de la forme et des dimensions de l'orifice d'un résonateur sur sa note propre est bonne à connaître pour un phonéticien. Comment arriverait-il autrement à se faire une idée nette du rôle des lèvres, de leur rapprochement, de leur projection, dans les voyelles à caractéristiques plus ou moins graves?

On profite de l'influence de l'orifice sur le résonateur pour donner à ces appareils les plus fortes résonances avec le plus petit volume. Mais le réglage en devient plus imprécis, soumis à des lois plus complexes, et plus difficile par le rapprochement des points de résonance, tellement que, dans les gammes aiguës, pour une centaine même de vibrations la différence, comme nous avons vu (p. 767), est peu appréciable.

Par conséquent, dans les appareils de mesure, tous les obstacles de l'orifice doivent être supprimés, et le tube lui-même sera d'un diamètre relativement petit. C'est à ces conditions qu'on aura pour loi du résonateur la seule longueur d'onde.

4° Un petit diamètre pour le tube a aussi son inconvénient : la résonance est faible. Aussi ai-je cru meilleur de choisir, pour la série des notes qui nous intéressent le plus (celles qui répondent aux caractéristiques des voyelles), un tube de 27^{mm}. Nous verrons plus loin, du reste, que dans l'emploi spécial que nous devons en faire, l'influence de l'orifice est réduite à *zéro*. En tout cas, subsisterait-elle encore, il nous serait facile, comme nous allons le voir, de l'éliminer. Ce résonateur d'une longueur utile de 44^{cm} est encore maniable et peut servir pour les notes comprises entre 195 v. d. et plus de 6000.

5° Quelle que soit l'influence de l'orifice sur la 1ʳᵉ tranche du résonateur, la seconde et les suivantes ont leur longueur normale, et se succèdent à une demi-onde de distance les unes des autres, comme on va le voir dans le tableau suivant, malgré quelques légères irrégularités dans les chiffres, qu'on doit attribuer à l'imperfection des appareils.

1° TUBES NUS :

Diapason de 3600 vibrations doubles.

Tube de 9ᵐᵐ 1/2 (15°) 2ᶜᵐ4 7ᶜᵐ1 11ᶜᵐ8 16ᶜᵐ6 21ᶜᵐ3 (difficile)
    10 1/2 — 2,2 6,9 11,7 16,4
    11 1/2 2,1 6,9 11,7 16,6 21,3 26,1
    16ᵐᵐ 2 6,8 11,6 16,4 21,2 26(facile)
    20 — (18°) 2 6,5 11 15,5 20
    27 — (16°) 2 6,5 11 15,5 20

Diapason de 1800 v. d.

Tube de 9ᵐᵐ 1/2 (15°) 4,7 14,3 23,8
    10 1/2 — 4,5 14
    11 1/2 — 4,5 14 23,5 33 42,5
    16 ᵐᵐ — 4,5 14 23,5
    20 — (18°) 4 13,5 23 32,2 51,5 61
    27 — (16°) 3,8 ' 13,3 22,8 32,3 41,8

Diapason de 900 v. d.

Tube de 11 ᵐᵐ 1/2 9,5 28,5
    16 ᵐᵐ 9,5 28,5
    20 — (18°) 8,5 27,5 46,5
    26 — 8,6 27,6

Diapason de 450 v. d.

Tube de 20 ᵐᵐ (18°) 19 57 95

2° TUBE A ORIFICES RÉTRÉCIS OU ALLONGÉS. (Tube de 27ᵐᵐ. L'orifice seul varie : il est pratiqué dans une plaque de 3ᵐᵐ5 ou de 4ᵐᵐ d'*épaisseur* ; ou bien il est formé d'un tube de 4 ou de 8ᵐᵐ de *longueur*.) Je néglige ici la 1ʳᵉ tranche toutes les fois qu'elle a été difficile à déterminer.

Diapason de 3600 v. d.

Diamètre 25ᵐᵐ épaisʳ 3ᵐᵐ 5   1,3   6,5   11   15,5   20
        6   —   4   ?   5,5   10   14,5

Diapason de 1800 v. d.

Diamètre 25ᵐᵐ épaisʳ 3ᵐᵐ 5   3,5   13   22,5   32
    22   —   3,4   12,9   22,4   31,9   41,4
    8   —   ?   11   20,5   30   39,5
    4   —   ?   10,3   19,8   29,3   38,8
Diamètre 6ᵐᵐ long. 4ᵐᵐ   ?   10,5   20   29,5   39
    —   8   ?   10,5   20   29,5   39
Diamètre 3ᵐᵐ long. 4   ?   10   19,5   29   38,5
    —   8   ?   10   19,5   29   38,5

Diapason de 900 v. d.

Diamètre 25ᵐᵐ épaisʳ 3ᵐᵐ 5   8,6   27,6
    22   —   8,1   27,3
    8   —   4,8   24   45
Diamètre 3ᵐᵐ long. 4ᵐᵐ   ?   21   40

Avec des orifices de ce diamètre formés de tubes de 6, 8, 10, 20ᵐᵐ de longueur, le résonateur varie peu pour ce diapason.

6° Outre la sécurité que présente un appareil de mesure qui se contrôle plusieurs fois lui-même, le tube résonateur nous offre un autre avantage qui ressort du tableau précédent : deux points de résonance très voisins l'un de l'autre dans la 1ʳᵉ tranche se séparent dans les tranches suivantes. Ainsi pour 3600 v. d. et 1800 v. d., la 1ʳᵉ tranche se termine respectivement à 2ᶜᵐ3 et à 4,7 : différence de 2ᶜᵐ3 ;

mais la seconde ($7^{cm}1$ et $14,3$) porte la différence à 7^{cm}. Cela facilite grandement les recherches pour des notes très rapprochées.

7° La distance de la source sonore est sans influence sur la position des points de résonance. Un diapason placé à 1^{mm} ou à 10^m, dans n'importe quelle direction (devant ou derrière l'ouverture), dans la même pièce que le résonateur, ou dans une pièce voisine, demande toujours la même longueur de tube, et cela quelle que soit la forme de l'orifice (égal au diamètre du tube, rétréci, ou allongé).

L'influence de la distance ne se fait sentir que sur l'intensité de la résonance, qui diminue à mesure que la source s'éloigne, et que l'ouverture est rétrécie. Le maximum d'intensité est donné à distance par les tubes entièrement ouverts.

Nous connaissons maintenant assez l'appareil pour tenter de l'appliquer à la recherche des caractéristiques des voyelles. Il ne nous suffira pas ici de déterminer le point où se produit une résonance, toujours la même, qui, seule, se répète périodiquement. Mais il nous faudra choisir entre plusieurs. Chaque voyelle, en effet, se compose de plusieurs sons : la note fondamentale, qui donne à notre oreille l'impression de hauteur, et un groupe plus ou moins riche d'harmoniques, parmi lesquels nous avons à démêler la caractéristique. La note fondamentale est facile à éliminer. Dans les voix d'hommes, elle ne se fait sentir qu'à la fin du tube à 40^{cm}, et encore seulement si elle est un la_2 (ce qui est déjà bien haut). Dans la voix de femme, elle se reconnaît sans peine à sa constance. Une de mes expériences faite sur une voix de femme montre pour toutes les voyelles une note correspondant à 30, 31 ou 32^{cm}, c'est-à-dire à ut$_3$ ou ré$_3$ environ; c'est la note fondamentale. La caractéristique ne se distingue pas toujours des autres harmoniques par sa force, mais plutôt par la reproduction nette du timbre de la voyelle émise : les autres résonances rendent un son un peu différent. Nous serons, du reste, aidés par tout ce que nous ont appris déjà et la physiologie et l'acoustique.

Si les évaluations faites à l'aide des diapasons sont justes, nous devons retrouver les résonances de mes voyelles aux points suivants pour une température de 15° :

i	2^{cm}33	6,99	11,65	16,31	20,97	25,63	30,29
i	3,1	9,3	15,5	21,7	27,9	34,1	40,3
é	4,66	13,98	23,30	32,62	42,94		
e	5,325	15,976	26,627	37,278	47,929		
è	6,2134	18,64	31,067	43,5			
â	7,456	22,368	37,25				
a	8,284	24,85	41,45				
á	9,32	27,96	46,60				
ò	10,65	31,95					
o	12,426	37,28					
ó	18,643						
u	24,85						
ú	37,28						

Dès mes premiers essais, je trouvai, avec mon tube de 27^{mm}, de très bonnes résonances qui répondaient assez exactement à l'une des tranches du tableau, à savoir :

i	:					24,3
i	:				26,5	
é	:	4,6	14	23		
e	:		15,3		37	

é : 7
à : 7,5
a : 8
â : 9 et 9,6 28,5
ô : 10,5
o : 12,6
ö : 18 et 19
u : 23
ú : 39

On voit que mon oreille était surtout impressionnée par la 6ᵉ tranche de l'*é*, la 5ᵉ de l'*i*, la 2ᵉ de l'*e*. A l'aide du tableau (p. 776), il est facile de retrouver les précédentes. Quant aux divergences des mesures obtenues par l'expérience et celles qui étaient prévues, je pouvais les imputer à l'imperfection de l'appareil.

Quelques expériences demandées à d'autres personnes autour de moi ont donné :

â : 9 45,85 (S. G.) — 45 (L.)
ô : 20 (L.)
ú : 34 (M.)

L'*â* a paru, vers 45, plus dégagé de ses résonances secondaires. La 1ʳᵉ tranche de résonance de l'*â* a été pour moi moins claire que la seconde. J'ai hésité entre 9,9 où il sonne plus fort, mais déjà un peu *ô*, et 8,2 où se fait sentir l'*a*. Mais la 2ᵉ tranche étant très nette, il est facile d'en déduire la 1ʳᵉ.

Étant donnée une tranche quelconque de résonance, il suffit d'en connaître le rang pour trouver la longueur de la 1ʳᵉ. Celle-ci égale 1/3 de la 2ᵉ, 1/5 de la 3ᵉ, 1/7 de la 4ᵉ, etc.

Dans l'expérience, on tient le bout du tube de la main

gauche bien solidement devant la bouche. Pour cela, on appuie l'un des doigts sur le menton. On fait mouvoir le piston avec la main gauche, en pressant la tige plutôt entre l'index et le médium qu'entre le pouce et l'index. Le tube de caoutchouc est maintenu à l'oreille à l'aide d'une petite olive de verre. Les résonances très aiguës, celles de l'i, s'entendent mieux sans caoutchouc, quand elles sont observées dans la première tranche : elles produisent un petit frémissement métallique facile à saisir, pourvu qu'on y fasse bien attention. La voix doit être maintenue sur un ton ferme et élevé : les résonances en ressortent davantage et se distinguent mieux.

Dans la crainte que des idées préconçues ne vinssent influencer mon oreille, j'ai eu recours, pour l'étude des voyelles, à des personnes de bonne volonté qui ignoraient l'objet de mes recherches. Je transcris les chiffres qui m'ont été indiqués, me bornant à mettre en caractères gras ceux qui se rapprochent des données théoriques. J'y ajoute les réflexions qui m'ont été faites en même temps, et qui sont de nature à mieux faire comprendre la valeur des résonances correspondantes. De cette façon, le lecteur sera mieux à même de se rendre un compte exact des difficultés de ces expériences et du degré de précision dont elles sont susceptibles :

M. Montalbetti, né à Milan (les voyelles de son dialecte) : i (diz « dit ») : **2,2**   4,1 très très faible   7   **12** faible   **20,8** bon   **25,6** très sonore   **28,1** très bon, mais plus grave que 25,6   **30,1** le meilleur   35 n'est pas bon.

Ce 28,1 qui correspond à un ré$\sharp$, doit être l'octave du son fondamental.

i (m*i* « moi ») : **2,2** très faible   **3** pas bien bon
5,5 pas trop bon   **10,5** faible   **15,4** très bon   18,8
22 très sonore   **27,9** très bon, très sonore   29,7
très bon.

Sont encore bons 26,5 et 27,1 jugés dans un premier essai les meilleurs de tous.

ė (p*ė* « pied ») : **4,2** très bon   10,5 pas bien fort
12 meilleur   **14,2** très sonore   15,8 très bon aussi, meilleur que 12   21,5 bon   22,9 pas mal   **23,3** très bon   27 moins bon que 23,3   37 bon   **40,9** meilleur encore.

e (t*e*ta « téter ») : 4,9 pas bien bon   **5,5** pas mal
9,4   13,8 très sonore, mais un peu *œ*   **16** très bon, très sonore   23 le meilleur de tous   24,3   **37,3** très clair   38 plus fort mais moins clair   40 très fort.

Le chiffre 40 peut être voisin du son fondamental, il correspond à peu près au la_2.

Le 23 correspond à l'*é*.

è (av*e*vi « j'avais ») : **6,4** très clair   7,4   11,8
15 bon   **18,5** clair   24,4 bon   26 plus sonore
31 bon   38,4 très fort (voisin du son fondamental).

a (s*a*ra « sera ») : 7   8,3 moins sonore, mais plus clair   11,9   **24,1** plus clair que 24,8 qui est plus sonore   28   34,7 meilleur   36,7 plus net.

Ce 36,7 marque le point de résonance d'un *à*.

á (*a*zin « âne ») : 8,8   **9,5** plus clair que 8,8 mais moins sonore   12,1 bien fort, mais sonore *ò*   13,6 très bon   **27,4** le meilleur   30,3 très clair   38 plus clair que 30,3.

ò (c*o*sta « côte ») : 9,5 très bon   **10,3** très bon, plus clair que 9,5, mais moins sonore   11,7   12,7
32,3 très bon, le meilleur   36,1 bon.

o (vòster « votre ») : 11,3 très sonore   12,4 très bon, très clair   16,8   26,1   27,9 très bon   31,2 bon   37 très clair, bien meilleur que 27,9   39 très bon, mais non comparable à 37.

u (furn*u* « four ») : 14,8 pas mal   22,8 bon, pas très clair   25,3 très clair   28,3 très bon, clair, mais moins sonore que 25,3   41,3 pas trop clair.

ü (fürnu) : 17,9   25,4 très bon   26,8 meilleur encore   27,4   32,7   34,9 et 35,3 très bons; mais le meilleur est 37,5 sonore et très clair.

Les voyelles mixtes paraissent composées : *æ* (trævi) de *a* et *o*; *œ* (fiœf « fils ») de *e* et de *o*; *u* (mǔf « moisi ») de *é* et de *u*; *ü* (dǔ « doux ») de *i* et de *u*.

æ : 9,9   13 (correspondant à *ó*) très bon   14,6   16   24,8 (correspondant à *a*) meilleur encore   37,3 (*o*) le meilleur.

œ : 9,1   10,5   13,7 très bon   14 1 (*e*) meilleur   18,5 (*o*) le plus sonore.

u : 9 13,5 (*é*)   19 très bon   30 (*u* un peu fermé) meilleur.

ü : 1,6 pas bien fort   11,1 bon   14,8 (*i*) très bon   19,5 (*i*) meilleur   27,5   30,1 (*u*) très très bon.

Mme Montalbetti. — Née à Bordeaux, mais élevée en partie dans la Charente, elle a plutôt la prononciation d'Angoulême, ignorant tout à fait le patois. Je note d'un ou de deux astérisques les chiffres qui correspondent aux résonances jugées par elle les plus fortes.

i : 2   3,3   6,3   7,6   11,6 et 11,8   13,9   16,3   17,5   21,6   24,8   26*   30,2** le plus fort   31,5** très fort   32** peut-être le plus fort   35,1   38,1   39,2**   41,9

i : 2,6   3,8   5,3   9,5*   10,6*   15,5

22,7   24,1   28,8   30,1   33,6*   35,1**
40,1   41,1

é : 3,2   4,6   9,1   14*   19   23,7* très bon
32,4** meilleur.

e : 3   5,1   9   10,9   12,1   16,1   17,2*
19   25,3   32,1*   36,8**   41,5.

è : 2,4   2,9   4,6   5,4   6,4*   7,1*   9
10,5*   12,1   17,7*   18,3**   21,5   26,4
31,2** très fort   33,6**   36,5   41.

a : 3,3   4   7,4   7,9   9,1   12   18
(un peu *à*)   24,5**   26,9**   28   34,3 un peu
à   35,3   41,8**.

á : 5,7   6,8   7,8   9,2   12,7   18,1 (elle
entend *ó* ou plutôt ni *o* ni *a*)   25,6* bon   26,1*
26,6**   26,8** très bon   28,8* plus sourd.

D'après la 1re tranche, la 2e devrait être 27,6, chiffre
non indiqué :

ò : 2,8   4,9   6,9   10,3**   12,1   16,9 un
peu *o*   24,4   25,3* bon   29,4** très bon   31,9
pas très fort, mais très nettement *ò*   33,3*   35,5
40,5.

o : 3,3   7,9* très fort   10,1*   11,6* et 11,9*
très bons   12,7** plus fort   19,8 un peu *ò*   17,5
18,6   21,6   25,8* très bon   31,4* très bon
34,1* encore meilleur   35,7* très bon aussi   37,1**
tout à fait bon.

ó : 3,5   6,6   8,7   9,4   10,5* un peu *ò*
17,4   18,6** le meilleur   19,3   24,9   32,7
37,5.

u : 7,8   10,2   15,8   17   25** le meilleur
28,9   31,1   32,1   35*   46.

ú : 7,9   8,9   9,8   10,4   15,4   17,9

24,9** 28,5 30,3 33,6 36** très bon
37** meilleur 37,4** 41.

ǎ : 3,1 5,2 6,6* (ě) 8,5* très bon 11**
(ô) meilleur 11,5 14,1 17,1 18,6* (ô)
26,5 29,1 29,8 32,1* (ô) le plus fort 33,5*
fort 34,6 41,8.

œ : 4,9 5,8 (e) 8 10,1 11,9* (o) plus
fort 18,5* un peu ǎ (preuve qu'il y a dans œ la résonance de l'o et non celle de ô) 28,1.

ǎ : 2,4 5,5 (e) 61 11,1 16,4* 18,5
(ô) 22,9 26,3 32,9 37,1.

u : 3,1 (i) 6,1 7,1 10,6 17,2 19
26,1 (u) 28,1 30,1* très fort 34,4* très bon
37**.

ǔ : 3,5 (ě) 5,3 10,1 16,3 26,3 30,3*
33,7**

ě : 1 6,1 (ě) 11 18,3 (ě) 34,6* bien fort
36,6.

ǎ : 3,4 11,3 17,8 (ě) 25,8 34,6 36.

ā . 6 . 7,1 10.6 16,5 un peu ô 24,1**
(a) 31.

ô : 3,1 6,8 8,2 10,4 11,6 (o) 18,1
19,8 26,1 25,4 33,3** 37**.

Une autre personne sans aucune connaissance phonétique, à qui j'ai demandé de rechercher les meilleures résonances, m'a fait ces réflexions significatives, au moment où
elle tombait juste :

ǎ : Voilà, tenez, le voilà le vrai bon, là, 25,6.

ô : Un bon celui-là, un parfait, 19,1.

ǔ : Pas mauvais, 37,5. Le voilà encore, 37,9.

ě : Voilà un bon, tenez, 14,1, le meilleur avec 18,3....
Le voilà, 33,1, moins sifflant, mais bien régulier.

Un pas mauvais (18,7) moins bon que le précédent (33,1).

i : Un des meilleurs, 24,9. Un petit, 36,8.

Un meilleur, tenez là, 24,2.

æ : En voilà un bon, 13,6. Oui! Oui!... C'est le même (13,6)... En voilà un bon, 13,5. Un autre bien bon, le meilleur, 14,3. Encore, 14,3

u : Je ne sens rien... C'est la plus mauvaise de toutes les lettres. Le meilleur que j'ai trouvé 24,8... Une locomotive, celui-là : 34,5..... Encore un, 27,2... 39,7 pas mauvais, moins bon que 27,2. Encore un petit : 9. [Ce sont les points de résonance de l'*i*.]

Les résultats obtenus avec le tube de 27^{mm} sont donc très encourageants. Toutefois, avant de me fixer à cette dimension, j'ai tenu à essayer des tubes à diamètre plus petit dont j'avais déjà reconnu la justesse.

Voici ce que M. Montalbetti a trouvé avec le tube de 9^{mm} 1/2.

i : 2,1   7   9,3   10,6   11,3   14   29*   30,7.

i : 1,7   6,7   12,4   14* meilleur   21 très sonore, plutôt *é* 21,7 très sonore, *i* plus clair   27,8 très fort   31 très sonore, plutôt *é*.

Ces voyelles sont plus faciles à déterminer avec le tube de 27^{mm}.

é : 4,2 pas bien fort. Le 4 est plus *é*   12,2 très bon   13,2 très sonore.   De 15 à 22 et 23 la sonorité augmente.

e : 5   8,2 plus sonore, mais moins clair que 5   10,8   15 bon   17 meilleur   plutôt 16,5. C'est entre 15 et 16,5   27.

Très difficile à déterminer avec ce tube.

é : difficile, mais 30,8 très bon.

a : 25,2 assez clair.

à : 9,2 très fort   27,8 très fort.   Ces points sont
très faciles à trouver avec ce tube.

ò : 10,6 facile à trouver   27   31,8 plus sonore.

o : 11.

Un point d'une très grande importance ressort de la comparaison de ce tableau et des précédents : la résistance que nous avons constatée à l'orifice du résonateur pour les sons des diapasons aigus ne se fait pas sentir pour la voix, et la 1ʳᵉ tranche de résonance ne paraît pas diminuée. Cela se conçoit sans peine. La vibration vocale, portée par le jet d'air chaud sorti de la bouche, est plus favorisée, dans sa marche à travers les obstacles de l'orifice, que celle du diapason, obligée de se propager à travers les couches inertes et plus froides de l'air tranquille.

Les autres tubes de 11, 14 1/2, 19ᵐᵐ sont aussi d'un emploi moins commode que celui de 27ᵐᵐ. C'est donc à cette dernière dimension, ou à peu près, que je me suis arrêté pour la construction de l'appareil définitif, que je crois pouvoir appeler, en raison de ses services, *résonateur universel*.

Ce résonateur est formé d'un tube de cuivre de 26ᵐᵐ de diamètre et d'un piston glissant à frottement doux. La tige carrée du piston porte, sur une face, une échelle métrique qui permet de lire, à l'aide d'un vernier, en dixièmes de millimètres, la longueur du résonateur. J'avais songé à faire graver sur une autre face les longueurs d'onde à 20° avec les notes correspondantes, et, sur la 3ᵉ, les voyelles d'une gamme vocalique, qui serait donnée, à titre d'exemple, comme direction pour les chercheurs. Mais il est plus pratique de dresser soi-même deux tableaux que l'on gardera sous ses yeux pendant les expériences : celui des divers points de *résonances des voyelles*, et celui des *longueurs d'onde*. Le premier est facile à faire ; il suffit de transcrire sur une bande de papier quadrillé au millimètre les données du tableau des voyelles, des miennes par exemple (p. 776). Ce tableau ne doit servir que de guide. Quant au second, chacun peut le calculer pour la température du moment. Je conseille plutôt de tracer la courbe des *longueurs d'onde* pour la température moyenne, comme j'en donnerai le modèle en *appendice*.

Je reviens à la question que j'ai posée (p. 769), sans la résoudre : jusqu'à quel degré d'exactitude peut-on pratiquement arriver avec le *résonateur universel* ? Voici les résultats des expériences faites dans le but de donner une réponse :

Diapason de 225 v. d. (22°) long^r de tube 37^{cm} 3
—   229 —   —   36^{cm} 6
                                Différence ——— 7

La différence est de 7^{mm}. Or, à la température de 22°, la différence entre les quarts d'onde de 225 v. d. (38,284) et 229 (37,625) est de 6^{mm}59. J'ai donc trouvé 0^{mm}41 en trop. Erreur d'environ 1/4 de vibration.

Diapason de 450 v. d. (20°) long^r de tube 18^{cm}14
—   454 —   —   18 05
                                Différence ——— 9

La différence des quarts d'onde de 450 (17,0722) et 454 (18,9878) est de 0^{mm}84. Donc 0^{mm}06 en trop. Erreur de 1/5 de vibration.

Pour ces deux diapasons nous ne pouvons pas trouver d'une façon assurée la longueur d'onde, puisque nous n'obtenons que la première tranche de résonance ; mais nous le pouvons pour les diapasons suivants :

Diapason de 900 v. d. (22). 1re tr. 8^{cm}7, 2e tr. 27,8.

Longueur de la demi-onde 19,1. Longueur calculée 19,142.

Différence : 0^{mm}42 en moins. Erreur de près de 2 vibrations (901,9).

Diapason de 908 v. d. 1re tr. 8^{cm}5, 2e tr. 27,45.

Longueur de la demi-onde 18,95. Longueur calculée 18,973.

Différence : 0^{mm}22 en moins. Erreur de 1 vibration en trop (909).

Diapason de 1.800 v. d. (20°), 1re tr. 3,95, 2e tr. 13,5, 3e tr. 23, 4e tr. 32,6, 5e tr. 42,1, ce qui donne pour la demi-onde : 9,55, 9,5, 9,6, 9,5, soit une moyenne de 9,53. Longueur calculée 9,536, soit 6/100 de millimètre en moins, ou 1 vibration en trop (1801).

Diapason de 1.804 v. d. (20°), 1re tr. 3,9, 2e tr. 13,4, 3e tr. 22,9, 4e tr. 32,5, 5e tr. 41,95. D'où pour la demi-onde : 9,5, 9,5, 9,6, 9,45, ou une moyenne de 9,51. Longueur calculée 9,5149, soit 49/1000 de millimètres en moins, ou un peu moins de 1 vibration en plus (1805).

Diapason de 3.600 v. d. (20°), 1re tr. 2, 2e tr. 6,7, 3e tr. 11,5, 4e tr. 16,4, 5e tr. 21, 6e tr. 25,9, 7e tr. 30,7, 8e tr. 35,3, 9e tr. 40,02. D'où pour la demi-onde : 4,7, 4,8, 4,9, 4,6, 4,9, 4,8, 4,6, 4,72, soit une moyenne de 4,752. Longueur calculée : 4,768. Erreur de 0^{mm}16 en moins, ou 8 vibrations en trop (3608). Ce diapason s'éteint vite et la détermination du point de résonance est difficile.

Nous devons conclure de ces expériences que l'appareil est suffisamment précis.

La recherche des caractéristiques des voyelles, qui donnait, avec l'appareil improvisé, des résultats faciles à obtenir et d'une précision assez approchée, est bien plus facile encore et plus exacte avec ce résonateur. Je me suis contenté d'en vérifier quelques-unes.

u. — J'ai trouvé sans peine une longueur de tube de 37^{cm}6 (20°); ce qui donne 228 v. d. (nombre trouvé avec les diapasons).

ó. — J'ai hésité entre plusieurs chiffres : 18,35, 18,4, 18,53, 18,65, 18,67, 18,68, 18,69. En recommençant pour tâcher de demêler le bon, j'ai été le plus frappé par 18,76, qui donne, à 19°, 456,7 v. d. Avec les diapasons, j'avais trouvé 456.

à. — Il m'est difficile de me décider entre 9,64, 9,55, 9,5, 9,46, 9,38, 9,32, 9,2. D'un côté, l'*à* incline vers *o*, de l'autre vers *a*. Mais si je cherche la seconde tranche de résonance, je trouve 28,19, dont le 1/3 est de 9,39. C'est à ce chiffre que je m'arrête, et je m'aperçois qu'il correspond à 912 (note trouvée avec les diapasons).

é. — Cette voyelle a été pour moi d'une détermination difficile. Elle contient des harmoniques graves qui effacent en éclat la caractéristique. Pour rendre celle-ci plus sensible, il faut faire toucher les bords du résonateur aux lèvres. Après m'être avisé de cette précaution, j'ai déterminé assez aisément divers points de résonance : 4,68, 14,04, 23,40, 32,86, 42,1, ce qui donne pour demi-longueur d'onde : 9,36, 9,36, 9,36, 9,46, 9,36, soit une moyenne de 9,38, qui, à 21°, correspond à 1.832 v. d. Le diapason a donné 1824. J'ai donc trouvé 8 vibrations en trop. L'examen sommaire fait par mon cousin D. (p. 782) a donné 9,4 et celui de ma nièce Mme M. (p. 781) fournit une moyenne de 9,36, si on prend les tranches isolément, la 2e étant divisée par 3, la 3e par 5, etc.

i. — L'expérience acquise pour *é* m'a servi pour l'*i*. J'ai trouvé assez aisément la 1re tranche 2,35. Deux autres sont concordantes : la 4ᵉ 16,5, et la 8ᵉ 35,35. Le 1/7 de la 4ᵉ donne la 1ʳᵉ tranche = 2,357 ; le 1/15 de la 8ᵉ donne de même la 1ʳᵉ tranche = 2,3566. Essayons la demi-longueur d'onde fournie par la 4ᵉ tranche (2,367). Nous trouvons pour la caractéristique 3.651 v. d., au lieu de 3.648, note obtenue avec les diapasons. La 1ʳᵉ tranche suppose 3662 ; la 8ᵉ, 3636. Pour serrer la vérité de plus près, il faudrait pouvoir déplacer le piston au moyen d'une vis micrométrique, tout en conservant la possibilité de le faire courir le long du tube, ce qui est facile à réaliser.

Après ces premières expériences faites avec soin, j'ai recherché rapidement les caractéristiques d'autres voyelles, et j'ai trouvé des nombres de vibrations très rapprochés de ceux que m'avaient fait découvrir les diapasons : *u* 343 au lieu de 342, *o* 685 au lieu de 684, *ô* 799 au lieu de 798, *a* 1036 au lieu de 1026, *â* 1148 au lieu de 1140.

Enfin, dernier contrôle, j'ai voulu savoir comment M. Montalbetti referait avec le nouvel appareil les expériences signalées à la page 778. La précision obtenue par lui est plus grande que la première fois : *á*. — 1ʳᵉ tr. 9,5, 2ᵉ tr. 28,4 qui suppose pour la 1ʳᵉ 9,466. ; *é*. — 1ʳᵉ tr. 4,7, 2ᵉ tr. 14,15, qui suppose pour la 1ʳᵉ 4,7166... ; *í*. — 1ʳᵉ tr. 2,4 ou 2,38, 2ᵉ tr. 7,15, qui suppose pour la 1ʳᵉ 2,3833... ; enfin *ú*, — hésition entre 38,3 et 37,4. On s'attendrait, étant donnée la loi des octaves (p. 746), pour *á* à 9,466 et en partant de ce chiffre, à 37,864 (*ú*), 4,733 (*é*), 2,366 (*í*), ou en partant de 9,5 pour *á*, à 38 (*ú*), 4,75 (*é*), 2,37 (*í*). Mais, on le voit, l'écart est peu considérable ; et j'espère qu'une vis micrométrique permettra de le corriger.

Je crois donc être en droit de conclure que le *résonateur universel* est pratique et que les linguistes, qui auront eu soin d'exercer leur oreille, en tireront des résultats satisfaisants pour la recherche des caractéristiques des voyelles.

Un moyen qui manque de précision, mais qui est précieux comme contrôle, c'est l'observation des lacunes dans les *champs auditifs* des sourds incomplets. Je me suis étendu ailleurs [1] longuement sur la question ; il me suffira de la résumer ici à grands traits.

1° L'oreille n'est pas un organe simple qui perçoit ou ne perçoit pas la totalité des sons ; c'est un organe complexe qui peut être privé de la perception de certains sons, tout en conservant plus ou moins celle des autres. Il est donc possible de tracer le champ auditif d'une oreille donnée, où sera marqué son degré de perceptibilité de chaque son simple. La mesure se fait très bien à l'aide d'une série complète de diapasons ; et les lacunes qui se sont produites dans les champs auditifs des sourds partiels peuvent de la sorte être parfaitement circonscrites.

2° Les lacunes profondes, portant sur les régions de perception des notes que nous avons considérées comme les caractéristiques des voyelles, empêchent ces voyelles d'être entendues. Une diminution dans la perception de ces notes entraine un affaiblissement proportionnel dans l'audition des voyelles correspondantes. La restauration graduelle de l'organe sous l'influence d'une excitation acoustique pour les mêmes notes ramène la faculté d'entendre les voyelles.

3° Toute oreille qui saisit bien les voyelles n'a pas de lacunes importantes dans les régions de perception de leurs notes caractéristiques. Sur ce troisième point, on rencontre des exceptions, qui seront expliquées.

---

1. *Phonétique expérimentale et surdité.*

Il me suffira de citer quelques exemples. Dans les trois tableaux qui suivent (fig. 524-526), le champ auditif est représenté suivant la distance de perceptibilité des sons. Celle-ci est notée en centimètres. Elle est réelle toute les fois qu'elle ne dépasse pas 3 mètres; à partir de cette distance, en raison de l'exiguïté de la salle où l'examen a été fait, la vraie limite n'a pas été atteinte. La ligne pointillée qui enveloppe le schéma indique quelle aurait été la distance d'audition des diverses notes pour une oreille normale. Les notes sur lesquelles a porté l'enquête sont marquées en vibrations simples.

La figure 524 représente le champ auditif d'un soldat venant du Tonkin, où il fut pris de fièvres pernicieuses. Son oreille offre trois lacunes, séparées par deux cônes d'audition, correspondant aux notes comprises entre 7808 et 3070, entre cette dernière et 920, et au delà de 920. Je ne puis pas dire que ces lacunes soient délimitées avec précision : elles ne sont, on le voit, que grossièrement indiquées. Toutefois, elles le sont suffisamment pour nous faire comprendre le degré de perceptibilité des voyelles. L'*i* (caractéristique moyenne, 7200 v. s.) et l'*é* (caractéristique moyenne, 3600) ne sont pas entendus : ils sont compris dans la première lacune. L'*è* (caractéristique moyenne, 445) n'est pas entendu non plus : il correspond à la troisième. En revanche l'*ô* (carractéristique moyenne, 900) est entendu, répondant au deuxième cône d'audition. Il semblerait que l'*a* ne devrait pas être entendu, car sa caractéristique moyenne (1800) paraît bien correspondre à la deuxième lacune. Mais peut-être y a-t-il en ce point un **cone** d'audition qui a échappé à un examen trop sommaire; peut-être l'audibilité de la note à une distance de 20^{cm} a-t-elle été suffisante pour que la voyelle pût être

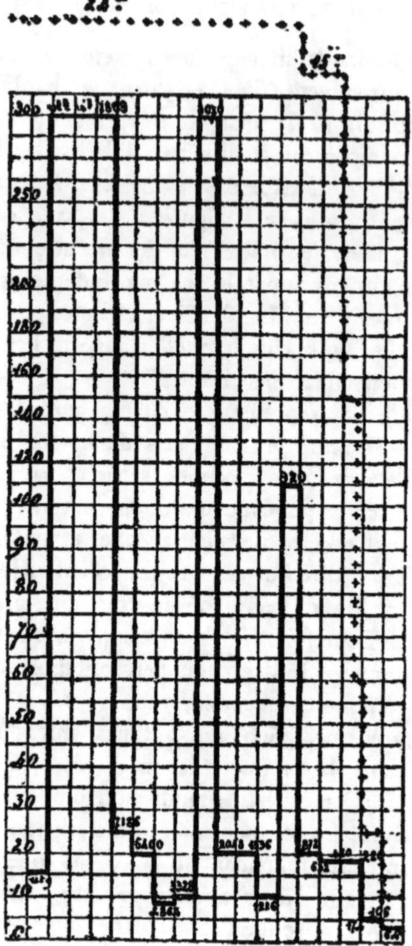

Fig. 524.

(Pu)

Fig. 524. — 3ᵐ. — Voyelles entendues : *o a.*
    —   non comprises : *ou eu = eu, é = è, i = é, on = er, an = éf, ain = és, eun = éf.*
Consonne entendue : *l.*
    —   non comprises : *ra = la, cha = ks, da = ba, ka = pa, ma = na, na = ma.*
    —   non entendues : *ta = a, va = i grec, sa = éf.*
Aucun son : *za ja pa ba ga.*
Groupes non entendus : *blo stou = eu, flou = u, pleu = èl.*

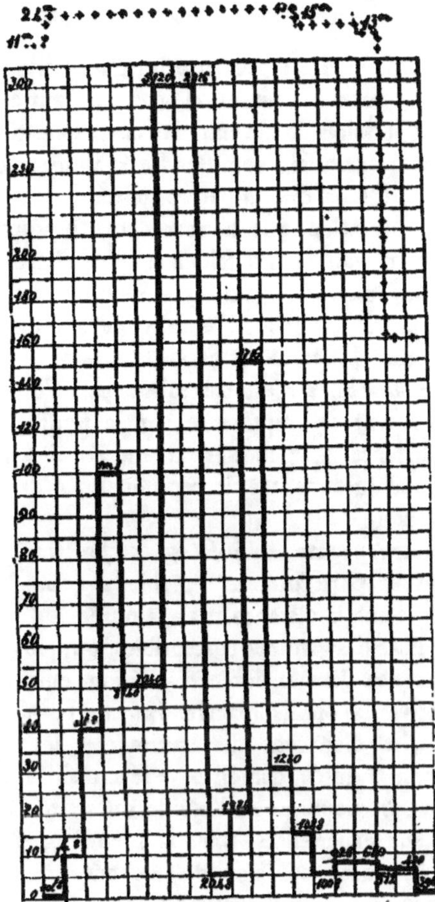

Fig. 525. (P)

Fig. 525. — 15ᵉᵐ. — Voyelles entendues : *o a.*
 — non comprises : *ou un = o, ain = è, eun = eu.*
 — non entendues : *ou é i eu u.*
Consonnes entendues : *l v d k n.*
 — non comprise : *ya = da, cha = ka.*
 — non entendues : *ra fa sa pa ba ta ga ma = a.*
Aucun son : *ja.*
Groupe entendu : *bla.*
 — non compris : *bla = fla, pla gla fla sta = la.*

entendue à 3 mètres; peut-être la caractéristique a-t-elle été suppléée, grâce à l'éducation, par une autre note. Nous aurons l'occasion de revenir sur ces explications.

La figure 525 fait comprendre la non-perceptibilité de l'*é* et de l'*u*, ainsi que la perceptibilité de l'*a*. Elle poserait la même question que la précédente à propos de l'*ô*, si l'enquête n'avait pas été faite à la faible distance de 15 centimètres. Quant à l'*é* qui est entendu, nous ne pouvons rien dire, car entre 5120 et 2816 il y a place pour une lacunes dans la région de 3600.

Cette voyelle *é* n'est pas saisie par l'oreille dont le champ auditif est représenté par la figure 526, et qui, à une distance de 3 mètres, entend *u ô a* et *i* : la lacune correspond justement à la caractéristique de l'*é* qui n'est pas entendu.

Un autre champ auditif (fig. 527), tracé sur un plan différent et plus complet, va mieux nous renseigner. Il représente non la distance, mais la durée de l'audition pour chaque note des gammes perceptibles, ou, plus exactement, la différence dans la durée d'audition entre une oreille normale et une oreille malade. Les chiffres de la colonne de gauche marquent des secondes; les deux lignes sinueuses, la durée d'audition : la croisillée pour l'oreille normale, la pleine pour l'oreille du sourd. Ce croquis a exigé deux expériences. Dans la première, l'enquêteur a mesuré pendant combien de secondes il entendait les vibrations des divers diapasons et en a reporté le nombre en pointillé sur le papier quadrillé, délimitant ainsi son propre champ auditif. Puis il a présenté à l'oreille du malade sourd les mêmes diapasons. Quand celui-ci a cessé d'entendre, il a compté les secondes pendant lesquelles il continuait lui-même à percevoir le son, et a porté ce second nombre sur le papier quadrillé en dessous de la limite de perception de son oreille. Enfin il a réuni tous les points par une ligne pleine. Le schéma représente donc, entre les deux lignes supérieures, ce qui manque à l'oreille

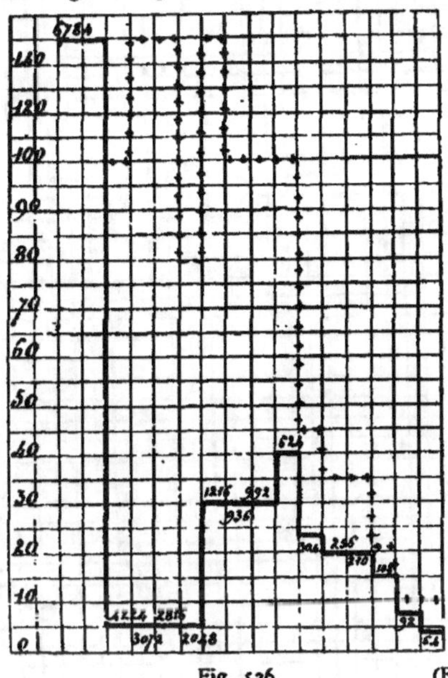

Fig. 526.   (F)

Fig. 526. — 3ᵐ.— Voyelles entendues : *ou o a i u eun.*
  — non comprises : *é = o, eu = o, on = o, an = a.*
  — non entendues : *ain.*
  Consonnes entendues : *l s (sa = st) ʒ ch j k g m.*
  — non entendues : *ra fa pa ba = a, ta = en.*
  Aucun son : *da na sa.*
  Groupes entendus : *fla sta.*
  — non entendus : *pla = o, bla = gne, kla = la.*
  Aucun son : *gla.*

du sourd, et, au-dessous de la seconde ligne jusqu'à la ligne *o*, ses restes auditifs. D'un simple coup d'œil, on peut apprécier le degré d'acuité de l'oreille malade pour chacune des caractéristiques des voyelles.

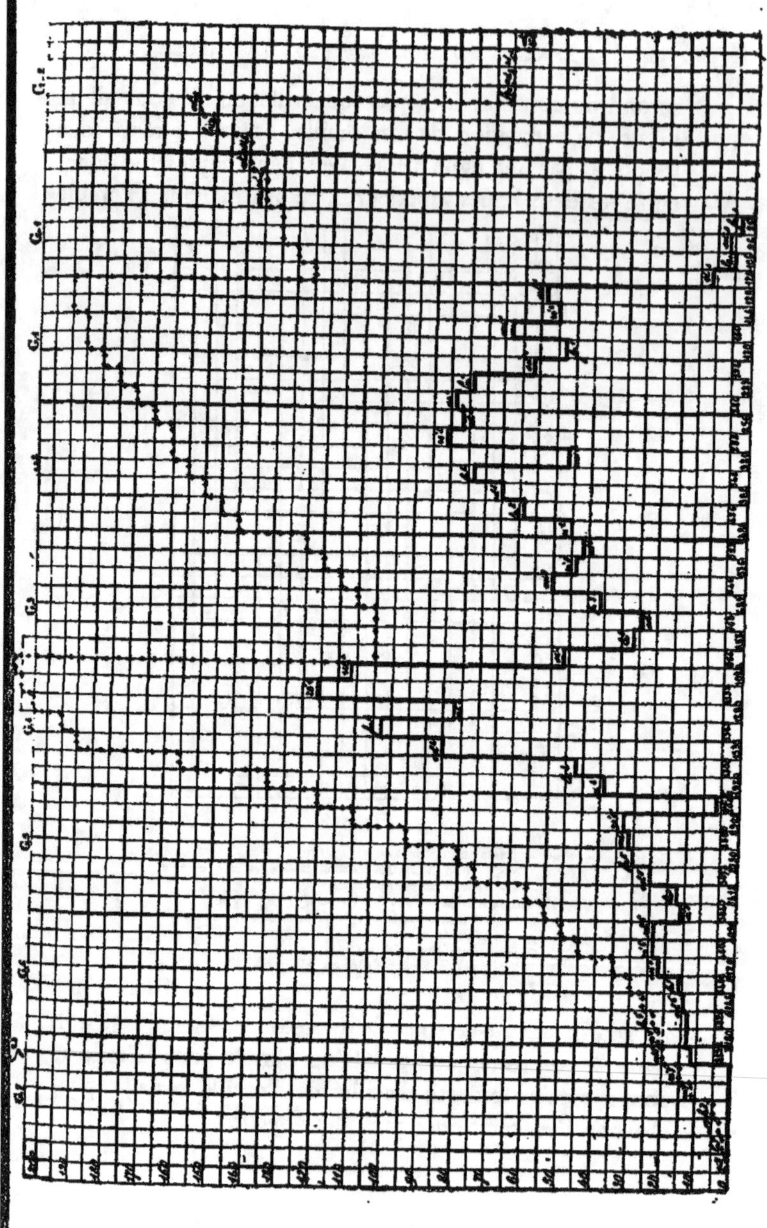

Fig. 527.

Dans la figure que nous avons sous les yeux, nous lisons que la faculté d'entendre les notes caractéristiques des voyelles est réduite aux $\frac{13}{22}$ pour *i*, $\frac{17}{60}$ pour *é*, $\frac{47}{160}$ pour *á*, $\frac{32}{105}$ pour *ô*, $\frac{64}{150}$ pour *ú* : soit en gros de $\frac{1}{2}$ pour *i* et *ú*, des $\frac{2}{3}$ pour les autres voyelles. Or c'est à peine si *i* et *ú* sont entendus à 25^{cm}, tandis qu'à cette distance *é á ô* sont nettement perçus.

Je cite enfin deux exemples de la rééducation des voyelles faite simultanément au moyen d'excitations acoustiques par les diapasons et d'exercices vocaux. Le premier (A) concerne un Anglais ne sachant pas le français, l'examen étant fait avec nos voyelles ; le second (B), un Français. La lettre *d* désigne l'oreille droite ; *g*, l'oreille gauche). Les diapasons sont de Kœnig et conformes à son système : $si_6 = 3840$ v. d. ; $si_5 = 1920$; $si_4 = 960$; si $= 480$, $si_2 = 240$.

Les chiffres relatifs aux notes marquent en secondes ce qui manque à l'audition pour être normale ; ceux qui se rapportent aux voyelles représentent, en centimètres, la distance à laquelle les voyelles sont perçues ; la lettre *C* indique que l'audition se produit au contact des lèvres de l'enquêteur sur l'oreille du sujet. Le progrès est donc exprimé dans la première série par la décroissance des nombres, dans la seconde par leur accroissement. On voit qu'il suit une proportion à peu près égale dans les deux colonnes (celle des diapasons et celle des voyelles), sauf dans un cas (*B. i* oreille gauche, 15 avril) où le tableau porte sûrement une erreur.

A

		AVRIL			MAI		
		19	23	30	6	14	21
si_6	d.	13	9	8	5		
	g.	18	14	11	6		
si_5	d.	46	34	31	18		
	g.	67	51	44	26		
si_4	d.	96	81	41	37	32	37
	g.	132	103	96	88	67	59
si_3	d.	78	72	36	35	28	25
	g.		94			69	50
si_2	d.	111	91	48	68	59	71
	g.		108	82		86	106

	AVRIL			MAI		
	20	23	30	6	14	21
	15	30	45	40	95	55
	0	0	0	0	30	80
é	45	65	45	100	180	350
	0	C	12	40	30	65
á	80	94	200	300	300	350
	25	60	85	105	200	200
ô	10	30	55	80	300	230
		C	25	45	105	120
ti	10	10	35	35	80	115
	0	0	20	70	115	100

B

		MARS	AVRIL		
		25	2	15	21
si_6	d.	7	6	5	
	g.	14	9	8	
si_5	d.	19	16	13	
	g.	33	32	22	
si_4	d.	41	26	22	29
	g.	69	48	43	38
si_2	d.	28	8	14	9
	g.	33	14	21	20

	MARS	AVRIL		
	25	2	15	21
i	55	85	105	105
	10	45	18(?)	45
é	50	88	250	200
	30	70	45	250
á	100	240	250	200
	60	160	115	250
ô	200	240	250	
	60	120	130	

La comparaison des chiffres entre eux ne doit pas du
reste être poussée trop loin, car les mesures qu'ils expriment
ne peuvent pas être très rigoureuses : il faut tenir compte,
en effet, de la fatigue du sujet pendant l'examen acoustique,
du bruit qui se fait dans le voisinage, de la distraction
possible. De plus, il importe de ne pas oublier que le
temps d'ébranlement des diapasons est très variable (Voir
fig. 127) et que, par conséquent, on ne peut rapprocher
que les chiffres relatifs à un même diapason. On remarquera que souvent à un même état auditif pour les
diapasons correspond une perception presque équivalente

des voyelles. Comparez : A si_6 9, i 30 et si_6 8, i 45.; B si_6 7, i 55, etc. Les différences trouveront leur explication plus loin. Il suffit de constater ici la relation approximative qui existe entre la note considérée comme caractéristique et la voyelle.

Le résonateur buccal serait incomplètement défini par la seule note caractéristique ; car il se produit bien d'autres sons, qui s'ajoutent à la résonance essentielle. C'est ainsi que je m'explique les diverses appréciations fondées sur le chuchotement. Il n'est pas contestable qu'un homme bien doué ne puisse, en soufflant sur une cavité, arriver à classer dans les gammes musicales le son ou, si l'on veut, le bruit que rend cette cavité. Mon ami M. Thomson, le professeur de grammaire comparée d'Odessa, l'a fait bien souvent devant moi. J'ai mis son oreille à l'épreuve avec les petits résonateurs de Kœnig que j'avais accordés avec soin : il s'est quelquefois mépris sur le rang de l'octave, jamais sur la note. Je crois donc à l'efficacité du moyen préconisé par Donders (p. 179), suivi par Helmholtz (p. 182), et que j'ai vu pratiquer par MM. Storm et Thomson, mais seulement pour découvrir un des sons composants qui ressortent le plus. Et cette notion n'est pas sans importance.

L'expérience demande, outre une oreille peu ordinaire, des précautions spéciales ; car dans le chuchotement l'articulation est facilement exagérée (cf. p. 686). En conséquence, M. Thomson fait chuchoter aussi doucement que possible ; il étudie les voyelles dans des mots plutôt que seules et isolées ; et, comme le voisinage des consonnes n'est pas sans influence sur les voyelles, il a soin de varier les consonnes qui les accompagnent ; enfin il redouble d'attention pour les labiales que le moindre mouvement des lèvres peut faire chanceler d'un demi-ton ou d'un ton.

Voici les notes que M. Thomson a assignées à mes voyelles faiblement chuchotées :

ü isolé peut descendre jusqu'à $ré_4$.

ü : houle fa_4, boue sol_4, croûte la_4.

u : coup, outrage $sol \sharp_4$, loup la_4.

ô : peau, beau la_4 — haute $si\flat_4$.

o : charlotte, trotte si_4 — ut_5.

ò : bord $ré_5$.

â : bras $ré \sharp_5$, plats mi_5.

a : patte sol_5.

à : pars sol_5, quart la_5.

è : tête $si\flat$.

e : poulet (avec *e* moyen) ut_6.

é : entetée $ré_6$.

i : vit, lit, am*i* $ré_6$, nid $ré \sharp_6$.

î : vie fa_6, amie, nids sol_6.

œ̀ : peur sol_5 — sol_5.

œ : feu (avec *œ* moyen) $sol \sharp_5$.

œ́ : queue la_5, feux si_5.

u : b*u*, attend*u* si_5.

ü : ventr*u*e si_5 — ut_6.

õ : bon, pont sol_4 — $sol \sharp_4$, ponte la_4.

ã : pan, pente $ré_5$ — $ré_5$.

ẽ : pain, plein $si\flat_5$, plainte si_5.

œ̃ : parfum sol_5.

Une vérification a été faite au moyen du résonateur universel que M. Thomson réglait sur mes propres voyelles, pendant que je les chuchotais, pour le timbre et la hauteur. Il y a accord entre les deux expériences, à la condition que la mesure du résonateur soit comptée exactement d'après le quart d'onde. Les quelques cas qui sortent de la règle me paraissent tout à fait négligeables.

M. Thomson a donné de ses voyelles russes des déterminations analogues[1]. Et, après avoir trouvé dans un gros tube de caoutchouc, qu'il écrase entre les doigts à des longueurs variées, le son propre de chaque voyelle, il fait redire celle-ci par la masse d'air résonante au moyen d'une lame de diapason à bouche placée à l'orifice, soit à cheval sur le bord, soit au bout d'un tube plus petit qu'il y a greffé. J'ai renouvelé l'expérience avec un tube de 35^{mm} de diamètre et je lui fais dire, en le pressant à des longueurs de 9^{cm}, 7^{cm} et $3^{cm}50$, les voyelles $\acute{o}$ $\acute{a}$ $\acute{e}$ d'une façon suffisante pour qu'elles soient comprises par une personne non prévenue. Nous avons là un résonateur court à orifice libre ; et ces longueurs correspondent, d'après la mesure du quart d'onde, aux notes des voyelles chuchotées : $si\flat_4$, $ré\sharp_3$, $ré\sharp_6$.

Enfin, j'ai soumis ces expériences au contrôle des diapasons placés devant la bouche. Voici ce que j'ai constaté au moins pour les voyelles principales :

u. — *Sol*$_4$ donne un *u* bien médiocre. Pour en avoir un bon, il faut descendre jusqu'à *sol*$_3$. Pour mon *u* isolé, je maintiens la note indiquée plus haut (p. 747), $si\flat_2$.

o. — La note juste est, non pas $si\flat_4$, mais $si\flat_3$.

a. — Avec *mi*$_3$ l'*a* est très beau ; mais je le trouve un peu aigu. Je préfère $si\flat$.

---

1. *Études phonétiques*, année 1905, et *Linguistique générale*. Odessa, 1906 : *u* devant consonne dure f_2-g_2 ; devant palatale g_2-gis_2 ; *o* dev. dure gis_2-h_2, dev. pal. ais_2-c_3 ; *a* dev. dure e_3-g_3, dev. pal. g_3-gis_3 ; *à* dev. dure fis_3-gis_3, dev. pal. gis_3 ; *e* dev. dure et à la finale gis_3-ais_3 ; *é* dev. pal. h_3-cis_4 ; *i* dev. dure et à la fin. cis_4-dis_4, dev. pal. d_4-dis_4.

é. — La résonance de $ré_6$ est vraiment bien bonne, mais ne paraît pas meilleure que celle de $si^♭_5$.

i. — L'*i* de sol_6 est excellent, mais moins aigu que mon *i* isolé, sans doute un peu forcé, qui se rapproche de $si^♭_6$.

Je supposerais donc dans la détermination des notes des voyelles chuchotées, à caractéristiques graves, des erreurs d'octaves.

La première expérience que j'ai tentée à propos des sons composants a porté sur les voyelles roumaines de M. Popovici. J'avais disposé une série de 32 résonateurs (fig. 522, n° 2-10), avec l'ut_2 de Kœnig (128 v. d.) pour fondamental. M. Popovici, soutenu par un diapason où il prenait le ton chaque fois, chantait devant chacun des résonateurs ses voyelles, partagées en trois séries, en commençant toujours par *a* : *a e i, a o u (u), a ă ĭ*. Moi, le caoutchouc à l'oreille, je notais d'un signe l'intensité et la qualité relatives des résonances. Je reconnaissais toutes les voyelles à travers chaque résonateur ; mais, à certains moments, je les sentais devenir plus claires ou s'affaiblir, disparaître presque, ou revenir encore avec plus de force et de netteté. J'ai essayé de représenter ces diverses nuances dans un tableau (p. 803) par des caractères de différentes grosseurs.

La concordance avec l'analyse faite au moyen de diapasons (p. 756) est aussi parfaite que le comporte une série où n'entrent que des harmoniques. Quant à l'analyse mathématique, opérée par M. Popovici[1], elle a donné des résultats tout à fait conformes pour *e o u*, un peu moins bons pour *a ă* ; mais, faute d'un nombre suffisant d'ordonnées, elle n'a pu atteindre les caractéristiques de l'*i* et de l'*ĭ*.

---

1. *La Parole*, ann. 1903, p. 240-243.

ROUSSELOT. — *Phonétique expérimentale.*

I. 128 v. d. *ut*

II. 256 *ut*

III. 384 *sol*

IV. 512 *ut*

V. 640 *mi*

VI. 768 *sol*

VII. 896 + *la*

VIII. 1024 *ut*

IX. 1152 *ré*

X. 1280 *mi*

XI. 1408 — *fa*

XII. 1536 *sol*

XIII. 1664 + *la*

XIV. 1792 + *la*

XV. 1920 *si*

XVI. 2048 *ut*

XVII. 2176 v. d. + *ut*

XVIII. 2304 *ré*

XIX. 2432 *ré*

XX. 2560 *mi*

XXI. 2688 + *mi*

XXII. 2816 — *fa*

XXIII. 2944 — *sol*

XXIV. 3072 *sol*

XXV. 3200 *sol*

XXVI. 3328 + *la*

XXVII. 3456 + *la*

XXVIII. 3584 + *la*

XXIX. 3712 + *si*

XXX. 3840 *si*

XXXI. 3968 — *si*

XXXII. 4096 *ut*

Plus tard, pour éliminer des résultats toute appréciation personnelle et vérifier si les voyelles ne contenaient pas des sons non harmoniques, j'ai repris ces recherches avec l'appareil à flammes de Kœnig (fig. 77) qui permet de reconnaître du même coup huit sons composants. J'émettais successivement chacune de mes voyelles d'une voix ferme et, autant que cela m'est possible, à la même hauteur, pendant que M. Thomson (août 1904) observait le miroir et notait les amplitudes et leur importance relative. Toutes les notes, demi-ton par demi-ton, furent ainsi soumises à l'épreuve, depuis sol_1 jusqu'à mi_3. Aucun sous-harmonique ne s'est montré, et la plupart des notes trouvées dans le chuchotement impressionnèrent la flamme. C'est à peu près la seule conclusion que je puisse tirer aujourd'hui d'expériences assez longues et laborieuses. L'appareil, bon pour la démonstration, me paraît insuffisant pour la recherche. J'aurais bien dû m'en douter. Des résonateurs fixes et de dimensions différentes ne peuvent fournir des mesures précises et comparables entre elles. Par exemple : le résonateur marqué fa_2 paraît tout aussi bon pour sol_2, mais si l'on pouvait déplacer rapidement le fond, la différence serait vivement sentie ; le résonateur de mi_2 rendra, même pour sol_2, une résonance plus intense que celui de cette dernière note, parce qu'il est plus grand. On peut encore être trompé par les résonances de 2e ou 3e tranche (p. 767); enfin dans un groupe de résonateurs, on évitera difficilement les différences d'intensité qui sont dues uniquement à la distance qui sépare la bouche des divers orifices.

Heureusement, le *résonateur universel* me fournit le moyen qui me manquait. Après lui avoir donné les organes dont j'ai reconnu l'utilité, j'en ai fait construire deux nouveaux modèles : l'un assez gros, l'autre tout petit. Le gros a $17^{cm}4$

de diamètre et 68 de longueur — il serait utilement porté à 78; il est doté de trois orifices qui peuvent être, à volonté, de 36^{mm}5, 25^{mm} et 15^{mm}. Le petit a 9^{mm} de diamètre et 5^{cm} 4 de longueur.

Le premier est réellement universel : il permet de mesurer les résonances de 40 v. d. à 95 avec le plus petit orifice, de 55 à 130 avec le moyen, de 75 à 325 en première tranche et de 325 à 6.000 et au delà en deuxième avec la plus large ouverture. Le second peut servir pour les résonances de 1,600 à 7.000.

Ce dernier, comme je l'ai dit (p. 769), n'a pas besoin d'être accordé, n'ayant d'autre loi que la longeur d'onde. Je l'ai vérifié rapidement à la température de 22°, et aucune correction n'a paru nécessaire. Les deux autres exigent pour la première tranche un réglage que j'ai fait avec les diapasons du *Grand Tonomètre* de Kœnig.

Voici les indications suffisantes pour dresser les courbes de leurs résonance à une température moyenne de 22°.

Gros résonateur, orifice de 15^{mm} :

Vibr. d.	Long. du rés.	Vibr. d.	Long. du rés.
40	60,2	70	24,3
45	49,6	75	22
50	41,7	80	20
55	36,2	85	18,2
60	31,7	90	16,4
65	28	95	16

Orifice de 25^{mm} :

Vibr. d.	Long. du rés.	Vibr. d.	Long. du rés.
55	58,2	100	22,9
60	53,1	110	19,2
70	42,4	120	16,4
80	34,2	125	15,2
90	27,8	130	14

Orifice de 36^mm5 :

1re tranche		2e tranche			
Vibr. d.	Long. du rés.	Vibr. d.	Long. du rés.	Vibr. d.	Longueur du rés.
75	58.2	325	58	1.300	13,95
100	39,1	350	52,8	1.400	13
125	26,2	400	46,2	1.500	12,1
150	20,7	500	36,7	1.600	11,4
175	16,2	600	30,5	1.700	10,7
200	11,2	700	25,9	1.800	10,1
225	8,85	800	22,7	2.000	9,1
250	7,1	900	20	2.500	8,2
275	6,15	1.000	18	3.000	6,2
300	5,2	1.100	16,4	3.500	5,2
325	4,7	1.200	15	4.000	4,5

Résonateur moyen, 1re tranche :

Vibr. d.	Long. du rés.	Vibr. d.	Long. du rés.
200	42	1.500	4,6
250	38	1.750	4
300	27,1	2.000	3,35
350	23,3	2.500	2,5
400	20,4	3.000	1,995
450	18,2	3.500	1,63
500	16,45	4.000	1,31
600	13,75	4.500	0,95
700	11,7	5.000	0,767
800	10	5.500	0,54
900	8,7	6.000	0,405
1.000	7,7	6,500	0,25
1.250	5,85	6.826	0,17

Je n'ai pu monter plus haut parce que le son des diapasons supérieurs manque, non de force, mais de durée.

Si l'on avait besoin de transposer la courbe des résonances pour une autre température que 22°, par exemple pour 15°, et pour 1.000 v. d., on prendrait le rapport entre le quart de la longueur d'onde (8,6) et la longueur du résonateur (7,7) soit 1,117; puis on chercherait le quart de la longueur d'onde de 1.000 v. d. à 15°, soit 8,504 que l'on diviserait par le rapport 1,117, et l'on obtiendrait la longueur du résonateur pour 1.000 v. d. à 15°. La courbe employée sans rectification causerait une erreur en trop de 5 vibrations. Ce qui ne serait pas grave, d'autant que l'on peut considérer la température de 22° comme la moyenne de l'air du tube échauffé par le souffle. L'air ambiant étant à 19°, la température du tube s'est élevée après quelque temps de recherches à 25°. Dès le début du travail, il y avait accord entre le point de résonance d'un diapason et de la voix.

Lorsqu'au moyen des données expérimentales fournies ci-dessus, on a construit la courbe des résonances de la première tranche et, dans les cas où celle-ci manque, de la seconde, on porte à droite de cette ligne la longueur des *demi-ondes*, une fois, deux fois, d'après les dimensions du résonateur, et l'on trace les courbes des divers tranches successives. Le tableau renferme alors toutes les résonances possibles, et il est facile d'y lire le nombre de vibrations des sons qui les produisent.

Dans la recherche des sons composants des voyelles, on abrègera le travail en partant toujours d'une même note fondamentale et en dressant un tableau de tous les harmoniques, où le nombre des vibrations est représenté par les longueurs du résonateur. D'un coup d'œil on se rend alors compte de la composition du son étudié.

Tous les points de renforcement seront notés une fois en

ramenant le piston, une autre fois en le repoussant, et la qualité de chaque résonance soigneusement définie : résonance grave, aiguë, forte, faible, durable, instantanée, pleine, son métallique, son de flûte, de sifflet, harmonique de la voix sans nuance caractéristique de la voyelle, etc. Avec le tableau en en reconnaîtra aisément le rang, puis il n'y aura plus qu'à vérifier dans des expériences partielles soit le rang de la tranche, soit le point de plus forte intensité pour toutes les notes qui ont une zone de résonance. On pourrait aussi recourir aux flammes monométriques ; mais une oreille exercée suffit.

Avec le gros résonateur, on découvre très aisément les 4 ou 5 premiers sons composants graves. C'est ce qui a été nettement constaté dans des expériences faites, avec le concours de MM. François, Lote et Rigal, pour les notes 200, 225 et 250 v. d. En allongeant successivement le résonateur, on entend d'abord le son fondamental, puis l'un après l'autre les 5ᵉ, 4ᵉ, 3ᵉ et 2ᵉ son composant. Toutefois dans les voyelles dites par M. Rigal (*á é i, ò ó ú, ȧ̀ ǽ ú*) sur la note 200 v. d., le 5ᵉ son composant ne s'est détaché que pour *á ò ȧ̀*.

Mais si les notes composantes graves sont les mêmes dans toutes les voyelles, elles sont loin d'avoir la même intensité.

La note fondamentale résonne toujours fortement. Cela paraît naturel, quand on songe qu'elle ressort entre toutes les autres au point de donner à elle seule l'impression de la hauteur musicale. Il est donc à croire que si, dans les analyses faites sur des courbes, elle se montre faible, la rigidité de la membrane qui sert d'intermédiaire est en cause. De fait, les membranes flexibles font ressortir les sons graves, et les membranes rigides, les sons aigus ; de plus, les tracés obtenus au moyen de l'Inscripteur électrique donnent une bien plus grande importance à la fondamentale.

Les autres notes composantes graves présentent des différences de force qui frappent du premier coup. Un moyen simple de les comparer, c'est, quand on en a trouvé la place, d'émettre successivement sur le même ton chaque voyelle.

Voici les résultats d'une expérience faite d'après cette méthode sur les voyelles de M. Lote :

I. Même force pour toutes les voyelles, peut-être un peu plus grande pour *é* et *i*.

II. Force à peu près égale, sauf pour *é* qui est un peu plus faible, pour *i* qui faiblit davantage encore, ainsi que *ü*.

III. Force égale pour *á è ò œ*; affaiblissement léger pour *ó œ*, considérable pour *é ü ú*, plus grand encore pour *i*.

IV. Force égale pour *á è ò*; affaiblissement léger pour *œ*, plus grand pour *œ*, encore plus grand pour *é* et *ó*, très grand pour *i ü ü*.

Toutes ces variations sont représentées d'une façon schématique dans le tableau suivant, où ++ signifie *très fort*, + *fort*, — *faible*, -- *très faible*, --- *extrêmement faible* :

	á	è	é	i	ò	ó	ʒi	œ̈	á'	ü
I.	++	++	+-	++	++	++	++	++	++	++
II.	++	++	+	—	++	++	++	++	++	—
III.	++	++	—	--	++	+	—	++	+	—
IV.	++	++	--	---	++	--	---	+	—	---

La caractéristique, avec ce résonateur, ne peut être isolée que si elle est grave et suffisamment éloignée des harmoniques. Je l'ai remarquée pour *á* (1800) entre 1.600 et 2.000. En dehors d'elle, je n'ai reconnu la présence d'aucun son non-harmonique grave ni sous-harmonique.

La recherche de la caractéristique et des autres notes composantes aiguës se fait surtout bien avec le résonateur universel moyen. Mais une difficulté se présente. La diminution que subit le 1er quart d'onde dans les résonances s'applique-t-elle à tous les sons? J'ai déjà remarqué que la caractéristique semble échapper à cette loi (p. 784). Mes nouvelles expériences et celles que M. Rigal vient de faire d'une façon méthodique sur ses voyelles dites à une hauteur uniforme (200 v. d.) réclament la même exception. Ainsi M. Rigal fixe la caractéristique du son $\acute{u}$ à 37,7 ($=$ 226 v. d.), de son $\grave{o}$ entre 19^{cm}2 et 18 ($=$ 457 en moyenne, de son $\acute{a}$ à 9^{cm} 34 ($=$ 914), de son $\acute{e}$ entre 4^{cm} 7 et 4,6 ($=$ 1828), de son i à 2^{cm} 35 ($=$ 3625). La concordance de ces résultats avec ceux qui ont été obtenus au moyen des diapasons (p. 786) est significative. L'oreille de M. Thomson juge aussi comme si le quart d'onde n'était pas diminué. Examinons ce fait de plus près. Dans ce but, j'ai réuni les résultats des expériences de M. Rigal sur ses voyelles (note fondamentale, 200 v. d., température 21 °1/2), sous deux séries harmoniques, l'une théorique (I) d'après la longueur d'onde, l'autre expérimentale (II) d'après les diapasons (p. 805). Voici ce qui ressort de cette comparaison. Pour la fondamentale, il y a partage : 5 cas dans chaque série. Du 2e au 4e son composant, l'avantage va en croissant à la série II : 2e, 3 cas (I), 6 (II) ; 3e, 4 (I), 6 (II) ; 4e, 2 (I), 7 (II). Du 5e son composant au 7e, la série I gagne : 5e, 3 (I), 6 (II) ; 6e, 2 de chaque côté ; 7e, 4 (I) et 2 un peu faibles, mais plus près de la série I que de II (5^{cm} 8 de longueur au lieu de 6,13 (I), ou de 5,1 (II). A partir du 8e son composant, il semble que toutes les notes concordent avec la série théorique. Dans des cas favorables, l'oreille a une impression conforme à celle-ci. Trois notes ont paru des harmoniques tout à fait justes. Ce sont (je les désigne d'après la longueur du tube) : 2^{cm} 87 (15e) et 6^{cm} 1 (7e), qui parlent pour la série I et 7,8 (5e) qui plaide pour la série II.

Je puis encore citer en faveur de la série I : 4ᶜᵐ 8 (9ᵉ) qui se reproduit 7 fois et n'a pas de correspondant dans la série II. Enfin, ce qui est concluant, nous retrouvons à la même place, à 1ᵐᵐ près au plus, les sons les plus aigus avec le petit résonateur, qui nous garantit la longueur entière du quart d'onde. Je continue à attribuer la dualité de mesure à l'influence du courant d'air (p. 784) : en dehors d'une erreur de ton, les notes qui ne sont que des résonances, des échos, se conforment à la IIᵉ série ; celles qui sont le produit direct du courant d'air, à la Iʳᵉ.

Dans la pratique, le choix des mesures importe peu pour les harmoniques graves jusqu'au 8ᵉ, qui sont assez distants les uns des autres pour qu'on ne les confonde jamais. Quant aux aigus, ils se retrouvent dans le même ordre dans les deux séries. Mais le rang est changé et, avec lui, le nombre des vibrations. Une concordance est facile à établir : le IXᵉ son composant de la IIᵉ série correspond pour les dimensions du résonateur au 11ᵉ de la Iʳᵉ ; et, à la suite, X = 13, XI = 14, XII = 16, XIII = 19, XIV = 20, XV = 21, XVI = 23, XVII = 24, XVIII = 27, XIX = 30.

La caractéristique et quelques sons seulement semblent être en dehors de la série harmonique, et encore ceux-ci apparaissent-ils comme dépendant d'elle. Par exemple, dans la série des voyelles de M. Rigal auxquelles je me réfère plus volontiers qu'aux miennes parce que sa voix est plus solide, la caractéristique est accompagnée de son octave aiguë (á, ò, œ̀), de son 4ᵉ harmonique (ã).

Voici la schéma des sons composants des voyelles de M. Rigal que j'avais mesurés suivant la IIᵉ série. J'ai traduit grossièrement par l'épaisseur des traits les différences d'intensité que je tire des notes d'expérience, et je mets à part les sons non harmoniques :

		SONS HARMONIQUES														SONS INHARMONIQUES								
		á	ò	ó	ú	é	é	l	ò̇	é̇	ú̇	·à	ò	é	é̈	á	ò	ó	ú	í	à'	à'	à	ò
I	200	—	—	—	—	—	—	—	—		—	—	—	—	—									
II	400	—	—	—	—	—	—	—	—	—	—	—	—	—	—				—					
III	600	—	—		—	—	—	—	—	—	—	—	—	—	—			—						
IV	800	—		—	—	—	—	—	—	—		—		—	—		—						—	—
V	1000	—										—		—	—	—						—		—
VI	1200	—		—	—	—	—	—	—	—	—	—		—	—									
VII	1400				—	—	—	—	—	—	—	—		—	—									
VIII	1600	—			—	—	—	—	—	—	—	—		—	—					—				
IX	1800	—		—		—	—	—	—	—	—	—			—									
X	2000	—		—	—		—	—	—	—	—	—		—	—	—								
XI	2200			—	—	—	—	—	—	—	—	—	—	—	—								—	—
XII	2400	—		—	—	—	—	—	—	—	—	—	—	—	—									
XIII	2600	—			—	—	—	—	—	—	—	—	—	—	—									—
XIV	2800	—	—	—	—	—	—		—	—	—		—			—								—
XV	3000		—	—			—	—		—	—	—												
XVI	3200		—		—				—	—		—												
XVII	3400			—			—			—	—													
XVIII	3600			—			—					—											—		
XIX	3800	—				—	—		—	—		—										—		
XX	4000	—			—			—		—	—													
XXII	4400			—					—														—		
XXIV	4800					—																		
XXV	5000					—																		

Les notes inharmoniques sont : *à* 914 et 1827 ; *ò* 790 et
1580 ; *ô*, 457 ; *ü*, 226 ; *i* 3635 ; *ø*, 912 et 1824 ; *œ́*, 665 ;
à 865 et 3460 ; *œ̃* 1860.

Les harmoniques supérieurs, si l'on transpose la série
d'après la longueur d'onde, paraîtront bien aigus (XX correspondant alors à 33 (6.600 v. d.), XXII à 40 (8.000),
XXIV à 56 (11.200). Le petit résonateur ne garantit que
jusqu'à 6.200. Mais les petits sifflets de Kœnig de même
hauteur les rendent vraisemblables.

La fixité des caractéristiques apparaît hors de doute quand,
après avoir placé le piston à leur point de résonance, on
monte la gamme sur la voyelle, alors la résonance se fait
fortement sentir pour chaque note. Si l'on dépasse le registre
normal, pour entrer dans la voix de tête, la caractéristique
n'est que très peu haussée. Elle reste la même quand la
voyelle est chantée par des hommes ou par des femmes.
Pour l'*ü*, par exemple, c'est toujours *si*$\flat_2$.

Parmi les sons composants, il y en a qui se rapprochent
des notes propres de certaines autres voyelles. On s'en
aperçoit lorsque, renforcés par le résonateur, ils donnent à
l'oreille l'impression de la voyelle qu'ils caractérisent. Ainsi,
entendus à travers le *résonateur universel*, l'*ü* sonne un peu
comme *i* ou *u* à 3^{cm}, comme un *o* aux environs de 10 et de
18^{cm}, comme un *u* à 24 ; l'*à* paraît *a* ou *ò* un peu avant ou
après le point de sa résonance propre ; l'*é* prend aussi la
nuance d'un *œ* ; l'*é* celle d'un *i*, etc.

Le phénomène est très intéressant à étudier chez les
sourds incomplets. Quand leur oreille ne perçoit pas la
caractéristique d'une voyelle, mais seulement l'un de ses
sons partiels qui correspond à la caractéristique d'une autre
voyelle, c'est cette dernière qui est entendue et non celle
qui a été émise. De la sorte, un *u* peut être confondu avec

i, *u* ; un *e* avec *o* ; toutes les nasales avec les voyelles pures correspondantes.

Il se peut aussi que l'oreille s'habitue à reconnaître une voyelle dans un composé sonore où la caractéristique ne joue qu'un rôle insuffisant. Le fait se présente quand, l'oreille d'un sourd ayant été améliorée pour cette caractéristique, la voyelle cesse d'être entendue et demande, pour être comprise de nouveau, une rééducation, qui, du reste, n'est jamais longue[1].

Une oreille à laquelle on propose des sons étrangers est à peu près dans les mêmes conditions qu'une oreille malade à l'égard d'une langue connue. Aussi n'est-il pas rare qu'elle se trompe dans l'interprétation des voyelles, prenant pour la caractéristique un des sons partiels qu'elle entend mieux. C'est ce qui explique certaines confusions dans les mots d'emprunts faits par voie populaire.

Les cavités sus-glottiques sont autre chose que des chambres de résonance : elles sont la terminaison du tube par lequel s'écoule la colonne d'air parlante. Et le rôle qu'elles jouent en cette qualité est considérable. Le tableau précédent (p. 811) l'a fait déjà pressentir.

Quand il s'agit d'un écoulement gazeux, les questions qu'on se pose portent sur la *dépense*, le *débit*, la vitesse, la *pression*, la *forme* et la *composition* de la veine fluide. Ce sont aussi les questions que nous avons à examiner à propos du souffle employé dans l'émission des voyelles. Nous réserverons toutefois ce qui regarde la pression pour le paragraphe consacré aux cavités sous-glottiques.

La *dépense* est le volume d'air employé pour une voyelle

1. Voir *Phonétique expérimentale et surdité.*

prononcée normalement sans qu'il soit fait un effort en vue d'en diminuer ou d'en prolonger la durée. Je me suis servi de cette donnée pour apprécier le travail relatif exigé par mes voyelles [1]. Mais on ne saurait y chercher un indice du timbre ; car, si dans la prononciation naturelle des voyelles isolées, les différences de hauteur et d'intensité peuvent à la grande rigueur être écartées, celles de la durée persistent, comme j'ai eu le soin de le faire remarquer [2], et nuiraient à la comparaison qu'il s'agirait d'établir. La dépense est surtout à considérer dans l'évolution des voyelles.

Le *débit* est le volume d'air dépensé pour une voyelle dans l'unité de temps. Il dépend à la fois de la section et de la forme des orifices de sortie (bouche et nez), de la différence de densité entre le souffle et l'air atmosphérique, où le souffle se répand, et de la pression. Comme aucune voyelle ne dure une seconde, le débit ne sera pour nous que la dépense mesurée pendant un temps donné et étendue proportionnellement à la durée d'une seconde : c'est un *débit moyen*.

La *vitesse* est celle que possède le souffle au moment où il sort du tube vocal. La formule de la vitesse serait simple, si l'écoulement se faisait dans le vide par un orifice étroit percé en paroi mince : on n'aurait guère à tenir compte que de la pression. Mais ce n'est pas le cas pour les voyelles.

On peut employer deux appareils pour mesurer la dépense et le débit : le spiromètre et le tambour inscripteur.

Avec le *spiromètre* (p. 160), on n'obtient que la dépense totale sans aucun. indication sur la durée, la hauteur, l'in-

---

1. *Les modifications phonétiques du langage*, p. 68-69.
2. *Ibidem.*

tensité, le mode d'attaque, qu'il est nécessaire d'éliminer pour déterminer le débit moyen. A l'aide d'un métronome, on arrive grossièrement à compter le temps ; pour le reste, on est obligé de s'en rapporter à son impression. Ce n'est pas le seul inconvénient : l'appareil est peu sensible. Ce gros soufflet, qui doit mettre en mouvement un triple rouage, pour les hectolitres, les litres et les centilitres, exige un certain effort initial : 10 centimètres cubes, par exemple, d'air expulsés vivement au moyen d'une seringue ne réussissent pas à l'ébranler. Et l'on est en droit de se demander si, une fois en mouvement (pour les petites quantités du moins), il ne dépasse pas le but. Quand je m'en suis servi, j'ai bien constaté qu'il se lançait à certains moments. M. Roudet, après moi, a fait la même remarque [1]. Cependant nous n'avions aucun doute sur la valeur des moyennes tirées d'un grand nombre d'expériences. Celles-ci en effet concordent à peu près, soit que l'on mesure l'air émis pour une voyelle isolée, soit que l'on divise la capacité pulmonaire par le nombre de fois que cette même voyelle peut être répétée avec l'air d'une seule inspiration.

Le *tambour inscripteur* fournit des résultats plus complets et plus sûrs. Si l'on a eu soin de supprimer toute communication avec l'atmosphère, chaque couche d'air qui arrive dans la cuvette se superpose à la précédente et provoque un nouveau déplacement de la membrane, chaque arrêt dans l'écoulement gazeux se traduit par un arrêt dans le mouvement du levier. On obtient ainsi un tracé où l'arrivée de l'air est marquée par une courbe, l'arrêt par une ligne droite. La dépense totale correspond donc à la plus grande amplitude ; la dépense pour un moment quelconque,

---

1. *La Parole*, an. 1900, p. 200.

à l'ordonnée en fonction du temps ; les vicissitudes du débit, à la direction de la courbe ; et le débit pour un instant déterminé, à l'ordonnée correspondante diminuée de celle qui la précède immédiatement (fig. 530 et 531).

L'expérience du reste est facile. Comme il s'agit d'inscrire à la fois une voyelle et un déplacement d'air considérable, on dispose deux tambours accouplés (p. 131), l'un petit ou rigide, l'autre profond et élastique. On conduit directement l'air de la bouche dans le petit tambour. Mais, pour prévenir l'accumulation excessive du souffle dans le grand et une trop forte pression dans la bouche et sur les lèvres, avec les fuites inévitables qui en seraient la conséquence, on met sur son trajet un vase à double tubulure (p. 132). Il s'en suivra naturellement un désaccord dans l'arrivée de l'air. La plume du grand tambour se trouvera en retard sur celle du petit. Mais ce ne sera qu'une rectification de plus à ajouter à celles qui sont indispensables pour toutes les courbes de grande amplitude (p. 149). Au reste, cette correction peut être faite une fois pour toutes : quand les plumes ont été réglées comme à l'ordinaire, on envoie brusquement dans l'appareil, le cylindre étant en marche, une petite quantité d'air ; on mesure l'écart de deux plumes et l'on reporte d'autant en avant celle qui se trouve en retard. Cela fait, on met en mouvement le diapason, qui, avec mes nouveaux enregistreurs, peut accompagner toutes les expériences (fig. 528) et l'on inscrit chacune de ses voyelles en appuyant bien l'embouchure sur les lèvres, de façon à emmagasiner toute la colonne d'air. Après chaque voyelle, on écarte l'embouchure pour permettre à l'air de reprendre son équilibre. Il serait même bon de laisser le cylindre achever sa révolution avant d'inscrire une nouvelle voyelle.

Fig. 528.
Nouvel enregistreur avec diapason et expérience préparée.

Le mouvement d'horlogerie est muni d'un régulateur à boules qui donne une vitesse déterminée et reconnue uniforme. En desserrant la vis ou en introduisant au-dessous une petite cale, on diminuerait le frottement et l'on augmenterait la vitesse.

La vitesse du mouvement d'horlogerie est multipliée par les engrenages, qui sont mobiles sur l'axe du cylindre, et que l'on fixe par une vis. Ces engrenages, invisibles dans la figure, sont près du point A. On peut rapidement faire passer le cylindre d'une vitesse à une autre.

Le cylindre est de grande dimension : 25^{cm} de longueur et 63^{cm} de circonférence.

Le chariot C est porté sur deux rails d'acier triangulaires et maintenu par deux brides de réglage ; il est mû au moyen d'une vis, dont la spirale a 4^{mm} d'écartement, par le même mouvement que le cylindre ; enfin il est fixé sur le même bâti que le reste de l'appareil. De la sorte, régularité de marche et stabilité sont assurées. Une tige porte le diapason, et un portique reçoit les appareils inscripteurs.

La vitesse du chariot est réglée par deux poulies à gorges, qui sont calculées de façon à donner des déplacements variant entre 7^{mm} et 160^{mm}.

Le diapason D, entretenu par une pile, inscrit synchroniquement avec les tambours.

La traverse du portique est mobile sur son axe et facilite le réglage des plumes, qu'un excentrique permet d'écarter ou de rapprocher à volonté.

On peut, sans crainte de surcharger le chariot, lui faire porter toutes les tiges nécessaires pour ménager la place. Les plumes du diapason et des deux tambours peuvent tenir dans un espace de 7^{mm} ; et l'on enregistre sans interruption 40 alexandrins.

Les organes inscripteurs sont : 1° le diapason ; 2° un tambour (2) pour le souffle nasal recueilli dans les deux narines au moyen des olives NN' ; 3° deux autres tambours, un petit (1), l'autre grand (3), qui reçoivent le souffle de la bouche.

L'expérience terminée, et non avant (car l'opération pourrait distendre les membranes), on jauge les tambours d'après la méthode indiquée plus haut (p. 153). Aujourd'hui j'emploie à cet effet des seringues à injection que j'ai contrôlées et corrigées avec soin.

La mesure des déplacements de la membrane est portée en ordonnée ; celle du temps, en abcisses (fig. 531). Et, dans les courbes ainsi encadrées, on peut non seulement suivre instant par instant le débit et ses variatiors, mais encore apprécier la quantité, la hauteur, l'intensité, le mode d'émission, s'assurer que l'on a bien éliminé toutes les influences étrangères au timbre, et faire dans des voyelles d'inégale quantité des coupes d'égale longueur, sans qu'il soit nécessaire, pour les comparer, de les enfermer toutes dans une même durée.

Il serait à souhaiter qu'on pût mesurer la dépense à l'aide d'un simple manomètre à eau ou à mercure. La chose n'est pas impossible. On arrive facilement à mesurer, par exemple, le volume d'air qu'une seringue envoie dans un manomètre : il est égal à la colonne déplacée augmentée du poids de celle-ci. Le piston de la seringue supporte aisément la pression qui en résulte. Malheureusement il n'en est pas de même de la bouche. La pression devient bien forte, l'articulation très pénible et la mesure bien difficile à établir. Mais on peut se servir de ce moyen pour montrer la différence de dépense entre deux voyelles.

M. Roudet a fait avec le spiromètre, sur le débit moyen de l'air dans la production de ses voyelles *u ó o á a̍ è e é i*, une étude très consciencieuse et très intéressante, dont la conclusion, pour ce qui regarde le timbre, est que *plus l'orifice buccal est fermé, plus le débit est grand*[1], ainsi qu'on peut

1. *La Parole*, an. 1900, p. 201-230.

le voir dans le diagramme que je lui emprunte (fig. 529). Ce sont là les moyennes de 250 expériences faites par séries de 10, chaque voyelle ayant été articulée successivement sur la note *ré* pendant une seconde et avec une intensité autant que possible constante.

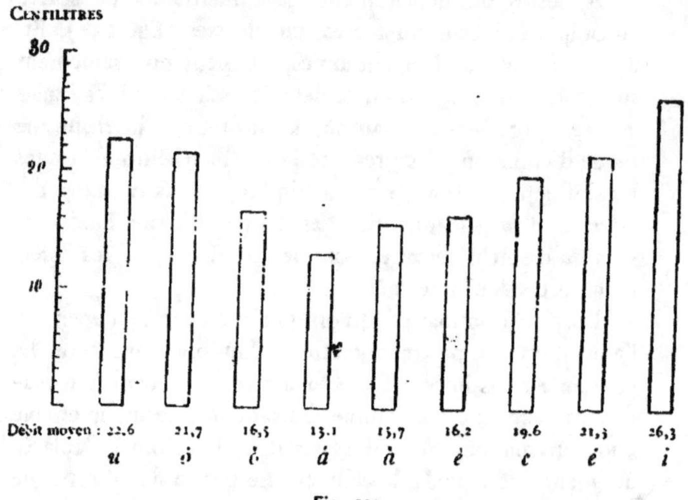

Fig. 529.

Débit moyen suivant le timbre des voyelles.

Afin de parler de la matière avec compétence, je viens de faire des expériences sur mes voyelles avec le tambour et le manomètre. Je me suis d'abord servi d'un seul tambour, puis de deux, où l'air arrivait directement ; enfin j'ai interposé sur le parcours une bonbonne de 50 litres et des bouteilles de 5 litres 1/2 et de 10 litres. La communication directe de la bouche avec les tambours est à rejeter : il y a eu perte du souffle (fig. 530), et les résultats que j'ai obtenus sont inférieurs à la réalité. Il en a été de même avec le manomètre, pour la même raison. La bonbonne de 50 litres est excellente pour contrôler le résultat final : l'accumulation de l'air, en effet, y est impossible ; mais le début de la courbe est altéré par une trop grande résistance. La bouteille de

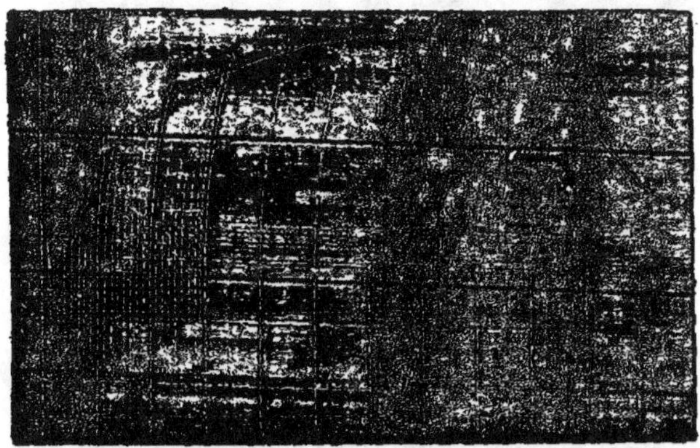

Fig. 530.

Tracé du souffle pris directement suivant le dispositif représenté par la figure 528.

B⁰ Souffle inscrit par le petit tambour.
B² Souffle inscrit par le grand tambour.
N Souffle recueilli dans le nez à l'aide de deux olives.
Les tranches sont de 5 centièmes de seconde. Les lignes de construction établissent le rapport entre l'amplitude de la vibration et le débit.
Le début, au moins pour la 1ʳᵉ tranche, est excellent. Mais il y a eu écoulement de l'air en dehors de l'appareil à partir de la 6ᵉ tranche et compression dans les tranches précédentes, sauf la 1ʳᵉ et peut-être la 2ᵉ.

5 litres 1/2 va bien pour le commencement, mais elle est insuffisante à la fin ; celle de 10 litres a été bonne jusqu'au bout.

Je reproduis, à titré d'exemple (fig. 531), le tracé de la voyelle é obtenu avec interposition de la bouteille de 5 litres 1/2, un petit tambour (15ᵐᵐ de diamètre) et un

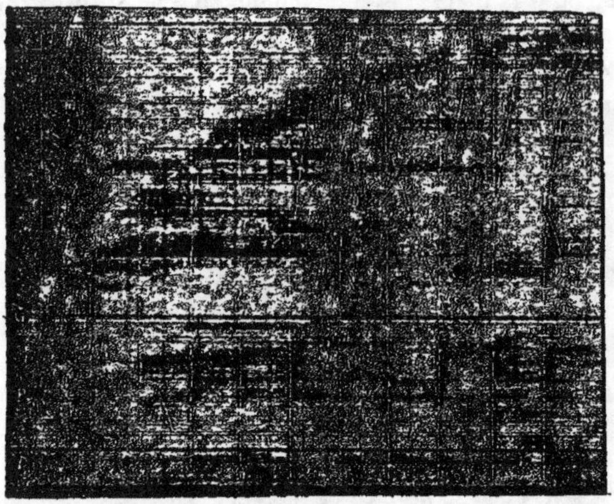

Fig. 531.

Mesure du débit de l'air comparé avec la hauteur et l'intensité.
Voyelle é.

G. Tracé du grand tambour donnant la mesure du débit.

P. Tracé du petit tambour donnant les vibrations de la voyelle. — Echelle proportionnelle du débit, à gauche. — Échelle du temps (D. Diapason de 200 v. d.).

Comme les imperfections du trait ne permettent aucune mesure précise sur la figure, je relève les dimensions de chacune des vibrations de D et de P, qui correspondent aux abcisses, telles qu'elles ont été prises au microscope sur l'original. Les vibrations de D ont $0^{mm}56$ de longueur ; celles de la voyelle ont, suivant l'ordre des tranches :

	1	2	3	4	5	6	7	8	9	10
Long^r	$0^{mm}68$	0,68	0,64	0,60	0,65	0,66	0,68	0,68	0,60	0,60
Ampl.	$0^{mm}60$	0,60	0,60	0,50	0,48	0,40	0,36	0,30	0,26	0,10

D'où l'on tire :

1° *La hauteur.* — La vibration du diapason ayant $0^{mm}56$ pour $\frac{1}{200}$ de seconde, le tracé d'une seconde serait de 112^{mm}. On divise ce nombre par la longueur de chaque vibration et l'on obtient en vibrations doubles :

	1	2	3	4	5	6	7	8	9	10
	164,7	164,7	175	185,5	172,3	169,6	164,7	164,7	186,6	186,6

2° *L'intensité* (p. 7), qui peut être exprimée ici, en attendant une détermination plus juste qui sera indiquée plus loin, *par le rapport* $\frac{a}{l}$, a étant l'amplitude de la vibration, l, sa longueur.

Si l'on multiplie ce rapport par 100 (il n'en sera pas changé), on obtient un chiffre voisin de l'amplitude ; et l'on peut le substituer à celle-ci comme expression de l'intensité (*) qui devient :

$$i = \frac{a}{l} \times 100$$

grand (diam. 45^{mm}, prof. 10^{mm}, caoutchouc mince; paille collée sur la membrane à partir du milieu jusqu'au bord, long. 155^{mm}). Quand j'ai choisi ce tracé, je croyais pouvoir attribuer la dépression qui se montre vers la fin à une sortie de l'air par le nez; mais l'expérience représentée (fig. 530, N) montre qu'il n'en est rien, et des tracés nou-

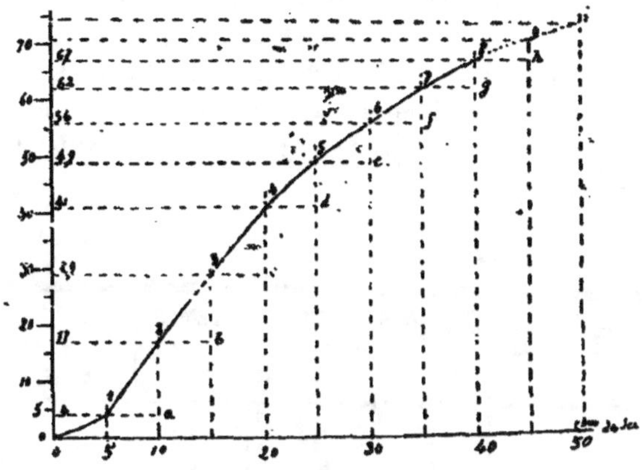

Fig. 532.

Courbe réelle du débit.
Voyelle é.

Cette courbe est construite d'après les mesures prises dans la figure précédente.

veaux, pris avec interposition de la bouteille de 10 litres, prouvent l'insuffisance de l'appareil adopté. Je me contente, pour m'épargner un travail assez long et, dans le cas présent, tout à fait inutile, de corriger la partie défectueuse de la courbe d'après des tracés plus exacts. Les corrections indispensables ont été faites; la courbe de la dépense et du débit (G) a été rectifiée en pointillé; le temps a été partagé par fractions de 5 centièmes de seconde; l'échelle des valeurs numériques (en centimètres cubes) pour les amplitudes a été mise à sa place : l'œil peut donc suivre sans peine la marche du débit, à condition toutefois qu'il soit tenu compte des inégalités de l'échelle causées par l'inertie du tambour et la compression de l'air. Il est facile, du reste, d'écarter cet embarras, en construisant, d'après une échelle à degrés uniformes, la courbe réelle du débit (fig. 532).

Mais, comme les chiffres parlent peut-être mieux encore, j'extrais de la figure 531 le tableau suivant, où on lira la dépense et le débit moyen, en A pour des tranches partant toutes de *zéro* et s'allongeant successivement de 5 centièmes de seconde, en B pour des tranches de 5 centièmes de seconde chacune :

NUMÉROS d'ordre des tranches	TEMPS en centièmes de seconde	DÉPENSE en c. c.	DÉBIT moyen en 1 sec. c. c.	TEMPS en centièmes de sec.	DÉPENSE en c. c.	DÉBIT moyen en 1 sec. cc.
	A			**B**		
1	0-5	4	80	0-5	4	80
2	0-10	17	170	5-10	13	260
3	0-15	29	193,33	10-15	12	240
4	0-20	41	205	15-20	12	240
5	0-25	49	196	20-25	8	160
6	0-30	56	186,66	25-30	7	140
7	0-35	62	177,14	30-35	6	120
8	0-40	67	167,5	35-40	5	100
9	0-45	71	157,77	40-45	4	80
10	0-50	74	148	45-50	3	60

Le débit moyen s'obtient pour A en ramenant la dépense à 1 centième de seconde et en multipliant par 100 ; pour B, en multipliant la dépense par 20, chaque tranche étant 1/20 de la seconde.

Ce qui frappe du premier coup dans ce tableau, c'est l'insuffisance d'un seul chiffre pour représenter le débit moyen. De 80$^{cm^3}$ au bout du 5e centième de seconde, celui-ci arrive à 205 au 20e, pour retomber progressivement à 148 avec le 50e (A). C'est que l'écoulement a été fort entre le 10e et le 20e centième de seconde, où il atteint 240 $^{cm^3}$, et qu'il est passé ensuite brusquement à un chiffre variant entre 160 et 100, qui s'est maintenu pendant 20 centièmes de seconde (B). Le début paraît caractérisé par une faible dépense; mais il faut tenir compte de la résistance introduite par le vase interposé (comparer avec la figure 530).

Le rapport du débit avec la hauteur musicale et l'intensité s'établit au moyen du tracé (P) du petit tambour. Mais, pour que la comparaison puisse se faire, nous devons auparavant réduire la moyenne du débit, donné plus haut pour une seconde, à la durée de la vibration considérée dans chaque tracé. Par exemple, une vibration de la seconde tranche ayant duré $\dfrac{1}{164,7}$ de seconde, le débit moyen de cette tranche (260^{cc}) sera divisé par 164,7. Cette opération faite, la hauteur et l'intensité étant connues (voir la légende de la figure 531), nous trouvons, pour les vibrations correspondant aux abcisses, les relations suivantes, la hauteur étant exprimée en vibrations doubles, le débit en centimètres cubes, et l'intensité en millimètres :

	1	2	3	4	5	6	7	8	9	10
Débit p. 1 vibr.	(1,572)	1,572	1,371	1,286	0,928	0,825	0,728	0,606	0,428	0,321
H^r m^{le}	164,7	164,7	175	186,6	172,3	169,6	164,7	164,7	186,6	186,6
Intensité $\left(\dfrac{2}{7}\right)$	0,88	0,88	0,95	0,83	0,74	0,60	0,53	0,44	0,43	0,16

Remarquons les rapports concordants des tranches 7 et 2, surtout 8 et 4, qui, pour le débit moyen et l'intensité, vont à peu près du simple au double, confirmant ainsi l'ensemble des calculs. J'ai assigné à la 1re tranche pour le débit moyen, non le chiffre notoirement insuffisant (0,482) que fournit le calcul, mais la mesure de la dernière vibration (comparer la figure 530) qui lui appartient en réalité.

C'est seulement lorsque toutes ces données ont été réunies que l'on peut aborder avec sécurité la comparaison du débit et du timbre, et encore on ne pourra comparer entre elles que les tranches de même rang, de même hauteur et de même intensité. Pour les autres (et ce seront les plus nombreuses, comme nous le verrons bientôt), on sera obligé de baser la comparaison sur le débit moyen calculé pour *un d'intensité* ($\frac{d}{i}$), le débit divisé par l'intensité, soit pour la voyelle que nous étudions :

	1	2	3	4	5	6	7	8	9	10
$\frac{d}{i}$	1,72	1,72	1,47	1,54	1,27	1,39	1,35	2,41	0,99	2

Sans tenir compte de la 9e tranche que cette dernière opération rend suspecte, nous voyons que l'efficacité du courant d'air s'est manifestée surtout dans le milieu de la voyelle, alors que l'organe a acquis son équilibre. C'est, en effet, à ce moment que le *tant pour un d'intensité* a été le plus faible. Au commencement et à la fin, il faut plus d'air pour le même travail, la glotte se fermant dans le premier cas, et commençant à s'ouvrir dans le second pour prendre la position respiratoire. Un afflux d'air plus considérable doit alors compenser le relâchement organique. C'est ce qui explique en même temps comment à un même timbre, à une même durée et à une même intensité peuvent correspondre des débits d'air différents. Il est donc nécessaire, pour éliminer sûrement toutes les influences étrangères au timbre, de multiplier les expériences et dans des conditions à peu près identiques[1], car la dépense de l'air

---

1. *Les Modifications phonétiques du langage*, p. 64.

n'est pas la même, comme je l'ai déjà fait observer, par exemple, quand on est debout ou assis, qu'on est resté chez soi ou qu'on revient de promenade, etc.

Ces principes posés, je n'irai pas plus loin, et je m'en tiendrai à la conclusion de M. Roudet, qui me paraît confirmée en gros par mes propres expériences. La chose est·à reprendre à loisir. Qu'il me suffise d'avoir indiqué la méthode.

La *vitesse de la colonne d'air* est bien difficile, sinon impossible, à mesurer directement, en raison des conditions complexes, de milieu, de voies d'écoulement et de pression dans lesquelles se produit le phénomène. Cependant

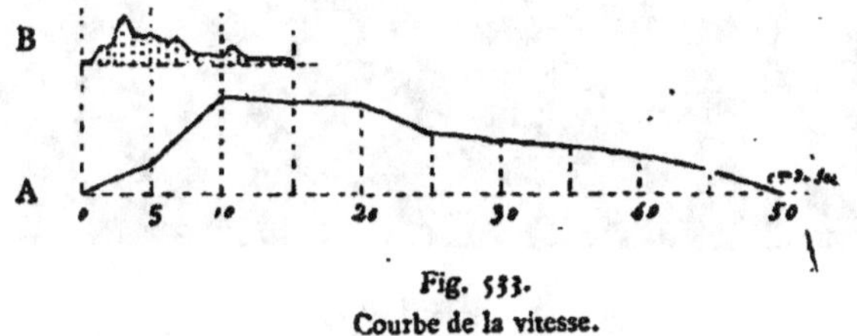

Fig. 533.
Courbe de la vitesse.

A. Courbe construite d'après la figure 531.
B. Croquis fait, vibration par vibration, d'après la figure 530.

on peut la reconnaître par des moyens détournés et d'une façon suffisante pour établir des comparaisons très instructives, même quelques valeurs absolues.

Ainsi, avec la courbe du débit (fig. 531 et 532), on construit une courbe de la vitesse (fig. 533, A), dont les ordonnées sont égales aux différences o 1, a 2, b 3, c 4, etc. (fig. 532). Des corrections seraient suggérées pour la 1ʳᵉ tranche par le croquis B, si l'attaque était la même dans les deux cas. Quant à la fin de la dernière tranche, elle a été arrêtée conventionnellement à *zéro*, le souffle phonateur à ce moment étant nul.

Il y a une autre façon d'enregistrer la colonne d'air. Au lieu d'envoyer l'air en vase clos et de procéder *à voie fermée,* comme il a été fait plus haut, on peut inscrire *à voie ouverte,* en maintenant le tambour en communication avec l'atmosphère pendant qu'il reçoit le jet. Dans ce cas, il est affecté par la vitesse. Cela se conçoit et se démontre facilement pour des volumes égaux s'écoulant dans des temps inégaux, par conséquent avec des pressions variables.

Disposez en face et à quelque distance du tambour la canule d'une seringue ; chassez l'air contenu dans celle-ci.

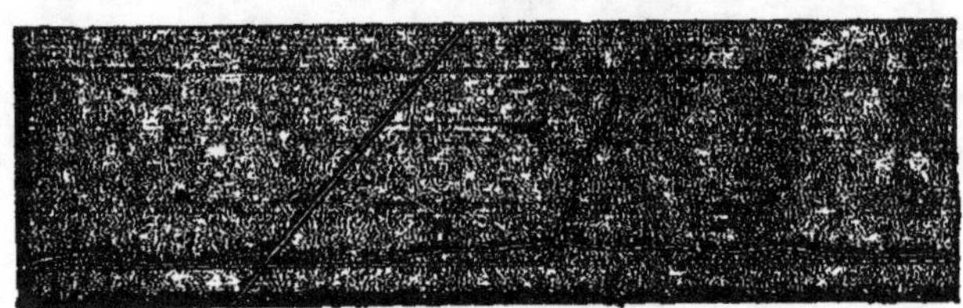

Fig. 534.

Tracé d'un jet d'air.

α Air expulsé lentement.
β Air chassé avec force.

Si vous le faites très lentement, l'air expulsé se répandra dans l'atmosphère sans influencer la membrane ; si vous agissez avec un peu plus de force, vous obtiendrez un tracé de peu d'amplitude et très allongé (fig. 534, α) ; mais, si vous poussez le piston vivement, votre plume tracera une courbe (β) d'autant moins longue et se rapprochant d'autant plus de la verticale, que la vitesse imprimée à la colonne d'air aura été plus grande. Vous pouvez renouveler l'expérience en fixant au tube de votre tambour une olive nasale, par exemple, dans laquelle vous introduirez le bout de la seringue ; et le résultat sera à peu près le même. Or c'est justement d'une façon analogue que nous procédons dans l'inscription de la parole. Les tracés aigus représentent donc des colonnes d'air animées d'une grande vitesse, comme, par exemple, celles des occlusives. Ceux au contraire qui ne quittent guère l'horizontale, comme les courbes des voyelles, répondent à des courants d'air plus lents.

Mais qu'arriverait-il si, le volume d'air et la durée d'émission restant les mêmes, les dimensions de l'ajutage étaient changées ? Il y aurait alors forcément compensation du côté de la pression (qui devrait croître à mesure que l'orifice diminuerait), la vitesse augmenterait et le tracé deviendrait plus ample. C'est, en effet, ce qui arrive pour des jets d'air de petits volumes, comme ceux de 50 ou 100 centimètres cubes par des ajutages de $2^{mm}3$, $1^{mm}8$ et 1^{mm} de section, mais non pour 150^{cc}, car la résistance du milieu devient alors appréciable. Des expériences que j'ai faites avec ma seringue et le dispositif préparé pour prendre la courbe de la vitesse de l'air dans les voyelles que je décris ci-dessous, j'extrais les chiffres suivants :

50^{cc} ;	ajutage,	$2^{mm}3$;	somme de 12 ordonnées,	$15^{mm}3$
—	—	1^{mm}	—	19, 6
100^{cc}	—	2, 3	—	54, ·4
—	—	1, 8	—	58, 7
—	—	1	—	65, 1
150^{cc}	—	2, 3	—	114, 1
—	—	1, 8	—	108, 1
—	—	1	—	83, 4

Je ne crois pas que cette difficulté doive nous empêcher de considérer comme correcte la courbe de la vitesse prise à voie ouverte. Nous essaierons donc ce procédé.

Mais pour rendre sensibles, avec toute la précision dési-
rable, les changements de vitesse de la colonne d'air, il est
indispensable que le souffle exerce sur la membrane des
poussées successives, qui ne s'additionnent pas, et que,
par conséquent, il ne puisse, à aucun moment, s'accumuler
dans l'appareil. Il ne suffit pas pour cela de tenir l'embouchure éloignée de la lèvre supérieure, ni de ménager une
voie d'échappement en avant du tambour. Même une

Fig. 535.

Vitesse de la colonne d'air.
Voyelle inscrite à voie ouverte.

B² Air inscrit par le petit tambour.
B³ Air inscrit par le grand tambour.
Les lignes de construction permettent de comparer la vitesse d'écoulement de l'air (B²
avec l'intensité et la hauteur musicale (B³).
Le tracé est divisé en tranches de 5 centièmes de seconde.

interruption complète du conduit serait inefficace, à moins
que la distance entre le tube d'arrivée et l'orifice du tambour ne fût assez grande; cependant une couche d'air de
37^{mm}, ainsi interposée, ne donne que des résultats médiocres.
Le meilleur procédé, et le plus simple, c'est de parler dans
une embouchure appliquée sur les lèvres et percée dans le
fond d'un ou deux trous, que l'on fait plus ou moins
grands, de façon que l'air circule librement et que l'amplitude des tracés du petit tambour soit pourtant suffisante.

C'est suivant cette méthode que M. l'abbé Rigal a inscrit quelques-unes de ses voyelles : *a à é e é i i â ò ó ú ú*. Il a ensuite mesuré, sous le microscope, les vibrations distantes de deux centièmes et demi de seconde et, à la loupe, les ordonnées correspondantes de la courbe de l'air. Voici, à titre d'exemple, les tableaux de l'*â* et de l'*ú* :

RANG des tranches	*â* Mesures de la vibration l	a	Intensité (i) $\frac{a}{l}\times 100$	Vitesse de l'air v	$\frac{v}{i}$	Hauteur musicale v. D.	*ú* Mesures de la vibration l	a	Intensité (i) $\frac{a}{l}\times 100$	Vitesse de l'air v	$\frac{v}{i}$	Hauteur musicale v. D.
I	0,78	0,13	0,166	1	6	132	0,86	0,20	0,232	2,7	11,63	120
II	0,82	0,27	0,329	4,3	12,97	126	0-80	0,29	0,362	4,1	11,32	130
III	0,80	0,52	0,400	4,8	12	180	0,78	0,25	0,320	4,7	14,68	132
IV	0,88	0,27	0,306	3,9	12,74	118	0,74	0,29	0,390	6,4	16,41	140
V	0,92	0,24	0,261	3	11,49	112	0,78	0,38	0,486	7	14,40	132
VI	0,86	0,26	0,302	2,8	9,60	120	0,74	0,39	0,527	8	15,18	140
VII	0,88	0,27	0,306	3	9,80	118	0,78	0,44	0,564	8,7	15,42	132
VIII	0,86	—	0,314	2,9	9,53	120	0,72	0,39	0,541	8,2	15,15	143
IX	0,84	0,30	0,358	3,1	8,65	123	—	—	—	8,7	16,08	—
X	—	0,32	0,381	3,2	8,39	—	0,76	0,34	0,447	7,5	16,77	134
XI	0,86	0,34	0,395	3,3	8,35	120	—	—	—	8	17,89	—
XII	0,84	0,37	0,440	3,6	8,18	123	0,80	0,35	0,437	7,3	16,70	130
XIII	0,88	0,40	0,4545	4	8,80	118	0,76	—	0,460	8	17,39	134
XIV	—	0,37	0,420	—	9,52	—	0,80	0,36	0,450	7,5	16,66	130
XV	—	—	—	3,9	9,28	—	0,78	0,37	0,471	7,8	16,56	132
XVI	0,86	0,35	0,486	3,8	9,35	120	—	0,41	0,525	8	15,23	—
XVII	0,88	0,34	0,386	—	9,87	118	0,76	0,38	0,500	9	18	134
XVIII	—	0,32	0,363	—	10,46	—	—	0,40	0,526	8,6	16,34	—
XIX	—	0,31	0,352	3,7	10,51	—	0,78	0,41	0,527	8,5	16,19	132
XX	—	0,28	0,318	3,3	10,37	—	0,76	0,36	0,473	8	16,91	134
XXI	—	—	—	3,5	11	—	—	0,11	0,144	4,5	31,25	—
XXII	—	0,27	0,306	3,3	10,37	—	0,80	0,04	0,050	3	60	130
XXIII	—	0,14	0,156	2	12,82	—						
XXIV	?	?	?	0,8	?	?						

Des quantités mesurées, on peut tirer les éléments d'une comparaison entre la hauteur, l'intensité et le timbre des diverses voyelles avec la vitesse du courant d'air employé pour chacune.

En face du numéro d'ordre, on lit, en millimètres, la longueur (l) et l'amplitude (a) moyennes des deux dernières vibrations de la tranche correspondante, puis le symbole de l'intensité (i) ou le quotient de l'amplitude par la longueur multiplié par 100 ($\frac{a}{l} \times 100$), la mesure de la vitesse de l'air (v) ou de l'ordonnée de la courbe, et la vitesse pour un millimètre d'intensité ($\frac{v}{i}$) ou le quotient de l'ordonnée par l'intensité, enfin la hauteur musicale en vibrations doubles.

Pour rendre plus sensible, dans le tableau, la répétition de certains nombres, je les ai remplacés par un trait (-).

La première tranche et les deux dernières se dénoncent d'elles-mêmes comme subissant des influences particulières : celles du mode d'attaque et de la finale. La différence entre la 1re tranche de l'$á$ et celle de l'$ú$ tient à ce que l'attaque a été faible pour l'un et forte pour l'autre. La finale a de même varié pour chacune des deux voyelles. Dans l'une et dans l'autre, nous constatons, à l'accroissement du courant d'air, le mouvement de détente qui précède la prise de position respiratoire ; mais ce relâchement, faible pour $á$, a été considérable pour $ú$, si bien qu'il a fallu, pour celui-ci, une émission considérable de souffle pour rétablir l'équilibre vocal compromis.

Des variations analogues dues à des variations de tension se remarquent dans une même voyelle. Ainsi, pour $á$, la glotte a été moins resserrée à la tranche XXIII qu'à la Ire, puisque l'intensité est à peu près égale et que la vitesse du souffle passe de *un* à *deux*. Au début, les cordes vocales se tendent et le courant d'air diminue; vers la fin, elles se relâchent et le courant d'air augmente. C'est que nous pouvons observer pour *á* comme pour *ú*. L'*á* a pris, pour 0,40 d'intensité, 4,8 d'air (III), et seulement 3,8 (XVI); pour 0,31 environ d'intensité, 2,9 d'air (VIII), mais 3,3 (XXII). De même, l'*ú* a dépensé, pour 0,52 d'intensité, 8 d'air (VI et XVI), mais 8,6 (XVIII).

On conclura de là que les rapprochements entre les diverses voyelles exigent de grandes précautions et que le plus sûr est d'écarter les tranches du début et celles de la fin.

De la comparaison des voyelles *á* et *ú* tranche à tranche, il ressort que, sauf pour la IIe, le rapport de la vitesse de l'air et de l'intensité ($\frac{v}{i}$) est toujours plus élevé pour la seconde que pour la première. Et, si nous entrons dans le détail, nous voyons par exemple que, pour une intensité à peu près identique (0,4545 et 0,46), l'*á* se contente de 4 d'air et que l'*ú* en réclame 8, en sorte que pour *1 d'intensité* l'*á* a reçu 8,8 d'air et l'*ú* 17,4. Il n'est donc pas douteux que le courant d'air ne soit plus rapide pour *ú* que pour *á*.

Nous pouvons encore, pour faciliter la vue d'ensemble, diviser les voyelles en 4 parties à peu près égales; et, après avoir éliminé les tranches suspectes, faire la moyenne des autres pour chaque groupe. Nous obtenons ainsi :

		Tranches	a	$\frac{a}{i}\times 100$	v	$\frac{v}{i}$
á	1°.	(II-VI)	0,264	0,319	3,76	11,76
	2°	(VII-XIII)	0,311	0,365	3,18	8,81
	3°	(XIII-XVIII)	0,358	0,406	3,86	9,54
	4°	(XVIII-XXI)	0,285	0,323	3,45	10,56
ú	1°	(II-V)	0,302	0,394	5,55	14,20
	2°	(VI-XI)	0,381	0,511	8,18	16,06
	3°	(XII-XVII)	— 0,370	0,474	7,93	16,75
	4°	(XVIII-XX)	0,390	0,508	8,36	16,47

Il apparaît du premier coup d'œil que, dans une voyelle, la portion qui semble le mieux en exprimer la nature, c'est le second quart : le courant d'air, en effet, est alors le moins influencé par des causes accidentelles, puisque, comme le montre la comparaison de $(\frac{a}{l} \times 100)$ avec $(\frac{v}{l})$, il produit le maximum d'intensité.

En appliquant ce procédé aux autres voyelles enregistrées par M. Rigal et en se bornant à comparer les moyennes du rapport $(\frac{v}{a})$, la longueur de la vibration ayant été négligée, on trouve que la vitesse du courant d'air va en croissant de *a* (6,3) à *e* (6,9), *è* (9,6), *i* (14), *i* (14,7); à *á* (7,5), *ô* (8,6), *u* (15,3); à *ü* (16,5). Sont en dehors des séries l'*à* que nous avons analysé (9,9), *è* (5,9), *ô* (6,9).

Mais, comme nous l'avons déjà remarqué (p. 831), un seul tracé ne suffit pas pour établir une conclusion certaine, les variations dans le courant d'air pouvant n'avoir d'autre cause que le besoin de compenser des défaillances dans le travail laryngien. C'est pourquoi je recours à d'autres expériences faites par M. l'abbé Rigal avec deux tambours accouplés, l'embouchure simplement écartée de la lèvre supérieure. Quoique cette précaution n'ait pas suffi, puisqu'il y a eu accumulation d'air dans l'appareil à la fin de chaque voyelle, les tranches V et VI paraissant assez correctes. Je donne (p. 834) la moyenne pour l'amplitude (*a*) et la vitesse de l'air (*v*) ainsi que leur rapport $(\frac{v}{a})$ d'après les mesures de M. Rigal, et j'indique, dans une colonne spéciale, le nombre des tracés pris pour la même voyelle.

Trois voyelles sortent des séries régulières; ce sont *ô à* et *è*, mais il n'y a guère à en tenir compte; car elles ne sont pas naturelles à M. Rigal, et puis l'expérimentateur

était gêné par l'embouchure qu'il aurait fallu modifier
pour lui.

Voyelles	Nombre de tracés	amplitude (a)	air (v)	$\frac{v}{a}$
a	8	1.41	10,81	7,66
á	5	1,33	10,95	8,23
ò	5	1,06	8,52	8,03
o	5	1,31	11,92	9,1
ó	7	1.40	14,44	10,3
u	12	1,27	14,46	11,49
ü	11	1,50	17,72	11,80
à	2	0,76	7,6	9,36
è	5	1,12	8,07	7,20
e	3	1,72	12,54	7,29
é	4	1,41	11,57	8,20
i	3	0,66	8,29	12,56
i	3	0,37	6,75	18,24
œ	2	1,42	13,06	9,19
œ	2	1,52	11,12	7,38
œ́	3	1,23	14,20	8,94
u	5	1,57	14,44	10,38
ü	5	1,40	15,70	11,21

Nous pouvons donc croire que la vitesse de l'air croît
avec le degré de fermeture de la voyelle, et qu'elle peut
être utilisée comme indice du timbre.

Il nous reste encore un pas à faire : trouver non plus seulement des relations de vitesse, mais la vitesse elle-même
d'une façon plus ou moins approchée. Nous connaissons la
dépense, le temps d'écoulement, la courbe de la vitesse ; il
nous reste à dégager une dernière inconnue, la dimension

de l'orifice. Recourons à une nouvelle expérience. Si nous prenons avec une seringue la quantité d'air voulue, si nous l'envoyons dans l'appareil, qui a donné la courbe de la vitesse, dans le temps voulu, et que nous reproduisions la courbe de la voyelle, la section de la canule est forcément équivalente à celle de l'orifice phonétique, à la condition toutefois que, dans les deux cas, la pression ait été la même. Introduisons donc, au moyen d'un tube en Y, un manomètre à eau entre l'embouchure et le point de bifurcation du conduit pour les deux tambours. On lira sur le manomètre la pression à laquelle le souffle émis pour la voyelle fait équilibre, et l'on réalisera une pression égale en expulsant l'air hors de la seringue. Dans ce cas, si la somme des ordonnées de chacune des deux courbes est égale, la section de l'ajutage donne approximativement l'aire de la partie libre de la glotte. Pour que l'expérience soit aussi exacte que possible, on fera successivement et sans retard les opérations suivantes : 1° inscription de la voyelle *à voie fermée*, de préférence avec la bonbonne de 50 litres; 2° tare de l'appareil; 3° inscription de la même voyelle à *voie ouverte* (p. 829), avec interposition d'un manomètre; 4° reproduction de la courbe obtenue, avec la quantité d'air indiquée par la 1ʳᵉ opération et la pression employée dans la 3ᵉ. On renouvelle plusieurs fois les tracés pour être sûr d'en rencontrer qui soient comparables entre eux. La 4ᵉ opération se fait avec le même dispositif que la 3ᵉ, avec cette seule modification que l'entrée de l'embouchure est fermée hermétiquement par un bouchon muni d'un tube auquel on fixe la seringue.

Je rapporterai, à titre d'exemple, une ou deux des expériences que j'ai faites comme essais. Pour un *á* prononcé avec force, j'ai dépensé 150ᶜᶜ pendant une durée de

57 centièmes de seconde, avec une pression de 2^{cm} 1/4; la somme de 12 ordonnées a été de 111^{mm} 2. Or avec 150^{cc} d'air à la même pression, j'ai produit une courbe de même durée dont les 12 ordonnées ont donné la somme de 112,3. D'où je conclus que l'orifice de la glotte, pendant l'émission de l'*á*, a dû correspondre à celui de la canule, qui était de 1^{mm} 8 de section, soit de 2^{mm2} 54. Pour le même *á* émis également avec 150^{cc} d'air, mais à une pression de 1^{cm} 3/4, j'ai eu pour 12 ordonnées 105^{mm} 2, et pour la courbe artificielle 105^{mm} 9. La section de la canule était de 2^{mm} 3, ce qui fait supposer une ouverture pour la glotte de' 4^{mm2} 24. En attribuant à mes cordes vocales une longueur moyenne de 22^{mm}, cela fait une fente d'environ 1 dixième de millimètre dans le premier cas et de 3 dans le second. Nous avons donc eu une colonne d'air de 59^{m} de longueur pour le 1er *á*, et une de 35^{m} pour le 2e, qui ont passé par la glotte en 57 centièmes de seconde, c'est-à-dire avec une vitesse pour l'un de 104^{m}, pour l'autre de 61^{m} à la seconde. Avec cette vitesse comme étalon, on peut déduire approximativement celle des autres voyelles.

En dehors des tracés qui visent à une haute précision, ceux même qui sont pris sans autre but que de reconnaître la place des voyelles, par exemple (fig. 539), avec l'embouchure imparfaitement appliquée sur les lèvres, font bien voir que dans le majorité des cas la vitesse croît avec le débit, et augmente progressivement dans les séries *a è e é i i, á ò o ó u ú, œ œ œ u ù*.

Des moyens simples et à la portée de tous peuvent être employés pour montrer le phénomène : par exemple, une sarbacane d'enfant. Une petite boule de pain, pétrie entre les doigts et introduite dans le tube de verre, que l'on saisit avec les lèvres, est projetée plus ou moins loin suivant le timbre des voyelles prononcées : plus loin quand les voyelles sont fermées, moins loin quand elles sont ouvertes, l'*a* occupant la situation moyenne dans le système. Mais il est difficile de régler l'émission du souffle, et par conséquent d'arriver à des mesures constantes.

Un appareil bien meilleur est un petit anémomètre que je viens d'improviser : il est fait d'une carte de visite traversée par un fil très fin faisant l'office d'un axe, les deux côtés de la carte formant des ailettes. On fixe le fil par les deux bouts, ou bien on le tient entre les doigts, un petit poids le maintenant dans la position verticale. Quand on émet les voyelles directement devant l'une des ailettes, l'appareil est ébranlé faiblement par *á* et *a*; il se met en rotation avec une vitesse croissante pour les voyelles des deux séries *ò o ô u ü, ä œ á u ü*; il est ébranlé plus fortement pour *è* et se met à tourner lentement pour *e*, un peu plus fort pour *é i í*, mais sans atteindre la vitesse qu'il acquiert dans les autres séries. C'est que le jet d'air s'éparpille dans celle-ci. Pour faire la comparaison entre les trois séries, il suffit de conduire tout l'air, recueilli par une embouchure, dans un tube fixé en face d'une des ailettes. Chacune de mes voyelles, tenue 10 secondes, donne comme nombre de tours :

á	11 1/2	*a*	10 1/2		
ò	13 1/2	*ä*	10 1/2	*è*	11 1/2
o	15	*œ*	12 1/2	*e*	14 1/2
ô	16	*á*	14	*c*	16
u	16 1/2	*u*	14	*i*	16
ü	19	*ü*	17 1/2	*í*	17

L'appareil est juste, la torsion du fil l'empêchant de se lancer; et les tours sont très faciles à compter, car chaque fois que le biseau de la carte passe devant le tube, il se produit un léger bruit. On compte au son, les yeux fixés sur la montre.

J'avais pensé qu'en recevant le souffle sur un thermomètre très sensible, on trouverait dans le refroidissement plus ou moins rapide du jet d'air un indice de sa rapidité. Mais le phénomène est complexe : il faut tenir compte de l'éparpillement du jet, et, quand il est réuni en un seul faisceau, du volume. Voici les moyennes d'expériences faites par des températures de 10 degrés sur mes voyelles tenues pendant 5 secondes, le thermomètre étant placé à l'ouverture des lèvres et ayant été chaque fois ramené à 10° :

á	14°5	a	15°2	à	15°2
ò	17°	à̇	17°6	è	13°9
o	17°	œ	17°	e	13°5
ó	17°5	œ̇	17°	è̇	12°85
u	17°	ıı	15°7	i	12°41
ú	15°9	ıı̇	15°4	ı	12°18

La différence de température entre á et les o, a et les œ peut s'expliquer par une différence de vitesse dans le souffle ; mais l'abaissement progressif de la température entre ó et ú, á̇ et ıı̇, œ et i ne peut avoir pour cause que la dispersion du filet gazeux dans la bouche (cf. fig. 359 et 360).

Nous pouvons enfin, par une synthèse, confirmer les données recueillies jusqu'ici et montrer le rôle important que le débit et la vitesse du souffle jouent dans les changements de timbre. Reproduisons schématiquement avec des pièces de verre les dispositions du tube vocal. On se rappelle qu'il est placé en haut d'un tube cylindrique, la trachée, et qu'il se compose de nombreuses cavités et d'un ou deux

orifices de sortie. Les cavités sont : 1° le ventricule du
larynx (fig. 94, *3*; 95 A; 99, *20*); 2° la cavité sous-épi-
glottique (fig. 99, *17*); 3° le pharynx buccal (fig. 99, C)
— nous négligerons le pharynx nasal avec des cavités qui
ouvrent dans le nez (fig. *107*); — 4° la bouche, qui peut
être divisée par la langue en deux cavités. L'orifice de sortie buccal peut être constitué par la langue et la partie
antérieure du palais (voyelles linguales *a e i*) ou par les
lèvres (voyelles labiales *o u, œ u*). Les cavités sont remplacées par des boules de verre (fig. 536, A), ou deux enton-

A   B   C

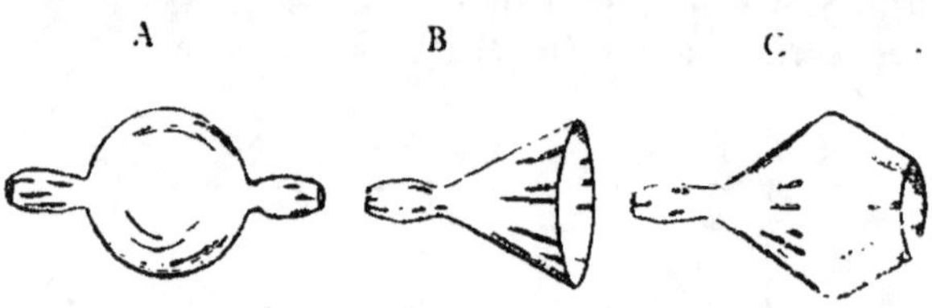

Fig. 536.

Pièces employées pour le tube vocal schématique.

noirs colés ensemble; les orifices, par un entonnoir (B) ou
une pièce se terminant en cône tronqué (C). On souffle dans
l'appareil à l'aide d'un tube de caoutchouc assez long pour
porter l'orifice de sortie à l'oreille. Or, avec 3 ou 4 boules
(3^{cm} de diam.) reliées en chapelet, la dernière communiquant
avec l'atmosphère par un tube étroit (dispositif de l'*u*), on
obtient au moyen d'un souffle très léger *o*, et en augmentant la force du souffle *u*, puis *ü*. Avec 3 ou 4 boules
et un grand entonnoir (7^{cm} de diam.) enveloppant l'oreille
(dispositif de l'*a*), on fait entendre, si l'on souffle très légèrement, *à*, et plus fort *o*. Avec les mêmes boules et un entonnoir très petit (25^{cm} de diam.) appliqué sur l'oreille (dispo-

sitif de l'*i*), un souffle très faible produit un *a*, un plus fort *é*,
un autre très fort *i*. Enfin, en remplaçant l'entonnoir par la
cavité de même diamètre que les boules ayant la forme de
deux cônes réunis par la base et dont le second serait tronqué
(C), on a avec un souffle très léger *œ*, puis en l'augmentant
de plus en plus *é* et *ü*. On peut faire d'autres combinaisons.
Par exemple : 2 petites boules, 2 plus grosses (35^{mm} de
diam.) et un entonnoir (même diam.) avec un souffle fort
produisent un fort bel *ü*, avec un souffle modéré un *u*
moyen. Ce qui importe, c'est ce fait qu'une modification
dans le débit et la vitesse du souffle, seule, suffit pour amener des changements de timbre, et qu'une augmentation
progressive du souffle donne l'impression d'une voyelle de
plus en plus fermée.

Forme et composition de la colonne d'air. — Pour bien
comprendre la forme et la composition de la colonne d'air
employée dans la production des voyelles et se faire une
idée des sons qui peuvent prendre naissance aux différents
niveaux du tube vocal, le meilleur est peut-être d'observer
la façon dont un jet d'air coloré par la fumée de tabac se
comporte dans des cavités de verre[1], et d'écouter le bruit
qu'il produit. Nous examinerons six cas en allant du
simple au composé :

1° L'air est poussé à travers un tube cylindrique (1^{cm} de
diam.). Doucement, il s'écoule sous la forme d'un cône
très allongé, qui tend à se rapprocher du bord inférieur et
fait de légers tourbillons à la sortie ; fort, il prend la forme
du tube, les filets du centre restant toujours les plus rapides,
puisqu'une petite flamme est éteinte au centre et qu'elle

---

1. Comparer Dr GUILLEMIN, *Sur la génération de la
Voix*, p. 202 et suiv., 71 et suiv.

reste allumée sur les bords. — Bruit : seulement à l'extrémité du tube.

2° L'air s'écoule à travers l'ouverture évasée (7^{cm} de diam.) d'un entonnoir où l'on souffle par le petit bout. Doucement : le jet coloré tourbillonne et s'enroule en se rapprochant des bords d'une façon capricieuse. Fort : les tourbillons sont moins enroulés, le jet se rapproche du centre. Dans les deux cas, une petite flamme reste allumée au centre ; elle est éteinte dans le voisinage des bords à des points variables. — Bruit : sur les parois, aigu ; à la sortie, plus fort et plus grave.

3° L'air traverse une cavité formée de deux entonnoirs semblables au précédent, collés ensemble ; il entre et sort par deux tubes cylindriques. Doucement : l'air va s'accumulant en bas de la cavité et revient en tourbillonnant pendant qu'une partie s'échappe par l'ouverture. Fort : mêmes mouvements, mais les tourbillons sont très rapides. — Bruit : faible et grave sur la paroi d'entrée, fort et aigu sur celle de sortie, plus fort et plus aigu à l'orifice.

4° Tube formé d'une partie cylindrique, de deux boules (3^{cm} 1/2 de diam.) séparées par un tube de 15^{mm}, et d'un petit entonnoir de même diamètre. On souffle par le petit bout. Doucement : l'air s'accumule en tourbillonnant dans la moitié inférieure de la 1re boule, puis il passe dans la seconde où il fait aussi des tourbillons, qui paraissent moins rapides ; il sort en éventail. Fort : mêmes mouvements avec de violents tourbillons. — Bruit : faible et grave dans la 1re boule, plus fort et plus aigu dans la seconde, plus fort encore et encore plus aigu à l'embouchure.

5° Tube formé d'un chapelet de petites boules (3^{cm} de diam.) et terminé par un entonnoir de 2^{cm} 1/2. Les mouvements de la fumée sont les mêmes que précédemment.

Le bruit va toujours en croissant en force et en acuité à mesure qu'on se rapproche de l'orifice de sortie, où il est plus aigu pour 5 boules que pour 4, pour 4 que pour 3.

6° Si l'air qui traverse les tubes est animé par une lame vibrante interposée sur son parcours, aucune différence n'apparaît dans la composition de la colonne d'air ni dans le son propre.

Il est permis de supposer que le souffle se comporte dans le tube vocal à peu près de la même façon. Voyons si cette hypothèse est vérifiée par l'examen direct.

Les figures phonéidoscopiques de M. Guébhard (p. 157-159) représentent l'état de la colonne d'air au sortir de la bouche seule, ou de la bouche et du nez. La simple vue de ces figures permet de juger de la forme de l'orifice et de la composition du faisceau gazeux, tantôt éparpillé (voyelles non labiales), tantôt réuni (voyelles labiales). Bien plus, des nuances délicates se distinguent aisément. J'ai sous les yeux les schémas que M. Matzké a tracés de ses voyelles d'après l'image du miroir de mercure, au Collège de France ; et j'en relève, à titre d'exemple, les traits les plus marquants : 1° la colonne d'air est elliptique pour *a*, et, à partir de cette voyelle, elle tend vers une forme cylindrique ; 2° il y a 2 ellipses ou cercles concentriques enveloppant les centres de densité pour *a*, 3 pour *a é è o*, 4 pour *i*, 5 pour *o* ; 3° les centres de plus forte densité sont au nombre de 4 petits ou 2 grands pour *a*, de 3 petits ou 2 moyens pour *a é*, de 2 petits pour *e*, de 2 plus petits ou 1 allongé pour *i*, de 2 ou 1 seul à peu près rond pour *o*, de 1 très rond pour *u*. Si l'on rapproche de cette description sommaire les figures de M. Guébhard, qui est Français, on voit que le pinceau gazeux est chez celui-ci bien plus étalé que chez l'Américain M. Matzké, et que, par conséquent, ses voyelles sont dans leur ensemble moins fermées.

De plus, si, à ces figures phonéidoscopiques, je comparais celles de mes propres voyelles, j'aurais à signaler d'autres variantes, qui les distinguent à la fois de celles de M. Matzké et de celles de M. Guébhard. Mais l'expérience est facile et chacun peut la renouveler.

Il est moins aisé de saisir ce qui se passe dans l'intérieur du tube vocal. M. le Dr E. Gellé [1] a essayé de rendre sensible dans la bouche la présence des tourbillons au moyen d'une petite rondelle de papier mince de 1ᶜᵐ de diamètre, traversée à son centre par une petite tige d'acier, sur laquelle elle est très mobile. La rondelle, placée au niveau, de la base de la langue, est portée brusquement vers le pharynx quand un *a* est émis avec énergie. Le même phénomène se reproduit, quand pour un *a* chuchoté la rondelle est reportée au tiers moyen de la langue, à une certaine distance des dents. Il y aurait donc des courants rentrants comme dans les observations faites avec des boules de verre.

J'ai renouvelé sans peine la seconde expérience de M. Gellé (pour l'*a* chuchoté), la première avec moins de succès. Ce n'est que très exceptionnellement que pour l'*a* parlé la rondelle a été repoussée en arrière. Elle l'a été cependant ; et j'ai même pu voir le souffle émis pour un *a*, coloré par la fumée de tabac, prendre enfin la direction du pharynx ; mais je crains que ce ne soit là l'effet d'une petite aspiration d'air, qui précède souvent l'émission d'une voyelle énergique, comme cela apparaît dans les tracés pris à l'aide d'un tambour privé de toute communication avec l'atmosphère.

---

1. *Bulletin de la Société de Biologie*, an. 1900 ; *La tribune médicale*, an. 1900, p. 1036.

J'ai essayé d'un autre procédé; mais j'ai obtenu autre chose que ce que je cherchais. Avec un tube de verre recourbé relié à un tambour très sensible (cuvette 25^{mm} de diam., 2^{mm} de profondeur, membrane en caoutchouc dilaté, paille légère collée sur la membrane même à partir du centre),

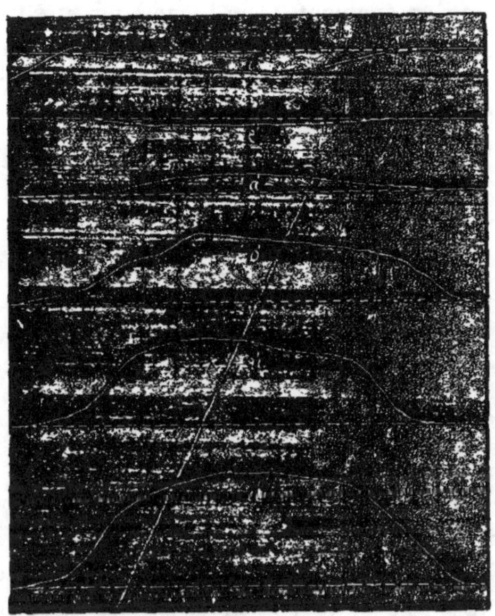

Fig. 537.

Pression de l'air au milieu de la bouche, pour les voyelles.

La ligne pointillée est donnée par le tambour inscrivant à vide. Il y a pression quand le tracé s'élève au-dessus; dépression, quand il descend au-dessous.

j'ai exploré diverses régions de la bouche, à savoir au milieu et de chaque côté; à 1, 2 et 3^{cm} des dents, près de la langue et du palais, enfin dans un espace intermédiaire. Je n'obtiens rien pour les voyelles parlées ni pour *é* et *á* chuchotés. Mais les autres voyelles chuchotées donnent quelque chose. Pour *é*, il se produit une légère dépression dans le tambour (fig. 537), surtout au milieu et dans le voisinage de la langue et du palais. Pour *i*, la dépression est très marquée. Il semble que cette dépression doive exister pour la série entière, même pour *a é*. Avec la série postérieure, le tracé prend une tout autre direction : la pression augmente dans le tambour et elle va en grandissant depuis *a* jusqu'à *u*, se montrant toujours plus forte au milieu que sur les côtés. Ces faits contradictoires

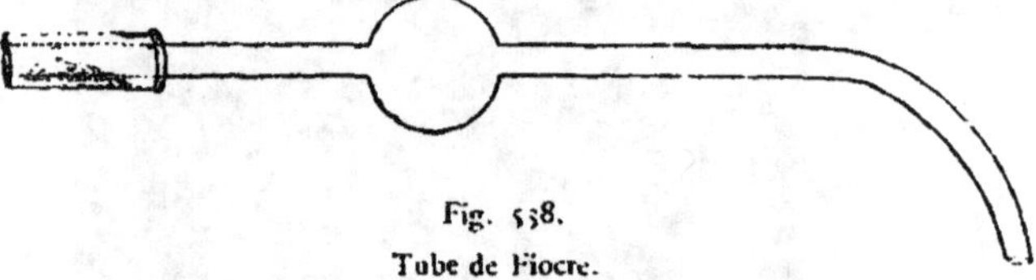

Fig. 538.
Tube de Fiocre.

s'expliquent sans peine. Ils résultent uniquement de la disposition des lèvres. Le courant d'air, s'écoulant librement dans la série antérieure, entraîne avec lui l'air contenu dans la bouche et fait plus ou moins le vide dans le tambour, suivant sa plus grande ou sa plus petite vitesse, comme cela se produit quand on souffle dans un tube cylindrique et qu'on l'explore avec le petit tube recourbé au voisinage de la bouche. Dans la série postérieure au contraire, l'air s'accumule en raison du degré de fermeture des lèvres, la pression augmente à proportion, et le volume d'air du tambour s'accroît d'autant.

M. le Dr Thooris a montré d'une façon très élégante la vitesse de l'air dans la bouche pendant l'émission des voyelles chantées par un soprano dramatique sur la note *la$_2$*. Il se sert pour cela du *tube à chlorétone* de Fiocre (fig. 538), qu'il remplit préalablement de fumée de tabac et dont il applique

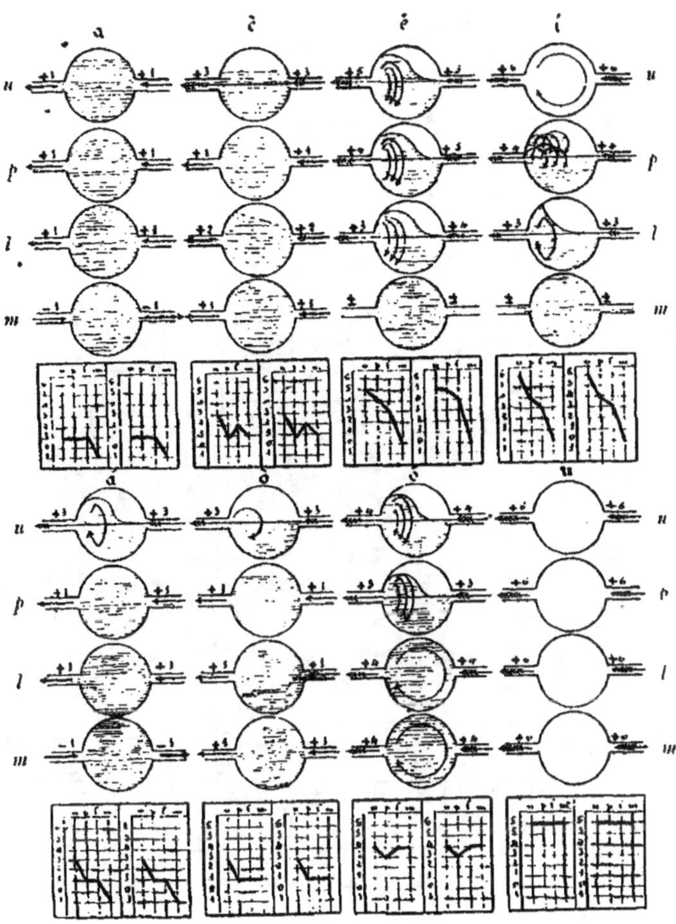

Fig. 539.

Voyelles *a è é i, á ò ö ú*.

la partie recourbée perpendiculairement au courant d'air :

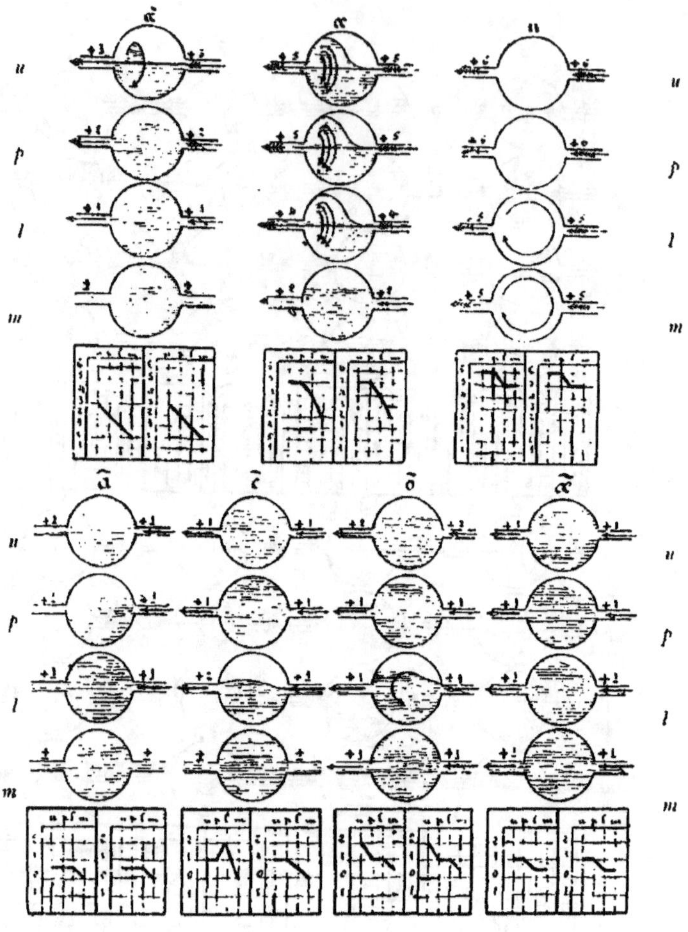

Fig. 540.

Voyelles $\dot{u}$ $\acute{a}$ $\acute{u}$, $\tilde{a}$ $\tilde{e}$ $\tilde{o}$ $\tilde{œ}$.

1° à la base de la luette (*u*); 2° à l'intersection du palais dur et du palais mou (*p*); 3° en avant des incisives et des lèvres (*l*); 4° en arrière des molaires gauches (*m*). Les résultats obtenus sont représentés (fig. 539 et 540). La fumée est chassée (+), ou appelée (—), ou stationnaire (+). La vitesse se manifeste dans l'ampoule par des différences de coloration, des mouvements tourbillonnaires, un vide partiel ou complet, dans le tube d'entrée (à droite) et de sortie (à gauche) d'une manière si apparente qu'il est possible de reconnaitre jusqu'à 6 degrés. Toutes ces données sont résumées dans les diagrammes placés au-dessous des ampoules.

CAVITÉS SOUS-GLOTTIQUES ET PRESSION.

Une conséquence de ce que nous venons de voir, c'est que jusque dans l'appareil respiratoire lui-même nous devons observer des indices du timbre, grâce à la pression que les muscles font subir à la colonne d'air, ou que la colonne d'air exerce sur les parois qui la supportent.

La pression sous-glottique a été mesurée au moyen d'un manomètre par Cagniard-Latour et Valentin (p. 243-244); récemment par M. Roudet[1] sur un sujet qui avait subi la trachéotomie, et par moi-même sur un homme qui parlait avec un larynx artificiel[2]. L'expérience est très pénible, et les écarts entre les diverses pressions pour une même voyelle sont considérables; par conséquent les moyennes sont douteuses. M. Roudet a cependant cru pouvoir repré-

---

1. *La Parole*, an. 1900, p. 599-612.
2. *Ibid.*, an. 1902, p. 65-79.

senter par un diagramme les moyennes des voyelles *u ó á é i* dites sur la note *mi₂* et avec une intensité autant que possible identique (fig. 541).

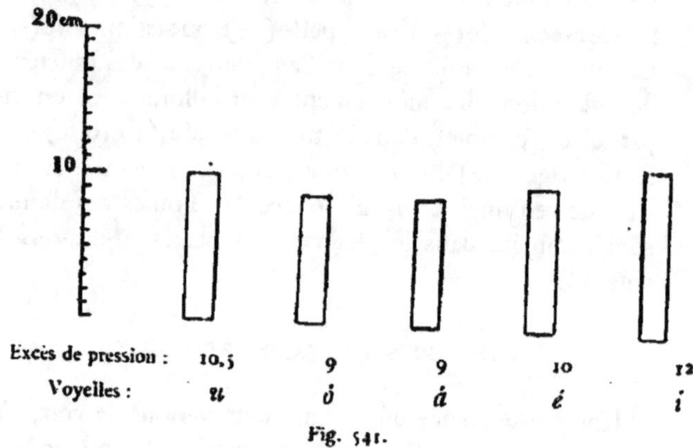

Fig. 541.

Pression dans les voyelles chuchotées.

Le sujet que j'ai observé s'accorde avec ceux de Valentin et de M. Roudet pour l'expiration normale. Voici les pressions qu'il m'a fournies pour ses voyelles avec le manomètre qui a été employé par M. Roudet (simple tube en verre recourbé de 10ᵐᵐ de diamètre).

á : 13, 18, 16.   *ii* : 15, 20, 22.
é : 14, 15, 16.   *ó* : 21, 27, 16, 19, 17.
i : 14, 22, 15, 18.   *u* : 15, 16, 17, 22.

J'aurais plus de confiance dans les données obtenues par les procédés graphiques, qui n'ont rien de désagréable et qui ont l'avantage de fournir des documents sur la pression considérée à différents niveaux.

Avec un pneumographe (p. 90) et un tambour, on peut

inscrire les mouvements de compression des muscles expirateurs, particulièrement du diaphragme. Il résulte de la comparaison des tracés que la pression augmente régulièment d'une façon considérable depuis *a* jusqu'à *i* (fig. 542),

Fig. 542.

Pression du diaphragme dans la production des voyelles.

B. Souffle sortant par la bouche et reçu dans un tambour propre à inscrire les vibrations
D. Mouvement du diaphragme pour chaque voyelle prononcée avec force.
La pression se mesure par la distance à laquelle la ligne D s'élève au-dessus de chaque ligne pointillée, qui correspond à la pression demandée par *a* et *â*.
La vitesse de l'air se mesure de la même façon sur la ligne B. Elle augmente à partir de *a* pour *e i. i*. On ferait une même constatation pour les autres séries de voyelles.

jusqu'à *u* et jusqu'à *u*. Il est facile, du reste, de se rendre compte du phénomène par le seul toucher en prononçant avec énergie successivement *a è é i i, a œ œ é u u, â à o ô u ú*, la main sur le diaphragme.

La pression de l'air sur les parois de la trachée peut être prise à la base du cou. Le phénomène est également sensible au doigt, pourvu que les voyelles soient prononcées avec force. On l'inscrit avec une des capsules qui servent à explorer le larynx (p. 99), maintenue par une cravate de caoutchouc et reliée à un tambour inscripteur. La courbe, que l'on obtient, se relève sous la pression et s'abaisse dès que l'effort vient à cesser (fig. 543). Or la pression va

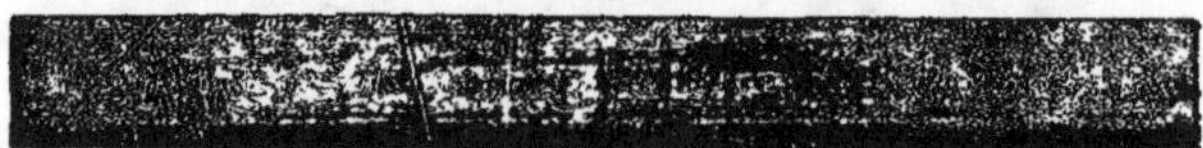

Fig. 543.

Pression de l'air dans la trachée pendant l'effort expiratoire.

α. Effort expiratoire, la glotte étant fermée. — β. Suppression de l'effort. — α'. Renouvellement de l'effort.

diminuant depuis *a* jusqu'à *i*, jusqu'à *u* et jusqu'à *ü*, par conséquent dans les trois séries, à mesure que les voyelles se ferment (fig. 544). Ce résultat semble en contradiction

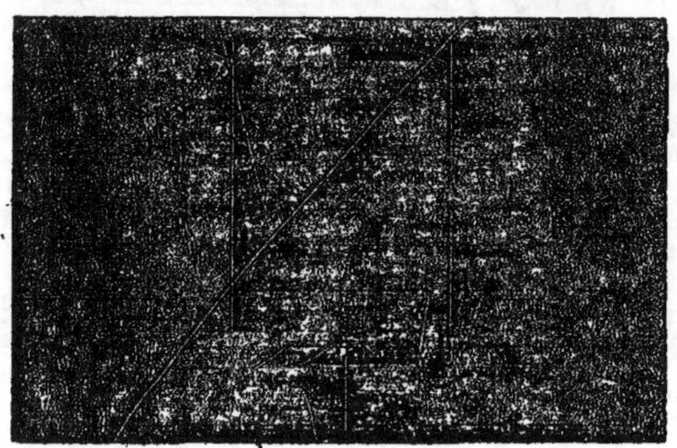

Fig. 544.

Pression de l'air sur la trachée à la base du cou.
Les lignes pointillées marquent le degré de pression pour l'*a* moyen.

avec la contraction musculaire ; mais il prouve simplement que le souffle, bien que supportant une pression plus forte pour les voyelles fermées, s'accumule moins dans la trachée, trouvant un passage plus facile à travers la glotte (cf. p. 724). Aussi arrive-t-il plus abondamment dans la bouche, où la pression augmente.

Nous n'avons cherché jusqu'ici dans le courant d'air qu'un indice. Il y a plus : nous devons y reconnaître le premier agent excitateur du timbre.

La note caractéristique peut bien, il est vrai, par voie de résonance, mettre en vibration l'air contenu dans la cavité buccale disposée pour une voyelle donnée. Mais c'est là pur artifice d'expérimentateur, et en dehors d'elle, ni la fondamentale ni aucun de ses harmoniques, distant de la caractéristique, ne peuvent par leur seul mouvement vibratoire, simple ou complexe, faire parler la bouche et donner naissance à une voyelle.

Pour l'expérience, il est plus aisé de se servir d'un moulage de la cavité buccale que de cette cavité elle-même, car on peut le disposer à son gré et faire arriver l'agent excitateur soit en avant soit en arrière. Les résonateurs de Kœnig accordés pour ces voyelles rendent le même office. Or, un son simple est sans action : un puissant diapason du Grand Tonomètre de 200, 400, 600 v. d. ne peut animer ni le moulage ni le résonateur de l'*á*, qui est de toutes les voyelles la plus facile à reproduire. Un son complexe, tel qu'en donne une lame de trompette d'enfant, n'a pas plus d'effet. Mais, si l'on veut que l'expérience ait toute sa signification, il faut écarter le courant d'air qui ébranle la lame, de façon que la vibration seule puisse influencer le résonateur. J'ai cru remplir cette condition en me plaçant (fig. 545) en A, d'où je soufflais dans la direction marquée

par la flèche, le moulage de la bouche étant en B, et
l'oreille de l'auditeur, M. Rigal, en C :

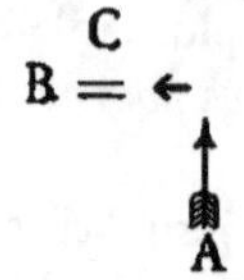

C
B = ←

A

Fig. 545.

Aucun son de voyelle n'a été perçu venant de la cavité.

Le mouvement vibratoire n'est donc pas le premier agent
excitateur du timbre. Ce rôle appartient au courant d'air.
Il est de connaissance commune qu'en inspirant ou en expirant l'air, nous pouvons produire toutes les voyelles.
De même, en soufflant dans un moulage de la bouche,
ou dans un résonateur approprié, on fait entendre les
voyelles chuchotées.

Pour reproduire la voyelle parlée avec tout son éclat, il
ne suffit pas que, sur le trajet du courant d'air fourni par
une soufflerie et dirigé vers le moulage, on intercale une
source sonore qui ne donne qu'un son simple, par exemple,
le gros diapason de 200 v. d.; mais on réussit très bien, si
l'on fait passer par le moulage le courant d'air qui a animé
la lame de trompette (fig. 546, 1). Dans ce cas, la voyelle
éclate avec force et est entendue quelle que soit la place de
l'auditeur.

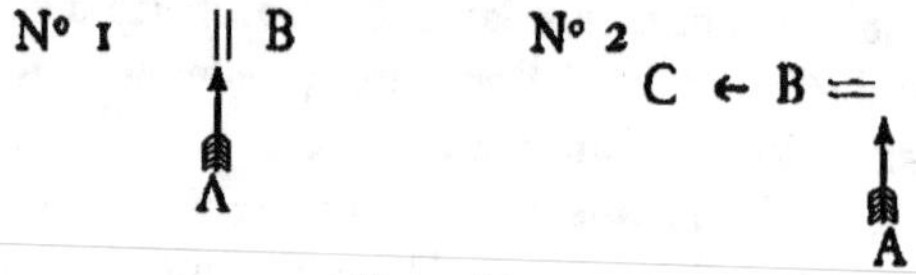

Nº 1   ‖ B   Nº 2   C ← B =

A   A

Fig. 546.

Même, si nous reprenions les dispositions de la première

expérience, sauf pour l'auditeur qui se placerait en C (fig. 546, 2), le son de la voyelle parviendrait, mais faiblement, à son oreille frappée alors directement par le léger courant secondaire qui traverse le moulage.

Au point où nous en sommes arrivés, après cette longue analyse, il est clair que la théorie de Helmholtz sur la composition physique des voyelles doit paraître un peu trop simple et insuffisante.

J'ai dû m'en servir, au moins provisoirement, malgré les objections qu'elle a rencontrées[1], jusqu'à ce que l'expérience elle-même ait multiplié les difficultés contre elle et amené de nouvelles lumières. Aussi me suis-je borné à

---

1. Voir le livre de M. Guillemin déjà cité, qui est tout entier un rigoureux réquisitoire contre la théorie de Helmholtz, et les articles que publie en ce moment M. le Dr Thooris sur le fonctionnement du larynx dans la série animale et les tourbillons supra-glottiques. A retenir : que le mouvement d'élévation du larynx (p. 721), son déplacement d'arrière en avant chez les animaux est provoqué par la constriction du pharynx (expériences sur le chat vivant et sur le bœuf fraîchement abattu); que la constriction des cordes vocales, au-delà de ce qui est nécessaire pour produire le son, est sans influence sur la hauteur musicale (expériences sur le bœuf); que l'on peut appuyer fortement sur les cordes vocales du bœuf ou d'un chanteur insensibilisé sans modifier le son (*Revue hebdomadaire de laryngologie* et *Archives internationales de laryngologie*, an. 1907); que des mouvements rentrants du courant d'air sont indiqués par le tube à fumée droit ou courbé en divers points de la bouche pendant l'émission de certaines voyelles (*Archives internationales de laryngologie*, an. 1908).

enregistrer, au fur et à mesure qu'ils se présentaient, les faits favorables ou contraires : composition des sons musicaux sans harmoniques justes (p. 186-187), accommodation de la glotte au travail articulatoire (p. 721-729), forme complexe des vibrations du larynx d'après les tracés pris sur le cartilage thyroïde (p. 730-739), faculté des résonateurs d'être excités par des sons autres que ceux auxquels ils sont accordés (p. 751-752), pouvoir restreint de ces appareils pour une position fixe (cf. ce qui a été dit à propos du résonateur universel). Ce que je viens d'ajouter sur le rôle du courant d'air donne à penser que la bouche et les cavités sus-glottiques ne sont pas seulement un résonateur, mais plutôt une sorte d'outre d'Eole, où des filets d'air, animés d'une grande puissance initiale, se livrent des batailles sonores.

Toutefois l'idée de la composition harmonique de la voyelle n'en persiste pas moins et le théorème de Fourier est toujours applicable. Si l'on ne peut en espérer une analyse complète, on est sûr de trouver, grâce à lui, approximativement du moins, les harmoniques contenus dans la voyelle et de reconnaître ceux qui sont influencés par le voisinage de la caractéristique.

Les citations que j'ai faites dans le chapitre IV en sont la preuve. Je pourrais encore signaler de beaux travaux qui ont paru depuis, entre autres les nouvelles études de MM. Hermann Mathias et Samojloff[1], celles de M. Pipping[2] et celles de M. Verschur[3], l'élève et le continuateur de Boeke.

---

1. Dans *Archiv für die ges. Physiologie*, depuis 1899.

2. *Zur Phonetik der finnischen Sprache*, dans les *Mémoires de la Société finno-ougrienne*, 1899.

3. *Klankleer van het Noord-Bevelandsch*, 1902.

Jusqu'ici je n'ai fait entrer dans mes recherches que les séries de voyelles généralement connues et qui me sont familières. Le but que je me proposais, d'exposer une méthode de travail plutôt qu'un système complet des voyelles, ne me permettait guère d'agir autrement. Je n'ai donc presque rien dit de l'*i* roumain, du ы russe, de l'*y* de *pretty* ; et, si je les ai rapprochés de l'*i*, c'est pour montrer combien ils en diffèrent par l'articulation tout en lui ressemblant par le son, au moins pour des oreilles peu exercées. A ces voyelles, il faut joindre l'*y* polonais, l'*u* suédois, l'*ü* finnois, turc, géorgien, arménien, les *ô* bulgares, et aussi l'*a* français. Toutes ces voyelles en effet pourraient bien être des *médiales*. intermé-

Fig. 547.

ы

diaires entre les antérieures et les postérieures. Cette idée trouve un point d'appui dans les tracés des mouvements de la langue obtenus avec le palais artificiel, où elles nous apparaissent comme postérieures par rapport à la première série et antérieures par rapport à la seconde. Comparez l'*i* roumain avec l'*i* (fig. 449, n°s 5-8), l'*y* de *pretty* en anglais avec les voyelles antérieures (fig. 433, n° 8) et avec les voyelles postérieures (fig. 436, n° 5), le *и* (ы) russe[1] avec *è* (fig. 435,

---

1. Comparez ERSCHOFF, *Phonétique expérimentale*, Kazan, 1903, planche V.

n° 10) et avec *o* et *u* (fig. 436, n° 7), l'*u* de *upp* avec l'*u* de *uf*, l'*y* en suédois (fig. 435, n°s 9 et 8) et *o* et *u* (fig. 436, n°6). Dans une expérience d'Ousof (fig. 547), l'ampoule, appliquée successivement derrière les dents (α), au milieu du palais (β) et, dans la partie postérieure (γ), montre que pour le ы la partie la plus élevée de la langue est le milieu. L'*ŏ* bulgare, qui sonne *ǎ*, ne laisse aucune trace sur le palais. La langue s'aplatit en avant et appuie sur le plancher de la bouche ; elle se relève à 50^{mm} des dents, moins en arrière que pour *ô*, sans atteindre le palais. Les mâchoires sont moins écartées que pour *a* ; mais, grâce à la compression de la langue, la cavité antérieure de la bouche est plus grande. Les lèvres sont complètement inactives. L'*ŭ* turc demande que les mâchoires soient encore plus rapprochées, et que la langue se porte en arrière, sans toucher le palais, du moins dans la bouche du Bulgare qui s'est prêté à mes expériences. D'après cette description, il semble donc que la langue dans cette série se soulève par le milieu ; et, comme cette partie est peu mobile, le rapprochement se ferait par le moyen des mâchoires. La voyelle fondamentale de la série serait notre *a*, puis viendrait l'*ŏ* bulgare, enfin l'*y* de *pretty* et le ы. Dans ce cas, il conviendrait de remplacer la dénomination peu claire pour plusieurs personnes de *a* ouvert (*à*), *a* moyen, *a* fermé (*á*), par celle de *a* antérieur (*à*), *a* médial (*a*) et *a* postérieur (*á*).

En groupant dans un schéma (fig. 548) toutes mes voyelles à la place même qui est indiquée plus haut (p. 647-648), d'après la distance des dents (D) et de la voûte palatine (P) prise sur un moulage de ma bouche, on voit que l'*a* médial occupe bien effectivement le milieu entre le point d'articulation de l'*i* (à 2^{cm} des dents) et celui de l'*u* (à 8), la région articulatoire s'étendant de 3^{cm} de chaque côté. L'*ǒ* bulgare est sur la même ligne, ainsi que le ʹы d'après des mesures que je viens de prendre sur M. Sčerba.

Mais j'irais plus loin, j'appellerais *médiale* toute la série qui se trouverait occuper un point quelconque intermédiaire entre les deux autres. C'est qu'en effet, l'arrêt d'une voyelle dans son évolution peut n'être que momentané. L'*ŭ* indo-européen, par exemple, en marche, dans les langues slaves, vers la série antérieure, s'est arrêté juste au point médial en russe (ы); mais on peut se le représenter,

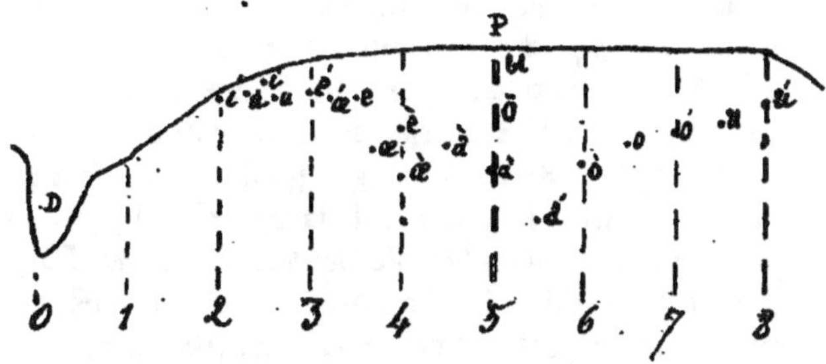

Fig. 548.

Schéma des points d'articulation des voyelles françaises de l'*ǒ* bulgare médial et du *ы* russe.

Grandeur naturelle. — Les chiffres marquent des centimètres.

à une étape ancienne, plus en arrière, à celle (je suppose) du ы tartare, et aussi à une plus avancée, comme M. Sčerba croit l'avoir entendu dans un dialecte de Lusace, avant d'arriver à *i*, étape à laquelle il est parvenu en serbe, en tchèque, en bulgare, en petit russien. Dans un dialecte bulgare, l'*ǒ* postérieur des personnes âgées est un *ǒ* médial chez les jeunes.

Mais il faudrait bien se garder de limiter la description d'une voyelle à un seul trait. Chaque partie de l'organe vocal est intéressée pour sa part à chaque voyelle, et ce fait doit nous mettre en défiance contre les classifications toutes faites.

On se gardera aussi de supposer, sans examen, la concordance de certains caractères. Parce que la série postérieure, par exemple, est souvent labiale, il ne faudrait pas s'imaginer qu'elle l'est toujours. Ainsi dans le parler de Louvain[1], *ü ü̈, ŏ ŏ* sont prononcés avec les lèvres dans la position de l'*i* français. La série médiale, telle que je l'ai jalonnée, est composée de voyelles non labiales; et pourtant il est à croire que l'*ü* latin l'a traversée, pour devenir *u* français, sans perdre sa qualité de labiale.

Enfin, un caractère que j'ai négligé, n'ayant dans le paragraphe qui le concerne attiré l'attention que sur les consonnes (p. 588-601), mais qui, s'il est difficile à mesurer, se sent très bien, résulte de la *tension* ou du *relâchement* des muscles : d'où les voyelles *tendues* et *relâchées*. Dans ma prononciation, il se confond avec la quantité, une voyelle *teŋdue* étant longue et une voyelle *relâchée* brève.

2° SEMI-VOYELLES

Les semi-voyelles comportent deux degrés. Les unes ne sont que des voyelles pour l'oreille, tout en se rapprochant des consonnes par le mouvement organique qui les caractérise (p. 635-638). Les autres se distinguent par un son qui leur est propre, aussi bien que par le mouvement organique ; ce sont *y ü̈ w*. Si l'on employait pour les premières le signe diacritique déjà usité en grammaire comparée (˘), on distinguerait ces deux étapes : *ai̯* et *ay*, *i̯a* et *ya*.

---

1. Goemans, *Her Dialect von Leuven*, dans *Leuvensche Bijdragen*, an. 1897-1899.

Les semi-voyelles du 1er degré étant incomplètement
détachées des voyelles, je ne les en sépare pas, celles du
2e degré prennent rang parmi les consonnes, où nous les
retrouverons.

3° CONSONNES

Les voyelles rentrent toutes dans une classification physiologique simple : elles sont en effet dues à un mécanisme
sensiblement le même pour toutes et régulièrement modifié.
Il n'en est pas de même des consonnes. Leur mode de formation varie d'un groupe à un autre, et les points d'articulation n'ont rien de rigoureusement fixe pour une même
espèce. Il ne viendra à l'idée de personne de comparer une *b*
à un *p*, ni de limiter l'*r* à une seule région articulatoire.
Mais on devrait aller plus loin et cesser de confondre *t d*
avec occlusive dentale, et *k g* avec occlusive gutturale :
comparez les variétés articulatoires (fig. 394, 399-401, 407).
Aussi la base réelle de la classification des consonnes est-
elle proprement acoustique. L'oreille nous a appris à distinguer les genres *l*, *r*, *t*, *d*, *n*..., etc. Les observations physiologiques nous servent à les grouper, à les définir, à en
marquer les nuances.

Il est inutile de rappeler les catégories générales, suivant
lesquelles nous distinguons les consonnes en *inspiratoires*
et *expiratoires* (p. 488), *sonores, mi-sonores, sourdes et assourdies* (p. 495), *buccales, nasales* et *nasalisées* (p. 525), *constrictives, mi-occlusives* et *occlusives* (p. 582), *fortes, douces* et
aspirées (p. 588), *dures, molles* et *mouillées* (p. 601). Et je
me serais abstenu d'en faire mention, ainsi que du *timbre*
(p. 231-232, 404-465), si je n'avais à apporter quelques
éclaircissements nouveaux, avant de passer aux traits particuliers qui nous restent à indiquer.

1° Les articulations inspiratoires forment une classe encore fort peu connue et qu'il importe d'enrichir toutes les fois que l'occasion s'en présente. Un jeune nègre du Gabon, né à Ninguémingué, m'a fourni des détails précis sur un *clic* qui est la forme non polie de l'affirmation. Les

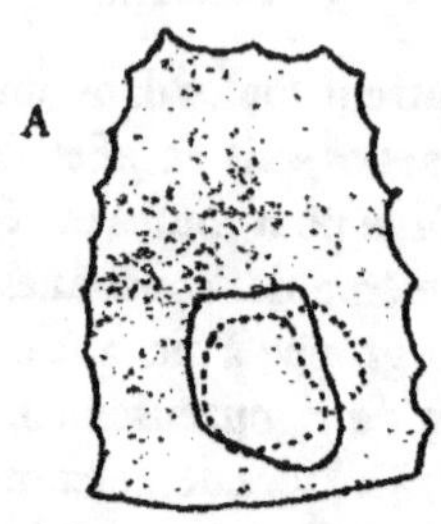

Fig. 549.

Clic du Gabon.

A. La partie ombrée a été touchée par la langue. Trois variantes.
B. Tracé du souffle. L'air est aspiré et rejeté avec force.
1. Clic normal. 2. Clic. répété.

lèvres rapprochées, mais non pressées l'une contre l'autre, le son éclate dans la bouche, sans que le visage prenne aucune expression et ne manifeste aucun mouvement. La langue s'est appliquée sur tout le palais, sauf en un point central

(fig. 549) où elle a fait le vide ; puis elle se recule brusquement en arrière faisant entendre un petit son très clair
presque métallique. Le mouvement de succion et la sou-

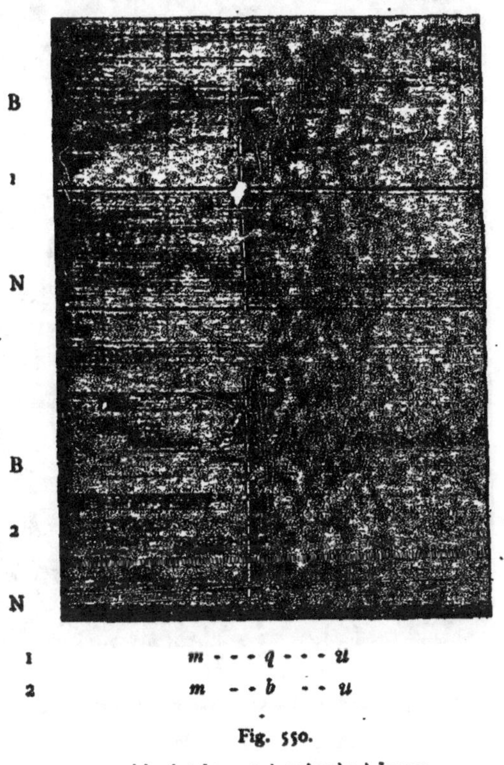

Fig. 550.

1. *b* inspiratoire. — 2. *.* expiratoire à Loango.
B. Bouche. — N. Nez.

daineté de la détente sont rendues sensibles par un tube
introduit dans la bouche et relié à un tambour. Voir les
tracés (fig. 549) et les comparer avec la figure 250, qui

représente des clics imités par un Européen. Une embouchure hermétiquement appuyée sur les lèvres ne donne rien.

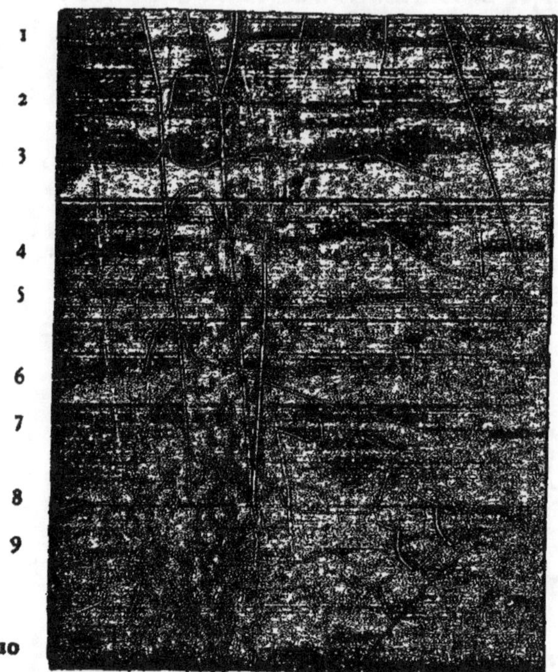

Fig. 551.

Consonnes géorgiennes dans le courant d'air pris au sortir de la bouche.

1. *p'tri*	« pain »	2. *p'tri*	« vache »
2. *t'tlo*	« toile »	4. *t'tva*	« foin »
3. *k'ak'ôli*	« noix »	6. *k'alák'i*	« ville »
5. *ŝ'tri*	« douleur »	8. *ŝ'tt'i*	« indienne »
9. *ŝ'iŝ'tla*	« poussin »	10. *ŝ'iŝ'a.*	« minet »

Un autre nègre de Loango m'a révélé l'existence d'un *b* inspiratoire. Dans son dialecte, *mbu* veut dire « la mer » et « moustique ». J'avoue que mon oreille n'a senti aucune

Fig. 552.

t·ari « le manche » (géorgien).

A. Air au sortir de la bouche.
B. Air pris dans la bouche.

différence de son correspondante aux deux significations. Et pourtant quelle différence dans les tracés (fig. 550)! L'expérience plusieurs fois renouvelée a donné un résultat constant. Le *b* de *m q u* « la mer » est inspiratoire.

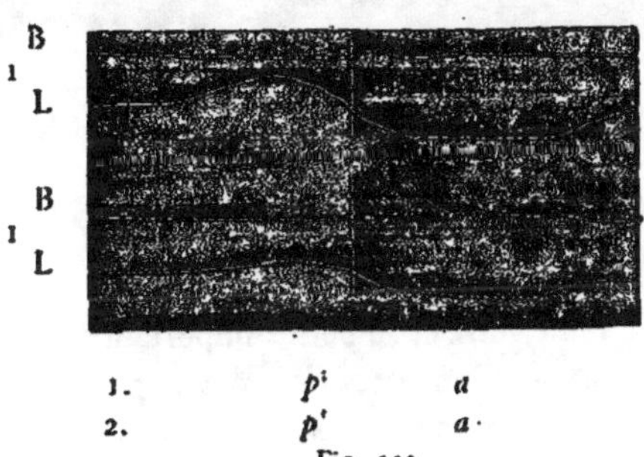

1. *p*ⁱ *a*
2. *p'* *a·*

Fig. 553.

p· et *p'* géorgiens. Pression des lèvres.

B. Bouche. — L. Lèvres.

2° Le géorgien possède un genre d'articulations qui rappelle, mais non complètement, le mécanisme des clics ; il produit aussi un son clair, court et en quelque sorte argentin. C'est une sorte d'arrachement brusque à la suite d'une pression énergique. Six consonnes sont dans ce cas, à savoir : *p' t' k' q' š' č'*. J'ai pu étudier ces consonnes[1] grâce à l'obligeance d'un Mingrélien, M. Sakhokia, qui m'a été amené par M. Tellier.

Le trait le plus saillant qui sépare dans les tracés ces consonnes de *p' t' k' q š č* usités dans la même langue et

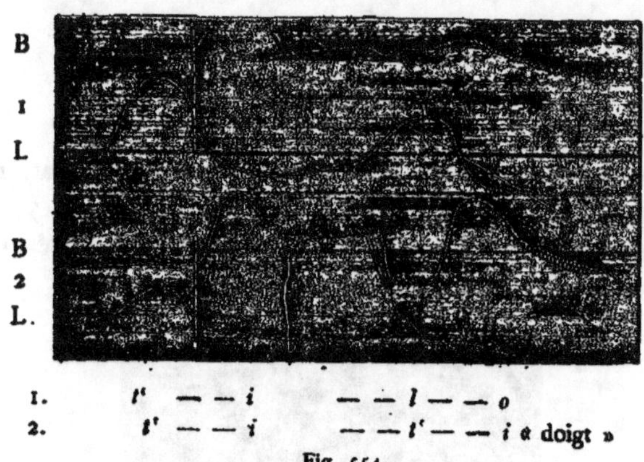

1.   *t'* — — i   — — l — — o
2.   *t'* — — i   — — *t'* — — i « doigt »

Fig. 554.

t' et *t'* géorgiens. Pression de la langue contre le palais.

B. Bouche. — L. Langue.

de *p t k*, c'est la rapidité et le peu d'importance du jet d'air qu'elles emploient. Comparez les deux premières séries telles qu'elles se présentent dans la langue de M. Sakhokia (fig. 551) la première et la troisième dans le géorgien et le français, par exemple (fig. 344, 353, 425, 427, 486).

---

1. Elles avaient déjà été remarquées par M. le Dr Azoulay (*Bulletin de la Société d'anthropologie*, an. 1902, p. 268 sq.

Ces consonnes ne sont pas formées par un courant d'air rentrant : un tube mis dans la bouche montre que l'air s'écoule au dehors sans aucun mouvement de succion appréciable (fig. 552).

Mais les lèvres pour p' sont plus serrées que pour p (fig. 553), et la langue est de même plus fortement collée aux dents pour t' que pour t' (fig. 554). Pour toutes ces consonnes, la langue se porte en haut, entraînant avec elle l'os hyoïde et le larynx. Le mécanisme est plus facile à saisir pour le t' que pour les autres consonnes de cette classe. On

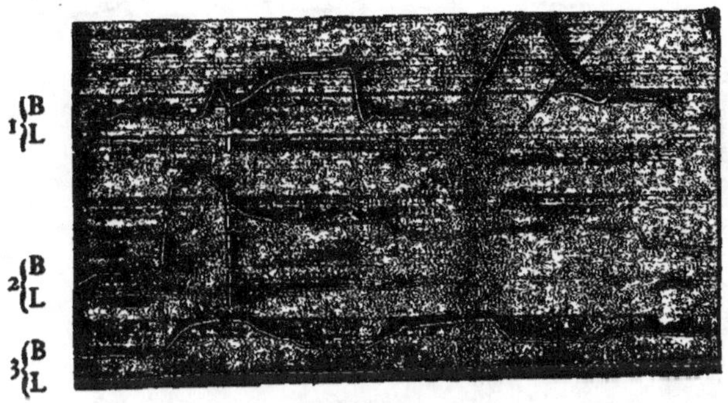

Fig. 555.

Avulsives géorgiennes. Action du larynx.

B. Bouche. — L. Larynx.

1. *k'aši* « hommes ». — 2. *k'ali* « fille ». — 3. *q'aq'ani* « bruit, querelle ».

sent, en effet, très bien que la langue s'appuie avec force contre les dents, qu'elle s'en arrache en se portant brusquement en arrière, sa racine étant élevée. Aussi, j'appellerai ces consonnes des *avulsives*. Elles ont l'explosion sourde, sauf q', qui l'a sonore (fig. 555).

Le palais artificiel ne dit rien pour p' ; mais il montre clairement pour t' k' et q' une élévation de la langue plus grande que·pour *t'* et *k'* (fig. 556). Quant à *š'* et *ž'*, ils se distinguent surtout par l'allongement de la langue sur les dents (fig. 556).

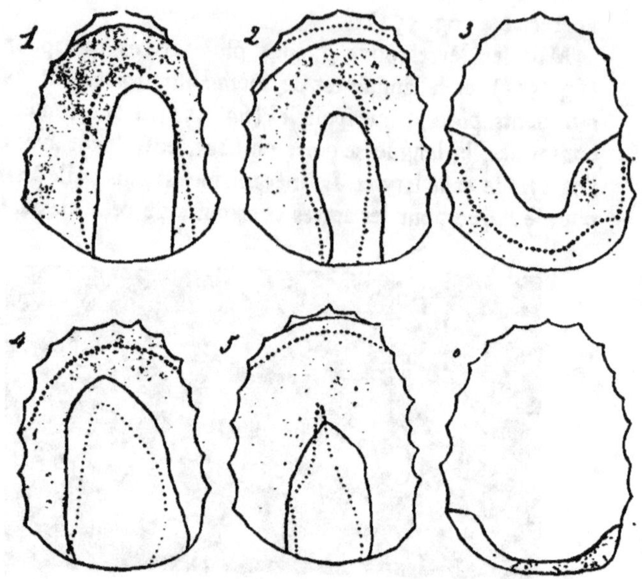

Fig. 556.

Avulsives géorgiennes comparées
aux occlusives ou semi-occlusives correspondantes.

La partie ombrée marque l'articulation de l'avulsive. Les lignes pointillées limitent les occlusives ou les semi-occlusives.

1. *t'a* et *t'a* [*vi*] « *tête* ». — 2. *t'ari* et *t'avi* prononcés avec le palais artificiel dans la bouche. — 3. *k'a*[*ši*], *k'a*[*li*]. — 4. *š'*, *š*. — 5. *ž'*, *ž*. — 6. *q'*.

Aux occlusives *p t k* du géorgien correspondent *b d g*, qui ne deviennent sonores à l'initiale qu'au moment de l'explosion; mais ils sont légèrement sonores entre voyelles et après une consonne sonore, non cependant d'une façon constante. Le *d* de *unda* « il veut » peut être sourd; en revanche celui de *misdeven* « ils poursuivent » est sonore et s'est assimilé l'*s*. De plus, ces consonnes ont une tendance à devenir spirantes, encore faible pour *b d*, mais très marquée pour *g* : dans ce cas, elles sont plus facilement sonores.

3° Les langues sémitiques présentent dans leur système consonantique deux particularités intéressantes : leurs *emphatiques* et leurs *aspirées*. Je me bornerai à quelques notes que je prends dans des expériences faites sur le dialecte de

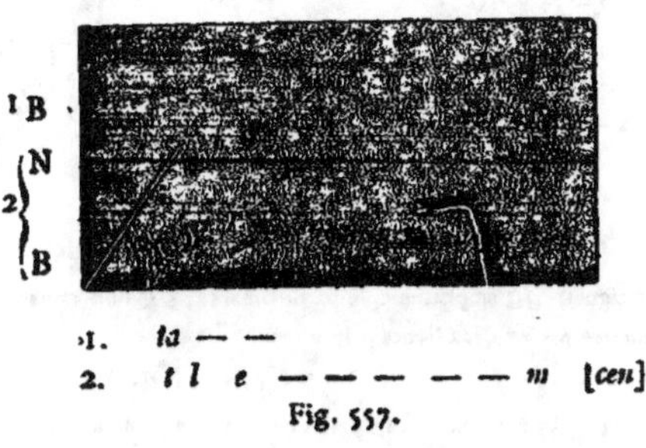

Fig. 557.

t non emphatique de Tlemcen.

B. Bouche. — N. Nez.

Tlemcen (M. Zenagui), avec le concours si éclairé de M. Marçay, et sur le chaldéen d'Ourmiah (M. Babakhan).

Qu'est-ce que les *emphatiques* ? En dehors de l'idée de force qu'éveille le mot, pouvons-nous reconnaître quelque chose de spécial dans l'articulation ?

Il n'existe plus guère à Tlemcen qu'un seul *t*, qui est le *t* emphatique. L'autre a disparu, sauf dans le nom même de la ville et quelques mots empruntés aux Bédouins du voisinage qui l'ont gardé comme *tæbba'* « il a suivi ».Le *t* de M. Zenagui n'est guère différent du *t* fr., ni dans le tracé du souffle, ni sur le palais artificiel. L'autre *t* (non emphatique) manque de force explosive (fig. 557); il n'est pas étonnant qu'il se soit changé en *š*.

Mais les deux *d* se distinguent très bien sur le palais artificiel (fig. 558) : le *d* emphatique est plus en arrière. Même différence entre les deux *s*, et, il semble bien, entre les deux *ẓ*. De là, on est amené à croire que le *q* (fig. 559)

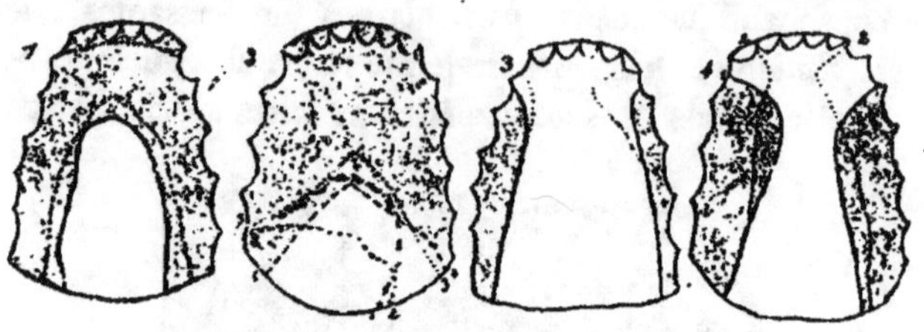

Fig. 558.

Consonnes emphatiques et non emphatiques.

1. (Zenagui); *da* emphatique, la partie ombrée; *da* non emphatique, celle qui est limitée par les deux lignes pointillées.

2. (Babakhan) : 1. *ṭi*; — 2. *ṭa*; — 3. *t'i*; — 4 *t'a*.

3. (Zenagui) : *sa* emph., partie ombrée; — *sa* non emph., pointillé.

4. (Babakhan) : 1. *ṣa*; — 2. *sa*.

serait une forme emphatique du *k*, et le *ŕ* une forme emphatique, mais spirante, du *g* (fig. 559). L'*r* entrerait dans la même catégorie avec une variété avancée (linguale), l'autre plus reculée (fig. 560). Enfin les deux *l* (fig. 560) ne feraient pas exception : l'une, voisine de l'*l* russe avec une région articulatoire plus étendue, à la fois plus avancée et plus reculée, est l'*l* emphatique; l'autre ressemble à une *l* française, dont elle offre le tracé.

Les mêmes caractères se retrouvent à peu près en chaldéen. Doubles *q*, *k* et *g* (fig. 559) : ceux-ci, conservés durs chez les Kurdes, se sont mouillés devant *a e i* (cf. *qĕsa*

« boire » et *ṣep* « santé ». Double *t* (fig. 558), l'un (*Thav*) resté dur, l'autre (*Teth*) se mouillant (cf. *tina* « figure » et *ṭina* « boue »). La forme solide est l'emphatique. Au contraire pour *s* et *z*, la variété reculée était naturellement entraînée vers *š j* ; ce qui constitue deux variétés très distinctes (fig. 558 et 560).

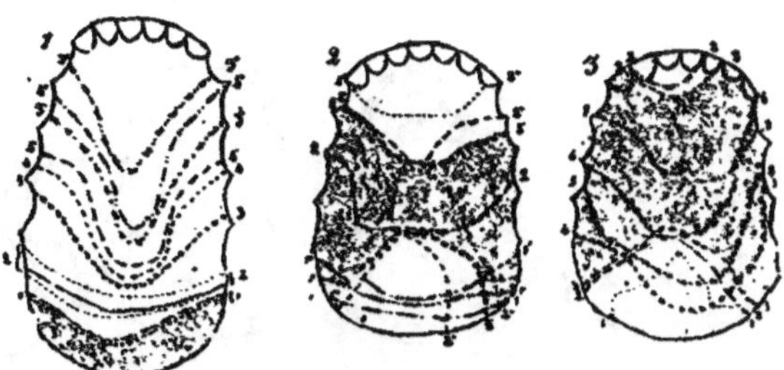

Fig. 559.

Gutturales de Tlemcem (Zenagui) et d'Ourmiah (Babakhan).

1. — 1. *ϙa* ; — 2. *q* ; — 3. *gu* ; — 4. *ku* ; — 4′ *ka* ; — 3′ *ga* ; — 4″. *ki* ; — 3″. *gi*.

2. — 1. *qo* ; — 1′. *qa* ; — 1″. *qé* ; — 2. *ko* ; — 2′ *ka* ; — 2″. *ki* ; — 2‴ *ki*.

3. — 1. *go* ; — 2. *gœ* ; — 3. *ga* ; — 4. *gu* (chez les Kurdes) ; — 5. *ga* (Kurdes) ; — 6. *gœ* (Kurdes).

Nᵒˢ 2 et 3, sauf pour *q*, *ko* et les gutturales kurdes, l'articulation est limitée par deux traits. Nᵒ 1 (Zenagui) ; 2, 3, (Babakhan).

Le *aïn* est d'une expérimentation difficile. En attendant une étude plus complète, j'ajoute à ce que j'ai déjà dit (p. 485) les quelques observations suivantes relatives au dialecte de Tlemcen :

Le *aïn* se distingue de *ʿ* (*ẓ*) *ʾ* (*ẓ̣*) et *ʿ* (*ẓ*) par la position de la langue : pour *ʿ*, la langue s'affaisse vers la pointe et se soulève par le dos de façon à cacher entièrement le voile

du palais ; pour *ι̯*, elle s'aplatit vers le milieu plus que pour
ι̯ et se gonfle vers le dos ; pour ʼ elle se place horizontale-
ment et forme un sillon au milieu ; mais pour le aïn, dans
le passage de *a* à *ʻa*, elle se porte en avant de façon à se
presser contre les dents qu'elle ne touchait pas pour *a* seul.

Les tracés du souffle recueillis au moyen d'une embouchure supposent une double variété : à l'initiale, le courant
se montre fort dans le premier instant comme pour une

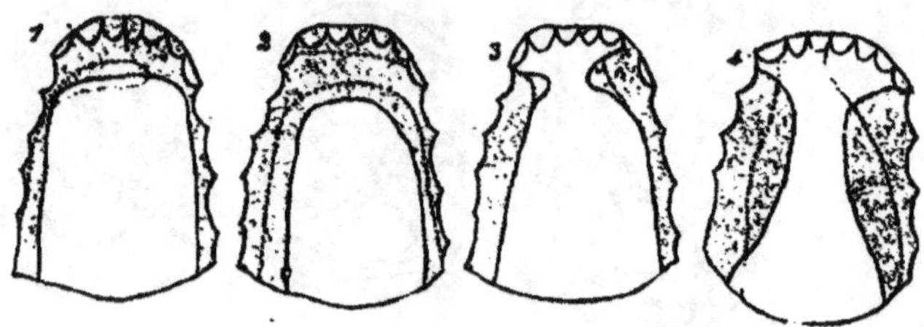

Fig. 560.

r, *l*, *ẓ* emphatiques ; *ẓ* et *ʝ*.

1. (Zenagui) *r* emphatique, partie ombrée ; *r* non emph., pointillé.
2. (Zen.), *l* emph. partie ombrée ; *l* non emph. entre les deux lignes pointillées.
3. (Zen.), *ẓ* emph., partie ombrée ; *ẓ* non emph. limitée par le pointillé.
4. (Babakhan). *ʝa*, partie ombrée ; *ʝa*, pointillé.

explosive, à la condition que la membrane du tambour
soit très flexible (fig. 561). Cf. fig. 248 ; mais à la finale
(fig. 562), après une consonne (fig. 563, nᵒˢ 1-3), le courant
d'air, sans être interrompu, se trouve très affaibli et fait son-
ger à une constriction très énergique de la glotte. C'est à
cette constriction initiale que j'attribuerais le fléchissement
de la ligne du souffle (fig. 561) et la confusion que j'ai faite
à l'oreille du *aïn* et du *ghaïn* sonore dans des mots comme
ʻaʝaʝ « tourbillon », *ʻadīlā* « sacs », *ʻogàb* « aigle », *ʻœlàm*
« drapeau » que j'ai entendu *ʝʝeʝ*, *ʝdīlā*, *ʝgèb*, *ʝlèm*.

Le *aïn* se distingue très nettement par là des aspirées et des spirantes où le débit du souffle, loin de diminuer, prend subitement une importance plus considérable (fig. 563,

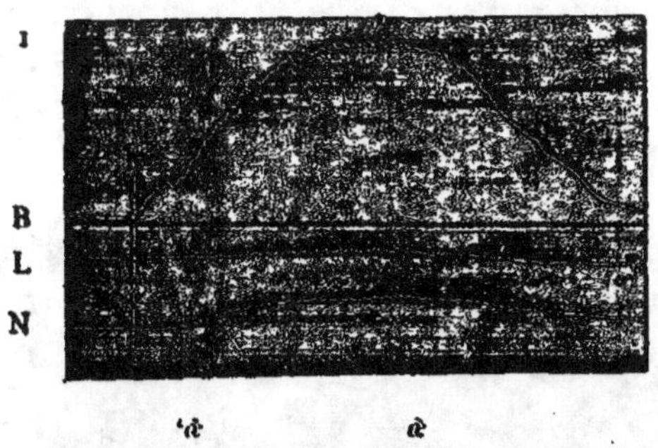

Fig. 561.

' initial.

B. Bouche; L. Larynx; – N. Nez. Traduction.
Remarquer (n° 2) la ligne du larynx. Le aïn est préparé par un léger mouvement
d'élévation de la ligne, signe d'une constriction qui porte le larynx en avant; l'émission du son correspond à une légère détente.

n°s 4-6). Comparez n°s 1 et 5, 2 et 4, fig. 561, et le n° 6. Aussi ai-je remplacé le signe employé p. 485 par (').

4° La constriction laryngienne du *aïn* sans interruption

de l'émission sonore me fait penser à un phénomène qui présente le même caractère. Je veux parler du Stöd (*stɐz*) danois, où la fermeture complète de la glotte sentie et enseignée par certains phonéticiens, ne s'est presque jamais présentée dans mes expériences. Celles-ci ont été faites en deux fois : la première à loisir, de décembre 1895 à avril 1896, avec un étudiant, M. Scavinius ; la seconde en hâte et sans un outillage suffisant, avec M. Jespersen à Marbourg, en

Fig. 562.

' final.

B. Bouche ; — L. Larynx.

Le tracé original est impossible à reproduire. Au microscope, on voit la voyelle se continuer avec une finesse de trait et une ténacité incroyables.

juillet 1899. Néanmoins les résultats ont été identiques. Ce qui frappe d'abord dans le tracé, c'est la diminution de la colonne d'air expiré. Comparez (fig. 564, Scavinius) saaret (*sɐ̀ɔ̀ʔɑ* ou *sɐ̀ɔ̀ʔɑ̣ş*) « blessé » sans Stöd (1) et le même « la blessure » avec le Stöd (2), et (fig. 565, Jespersen) maler (*mɐ̀lœr*) sans Stöd « peintre », avec Stöd « [il] peint », recueilli dans le souffle au moyen de deux appareils différents. Même, la suppression de la voix a été complète deux fois (fig. 564, n° 3), mais à titre tout à fait exceptionnel : 1 fois contre 50 (Jespersen et Scavinius). Un second point, c'est la marque certaine d'une constriction énergique du

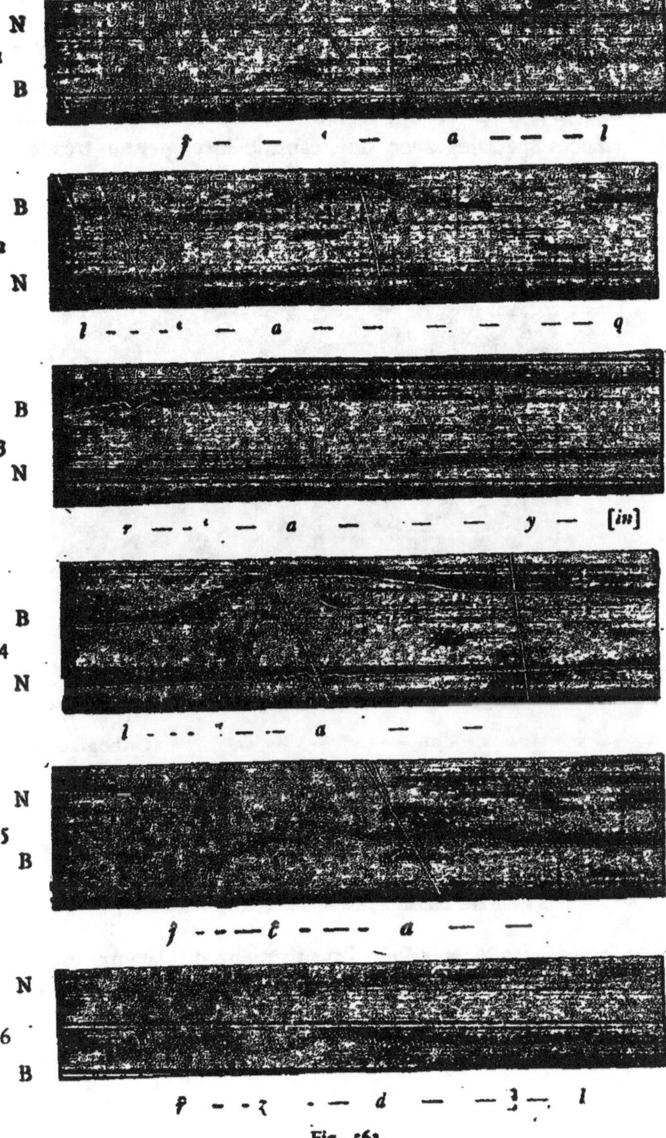

Fig. 563.

ʕaprès une consonne (1, 2, 3) comparé avec $ḥ$ (4), $ʕ$ (5), $ʔ$ (6).

Traduction des mots : 1. placer ; 2. avaler par gorgées ; 3. bergers ; 4. luette ;
5. Jean-le-Sot ; 6. gazelle.

larynx correspondant à la diminution considérable de l'amplitude des vibrations. Comparez fig. 564, nᵒˢ 1, 2 et 3;
fig. 565, nᵒˢ 6 et 7. J'ai fait sur M. Scavinius des expériences spéciales avec une capsule laryngienne très élas-

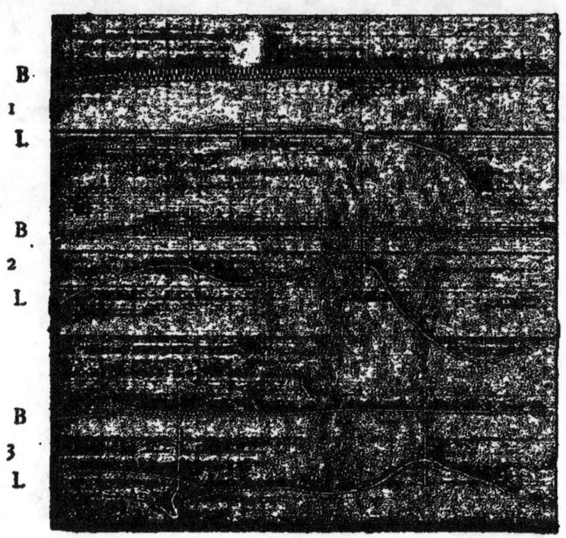

Fig. 564.

Stöd danois (Scavinius).

B. Souffle (oreille inscriptrice); — L. larynx.
1. *Saaret* « blessé », sans Stöd.
2. *Saaret* « la blessure », avec le Stöd.
3. Le même avec une interruption exceptionnelle de la voix.

tique (fig. 566 et 567) : l'avancement du larynx est très
nettement marqué et l'effort est visible. Le degré d'étouf-
fement des vibrations est variable; il va presque jusqu'à
extinction (cf. fig. 566, nᵒ 6, avec fig. 567). La concor-

dance entre l'affaiblissement du souffle et la constriction laryngienne se montre aussi très nettement (comparez n⁰ˢ 1 et 2, 3 et 4, 5 et 6). Enfin j'ai inscrit le phénomène avec 5 plumes à la fois (fig. 568, Scavinius), deux tambours pour

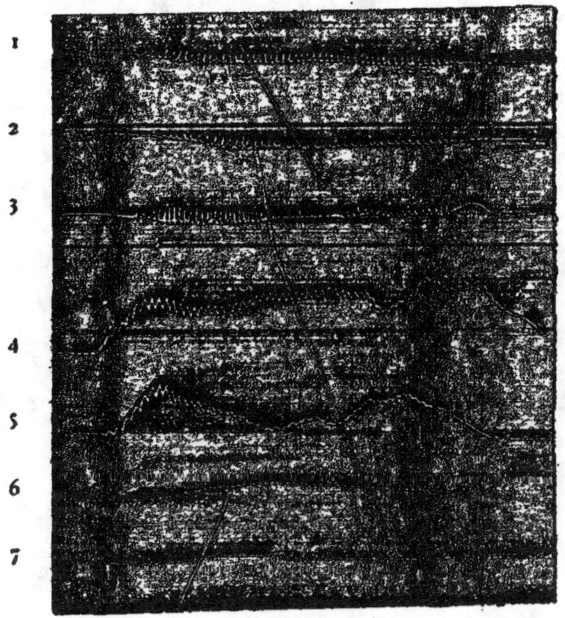

Fig. 565.

Stöd danois (Jespersen).

Un seul mot répété : *Maler* « peintre », sans Stöd, et *maler* « [il] peint » avec le Stöd.
Nⁱ 1-3, oreille inscriptrice.
Nⁱ 4-5, tambour.
Nⁱ 6-7, larynx pris isolément.

le souffle, l'un petit et élastique, l'autre grand et rigide (comme les deux tracés sont semblables, je n'en reproduis qu'un, B), l'inscripteur électrique (B'), et l'explorateur général du larynx (fig. 40), qui donne les déplacements horizontaux (L) et verticaux (L′) de l'organe. Quoique je ne sois pas sûr que l'appareil, non alors modifié (voir l'appendice), n'ait pas été influencé par le gonflement des parties voisines du larynx, toujours est-il que les tracés

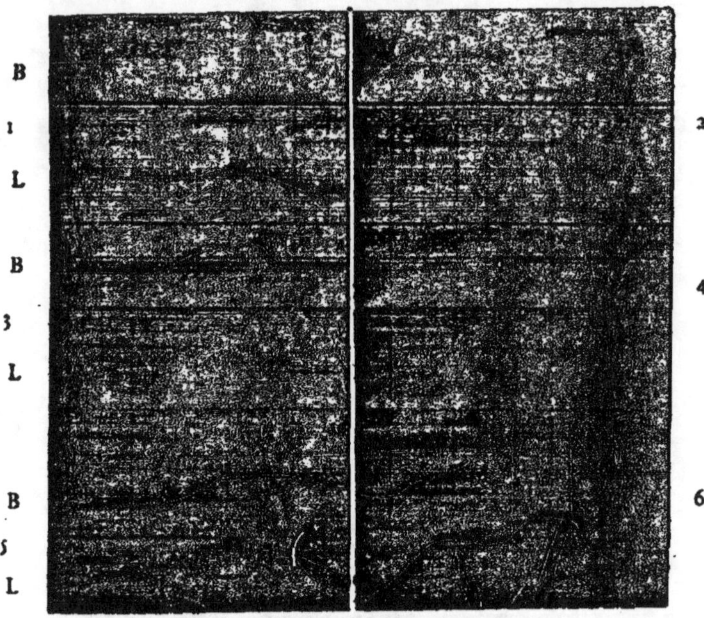

Fig. 566.

Stöd danois (Scavinius).

B. Souffle (oreille inscriptrice); L. Larynx.
Colonne de gauche sans Stöd. Col. de droite avec Stöd.

1, *maret*, 2, *Saaret*. — 3, *haabet* « espéré », 4, *Haabet* « l'espoir ». (Le *b* est spirant.) — 5, *Rosen* « rose »; 6, « louange ».

témoignent d'une forte constriction interne. Si des phonéticiens indigènes ont cru à une suppression momentanée

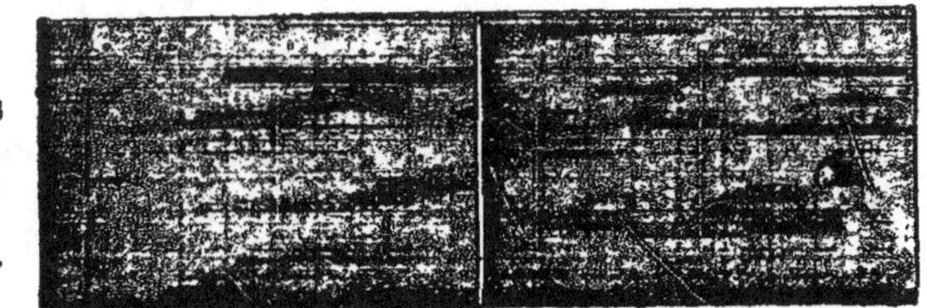

Fig. 567.
Stöd danois (Scavinius).

Ces deux tracés ont été obtenus l'un après l'autre, dans l'ordre où ils sont placés, avec les mêmes appareils que ceux de la figure précédente.

1. *Rosen* sans Stöd ; — 2. *Rosen* avec Stöd.

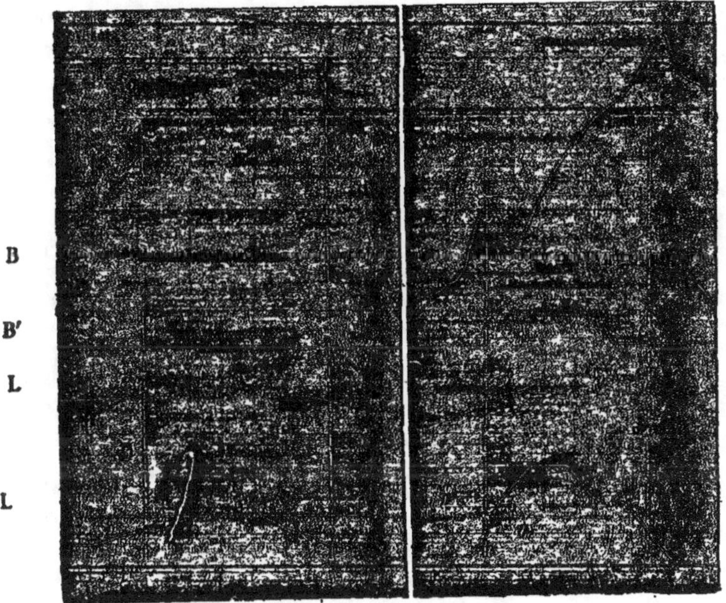

Fig. 568.
Stöd danois (Scavinius).

B. Souffle (tambour rigide) ; — B'. Énergie vibratoire (Inscripteur électrique).
L. Larynx (capsule appliquée sur le thyroïde) ; — L'. Larynx (mouvements verticaux (pris avec le tambour appuyé sur la poitrine et obéissant à la pression du tube de la capsule). — A gauche, *Rosen* sans Stöd ; à droite, *Rosen* avec Stöd.

du son, il est clair que, pour s'observer, ils ont exagéré le mouvement ou bien ils ont observé des Stöd plus énergiques, ceux peut-être du Jutland qui sont si forts et si fréquents que dans ce pays, m'a dit M. Scavinius, on « a l'impression de causer avec des gens ayant le hoquet ».

5° Le malgache, que j'ai étudié avec la collaboration de M. Ferrand, renferme une semi-occlusive qui ajoute une nouvelle espèce à la série et du même coup aide à mieux comprendre le *tr* anglais, Il s'agit du couple (sourde et sonore) que les Arabes, les premiers qui ont écrit le malgache, ont regardé comme une modification de l'*r* (زر رِ زر) et que les missionnaires anglais ont transcrit par *tr dr*. Ce sont les variétés articulatoires de ces consonnes qui m'ont montré que la région d'articulation a moins d'influence sur le son que le mode même d'articulation. Mes recherches ont

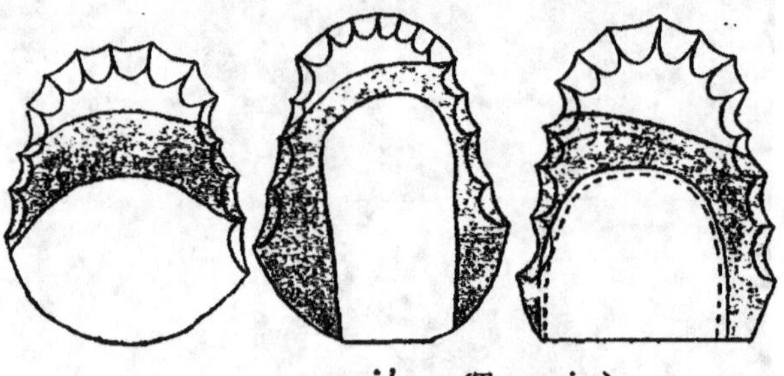

ṙ'a   (Tananarive).

Fig. 569.
(une variante pointillée).

porté sur quatre sujets, dont trois de Tananarive (dialecte mérina) et un Betsiléo. On croit entendre, en mérina, *t* ou *d* spirants, *tr dr* ou *r* ; en betsiléo, pour la sourde, *t* spirant *tr ts*, et presque *s*, pour la sonore *dr* ou *r*. Il ne peut être question d'un composé *t* $+$ *r* : aucun des tracés ne rappelle ces deux consonnes, qui sont normales. L'articulation

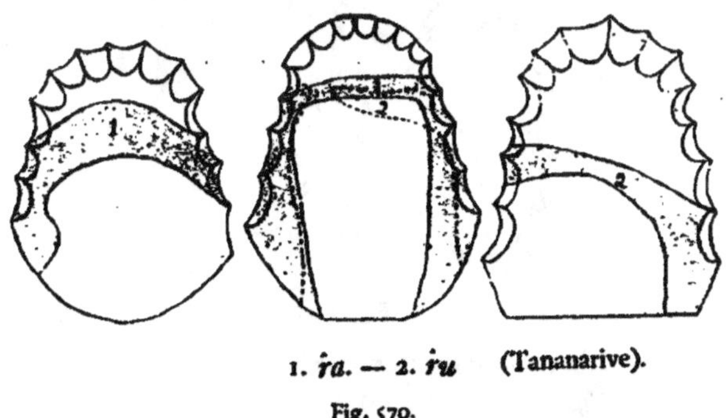

1. *r̊a.* — 2. *r̊u*   (Tananarive).

Fig. 570.

est très caractérisée (fig. 569, 570 et 571). La tendance du betsiléo vers *ts* et *s* se voit très bien (fig. 572). L'élément

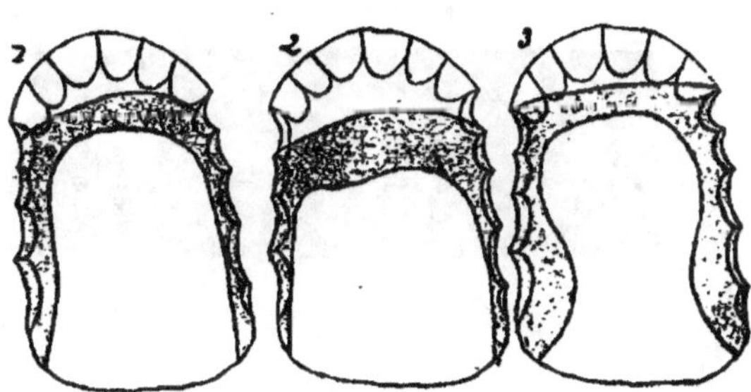

Fig. 571.

1. — *r̊a* (dra).
2. — *ãnr̊i, ãnr̊u.*
3. — *ãnr̊i* (Betsiléo).

occlusif peut l'emporter au point que le tracé du souffle

n'indique aucun mouvement vibratoire (fig. 573), ou s'affaiblir tellement que la vibration domine[1] (fig. 574 et 575).

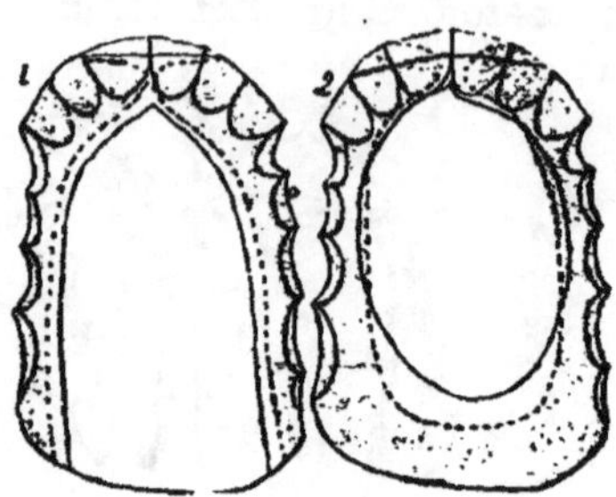

Fig. 572.

1. — *čéšœ* (hetra « impôt ») le mot entier.

2. — *čéṇašœ* (henatra « honte »), le mot entier.

6° Les examens des sourds[2] nous apportent des confirmations nouvelles sur la composition physique des consonnes, les distinctions des sonores et des sourdes, des douces et

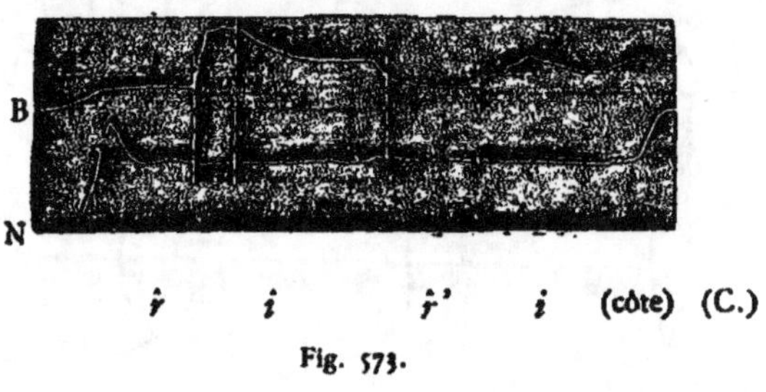

Fig. 573.

1. *Phonétique malgache*, dans *Mélanges de phonétique expérimentale*, t. I.

2. *Phonétique expérimentale et surdité.*

des fortes, telles qu'elles nous ont été révélées par les observations physiologiques.

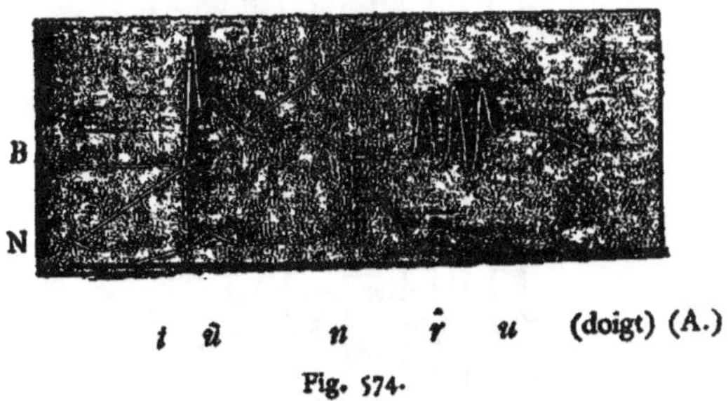

Fig. 574.

La consonne se distingue nettement de la voyelle par ce
fait que certains champs auditifs, par exemple (fig. 576 et
577), suffisants pour la plupart des voyelles, ne laissent
percevoir aucune consonne.

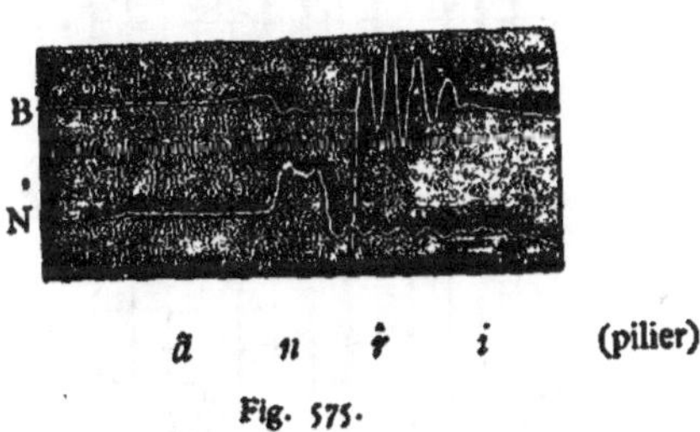

Fig. 575.

Il y a des oreilles qui n'entendent que les sonores
(fig. 578); d'autres sont principalement affectées par elles
(fig. 525); d'autres sont plus sensibles aux sourdes (fig. 579).
La sonore se distingue, avant tout, de la sourde par la note
fondamentale que donne le larynx. Cette note, produite
seule pendant l'occlusion, est perceptible à une certaine

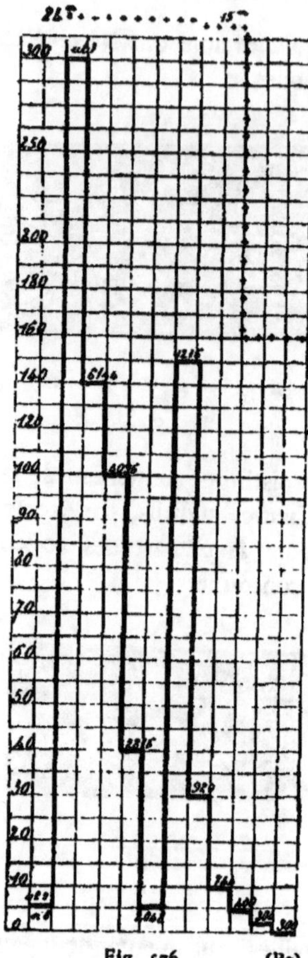

Fig. 576.   (Bo)

Fig. 576. — - . — Voyelles entendues : *o a i eu u.*
—   non comprises : *ou = o, on = o, eu = a, eun = eu.*
—   non entendues : *i, ain.*
Consonne entendue : aucune.
—   non entendues : *fa va cha pa ba ta = a.*
Aucun son : *ra la sa za ja da ka ga ma na.*
Groupes non compris : *pla bla fla = la.*
Aucun son : *kla sta.*

distance, 7 mètres, pour une oreille qui n'entend le diapason de fa_2 qu'à 18^{cm}. Si ce diapason n'était entendu qu'à 1^{cm} par une oreille malade (fig. 580), il faudrait s'attendre à ce que celle-ci ne comprît *ba*, par exemple, qu'à $\frac{1}{18}$ de la distance observée, c'est-à-dire à 38^{cm}. L'expérience n'a pas été faite avec cette précision ; mais le sourd, auquel je songe, entendait *ba* à 30^{cm}. J'ai cru pouvoir conclure également de mes autres recherches que l'insuffisance de perception de la note fondamentale seule change pour l'auditeur la sonore en sourde.

Pourtant il ne serait pas juste de dire que la sonore n'est que la sourde avec des vibrations laryngiennes en plus, ni que la sourde est la sonore même avec des vibrations du larynx en moins; car on peut n'entendre que quelques couples à l'exclusion des autres : *ɛ* et *j*, par exemple, mais seulement *t, k*, sans *d, g* (fig. 579), ou bien *l, v, d, n* avec *k* sans *g* (fig. 525). Dans ces deux cas, la note fondamentale est certainement sentie ainsi que la caractéristique de la sourde ; et cela ne suffit pas pour que la sonore soit entendue. De même les sonores *v, d* ont été comprises à l'exclusion de *f, t*.

La composition de la sourde et de la sonore ou, pour mieux dire, de la forte et de la douce étant différente, il peut y avoir des cas où la forte donne l'impression de la douce. Cela se produit en effet lorsque la caractéristique de la forte est trop faiblement sentie.

De la comparaison des champs auditifs nécessaires pour la perception des fortes et des douces, il semble résulter que les sons qui entrent dans la composition des premières sont les plus aigus. Ce fait concorde avec la force du courant d'air qui est plus grande pour les fortes, beaucoup plus

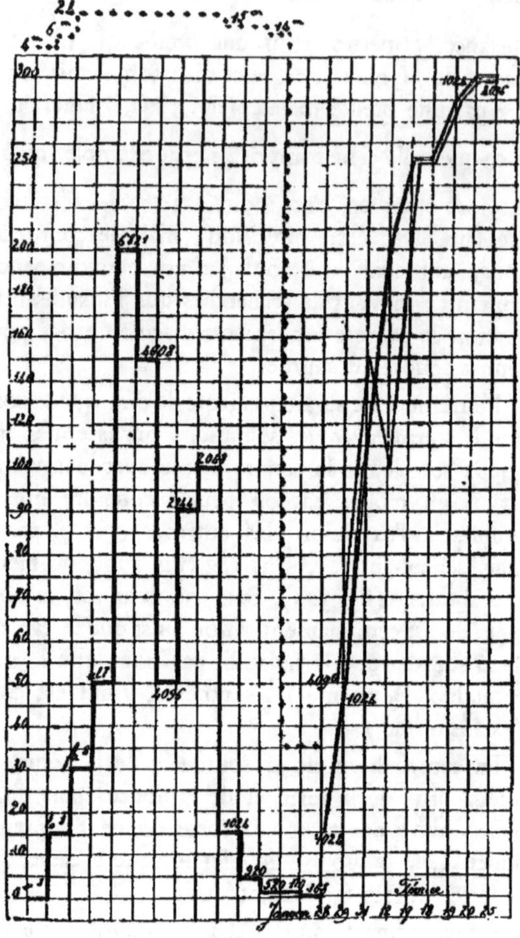

Fig. 577. (O)

Fig. 577. — 20ᵉᵐ. — Voyelles entendues : *o a é u.*
— non comprises : *ou i = u, eu = é, on an = a, ein = eu.*
— non entendue : *ain.*
Consonnes non entendues : toutes — *pa be ta, etc., = a,*
Les lignes de droite mesurent le progrès réalisé par jour et pour les
notes données.

modérée pour les douces. Il n'y a pas d'hésitation pour *s* et *z*, *č* et *j*, même si nous limitons notre examen à la figure 527, comme nous aurons lieu de le remarquer plus tard.

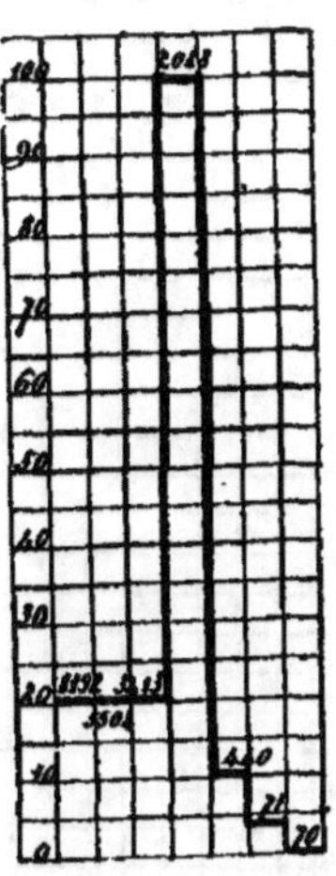

Fig. 578.   (Bau)

Fig. 578. — 1ᵐ 50. — Voyelles entendues : *o a eu u on an.*
— non comprises : *ou = u, é eu, i = u, ain = on.*
Aucun son : *eu.*
Consonnes entendues : *r l v j b m n.*
— non comprises : *za = va, da = ba, ga = la.*
— non entendues : *fa sa cha pa ta ka = a.*
Groupes entendus : *blo = leu sto = t'o sfa = a.*
Aucun son : *glo spou.*

7° Les aspirées sourdes ont été caractérisées par la faiblesse de l'articulation (fig. 385, 386, 387-391) et la durée de l'explosion (fig. 259, 261, 263), d'où l'on peut déduire la grande masse du souffle employé. Mais nous n'avons rien dit des aspirées sonores. Je suis en mesure maintenant de combler cette lacune.

M. Sievers a cru trouver le type des aspirées sonores

dans l'arménien d'Aštarak [1], et M. Adjarian dans celui de

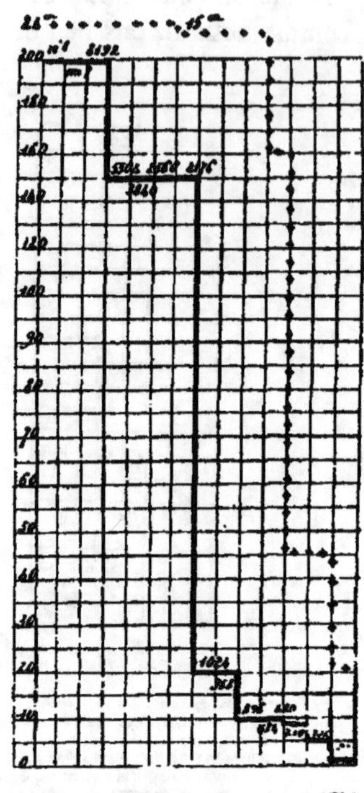

Fig. 579   (Ch)

Fig. 579. — 3ᵐ. — **Demi-voix :**
Voyelles entendues : *o a i u ou an.*
— non comprises : *ou = o, ain = an, ean = a.*
Consonnes entendues : *r l f s ch j t k n.*
— non comprises : *ça = sau, da = ta, ga = ka.*
— non entendues : *pa ba ma = a.*
Aucun son : *va.*
Groupe entendu : *sto.*
— non compris : *bleu = leu, fla = la.*

1. *Grundzüge der Phonetik*, p. 171.

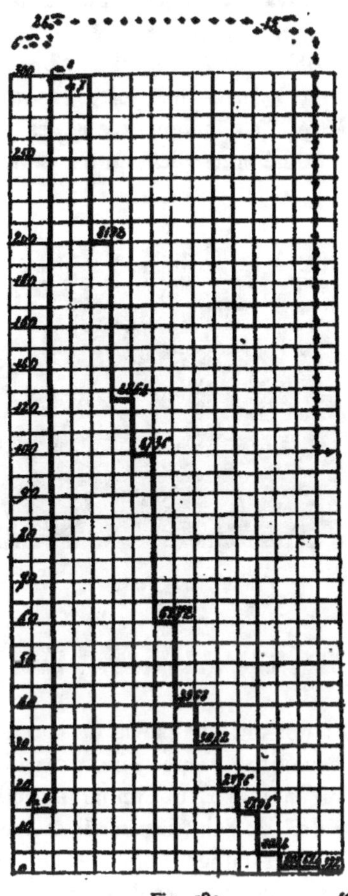

Fig. 580.   (C)

Fig. 580. — 30^{Cm}. — Voyelles comprises : *o a i.*
   —   non comprises : *ou = u, on = o, an = a, ain = a.*
   —   non entendues : *e eun.*
Consonnes entendues : *s z b d n k.*
   —   non comprises : *la = ba, ga = ka,'ma = da.*
   —   non entendues : *fa va cha ja pa = a.*
Aucun son : *râ ta blo.*
Groupes non compris : *sto = spo, flo = to.*

Mouch et de Sivas. La description qu'ils en donnent est
à peu près la même : entre l'explosion et la voyelle se produirait une faible voix (Sievers), un bruit confus dans la
gorge (Adjarian), mais une forte expiration. Les tracés
(fig. 264, M² et S) n'indiquent que des sonores à occlusion sourde, différentes des autres sonores de Mouch

Fig. 581.

b aspiré (Angola).

Ce qui caractérise ce *b*, c'est la force du souffle qui a si violemment déplacé
le levier du tambour. *Comparez avec les tracés du b ordinaire.*

(fig. 264 M²), qui ont une partie de l'occlusion sonore. Je
ne fus pas convaincu [1]. Depuis, mon attention a été attirée
de nouveau sur ce point par une remarque du Père Anthunès,
des missionnaires du Saint-Esprit : il m'apprit que le nya-
nèka, dialecte du Mbundu, l'une des langues bantoues de
l'Angola, possède deux classes d'aspirées, les sourdes et les

---

1. *La Parole*, ann. 1899, p. 125 et suiv., ou *Explosives
arméniennes*, dans *Mélanges de phonétique expérimentale*.

sonores, en même temps que les fortes et les douces correspondantes. Il me cita même deux mots qui ne diffèrent
que par l'aspiration d'un *d* : *ond'imba* « trou profond » et
ondimba « lapin ». Les tracés que j'ai recueillis de sa bouche
montrent en effet pour les aspirées sonores, comme pour
les sourdes, une grande dépense d'air sans que les vibrations
du larynx soient empêchées. Il n'y a là en effet aucune
impossibilité, chacun pourra s'en convaincre aisément en
dirigeant sur le dos de sa main le souffle requis pour pro-

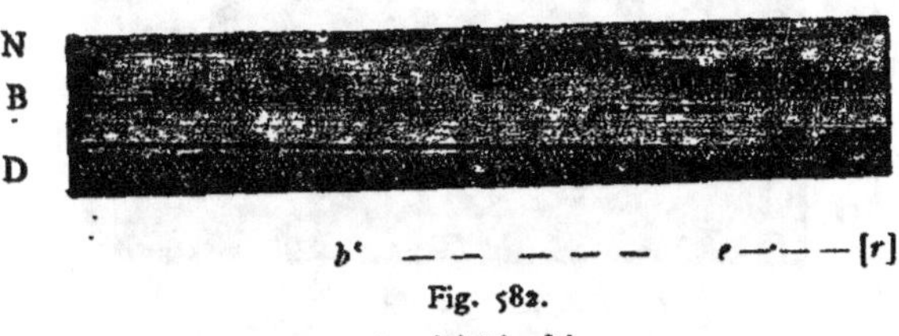

Fig. 582.

b aspiré irlandais.

N, nez ; — B, bouche ; D, diapason de 200 v. d.

Le tambour employé dans ce tracé et le suivant est le plus petit et le plus rigide.
Pour qu'il ait été si fortement ébranlé, il a fallu une grande masse d'air.
Remarquer que les vibrations du larynx, retentissant dans le nez, conservent la forme
simple propre aux consonnes jusqu'au commencement de la voyelle et limitent ainsi
l'explosion.

duire *p' b'* et *p b*, etc. Les tracés du Père Antbunès, qui ne
pouvaient avoir pour moi qu'une valeur provisoire, sont
confirmés par ceux que j'ai recueillis d'un indigène (fig. 581).
Mais le modèle, cherché au loin, se trouve près de nous.
Les occlusives sonores irlandaises sont de vraies aspirées,
telles au moins qu'elles m'ont été livrées par M. Ahern,
qui est de Cork. Ce sont de vraies sonores, même pendant
l'occlusion avec une explosion forte, également sonore,
de grande durée et distincte de la voyelle suivante (fig. 582
et 583). Le type sonore des aspirées correspond donc exactement à celui des sourdes, que nous connaissons déjà et

qui se trouve également en irlandais, comme en gallois (fig. 261).

8° J'ai déjà fourni sur le timbre des consonnes, outre une note d'après les travaux des physiciens (p. 231) quelques données que j'avais découvertes dans mes tracés ou empruntées à M. Hermann (p. 425) et aux otologistes. Depuis, M. Pipping a analysé quelques courbes de consonnes

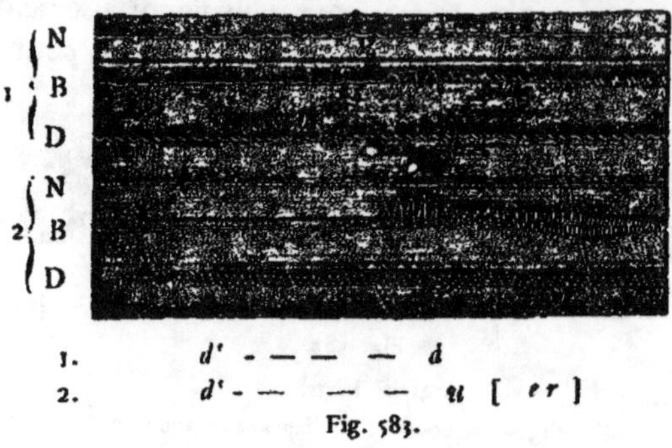

Fig. 583.

d aspiré irlandais.

N, nez. — B, bouche. — D, diapason de 200 v. d.

recueillies avec l'inscripteur de Hensen (p. 133), et M. Hermann [1] a repris ses recherches d'après son ingénieuse méthode (p. 425), qui lui a donné d'admirables tracés (fig. 584, 585). Moi-même, j'ai profité de l'étude des champs auditifs, de l'excellente oreille de M. Thomson sur mes consonnes chuchotées et enfin j'ai utilisé le *résonateur universel*. Ces divers moyens se contrôlent, se complètent les uns les autres; et je ne puis me dispenser d'en faire connaître brièvement les résultats.

---

1. *Fortgesetzte Untersuchungen über die Konsonantem* (1900), tirage à part de l'*Archiv. für die ges. Physiologie* (LXXXII).

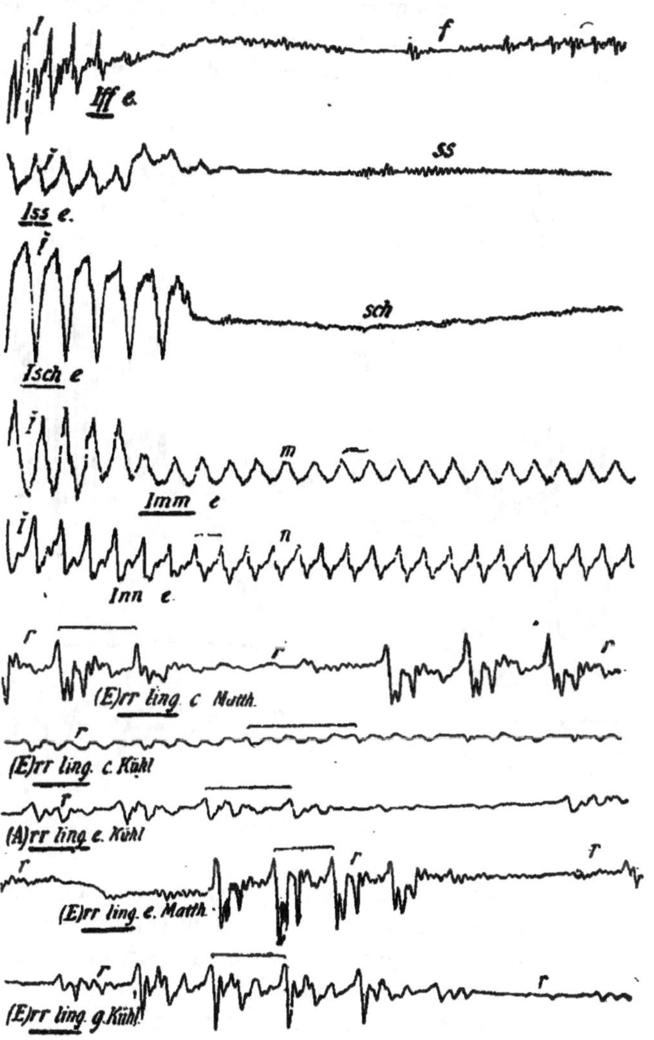

Fig. 584 (Hermann).

Le maniement journalier du résonateur m'a donné l'idée d'un nouveau perfectionnement. Comme il est souvent nécessaire d'entendre rapidement et de comparer les réso-

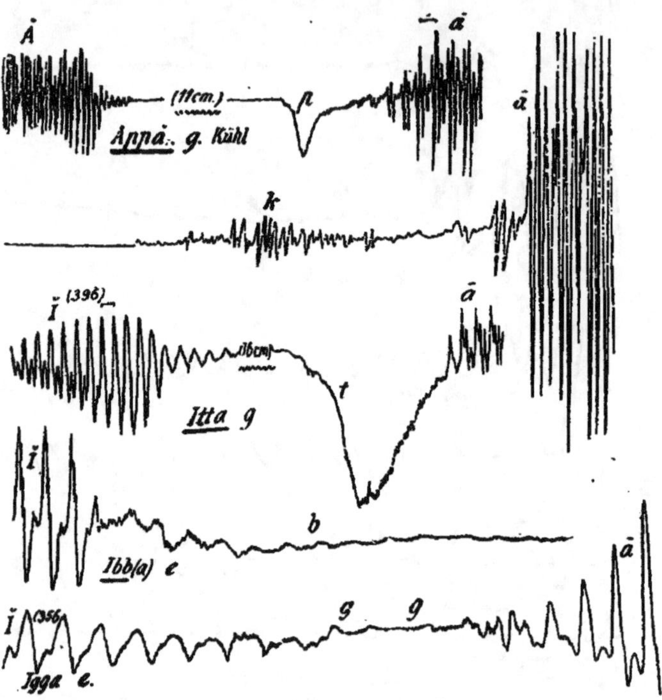

Fig. 585 (Hermann).

nances de deux points, j'ai fait ajouter sur la tige une virole qui permet de retrouver instantanément l'un des deux. Les chercheurs, qui ne se sont pas encore rendus familiers avec le fonctionnement de l'appareil, me permettront de leur faire les recommandations suivantes : se placer bien à son aise pour ne pas se fatiguer, et lire facilement sur le vernier ; se reposer dès que l'oreille ne perçoit plus clairement les différences de sons ; ne pas produire sur l'orifice des sons étrangers à la consonne, ce dont on s'apercevra en remplaçant celle-ci par un souffle ; veiller à ce que le caoutchouc ne se replie pas dans l'intérieur ; et, si l'on n'entend aucune résonance, s'assurer que la communication avec l'oreille n'est pas obstruée. Les consonnes peuvent être ou chuchotées ou parlées. On choisira d'abord celui des procédés qui paraîtra le plus favorable ; puis on passera à l'autre. Dans le chuchotement, on élimine le son de la voix avec ses harmoniques ; mais l'expérience montrera qu'à la place des harmoniques on trouve des bruits.

L'articulation est limitée à la consonne seule, ou elle comprend aussi une voyelle que l'on choisit aussi éloignée que possible de la consonne par sa caractéristique : par exemple, *yu*, *ṹa*, etc. Pour s'assurer que la résonance produite dans ce cas est bien celle de la consonne, on essaiera la voyelle seule ; et, si elle n'éveille aucun son, l'expérience est bonne.

En reprenant ces pages (septembre 1907), plus d'une année après les avoir écrites et après de nouvelles recherches sur le résonateur universel (p. 803 et suiv.), je n'y trouve que peu de corrections à faire. Je n'ai pas tenu compte alors de la diminution que subit la première tranche de résonance ; et je suis porté à croire que j'ai bien fait, le courant d'air étant ici presque l'unique agent (p. 810) et les résultats obtenus étant d'une harmonie frappante. Je me borne donc à quelque légères retouches, négligeant même de combler les lacunes que ma préoccupation initiale, trop exclusivement attachée à la recherche de la caractéristique, ne m'a pas permis d'éviter.

Je me conforme dans cette exposition à l'ordre que j'ai
déjà suivi plus haut.

Semi-voyelles (*y*, *w*, *w̃*). — Notes indiquées :
y (*j* all.), 2048-2560 *v. d.* (Hermann)
w̃, 455 3238 (p. 408).

Pour *y*, le résonateur donne deux notes : l'une à 2^{cm} 63,
par une température de 17°, soit 3251, l'autre à 3^{cm} 63,
soit 2350, toutes les deux voisines soit de l'*i* (3648), soit
de l'*i* (2736) ; pour le *w̃* également deux notes, 3233 et 2667,
qui se rapprochent de celles de l'*ü* (2736) et de l'*u* (1824).
Le *w* produit une belle résonance à 30^{cm} 67 (18°), soit 278,
et une autre à 27,4, soit 312, assez éloignées de l'*ü* (228)
et voisines de l'*u* (342).

Ces doubles caractéristiques répondent en réalité à des
nuances différentes de la semi-voyelle

Spirantes (*c̃*, *ç*, *h*). — Notes indiquées :

ç)   240   1735 (p. 415).
 —   456 ou 750-800   1100   2280 2736 (Hermann).
c̃   30-40   200   900-1100   1300 (Herm.).

Pour ces consonnes, telles que je les ai apprises, je trouve
au résonateur les notes aiguës de M. Hermann : *ç*, 2728
(3^{cm} 14 à 17°), et *c̃* 1333 (6^{cm} 4) ; pour *h* 1169 (7^{cm} 3).
Mais il y a des notes plus aiguës pour *c̃* à 4^{cm} 26, 3,8 etc.
(20°) ; pour *h* à 4,66 4,1 etc. Je n'insiste pas, car je ne suis
pas sûr de ma prononciation.

Marginales et Vibrantes (*l*, *ḷ*, *r*). — Notes indiquées :

l :   85 (Otologistes, p. 427).
160 480 2880 3158 3200 (p. 425).

144 288 432 576 1008 1296 1440 1584 2160
(Herm. (voir le tableau, p. 426).

a_3— et ais_3— (moins de 1701 et de 1777) dans les dernières périodes de *ly* (*myllyyn*) et g_3 (1536) et gis_8 + dans les premières de *yl* (Pipping)[1].

$si^\flat_3$ dans *la* ; si_3 (489) dans *al, la* ; entre si_3 et ut_4 (489-522) dans *li* (Thomson).

Le résonateur indique pour l'*l* parlée deux séries de notes : l'une comprend la note fondamentale et les harmoniques compatibles avec la forme de la bouche, l'autre renferme la caractéristique. Celle-ci ressort nettement, non par sa force (la force appartient aux résonances du premier groupe), mais par sa netteté. Comme elle est aiguë, elle se reproduit à plusieurs points, ce qui permet de la rectifier au besoin, et de la distinguer des notes voisines qui l'accompagnent et qui ne se retrouvent pas en dehors de la 1re tranche avec la même clarté.

Pour rendre sensible le double système des sons composants, j'indique le rang des harmoniques et le nombre théorique de leurs vibrations. Les différences que l'on remarquera entre les chiffres supposés et les réels, tiennent en grande partie à la difficulté qu'il y a pour moi de prendre dans des expériences successives exactement le même ton. La fondamentale, en raison de sa gravité, ne se trouvant pas toujours dans le résonateur relativement court dont je me suis servi, je l'indique entre crochets.

---

1. *Zur Phonetik der Finnischen Sprache Untersuchungen mit Hensen's Sprachzeichner* (*Mémoires de la Société finno-ougrienne*, t. XIV, ouvrage déjà cité).

l. — Voix parlée :

I	II		IV	VI		VIII	XIII	XV	XX	XXII	XXV
			(670)	(1005)		(1340)	(2177)	(2512)	(3350)	(3685)	(4187)
[167,5]	335	464	658	1012	1089	1357	2221	2591	3322	3655	4275

Voix chuchotée :

985   1020   1058   1298   2035   3322

L'*l* mouiiiée est plus aiguë. Au lieu de 3322, note qui ressort le plus dans le chuchotement, je trouve : 3504

r. — 13   32   65   (Otolog., p. 428).

26 — 34 pour l'*r* linguale (p. 427).

23 — 32 pour l'*r* ling., 24 — 42 pour l'*r* gutturale (Herm.).

133 — 150   711   2133 (p. 428).

e_3 (1280) dans Houreet (Pipping).

r linguale :

	I	II	III	IV	V	VI	VII	VIII	IX	X	XI	XII	XIII	XIV	XV
	128	256	384	512	640	768	896	1024	1152	1280	1408	1536	1664	1792	1920
M.	8,9	20,1	13,3	21,7	19,6	5,2	14,6	13,4	5,5	6,9	12,5	7,2			
K.	2,8	7,2	9,9	15,8	46,9	8,9	6,9	13,1	10,6	3,6	0,6	3,8	8,6	5,8	4,9
	160	320	480	640	800	960	1120	1280	1440	1600	1760	1920	2030	2240	2400
K.	8,7	14,8	26,4	29,8	2,0	14,1	18,4	10,5	6,2	8,4	3,1	3,6	7,5	10,6	9,1
M.	27,9	22,9	35,7	23,5	4,2	17,9	10,8	14,5	21,1	3,5	6,2	5,2	—	—	—
	190	380	570	760	950	1140	1330	1520	1710	1900	2088	2880	2470	2660	2850
K.	9,2	15,7	32,7	3,6	18,0	15,2	12,6	16.6	7,0	3,6	5,5	7,4	3,0	—	—

r gutturale :

	I	II	III	IV	V	VI	VII	VIII	IX	X	XI	XII
	160	320	480	640	800	960	1120	1280	1440	1600	1760	1920
H.	27,7	34,5	39,2	22,3	23,2	18,1	8,5	0,8	1,9	2,7	4,2	2,1

(Hermann).

Du tableau complet contenant l'analyse de 18 *r* linguales et de 3 *r* gutturales, M. Hermann a extrait lui-même les notes qui lui paraissent caractéristiques. J'abrège encore en ne citant que celles qui se montrent d'une façon constante pour une même fondamentale :

e : h_4 (460) h_2 (960) cis_1 (2133) ou d_4 (2304).
g : d_2 (576) h_2 cis_4 ou d_4.

533 — 571 (r o), 614 (du$r$), 640 (ra), 711 (ri) d'après mon r
(Thomson).

La nécessité de percevoir des sons très graves pour entendre l et r n'apparaît pas dans les expériences sur les sourds. Ainsi avec des champs auditifs limités respectivement à 128, 78, 59 v. o. l et r ont pu être compris à 15^{cm}, 1^m 20 et 3^m. Toutefois, j'ai trouvé un cas qui semble parler en faveur de la note fa_1 (85). Un enfant n'entendait pas r; et, quand on lui disait ra, il répétait a. Or il avait une lacune à l'endroit de fa_1 (85). J'exerçai son oreille pour cette note; et, à la fin de la séance, il faisait effort, quand je disais ra pour produire une r grasseyée ra. Je ne veux pas présenter le fait comme absolument démonstratif; car l'exercice a pu fixer l'attention de l'enfant et l'amener à mieux entendre, uniquement en le faisant mieux écouter. Cependant il est certain que l'r est plus exigente que l'l pour les notes les plus graves. Ainsi des oreilles limitées à 164 et 460 entendaient encore l respectivement à 80^{cm} et à 1^m 20, mais n'entendaient plus r.

Résonateur, voix parlée :

I	II	III	IV	V	VII	VIII	XV	XVII	XXI
[186]	(372)	(568)	(744)	(930)	(1307)	(1488)	(2790)	(3162)	(3906)
	372	585	747	914	1339	1469		3212	3847

Voix chuchotée :

				916	1327	1475	2815	3205	

Fricatives (*v f, ʒ s, j ɕ*). — Notes indiquées :

v. mi_2 (163) ut_3 (261) la_3 (435) sol_4 (783) la_4 (870) (p. 440.)
    fa_1 ut_3 ut_4 (Otolog., p. 440).
                         fis_3 — ais_3 (1422-1777) c_4 — d_4 (2048-2304)
                                                     (Herm.).
             $sol\sharp\sharp_4$ (815) dans *case* (Thom.)

f. si_{-1} (61) si_3 (489) fa_4 (696) la_4 $sol\sharp\sharp_3$ (1631) $sol\sharp_3$ (3260) $sol\sharp\sharp$ (6525)
                                                          (p. 436).
    $fa\flat_3$ (372) la_4 la_5 $sol\sharp\sharp_6$ (Otolog.)
                                                          (p. 436).
    150 — 250 fa_3 — g_3 (1300-1500) d_3 — c_4 (1700-2000)
                                                          (Herm.).
             fa_4 (725) dans *gaffe* (Thom.)

Résonateur :

	I	II	III	IV	VI	VII	IX	X	XIV	XV	XVII	XXI
	[184,5]	(369)	(543)	(738)	(1087)	(1291)	(1660)	(1845)	(2581)	(2767)	(3136)	(3874)
v.		369	527	659	1047		1679	1774		2855		3813
f.		192	340	466	751	1298	1663	1881	2527	2633	3099	3889

ʒ.
                         ais_3 (1777) c_4 — e_4 (2048-2560)
                                                     (Herm.)
             $la\flat_4$ (815) dans *aʒe, use,*
                 la_4 (870) dans *-ise* (Thom.)

s. mi_2 ut_3 ut_4 ut_5 ut_6 ut_7 mi_7 (5520)
                                                              (p. 432)
    $ré\sharp\sharp_2$ la_4 (p. 433)

    ut_3 $ré_5$ ut_7 (4690)
    mi_3 ut_8 ut_7 (Otolog., p. 432)
        600 b_2 — des_3 (1000-1100) gis — b_3 (1600-2000) g_4 (3000)
                                                     (Herm.)
             $la\flat_6$ (815) dans *s* ! la_6
    sol_4 — $la\sharp\sharp_4$ dans *as* (p)*uce.*
                 si_4 (978) dans (v)*is* (Th.)

Résonateur :

	I	II	III	IV	V	VII	VIII	X	XII	XIV	XVI	XVIII	XX	XXII
	[161]	(322)	(483)	(644)	(805)	(1827)	(1288)	(1610)	(1932)	(2254)	(2576)	(2898)	(3220)	(3542)
š.		322	453	591	720	1101		1596		2197	2648			3630
s.	234	577		630	800		1268		1953	2180		2998	3232	3743
j.														

ais$_3$ — h$_3$ (1777-1920) cis$_4$ — f$_4$ (2133-2730)
(Herm.)

la$^{\flat}_6$ (815) dans village (Thom.)

ε. mi$_1$ (81)   la$_3$ (435) ut$_4$ la$_4$ ré$_6$ (2349) (p. 442)
ut$^{\sharp\sharp}_4$ la$_5$ ré$_6$ fa$^{\sharp\sharp}_6$ mi$_7$ (Otol., p. 442)
600 dis$_3$ — f$_4$ (1200-2700) b$_3$ (2000)   (Herm.)
b$_3$ — c$_4$ (1957-2088)
(Gildemeister dans Herm.)

la$_4$ dans ε !
la$^{\flat}_4$ dans bache (Thom.)

Résonateur :

	I	II	III	IV	V	VI	VII	IX	X
	[199,25]	(398)	(597)	(797)	(997)	(1195)	(1393)	(1793)	(1992)
j.	270	398	547	797		1250			
ε.	198	277	346	570	737	1098	1399	1757	1925

	XI	XII	XIV	XV	XVI	XVII	XVIII	XX	XXIII
	(2191)	(2391)	(2689)	(2987)	(3198)	(3387)	(3586)	(3980)	(4582)
j			2728	2942	3098	3333	3692		4581
ε	2068	2472				3429		3919	4646

La composition de ces consonnes semble confirmée dans l'ensemble par l'examen des sourds. Une observation est intéressante à relever. L'audition complète de la note ut$_6$ (2048) paraît nécessaire pour pouvoir distinguer s de s zézayée. Une petite fille entendait très bien 1934 et 2612, mais pour 2048 elle l'entendait de l'oreille droite

5 secondes de moins que moi ; et, de l'oreille gauche, 8 ; d'autre part, 1920, 1024, 400, 84 étaient perçus normalement, mais il y avait une diminution de 10 secondes pour 352 et un affaiblissement sensible pour 260, 118, 50, 35, 30, 43. Or, pour elle, s et z zézayé sonnaient de même. J'excitai son ouïe avec un des diapasons. L'oreille gauche fut corrigée la première, et dès lors elle distingua les deux s ; l'oreille droite suivit bientôt après et devient capable, à son tour, de reconnaître les deux sons [1].

Cependant voici un fait qui donne à croire que la vraie note se rapprocherait peut-être plus tôt $ré_8$ (2304). Un autre enfant prononçait fl pour s. Son champ auditif mesuré avant et après la correction de ce vice de prononciation, à quelques jours de distance, a accusé une augmentation de 10 secondes (oreille droite, 4 (oreille gauche) pour $ré_6$, 10 sec. (or. d.) et 13 (or. g.) pour $ré_5$, 25 sec. (or. d.), 16 (or. g.) pour $ré_4$, 20 sec. (or. d.) et 13 (or. g.) pour mi_2. Une seule note n'a pas été améliorée, c'est ut_0. Mais elle a bientôt gagné à son tour 6 sec. (or. d.) et 8 (or. g.) [2].

Nasales (m, n, $ŋ$). — J'ai indiqué comme entrant dans la composition du timbre nasal de ces consonnes les 7e, 14e et 21e harmoniques du son fondamental (p. 574-575). Mais en étudiant attentivement la figure 366, on peut arriver à des déterminations plus précises. L'échelle est de 4.400^{mm} à la seconde. Or le tracé de $ŋ$, très net entre le 3e et le 4e point, laisse voir deux groupes formés chacun de deux vibrations et mesurent 2^{mm}5, ce qui donne :

| $ŋ$ | 1760 | 3520 | 7040 |

---

1. *Phonétique expérimentale et surdité*, p. 188.
2. *Phonétique expérimentale et surdité*, p. 192.

Pour n et m, le tracé est moins clair. Cependant on peut mesurer pour la 1ʳᵉ deux vibrations dans 1ᵐᵐ 5 et pour m trois vibrations dans 2ᵐᵐ 5, soit :

n		2866	5730
m	1760	5280

De plus, j'ai observé qu'en produisant près d'un auditeur le murmure nasal de ces consonnes, celui de η se rapproche de l'i ou de l'u, ce qui suppose une caractéristique plus aiguë que pour n et m (p. 573). Cette expérience, renouvelée depuis, a donné le même résultat; mais, quand elle est faite un peu loin de l'auditeur, la différence s'efface, la note aiguë n'étant plus sentie.

M. Hermann, se servant de l'analyse de M. Gildemeister, indique pour :

$$n \text{ et } m \qquad e_2 - gis_2\ (640-800) \qquad e_3 - fis_3\ (1280-1422)$$
$$h_3 - cis_4\ (1843-2134).$$

d'après le tableau suivant :

	I	II	III	IV	V	VI	VII	VIII	IX	X	XI	XII	XIII	XIV
	(160)	(360)	(480)	(640)	(800)	(960)	(1120)	(1280)	(1440)	(1600)	(1760)	(1920)	(2080)	(2040)
	e	e_1	h_1	e_2	gis_2	h_2	$<d_3$	e_3	fis_3	gis_3	$<ais_3$	h_3	$<ais_3$	$<d_4$
m:	74,3	15,4	4,3	8,8	8,6	5,2	2,7	5,1	2,6	0,8	2,8	4,4	3,2	1,1
	78,2	11,8	7,8	6,5	9,9	4,7	4,9	1,9	3,1	0,6	3,4	3,5	4,6	4,4
n:	54,1	21,8	13,9	19,0	0,7	4,5	1,8	3,8	5,1	1,6	2,9	1,3	5,6	1,7
	65,8	8,3	11,4	8,1	15,0	6,9	2,5	4,2	1,8	1,7	3,8	4,4	1,6	

M. Thomson :

η $ré_3$: $ut^{\sharp}_{\flat}$ dans Espagne

n $la^{\flat}_4$, $ré$ et $ré^{\sharp}_5$ dans fini

m sol_4 dans âme et sol_4 — dans homme.

Résonateur :

	I	II	III	IV	V	IX	XII	XIII	XIV	XV	XVIII	XIX	XXI	XXI
	[175]	(350)	(525)	(700)	(875)	(1575)	(2100)	(2275)	(2450)	(2625)	(3150)	(3325)	(3675)	(4200)
y		332		778	907		2038	2377				3260	3611	4278
n		353	504	667 744	824		2004			2673		3356		
m		557	607	752		1568	2187		2495		3022			

Occlusives (*b p*, *d t*, *g k*). Notes indiquées :

b. *sol*$_3$ (391) *la*$_4$ (870) *ré*$_3$ (1174) *si*$_5$ (1957)   *si*$_6$ (3915) (p. 464)
mi$_3$ (334) (Otolog., p. 464)

g$_3$ — *a*$_3$ (1536-1706) (Herm.)

mi$_1$ — *fa*$\sharp_4$ (652-725) dans Acah, Jacob

sol$_1$ (783)   dans Antibe (Thom.)

p. *mi*$_3$ *mi*$_4$ *mi*$_5$ (1296)   (p. 459-460).
mi$_3$ (Otolog.)

a — *ais* (213-226) ou *d*$_1$ — *e*$_1$ (290-320) (Herm.)

mi$_4$ dans type, coupe

sol$\sharp_4$ dans duppe

la$_4$ dans chippe   (Thom.)

Résonateur :

•	I		II	III	IV	VI	VII	VIII
	(204)		(408)	(612)	(816)	(1224)	(1428)	(1632)
b	204	225	394	612	807	1185	1390	1669
p	204	225	414	592	908			

	IX	X	XII	XIII	XV	XVII	XIX
	(1836)	(2040)	(2448)	(2652)	(3060)	(3468)	(3876)
b	1839	2347	2452	2720	3060		
p	1789	2032	2525			3527	3969

d. *ut*$\sharp_2$ (136)   *fa*$_4$ (695)   *fa*$_5$ (1392) *ut*$\sharp_6$ (2175) (p. 464)

fa$\sharp_4$ — *fa*$_5$ (Otolog.) (p. 464)

b$_3$ — *c*$_4$ 1920-2048 (Herm.)

sol$\sharp_4$ dans Bade, brode

la$_4$ dans rude bride   (Thom.)

l. $r\acute{e}_3$ (293) $fa^{\sharp}_4$ (713) fa_5 (1388) $fa^{\sharp}_5$ (1426)   (p. 460)

$fa^{\sharp}_4 - fa^{\sharp}_5$ (Otolog.)

$fis_3 - g_3$ (1428-1536) ou h_3 (1920) (Herm.)

la_4 dans chatte, chute, vite

$la^{\flat}_4$ dans (cha) chote (Thom.)

Résonateur :

	I	II	III	IV	VII	IX	XII	XIII	XIV	XV	XVII	XX
	(205)	(410)	(615)	(820)	(1435)	(1845)	(2460)	(2665)	(2870)	(3075)	(3485)	(4100)
d.	194	410	632		1439		2570	2709	2807	3049	3586	
l.	204	432	647	823	1870			2729		3161		4064

g. si_3 (489) $r\acute{e}^{\sharp}_4$ (2349) $r\acute{e}^{\sharp}_7$ (4698) (p. 464)

$r\acute{e}_4 - r\acute{e}_5$ (Otolog.)

$g_3 - a_3$ (1536 - 1706)   (Herm.)

$la^{\flat}_4$ dans *vogue*, la_4 dans vague, $la_4 +$ dans *digue* (Thom.)

k. sol_4 (768) $si^{\flat}_4$ (921) mi_8 (2560) si_8 (3840) $r\acute{e}_7$ (4608)

$la^{\sharp}_3$ (446) $r\acute{e}_4$ sol_4 $r\acute{e}_5$ $r\acute{e}_8$ (2304)   (p. 462)

$r\acute{e}_4 - r\acute{e}_5$ (Otolog.)

$f_3 - fis_3$ (1370-1740)   (Herm.)

la_4 $la^{\sharp}_4$ dans chèque, si_4 dans chic.

$fa^{\sharp}_4$ dans *choc, bouc*   (Thomson)

Résonateur :

	I	II	III	IV	VI	X	XI	XIII
	(193)	(386)	(579)	(772)	(1108)	(1930)	(2123)	(2509)
g.	193	393	539		1069	1874		2510
k.	200	397	601	826	1144	1707	2245	

	XIV	XV	XVI	XIX	XXII	XXV	XXVIII
g.	(2702)	(2895)	(3088)	(3667)	(4246)	(4825)	(5404)
k.	2684	2835	3104	3770	4463		
			3284			4849	5420

9° Le régime du souffle, qui sert de base à la classification des consonnes, et à plusieurs catégories générales, suffit presque à caractériser les espèces. Nous verrons, en effet, plus loin que chaque consonne peut se reconnaître dans les seuls tracés que donne l'air au sortir de la bouche et du nez.

Il y aurait encore ici lieu de mesurer la quantité d'air émise pour les différentes consonnes. Je l'ai déjà entrepris pour plusieurs[1] avec *spiromètre* et le tambour inscripteur. Ma conclusion a été que le débit total pour chaque articulation augmente à proportion que l'obstacle vocal diminue et que, en général, la sonore dépense, à égale force, moins d'air que la sourde. Je ne reviens pas sur la façon de conduire les expériences (voir p. 234-235, 814 et suiv.); et je me contente de rappeler quelques-uns des résultats obtenus, plaçant entre points virgules ceux qui sont comparables. Les quantités sont exprimées en centimètres cubes.

f 162   p 89 ; s 125   t 61 ; ɛ 123
k 80 ; c 181   ɛ 140   k 74 ; ɛ 250   ê 184
k 88.

v 107   b 34 ; z 84   d 73 ; j 121   g 81;
h 143   j 80 ; j 55   ĵ 34   g 24.
f 162   v 113 ; s 129   z 84 ; ɛ 111   j 90

La comparaison de l'explosive sourde et de la sonore soit avec le spiromètre, soit avec le tambour inscrivant à *voie fermée* ne m'a pas donné une différence bien marquée pour la dépense totale. Mais l'exploration à *voie ouverte* montre que le jet d'air était plus rapide dans la sourde (fig. 586).

---

1. *Les modifications phonétiques du langage*, p. 64-68.

M. Roudet s'est occupé de nouveau de la question [1]; et il a résumé dans un diagramme (fig. 587) la moyenne de 50 expériences sur les *spirantes françaises*. Quant aux explosives, il s'est borné à faire remarquer que le *débit moyen* est plus considérable que pour les spirantes, l'explosion ayant

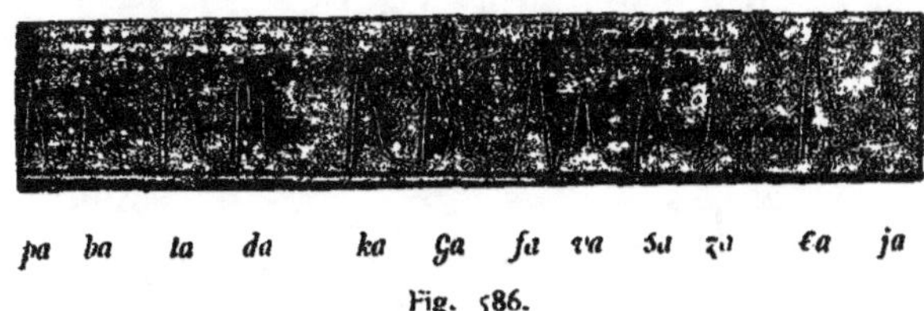

Fig. 586.

Tracé du souffle pris avec un tambour très élastique et à la petite vitesse du cylindre enregistreur.

une courte durée; mais que la *dépense totale* est moindre; que la dépense et le débit vont en croissant de la sonore à la sourde, et de la sourde à l'aspirée. La question est à reprendre d'après la méthode proposée pour les voyelles.

Je ne crois pas, en effet, qu'il soit nécessaire de recommencer pour les consonnes l'examen minutieux dont les voyelles ont été l'objet, le mode d'expérimentation institué pour celles-ci pouvant être facilement adapté à celles-là.

Les organes capables de donner naissance à des consonnes sont de dedans ou dehors : le larynx, le voile du palais, la langue et les lèvres. Nous allons les considérer successivement. Quant aux mâchoires et aux joues nous n'en dirons qu'un mot à la fin.

LARYNX

Outre le concours qu'il apporte à toutes les consonnes sonores, le larynx peut produire une explosive et une

---

1. *La Parole*, an. 1900, p. 220-222.

constrictive : le *aïn* (p. 870), les divers modes *d'attaque forte* (p. 483-486) et le *stôd danois* (p. 873).

VOILE DU PALAIS

En livrant un passage au courant d'air obstrué dans la bouche, le voile du palais n'est pas seulement un organe essentiel aux nasales définies plus haut, mais il peut encore

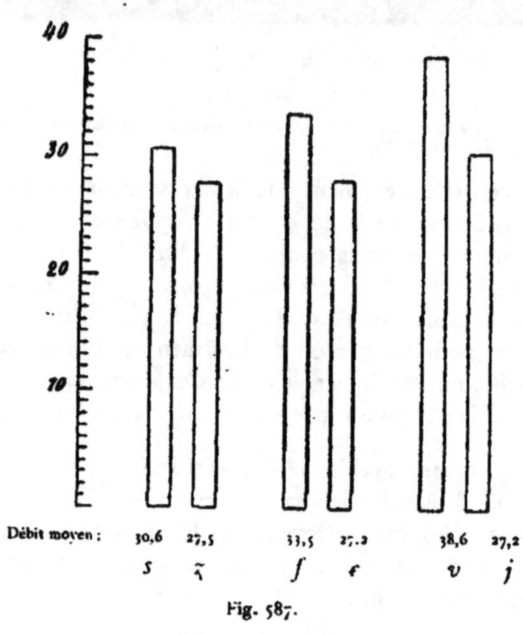

Fig. 587.

Spirantes françaises.

leur donner un caractère nettement explosif comme cela s'observe en chinois, d'après les tracés obtenus par

M. Alexieff (fig. 588), et, quoique à un degré inférieur, dans l'interjection nasale (fig. 294).

De plus, le rebord du voile peut, sous l'influence d'un fort courant d'air, exécuter un mouvement vibratoire qui

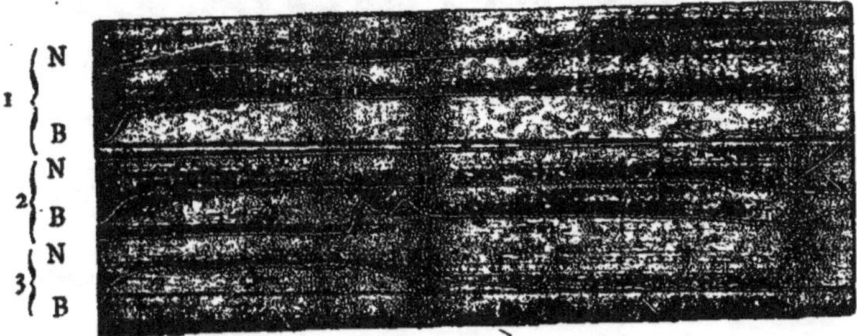

Fig. 588.

Nasales chinoises avec forte explosion nasale.

Les tambours employés étaient petits et rigides.
N. Nez ; — B. Bouche.
1. *păṇ.* — 2. *pĕṇ.* — 3. *piṇ.*

s'associe à celui du dos de la langue pour l'*r* gutturale et le *č* (*ch* dur all.) au moins dans la variété forte (fig. 329).

LANGUE

La consonne *linguale,* où la langue est le moins active, est l'*aspirée* (*h*) : au lieu d'agir, elle s'efface plutôt en se creusant pour laisser le courant d'air frôler librement les parois, comme en arabe (p. 871), ou bien elle prend la position de la voyelle suivante. On remarque un écoulement d'air par le nez (fig. 338, 340, 341), un mouvement vibratoire (fig. 329, 4) ; mais d'ordinaire le courant d'air est seule-

ment buccal et sourd. Comparez *hoch* (fig. 589) avec *Ofen*
(fig. 590). Cependant, si l'on prononce rapidement un mot

Fig. 589.

Aspirée en allemand.

Souffle recueilli dans un tambour.

Fig. 590.

Non aspirée en allemand.

comme *haben*, on met en évidence une légère tendance à
la sonorité (fig. 591).

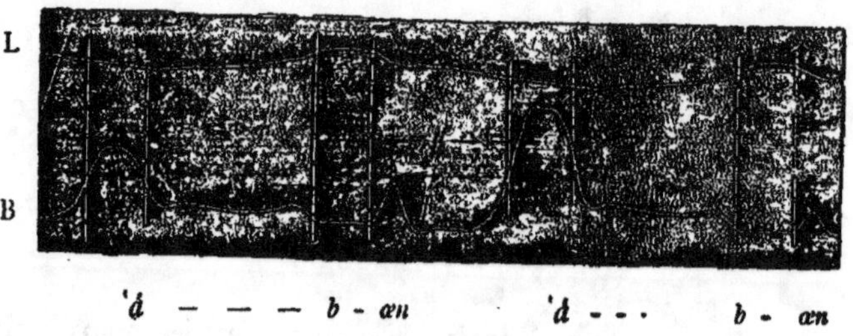

Fig. 591.

Aspirée en allemand.

L. Larynx ; — B. Bouche.
haben répété. Le second *b* est accompagné de légères vibrations du larynx.

Le point le plus reculé, à la racine même de la langue,
est le siège de deux articulations : l'une sourde, le *q* explo-

sif arabe (fig. 559) et le *q'* avulsif géorgien (fig. 556, 6) l'autre sonore le *ſ* constrictif arabe, ‌ئ (fig. 559). Pour en obtenir le tracé sur le palais artificiel, il faut ajouter une rallonge qui dépasse la ligne d'intersection du palais dur et du palais mou. La chose est facile : on n'a qu'à coller avec de la seccotine une petite languette de papier noir assez résistant pour n'être pas replié par la langue.

A cheval sur cette ligne ou peu en avant, est la limite de

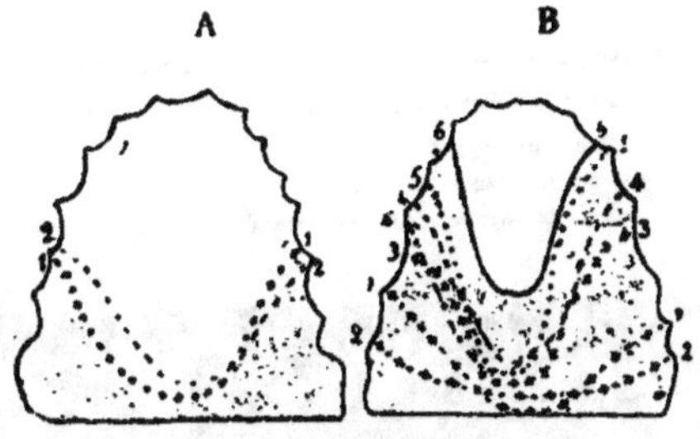

Fig. 592.

Articulation des gutturales.
(Palais artificiel).

La partie ombrée représente le *k*.
A. — 1. *ka*. — 2. *ga*, en parisien.
B. — 1. *ku*. — 2. *ko*. — 3. *ka*. — 4. *ké*. — 5. *ki*. — 6. *ḱi*, en parisien.

contact de la racine de la langue avec le palais pour les explosives *k g* suivies de *o u* (fig. 592 et 559).

C'est à ce point que la langue se rapproche du palais pour l'*r* parisienne (fig. 593), l'*ļ* russe (fig. 404, 4), le *w* et le *ẅ* (voir p. 935).

A partir de cette limite, la langue se porte en avant, légèrement pour *k g* + *a*, et de plus en plus pour *k g* + *e*

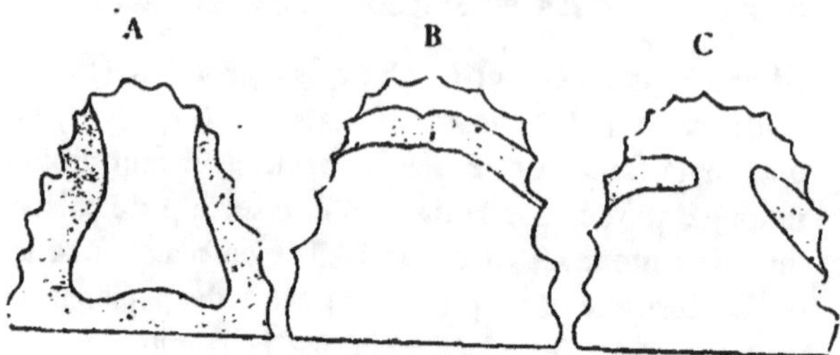

Fig. 593.

Articulation de l'*r*.

(Palais artificiel).

A. *ré*, en parisien. Les parties ombrées des deux côtés de la figure appartiennent à l'*é*.

L'*r* a exceptionnellement laissé une trace dans la partie inférieure.

B. — *ra*, en haut-angoumoisin.

C. — *ra*, en irlandais.

Dans B et C, la voyelle n'est pas marquée.

Fig. 594.

Pression de la langue pour *k* et pour *ʎ*.

L. Langue ; — B. Bouche.

Les lignes pointillées marquent la différence de pression. La descente de la ligne de la langue indique la rapidité du mouvement dans le *k*, sa lenteur et sa mollesse dans *ʎ*.

i œ u (fig. 382, 592), l'explosion étant ténue (fig. 122, 150, etc.), ou aspirée, *k' g'* (fig. 263, 339).

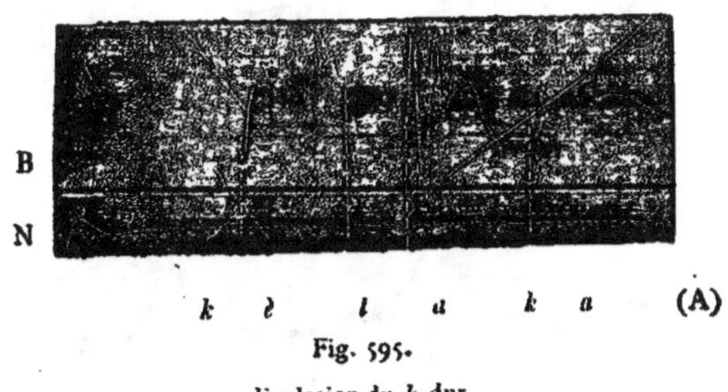

Fig. 595.

Explosion du *k* dur.

B. Bouche. — N. Nez.

Le *k* avulsif géorgien est en avant du *k* (fig. 556, 3).

Un peu en avant de chaque espèce dure, *k g* se mouillent (fig. 399-401), avec une région articulatoire plus éten-

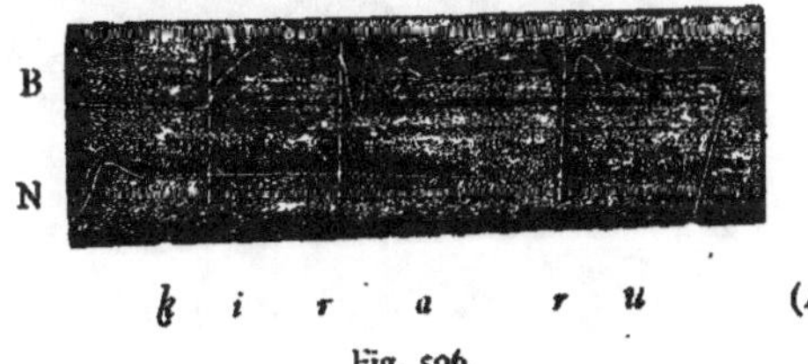

Fig. 596.

Explosion du *k* mouillé.

B. Bouche. — N. Nez.

L'explosion est molle dans *ki*, dure dans *ke* (fig. 555).

due, une pression de la langue moins énergique (fig. 594) et une explosion plus molle (cf. fig. 595 et 596) dans deux mots malgaches *kétaka*, nom de femme et *kiraru* « soulier ».

Enfin les *k* et les *g* peuvent se changer soit directement, soit indirectement en *spirantes* : d'où le γ du grec moderne ;

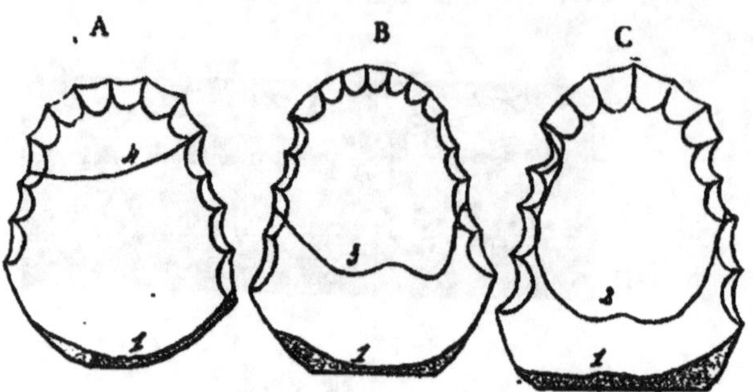

Fig. 597.

1. *ñga*. — 2. *ñga* (variante). — 3. *ñga* — 4. *ñgi*.

le *ch* dur allemand, la *jota* espagnole, qui sont sourds ; le *jh* saintongeais, qui est sonore ; le *ch* doux allemand sourd et

Fig. 598.

N. Nez ; — B. Bouche.
Le *ñ* est compris entre les deux dernières lignes pointillées.

le *y* sonore (fig. 408, 420) et le *w̄* (fig. 619).

C'est encore dans la même région que s'articulent le *ñ* guttural très en arrière avec *go ga*, en avant avec *gi* (fig.

597), à Madagascar comme à Loango. Le *ñ* guttural se conforme donc à *k g* quand il est suivi de ces consonnes. Entre voyelles et à la finale, le *ñ* se produit à peu près au même point que le *g* en subissant, comme lui, l'influence de la voyelle contiguë (fig. 343). Le phénomène est très

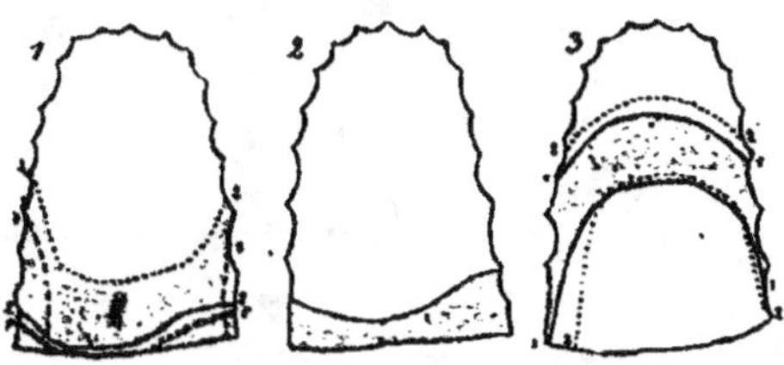

Fig. 599.

1. — *fāñ* : 1 et 1′. *fā* (la nasale étant tombée) ; 2. *fāñ* avec la nasale finale très forte ; 2′, le même avec la nasale faible.

2. — *ñwāñ* « pluie » avec le *ñ* final.

3. — 1. (partie ombrée) *oto* « insulter » ; — 2. (pointillée). *da* « case ».

facile à étudier dans le dialecte de Loango où le *ñ* final se montre à la fois dans le tracé du souffle (fig. 598) et sur le palais artificiel (fig. 599). — Une *ŋ* (fig. 403, 5).

Toutes ces consonnes, qu'on pourrait appeler *radicales* ou *dorsales*, font leur développement du dedans en dehors. L'autre série des linguales part, au contraire, de la pointe et va du dehors en dedans ; et toutes ses espèces pourraient être réunies sous la dénomination de *cacuminales*. Quel que soit le point de l'occlusion, qu'elle se produise en avant contre les dents, même entre les dents (fig. 380, 386, 394), ou vers le milieu du palais comme à Loango (fig. 599, 3), l'impression auditive varie peu : c'est toujours *t d* avec l'explosion ténue (fig. 314, 315, 305, 384), *t′ d′* avec l'explosion aspirée (fig. 263-265, 581-583).

Prenant une région articulatoire plus étendue (fig. 407, 4)
et moins forts, *t d* deviennent mouillés (*t d*, fig. 399. 402).

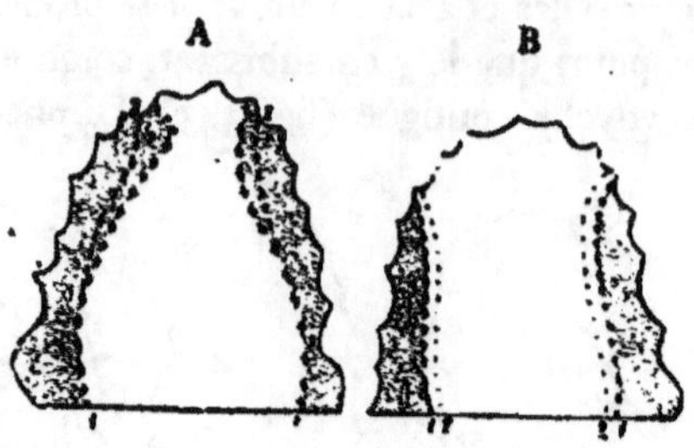

Fig. 600.

Articulation de *j*, *ç* en français et en anglais.

(Palais artificiel).

Les parties ombrées et limitées par un croisillé représentent le *ç*.

A. 1. *ç*. — 2. *j*, en parisien.
B. 1. *ç* (*nation*). — 2. *j* (*pleasure*), en anglais.

Il y a entre *ç* et *j* anglais la même relation qu'entre *s* et *z* : la sourde est une aspirée.

Un peu en arrière avec l'explosion spéciale, ils sont avul-
sifs (fig. 556).

La région de la mouillure s'étendant davantage aux
dépens de l'occlusion qui diminue, la mouillée devient
mi-occlusive et s'écrit *t ç ʒ* etc.; quand la langue aura perdu
son dernier contact avec le palais, elle sera plus que *t ç s*
etc. (fig. 419 et 572).

La nasale de la série est *n* (fig. 380) et *ŋ* (fig. 403) qui
correspondrait peut-être plus exactement à un *y occlusif
nasal* (voir l'article sur l'intensité).

Le *t* anglais n'est pas seulement reculé, il tend encore à
devenir légèrement spirant. Le *d* spirant peut aboutir à *y*.

La spirante propre est *s z* alvéolaire (fig. 406) et *ç z*

interdental, *th* dur et doux anglais, *z* espagnole. Pour la forme du tracé du souffle, voir les figures 249, 284, 284*, 297, 298.

Le *ç* et le *j* (*ch j* français) se produisent un peu en arrière de *s z* (fig. 406) et par un mécanisme différent, bien qu'il soit facile de passer de l'un à l'autre. Pour *s z*, la langue s'allonge, prend en général son point d'appui derrière les

A   B   C

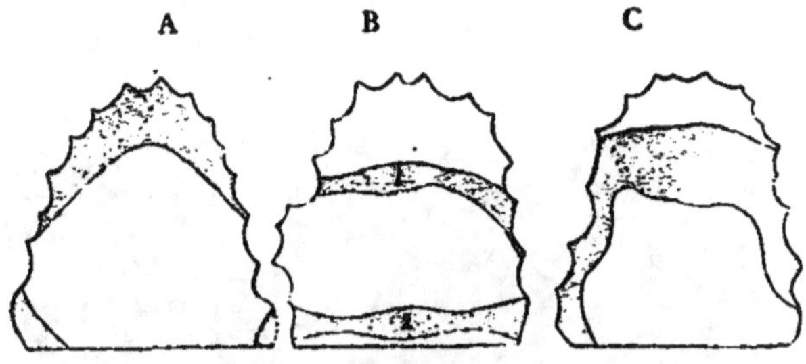

Fig. 601.

Articulation de *l.*

(Palais artificiel).

A. — *l* parisienne.
B. — 1. *l* alsacienne (vallée de Munster).
    2. Imitation par un Alsacien de *l* anglaise.
C. — *l* anglaise.

dents d'en bas, et soulève le dos qu'elle creuse en gouttière ; le souffle arrive par un étroit canal et frappe le tranchant des dents ; si la langue glissée entre les dents y met obstacle, *s z* sont zézayés. Pour *ç j*, la pointe de la langue se soulève et se retire en arrière de façon que le courant d'air, arrivant par un canal plus large, soit rejeté vers la racine des dents d'en bas, dans une caisse de résonance formée par le recul de la langue et l'avancement des lèvres ; si cette caisse de résonance est diminuée, soit parce que les lèvres omettent de s'écarter, soit parce que la langue s'allonge trop vers les dents, comme chez les Anglais (fig. 600), le *ε* se mouille; le résultat serait le même, si le canal dorsal était rétréci. Pour le tracé du souffle, voir les figures 284, 334.

Pour *s ʒ, ε j* mouillés, voir aussi p. 611-612.

C'est dans la même région que se forme l'*r* dentale (fig. 593) et que la langue prend son point d'appui pour l'*l* (fig. 601). Un recul ou un avancement plus ou moins

Fig. 602.

Position des lèvres, pour *j*, *ε*, *s* en parisien.

marqué est possible sans que le son soit notablement modifié. Même *r* et *l* interdentales se voient plutôt qu'elles ne s'entendent. Mais, quand le recul de la langue pour *l* s'accompagne du soulèvement de la racine et d'une grande sonorité, on obtient l'*l* anglaise de « tab*l*e », si différente de l'*l* française.

Si la pointe de la langue touche trop le palais et que les bords se relâchent, l'*r* se teinte en *l*; inversement, si la pointe de la langue se détache légèrement et que les bords par compensation se roidissent, l'*l* prend une nuance d'*r* jusqu'à ce qu'elle se confonde avec elle. D'autre part, la pointe de la langue perdant la faculté de vibrer, l'*r* tend vers *χ*; ou bien venant à l'acquérir, l'*n* devient *r*; et les bords se relâchant, *d* passe à *l*.

L'*r* linguale se distingue très bien de *n l d* sous le menton, en arrière, par le soulèvement du plancher de la bouche, l'os hyoïde se portant en haut; même différence pour *ɛ j* par rapport à *s χ*, et pour les avulsives géorgiennes par rapport aux occlusives simples.

Pour les tracés du souffle, voir les figures, *r* : 249, 267, 268, 271, 272, 288, 340, 425-427, 429 ; *l* : 131, 262, 284*, 285, 303, 329. Il arrive que le tracé est très peu marqué et difficile à reconnaître :

L'*r* peut se mouiller (fig. 395 et p. 606-607).

L'*l* mouillée est beaucoup plus commune, et présente de nombreuses variétés (fig. 404, 405).

LÈVRES

Les lèvres prennent une position très caractéristique pour *ɛ j* par opposition à *s χ* (fig. 602). Elles sont plus rapprochées pour *t d* que pour *k g*, pour *d n r* que pour *l*.

Elles jouent leur rôle essentiel dans les *labiales*.

Rapprochées puis séparées brusquement, elles donnent les *occlusives p b*, ténues (fig. 126, 127, 249, 262, 266, etc.), aspirées (259, 263, 267, etc.), avulsives (fig. 553), ou avec le concours de la langue *p b* mouillés (fig. 395, 396).

La constrictive *f v* peut être bi-labiale ou denti-labiale : la constriction étant faite par les deux lèvres, ce qui donne

au *v* une teinte de *b*, ou par les dents supérieures appuyant
sur la lèvre, soit à l'intérieur (*v* français), soit au milieu
(*v* hollandais), soit à quelques millimètres plus en dehors
(*w* hollandais). D'après le si regretté Van Hamel, le *v* diffère
encore du *w* en hollandais (fig. 603) par une plus grande
émission de souffle (S) et plus de pression denti-labiale
(D-L.)[1].

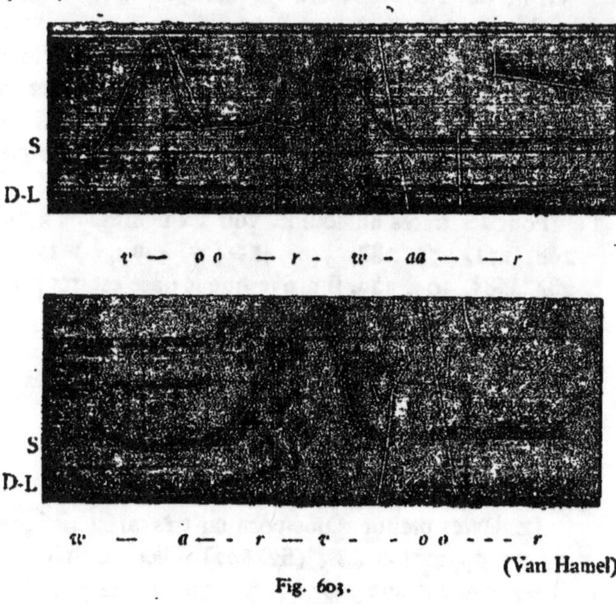

Fig. 603.

v et *w* hollandais.

S. Souffle. — D-L. Pression denti-labiale.

La pression (D-L) a été prise au moyen d'une ampoule placée entre la lèvre inférieure
et les dents.

F et *v* peuvent enfin se mouiller (fig. 395) ou prendre
un caractère occlusif (fig. 356, 374).

---

1. *La Parole*, an. 1903, p. 217-232.

Pour le tracé du souffle, voir les figures 124, 125, 151, 277-281, 284*, 312, 316, etc.

A ajouter, les semi-voyelles *w* et *w̃*.

La nasale est *m* (fig. 346-348, etc.), et *m* mouillée (fig. 433, 1, 2).

Enfin les lèvres peuvent donner un mouvement vibratoire, *r* labiale, qui, jointe à *p*, est utilisée comme cri de commandement adressé aux animaux (*pr!*).

MACHOIRES, JOUES

Les mâchoires ont le plus grand écartement pour les labiales ; elles se rapprochent progressivement pour *k g*, *ɛ j*, *l r* labiale, *n t s*.

Quant aux joues, elles favorisent naturellement par leur élasticité l'écoulement du souffle à travers la glotte pendant l'occlusion du *b* sonore. Mais il ne semble pas qu'elle jouent en ceci un rôle bien important, puisqu'elles sont sans action pour *d* et *g*.

4° SONS INDÉTERMINÉS

Je réunis dans ce paragraphe, qui sera très court, mais que j'avais fait plus long, quelques exemples de débris d'articulation mourantes ou même crues mortes depuis longtemps, et de commencements d'articulations prises à leur naissance. Chaque expérimentateur ne manquera pas d'en rencontrer de nouvelles à son insu et d'en rechercher, aiguillonné par les suggestions de la phonétique historique.

Le caractère propre de ces articulations réside dans l'indécision des tracés, qui tranche avec la fixité de ceux que donnent des sons bien vivants et dont on a pleine conscience.

J'ai signalé plus haut les dernières traces d'un *g* mouillé en train de devenir *y* (fig. 408).

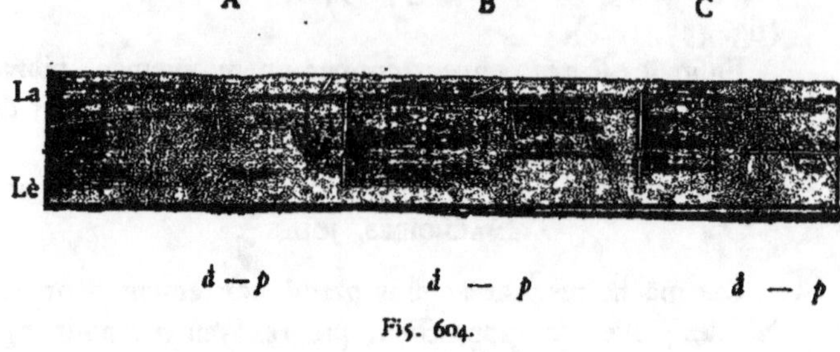

Fis. 604.

La. larynx ; — Lè. Lèvres.

Le premier exemple de ce genre que j'ai recueilli est celui d'une *r* perdue pour l'oreille, mais se survivant à elle-même, dans le parler de M. l'abbé Dion, de la Chaussée (Meuse). Je l'ai mentionné ailleurs [1]. J'y reviens, quoiqu'il

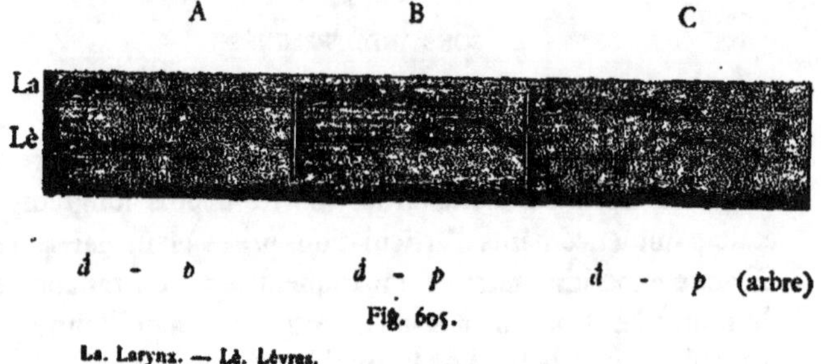

Fig. 605.

La. Larynx. — Lè. Lèvres.

ait été incomplètement étudié, surtout en raison de sa date. Dans ce parler, *arbre* se dit à peu près *ȧp*. Frappé

---

1. *Modifications phonétiques du langage*, p. 143-144.

d'une certaine étrangeté dans ce son, je le comparai avec
$\hat{a} + p$.

Je disposais alors uniquement des explorateurs du larynx
(fig. 45 et 41) et des lèvres (fig. 32). Le mot $\hat{a}p$ « arbre »
fut inscrit plusieurs fois de suite, ainsi que le composé
$\hat{a} + p$. Or les tracés différaient notablement, non pour la
ligne des lèvres, mais pour celle du larynx.

Dans le composé $\hat{a} + p$ les vibrations laryngiennes s'arrêtent au moment de l'occlusion du p. Les variantes sont
négligeables : sur 19 tracés, 6 sont du type A (fig. 604),
11 du type B, 2 du type C.

Mais pour $\hat{a}p$ « arbre », un espace plus ou moins grand
se montre 42 fois contre 3, entre le point où finissent les
vibrations du larynx et celui où les lèvres se ferment pour
le p. Nous avons trois types différents (fig. 605) : A,
27 fois; B, 15 fois; C, 3 fois. Ce dernier reproduit, au
moins pour la concordance du silence laryngien et de l'occlusion labiale, le tracé de $\hat{a} + p$.

Il y a donc dans entre l'$\hat{a}$ et le p de $\hat{a}p$ « arbre » une
articulation de longueur variable et presque toujours
sourde. Cette articulation, indéfinissable pour mon oreille,
est évidemment un reste de l'ancienne r. Je n'avais au
moment où se firent ces expériences ni le moyen, ni l'idée
de pousser plus loin. Je me bornai à constater que le son
étrange, qui avait frappé mon oreille, ne devait pas être
attribué au p, et ne pouvait pas non plus être traduit par
une r, content d'avoir découvert des traces certaines d'une
articulation que l'on considérait comme entièrement dis-
parue.

Aujourd'hui, je demanderais à l'inscription du souffle
et aux mouvements de la langue de nouvelles informa-
tions.

L'inconscience du sujet parlant s'explique par ce fait que l'articulation manque de fixité, et se présente avec l'indécision propre aux étapes transitoires des évolutions phonétiques.

Le malgache nous fournit une excellente occasion d'étudier la chute progressive des voyelles finales atones. Je renvoie à l'article de l'*accent* pour certains états intermédiaires que les tracés permettent de préciser.

Mais je m'arrêterai à quelques cas de survivances et de disparitions inconscientes que j'ai observés dans des dialectes bas-allemands[1] pendant un séjour à Greisswald, avec le concours de M. Reifferscheid, professeur de philologie germanique.

Nous n'avons recueilli que les mouvements des lèvres avec l'appareil (fig. 33, ML), les vibrations du larynx avec l'explorateur électrique (fig. 45 et 41), et les vibrations nasales avec un tambour rigide (fig. 26).

Dans les tracés que je reproduis, la ligne des lèvres est en bas, celle du larynx au milieu, celle du nez en haut. L'écoulement de l'air par le nez est marqué par l'abaissement de la ligne.

Une des questions que se posait M. Reifferscheid était de savoir si l'*n* de flexion se conserve à la 1ʳᵉ pers. du pl. devant une autre *n*, par exemple, si l'on dit dans la Poméranie ultérieure : *vi vuln na...* « wir vollen nach », ou *vi vul na*. Pour trancher la difficulté, nous avons inscrit la phrase suivante dans le parler de Bütow : *vi vul(n) na Elna löpn* « wir wollen nach Eldena laufen, nous voulons courir à Eldena », où se trouve un groupe connu *ln*

---

1. *Mélanges de Phonétique expérimentale.*

(*Elna*), et le groupe qu'il s'agit de déterminer, *ln* ou *lnn*. Les deux groupes sont aussi pareils que possible, étant tous les deux dans la même position, à l'atone. D'où il suit qu'une similitude de tracés entrainerait leur identité et la réduction des deux *n* de *vuln na* à une seule. De même, une prolongation du son nasal dans le second groupe démontrerait la persistance en tout ou en partie de l'*n* flexionnelle.

L'expérience a été répétée quatre fois et a donné des résultats variables, mais toujours identiques en ce point, que la nasalité a été constamment plus longue dans *vuln na* que dans *Elna*.

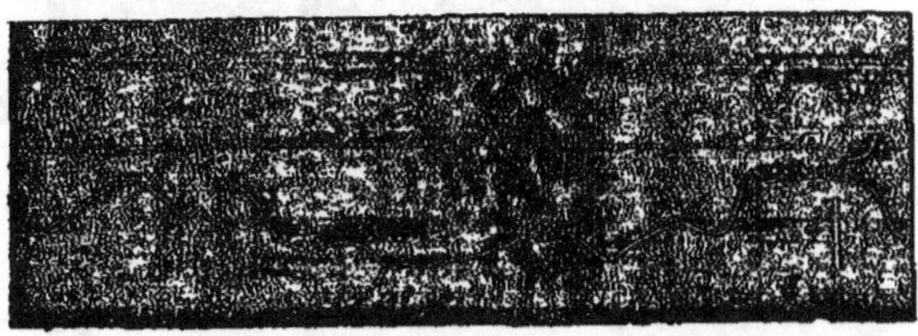

Fig. 606.

v initial sourd. — *v* médial sonore. — *n* de *vuln* conservée (cf. *vuln na* et *elna* pour la durée sur la ligne nasale). — L'*l* devant *n* est légèrement nasalisée. — Le *p* est presque une *f* pour la pression labiale (cf. *v* et *p* sur la ligne des lèvres); son explosion se fait par le nez. — L'*n* est devenue une *m* par la fermeture persistante des lèvres : pourtant la pression labiale est faible, égalant celle du *v*.

La lecture des tracés est facile, surtout si nous nous en tenons à ce qui fait l'objet propre de notre · enquête. La première déviation de la ligne nasale correspond à *n* ou *nn* de *vul(n) na*, et la seconde à l'*n* de *Elna*. Or, dans le tracé que je reproduis ici (fig. 606) et dans un autre encore, le premier son nasal représente 1 fois 1/2 le second; dans le troisième, 1 fois 1/3; dans le quatrième, 2 fois. Cette différence de durée constitue la part de l'*n* de flexion, qui, par rapport à l'*n* de *na*, se trouve avoir des valeurs égales à 1/2, 1/3, 1. C'est justement ce défaut de constance dans la durée qui empêche cette *n* d'être remarquée.

Semblable question à propos de la gutturale finale de *ging* « j'allai » et de *ganges* « allure », en rhénan de Bonn, que M. Reifferscheid croyait prononcer et écrivait *gink* et

Fig. 607.

La présence du *k* dans *gink* se constate sur la ligne du larynx et sur celle du nez (espace privé de vibrations, cessation momentanée de l'écoulement de l'air par les fosses nasales. Cf. fig. 608). Lire *mĭnĕs* par un *i* nasalisé. — Le *k* de *gãnk* se reconnaît sur la ligne des lèvres (cf. fig. 608). — *d* initial sourd.

gans. Cependant il avait des doutes. Aussi a-t-il choisi pour nos expériences une phrase qui contient ces deux mots : *iç gin̄(k) mĭns gans on dat* « Ich ging meines ganges und dachte, j'allai de mon pas et je pensai ». Nous l'avons inscrite sept fois. Or *gink* n'a conservé son *k* que deux fois, les deux premières; il l'a perdu les cinq autres. La place du *k* est facile à reconnaître sur le tracé. En effet, le *k* se prononce sans vibration du larynx et sans rejet d'air par le nez. Il est situé, s'il existe, entre la fin du premier groupe de vibrations laryngiennes, qui appartient à *giñ*, et le point de fermeture des lèvres qui marque le commencement de l'*m* des *miñès*, ou bien encore entre les deux premières déviations de la ligne nasale, qui correspondent l'une à *ñ*, l'autre à *m*. Si donc, à cette place, nous avons un espace privé de vibrations sur la ligne du larynx et qu'il y ait suspension de l'écoulement de l'air par les fosses nasales, l'existence du *k* est assurée. Or, c'est précisément ce qui a lieu dans le premier tracé (fig. 607), qui est sensiblement le même pour les deux premières expériences. Dans le second tracé (fig. 608), au contraire, qui représente les cinq dernières expériences, les vibrations se continuent sans interruption depuis le *ç* de *iç* jusqu'à l'*s* de

Fig. 608.

Le groupe *iñ miñè* est entièrement nasal. — Le *k* a disparu dans *giñ*(*k*) et dans *gàñ*(*k*)*s* (cf. fig. 607). — *d* initial sourd.

miñès, aussi bien sur la ligne du larynx que sur celle du nez. Il n'y a donc plus de *k* sourd. Il n'y a même pas à se demander si le *k* n'aurait pas été remplacé par la sonore correspondante. Pour le *k* (fig. 607), il y a eu un arrêt complet de l'écoulement de l'air par le nez, puisque la ligne a repris un instant après le *ñ* sa position normale. Il en serait de même pour le *g*. Mais ici, l'air n'a pas cessé de sortir en vibrant, puisque la ligne ondulée n'a pu atteindre la hauteur normale de la ligne tracée à vide. Donc le *k* a disparu, mais non toutefois complètement, puisque le courant d'air nasal a fléchi à la place de la gutturale, preuve que le voile du palais a esquissé son mouvement occlusif. Il aurait été à propos de rechercher si la langue de son côté ne continuait pas à se soulever un peu vers le palais. Dans ce cas, le *k* ne serait perdu entièrement que pour le larynx.

Fig. 609.

Le *k* de *yuṅk* est entier entre *ṅ'* et *p*.

Resterait à savoir la raison de la différence que nous relevons entre les deux premières expériences et les cinq dernières. Je ne crois pas que l'idée qu'a M. Reifferscheid de la conservation du *k* dans *giṅk* y soit pour rien. Cette supposition cependant est possible : un phonéticien peut bien avoir malgré lui la tentation de justifier ses théories. Mais la réalité du *k* de *giṅk*, au moins dans certains cas, ne peut être discutée puisque le sujet parlant a le sentiment de son existence. Ici, en effet, ce n'est pas la réapparition, c'est la disparition qu'il faut expliquer. La raison est simple. Le *k*, maintenu encore dans une articulation lente et soignée, s'efface dès que la prononciation devient rapide et négligée. C'est bien, semble-t-il, ce qui s'est produit dans le cas présent. Comparons le temps employé pour les deux séries d'expériences. Or, si la durée de la première est représentée par 7, la seconde répond à 6 ; et, toutes les articulations, mesurées une à une, sont trouvées constamment plus courtes dans la seconde que dans la première.

Par contre, le *k* de *ganks*, que M. Reifferscheid croit prononcer *gans*, a laissé une trace dans la figure 607. L'espace privé de vibrations laryngiennes entre *gans* et *on* est trop considérable dans cette figure comparé à celui de la figure

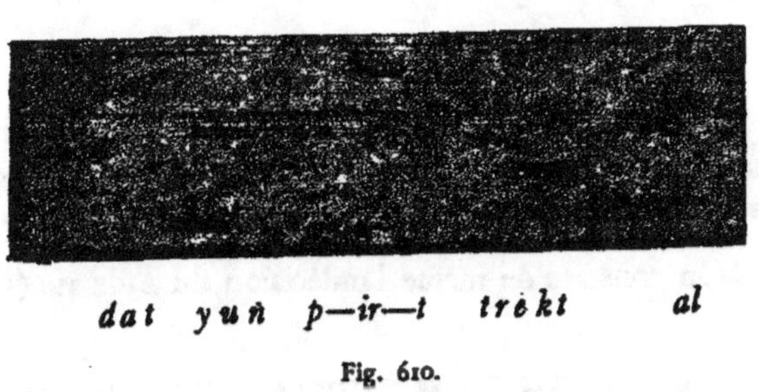

Fig. 610.

Le *k* de *yun*(*k*) *s*, sinon en entier, du moins en très grande partie, disparu. Pour avoir la certitude, il faudrait pouvoir comparer avec un tracé de *yun p* ... qui manque. S'il y a un reste du *k*, celui-ci ne peut occuper que le petit espace qui existe entre les deux lignes pointillées. Cf. fig. 611 et 612.

608, pour être attribué à la seule *s*. La ligne des lèvres vient à l'appui. Il suffit de s'observer un peu pour voir que les lèvres se ferment régulièrement dans le passage de *an* à *s*, tandis qu'elles subissent un léger arrêt par l'interposition d'un *k*. C'est ce qui se trouve vérifié dans nos tracés. La fermeture est constante et régulière dans a figure 608, entravée un instant dans la figure 607. Les lignes du larynx et du nez nous donnent le point précis où finit la nasale et où peut commencer le *k*.

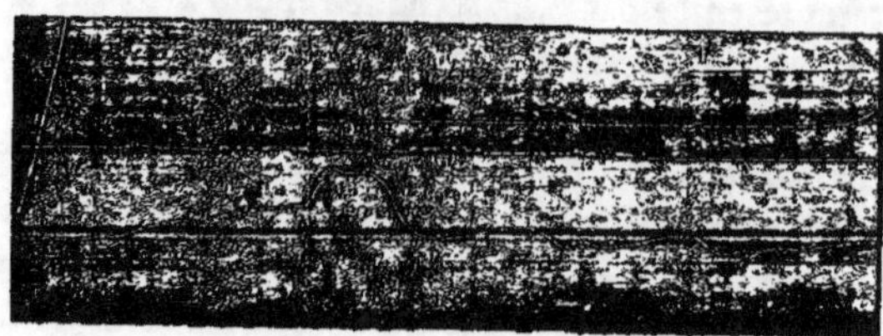

Fig. 611.

Ici encore un supplément d'information aurait été nécessaire. Il eût fallu prendre l'explosion de l'air par la bouche, et la présence du *k* se fût dénoncée au premier coup d'œil.

On constate de même l'indécision du *k* de *yuñ(k)* dans

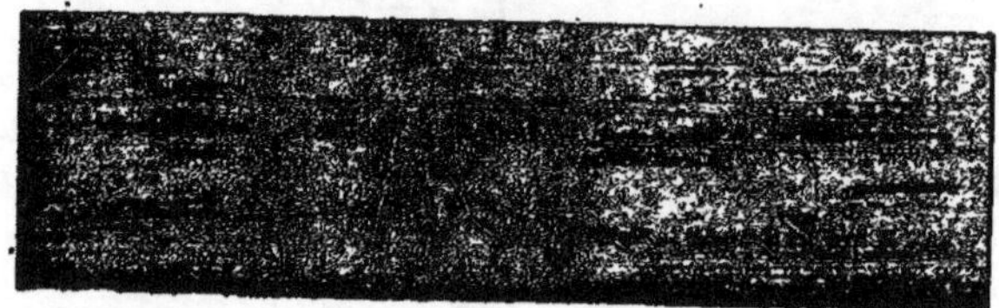

Fig. 612.

dat yuñ pirt « ce jeune cheval », en poméranien de Bütow (fig. 609-612).

Un cas de survivance d'un son nasal à l'infinitif en rhénan de Bonn, jugé entièrement perdu, s'est présenté une fois sur trois inscriptions dans *dæ al ʼembdæ fækŏfœn* « die alten Hemden verkaufen, les vieilles chemises vendre ».

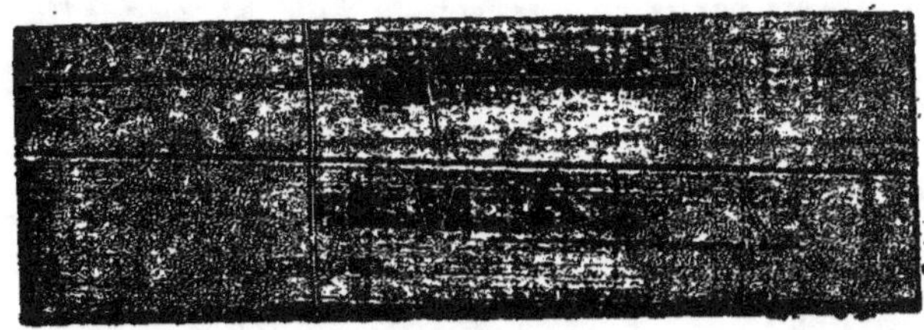

Fig. 613.

Le groupe *mbd* est tout entier nasal : les vibrations ne s'interrompent pas ; la pression de l'air seule varie — (forte pour *m*, très diminuée par *b*, légère pour *d*). — L'*u* de *fækŏfœ(n)* a nasalisé l'*œ* de -*f-n* ; elle manque dans les autres tracés. L'absence de vibrations sur la ligne du larynx est due à un défaut de l'appareil. — Pour la dernière *f*, la fermeture des lèvres est moindre que pour la première.

Un cas de persistance de l'influence d'une *n* tombée, beaucoup plus étonnant, nous est fourni par le parisien.

Dans des mots comme *pente, hante, honte, fonte, ponte*, etc., l'*n* a nasalisé la voyelle, puis elle est tombée, si bien qu'en négligeant l'*e* muet final, les phonéticiens écrivent aujourd'hui *păt, ăt, ŏt, fŏt, ŏt*. Rien ne nous fait soupçonner une influence quelconque de l'*n* sur le *t*. Et pourtant cette influence existe. Elle m'a été révélée par l'emploi du palais artificiel dans l'étude des articulations parisiennes[1]. Voici comment :

Lorsqu'un *t* est précédé d'une autre consonne, *l*, *r*, la région du contact de la langue sur le palais se trouve agran-

---

1. *Mélanges de phonétique expérimentale.*

die. Il suffit de comparer pour s'en convaincre les figures représentent *bâte* et *halte*, *patte* et *parte*.

Or, si nous rapprochons de ces figures les tracés de *pât*, *ât*, *ôt*, *fôt*, *pôt*, la similitude saute aux yeux. Le lecteur en jugera par la comparaison de *patte*, *parte*, *pente* (fig. 614)

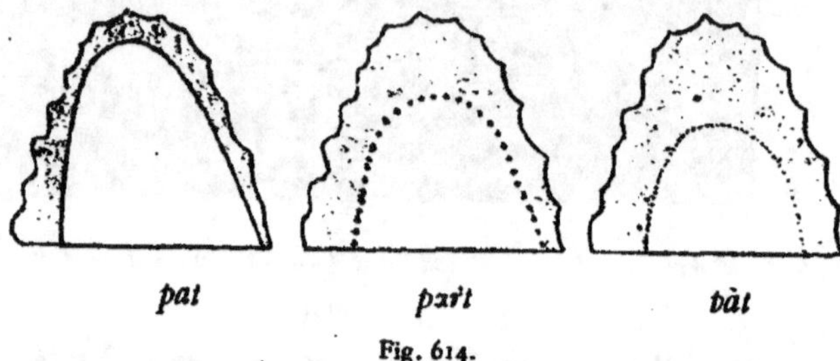

Fig. 614.

Tracé de l'influence d'une ancienne *n* sur l'articulation parisienne du *t*.

La figure représente une projection du palais artificiel. La partie ombrée a été touchée par la langue et marque, par son étendue, la différence qu'il y a dans l'articulation du *t*, selon qu'il suit un *a* pur (*patte*), un *a* + *r* (*parte*), un *a* nasal (*pente*).

D'où provient-elle ? De l'influence de la voyelle nasale ou de l'ancienne *n*, qui a existé dans *păntœ*, *ăntœ*, *ŏntœ*, *fŏntœ*, *pŏntœ*?

Si je m'observe moi-même, je ne remarque pas de différence sur mon palais artificiel pour *patte* et *pente*, etc. ; mais si je dis *păntœ*, à la provençale, je reproduis le type de *voy.* + *cons.* + *t*. La voyelle nasale n'entraine donc pas de soi un agrandissement de la surface de contact pour le *t*.

Cela pourtant ne saurait être qu'une simple présomption, et non une preuve. La preuve, je la trouve dans le sujet même sur qui les expériences ont été faites. L'action que j'attribue à l'*n* n'est pas constante pour tous les cas. Je l'ai constatée dix fois sur douze pour *honte* (fig. 615). Donc elle n'est pas liée à la présence de la voyelle nasale, qui n'a manqué dans aucun cas ; mais elle dépend d'une autre cause dont l'action n'est pas inéluctable.

Comme cette action est celle-là même qu'exerce une consonne sur un *l* subséquent, nous sommes autorisés à

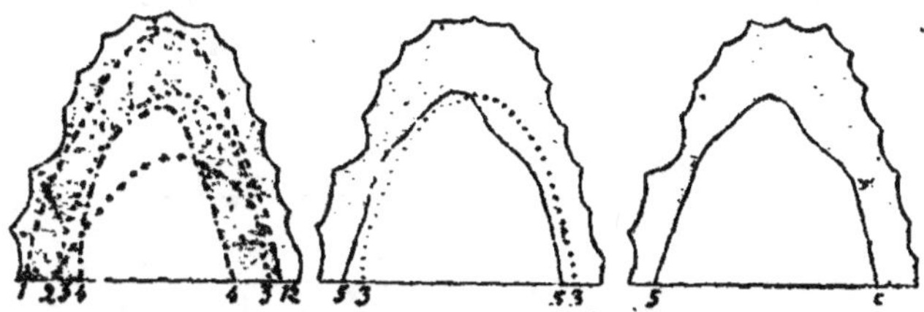

Fig. 615.

Variantes de l'articulation du *l* précédé d'une voyelle nasale.

conclure qu'elle a été produite pas l'*n* avant sa chute et qu'elle s'est maintenue depuis. Que si elle cesse de s'exercer quelquefois, c'est un effet de cette loi générale qui pousse à la simplification des mouvements.

Je relèverai enfin la persistance d'une même position articulatoire dans deux voyelles devenues différentes en irlandais[1].

Deux mots ont la même orthographe dans cette langue : *toil* « volonté » et *coir* « juste » ; mais ils sont devenus dans la bouche d'un indigène de The Neale respectivement *tĕl* et *kŏr*. La différence, on le voit, est extrêmement sensible, et l'on s'attendrait à une différence égale dans le mécanisme de la prononciation.

---

1. *Mélanges de phonétique expérimentale.*

Cependant, il n'en est rien. La position de la langue par rapport au palais est restée la même. Comparez les tracés des deux mots : *toil* et *coir* (fig. 616).

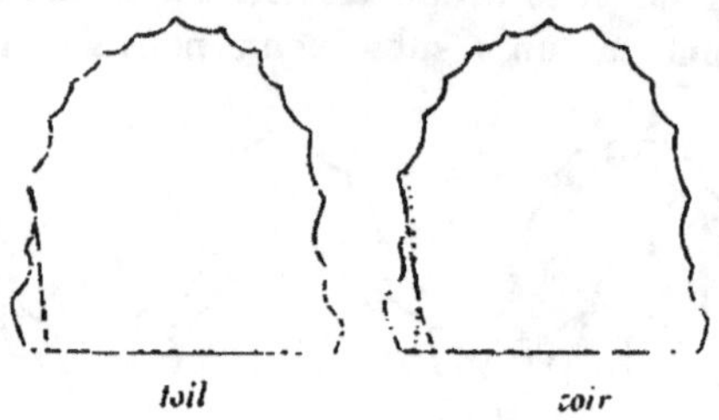

Fig. 616.

La différence du son est produite par le seul mouvement des lèvres, qui se sont ouvertes pour *toil*.

Parmi les sons incertains, il y en a qui sont clairs pour le seul auditeur, par exemple, les cas de nasalité que j'ai

Fig. 617.

Comparez la position des lèvres dans ces deux mots. Dans le premier, elles s'ouvrent davantage et restent ouvertes plus longtemps pour l'*a* que dans le second ; de même, elles sont moins fermées pour l'*u*. Ces mots ont été prononcés isolément, ce qui a dû en faire ressortir les caractères distinctifs.

signalés plus haut ; d'autres, pour le seul sujet parlant.

De ce nombre est la diphtongue *au* dans deux mots rhénans : *schlau* « trace » et *schlau* « rusé ». La différence, que les indigènes sentent parfaitement, n'est pas entendue par les personnes étrangères au dialecte.

En quoi consiste-t-elle? les indigènes eux-mêmes ne sauraient le dire. C'est le cas d'interroger les mouvements de la langue et ceux des lèvres. Au moment où j'ai fait l'expérience je me suis contenté de ces deniers. A vrai dire, ils sont très expressifs. Il suffit de comparer les deux tracés suivants (fig. 617) pour voir que le premier mot contient un *a* plus long et plus ouvert que le second, et un *u* moins fermé. Si l'on voulait pousser un peu plus loin et avoir une notion plus précise sur le degré de fermeture de l'*u* de *schlau* « rusé » et, par comparaison, de *schlau* « trace », on pourrait mettre les deux *u* en parallèle dans une phrase telle que celle-ci : *bes du évœr slaw* « bist du aber *schlau*, que tu es rusé! » (fig. 618).

Fig. 618.

L'intérêt de cette figure réside dans la comparaison du second élément de la diphtongue *ew* avec l'*u* de *du* : cette comparaison est aisée, grâce à la ligne pointillée horizontale.

Des deux *u*, il est clair que le plus fermé est celui de *du*. On peut donc établir cette gradation au point de vue de la fermeture des lèvres : *u* (*du*), *u* (*aw* dans *schlau* « rusé »), *u* (*aw* de *schlau* « trace »).

Ainsi, en ne tenant même compte que d'un seul élément

(la fermeture des lèvres), l'impression des rhénans de Bonn se trouve justifiée.

On a déjà rencontré plusieurs faits de ce genre, par exemple, la différence entre *ã* = AN latin et *ã* = EN, en franc-comtois (p. 715-716). Il est inutile d'insister davantage.

Quant aux sons naissants, on en trouve un peu partout. J'en choisis un dans le dialecte de Loango, qui est très facile à reconnaître. Les trois semi-voyelles, *w̃ w y*, tendent à donner naissance à un *g*. Ainsi *mœw̃iya* « disputer » laisse

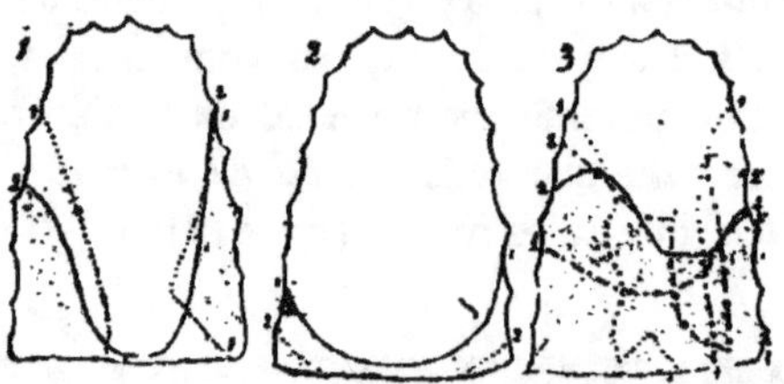

Fig. 619.

Sons naissants.

1. *mœw̃iya* (1); *mœgw̃iya* (2).
2. *uwa* (1); *guwa* (2).
3. *ya* (1); *gya* (2, 2', 2″).

normalement sur le palais la trace d'un *w̃* (fig. 619, 1); mais parfois apparaît celle d'un *g* très reculé. Et, de fait, à l'oreille, on croit entendre presque *gw̃i*. Le *w* dans *awun* « ventre » a laissé aussi prévoir un *gw* (cf. fig. 619, 2). Le *y* est plus net (fig. 619, 3): le tracé de la spirante montre très bien une esquisse de l'occlusion et, à côté, l'occlusion elle-même. Ces tendances, au dire du Père Sacleux, ont déjà abouti en souahili, où *ny-ema* est devenu *ngema* « bon », et où *w* et *y* ont également ont été remplacés par *g*.

Mais, sans aller si loin, le parisien dénonce la tendance, qui devient un fait accompli dans la langue familière et négligée[1], de l'*a* à mouiller le *k*, comme le prouve la comparaison de *kàv*, *kav* et *kâv* (fig. 626, A, B).

ARTICLE III

Éléments groupés de la parole.

Les éléments du langage, que nous avons considérés jusqu'ici en eux-mêmes, la plupart hors des groupes où ils se rencontrent, seraient insuffisamment connus, si nous ne les replaçions dans leur milieu naturel, pour les étudier de nouveau et voir comment ils se modifient en entrant dans les combinaisons diverses où ils peuvent figurer.

Nous étudierons successivement : 1° les combinaisons d'une consonne et d'une voyelle, ou d'une voyelle et d'une consonne ; 2° d'une voyelle entre deux consonnes, et d'une consonne entre deux voyelles ; 3° de plusieurs voyelles ; 4° de plusieurs consonnes ; 5° la syllabe, le mot, le groupe, la phrase et le discours.

COMBINAISON D'UNE CONSONNE ET D'UNE VOYELLE
OU D'UNE VOYELLE ET D'UNE CONSONNE

Ce premier genre de combinaison est le plus simple. Certaines consonnes (les muettes) ont été jugées imprononçables sans le secours d'une voyelle ; et il se rencontre des peuples qui ne sauraient émettre deux consonnes de suite sans intercaler entre elles un son vocalique.

---

1. *Articulations parisiennes*, dans *Mélanges de phonétique expérimentale*.

Les deux mouvements se combinent de telle manière que la *détente* de l'une des deux articulations corresponde à la *tension* de l'autre.

Lorsque sous certaines influences, sans doute d'ordre pathologique, les deux mouvements sont séparés, la consonne tombe. J'ai été à même de le constater pour les syllabes *ka* et *ga*, qui devenaient simplement *a*. Les sujets faisaient un effort qui suffisait pour leur donner l'impression que la consonne était produite, mais qui demeurait sans effet pour les auditeurs.

L'union est moins étroite avec les *aspirées*. Mais avec les autres consonnes, elle est si intime que les mouvements élémentaires sont toujours modifiés. Si, par exemple, on veut prononcer *a*, on met les organes (langue et lèvres) dans la position voulue ; et l'on profère la voyelle. Mais, pour prononcer *pa*, les lèvres prennent d'abord naturellement la position requise pour *p* ; et, au moment où elles s'ouvrent, l'*a* se fait entendre.

Il est clair que, dans les premiers moments, la voyelle émise est plus près d'un *u* que d'un *a*, les lèvres étant à peine ouvertes.

Or si, pour des raisons spéciales, l'ouverture des lèvres vient à se faire lentement, cet *u*, qui a passé aperçu dans le premier cas, prend de l'importance, et une diphtongue s'est produite sous l'influence de la labiale : *pa* est devenue *pwa*.

Si, au lieu de suivre la consonne, la voyelle la précédait, un phénomène analogue se produirait en sens inverse et *ap* pourrait devenir *aup*.

Ces deux faits deviennent sensibles dans les tracés du souffle et des mouvements des lèvres (fig. 620). Les lignes pointillées verticales marquent : la 1re la fin de l'*a* initial ; la 2e le commencement de l'*a* final. La pointillée horizontale indique le niveau de la fermeture des lèvres : ce qui dépasse par en haut du tracé correspond à la pression d'une lèvre contre l'autre ; et ce qui est au-dessous, à l'ouverture des lèvres. L'*a* étant parfait au commencement (*ap*) et à la fin (*pa*), les points intermédiaires appartiennent, non à des *a* purs, mais à des *a* plus fermés, sortes de *u* et de *œ* que l'on fait entendre en maintenant les lèvres très rapprochées.

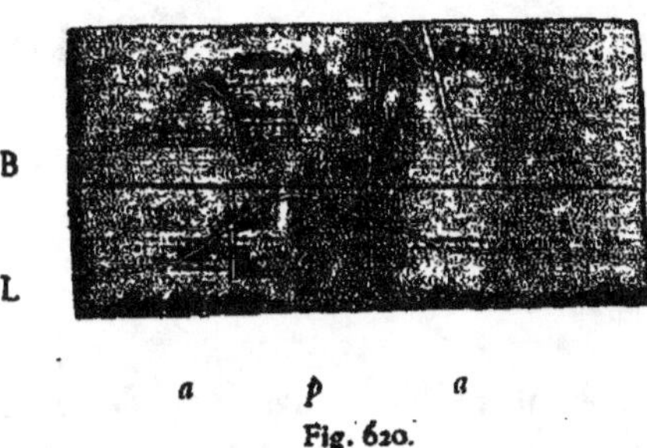

Fig. 620.

B. Souffle. — L. Lèvres.
Le point le plus bas de la ligne des lèvres correspond au début du premier *a* et à la fin du second.

Une autre cause concourt à altérer les parties de la voyelle voisine de la consonne, c'est l'implosion ou l'explosion de celle-ci, qui sont toutes les deux apparentes sur la figure et qui, partant toutes les deux de la partie culminante du tracé, vont : l'une jusqu'à la ligne pointillée, l'autre jusqu'à la 1re grande vibration de la voyelle.

L'influence de la consonne sur la voyelle devient plus nette encore, quand la voyelle est nasale (fig. 353), la nasalité disparaissant plus ou moins au contact de la consonne.

Lorsque la voyelle et la consonne dépendent d'un seul et

même organe, comme, par exemple, *ti* (fig. 621) et *di* (fig. 622), dont les tracés ont été pris, au moyen de la

Fig. 621.

L. Mouvement de la langue. — B. Souffle.
Les lignes pointillées marquent : la 1re le moment où commence le travail articulatoire; la 2e celui où, la langue s'abaissant, le souffle sort et produit l'explosion ; la 3e les premières vibrations du larynx.

capsule exploratrice des mouvements de la langue, placée pour *di* à un centimètre des dents, pour *ti* un peu plus en arrière, avec le contrôle simultané de la voix, enregistrée

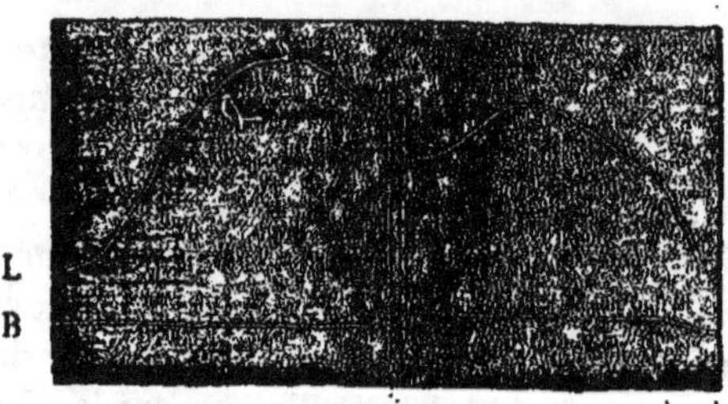

Fig. 622.

L. Mouvement de la langue. — B. Souffle.
L'explosion est comprise entre les deux lignes pointillées.

par un tambour rigide. Nous avons à la fois : les mouvements de la langue et les vibrations de l'air contenu dans la bouche, la tension et la détente qui sont marquées, l'une par l'élévation de la ligne, l'autre par un brusque abaissement. Le moment de l'explosion et l'apparition des vibrations de la voyelle pour *ti* nous permettent de déterminer avec précision le travail de préparation de la consonne,

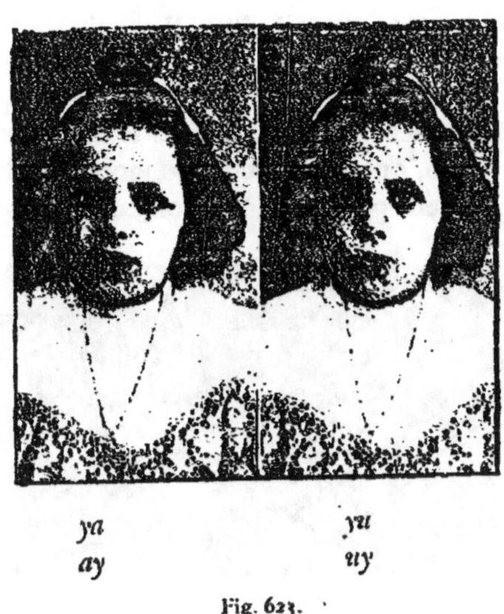

Fig. 623.

La position des lèvres est sensiblement la même pour *y* dans les deux cas.

la détente et le léger instant qui peut être attribué à l'explosion consonantique, enfin la voyelle. On remarquera que le mouvement de détente entraîne la langue au-dessous de la position normale de l'*i*, ce qui l'oblige à se soulever un peu pour y revenir. On pourrait s'attendre à un dédoublement de l'*i* en *ei*. Mais l'action de la consonne peut être plus profonde encore et changer ou du moins préparer le changement complet du timbre de la voyelle.

Nous n'avons pas à nous arrêter sur l'influence spéciale des consonnes nasales : il en a été longuement parlé plus haut (voir surtout les fig. 312, 313, 316, 331-339). Voir aussi les figures 128-144.

Mais la consonne elle-même subit l'influence de la voyelle. Cela est vrai surtout lorsque l'une et l'autre dépendent d'un organe différent. Elles se préparent alors toutes les deux à la fois. Ainsi pour *ya* et pour *yu* (fig. 623) le mouvement initial est, sur les lèvres, celui de *a* et de *u*. De même, quand on veut prononcer *pu*, les lèvres ne se rapprochent pas seulement, comme cela est naturel pour *p*,

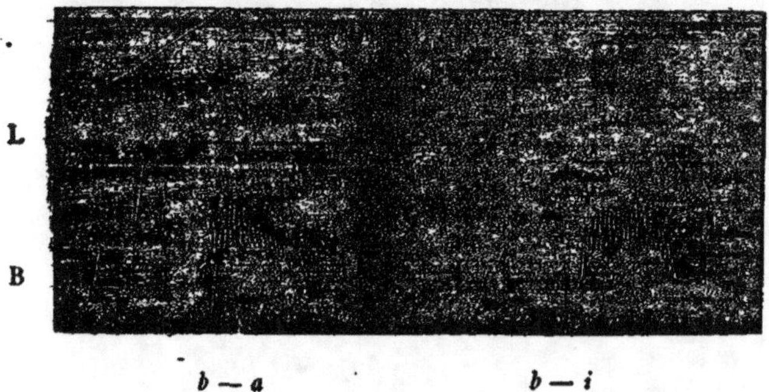

Fig. 624.

L. Langue. — B. Souffle.

La différence de hauteur de la langue pour *ba* et pour *bi* est marquée par la ligne pointillée horizontale.

mais elles s'avancent en même temps, ce qui est réclamé pour *u*. Ce n'est pas tout : la langue, étant indifférente pour *p*, prend dès le début la position de l'*u*. Ainsi voyelle et consonne se compénètrent mutuellement.

Si nous avions une oreille assez délicate, nous sentirions une différence entre le *p* de *pu* et celui de *pa* ; mais la distinction étant inutile pour le sens, nous n'y prenons pas garde. Nous la mettrions en évidence en chuchotant très légèrement et l'un après l'autre ces deux *p*.

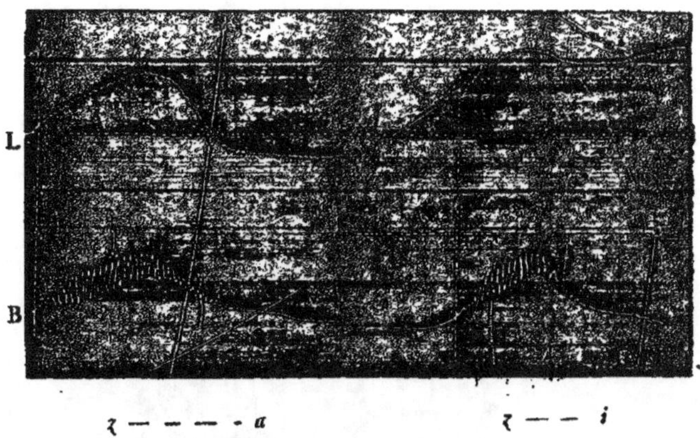

Fig. 625.

Même disposition que dans la figure précédente.

Comme les lèvres, la langue se prépare dès le commencement de la consonne pour la voyelle suivante. Comparer *ba* et *bi* (fig. 624) *ᴣa ᴣi* (fig. 625), où l'on voit que la langue est bien plus élevée pour *b ᴣ* quand c'est un *i* qui doit suivre.

Mais c'est surtout avec *k g* que l'action de la voyelle sur la consonne est facile à constater (fig. 382 et 626). Cette action, très nette sur l'initiale (626, B), n'est pas moins sensible quand la consonne est finale. Ainsi le *k* de *pák*

« Pâques » peut rester pur, tandis que celui de *sĕk* « cinq »
se mouillera [1] (fig. 626, C, D).

Toutefois il ne faudrait pas croire que ces deux cas
cons. + *voy.* et *voy.* + *cons.* soient identiques. La consonne

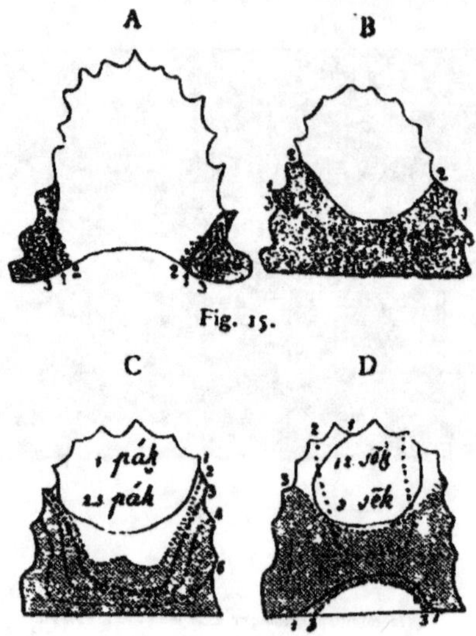

Fig. 626.

A. 1. *a* moyen. — 2. *d* ouvert. — 3. *d* fermé.
B. 1. *kav* « cave ». — 2. *kдv*. — 3. *kдv*. Le commencement de la mouillure dans *kдv* est ici évident, quique l'oreille n'ait pu le saisir.
C. Pâques : 1. *pák* ; — 2-5. *pák*.
D. Cinq : 1-2. *sẽk* ; — 3. *sèk*.

---

1. Je transcris ici une note de mes *Articulations parisiennes*. « Le *k* est plus facile après *ĭ* qu'après *á*. Dans *cinq*
je l'obtenais sans peine : il suffisait de demander une prononciation négligée. Pour *Pâques*, il fallait le saisir en
quelque sorte au passage. L'ayant obtenu une fois (1),

se comporte différemment dans l'un et dans l'autre. Comparez *ka* et *ak* (fig. 627).

L'action réciproque des voyelles et des consonnes contiguës est universelle et se trouve, si l'on cherche bien, à la base d'évolutions où on ne la soupçonnerait pas. Elle n'aboutit pas toujours à produire un ébranlement dans un

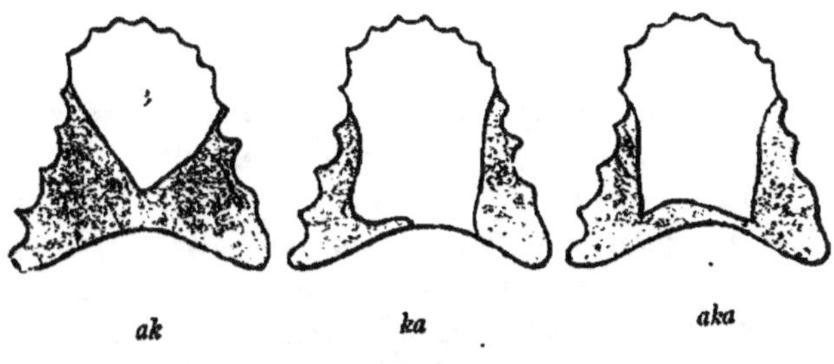

Fig. 627.

Différences d'articulations d'une même consonne suivant qu'elle est *finale*, *initiale* ou *médiale*.

sens déterminé (d'autres causes interviennent); mais elle contient toutes les possibilités. Aussi le phonéticien, adonné à l'étude des dialectes vivants, fera une œuvre éminemment utile en relevant tous les faits où elle commence à se faire sentir.

———————

j'ai essayé de le faire répéter. Vains efforts. Chacun des essais (et ils ont été nombreux), représentés par les variantes (2), (3), (4), (5), s'en écartaient de plus en plus. La répétition du mot ne servit ici qu'à donner à l'articulation plus de précision et de netteté ».

UNE VOYELLE ENTRE DEUX CONSONNES, UNE CONSONNE
ENTRE DEUX VOYELLES[1]

Dans le premier cas, l'influence exercée sur la voyelle est double ; et, si elle se produit dans le même sens, la voyelle peut en être fortement altérée. L'*a* de *pap* est évidemment sollicité à se fermer ou, pour mieux dire, il n'est réellement pur que dans sa partie médiane.

Si nous en rapprochions l'*a* de *mam*, nous aurions à constater encore une autre influence, celle de la nasale. Ainsi dans l'exemple suivant (fig. 628) qui représente ma propre prononciation de « maman » (*mamã*), l'*a* se trouve incliné, à mon insu, vers *o* par le mouvement des lèvres, vers *ã* par l'émission nasale de l'air, qui n'est interrompue qu'un instant, et par les vibrations nasales qui se continuent sans arrêt. Quoi d'étonnant, dans ces conditions, qu'il soit remplacé, soit par l'un (*momã*), soit par l'autre (*mãmã*) chez les enfants de Paris, qui sont les échos d'une tradition purement orale.

La consonne finale exerce une autre action, qui celle-là est plutôt conservatrice : elle diminue naturellement la

---

1. Revoir ce qui a été dit sur l'union des articulations (p. 334 et suivantes). A ce propos, je recommande de comparer avec mes tracés les planches que M. Marichelle a insérées dans son livre déjà signalé (p. 391), pour les groupes *aka, aya, ba* (pl. 10). On étudiera encore avec profit les gammes sûr *a* et *é* (pl. 4 et 5, cf. ci-dessus, fig. 196), ainsi que le tableau des voyelles pures et des nasales (pl. 8 et 9, cf. fig. 370).

durée et l'intensité de la voyelle, et par là, en la sauvant de la diphtongaison, elle peut lui conserver son timbre.

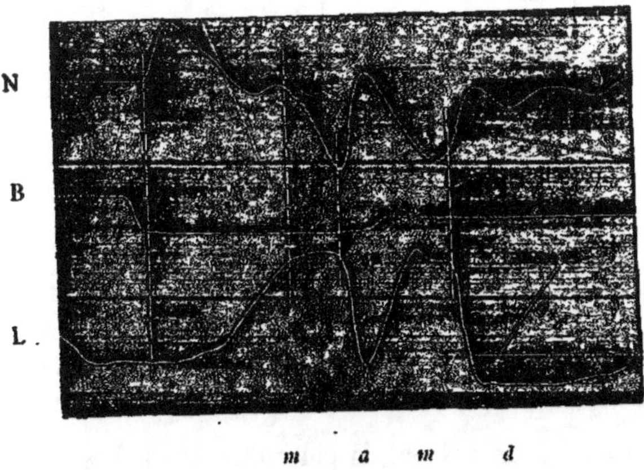

Fig. 628.

N. Nez. — B. Bouche. — L. lèvres.

La ligne du nez est renversée, le courant d'air sort quand elle descend, et est intercepté ou aspiré quand elle monte.

On peut suivre sur ce tracé tout le travail articulatoire. Au début, avant la 1re ligne, l'air ne sortait pas par le nez, mais par la bouche. Alors le voile du palais s'abaisse, et, quoique les lèvres soient ouvertes, l'air est seulement aspiré par le nez. L'écoulement nasal est interrompu au moment où les lèvres se rapprochent, et, quand elles se rejoignent, il reprend abondamment (entre les deux lignes pointillées) : c'est l'émission de l'm. Puis les lèvres se séparent et le voile s'abaisse pour a. Nouveau rapprochement des lèvres et nouvel abaissement du voile pour la 2ᵉ m. Enfin écoulement modéré de l'air par le nez et large ouverture des lèvres pour d.

La consonne entre voyelle n'est identique ni à l'initiale, ni à la finale. Comparez le *h* de *aka* avec ceux de *ka* et de *ak* en français (fig. 627) : moins en arrière que le 1er, et moins en avant que le second, il est plus éloigné de la mouillure que celui-ci. D'autre part, le *p* de *ap* (fig. 629) apparaît plus énergique que celui de *apa* (fig. 620) ; comparez la pression en mesurant le tracé au-dessus de la pointillée horizontale, On peut s'en rendre compte encore en prononçant sur le dos de sa main *apa* et *ap*, *aba* et *ab* : l'émission de l'air sera plus forte pour la consonne finale que pour la médiale.

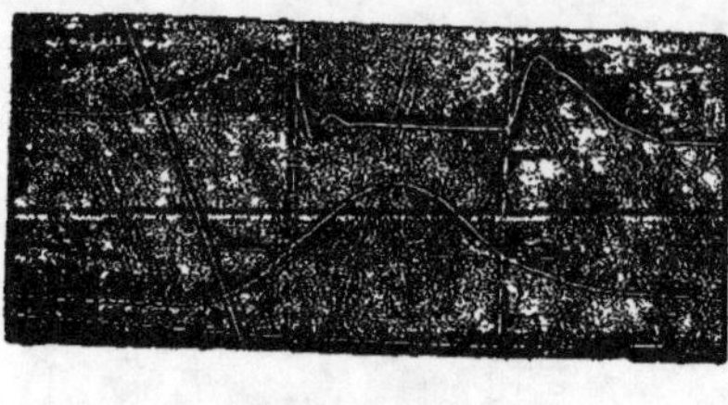

Fig. 629.

V. voix. — L. lèvres. — La première pointillée marque le début de l'occlusion du *p* ; la deuxième, celui de l'explosion. La pointillée horizontale permet d'apprécier le degré de pression des lèvres pendant la fermeture : elle est proportionnelle à l'élévation de la ligne.

Entre les deux voyelles, la plus influente est la seconde, comme cela se montre très bien pour *a tu* dans « il *a tou-rné* » (fig. 630). Dès le milieu de l'*a*, la ligne des lèvres s'élève à la sollicitation de l'*u*.

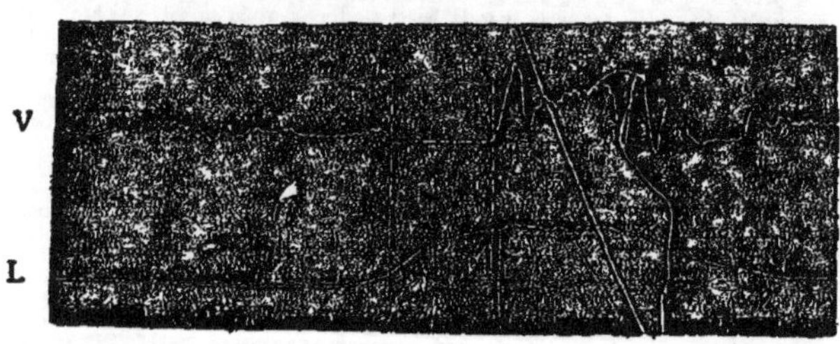

Fig. 630.

V. voix. — L. lèvres. — La première pointillée indique le début de l'occlusion du *t* ; la deuxième, celui de l'explosion. On remarquera que pendant tout ce temps, les lèvres effectuent leur mouvement de fermeture marqué sur le tracé par une élévation de la ligne. Elles sont dans la position de l'*u*, au moment où le *t* éclate.

Les voyelles agissent sur la consonne, qu'elles tiennent emprisonnée, par un autre organe que la langue et les lèvres : par le larynx. Dans ce cas, l'initiative revient à la première : l'effort articulatoire ayant diminué, les vibrations laryngiennes de la voyelle peuvent se continuer, comme on le voit en regardant attentivement la ligne des lèvres après *a* dans *apa* (fig. 620), et, si l'explosion du *p* perd de sa force, rien ne s'oppose plus à ce que le mouvement vibratoire du larynx se prolonge sans interruption jusqu'à la seconde voyelle. Le *p* sera devenu un *b*. On s'assurera qu'un dialecte éprouve une prédisposition dans ce sens, en inscrivant sur le tambour enregistreur des combinaisons artificielles et variées de *voy.* + *cons.* + *voyelle* répétées un grand nombre de fois. L'organe, libéré de toute entrave, s'abandonnera librement à son jeu naturel.

Voir encore les figures 145-148, 150-154 et, pour le détail des vibrations, 274-207-209, 212-231.

COMBINAISON DE VOYELLES

Nous avons étudié (fig. 146, 421-424, 428-430, 463, 465-467, 484-486, 504-506, 512-516) diverses combinaisons de voyelles, d'après les mouvements articulatoires et (fig. 200-202) d'après l'examen microscopique des vibrations. On a pu remarquer : la continuité absolue du son, sans aucun *hiatus* réel entre deux voyelles consécutives ; le passage plus ou moins rapide entre deux voyelles extrêmes par l'intermédiaire de sons transitoires, qui peuvent, par allongement et excès d'intensité, prendre une importance capable de les faire ressortir, ou qui demeurent insensibles à l'oreille, visibles seulement dans les tracés ; la tendance à l'unité de voyelles complexes ou la fixation de la dinhtongue par la consonnification de l'un de ses éléments. Ce sont à peu près toutes les questions qui se posent : il est inutile d'y revenir.

COMBINAISONS DE CONSONNES

Quels que soient le timbre et la place des voyelles qui interviendront dans les groupes, nous n'aurons en vue que les consonnes. Considérons d'abord les mouvements. Ils ont été pris au moyen d'ampoules en caoutchouc, si bien que les moindres pressions se sont fait sentir et que les

Fig. 631.

L. Livres. — La. langue. Tambours élastiques à grandes cuvettes.

vibrations inscrites permettent de fixer avec précision le moment où se sont produites les consonnes sonores.

Si les consonnes dépendent de deux organes différents, les mouvements destinés à les produire peuvent être simultanés. La simultanéité est complète dans *pla* (fig. 631), *fla* (fig. 632). Mais la langue est retardée si le groupe est

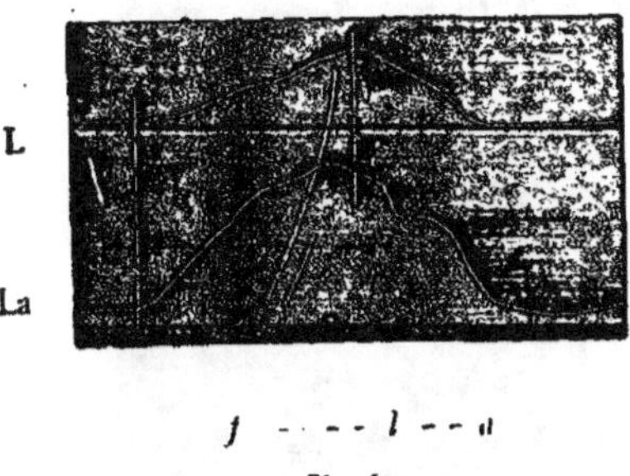

Fig. 632.

L. Lèvres. — La. Langue.
La première ligne pointillée marque le commencement de l'*f*; la 2ᵉ celui de l'*l*.

médial comme dans *apta* (fig. 633) par l'implosion, et s'il est entièrement sonore, par l'influence modératrice du larynx sur l'articulation : *vla* (fig. 634), *vra* (fig. 635), *bla* (fig. 636), *bra* (fig. 637). En tout cas, au moment où la première consonne est articulée, la seconde est toute prête. Les deux détentes se suivent donc plus ou moins rapidement (remarquer le retard de *vra* et surtout de *bla*). Quand le groupe est médial et formé de deux occlusives (*apta*), la première consonne est réduite à la tension, la seconde à la tenue et à la détente, l'une étant seulement *implosive* et l'autre *explosive*.

Si les consonnes dépendent d'un seul organe, il y a deux cas : les articulations se font au même point, ou à deux points éloignés. Dans le premier cas, *tla* (fig. 638), un seul mou-

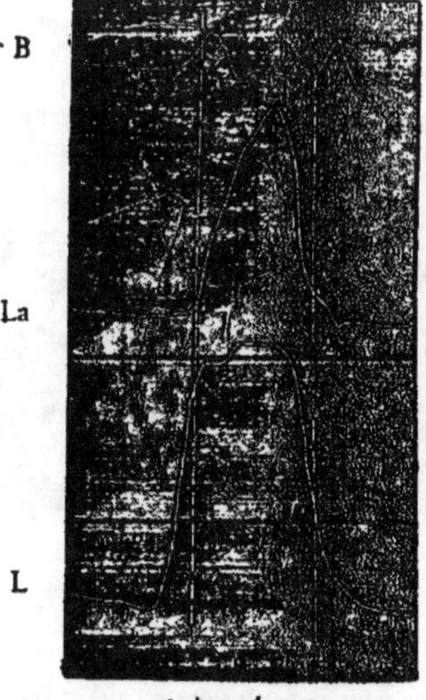

Fig. 633.

B. Bouche. — La. langue. — L. Lèvres. — Tambours élastiques.
Les pointillées délimitent les deux consonnes.
Le mouvement d'élévation de la langue (pour le *t*) s'exécute pendant que les lèvres se ferment (pour le *p*).

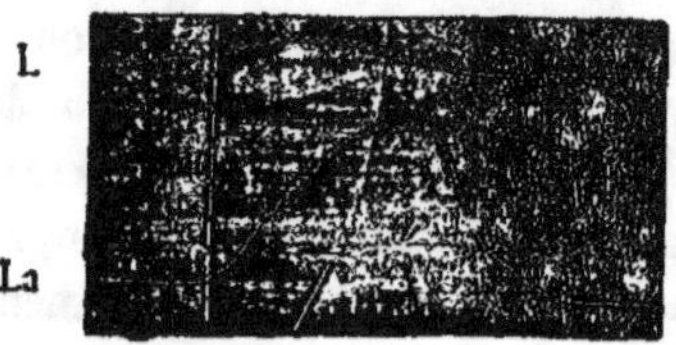

Fig. 634.

L. Lèvres. — La. langue.
La ligne des lèvres commence à s'élever dès le bord de la figure, celle de la langue à partir de la ligne pointillée.

vement initial se fait pour les deux consonnes, et une déviation du tracé, marquant un arrêt, indique le commencement

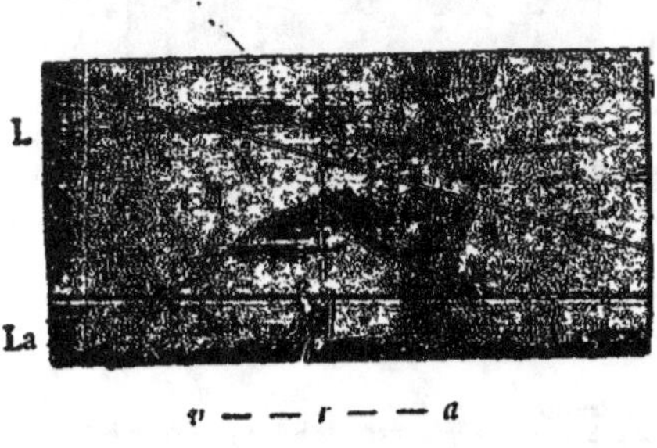

Fig. 635.

L. lèvres. — La. langue.

de la seconde consonne. Comparez *ta* et *tla*, le mouvement
de langue ayant été pris à deux endroits différents : A au
milieu de la bouche, B derrière les dents, au point précis de
l'articulation. La comparaison d'A et de B pour *tla* permet
d'isoler l'articulation de l'*l*. De plus, A montre que le dos

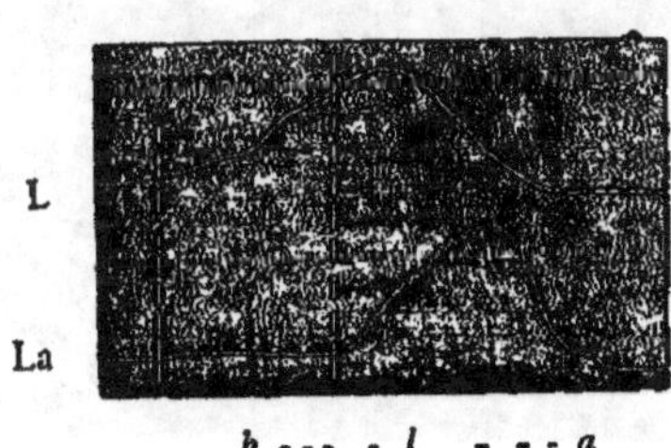

Fig. 636.

L. lèvres. — La. langue.
L'articulation de l'*l* ne commence qu'à la seconde ligne pointillée.

de la langue s'est abaissé pour le *t* dans *tla*, tandis que la
pression de la pointe a augmenté. Le *t* dans le groupe
n'est donc pas le même que le *t* isolé.

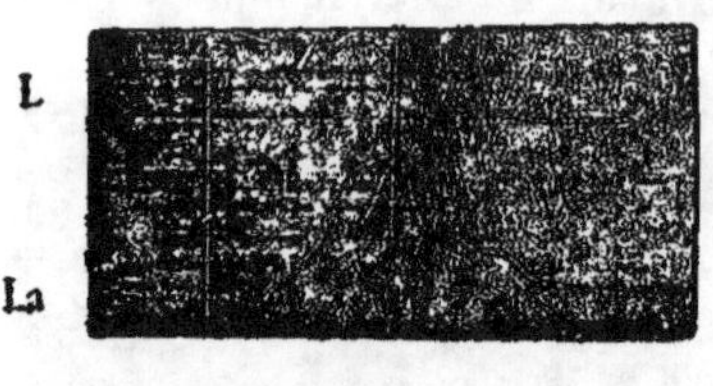

Fig. 637.

L. lèvres. — La. langue.
A l'instant où la pointe de la langue touche le palais pour r, les lèvres s'ouvrent.

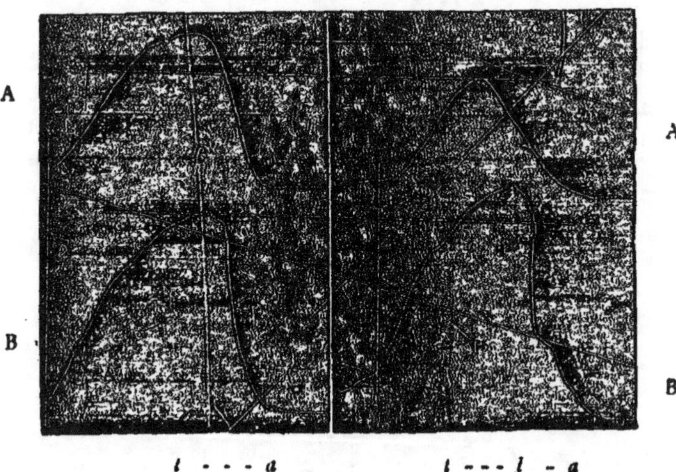

Fig. 638.

A. Langue au milieu de la bouche.
B. Langue derrière les dents.
Les pointillées horisontales permettent de comparer l'élévation de la langue aux deux
niveaux observés pour t et tl.

Si les articulations se font à deux points éloignés, der-

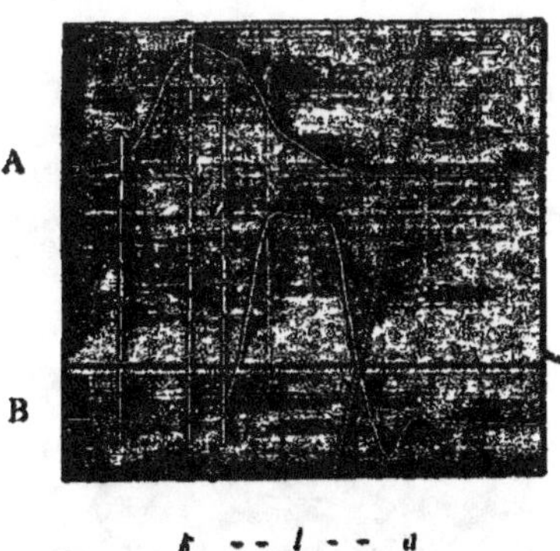

Fig. 639.

A. Racine de la langue.
B. Pointe de la langue.
La tension de l'*l* ne commence qu'après la détente du *k*.

rière les dents et à l'extrémité du palais dur, par la pointe
et le dos de la langue, *kla* (fig. 639), *gra* (640), les mou-

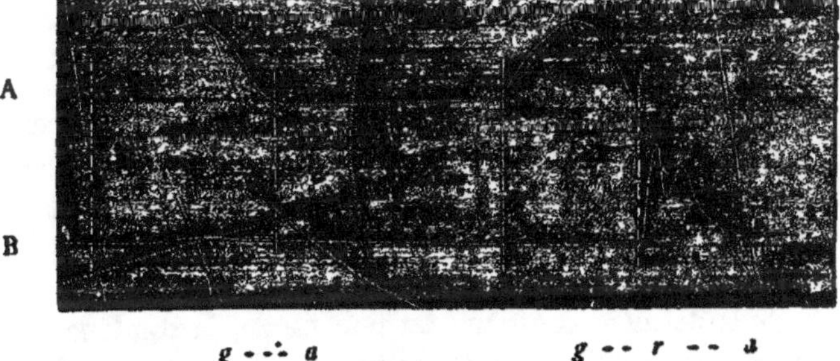

Fig. 640.

A. Racine de la langue qui articule le *g*.
B. Pointe de la langue qui articule, chez moi, l'*r*.

vements sont forcément successifs. Comparez le tracé du dos de la langue A et celui de la pointe B. Même pour

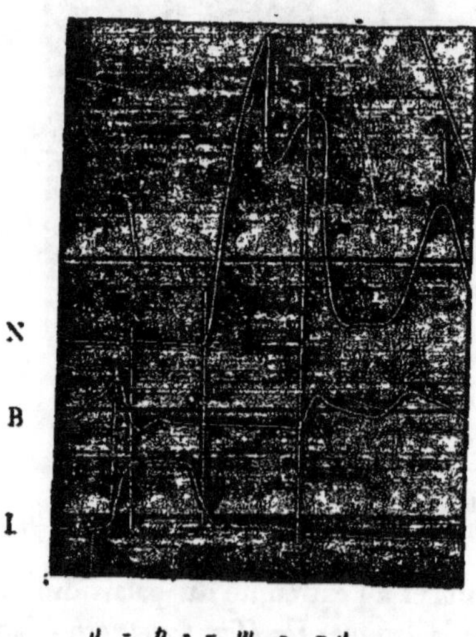

Fig. 641.

N. Nez (le tambour était très élastique). — B. Bouche (souffle inscrit par un tambour rigide). — L. Lèvres.

gra, la pointe ne part que quand le dos a complètement accompli sa détente. Aussi n'est-il pas étonnant que des oreilles très fines distinguent un petit *œ* entre *k* et *r* dans ma prononciation. On remarquera aussi que le *g* est plus intense dans *ga* que dans *gra*.

Si la dernière consonne est une nasale, la combinaison se fait aussi différemment, suivant qu'il y a un ou deux mouvements articulatoires. Quand il n'y en a qu'un, comme dans *apma* (fig. 641) et *asna* (fig. 642), la 1re consonne est réduite à la seule implosion; mais elle a un supplément explosif très considérable par le voile du palais, qui donne passage à un courant d'air supérieur à celui d'une simple nasale. Cela est surtout clair dans *asna*: la langue

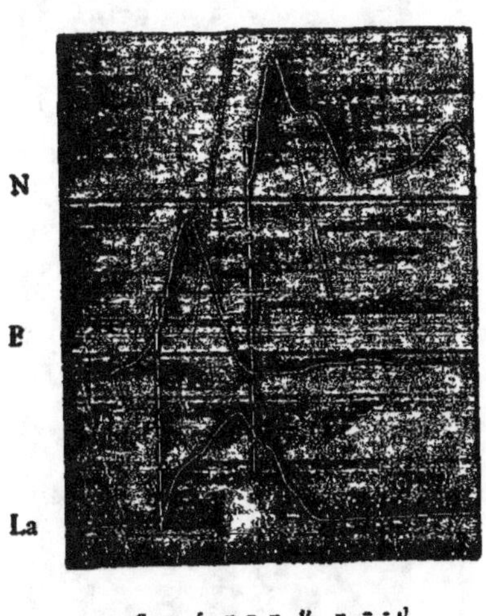

Fig. 642.

N. Nez. — B. Souffle — La. Langue.

s'élève jusqu'au contact du palais; à ce point, l's est finie et le courant d'air buccal est interrompu (c'est l'implosion de l's, correspondant à la seule tension); *n* commence alors avec explosion nasale très forte. La différence de pression labiale entre *p* et *m* dans *apma* est beaucoup plus grande que dans les consonnes isolées.

Quand il y a deux mouvements articulatoires, par exemple un de la racine de la langue, l'autre de la pointe, *akna* (fig. 643), chaque consonne a son explosion; mais le

jet d'air nasal, qui commence dès que la langue obstrue le
passage par la bouche, est très abondant, et la langue

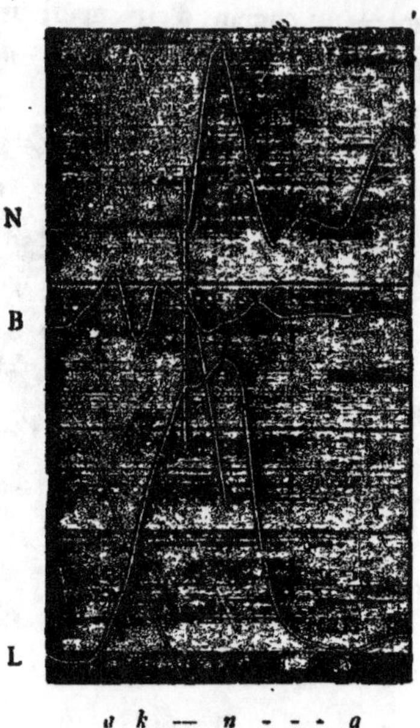

Fig. 643.

N. Nez. — B. Bouche (le courant d'air est gêné par l'ampoule qui prend les mouvements de la langue; mais il est facile néanmoins de reconnaître l'explosion du *k*). — L.
Pointe de la langue qui donne l'*n* (tambour très élastique).

continue à se presser contre le palais jusqu'au moment de
l'explosion buccale. Si nous supposons un groupe plus
compliqué *aptma* (fig. 644), nous avons un *p* implosif, un *t*
explosif, mais prononcé, par économie, avec les lèvres mi-
ouvertes, et l'*m*, les lèvres ayant repris leur position normale.

Ces exemples suffisent à donner une idée des modifications articulatoires et de la diminution d'intensité que subissent les consonnes dès qu'elles entrent dans des groupes.

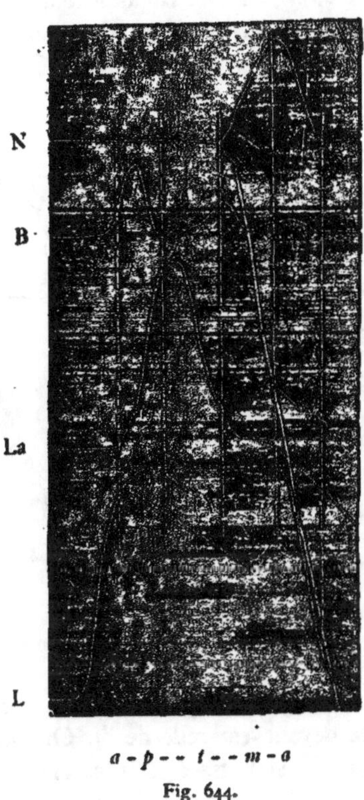

Fig. 644.

N. Nez. — B. Bouche. — La. Langue (tambour élastique). — L. Lèvres (tambour élastique).

On pourrait encore s'en rendre compte à l'aide du palais artificiel, en choisissant des groupes tels que l'une seulement des consonnes doive porter la langue contre le palais, du moins dans la région intéressée. Par exemple, veut-on comparer l'articulation de *l* seule et en groupe ? On prendra le tracé de *la* (ou de *l* + toute autre voyelle), puis celui de *bla, pla, fla, vla* ; les labiales ne donnant rien sur le palais, la marque obtenue appartient bien à l'*l*. On peut

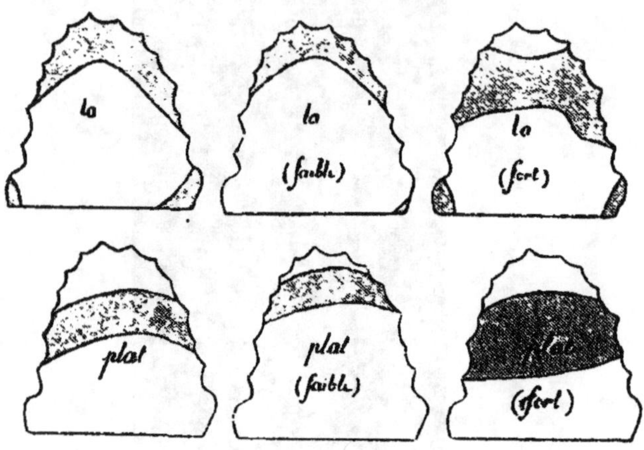

Fig. 645.

La isolé et combiné avec *p*.

L'articulation a été produite avec trois degrés d'intensité : *moyenne, faible, forte*.

prendre encore *kla, gla* ; *k* et *g* ne touchant qu'en arrière, la tache produite devant est celle de l'*l*. On pourrait même essayer *tla, dla, sla*, si le tracé est plus grand que celui de *t d s* seuls, il peut être utilisé ; sinon, on n'en peut tirer aucun parti. Les tracés[1] que je reproduis (fig. 645) montrent

---

1. *Mélanges de phonétique expérimentale.*

la concordance des résultats obtenus par les deux modes d'expérimentation que nous avons utilisés.

Enfin, nous avons à considérer les troubles apportés dans le fonctionnement du larynx par le groupement de consonnes dont les unes demandent et les autres refusent son intervention.

Ces troubles ont été constatés déjà et même exagérés. On a écrit, par exemple, qu'une sonore devient toujours au moins en partie sourde au contact d'une sourde, que

Fig. 646.

Nous avons déjà noté la nasalisation anormale de ce dialecte (p. 534).

des nasales, comme celles de *prisme, spasme,* sont sourdes, de même que l'*l* et l'*r* de *peuple, table, pampre, sabre.*

La question ne peut pas être tranchée avec cette généralité : chaque groupe exige des expériences spéciales.

Je suis entré, à cet égard, dans des détails minutieux pour mon propre parler[1]. J'ai remarqué que, considérées au point de vue de la force attractive, les consonnes peuvent se diviser en deux classes : l'une qui est très assimilable,

---

1. *Modifications phonétiques du langage,* p. 42-60.

comprenant les occlusives (p, b, d, t, k, g) et les fricatives (f, v, s, z, c, j) ; l'autre qui l'est beaucoup moins et qui se compose des liquides (l, l, m, n, r) et des semi-voyelles (y, w, w). Puis j'ai donné les résultats de mes expériences pour les divers groupes, suivant qu'ils sont formés de consonnes de la première classe seulement ou bien qu'ils contiennent des consonnes de la seconde.

A ces exemples, je me contente d'en ajouter un que j'emprunte au dialecte de Hambourg. Dans cette phrase *'es t*

'estembaniçlóp m z è—n

Fig. 647.

N. Nez. — L. Larynx. — Lè. Lèvres.
Les lèvres gardent la même position pour *n*, ce qui transforme ce groupe en *pm*. — Le *p* dans *pm* reste sourd. Il est produit par une fermeture des lèvres moindre que celle du *b*. — Lire presque : em baniy.

em baniç lopen zen, « *hast du ihn mörderisch (stark) laufen sehen*, l'as-tu vu courir en meurtrier (vite)? » (fig. 646), l'*n* s'assimilant est devenue *m* et le *p* est resté sourd une première fois (fig. 647); dans une autre expérience, il a été sonore (fig. 648).

C'est l'*m* seule, semble-t-il, qui influence dans ce dialecte une sourde précédente. Il est naturel, en effet, que les muettes douces, déjà plus qu'à moitié sourdes par elles-mêmes, n'aient pas agi sur une sourde placée devant elles.

Mais, à côté de cette question de l'assimilation laryngienne, il y en a une seconde qui n'offre pas moins d'intérêt : les modifications observées dans le jeu du larynx sont-elles primitives ou dépendent-elles d'une modification produite dans l'articulation elle-même ? En d'autres termes : un

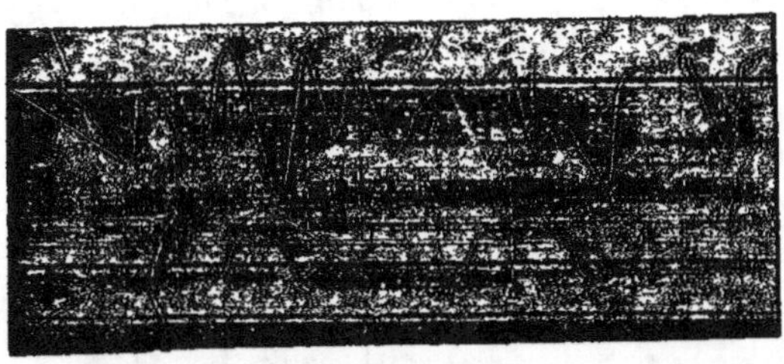

Fig. 648.

Le *p* dans *pu* est devenu *b* par les vibrations du larynx. — Lire : *embaniy*.

groupe *vf*, qui nous apparaît dépourvu de vibrations laryngiennes, représente-t-il un *v* non laryngien, ou sourd, et une *f*, ou bien *ff*. Le fait que l'on peut distinguer, par la seule articulation, *v* et *f*, *b* et *p*, etc., rend la solution de cette question facile pour un bon nombre de cas. C'est ainsi qu'elle s'est présentée à moi toute résolue dans « *ma pôv fœm* » (p. 508-510). Le parisien vient aussi à notre aide. Des mots comme *médecin* perdent leur *e* muet médial ; et il s'agit de savoir si l'on dit *méd'cin* ou *met'cin*. Pour avoir la réponse, il suffit de faire deux ou trois expériences avec le palais artificiel. Le tracé, on se le rappelle, est moins étendu pour *d* que pour *t* (fig. 380, 1); en tout cas, on s'en assure. Puis, on demande au sujet de dire le mot qu'on lui écrit *metcin* avec un *t*, ensuite *medecin* comme à l'ordinaire. Et l'on compare les tracés. L'expérience, reproduite fig. 649, a été faite avec une parisienne [1] ; ce n'est sûrement pas un *t* qui a été prononcé. Si en même temps on se procure la preuve, par l'inscription simultanée des vibrations du larynx, que la consonne est sourde, la question est résolue : on a un *d* sourd, c'est-à-dire une douce dépouillée uniquement des vibrations laryngiennes, et non une douce devenue forte et, par le fait même, sourde.

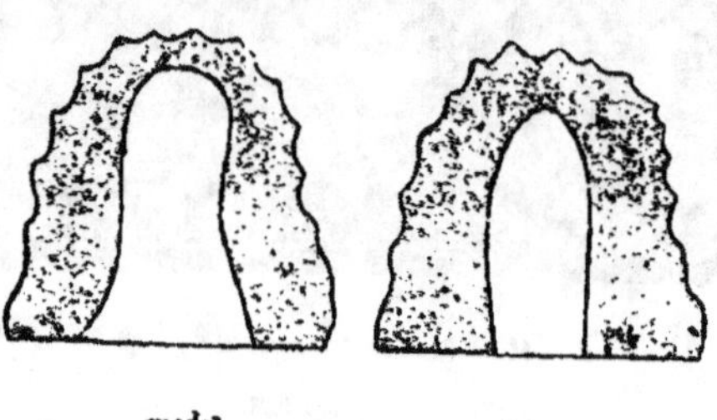

Fig. 649.

Le point essentiel est le haut de la figure, qui n'a pas été influencé par l's de *sè*. Or il est clair que l'articulation a été douce dans le premier cas, forte dans le second.

Mais nous avons à faire ici à des phénomènes essentiellement variables, qui dépendent du progrès de l'évolution dialectale, des dispositions individuelles, même de la seule rapidité de la prononciation et du mouvement de la phrase. Il est possible que des dialectes voisins soient fixés à des étapes différentes, que l'un ait *v f* avec un *v* sonore, un autre *v f* avec un *v* seulement assourdi, un autre enfin *ff*.

Les constatations faites pour une région ne peuvent donc pas être étendues sans examen à une autre. De même, les

---

1. *Précis de prononciation française*, p. 85.

règles fondées sur la prononciation lente d'une personne ne peuvent s'appliquer à sa prononciation rapide ; et nous pourrons surprendre sur les mêmes lèvres tantôt vf, tantôt $v'f$ (v sourd), tantôt ff.

(Sch.)

Fig. 650.

Groupe *jn* en tchèque.

N. Nez. — B. Bouche.
La ligne pointillée sépare le *j* et l'*n*.
Exploration avec une narine bouchée.
Toutes les vibrations se montrent sur la ligne du nez, comme sur celle de la bouche, tel point qu'il n'était pas nécessaire d'inscrire directement celle du larynx.

Les combinaisons de consonnes donnent parfois des résultats qui étonnent. Nous avons vu une nasale rendre sonore une sourde précédente. C'est la règle. Or, on trouve dans la langue de l'Avesta, en vieux perse, dans des dialectes slaves de Macédoine, des groupes *zm*, *jm*, *zn*, *jn*, *vn*

qui sont devenus *sm, ɛm, sn, ɛn, fn*[1]. Le problème est
embarrassant. Je crois en avoir trouvé la solution dans deux

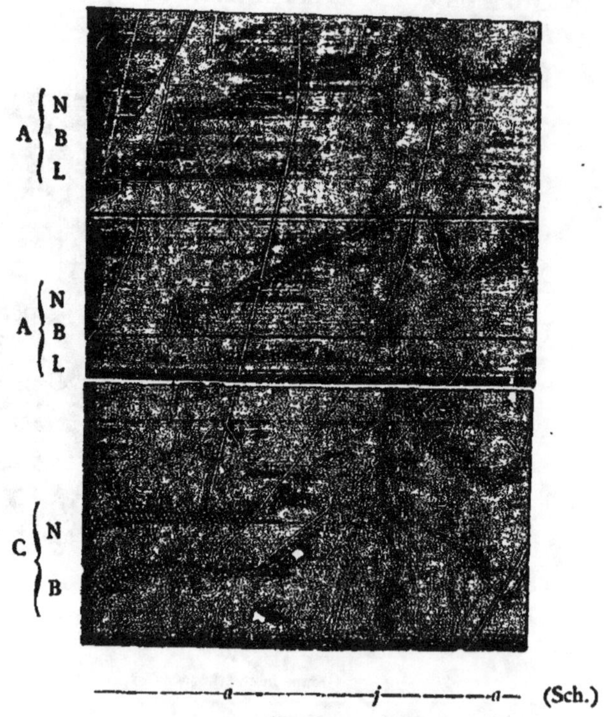

————————a————————j————————a—— (Sch.)

Fig. 651.

j médio-sourd (A), sonore (B), assourdi (C).

N. Nez. — B. Bouche. — L. Larynx.

L'exploration a été faite avec une narine fermée.
La ligne pointillée réunit les points correspondants des trois variétés de *j* et traverse
la partie qui est susceptible de s'assourdir.

1. *Synthèse phonétique* dans *Mélanges de phonétique expérimentale*.

variétés de $\chi\,j\,v$ et de nasales, qui toutes les deux tendent
à l'assourdissement. Supposons une sonore à moitié assourdie (fig. 275 et 276) mise en contact avec une nasale à
début sourd (fig. 347, 348), ou tendant à le devenir
(fig. 346, 2): la première consonne deviendra facilement
sourde elle-même. C'est ce qui est arrivé, quand après
avoir reconnu dans un même sujet la présence d'articula-

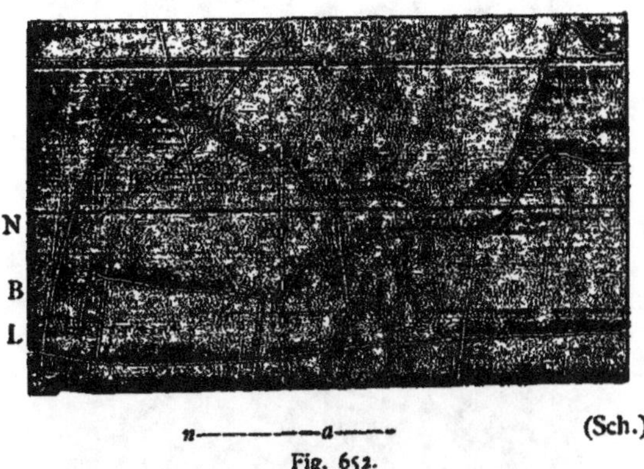

Fig. 652.

Nasale à début sonore.

F. Nez. — B. Bouche. — L. Larynx..

L'occlusion de la consonne est comprise entre les deux lignes pointillées. Elle est marquée
dès le début par des vibrations sur les trois lignes du tracé : elle est donc entièrement sonore.

Noter que l'a se nasalise fortement au contact de l'n par assimilation, et à la fin sous
l'influence expiratoire.

tion répondant à ce type, j'ai fait répéter un grand nombre
de fois de suite les syllabes *aχna, ajna, avna*. Dans ce cas,
l'organe obéit à la loi d'assimilation réclamée par les consonnes en présence : les parties sourdes s'attirent et la
sonore s'assourdit dans des proportions variables, comme
cela se produit dans tous les cas de phénomènes incons-

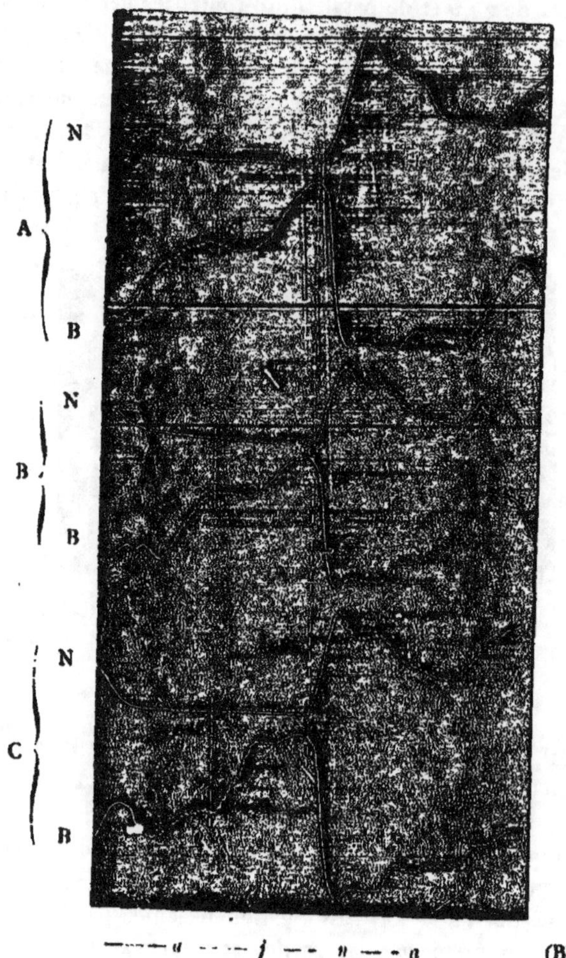

Fig. 653.
Groupe *jn* en saint-gallois.

N. Nez. — B. Bouche.

La grande ligne pointillée sépare *j* et *n*. Les petites pointillées indiquent approximativement le début du *j*, par comparaison avec le *ɕ*.

Les exemples A B C sont disposés par degré d'assourdissement. Le dernier *j* est presque entièrement sourd.

cients (cf. p. 920 *et suiv.*). Mais, si je soumets à la même épreuve des sujets qui ne possèdent que la variété entièrement sonore des consonnes étudiées, l'assourdissement ne se produit à aucun degré. Comparez *ajna* (fig. 650) chez M. Schlumsky, Tchèque, qui connaît bien un *j* médio-sourd (fig. 651, A) à côté d'autres variétés sonores

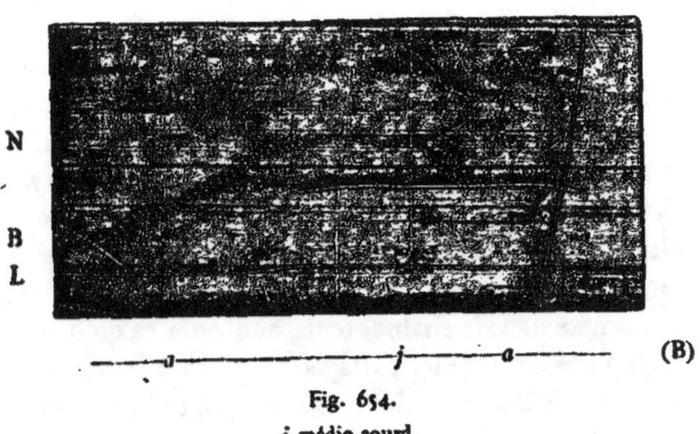

Fig. 654.

j médio-sourd.

N. Nez. — B. Bouche. — L. Larynx.
L'exploration a été faite avec une narine fermée.

(B) ou légèrement assourdies (C), mais dont les *n* sont très sonores, dès le début de l'occlusion (fig. 652), avec *ajna* (fig. 653), qui se transforme peu à peu en *aéna* dans la bouche d'un Saint-Gallois dont le *j* tend à s'assourdir (fig. 654) et dont la nasale est médiocrement sonore (fig. 346, 2). L'expérience réalise une vraie synthèse phonétique, donnant artificiellement la vie à des combinaisons mortes depuis longtemps. Chez moi-même, malgré mes médio-sourdes, la nasale est trop sonore pour reproduire le phénomène.

LA SYLLABE, LE MOT, LE GROUPE,
LA PHRASE, LE DISCOURS.

La syllabe n'a rigoureusement d'existence physiologique que dans les monosyllabes isolés. Autrement, on l'a vu par ce qui précède, les mouvements organiques se lient les uns aux autres sans solution de continuité, et il n'y a pas de point d'arrêt dont on puisse dire d'une façon absolue : ici finit une syllabe et commence une autre. Cependant nous avons le sentiment d'un mouvement correspondant à la syllabe, puisque dans une sorte d'aphasie elle est remplacée par un effort expiratoire (p. 307) et que les personnes incultes même peuvent scander leurs mots et les diviser en syllabes ; c'est que l'effort essentiel seul est conscient, non la préparation de cet effort ni l'influence qu'il peut avoir sur le mouvement suivant. La syllabe est comme le chaînon qui ne compte dans la chaîne totale que pour ce qu'il y ajoute, la jointure devant être partagée un peu arbitrairement entre les deux chaînons voisins (voir p. 404 et suivantes).

Ces réserves faites, essayons de préciser les limites des syllabes dans les divers genres de tracés :

1° *Tracés du larynx.* — Dans les séries de syllabes composées d'une sourde et d'une sonore, la voyelle correspond aux vibrations, les espaces sans vibrations représentant la consonne entière telle qu'elle a été définie dans les groupes. La 1re consonne seule reste inconnue.

2° *Tracés du souffle nasal pris au moyen d'une seule olive.* — Les nasales se reconnaissent à l'écoulement de l'air ; mais l'infection nasale des voyelles voisines rendrait la détermination incertaine, s'il manquait le contrôle d'un autre tracé. Quand l'exploration nasale se fait avec un très petit tambour, les résonances de toutes les sonores sont très nettes et présentent souvent des caractères qui permettent d'isoler plusieurs sons.

3° *Tracés du souffle buccal pris avec un tambour et à moyenne vitesse.* — Toutes les explosions sourdes et sonores sont marquées, ainsi que les implosions. Les occlusions sont toujours claires. Ce qui manque de précision, c'est le passage d'une voyelle à une autre, d'une constrictive sonore à une voyelle, de l'explosion sourde à une voyelle quand

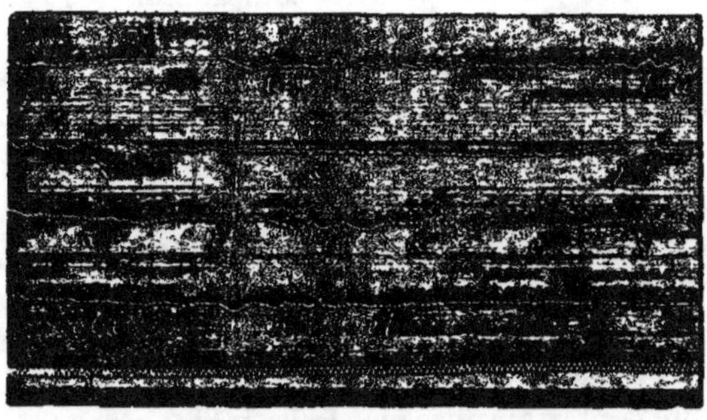

Fig. 655.

Air vibrant inscrit avec le tambourin.

Mots inscrits : *...selon l'usage antique et solennel.*

Les sourdes et même les spirantes se distinguent bien. Mais l'*l* reste indécise. L'*n* et les nasales ont été précisées grâce au tracé du nez que j'ai retranché dans la figure.

La fin de chaque articulation est indiquée par un point. Dernière ligne : Diapason de 200 v. d.

le tambour donne un grand déplacement, ce qui lui empêche de saisir les vibrations.

4° *Tracés des vibrations aériennes prises à l'aide du tambourin.* — Cette inscription a l'avantage de ne pas gêner le sujet en expérience et plaît aux artistes, pour qui je l'ai disposée. Elle donne des indications qui peuvent suffire dans certains cas (fig. 654). Mais elle devient bien plus claire si l'on y joint l'inscription de la colonne d'air nasale. Toutefois les tracés du souffle sont bien préférables pour la lecture.

5° Tracés synchroniques du souffle de la bouche et du nez. — Pris à vitesse moyenne, ces deux tracés suffisent à isoler presque toutes les syllabes. Les seules difficultés sont pour les voyelles contiguës, les consonnes *l r z j*, qui peuvent être affaiblies au point de ne pas se distinguer, les semi-voyelles et les sourdes initiales. Pour reconnaître *v z j* entre voyelles, on peut s'aider de la comparaison de *f s ɕ*. Quant aux sourdes initiales, le début physiologique est d'ordinaire suffisamment marqué par les variations du souffle. Mais le début acoustique, qui se confond avec l'explosion pour les occlusives, reste indéterminé pour les constrictives, parce que le mouvement vibratoire qui leur est propre échappe aux appareils. On peut le fixer approximativement par comparaison avec la sonore initiale correspondante. L'inscription préalable de toutes les consonnes d'un dialecte à étudier jointes à une voyelle quelconque rend, par comparaison, la lecture des textes suivis plus facile et plus sûre.

Quand le souffle de la bouche et du nez est inscrit avec des appareils convenables (oreille inscriptrice, inscripteur électrique, tambour très petit) et à grande vitesse, tous les sons sans exception sont faciles à déterminer (p. 404 et suivantes).

Mais pour un texte étendu à inscrire en une seule fois, ce procédé est impossible avec les enregistreurs dont nous disposons. De simples tambours, avec la vitesse moyenne, sont bien plus pratiques et, en somme, suffisants (Voir p. 530 et fig. 300). Les points indécis peuvent être inscrits à part avec les moyens propres à mettre en relief les différences des sons.

6° Tracés synchroniques des mouvements organiques et du souffle. — Quand ils sont convenablement préparés, ces tracés, même pris à la moyenne vitesse, permettent de délimiter tous les sons qui dépendent des organes explorés, comme on a pu en juger par les figures de détail.

Ce serait le lieu ici de revenir sur la question, déjà posée (p. 643), de savoir ce qui constitue la syllabe. Mais je le ferai plus utilement un peu plus loin.

Le mot, comme la syllabe, n'existe sans altération qu'à l'état isolé. Il se compose d'une ou plusieurs syllabes. Nous avons parlé du premier cas; il reste à nous occuper du second. Dans les polysyllabes, outre le groupement des articulations, il faut considérer la longueur du mot, le rythme et l'accent, l'usure, l'assimilation à distance, la dissimilation et l'épenthèse.

Le groupe respiratoire possède une individualité propre. Il est formé d'un ou de plusieurs mots; et, en plus des influences qui agissent sur le mot, il est soumis à l'action d'un mot sur l'autre et de son accent propre.

La phrase contient un ou plusieurs groupes respiratoires et a un accent, qui en fait l'unité, plus fort que celui du mot et du groupe respiratoire.

Toutes les questions relatives à la durée, à l'intensité, à l'accent et au rythme trouveront leur place dans l'article suivant. Nous nous arrêterons seulement ici sur l'union des mots, l'usure et le compte des syllabes dans le groupe et dans la phrase, l'assimilation à distance, la dissimilation et l'épenthèse.

Union des mots.

Plusieurs exemples prouvent qu'au moins en certains

cas le mot conserve dans le groupe quelque chose de son individualité. Ainsi dans « apte à tout faire » (fig. 656), *apte* se distingue de *apt* dans « aptitude », par un *p* d'une plus grande occlusion et d'une légère explosion, qui manque

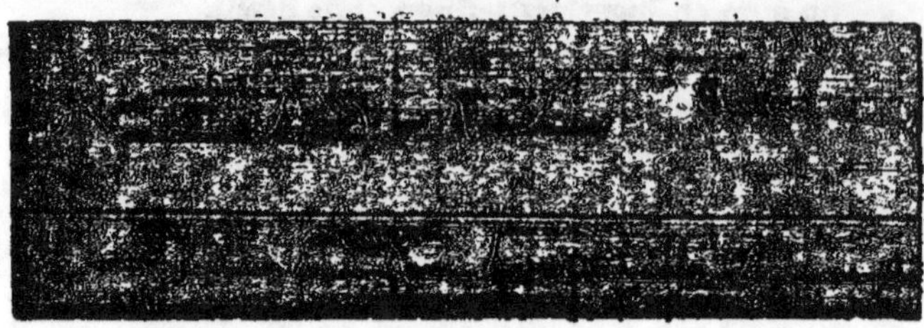

Fig. 656.

(Inscription du souffle.)

On remarquera l'indépendance des deux consonnes séparées par le pointillé. Dans (1) *a p t a t u ʃè (r)* « apte à tout faire », on notera la présence d'une petite explosion pour le *p*; dans (2) *aptitude* « aptitude », celle d'un changement de pression marqué par un fléchissement de la ligne.

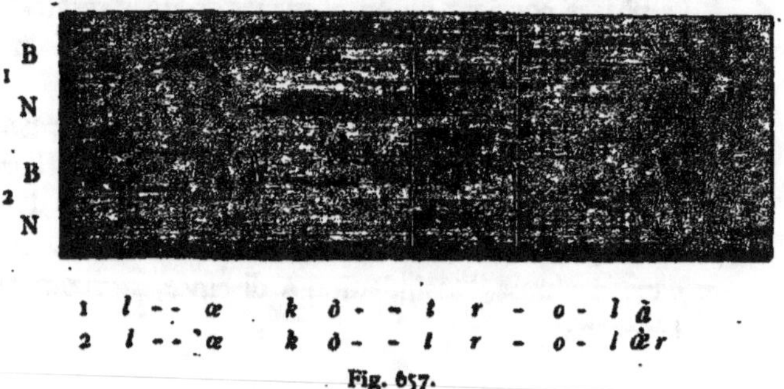

Fig. 657.

tR (1) est plus fort que tr (2).
B. Bouche. — N. Nez.

dans « aptitude », c'est-à-dire par plus de force. Dans le
« comte Roland », *tr* (l'*e* muet étant tombé) a une ampleur de
tracé qui ne se retrouve pas pour « le *contrôleur* » (fig. 656).

De même, « don*ne* à Pierre » ne se confond point avec
« don*na* Pierre » (fig. 658). L'oreille n'est pas toujours

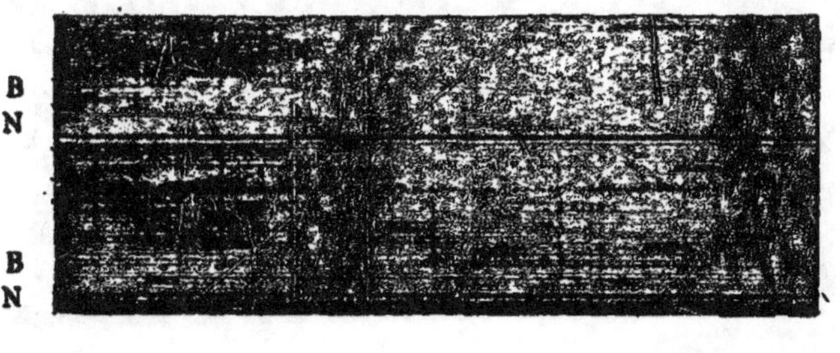

1	*d — o - n*	*a*	*p - y - - è r*	(donne à Pierre)
2	*d — o - n*	*a*	*p - y - - è r*	(donna Pierre)

Fig. 658.

Na tonique apparaît plus fort que *as d* (atone), même en tenant compte de l'intensité plus grande avec laquelle le groupe entier a été prononcé par rapport au premier : (Donne à Pierre).

insensible à ces différences, qui se traduisent pour elle par
des nuances d'accentuation, d'intensité ou de timbre.

Usure des syllabes.

L'usure des syllabes devient apparente quand on compare
les tracés avec la forme écrite des mots, ou même les tracés
entre eux. Comparez fig. 354-356, 644, où la terminaison
-*en* a pu être prononcée, et 645-646 où la voyelle a sûrement disparu. Nous avons deux exemples excellents du
phénomène en betsiléo. *Tompon'ny tany* « propriétaire du
terrain », entendu *tupīnītāni* (fig. 659), peut se réduire
pour les syllabes atones intérieures *puni* (fig. 660). Le

progrès est plus grand dans *tompon'tani* « propriéraire du terrain », qui a été entendu *tuputani* et qui est en réalité *tubutani* (fig. 661). Le *pu*, déjà affaibli en *bu* avec un *u* si

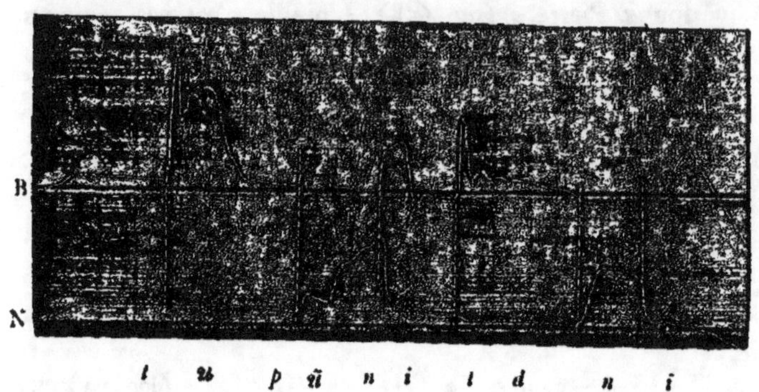

Fig. 659.

B. Bouche. — N. Nez.
Les syllabes *puni* sont pleines.

Fig. 660.

B. Bouche. — N. Nez.
L'*i* de *puni* est très réduit.

court qu'il est plus juste de n'y voir que l'explosion du *b*,
est réduit à une simple occlusion faisant suite à l'implosion
(fig. 662), perd de sa sonorité et disparaît presque entiè-

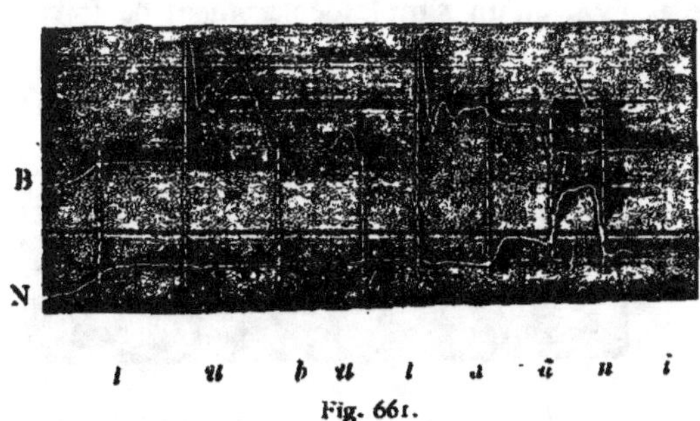

Fig. 661.

B. Bouche. — N. Nez.
La syllabe *btt* (entre les pointillées 3 et 4).

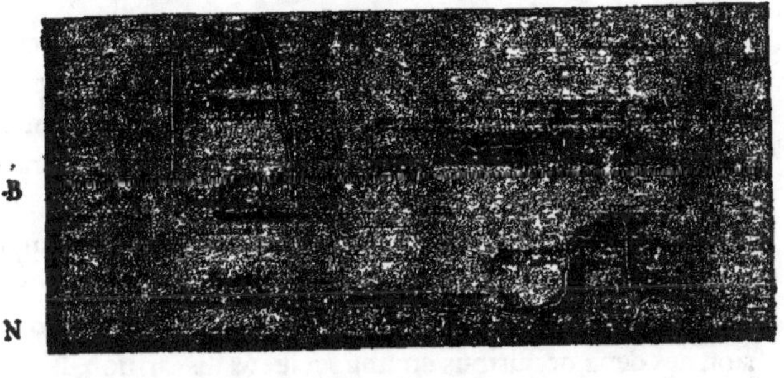

Fig. 662.

B. Bouche. — N. Nez.
La figure a été agrandie de 1 c. 1/2 pour rendre visibles les vibrations du *b*.

L'*tt* de *btt* a disparu ainsi que l'implosion du *b*. — *Occlusion sonore pour b entre le*
pointillées 3 et 4), sourde pour *t* (4-5). Le caractère implosif du *b* se montre dans la voyelle
précédente qui a dépensé un plus fort courant d'air (comparer avec la figure précédente).

rement (fig. 663). Notons que dans les deux tracés (661
et 663) la distance entre l'explosion du premier *t* et l'oc-

clusion de l'*n* (*tubta* ..) est sensiblement la même. Le mot n'a donc pas été raccourci par la perte de la syllabe *bu*. C'est la 1re syllabe qui a bénéficié d'un surcroît de durée. Cela s'explique : l'explosive ayant été remplacée par une implosive, il n'y a qu'un simple déplacement de force.

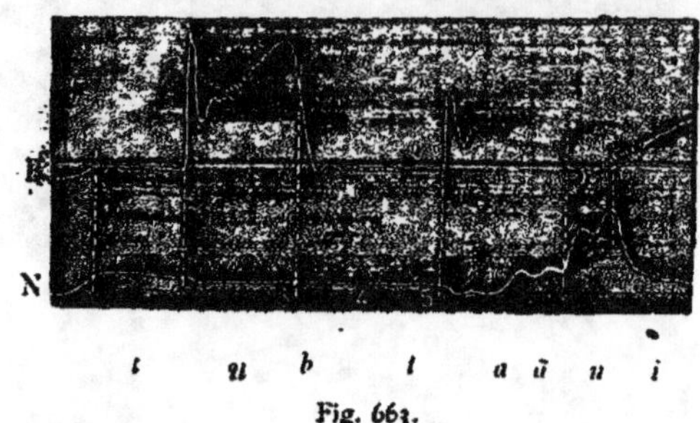

Fig. 663.

B. Bouche. — N. Nez.
Les vibrations pendant l'occlusion du *b* sont plus faibles que dans le tracé précédent.

D'après cela, il semble qu'on pourrait établir, pour la chute d'une syllabe atone placée entre une initiale forte et une tonique commençant par une sourde, les étapes suivantes : 1° affaiblissement de l'atone, ce qui permet le changement d'une sourde en sonore ; 2° réduction de la voyelle à l'état de simple explosion ; 3° perte de l'explosion et son remplacement par une implosion ; 4° assimilation de l'occlusion sonore à l'occlusion sourde de la syllabe suivante ; 5° confusion des deux occlusions en une seule ; 6° disparition de l'implosion, ce qui consomme la disparition de la syllabe atone.

Si j'appliquais tout ceci à un exemple latin, je dirais que, pour devenir *chetel* (cheptel), CAPITALE a dû prendre les formes successives : 1° *cabitale* ; 2° *ca-b-tal* (*b* explosif) ; 3° *cab-tal* (*b* implosif) ; 4° *captal* (occlusion assourdie) ; 5° *cha'tel* (implosion encore sensible) ; 6° *chatèl, chetel*.

Le malgache est encore un excellent champ d'études pour la chute des voyelles finales atones. On y observe : d'un côté, l'action destructive de la longueur du mot et des occlusives sourdes; de l'autre, l'influence conservatrice des spirantes sourdes et de toutes les sonores; et peut-être encore des causes d'ordre harmonique[1].

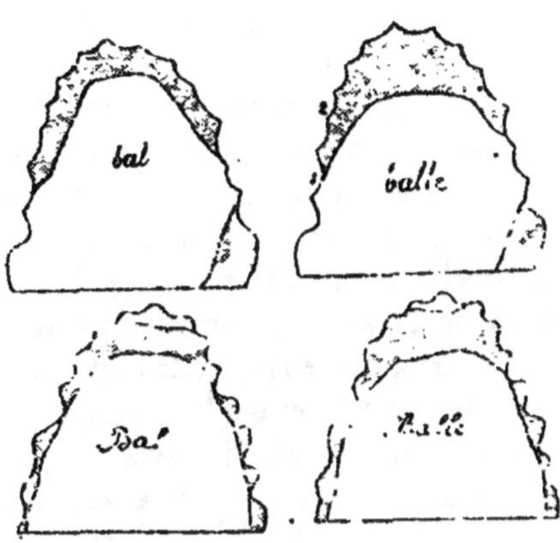

Fig. 664.

Dans le parisien même, l'*e* muet final après une simple consonne n'est pas tellement affaibli qu'on n'en puisse déceler la présence. Comparez *bal* et *balle* chez deux parisiennes[2] (fig. 664).

---

1. *Phonétique malgache*, dans *Mélanges de Phonétique expérimentale*.

2. *Articulations parisiennes*, dans *Mélanges de Phonétique expérimentale*.

Compte des syllabes.

Le compte des syllabes est un point qui intéresse au plus haut degré les métriciens français. Et la cause de leur embarras n'est autre que la consonnification de certaines voyelles en hiatus et l'instabilité de l'*e muet*.

Pour savoir si, dans la lecture poétique d'aujourd'hui, la voyelle devenue semi-voyelle pour la langue courante, a bien conservé sa valeur traditionnelle, il n'y a qu'à inscrire le passage en entier, avec des appareils distinguant la voyelle de la semi-voyelle correspondante : et l'on verra bien si, en ce point, la pratique est conforme à la théorie. Comme contrôle, on pourra inscrire le même morceau une seconde fois avec la voyelle, et une troisième avec la semi-voyelle.

La question de l'*e muet* est autrement compliquée. On l'a simplifiée outre mesure en prétendant que l'*e* muet tombe toujours quand il n'est pas contigu à un groupe de consonnes.

A l'oreille, on peut le confondre avec une explosion un peu forte, et dans les tracés avec une explosion sonore. Dans ce cas, quand il y a doute, il faudrait faire l'inscription à grande vitesse, la vibration prenant alors un caractère déterminé qui permet de reconnaître la voyelle. On peut donc toujours, si l'on veut, résoudre graphiquement le problème. D'expériences déjà anciennes que j'ai faites à l'instigation de M. Psichari, et d'autres plus récentes que j'ai reprises avec le concours de M. de Souza, dont l'oreille délicate est un guide si suggestif, comme des expériences de M. Lote sur le rythme des vers français, et des phonogrammes des meilleurs artistes, il résulte que dans le débit poétique la chute et la conservation partielle ou totale de l'*e* muet dépend de sa place dans le mot, de la qualité d'une syllabe précédente (fig. 664), d'une consonne placée avant

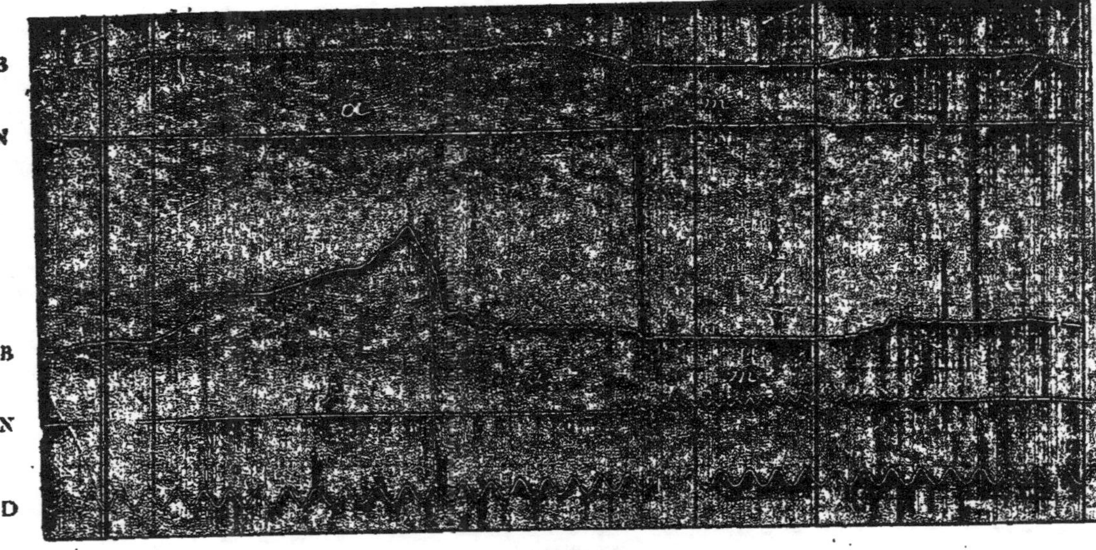

Fig. 665.

B. Bouche. — N. Nez. — D. diapason de 50 v. d. à la seconde.

Les pointillées délimitent les voyelles et les consonnes. — Prolongées jusqu'au tracé du diapason, elles permettent de mesurer facilement la durée de chaque articulation. Remarquer la différence des deux *e* muets : celui de *âme* très net et aigu ; celui de *femme*, trop grave pour ma voix et se confondant avec l'explosion de l'*m*.

ou après, du degré de rapidité de la prononciation, des besoins du rythme, de l'effet à produire [1]. Bref, il n'est presque pas de cas où l'*e muet* ne puisse pas être conservé un peu artificiellement. En conséquence, il semble que le poète peut prendre la liberté d'en user avec cette voyelle suivant les exigences de sa pensée et de son vers, et que le lecteur doit chercher à se conformer à la volonté du poète.

Quant à la lecture des vers mesurés d'après la métrique traditionnelle, il faut reconnaître que les meilleurs artistes ne se font aucun scrupule, même malgré leurs principes conservateurs, de faire sauter bon nombre d'*e* muets. Faut-il en conclure qu'ils détruisent le vers ? Moi, je ne le ferais pas. Je dirais que la suppression de l'*e* muet n'entraîne pas la suppression de la syllabe où il entre comme voyelle, au moins toutes les fois où il subsiste virtuellement et où il peut à volonté être repris ou abandonné, ce qui est la grande majorité des cas, et qu'alors la syllabe est constituée par la seule consonne. Soient, par exemple, ces deux vers de Fr. Coppée dans « Un évangile » :

> La femme se leva sans dire une parole...
> Le Seigneur se leva, fit signe à Pietre et partit,

qui ont été dits par Mme Sarah Bernhardt :

> *La fam sœ lva*.....
> *Lœ seyœr sœ lœva*.....

peignant dans le premier l'empressement de la femme et dans le second la majesté calme et lente du Seigneur.

---

1. Voir : *Modifications phonétiques du langage* (p. 305-309); *Précis de prononciation française* (p. 101-104, 146-147) ; *Cours de gramophonie française*, en préparation.

Eh bien ! je crois que pour l'oreille *m l* correspondent à deux syllabes seulement diminuées et non supprimées. Pour que les deux syllabes *fa, sœ*, d'ouvertes qu'elles sont, soient devenues fermées *fam, sœl*, il faudrait que la conscience des *œ* de *mœ lœ* fût complètement perdue; ce qui n'est pas.

Il y a des oreilles très sensibles au nombre des syllabes. Si vous allongez un vers ou si vous le raccourcissez par l'addition ou la suppression d'une voyelle pleine, elles protestent ; supprimez ou prononcez un *e muet*, elles n'y prendront pas garde.

Assimilation à distance.

Nous avons un cas d'assimilation de ce genre dans « couché sous un pin » qui s'est souvent changé dans mes

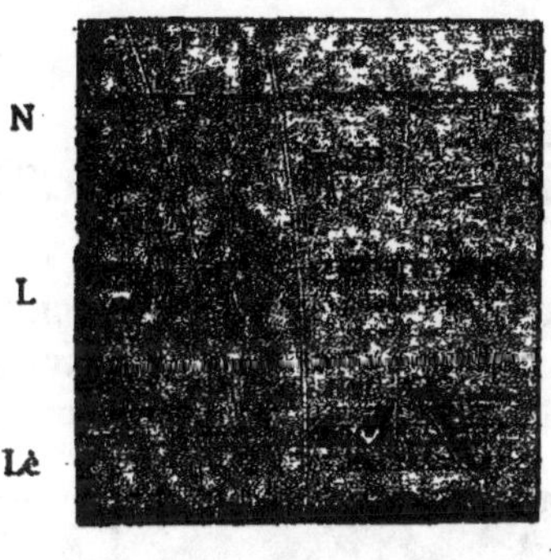

Fig. 666.

La nasalité n'a pas cessé avec l'*n* de *tùn* jusqu'à la fin du *p* suivant, ce qui l'a transformé, le larynx ayant aussi continué à vibrer, en *m*.

tracés en *kuéé zuz ñ pñ* (c'est le cas de *cerché* devenu *cherché*), et aussi la phrase déjà citée [1] *dyâblœ tun âpùr !* devenue acci-

---

1. *Modifications phonétiques du langage*, p. 45.

dentellement dans ma prononciation *dyâblœ tun âmur !* (fig. 666). Ce ne sont là que de simples méprises favorisées par des articulations voisines. Mais il est d'autres assimila-

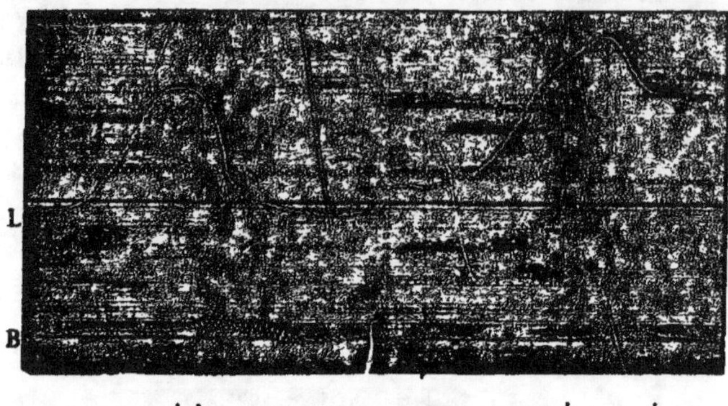

Fig. 667.

L. Langue. — B. Souffle.
Les positions respectives de la langue se déterminent d'après la ligne pointillée. L'influence de l *i* sur l'*l* précédente et sur l'*e* initial apparaît clairement dans cette figure et les suivantes dont la disposition est semblable.

tions, qui sont d'ordre purement physiologiques et qui ont pour base l'accommodation des mouvements organiques entre eux. Nous avons constaté, entre autres, l'influence d'un

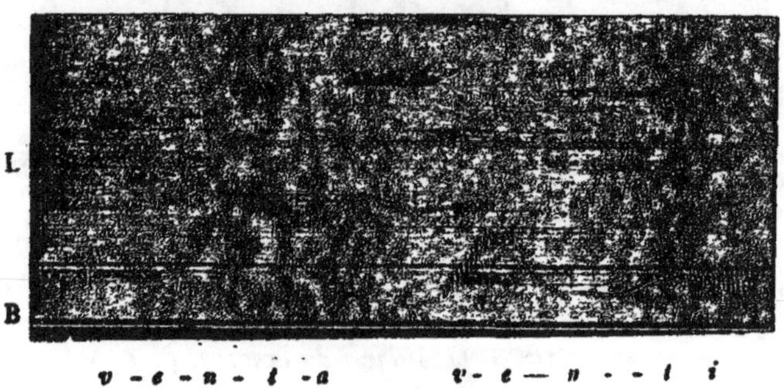

Fig. 668.

i final sur le début d'une consonne précédente (fig. 624,
625). On peut donc prévoir que son action s'étendra même
sur une voyelle antérieure. La phonétique historique nous

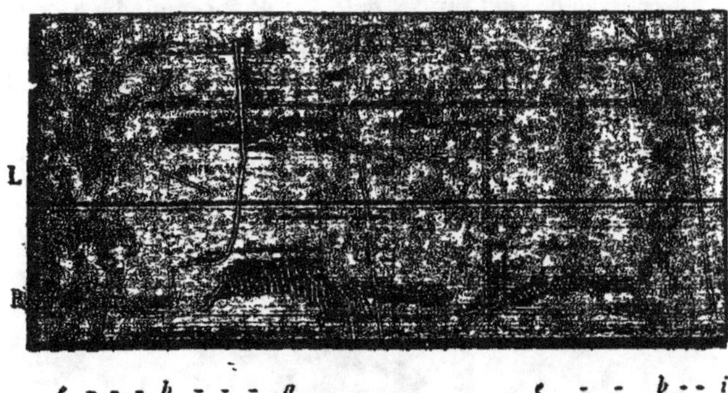

Fig. 669.

en fournit des exemples en français, en allemand, sans
parler de l'harmonie vocalique qui est de règle dans les

Fig. 670.

langues ouralo-altaïques. En français, ILLI a donné *il* ; ILLA, *elle* ; VIGENTI, *vingt* ; TRIGENTA, *trente* ; IBI, *y*. En allemand, VATER a gardé son A, VATRI est devenu *vater* ; de même on a l'équivalence *hut* pluriel *hille*. Ce phénomène bien connu se trouve clairement expliqué par les tracés. Inscrivons les couples que nous rendrons aussi pareils que possible : ELLA

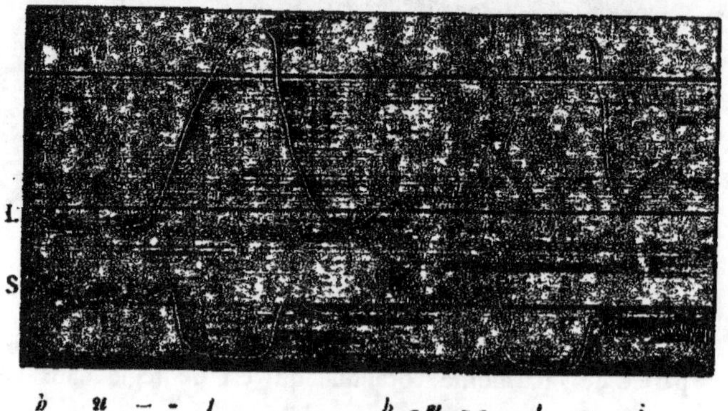

Fig. 671.

ELLI (fig. 667) ; VENTA VENTI (fig. 668), EBA EBI, (fig. 669), VATER VATRI (fig. 670), HUT HUTI (fig. 671). L'ampoule montre que la langue, sous l'influence de l'*i*, a pris une position voisine de la voyelle qui s'est développée plus tard. Ces faits ont été exposés par M. Laclotte [1].

Dissimilation.

La dissimilation n'est au fond que l'affaiblissement d'une articulation sous l'influence d'une articulation semblable plus forte. Je n'ai entrepris aucune recherche sur ce sujet. Mais les exemples de semblables affaiblissements, si l'on ne

1. *La Parole*, an. 1899, p. 177-188.

veut pas écarter l'influence toujours agissante de l'accent, loin d'être rares, doivent être considérés comme la règle (fig. 392, 393). Je cite encore la seconde *f* de *op èmól léfœ fot* « auf eimal lief er fort, soudain s'enfuit-il » (fig. 672)

Fig. 672.

N. Nez. — L. Larynx. — Lè. Lèvres.
L'amplitude du tracé est moindre pour la 2ᵉ *f* que pour la 1ʳᵉ.
Le *p* est en partie sonore : comparez les deux pointillés qui marquent l'arrêt du larynx : celui-ci a continué à vibrer après la fermeture des lèvres pour *p*.

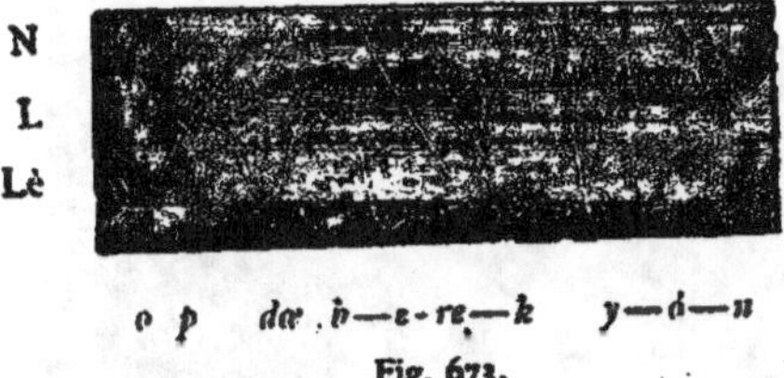

Fig. 673.

N. Nez. — L. Larynx (appareil Rosepelly). — Lè. Lèvres.
La fermeture est bien moindre pour *p* que pour *b*. Le *b* est sourd.

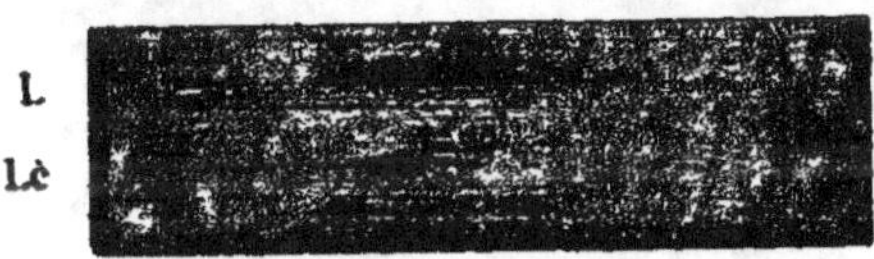

Fig. 674.

L. Larynx. — Lè. Lèvres.
Les lèvres sont presque aussi fermées pour *p* que pour *b*.

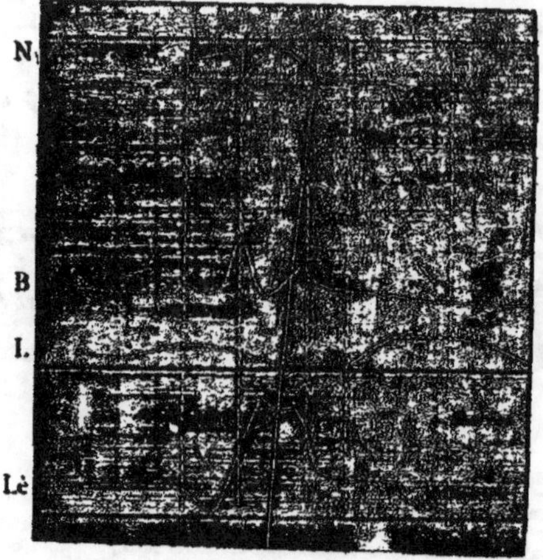

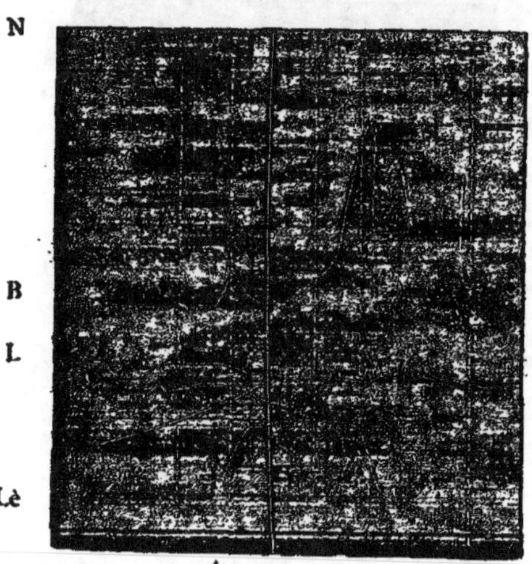

Fig. 675.

Épenthèse.

N. Nez. — B. Bouche. — L. Langue. — Lè. Lèvres.
Ces deux mots CAMERA et cambra, ont sensiblement la même durée. L'm empiète pour
les lèvres sur l's et le remplace par une partie uniquement buccale, c'est-à-dire par un b.

ainsi que le *p* de *op de berek yôn* « auf die Berge gehen, sur les monts aller » (fig. 673), comparé à celui de la figure 674,

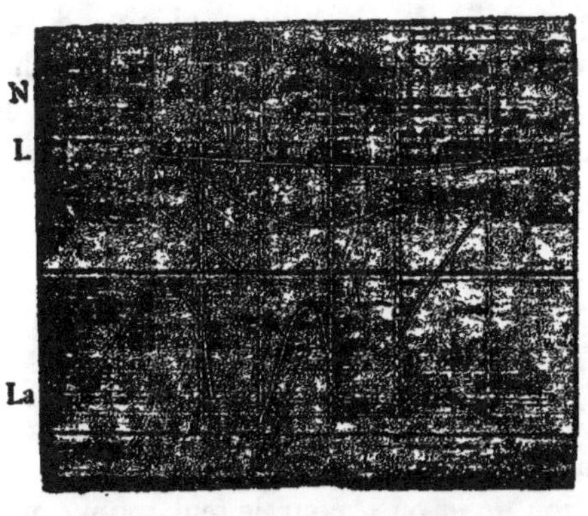

Fig. 676.

N. Nez. — L. Larynx. — La. Langue.
Remarquer le renforcement articulatoire de l'*n* dans *tendre* : élévation plus grande et plus prolongée de la langue. D'où ressort, les autres *organes* n'*éprouvant aucun changement dans leur fonction, un *d* qui prend la place de l'*e* de *tenray*.

dans le dialecte de M. Reifferscheid. La différence de fermeture des lèvres observée dans ces deux figures pour le *p* ne se reproduit pas dans ma prononciation. Il y a donc ici quelque chose de particulier, qui ne me paraît être que l'influence d'une articulation semblable plus accentuée, c'est-à-dire la dissimilation. M. Grammont a donc eu raison de faire rentrer dans la phonétique les cas d'assimilation tenus à l'écart jusqu'à lui.

Épenthèse.

L'épenthèse m'avait tenté davantage; et il y a longtémps que j'ai inscrit des mots comme CAMERA (fig. 675) *cambra* (fig. 676), TENERU *tèndre*, etc. On voit d'après ces tracés que la consonne épenthétique n'est, dans ces mots, que la prolongation de *m* ou *n* pour le seul mouvement des lèvres ou de la langue pendant toute la durée de l'*e*, qui cesse ainsi d'être articulé, le voile du palais et le larynx continuant à fonctionner comme auparavant [1].

ARTICLE IV

Qualités des éléments de la parole.

En dehors du *timbre*, qui constitue le son lui-même et qui l'individualise, d'autres qualités sont à observer dans les éléments de la parole. Ce sont la *quantité*, la *hauteur musicale* et l'*intensité*, d'où résultent l'*accent* et le *rythme*.

---

1. *Mélanges Ferdinand Brunot* (Mémoire de M. Fauste Laclotte).

Ces qualités sont définies par rapport à nous ; elles répondent en effet à des impressions perçues par notre oreille. Mais elles ont leur cause dans la constitution physique du son.

Quelque liés que soient entre eux ces deux ordres de faits, jamais ils ne se confondent, en ce sens que nos perceptions ne sont jamais complètes. L'éducation diminue l'écart dans de grandes proportions, mais ne le supprime pas.

I

QUANTITÉ

La *quantité* est la sensation de durée que donne un son.

La durée se lit sur les tracés. Elle a pour mesure le son inscrit, ou les mouvements articulatoires qui le produisent. La seule difficulté peut venir de la déformation des lignes (p. 146-150) ou de l'incertitude dans la détermination de chaque partie du tracé et dans la division des syllabes (p. 969 et suiv.). La durée de l'implosion et de l'explosion ne se reconnaît que dans les tracés pris à grande vitesse. L'implosion compte depuis l'instant où la période de la voyelle paraît altérée jusqu'à l'arrêt du courant d'air. L'explosion se mesure depuis la sortie de l'air jusqu'à la première période caractéristique de la voyelle (voir p. 404-465).

Pratiquement, on compare le phénomène à mesurer avec le tracé des vibrations d'un diapason qui accompagne l'inscription. Si l'on a confiance en son régulateur, on dresse une échelle d'après la vitesse du cylindre ou les vibrations d'un diapason que l'on enregistre de temps en temps (p. 153). Une unité qui convient bien à ces sortes de mesures, c'est le *centième de seconde*.

Pour le sujet parlant, la sensation de durée n'est pas seulement auditive ; elle est en plus musculaire. D'où deux sortes de quantités : l'une acoustique, l'autre articulatoire.

La quantité acoustique diffère en soi de la quantité articulatoire, en ce qu'elle ne tient compte que du son, abstraction faite des mouvements qui le préparent et de ceux qui le suivent. Mais elle semble bien avoir influencé le sens musculaire, au point que le sujet parlant ne fait généralement entrer en compte, dans son appréciation de la quantité, que les mouvements articulatoires accompagnés d'effet. Pour s'en convaincre, il suffit de s'observer soi-même en produisant l'articulation en silence.

Il s'en suit qu'il y a unité dans la perception de la quantité pour celui qui parle et pour celui qui écoute. Mais il n'en faudrait pas conclure que la quantité soit égale pour l'un et l'autre. Celle-ci en effet est conditionnée par le mode de perception, la qualité de l'oreille, le milieu et la distance de la source sonore. Celui qui parle entend par la voie interne et par la voie externe ; l'auditeur, par cette dernière seulement. Aussi, quand le sujet parlant devient un simple auditeur de sa propre parole répétée par un phonographe, il la juge plus altérée qu'elle n'est en réalité. Si nous considérons attentivement le tracé du commencement et de la fin d'une voyelle (par exemple, fig. 166 et 167), nous comprendrons qu'elle doit avoir plus de durée pour celui qui la prononce que pour n'importe quel auditeur. Et de fait, à une grande distance, une voyelle longue, réduite à sa partie la plus intense, n'est sentie que comme un cri bref. Toutefois, on peut penser que, dans les conditions normales d'audition, la quantité relative, celle qui importe le plus, est sensiblement la même pour tous.

Cette conclusion est facilement acceptable, quand il s'agit

de sons continus (voyelles et consonnes constrictives). Mais doit-elle s'étendre aux occlusives et à leurs. nasales? Cela paraît douteux, puisque leur explosion est précédée soit d'un silence, soit de vibrations sans grande valeur acoustique. Cependant, il est permis de croire qu'il se fait dans l'esprit une sorte d'identification quantitative pour les deux séries de sons.

Considérons d'abord les occlusives entre voyelles. Les tracés de la voix (fig. 218-231) montrent plus ou moins clairement que l'implosion n'est pas très différente de l'explosion et qu'elle ne doit pas passer inaperçue pour l'oreille. Et, de fait, si l'on articule par exemple à haute voix la première syllabe de *papu, pata, paka*, en achevant le reste du mot en silence, un auditeur attentif entendra *pap, pat, pak* (cf. plus haut, p. 944). L'occlusive commencerait donc réellement, tout comme la constrictive, avec l'implosion, et le silence des sourdes serait partie intégrante de la consonne, même au point de vue acoustique, et servirait à les distinguer des sonores correspondantes. Au reste, la continuité du son pour les sonores n'empêche pas que toutes les consonnes ne nous apparaissent complètement distinctes des voyelles (cf. *passez, pâtés, râlez, pâmés*, etc.).

Pour un auditeur éloigné, l'occlusive médiale, même quand elle est sonore, ne peut commencer qu'avec l'explosion. Ce cas rentre dans celui des occlusives initiales que nous avons à considérer.

A l'initiale, les occlusives sonores commencent pour l'oreille avant l'explosion; les sourdes, avec le début de l'explosion, bien que le travail de l'articulation soit à peu près le même. Comment compter la durée des sourdes? Si l'on s'en tenait à la seule impression auditive, les sourdes initiales seraient bien courtes par rapport aux médiales qui auraient la même durée articulatoire, et aux initiales sonores correspondantes. Et je me demande si, instinctivement, on ne les allonge pas de tout le temps que durerait l'occlusion sonore d'une douce de même ordre. De la sorte, il n'y aurait qu'une seule règle : toutes les initiales sourdes seraient mesurées d'après leurs sonores. C'est la pratique à laquelle je me suis arrêté.

De ce que tous les éléments du langage ont une certaine durée, il ne s'en suit pas que l'on attribue à tous une quantité, c'est-à-dire que l'on fasse attention au temps. En français nous ne tenons pas compte des consonnes, et c'est seulement d'après les voyelles que nous jugeons les syllabes longues ou brèves. Ainsi, *stra-ti-fié* commence par deux brèves tout comme *a-tti-fé*, *str* ne comptant pas pour nous ; la première syllabe d'*As-clé-pia-de* n'est pas allongée par l'*s* qui suit l'*a* ; et, si nous voulions une syllabe longue, c'est l'*a* que nous allongerions : *ās*... Les consonnes initiales ne comptaient pas davantage en latin : *quod*, *sed* et *id* étaient brefs ; mais, dans la phrase, la consonne faisait position pour les poètes et allongeait la syllabe sans allonger la voyelle.

Le défaut de finesse de l'oreille à l'égard de la durée des consonnes vient de ce que celles-ci, comparées aux voyelles, ont une durée presque invariable. Sans doute elles sont susceptibles de s'abréger et de s'allonger, mais dans une *faible* mesure ; et encore, si elles s'allongent d'une façon sensible, l'implosion se détache de l'explosion ; ce qui produit pour l'oreille une consonne double. Le dialecte de Chio nous en fournit de très nombreux exemples[1].

Dans les langues, où la durée joue un rôle sémantique .

1. Hubert Pernot, *Phonétique des Parlers de Chio*, 1907, pp. 383-409 (cf. le français populaire « Je *ll*'ai vu, tu *ll*'as dit »).

ou flexionnel, l'oreille saisit très clairement les différences de quantité : un Parisien d'il y a un siècle ou deux n'aurait jamais confondu *valet* et *valets*, *faisait* et *faisaient* : il « trai-

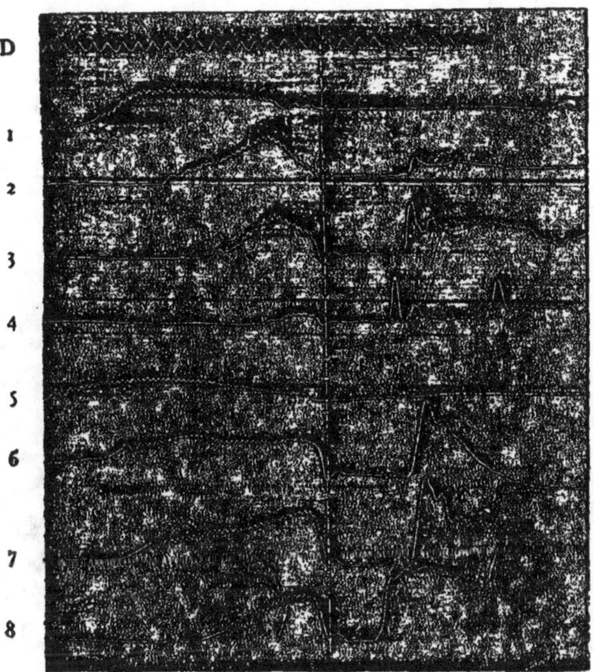

Fig. 677.

Voyelles *a* et *â* (Inscription du souffle).

a : 1. *a* ; — 2. *ab* ; — 3. *habit* ; — 4. *habitu[ellement]*.
â : 5. *â* ; — 6. *hâte* ; — 7. *hâter* ; — 8. *bâti[vement]*.
D. Diapason de 50 v. d. à la seconde. La ligne pointillée marque la ligne des *a*.

nait » sur les finales plurielles. Mais à ces différences de durée s'ajoutent des nuances de timbre qui attirent à elles l'attention et émoussent la sensation propre du temps.

Nos grammaires françaises, même de date très récente,
ont confondu la quantité avec le timbre, et la plupart des

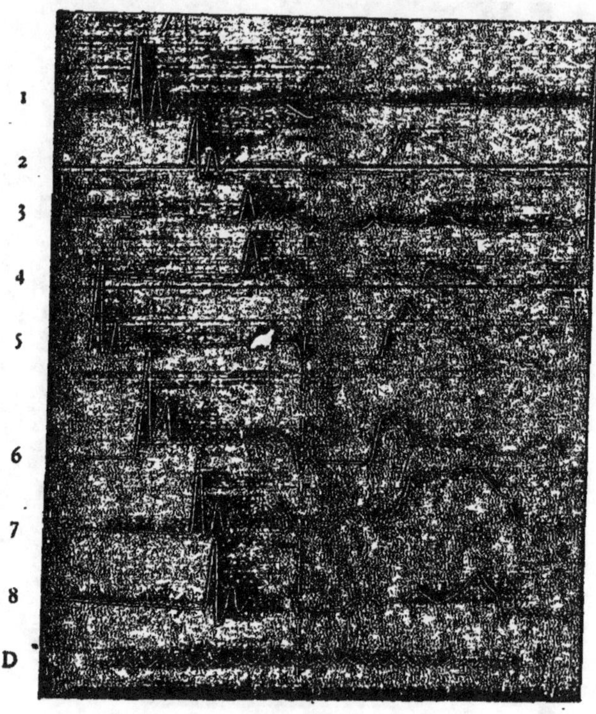

Fig. 678.

Voyelles *a* et *â* (Inscription du souffle).

a : 1. pa ; — 2. patte ; — 3. — potelin ; — 4. pateliner.
â : 5. pâte ; — 6. pâté ; — 7. pâtisserie ; — 8. pâtisserie (Saint-Germain).
D. Diapason de 50 v. d. à la seconde. La ligne pointillée marque la fin des *a*.

phonétistes de profession ne voient entre l'*i* moyen et l'*i*
fermé du français, comme entre *u* et *û*, *u* et *û*, qu'une différence de quantité.

Avouerai-je que moi-même j'ai de la peine à ne pas attribuer la qualité de longues aux voyelles fermées ou ouvertes, et celle de brèves aux voyelles moyennes. C'est qu'il en est ainsi réellement pour mes voyelles considérées à l'état isolé. Mais cela cesse d'être vrai dans les groupes de sons. Comparez (fig. 677 et 678) *a* et *á* dans diverses positions. Avant d'avoir vu ces tracés ou d'autres analogues, je ne crois pas qu'il soit possible de faire une idée, même approchée, du phénomène.

Les psychologues se sont préoccupés de mesurer le temps que doit durer un son pour que l'on commence à éprouver une sensation de durée. M. Bourdon conclut de ses expériences personnelles à 1 ou 2 centièmes de seconde[1].

Afin de pouvoir comparer la sensation auditive de la quantité avec la durée réelle, j'ai inscrit certaines voyelles dites au hasard, pendant que deux auditeurs notaient si elles leur paraissaient *brèves, douteuses* (ᵛ) ou *longues*. Je les classe selon la quantité sentie, en indiquant, pour permettre de juger les contrastes, quand il y a lieu, les voyelles prononcées immédiatement auparavant avec leur quantité.

1ʳᵉ Exp. — Je parle; MM. Kräuter (Hongrois) et Landry écoutent. Les durées sont exprimées en centièmes de seconde :

---

1. *La perception du temps* dans la *Revue philosophique*, mai 1907. — M. Bourdon indique les livres à lire : *The American journal of Psychology*, vol. III, 1901, pp. 503 ss.; les études de Meumann et de Schumann, dans les *Philosophische Studien* et la *Zeit. für Psych. u. Physiol. der Sinnseorgane*; Aliotta, dans les *Ricerche di Psicologia*; Wundt, *Grundzüge der physiol. Psychologie* (5ᵉ éd.), 3ᵉ vol.; W. James, *Principles of Psychology*; Ebbinghaus, *Grundzüge der Psychologie*.

	˘	ˇ	‾
			81 1/2
K.	47	57	51, après 81 1/2
	50	54	55
	50, après 46 ˇ	46, après 54 ˇ	61
			52 après 57 ˘
			52
			55 1/2
L.			
	47		
	50		81 1/2
	51		61
	55, après 51 ˘		57
	51		54, après 51 ˘
	46		
	52		55 1/2 après 52 ˘

2ᵉ Exp. — M. Landry parle; M. Kräüter et moi nous écoutons.

	˘	ˇ	‾
K.	39? 42.		44, 52, 56, 53, 52, 56, 54, 54, 58, 62, 69
R.	39	42	44 (?) 52 et à la suite.

De ces expériences que je me propose de reprendre, il résulte que, en dehors d'une certaine zone, qui pour les voyelles isolées s'est étendue entre 40 et 55 centièmes de seconde environ, la brève et la longue ont été nettement perçues comme telles. Dans l'intérieur de cette zone, il y a eu des divergences d'appréciation, non seulement entre auditeurs différents, mais encore pour la même personne.

Chaque articulation produite seule ou avec l'aide d'une voyelle possède une durée normale, qui est déterminée par les exigences du jeu de l'organe se mouvant librement.

Les voyelles que j'ai le sentiment de faire brèves (*a e i o u œ u*) sont en général d'un tiers plus courtes que mes longues (*á é í ó ú œ́ ú*). Mesurées pour mon étude sur le parler de Cellefrouin, elles ont duré les unes 20 centièmes de seconde, les autres 30.

La durée *articulatoire* de mes consonnes unies à la voyelle *a* est de 18 centièmes de seconde pour les constrictives sourdes, 15 ou 16 pour les sonores, 14 pour les occlusives sourdes, 12 pour les sonores.

La durée *acoustique* se compose : 1° de l'implosion (voir· p. 450-452); 2° de l'occlusion pour les sonores et, je crois aussi, pour les sourdes; 3° de l'explosion (voir p. 452-458). En général, l'implosion et l'explosion de mes consonnes n'atteignent pas l'une et l'autre 2 centièmes de seconde.

Les groupements abrègent les sons qui les composent, et d'autant plus qu'ils exigent plus de souffle. L'organisme, obligé de fournir un plus long travail, devient parcimonieux pour chacune des parties (fig. 677 et 678).

Mais une syllabe peut s'allonger : c'est celle qui porte l'effort de la voix.

En dehors même de toute recherche de l'harmonie et de toute préoccupation oratoire, par le fait seul que plusieurs syllabes se succèdent les unes aux autres, il s'établit entre elles une succession régulière de brèves et de longues qui constitue un rythme naturel.

Chez moi, ce rythme est ordinairement iambique. La durée de *m* dans la syllabe *ma* répétée, avec une quantité intentionnellement égale, a duré en réalité successivement 14, 17, 12, 15, 13, 15, 13, 17 centièmes de seconde. Accidentellement, dans les cas de fatigue, il devient trochaïque[1].

---

1. *Modifications phonétiques du langage*, p. 83, 93-94.

Une subordination de même ordre, mais plus compliquée, et plus apparente, s'établit entre les divers éléments des groupes linguistiques, surtout dans le débit oratoire ou poétique. Des expériences bien conduites sur la durée des syllabes d'abord isolées, puis entrant dans des groupes formés par le sens, dans des éléments de périodes ou de vers, mettent en relief les changements de durée qui sont dus à ces diverses causes.

La composition des mots, même dans les langues où elle est dissimulée sous l'orthographe, comme en français, amène de notables changements dans la quantité des éléments réunis. Comparons la durée du mot rose dans *Voilà une rose, Voilà une rose de France*, pour désigner une rose quelconque venue de France, et *Voilà une rose de France*, pour faire entendre la rose spéciale qui porte ce nom. Dans le premier cas, le mot *rose* a toute sa valeur; dans le second, il conserve encore son individualité; dans le troisième, il n'est plus que la première syllabe atone d'un mot « rose de France ». La durée diminue dans le groupe; elle diminue encore davantage dans le composé.

Ces constatations, que l'oreille peut faire sans le secours d'aucun appareil, montrent que nous avons le sentiment d'une certaine durée relative.

Mais quel écart de durée doit-il exister entre deux syllabes pour que l'une nous apparaisse longue et l'autre brève? Assurément une différence de moitié n'est pas nécessaire : un tiers suffit clairement. Pouvons-nous abaisser encore la proportion ? Je le crois, surtout pour les syllabes qui sont abrégées par le groupement, comme nous venons de le constater pour *rose* et *rose de France*, *rose* ayant duré seul 75, 52 et 61 centièmes de seconde, dans le groupe syntaxique 46, 39, 52, et dans le mot composé 23, 34 et 41.

On a l'occasion de le constater encore dans les vers, où des raisons d'ordre rythmique conduisent à considérer comme longues des syllabes qui n'ont que quelques centièmes de seconde de plus que la brève précédente.

Les métriciens se sont déjà demandé comment il faut compter les silences correspondant aux tenues des occlusives. M. Grégoire[1] croit qu'il faut les attribuer à la syllabe précédente, et il appuie son opinion sur ce fait, incontestable en ce qui concerne les initiales sourdes, que « pour l'oreille le mot ne débute véritablement qu'avec l'explosion ». Il en conclut que, dans un mot comme *traitèrent*, « il doit en être de même pour la seconde syllabe ». En conséquence, il compte : 1re syll. : *explosion du t + rai + occlusion du 2e t* ; 2e syll. : *explosion du 2e t + è*. Quand un mot contient des occlusives laryngiennes comme *bidet*, la tenue en partie sonore du *b* et celle entièrement sonore du *d* font difficulté. Mais, comme les vibrations laryngiennes sont peu sensibles en comparaison de l'explosion de la consonne, M. Grégoire pense que l'oreille les néglige à l'initiale et qu'elle les assimile dans le corps du mot à la voyelle précédente. Pour moi, je verrais dans la voyelle le principal élément du rythme senti par l'oreille, sans croire cependant qu'elle en soit la seule base chez le poète. Ne faudrait-il pas chercher la source du rythme dans le sens organique de celui-ci ? Il *articule* son vers et le parle à son oreille, qui juge le rythme, mais ne le crée pas. Et si le poète était pris d'aphonie, chaque son serait représenté par un effort expiratoire correspondant au mouvement organique destiné à le produire (p. 307).

---

1. *Variations de durée de la syllabe française. La Parole*, an. 1889, p. 269.

Je conclurais de là que le rythme est fondé, non sur la durée acoustique, mais sur la durée articulatoire, et que chaque syllabe doit être mesurée même à l'initiale, d'après le temps qu'elle a coûté.

Le lecteur jugerait suivant la même règle ; et aussi l'auditeur actif, qui se redit à lui-même ce qu'il entend. Seul, le lecteur purement passif pourrait se contenter du son perçu, et peut-être apprécierait-il la durée comme suppose M. Grégoire, comptant d'une explosion à une autre, à moins qu'il ne sente que la quantité des voyelles.

Les langues prosodiques utilisent la quantité comme base de leur rythmique. Les langues non prosodiques, comme

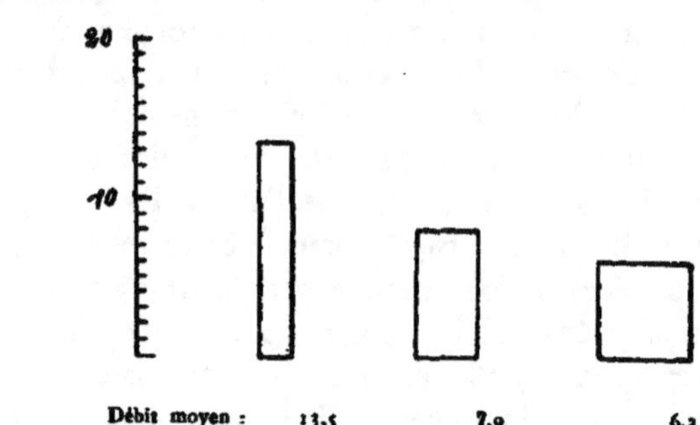

Fig. 679.

QUANTITÉ ET DÉBIT DE L'AIR

d sur ré$_2$ (intensité moyenne : 50 expériences).

le français, sans rechercher le rythme temporel, ne peuvent néanmoins s'en passer. On a cru longtemps que le vers français se contentait d'un nombre fixé de syllabe avec la rime. Mais on sait aujourd'hui que sans rythme temporel le vers n'existe pas.

M. Roudet, dans l'article souvent cité, a recherché l'influence de la quantité sur la dépense d'air. Comme il est naturel, l'organisme fait une économie pour tenir plus longtemps, et le débit moyen baisse en proportion de la durée du son (fig. 679).

II

HAUTEUR MUSICALE

La *hauteur physique* d'un son résulte du nombre de ses vibrations (p. 8-14).

La *hauteur psychologique*[1], tout en se fondant sur celle-ci, en est pourtant distincte. D'abord tout son, même pendulaire, ne donne pas une impression musicale. Au-dessous d'un certain nombre de vibrations et au-dessus, l'oreille n'éprouve que la sensation de bruit (p. 639). Et puis, même pour

---

1. Renseignements psychologiques sur la hauteur, l'intensité et le timbre, avec indications bibliographiques de détail dans les ouvrages suivants :

1° H. v. HELMHOLTZ, *Die Lehre von den Tonenpfindungen*. Aufl., 1896.

2° HENSEN, *Physiologie des Gehörs*, dans HERMANNS, *Handbuch der Physiologie*, Bd. 3, 2er Theil, 1880.

3° K. L. SCHAEFER, *Der Gehörsinn*, dans NAGELS, *Handb. der Physiol.*, Bd. 3, 1905.

4° C. STUMPF, *Tonpsychologie*, Bd. 1, 1883; Bd. 2, 1890.

5° W. WUNDT, *Grundzüge der physiologischen Psychologie*, Bd. 1 und 2, 5. Aufl., 1902.

6° H. EBBINGHAUS, *Grundzüge der Psychologie*, Bd. 1, 2. Aufl., 1905.

(Note de M. Bourdon.)

les notes musicales, la justesse d'appréciation de l'oreille est limitée.

Rien n'est plus facile que de déterminer la hauteur physique du son d'après les tracés de l'air expiré ou des mouvements organiques. Suivant les cas, on mesure chaque période sous le microscope à l'aide d'un micromètre oculaire, ou l'on se contente de compter le nombre des vibrations pour un temps donné, par exemple *un demi-dixième* de seconde. Avec le premier procédé, on obtient la hauteur *absolue*; avec le second une hauteur *moyenne*. Étant connue la longueur de papier qui est déroulée par le cylindre pendant une seconde, on n'a qu'à diviser cette quantité par la longueur de la période, et l'on obtient, comme quotient, le nombre de vibrations que le corps sonore exécuterait dans l'unité de temps. En procédant ainsi, on suit toutes les variations qui se produisent dans la hauteur. On peut alors les rendre sensibles sur une portée musicale, où chaque demi-ton serait représenté par une bande, dans laquelle on marquerait à sa place la note exacte correspondante[1] (fig. 680 et 681). Quant à la hauteur moyenne, on la détermine plus aisément encore : on partage les lignes de vibrations en tranches d'un *demi-dixième* de seconde; on double ce nombre et l'on multiplie par 10. Le chiffre obtenu est le nombre de vibrations pour la seconde.

Quand on ne recherche que la hauteur musicale de la parole, il suffit d'ordinaire d'inscrire le courant d'air de la bouche et du nez : l'un explique l'autre. Le tracé du nez est d'ordinaire le moins complexe et le plus facile à lire. De

---

1. Cf. MARICHELLE, *La Parole d'après les tracés du phonographe*, pl. 11, et ROUDET, *La Parole*, an. 1899, p. 338, qui ont conçu la portée musicale un peu autrement.

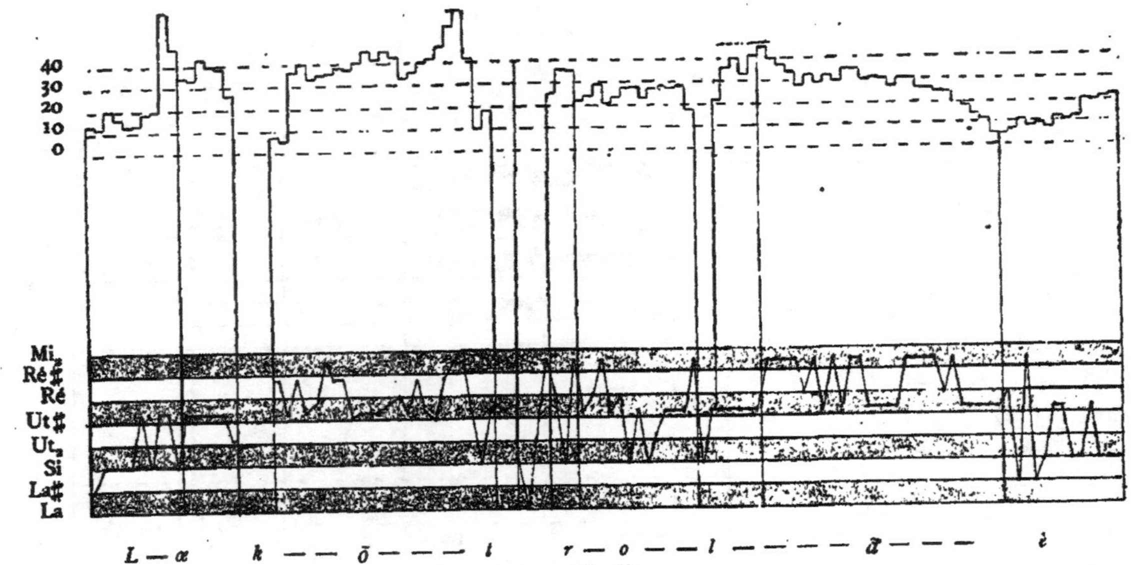

Fig. 680.

Chaque degré de la ligne I (intensité mécanique) et chaque point de la ligne H. M. (hauteur musicale) correspondent à une vibration. Il suffit de mener une perpendiculaire de l'un à l'autre pour établir la concordance. L'intensité est marquée en millimètres.
Les consonnes sourdes et l'explosion de l'l de Roland sont supprimées.

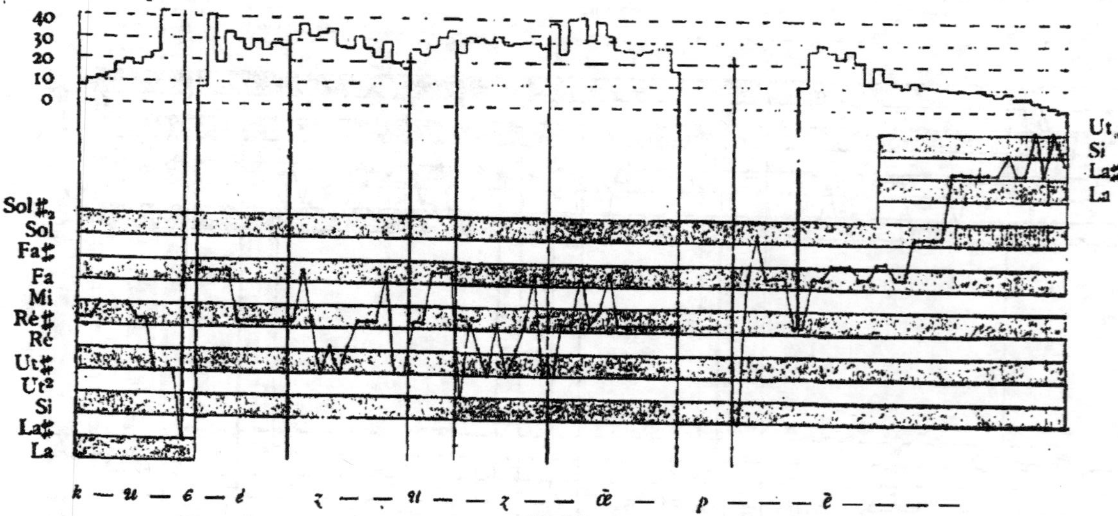

Fig. 681.

L.'s de *sons* a été dite sonore inconsciemment.

plus, il donne toutes les vibrations du larynx, si le tambour
est bien choisi (petit et élastique), non seulement pour les
articulations nasales, mais encore pour toutes les autres, sans
confusion possible cependant. On obtient jusqu'aux vibrations qui se produisent pendant l'occlusion des consonnes.

Une difficulté se présente souvent pour les finales. Après
des vibrations bien nettes, d'autres succèdent d'un caractère
douteux. On se demande si elles répondent à un son réel
ou si elles ne sont pas dues à la persistance du mouvement
de la membrane. Lorsque le son se trouverait trop grave
pour la voix du sujet (voir p. 14 et 257), la seconde hypothèse est seule admissible.

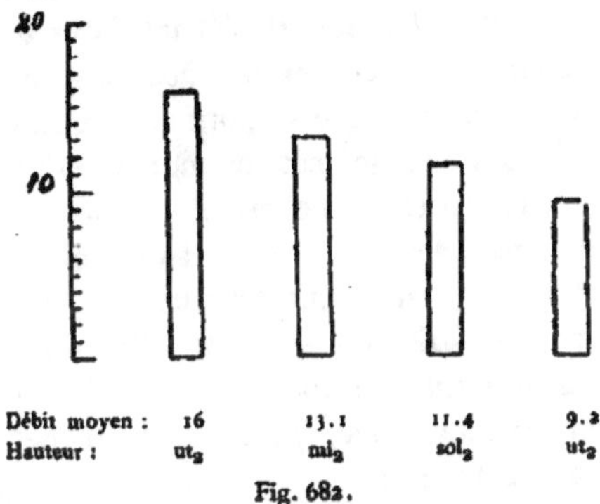

Fig. 682.

HAUTEUR ET DÉBIT DE L'AIR

On a recherché la relation qui existe entre la dépense
d'air et la hauteur musicale. M. Roudet[1] soutient contre
Guillet et Piletan que, « *toutes conditions égales d'ailleurs*, le

---

1. *La Parole*, an. 1900, p. 212.

débit d'air décroît quand le son s'élève ». Il cite à l'appui le résultat de 100 expériences sur *d* (fig. 682).

Si la hauteur physique du son est facile à mesurer, il n'en est pas de même de la sensation de gravité et d'acuité.

Celle-ci dépend de plusieurs causes : de l'état physiologique de l'oreille, de son degré d'éducation, de la position et de la distance de la source sonore.

Une oreille malade peut entendre une note plus aiguë ou plus grave qu'elle n'est pour l'autre oreille, qui est saine.

Et même des oreilles saines et très fines n'entendent pas toujours à la même hauteur une note mécaniquement identique à elle-même, mais prolongée et d'une intensité décroissante, comme celle d'un fort diapason. Pour plusieurs, le diapason paraît d'abord baisser, puis se maintenir à une hauteur fixe, puis monter à mesure qu'il s'affaiblit, et baisser de nouveau quand il s'éteint. Pour d'autres, après un peu de temps d'attention, le diapason se met à ronronner. Pour retrouver le ton uniforme, il suffit de se reposer quelques instants et de recommencer à écouter. Ces effets doivent se rattacher à une cause unique, toute physiologique, les divers états de la tension musculaire.

Un diapason paraît monter quand on l'écoute en haut des branches, et baisser si l'on porte l'oreille au-dessus ou au-dessous. Il semble encore devenir plus aigu, quand on le rapproche ; plus grave, quand on l'éloigne. Il ronronne quand on l'agite. Dans ces divers cas, la longueur de la période transmise se trouve modifiée par le déplacement de l'oreille ou de la source, sa durée absolue restant la même.

Reconnaître une note à la simple audition n'est possible qu'à des musiciens très exercés ; distinguer la gamme est encore plus difficile. Mais encore cela n'est-il possible que dans certaines limites, qui déterminent la zone de plus grande sensibilité de l'oreille.

Un jour, j'ai mis à l'épreuve l'oreille d'un excellent violoniste avec des diapasons de Kœnig, dont l'étalon est, comme l'on sait, plus grave que l'étalon français. Malgré cette différence et tout en la constatant, le violoniste nommait, sans hésiter et sans se tromper, chacune des notes que je faisais entendre, tant que je me suis tenu dans les limites des gammes de son violon ; en dehors, il n'avait plus aucune sûreté.

On aimerait à savoir quel est l'intervalle perceptible le plus petit. En procédant avec des diapasons à curseurs que je déplaçais rapidement dans une réunion de 8 personnes plus ou moins musiciennes, dont une seule s'est récusée (1 russe, 3 allemands, 3 américains), une différence de 4 v. d. a été sentie par tous entre 225 et 229, entre 466 et 470. Mais l'accord a cessé pour 924 et 928, pour 928 et 924, à plus forte raison pour 925 et 924.

La région de plus grande sensibilité, pour les oreilles soumises à l'expérience, correspond donc à peu près aux gammes (ut_2 et ut_3), qui entrent dans notre voix. Un autre auditeur, M. Rigal, est plus impressionné par les grammes d'ut_4 (928, 924). En deçà et au delà, sa finesse d'appréciation diminue.

Conclusion : l'oreille reconnaît le mieux les différences de hauteur dans les gammes qui lui sont les plus habituelles ; et une différence de 4 v. d. paraît le maximum qu'elle puisse sentir entre deux sons successifs, séparés par un espace d'environ 8 secondes.

Dans ces expériences, la sensibilité de l'oreille n'était pas seule en jeu ; il était encore fait appel à la mémoire. J'ai supprimé autant que possible son intervention dans une dernière expérience, que je viens de faire à l'aide des diapasons du Grand Tonomètre de Kœnig avec M. Thomson. Ces diapasons sont réglés de façon que les dernières notes de l'un soient reproduites par le suivant. On peut donc, pour un bon nombre des degrés de l'échelle musicale, produire dans le même temps l'unisson ou des notes aussi voisines que possible. Après avoir installé deux diapasons de ce genre dans le voisinage l'un de l'autre, de façon toutefois qu'ils ne pussent pas s'influencer, je les excitais; et M. Thomson les écoutait successivement.

Nos expériences ont roulé autour de trois notes, 3212 v. d., 512 et 64. La première se distingue très bien de 3208 3209 3210 et même, quoiqu'avec peine, de 3211. Ainsi une différence de 1 v. d. est perçue à cette hauteur. La seconde se distingue également de 510 et de 511. Pour la troisième, nous avons cherché des intervalles moindres qu'une vibration : 1 dixième de vibration en plus ou en moins a été parfaitement senti.

Quand plusieurs sons produits ensemble sont écoutés simultanément, on perçoit très bien la plus légère différence. Le moindre désaccord dans l'unisson et dans des intervalles d'octave se fait vivement sentir. Il se produit alors des battements que l'on utilise pour le réglage des diapasons. La composition des sons dans les voyelles et les consonnes est de cet ordre, et c'est ce qui explique la sensibilité particulière de l'oreille pour le timbre.

Tout en constatant l'aptitude de l'oreille à reconnaître les plus légères différences de hauteur, il faut avouer son incapacité à mesurer ces différences, non seulement quand elles sont réelles, mais encore quand elles sont imaginaires. Ainsi l'intervalle entre 64 v. d. et 63,5 a pu être estimé un *demi-ton*, et les variations éprouvées pour un même diapason varient entre un *quart de ton* et un *demi-ton*.

Toutefois il ne semble pas qu'il y ait à chercher d'autre mesure que celle de la hauteur physique. Les sons, en effet, que nous avons à comparer se présentent à l'oreille dans

les meilleures conditions pour être appréciés avec justesse :
ils ne sont pas isolés et ils se succèdent très rapidement.

La mélodie de la parole a des coupes assez longues, indé-
pendants de la durée et de l'intensité; elle affecte soit la
phrase soit le mot. Elle est variée par la succession des
voyelles et des consonnes, celles-ci étant en général plus
graves que les voyelles. Dans le vers français, nous ne l'em-
ployons que comme moyen d'expression.

La hauteur peut encore servir à différencier les sens des
mots.

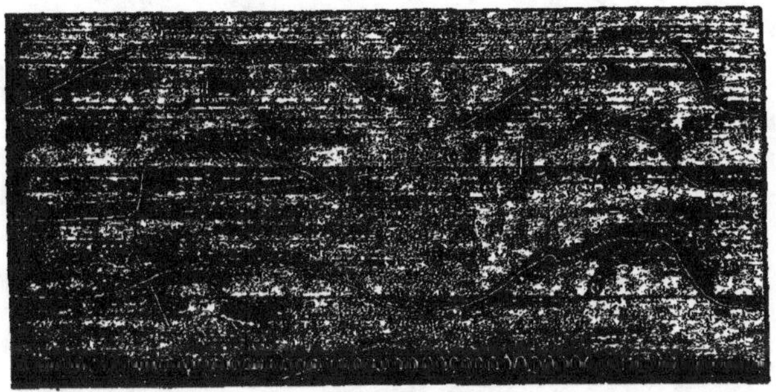

Fig. 683.

1. *sù*. — 2. *sú*.
3. *kù*. — 4. *kú*.
5. *hì*. — 6. *hí*.
Vibrations d'un diapason de 50 v. d. à la seconde.

Si j'en crois M. Okakura, qui donne sa prononciation
comme « celle dont on se sert dans la bonne société de
Tokio », il y a en japonais des mots dont le sens varie avec
la hauteur musicale[1], par exemple : *su* et *sú*, *ku* et *kú*, *hi* et

----

1. *La Parole*, an. 1903, p. 421.

bi. En mesurant, dans les tracés (fig. 683), la hauteur musicale au milieu de la voyelle, on trouve en effet les notes suivantes :

Hauteur v. d	Note	Durée cent de sec.		Hauteur v. d.	Note	Durée cent. de sec.
1. 110	*la* ♯	18,5	2.	180	*fa* ♯	13
3. 100	*sol* ♯	21	4.	180	*fa* ♯	18
5. 100	*sol* ♯	20	6.	180	*fa* ♯	13

La différence de hauteur, on le voit, est très sensible, et peut très bien être utilisée pour le sens.

Un autre Japonais M. Katsuji Fujiota, né à Kyoto, remplace l'acuité par une autre intonation (3). Il possède donc dans sa langue *su* (1) « nid » et *su* (3) « vinaigre »; *ku* (1) « neuf » et *ku* (3) « tristesse »; *bi* (1) « jour » et *bi* (3) « feu ». Ces mots ont été inscrits isolés chacun cinq ou six fois. Les moyennes de la hauteur musicale, mesurée pour toute la voyelle, et de la durée ont été :

	Hauteur v. d	Durée cent. de sec.		Hauteur v. d.	Durée cent. de sec.
su (1)	180	10,92	*su* (3)	180	11,72
ku (1)	202	15,24	*ku* (3)	175	17,45
bi (1)	183	16,5	*bi* (3)	186	17,48

La hauteur est sensiblement la même. La durée seule présente une différence constante, mais si faible qu'on s'étonne qu'elle puisse avoir une signification.

Une langue africaine, l'*igbo*, qui est parlée sur les deux rives du Niger inférieur, fait un grand usage des variations de hauteur musicale. Chaque syllabe s'y distingue par son intonation, qui est *aiguë, grave* ou *moyenne*; et certains mots de deux syllabes se trouvent avoir quatre intonations qui comportent chacune un sens différent : une monotone aiguë, une monotone grave, une ascendante, enfin une descendante. J'ai sur ce point le témoignage concordant de trois missionnaires; mais je n'ai fait d'expériences qu'avec deux : le Père Ganot, l'auteur de la première grammaire igbo, et le Père Vaugler.

Dans les exemples qui suivent, la hauteur a été mesurée au milieu de la voyelle pendant une durée de 5 centièmes de seconde.

akwa :		P. Ganot		P. Vaugler	
Ton monotone — aigu « cri » :	240	240 (6 fois)			
	230	240 (2 fois)		210	210
	200	260 (2 fois)			
grave « lit » :	120	120 (2 fois)			
	140	120 (4 fois)			
	140	130 (2 fois)		180	180
	150	130 (2 fois)			
Ton ascendant — « œuf » :	140	280 (2 fois)			
	140	250 (2 fois)		150	210
Ton descendant — « étoffe » :	240	120 (2 fois)			
	240	125 (2 fois)		200	.160
	250	200 (2 fois)			

Je citerai encore :

ogu :	270	120 « médecine »	(P. V. : 160	130)
—	130	270 « guerre »	(P. V. : 140	180)
oyi :	280	120 « ami »		
—	140	300 « froid »		
oĕu	240	130 « il dit »		
—	140	300 « parole »		
obi	300	120 « cœur »		
—	130	300 « roi »		

M. Alexieff a étudié, au Collège de France, les tons du

chinois parlé dans la région de Shanghai d'après la prononciation de deux indigènes A et B, en faisant répéter les
séries de la grammaire d'Edkins. Le souffle de la bouche et
du nez a été recueilli d'après les moyens ordinaires. Puis
M. Alexieff a divisé les tracés en tranches successives de
5 *centièmes* de seconde, dont il a calculé la hauteur musicale
moyenne. Il a rangé les chiffres obtenus en colonnes et les a
figurés dans des schémas, qui mettent en évidence les variations de hauteur.

J'emprunte à ses tableaux les exemples qui me semblent
représenter le plus exactement la moyenne des cas. On
remarquera que le 3ᵉ ton ne répond pas à définition d'Edkins.
M. Alexieff le divise en *monotone* et *descendant* suivant les
sujets.

			Quantité	Hauteur						
I	*aigu*	A (*tü*)	23	660	680	440	400			
		B (*lu*) ·	21	620	660	620	460			
	grave	A (*p'ou*)	45	360	420	560	640	720	560	440	400
		B	15	400	480	540				

			Quantité	Hauteur					
II	*monotone*	A *tü*	26,5	400	520	520	520		
		B	23	600	600	460	340		
	grave	A (*wü*)	38	400	400	420	440	480	500	560
		B (*ü*)	31	340	340	340	340	380	400	

			Quantité	Hauteur					
III	*aigu* (Edk.)	A *lu*	34,5	400	440	440	440	480	480
		B ⎰ *lü*	32	400	400	400	420	480	440
		⎱ *k'ê*	24	580	620	400	260	260	
	grave (Edk.)	A *p'u*	36	440	480	480	480	480	520
		B *pü*	21	560	520	400	280		

IV   *aigu* { A *k̇ô*   3.75   740
       { B *k'u'*   7   500   460

       grave { A *g̈ŏ*   7   400   480
       { B   9,5   380   400

III

INTENSITÉ

L'*intensité* ne répond pas, comme la quantité et la hauteur, à une donnée simple. C'est, chez le sujet parlant, le sentiment d'un effort complexe, et, chez l'auditeur, une impression de force qui ne résulte pas seulement du travail dépensé et de la sensibilité de l'oreille, mais encore des conditions variables dans lesquelles le son est produit.

Voici les faits fondamentaux que j'ai recueillis dans une série d'études poursuivies pendant près d'une année avec le concours de MM. Rigal et Lote.

Avant d'étudier la parole elle-même, il est à propos d'observer des sources sonores plus simples et des sons moins compliqués.

I. — Une force (T) appliquée à des diapasons de construction analogue a donné pour trois notes distantes les unes des autres chacune d'une octave, a étant l'amplitude, l la longueur de la période et les indices désignant les octaves, les relations suivantes :

$$\frac{a_1}{l_1} = \frac{a_2}{l_2} = \frac{a_3}{l_3}.$$

La force était fournie par une bille de billard pesant 237 gr. amenée sur deux rails en un point, d'où elle tombait sur l'extrémité de la branche d'un diapason placé à 50^{cm} au-dessous et maintenu solidement entre les mâchoires d'un étau. L'expérience a été faite successivement avec les notes 233,5 467 et 934 v. d.

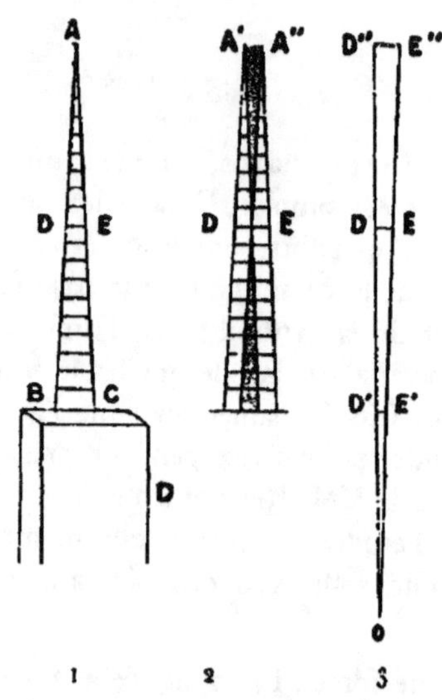

Fig. 684.

Moyen de mesurer à l'œil le déplacement des branches d'un diapason grave.

1. A B C plume d'aluminium divisée en millimètres. — 2. Triangles d'ombre. — 3. Figure pour la correction.

L'amplitude était observée, à la loupe, sur une plume triangulaire d'aluminium. de 2^{mm} de base et de 20^{mm} de hauteur, divisée suivant sa longueur en millimètres (fig. 684, 1). Collée à l'une des branches du diapason parallèlement au champ vibratoire, cette plume suit la branche dans son mouvement et fait apparaître, par suite de la persistance des impressions rétiniennes, deux triangles opposés au sommet (fig. 684, 2). La base A'A" du triangle formé par la pointe est, sauf une légère correction [1] qui me paraît négligeable,

---

1. La correction se fait au moyen des données suivantes :

1° La mesure du mouvement vibratoire, au point où se rencontrent les deux triangles apparents, est égale à la largeur (DE) de la plume en ce point. Soient en effet a la hauteur du triangle d'ombre, b la longueur de la plume, nous avons :

$$\frac{DE}{BC} = \frac{a}{b} \text{ dans le cas présent} : \frac{x}{2} = \frac{10}{20} = 1.$$

2° Le centre du mouvement vibratoire (fig. 683, 3) étant O (base de la branche du diapason); la longueur de la branche, c; celle de la plume, b; celle du triangle d'ombre, a; l'amplitude réelle, D'E' :

$$\frac{D'E'}{DE} = \frac{c}{c+a} \qquad \frac{D'E''}{DE} = \frac{c+b}{c+a}$$

soit pour le diapason de 233,5, la hauteur du triangle d'ombre étant 1^{mm}, la branche ayant 145^{mm} de longueur :

$$\frac{x}{1} = \frac{145}{146} = 0,99315 \qquad \frac{x'}{1} = \frac{147}{146} = 1,00685.$$

La correction pour le diapason de 467 est donc de $0^{mm}00685$. Pour celui de 934, elle est de $0^{mm}005$. L'erreur est minime.

la mesure de l'amplitude. Or, avec les dimensions données à la plume, elle a $\frac{1}{10}$ de millimètre pour chaque millimètre de hauteur. L'amplitude observée a été :

$$\text{D } 233,5 \quad 1^{mm} \quad \text{D } 467 \quad 0^{mm} 50 \quad \text{D } 934 \quad 0^{mm} 25$$

La longueur d'onde pouvant être remplacée par le nombre des vibrations, nous avons les égalités :

$$\frac{1}{233,5} = \frac{0,50}{467} = \frac{0,25}{934}.$$

Donc nous pouvons écrire :

$$T = \frac{a}{l}.$$

C'est cette formule que j'ai donnée plus haut (p. 821) provisoirement comme expression de l'intensité ; c'est celle de l'*intensité mécanique*.

II. — Les mêmes diapasons, ébranlés avec la même force et maintenus avec l'archet au même point (la chose est facile en se plaçant de façon à bien voir le triangle d'ombre), ont été entendus par M. l'abbé Rigal, dans une allée du bois de Clamart, le temps étant calme et la température entre 0° et 1° :

Le diapason de 233,5 à $3^m 47$, celui de 467 à $13^m 40$ et celui de 934 à $82^m 50$, quand le bout des deux branches était dirigé vers l'auditeur ; 233,5 à $2,^m$, 467 à 98^m et 934 à 213^m, quand c'était le côté d'une des branches qui était tourné vers l'oreille et que la vibration la frappait perpendiculairement. Mais cette dernière donnée (213^m) est trop incertaine pour être utilisée.

Entre les diapasons 233,5 et 457 la relation est de 3,86 si nous prenons la 1re détermination, et de 4,26 si nous lui préférons la seconde. Entre 467 et 934, elle est de 6,15.

Cette expérience permet d'en utiliser d'autres plus anciennes, que j'avais faites également avec M. l'abbé Rigal dans une vaste propriété de Chatenay, dans le jardin des Carmes et au Luxembourg (un lieu clos, comme l'église de Saint-Étienne-du-Mont ou le Panthéon, donne trop de résonances). Mon but était de comparer la perceptibilité des diapasons avec l'amplitude de leurs vibrations. J'avais devant moi un cylindre enregistreur en marche; et, après avoir collé à nos diapasons des triangles de papier pour servir de plumes, je les actionnais au maximum parallèlement à l'oreille de l'auditeur et je les entretenais avec l'archet. M. Rigal s'éloignait jusqu'au point où il cessait d'entendre. Sur un signe de lui, après avoir de nouveau animé le diapason, j'inscrivais la vibration, que M. Rigal mesurait ensuite au microscope avec un micromètre oculaire. Cette partie de l'expérience a été bien réussie, puisque les amplitudes des octaves sont dans une relation très voisine de 1 à 2 pour les diapasons de construction analogue.

Les diapasons qui nous ont servi sont de trois types : à poids glissants, à branches rectangulaires, à branches amincies par le haut. La distinction est utile à faire; autrement on ne comprendrait pas certaines variantes. Le tableau suivant contient pour chacune des octaves comprises dans notre champ auditif, l'amplitude de la vibration (A) et le rapport du grave à l'aigu, la distance d'audibilité (D), le rapport de l'aigu au grave d'après les données de l'observation, et le rapport rectifié, c'est-à-dire celui qu'auraient donné les distances d'audition, si le rapport des amplitudes avait été exactement 2, qui est normal pour les octaves[1]. Les notes sont conformes au système de Koenig, dont j'utilisais les diapasons.

		V. D.	A.	Rap.	D.	Rap.	Rap. rectifié
D. à poids	ut_{-1}	32	$8^{mm}48$	1,839	$0^{m}26$	1,850	(1,692)
	ut_1	64	4 61		0 48		
	ut_1	64	4 16	1,897	0 48	2,041	(1,916)
	ut_2	128	2 43		0 97		
	ut_2	128	2 43	2,43	0 97	3,041	(3,694)
	ut_3	256	1		2 95		
D. à branches rectang.	ut_3	256	0 96	2,181	1 12	3,812	(4,151)
	ut_4	512	0 44		4 27		
Branches amincies	ut_4	512	0 96	2	12 58	6,702	
	ut_5	1024	0 48		84 32		
	ut_5	1024	0 36	2,256	84 32	2,37	(2,668)
	ut_6	2048	0 16		200		
	ut_6	2048	0 16	2	200	1,170	
	ut_7	4096	0 08		234		
	ut_7	4096	0 08	2	234	0,948	
	ut_8	8192	0 04		222		
	ut_8	8192	0 04		222	0,004	
	ut_9	1628			1		

---

1. Une simple proportion, par exemple pour ut_1 :
$$x : 4,24 :: 0,48 : 4,61$$
suffit, étant donnée la faiblesse de l'écart, à rétablir la distance d'audibilité (x) pour une amplitude de $\dfrac{8,48}{2}$ ou 4,24. Le résultat 44, divisé par 0,26, donne le rapport cherché.

Les rapports de ut_4 à ut_3 (4,151) et de 467 à 233,5 (3,86 ou 4,26), comme ceux de ut_5 à ut_4 (6,702) et de 934 à 467 (6,15) sont si voisins qu'ils garantissent l'exactitude des expériences qui les ont fournis. Nous pouvons donc voir dans le tableau une expression assez approchée de la réalité.

Nous en conclurons :

1° Que la sensibilité de l'oreille augmente dans une proportion grandissante depuis les sons graves jusque vers ut_5, le *contre-ut* de la voix de femme, et décroissante de ut_5 à ut_7, qui paraît donner l'impression la plus forte.

2° Qu'à partir de ut_7 la sensibilité diminue par une progression rapide jusqu'à la limite de l'audition, aux environs de ut_9.

La recherche des rapports de l'amplitude et de la distance d'audibilité devient plus délicate, quand, au lieu de procéder d'octave en octave, on choisit des intervalles plus rapprochés. Toutefois, je crois être arrivé, au moyen des diapasons à branches rectangulaires sans curseurs, à des résultats suffisants pour la gamme d'ut_3, qui a été partagée en tranches de 32 vibrations doubles, et dont voici le tableau rectifié par comparaison avec les autres octaves et avec des tranches de 128 vibrations de la gamme d'ut_1.

	Amplitude		Dist. d'audition.	
256	0^{mm}	96	1^{m}	12
288		89	1	47
320		79	1	83
352		72	2	19
384		66	2	58
416		61	3	
448		56	3	47
480		51	4	
512		48	4	65

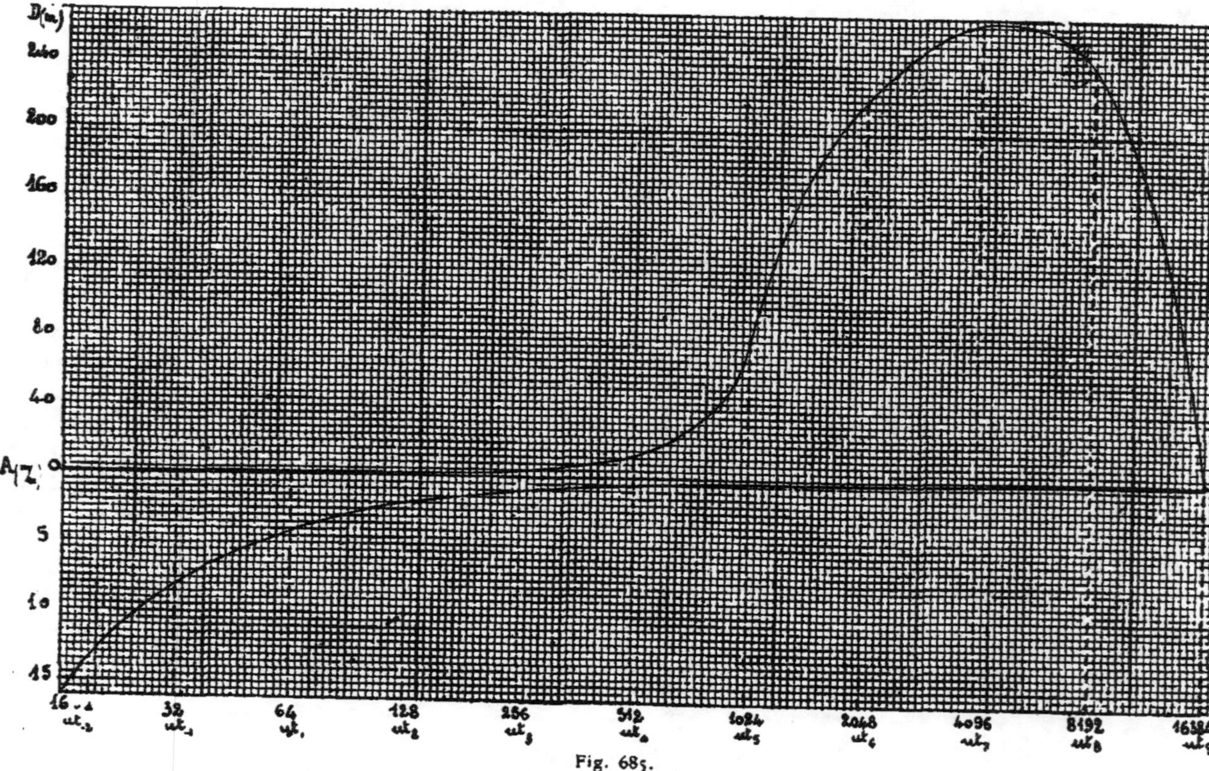

Fig. 685.

Comparaison de l'amplitude et de la distance d'audibilité selon la hauteur musicale.

D. Distance d'andibilité. — A. Amplitude.

Les diapasons employés contrastent par leur faible sonorité avec les trois qui servent de base à cette étude (333,5 467 et 936) et se placent en dehors de la série, mais les rapports qui ressortent de l'expérience sont à retenir.

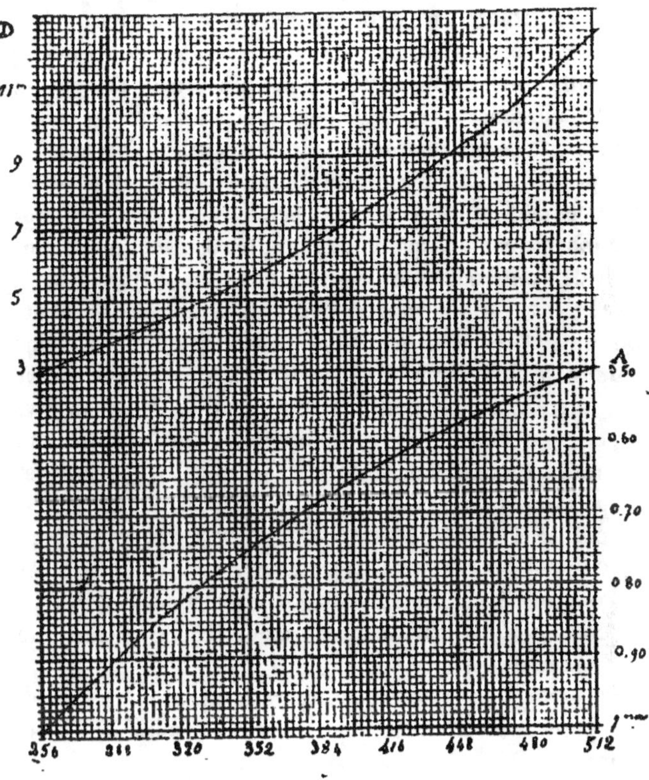

Fig. 686.

Comparaison de l'amplitude et de la distance d'audibilité pour la gamme d'ut₃.

D. Distance d'audibilité. — A. Amplitude.

L'amplitude décroît, de 256 à 512, suivant les rapports :

1,1162 1,2151 1,3333 1,4545 1,5737 1,7160 1,8823   2

En même temps la distance d'audition croît de :

1,312 1,634 1,955 2,303 2,678 3,098 3,571 4,151

Le dernier chiffre (4,151) est exactement le même que celui du tableau précédent (rectifié) et le confirme.

Rien n'est plus facile, avec ces données, que de dresser un tableau complet et bien ordonné des rapports de l'amplitude et de la distance d'audibilité pour toutes les gammes consécutives, et de les représenter par des courbes. Ne pouvant donner ici qu'un tableau trop réduit, A (fig. 685), je relève tous les chiffres nécessaires à l'opération. La base nous en a été fournie par le diapason 233,5 et ses octaves; mais, pour plus de commodité, je leur substitue les diapasons 256, 512 et 1024, qui se trouvent dans le tableau (p. 1019) et qui ont à peu près le même degré d'audibilité pour la même amplitude. L'amplitude des notes inférieures d'une octave sera successivement multipliée par 2, et celles des octaves supérieures divisée par 2; la distance d'audibilité sera au contraire successivement divisée, à partir de 256, par les rapports 3,694 1,916 et 1,916 pour les octaves plus graves, et multiplié par 4,151 6,702 2,668 1,170 0,948 0,004 pour les octaves plus aiguës.

Pour mieux faire comprendre la construction d'un tableau général, je donne sur une plus grande échelle et plus juste la gamme d'ut_3 (fig. 686).

En prenant pour point de départ la note 256 avec 1^{mm} d'amplitude et 2^m95 comme distance d'audibilité, nous avons :

Pour la suite des gammes :

V. D	Ampl.	Dist. d'aud.	V. D	Ampl.	Dist. d'aud.
32	8mm	0m 24	1.024	0.25	82
64	1	0. 42	2.048	0.125	218.85
128	2	0. 80	4.096	0.0625	256.05
256	1	2. 95	8.192	0.0312	242.73
512	0.5	12. 24	16.234	0.0156	0.97

Pour la gamme d'*ut*$_3$:

256	1^{mm}	2,95			
288	0,897	3,80	416	0,63	7,80
320	0,823	4,70	448	0,580	9,10
352	0,750	5,60	480	0,535	10,60
384	0,687	6,70	512	0, 50	12,24

Dans la figure 685, les gammes sont portées en abscisses parce qu'elles sont toutes isochrones et que l'oreille est aussi sensible pour les fractions de vibrations graves que pour les vibrations entières des gammes aiguës. Les vibrations ne comptent que pour leur durée : dans la 1re gamme, chaque millimètre représente une vibration double ; dans la 2e, il en vaut 2 ; dans la 3e, 4 ; dans la 4e, 8, etc. L'échelle est de 1 millimètre par 4 mètres pour la distance d'audibilité (courbe supérieure) ; de 2^{mm} par millimètre d'amplitude.

On peut à l'aide de ces courbes embrasser d'un seul coup d'œil les rapports de l'amplitude et de l'audibilité ou l'intensité auditive, pour une série homogène de notes ébranlées par la même force.

III. — Des expériences faites avec des billes à jouer tombant, comme ci-dessus (1), d'une hauteur de 50^{cm} sur l'une des branches des trois diapasons 233,5 467 et 934 v. d. m'ont permis de déterminer le poids nécessaire pour faire varier l'amplitude des vibrations de 1/10 de millimètre pour le 1er, de 1/2 dixième de millimètre pour le second, et de 1/4 de dixième de millimètre pour le troisième. Toutes les amplitudes ont été mesurées pour le premier diapason ; pour les deux autres, je m'en suis tenu à celles qui sont exprimées par des nombres entiers, les fractions se déduisant légitimement de l'ensemble des expériences. L'amplitude produite par la chute d'une bille de 83 grammes est heureusement la même que celle que j'obtenais (Exp. 1) avec la bille de billard. La concordance des poids et des amplitudes est marquée dans le tableau suivant :

Poids en grammes :	83	61	45	33,75	23,75	16,5	12	7	4	2,25
Amplitude, 233,5 :	10	9	8	7	6	5	4	3	2	1
467 :	5	4,5	4	3,5	3	2,5	2	1,5	1	0,5
934 :	2,5	2,25	2	1,75	1,5	1,25	1	0,75	0,5	0,25

On sait que le travail exécuté par un moteur tombant librement dans le vide est égal au produit du poids par la hauteur. Dans nos expériences $T = p \times 0,50$. Or l'équivalence du travail et de l'amplitude ne se rencontre ici que dans un seul cas avec un poids de 4 gr., ce qui donne $T = 4 \times 0,50 = 2$ correspondant à une amplitude de 2 dixièmes des millimètre pour le diapason 233,5, à celle de 1 pour l'octave aiguë (467), et à celle de 0,5 pour l'octave au-dessus (934). Si nous multiplions ces deux amplitudes, l'une par 2, l'autre par 4, nous rétablissons l'équivalence avec la fondamentale 233,5. En dehors de ce point, il y a perte, soit que le poids diminue, soit qu'il augmente, et suivant une progression de plus en plus forte.

Le rapport du travail (T) et de l'amplitude (a), soit $\left(\dfrac{T}{a}\right)$, pour la note 233,5 et les poids :

$$
\begin{aligned}
2 \text{ gr. } 25 &= 0,888 \\
4 \quad\; &= 1 \\
7 \quad\; &= 0,856 \\
45 \quad\; &= 0,354 \\
83 \quad\; &= 0,256
\end{aligned}
$$

C'est donc le travail d'un poids de 4 gr. tombant de 50^{cm} de hauteur qu'il conviendrait de prendre comme unité.

IV. — Fixé sur ce point important, je devais chercher à déterminer à quelle distance est entendue une même note avec les amplitudes observées. C'est ce que j'ai fait à plusieurs reprises dans des allées du bois de Clamart avec MM. Rigal et Lote pour auditeurs.

La première fois, le temps était très beau, la terre gelée, l'air à peu près calme. Le thermomètre a marqué de 1/2 degré à 3°. Un léger tapis de neige permettait de voir très clairement le petit triangle d'ombre formé par la plume. J'ai, dans une première expérience, entretenu le diapason à diverses amplitudes bien déterminées, à commencer par les plus faibles, et M. Rigal fixait la distance à laquelle il l'entendait. Dans la seconde expérience qui a été conduite dans le même ordre, j'ébranlais fortement le diapason et quand le triangle d'ombre se formait à un point. donné, je l'annonçais par une syllabe brève jusqu'à ce que M. Rigal eût trouvé l'endroit où il cessait, juste à ce moment-là, d'entendre. La troisième expérience a été faite de la même façon, mais dans l'ordre inverse, en partant des plus fortes amplitudes.

Ces expériences furent reprises avec le concours et le contrôle de M. Lote, un jour où nous avions un temps doux (7°), mais un peu de vent, ce qui nous obligeait à rechercher les lieux abrités. Les résultats obtenus troublèrent mes idées.

Une troisième série d'expériences me parut indispensable pour mettre d'accord les deux premières. J'avais senti le besoin de varier l'ordre des observations pour détruire l'influence des sons précédents sur l'oreille ; mais aussi je constatais qu'un certain ordre était bon pour guider les auditeurs.

Voici les limites auditives dans l'ordre même où elles ont été déterminées :

Diapason 233,5

Ampl. 1/10e de mill.	1 L.	1 R.	2 L.	2 R.	3 L.	3 R.	4 L.	4 R.	5 L.	5 R.	6 L.	6 R.	7 L.	7 R.	8 L.	8 R.	9 L.	9 R.	10 L.	10 R.
1re journée — 1e Limites		0,36		0,56		0,68		1,02		1,28		2,66		2,65		3,73		4,10		4,10
2e		0,48		0,75		0,92		1,15		1,45		2,18		2,78		3,22		3,58		4,10
3e		0,44		0,60		0,85		1,02		1,52		2,05		2,48		3,23		5,70		4,20
2e journée, 1e	0,63	0,87							2,50	2,39									3,40	3,39
2e			1,10	1,08	1,75	1,75	2,56	2,61	2,85	2,93	3,41	3,19	3,41	3,49	3,73	3,71	1,23	4	4,20	4,47
3e			1,50	1,48					1,90	1,88					3,08	3,21	3,5;	2,90	3,49	3,60
	0,78	0,90	0,95		0,91		1,72								2,80			2,90	3,48	3,90
	0,78	0,80			1,34				2,53		2,67		2,28							
4e	0,93	0,72											2,72							
3e journée, 1e	0,44	0,42	1,03	1,04	2,17	1,74			3,30	3									5,50	3,40
					1,69	1,70			2,21	2,21									3,56	3,56
2e	0,73	0,72	1,57	1,57	1,78	1,78	2,32	2,58												
	0,81	0,81					2,49	2,39												
Lieu clos (antérieurement) :		0,47		0,83		1,02	1,27	1,49	2,74	2,74	3,15	3,10	3,48	3,40	3,76	3,81	4,14	4,10	4,54	4,72

Diapason 467.

	1	2	3	4	5
1re journée	4,92 3,25	23	26	38,8	50,7
3e journée	3,80 2,85	7,42 7,40	10,87 10	12,94 13,05	16,94 16,55

Diapason 934.

	1	2	2 1/2
3e journée	70 40	132 132	193 173

J'ai donné tous ces chiffres pour montrer comment, sous leur variété, à première vue si grande, se cache néanmoins la loi que nous cherchons.

Considérons d'abord deux limites, la première et la dernière. Le chiffre exact est certainement aux environs de 0,40 et de 3,40. C'est celui que l'on obtient lorsque le son est offert sans préparation à l'oreille dans un air calme. Les autres sont dus à l'accommodation de l'oreille qui a déjà écouté la note, ou à une légère agitation de l'air. Les distances d'audition des amplitudes intermédiaires peuvent aisément se retrouver, si l'on remarque que pour plusieurs il est possible de déterminer leur rapport deux à deux, par exemple : pour 9, entre 4,10 et 3,58, 4,20 et 3,70 4,54 et 4,14 ; pour 8, entre 3,58 et 3,22 4,23 et 3,75 4,14 et 3,76 ; pour 7 entre 3,22 et 2,78 ou 3,23 et 2,48 3,73 et 3,41, 3,76 et 3,48, et de même pour les autres amplitudes. La comparaison de ces rapports entre eux permet d'écarter de premier abord ceux qui sont fautifs ; et la construction de la courbe, d'après un point fixe (3,47 par exemple) et les rapports maintenus, achève la rectification par l'élimination finale de toutes les causes accidentelles, qui ont troublé la rectitude de l'audition spontanée. Cela est dit pour le diapason 233,5. Je me suis donc arrêté à une courbe où nous lisons :

1	2	3	4	5	6	7	8	9	10
0,41	0,61	0,85	1,13	1,45	1,82	2,23	2,66	3,10	3,47

Dont les rapports sont :

1	2	3	4	5	6	7	8	9	10
1,463	1,393	1,329	1,283	1,254	1,225	1,195	1,163	1,119	

Pour le diapason de 467, je ne dispose que de deux séries d'expériences; et pour celui de 934, d'une seule. Les expériences de la première journée ont été faites plus près de Clamart, où le bruit était gênant, dans une allée plus étroite, qui, certainement, conduisait le son. Mais ce qui nous intéresse ici, ce sont moins les distances absolues que leurs rapports. Or les rapports pour les deux diapasons sont sensiblement les mêmes que pour celui de 233,5.

Nous avons en effet d'un côté : $\frac{102}{56} = 1,821$ et $\frac{13}{7} = 1,857$; $\frac{205}{56} = 3,66$ et $\frac{26}{7} = 3,71$; $\frac{323}{56} = 5,7$ et $\frac{38,8}{7} = 5,5$; $\frac{410}{56} = 7,32$ et $\frac{50,7}{7} = 7,24$; de l'autre côté : $\frac{373}{102} = 3,6$ ou $\frac{322}{115} = 2,8$ ou $\frac{323}{102} = 3,16$ et $\frac{132}{40} = 3,3$. Nous ne nous trompons donc pas beaucoup en attribuant, dans les deux gammes étudiées, les mêmes rapports à une différence correspondante d'amplitude.

Si l'on prend comme base de l'opération les distances auditives déjà déterminées avec les rapports que nous venons de reconnaître, on peut construire un tableau B (fig. 687), où se lit sur chaque note le rapport de l'audibilité et de l'amplitude sur des degrés compris entre 1 et 10, qui peuvent être, suivant les valeurs à comparer, des *dixièmes* ou des *centièmes* de millimètre.

Les courbes ont été construites sur les notes 256 384 et 512. — *Amplitudes maxima* (1^{mm} pour 256 et 0,50 pour 512) représentées 20 fois plus grandes. Elles sont partagées en dixièmes. — *Distances auditives*, calculées d'après celle du diapason 256 = 2,95, et partagées porportionnellement en tranches de 10, correspondant aux 10 degrés d'amplitude, soit :

```
Pour 256:  0,354  0,519  0,723  0,961  1.223  1,547  1,896  2,266  2.636  2,93
  —   384:  0,788  1,152  1,605  2,134  2,838  3,559  4,359  5,210  6,067  6,79
  —   512:  1,471  2,153  3      3,98   5,117  6,419  7,864  9.398  10,93  12,24
```

Entre 0 et 1 d'amplitude, les déterminations sont difficiles, surtout avec des diapasons qui s'éteignent vite, comme ceux que j'employais. Je n'ai donc pas tenté d'aller au delà ; et ce n'était pas utile pour mon objet. Il suffit de rappeler une expérience[1] de 1903, dans laquelle j'ai constaté, en inscrivant la vibration des diapasons les plus graves au moment où je cessais de les entendre, que le son s'éteignait à mon oreille (fig. 723) pour :

la₁ (52,33 v. d.) avec une ampl. de 1,2 dix^me de mill.

la$_1$ (52,33 v. d.) avec une ampl. de 1,2 dix^{me} de mill.		
sol$_1$ (48)	—	1,2
fa$_1$ (42,66)	—	1,3
mi$_1$ (40)	—	1,5
ré$_1$ (36)	—	2
ut$_1$ (32)	—	3
si$_2$ (30)	—	16
la$_2$ (26,66)	—	12
sol$_2$ (24)	—	13
fa$_2$ (21,33)	—	34
mi$_2$ (20)	—	37
ré$_2$ (18)	—	35
ut$_2$ (16)	—	69

---

1. *Phonétique expérimentale et surdité*, p. 214. — Le léger manque d'accord que l'on remarquera dans ces chiffres peut venir d'un défaut dans l'expérience ou d'une défectuosité de mon oreille. Il est négligeable.

TABLEAU B

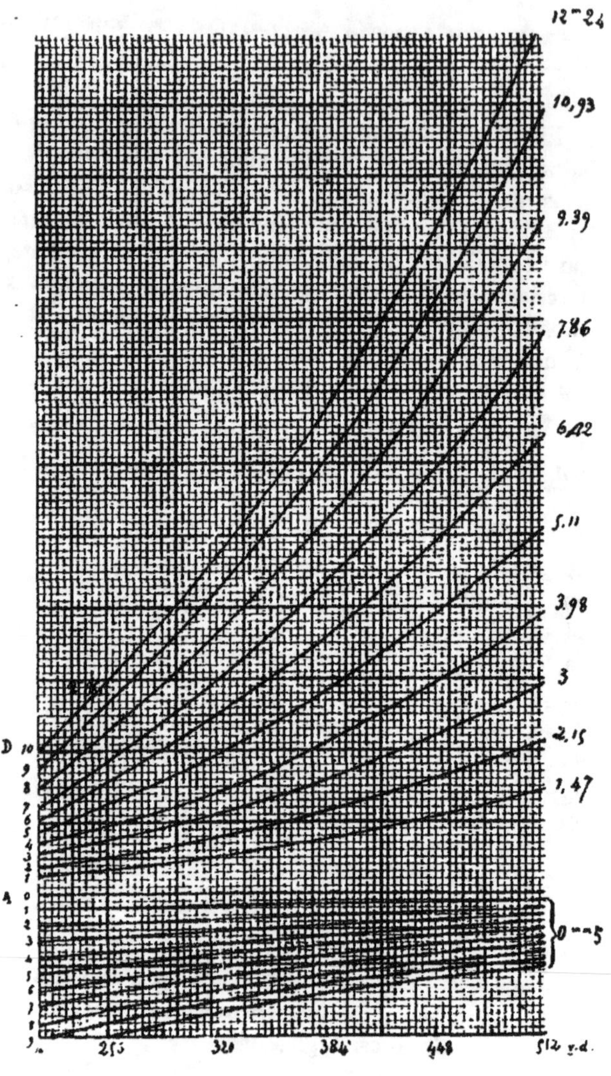

Fig. 687.

Comparaison des divers degrés d'amplitude avec l'audibilité pour une même hauteur
musicale.

Avec les deux tableaux A et B (fig. 685 et 687), si l'on a soin de les compléter et de les agrandir, il est facile de déterminer approximativement l'intensité auditive de tous les sons simples. Réduits aux dimensions réclamées par le format du volume, ils ne peuvent servir que de modèles. Voici comment on procède dans les différents cas qui se présentent :

Soient à comparer, au point de vue de l'intensité, deux sons. On cherche d'abord leur hauteur musicale ; puis on mesure leur amplitude. Trois cas peuvent se produire : 1° les hauteurs et les amplitudes sont égales ; 2° les hauteurs sont égales et les amplitudes différentes ; 3° les hauteurs sont différentes quelles que soient les amplitudes.

Dans le 1er cas, le problème est résolu par les simples données : l'intensité est égale.

Dans le 2e cas, la hauteur étant connue, on se rapporte au tableau B (fig. 687), où on lit la note en abscisse ; je suppose 256 v. d. On remonte jusqu'à la ligne représentant l'amplitude la plus faible, par exemple 1 dixième de millimètre, et l'on redescend jusqu'à la plus forte, par exemple 2 dixièmes de millimètre. On cherche le rapport, qui est de 1,463 en faveur du second. Si nous donnons au premier une intensité 4, par exemple, le second aura $4 \times 1{,}463 = 5{,}752$. On pourrait aussi choisir comme point de comparaison la plus forte intensité ; alors on obtiendrait l'intensité de la plus faible par division. Si, au lieu de chiffres entiers, on avait des fractions, je suppose les deux amplitudes de 2 et de 4,25, nous calculons le rapport de 2 à 4 augmenté de 1/4 du rapport de 4 à 5.

Dans le 3e cas, on recherche d'abord si les amplitudes sont bien celles que demande la seule différence de hauteur, c'est-à-dire si les deux sons ont été produits par une même force. S'il en est ainsi, il n'y a qu'à multiplier l'intensité de la note grave (fixée arbitrairement) par le rapport de hauteur. Ce rapport se lit sur la courbe des amplitudes, et a pour mesure l'ordonnée grave, et l'ordonnée aiguë correspondantes aux deux notes. Soient par exemple les notes 256 et 512, ayant l'une 1 d'amplitude et l'autre 0,5. La différence 1/2 est normale pour une octave. L'intensité n'obéit donc qu'au rapport de hauteur. Celui-ci se déduit de la courbe de l'intensité et a pour mesure ici $\dfrac{47}{83} = 4,151$ (p. 1019).

Par conséquent le son aigu est 4,151 fois plus intense que le grave. Si la différence d'amplitude révèle une différence de force, étant supérieure ou inférieure à ce qu'elle serait avec une force égale, on calcule l'intensité comme si cette différence n'existait pas ; mais on ramène le chiffre obtenu à sa vraie valeur en le multipliant et en le divisant par un facteur qui reste à déterminer avec le secours du tableau B (fig. 687). Nous retombons en effet dans le cas d'un son à comparer avec lui-même à des amplitudes différentes.

Pour faciliter les opérations, on peut préparer d'avance des tableaux des divers rapports.

Le choix d'une unité d'intensité devient nécessaire lorsqu'on a plusieurs quantités à comparer entre elles. Le tableau A (fig. 685) offre, comme unité convenable, un diapason de 256 v.d. de 1^{mm} d'amplitude et perceptible à 3^m.

V. — Sans pousser plus loin ces préliminaires qui ne concernent que les sons simples produits mécaniquement, passons à la voix humaine.

L'instrument vocal de l'homme se divise en plusieurs registres. Le plus puissant est celui du *médium*, où la plus grande partie de l'effort est utilisée. Les deux autres, au-dessus et au-dessous, demandent un grand travail et n'ont qu'un faible rendement, comme il apparaîtra dans les courbes ci-dessous.

L'expérience a été faite dans une large allée du parc de Versailles. Le temps était assez frais (7°), l'air agité; mais l'endroit choisi était abrité. M. Lote émettait la voyelle a sur une note donnée et avec des degrés différents d'intensité, d'abord doucement, puis avec une force moyenne, enfin avec toute sa force. M. Rigal cherchait la limite d'audition, sans se préoccuper du timbre. Quand il l'avait trouvée, M. Lote inscrivait sur-le-champ la voyelle sur un cylindre enregistreur, disposé devant lui, avec un petit tambour (grand bras du levier 105^{mm} 75, petit bras 18,5). Une dame a bien voulu se prêter à une expérience analogue. Nous avons ainsi étudié a sur les notes sol_1, $ré_2$, la_2, mi_3 (voix d'homme), mi_3, sol_3 et la_3 (voix de femme), avec trois degrés de force. L'amplitude *maxima* du tracé, mesurée sous le microscope, est exprimée en *centièmes de millimètre*. Divisée par 5,77 (rapport entre le grand bras et le petit), elle est réduite au simple déplacement de la membrane. Enfin la distance d'audition, divisée par l'amplitude, donne l'intensité pour 1 d'amplitude, soit du tracé, soit du déplacement de la membrane, et permet de comparer entre elles les différentes données de l'expérience :

	Amplitude $\frac{1}{100}$ de mm.		Distance d'audition	Distance moyenne d'audition pour $\frac{1}{100}$ de mm.	
	Membrane	Tracé	Mètres	Membrane	Tracé
Voix d'homme :					
sol_1 (97,8)	2,06	12	15	7,28	1,25
	3,43	20	43	12,53	2,15
	6,86	40	55	8,30	1,37

ré$_2$ (146,8)	5,15	30	60	11,65	2,0
	7,56	44	88,5	11,57	2,01
	13,72	80	168	12,24	2,1
la$_2$ (217,5)	3,43	20	60	17,49	3,0
	6,18	36	110	17,79	3,05
	11,16	64	290	26,70	4,53
mi$_3$ (326)	4,81	28	80	16,63	2,85
	6,86	40	133	19,39	3,32
	15,12	88	170	11,24	1,93

Voix de femme :

mi$_3$ (326)	4,81	28	60	12,47	2,14
	8,93	52	90	10	1,73
sol$_3$ (391,5)	3,78	22	108	28,57	4,99
	4,12	24	150	36,40	6,25
	4,81	28	270	56,13	9,64
la$_3$ (435)	3,09	18	90	29,12	5,0
	9,62	56	156	16,21	2,78 (?)
	12,32	72	260	21,10	3,61

Les résultats obtenus sont très vraisemblables, sauf pour le *la$_3$*, force moyenne de la voix de femme : il y a dû y avoir une erreur.

Nous pouvons en retenir les constatations suivantes :

1º Chaque voix donne le plus fort rendement pour une note du *médium*, qui paraît être pour M. Lote *la$_2$*, pour Mme X., *sol$_3$*.

2º A mesure que l'on descend au-dessous de cette limite ou que l'on monte au-dessus, la force perd progressivement de son efficacité.

3º Dans les notes basses (cf. *ré$_2$* d'homme avec *mi$_3$* de femme) et sans doute dans les notes hautes, les rendements

de la voix d'homme et de la voix de femme sont sensiblement égaux.

4° Dans le *médium*, la voix de femme bénéficie de l'avantage d'audibilité que nous avons constaté dans les gammes
supérieures par rapport à celles qui sont en dessous. En
prenant les moyennes correspondant au plus grand effort
(4,53 pour la voix d'homme et 9,64 pour la voix de
femme), on voit que le rapport est environ de 2, inférieur
à celui que nous avons observé avec les diapasons.

5° En dehors du *médium*, le meilleur rendement correspond à la force moyenne; l'excès d'effort est sans effet
utile.

6° Un effort faible peut toujours être considéré comme
relativement moins efficace qu'un effort de force moyenne.

Avec les données de cette expérience, surtout si elles
étaient complétées, il serait facile de construire un tableau
où les variations d'audibilité, suivant la hauteur et l'amplitude, se liraient d'un seul coup d'œil. Il comprendrait :
une échelle musicale de l'étendue de la voix, divisée par
vibrations ; partant de cette échelle, les courbes des notes
étudiées avec leurs amplitudes en abscisses, et les limites
d'audibilité correspondantes en ordonnées; les points d'égale
audibilité réunis par des courbes secondaires ; enfin un axe
mobile pouvant s'adapter à chaque note et mesurer les
abscisses (cf. fig. 688). On pourrait choisir comme unité
d'intensité une distance d'audibilité qui se prêterait bien à
des subdivisions, et à laquelle toutes les autres seraient
rapportées.

La comparaison de cette table avec les deux précédentes
A et B ferait ressortir la différence qui existe entre une série
de sources sonores mécaniques, composée en vue de l'uti-
lisation la plus complète du travail, et un organe unique

quelque parfait qu'il soit, qui, devant s'accommoder à une multitude de cas, ne peut dans tous obtenir son plein effet.

VI. — Mais nous n'avons jusqu'ici étudié que la portée du son et de la voix considérée comme son, laissant de côté son rôle essentiel, qui est d'impressionner l'oreille par les nuances variées du timbre. Or les sons du langage, émis avec la même force et la même hauteur musicale, varient entre eux d'intensité. Cela est naturel puisque les sons simples dont ils se composent sont doués d'une audibilité différente, en raison de leur hauteur et de leur amplitude.

Les expériences que nous avons à relever revêtent donc un autre caractère que celles qui nous ont occupés jusqu'ici. Il ne s'agit plus d'une limite d'audibilité, mais d'une limite de *compréhensibilité*. On recherchera donc, non jusqu'où un son du langage peut être entendu, mais jusqu'où il est correctement entendu avec son timbre réel. L'expérience est simple et peut être reproduite aisément pourvu que tous ceux qui y prennent part soient capables, non seulement de bien produire et de bien entendre les sons d'une langue donnée, mais encore d'apprécier exactement toutes les nuances qu'ils peuvent prendre avec la distance. Car l'éloignement constitue une sorte d'écran qui tamise les sons complexes et peut même être employé comme moyen d'analyse.

La première expérience un peu sérieuse que j'ai essayée a été faite en automne au Bois de Boulogne. Je me plaçais à des distances de plus en plus éloignées et je prononçais, dans un ordre varié, des voyelles, dont le son entendu était noté au fur et à mesure. En voici le tableau (un trait marque l'audition correcte; une croix, le manque d'audition; les lettres, les erreurs).

	10^m	15	20	25	30	35	40	50	60
á	á	—	—	—	a	a	á	—	—
a	—	—	—	—	—	á	á	á	—
à	a	—	—	—	—	ɑ	+	a	—
è	é	—	—	—	—	—	—	—	—
e	—	é	è	—	—	—	é	é	é
é	e	—	—	è	—	—	—	—	—
i	—	é	è	è	é	è	è	é	e
í	—	—	i	i	i	+	+	i	i
œ̀	—	—	œ́	—	œ	—	è	ò	—
œ	—	œ̀	—	œ́	—	ó	—	—	—
œ́	—	—	œ̀	—	—	—	—	œ̀	—
u	ü	œ́	œ́	ú	ú	œ	—	+	u
ú	u	u	œ	u	u	u	u	u	—
ò	o	—	—	—	—	ò	ò	ò	ò
o	—	ò	ò	ò	—	—	—	—	—
ó	—	—	—	—	—	—	—	—	—
u	—	—	—	—	ó	ó	ó	—	o
ú	—	—	u	u	u	u	u	—	eu
ã	—	—	—	—	—	—	æ̃	—	—
ẽ	—	—	—	—	—	—	ǽ	—	æ̀
œ̃	—	—	—	õ	—	—	ẽ	—	à
õ	—	ó	—	ó	—	æ̀	æ̃	ó	—

Les voyelles ont été prononcées sur un ton modéré et avec la quantité qui m'est naturelle, c'est-à-dire les fermées et les ouvertes longues, les moyennes brèves. L'influence de la quantité sur la qualité de la perception est mise en évidence pour *ĭ*, *ŏ* et *ŭ* qui sont perçus *é*, *ò* et *ó*, avec le timbre qu'ils ont pris en passant dans les langues romanes.

Si l'on ne tient pas compte de nuances délicates souvent

difficiles à saisir, même de près, on peut classer ces voyelles d'après leurs limites de compréhensibilité dans l'ordre suivant :

1° *ó*, 2ᶜ *ò é à*, 3° *ē ɔ̈ é*, 3° *a æ*, 4° *á à œ u*, 5° *e ō*, 6° *ú*, 7° *i o*, 8° *i u ú*.

En faisant la part des distractions et des erreurs causées par les bruits voisins, on peut dire : que *ó ò é ā* étaient, dans cette expérience, perceptibles jusqu'à la limite 60 m. ; à un degré inférieur, mais jusqu'à la même distance, *œ*, les *a*, *à*, enfin *ō*; *ê ó* jusqu'à 50 ; *e* jusqu'à 35 ; *u* jusqu'à 25 ; *i* jusqu'à 15 ; *i* et *ú* jusqu'à 10. Les *u* n'ont jamais été sûrs,

Deux autres séries d'expériences méthodiques furent faites l'hiver suivant avec MM. Lote et Rigal. La première expérience eut lieu sur la route de Versailles près de La Croix-de-Berny : le thermomètre marquait 0 degré, et un vent léger venait des auditeurs vers moi. J'articulais chaque voyelle dans un ordre varié, et MM. Lote et Rigal inscrivaient ce qu'ils entendaient. Nous nous sommes placés d'abord à 100 mètres de distance, puis à 150 et à 180, enfin à 200, et nous nous sommes rapprochés par fractions de 10 mètres jusqu'à 5. Gênés par le passage des voitures, qui nous obligeaient à des interruptions assez longues, nous avons repris une nouvelle série dans une allée du Bois de Clamart, par un temps très brumeux et une température de 3° 1/2. M. Lote était très enrhumé et cette circonstance ne nous sera pas inutile, car la diminution de l'acuité auditive forme, comme la distance, un écran analyseur. Dans cette seconde série, nous avons procédé par fraction de 10 mètres à partir de 180, l'allée choisie ne nous donnant pas davantage. Aux grandes distances, chaque son émis était accompagné d'un signe qui en indiquait au moins le rang, s'il n'était pas entendu.

1re expérience :

	200m	190	180	170	160	150	140	130	120	110	100	90	80	70	60	50	40	30	20	10	5
L. R.																					
	á ǽ	+ à	+ a	— ǣ	ā œ	ǎ œ	à a	— a	ã —	— —	è à	— —	— —	— —	— à	à —	a —	— à	— —	— —	à —
	a —	+ ǎ	œ à	+ ě	o è	— œ	à +	à —	— ě	— —	è à	ē à	— à	à ē	ǎ à	-- ..	e à	ě à	— à	ǎ à	— à
	ě œ	à à	à õ	œ —	— e	— —	— ě	— —	œ œ	œ é	— è	— é	— —	— é	— è	...	— é	— —	— é	— é	— é
	e œ	+ é	+ +	+ —	— o	— é	à —	œ œ	œ é	— ó	— e	— —	— é	— —	— é	— —	— é	— —	— é	é	œ œ
	é +	à õ	a i	+ + · +	ě e	i —	— e	œ é	— ó	ě œ	é œ	— —	— é	— —	— —	— c	— é	— é	— e	é é	é é
	i +	õ œ	à +	+ u	+ u	u —	— —	u u	e —	é œ	é œ	— é	— —	— —	— c	c —	é —	— e	é —	é é	é i
	í u	+ u	u i	i +	i ú	i u	+ ú	— +	i i	i i	ì u	— —	— —	— —	— —	— i	i —	— i	— —	— i	i i
	œ +	+ +	à œ	+ —	o œ	œ —	— —	— —	— —	— é	à —	— é	— —	— é	— é	— c'	c' é	— —	œ —	— —	— —
	œ +	+ —	+ +	+ ó	o ó	o —	— —	— ě	+ ó	o —	à é	— —	ò —	— é	— —	— —	ě —	— —	— ó	ò ó	ò ó
	íé +	+ +	+ ó	— œ	+ à	œ —	— —	— ó	— e	œ —	à' —	— à'	— ě	— à'	— —	— a'	— œ	— œ	œ —	— a'
	u ó	+ —	i o	— i	— à	+ u	ú e	— —	é ó	+ u	— ú	ú —	œ u	— ú e	ú é	é œ	— à'	— ú	— —	— u
	íú u	+ i	i +	+ u	ú i	i u	+ u	+ i	i u	u —	i í	i —	ì í	i —	i i	i i	— —	— —	— —	— —	— u
	ò +	— æ	æ œ	— ě	+ ú	œ —	— —	æ —	œ é	œ	ě o	á o	— o	ě —	— o	— —	— —	— o	— —	— —	— —
	o +	ò ó	é õ	ã a	ò ó	ò œ	ò ó	ò ó	á ó	à ó	ã œ	ò ó	ò ó	ú' á	ò ó	ò —	— ò	— —	à' ó	ò ó	ò ó
	ó +	— —	ò —	— —	— ó	ò o	o —	à' —	ó —	ó é	— —	œ —	à' —	— —	— —	— —	— —	— —	o —	v —
	u +	+ +	ò +	+ —	+ i	+ ú	ú í	ú +	+ ú	+ ó	à' ó	— ò	œ ó	ò u	ú ò	— ú	ú —	— —	ú —	— —	— —
	ú —	+ —	u —	ǽ u	+ e	+ —	u —	— ú	—	i —	u —	— —	— —	— u	u u	— —	— —	— —	— —	— —	— —
	ù +	ò æ	é æ	á o	— œ	+ õ	õ —	— ó	— +	+ é	ě —	— —	— —	— —	— —	— —	— —	— —	— —	— —	— —
	ě +	+ e	— o	a u	a ã	ã ǽ ·	— —	— é	— è	é ū	ã —	— é	— à	— ě	— ǽ	æ —	— —	— —	æ —	— —	— —
	ù +	+ œ	ò +	+ +	ò œ	+ œ	— —	ò —	ò œ	ã õ	— ã'	— +	ě —	— ǽ	ó —	ǽ ó	ò —	— —	— —	— —	— —
	. ò ÷	á +	+ +	+ —	ò +	œ ó	œ —	— ě	— æ	— +	â —	— â	— —	— —	— —	— —	— —	— —	— —	— —	— —

2ᵉ expérience :

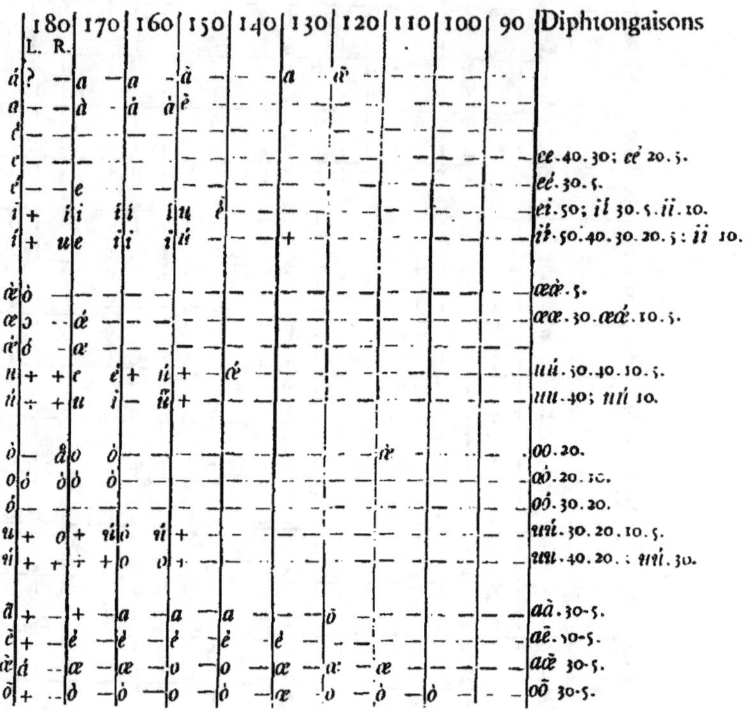

	180	170	160	150	140	130	120	110	100	90	Diphtongaisons
	L. R.										
á	? —	a —	a —	à —	— —	a —	ã —	— —	— —	— —	
a	— —	à —	á —	à è	—	—	—	—	—	—	
é	—	—	—	—	—	—	—	—	—	—	
e	—	—	—	—	—	—	—	—	—	—	ee.40.30; eé 20.5.
é	— —	e —	—	—	—	—	—	—	—	—	eé.30.5.
i	+ i	i i	i i	u è	—	+ —	—	—	—	—	ei.50; il 30.5.ii.10.
í	+ u	e i	i i	ií —	—	+ —	—	—	—	—	ií.50.40.30.20.5; ii 10.
œ̀	ò —	—	—	—	—	—	—	—	—	—	œœ̀.5.
œ	ɔ —	á —	—	—	—	—	—	—	—	—	œœ.30.œœ́.10.5.
œ̀	ó —	œ̀ —	—	—	—	—	—	—	—	—	
u	+ +	e é	+ ií	+ —	œ́ —	—	—	—	—	—	uií.30.40.10.5.
ii	÷ +	u i	— ü̃	+ —	—	—	—	—	—	—	uuu.40; uuií 10.
ò	— ã	o ò	—	—	—	—	à̀	—	—	—	oo.20.
o	ò ò	ò —	—	—	—	—	—	—	—	—	aò.20.10.
ó	—	—	—	—	—	—	—	—	—	—	oó.30.20.
u	+ o	+ uí	ò uí	+ —	—	—	—	—	—	—	uuí.30.20.10.5.
uí	+ +	÷ +	o ò	+ —	—	—	—	—	—	—	uuu.40.20; uuí.30.
ã	+ —	+ —	a —	a —	a —	— —	ò —	—	—	—	aã.30-5.
ẽ	+ —	é —	é —	é —	é —	é —	—	—	—	—	aẽ.10-5.
œ̃	á —	œ —	œ —	ʋ —	o —	œ —	à: —	œ —	—	—	aœ̃ 30-5.
õ	+ ð	ó —	o —	ò —	œ —	ʋ —	ò —	ó —	—	—	oõ 30-5.

Dans la première expérience, les voyelles étaient émises à voix forte avec leur quantité naturelle; mais dans la seconde, elles étaient prolongées et les différences de quantité se trouvaient ainsi détruites, ce qui donnait pour plusieurs, à une faible distance, l'impression de diphtongues. J'ai continué de remplacer par un trait les voyelles comprises

et par une croix celles qui n'ont pas été entendues. La
1ʳᵉ colonne est celle de M. Lote; la 2ᵉ celle de M. Rigal.

Ces deux tableaux ont chacun leur signification. Le
second indique la limite de compréhensibilité d'après le
timbre seul, la quantité ayant été égalisée, et nous apprend
l'ordre suivant lequel les voyelles se classent à cet égard,
à savoir, pour les deux auditeurs :

Les *e* (*è e é*) 180;
Les *o* : *ó* 180, *ò* et *v* 160;
Les *œ* : *œ̀* 170, *œ* et *œ̀* 160;
Les *a*, 140;
Les *i*, 140;
Les *u*, 140;
Les *u* : *ú* 140, *u* 130;
Les nasales : *ā* 130; *ē* 120; *œ̄* 100; *ō* 90.

Pour M. Rigal seul, il faudrait compter : les *a*, les *e*, les
œ, les *o*, les nasales 180; les *u*, les *u* et *i* 150; enfin *i* 140;
c'est-à-dire d'un côté les voyelles ouvertes; de l'autre les
voyelles fermées.

Le premier tableau contient, en plus du timbre, la quantité comme élément modificateur. Il représente la limite
de compréhensibilité pour mes voyelles normales. Si l'on
ne presse pas trop les chiffres, afin de ne pas exagérer des
différences qui peuvent être fortuites, on peut en extraire la
série suivante :

é, 170;	*ò ó*, 70;
œ̀ œ œ́, 150;	*œ̄*, 60;
á, 120;	*v u ú*, 40;
e é ě ú, 100;	*a*, 30;
ō, 90;	*u*, 10.

Si l'on voulait prendre comme unité l'intensité la plus faible, c'est donc celle de l'*u* qu'il faudrait choisir.

Une autre mesure de l'audibilité résulte du nombre de fois qu'une voyelle émise à distance n'est pas entendue du tout même comme son indistinct. Les deux tableaux nous présentent les relations suivantes :

Nombre de fois où aucun son n'a été entendu :	0	1	2	3	4	5	6	7	9
1ᵉʳ tableau	á a é e é æ̀ œ ǽ æ̃ ò o ȯ	i è õ	ã!	ü u	u	ü			
2ᵉ tableau	é		o ò	ò a á	ã	e é i l ü ä	œ ǽ	u ü è õ	ã u

A ce compte, l'*é* s'entendrait le plus, et l'*u* le moins.

VII. — Pour résumer toutes ces expériences et fournir une règle pratique qui permit de mesurer l'intensité des voyelles isolées, il restait à reprendre l'expérience de Versailles, à la refaire pour chaque voyelle sur un certain nombre de notes et à choisir pour limite, non le point où le son cesse d'être entendu, mais celui où il cesse d'être compris.

Cette expérience, qui demandait plusieurs journées d'un temps calme, nous avons dû la différer jusqu'au moment des vacances. Encore avons-nous été trompés dans notre attente. Il nous a fallu opérer par un vent assez fort; mais heureusement nous avons été abrités par les grands arbres de l'antique collège de Juilly, où nous avons reçu la plus aimable hospitalité. Le champ de nos expériences était la grande allée, large de 9 mètres et haute de 25. Le vent qui ébranlait le feuillage ne couvrait jamais la voix, et ne semble pas avoir trop nui à la justesse de l'audition.

Les voyelles *a é i æ ü ò u* de M. Lote ont été dites au

moins trois fois, à faible, moyenne et très forte voix, sur les notes sol_1 si_1 $ré_2$ sol_2 si_2 $ré_3$ et sol_3 (cette dernière en voix de tête), et inscrites avec un petit tambour quand la limite de compréhensibilité avait été reconnue par M. Rigal.

La note sol_1 est à la limite de la voix. Aussi l'effort le plus énergique donne-t-il des résultats discordants. Au lieu de croître avec lui, en proportion de la distance d'audition, l'amplitude a diminué pour la plupart des voyelles. Distance (D) en mètres; Amplitude (A) en centièmes de milimètre :

	D	A		D	A
à	30	68	*ô*	20	24
	61,65	28		37,8	16
é	1,15	24	*œ*	13,8	28
	4,12	16		23,8	22

Le courant d'air, intercepté par un effort excessif, a moins impressionné la membrane que dans la prononciation normale. Les courbes données pour cette note (fig. 688) ne s'appliquent qu'à la voix modérée.

La note si_2, pour les voyelles *à ô é œ*, accuse par comparaison avec sol_2 et $ré_3$ une diminution de l'amplitude et de l'audibilité, qui paraît bien due à la fatigue; car l'expérience est pénible. Il faudrait, je crois, prolonger les courbes, jusqu'à une ligne qui réunirait les voyelles correspondantes de sol_2 et de $ré_3$.

La voix faible présentant des variations assez peu sensibles, je relève les chiffres, tels qu'ils ont été obtenus pour chacune des voyelles. Quelques-uns appellent une rectification. Notamment, l'*é* si_2 et l'*à* sol_3 se placent en dehors de toutes les séries.

	sol_1		si_1		$ré_2$		sol_2		si_2		re_3		sol_3	
	D	A	D	A	D	A	D	A	D	A	D	A	D	A
á	4,9	48	7,4	20	10	16	4	14	8	14	9,5	20	6	28(?)
ô	4,5	20	7	14	7,8	14	6,5	20	5	16	9,5	16	13	24
é	3,6	22	20	36(?)	5,1	18	4,2	16	5	18	3	16	8	20
è	4	6(?)	6,7	14	5,15	18	4	16	4,5	20	1,3	18	7	20
i	0,15	22	3,7	13	2	14	2,5	16	1,5	20	2,2	16	5	14
ü	2,4	20	7	12	1,2	12	2,5	8	2,8	16	2	20	2,2	12
u	1,4	7	5,9	24	1,2	12	2	10	2	12	2,2	16	3,5	12

Pour le reste, le tableau (fig. 688) est bien lisible, malgré ses faibles dimensions. Le *millimètre* représente : soit 2 *mètres* de distance, soit 2 *centièmes de millimètre* d'amplitude, soit 2 *vibrations doubles*. On lit les vibrations sur la ligne inférieure, l'amplitude sur une parallèle de l'axe des abscisses au moyen d'une *échelle mobile* représentée en haut du tableau, la distance de compréhensibilité (D) à gauche. Comme échelle mobile, je conseille une règle de 40^{cm} graduée à partir du milieu.

Les courbes figurent les variations de l'amplitude en fonction de la force d'émission et de la distance de compréhensibilité. Elles ont été construites avec les données de l'expérience, comparées entre elles et légèrement retouchées, quand une erreur a paru évidente.

A première vue, on est frappé de ce fait que les voyelles, prononcées de façon à être comprises entre 20 et 60 mètres, excepté pour les notes graves, ont des courbes qui se confondent. C'est en deçà et au delà qu'elles divergent.

Pour apprécier les différences, il est bon d'adopter une unité, que nous considérerons comme *l'unité d'intensité vocale* (I.V.). Je propose *la voyelle á compréhensible à 20 mètres* avec une amplitude de 20 centièmes de millimètres. Nous lirons l'intensité dans la colonne de droite.

Manière de se servir du tableau :

1° Mesurer l'intensité d'une voyelle, celle de *â*, par exemple (hauteur musicale *sol₂*, amplitude 60).

A partir de l'axe des ordonnées de *sol₂* porter l'échelle mobile jusqu'au point où le 60 coupe la courbe de l'*â* ; et lire à droite dans la colonne des intensités le chiffre cherché 9,6, ou, à gauche, la distance 192ᵐ.

2° Comparer l'intensité de plusieurs voyelles différentes de timbre, de hauteur musicale et d'amplitude, par exemple de *ô* (*si₁*, ampl. 56), *i* (*si₂*, ampl. 40), *â* (*ré₂*, ampl. 50).

Rép. : Intensité de l'*ô*, 4,9

—   *i*, 5,7

—   *â*, 5,7

3° Trouver sur le tableau l'intensité d'une voyelle dont l'amplitude, la hauteur ou le timbre n'y figurent pas.

Pour une amplitude supérieure, prolonger simplement la courbe.

Pour les notes qui n'ont pas été expérimentées et dont la courbe manque, voici comment on procède : on détermine la hauteur musicale, d'après le nombre des vibrations, sur la ligne inférieure, par exemple, 264 ou 344 ; on prend la perpendiculaire pour axe pour les ordonnées, et l'on trace une courbe intermédiaire entre celles des deux notes voisines pour la même voyelle. Soit, je suppose, la voyelle *u*. Comme les courbes des *u* de 244, de 294 et de 394 sont sensiblement parallèles, rien n'est plus facile que de construire celle de 264 et de 344 qui sont représentées en pointillé. On prend avec un compas la distance qui existe entre l'axe de 244 et celui de 264 et l'on porte cette longueur suivant les parallèles à droite de la courbe de l'*u* (244). Puis on porte de même la distance entre les axes de

264 et de 364 à gauche de la courbe de l'*ü* de cette note.
La courbe de l'*u* (264) passe entre les points marqués, plus
près toutefois de 244, qui est la note la plus rapprochée.
Mais pour les notes voisines de celles du tableau, cette
construction est le plus souvent inutile. Avec une amplitude de 40, nous avons 4,05 d'intensité pour 264, et 3,1
pour 344.

Si l'on avait un long travail à faire sur l'intensité, il serait
commode de dresser un tableau pour chaque voyelle avec
des courbes complémentaires, qui se modèleraient sur celles
de l'expérience, et feraient la transition de l'une à l'autre.

Quelques voyelles ont été omises; ce sont : *a à è e ì, ò o
u, ë œ ü*. Mais nous savons, par les tableaux de compréhensibilité, qu'elles diffèrent assez peu de celles qui ont été
étudiées. On se trompera donc peu en mesurant tous les *a*
et tous les *o* d'après les courbes d'*à* et d'*ò*, en rapprochant
è de *a*, et en faisant subir aux voyelles moyennes une légère
diminution sur les voyelles fermées correspondantes.

Il est bien entendu que ce tableau ne peut servir de mesure
que pour des voyelles enregistrées de la même façon et
pour les voix semblables à celles de M. Lote. Mais il
peut se transposer, et l'on en tirera des évaluations appro-
chantes pour les autres voix. Quand des expériences de ce
genre auront été faites sur un grand nombre de sujets, on
pourra établir une règle plus précise. Pour ma part, je me
propose de m'y appliquer. Je livre cette esquisse, dont je
sens toute l'imperfection, en attendant mieux.

Les voyelles nasales ont été enregistrées par deux petits
tambours pareils; mais, faute de temps, elles n'ont pu être
dites que sur une seule note, *sol₂*, avec trois degrés différents de nasalité : à l'ordinaire, avec une nasalité plus forte,
avec une nasalité excessive.

Dans le premier cas, l'addition de l'amplitude des deux

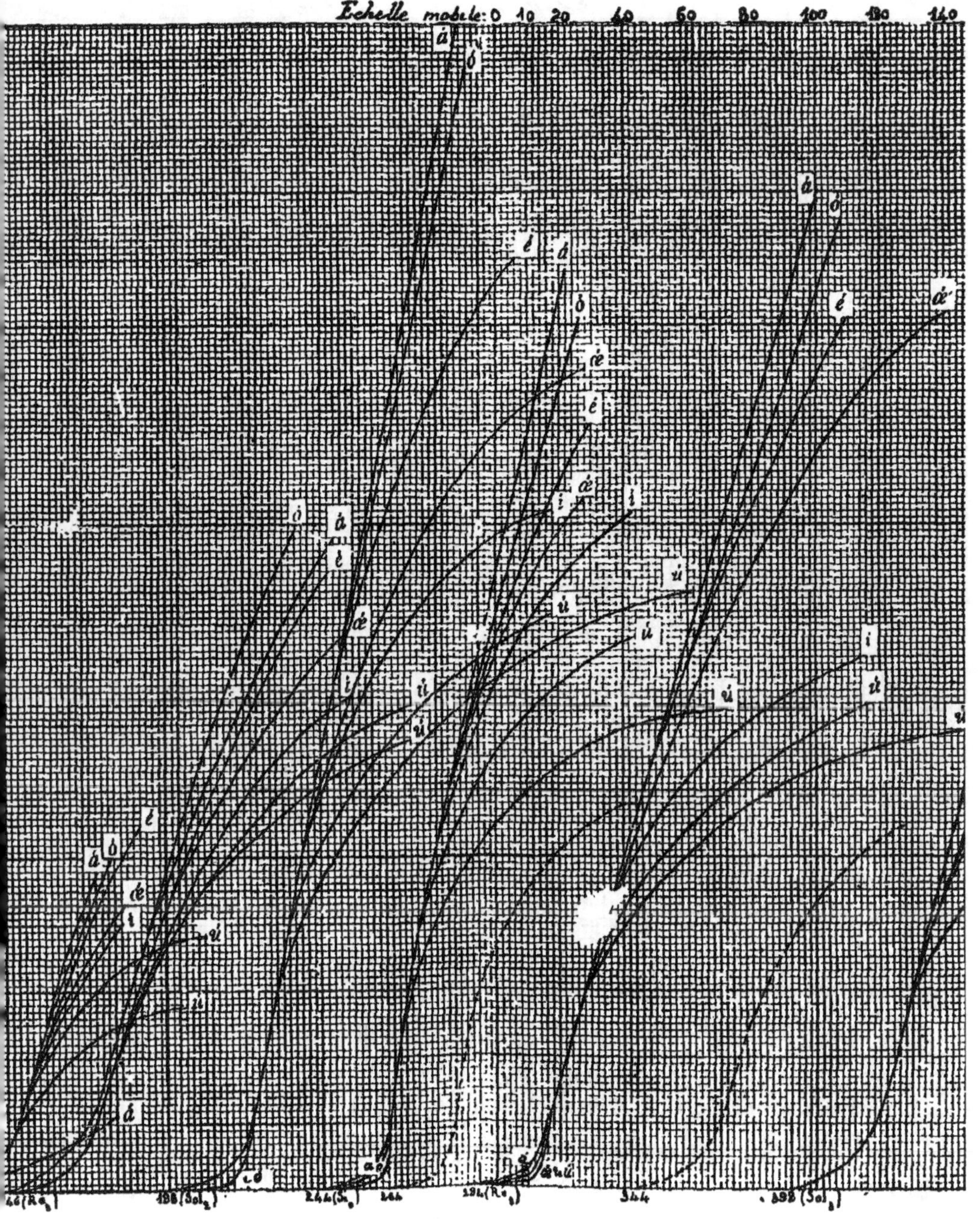

Fig. 688.

Echelle mobile: 0   10   20   40   50   80   100   120
146 (Ré₁)
186 (Sol₁)
244 (Si₁)
244
294 (Ré₂)
344
388 (Sol₂)

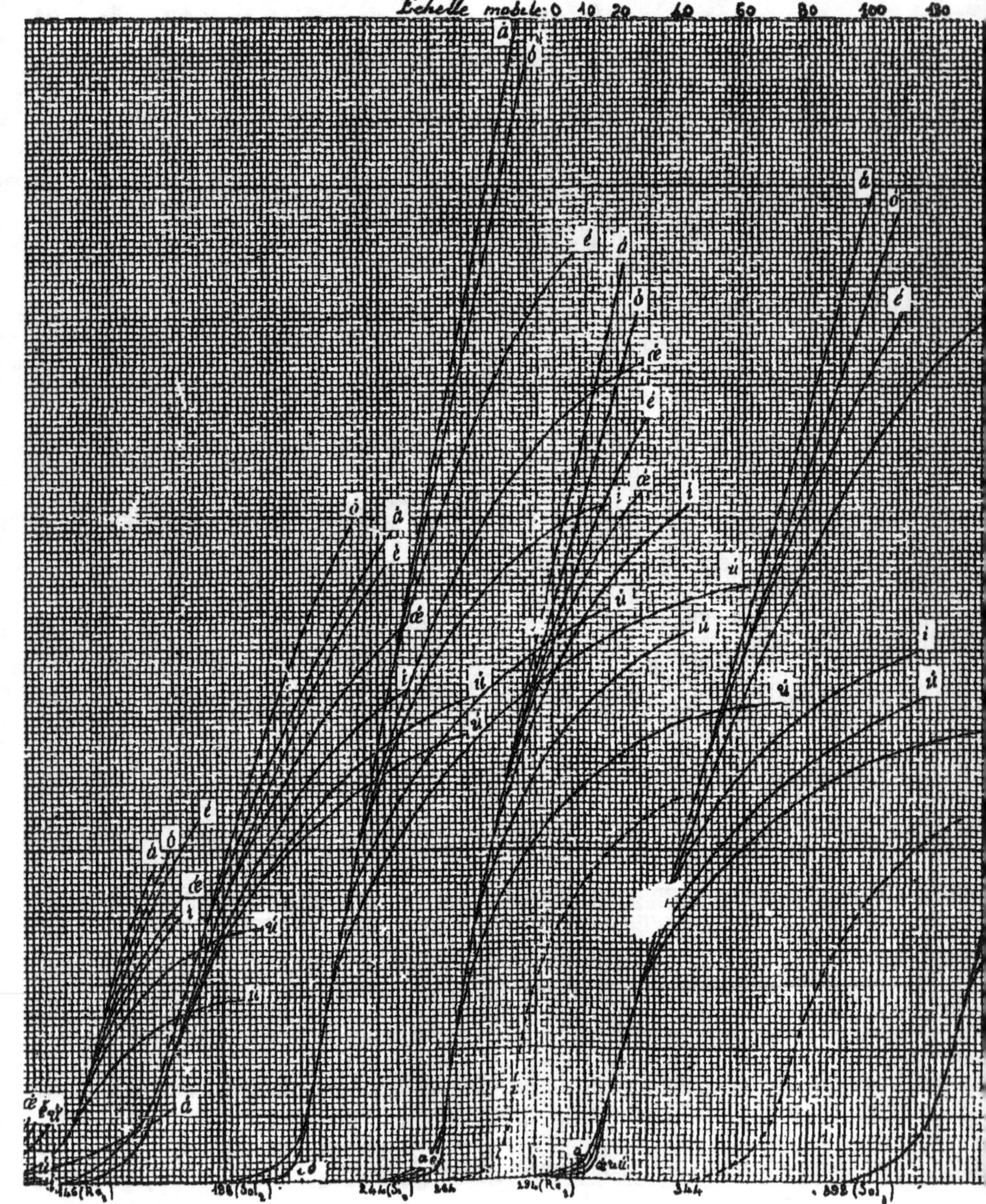

Fig. 68ˣ.

vibrations, buccale et nasale, donne comme total l'amplitude d'une voyelle pure correspondante : $\tilde{a}$ entendu à 84 mètres (Bouche, 30 cent. de mill.; Nez, 15) = $\acute{a}$ (45); $\tilde{æ}$ 105^{m} (B. 40, N. 15) = à peu près $\acute{æ}$ (50); $\tilde{e}$ 73^{m} (B. 25, N. 15) = $\acute{e}$ (40); $\tilde{o}$ 104^{m} (B. 30, N. 20) = $\acute{o}$ (50).

Dans le second cas, le résultat de l'addition donnerait une somme trop considérable. Ainsi $\tilde{o}$, 89^{m} (B. 20, N. 52 = 72) correspond à un $\acute{o}$ de 45 centièmes de millimètre.

Dans le troisième cas, l'écart entre l'amplitude et la compréhensibilité est beaucoup plus grand encore : $\tilde{a}$ (B. 8, N. 68) a été compris seulement à 21^{m}; $\tilde{e}$ (B. 5, N. 92), à 23^{m}; $\tilde{o}$ (B. 8, N. 64), à 23; $\tilde{æ}$ (B. 8, N. 34), à 43^{m} (?).

VIII. — Les voyelles associées aux consonnes ont été l'objet de deux expériences. Dans la première, faite à 100^{m} et à 80, qui avait le caractère d'un essai, les voyelles étaient choisies sans ordre et sans plan déterminé; aussi plusieurs n'ont pas été prononcées et les autres l'ont été un nombre irrégulier de fois : $\acute{a}$ 5 fois, $\acute{e}$ 6, i 6, $\grave{a}$ 3, $œ$ 7, $\acute{æ}$ 10, u 6, $\acute{o}$ 7, o 5, u 5, $\tilde{a}$ 4, $\tilde{e}$ 10, $\tilde{æ}$ 7, $\tilde{o}$ 4 à 100 mètres; $\acute{a}$ 8 fois, e 12, i 10, $\acute{æ}$ 8, $\acute{o}$ 9, u 11, $\tilde{a}$ 18 à 80 mètres. A 100^{m}, les erreurs d'audition ont porté sur quatre voyelles : u dans bu qui n'a pas été entendu; $\tilde{e}$ dans $l\tilde{e}$ et $v\tilde{e}$ qui n'a été entendu que par M. Rigal; $\acute{a}$ qui a été compris $\tilde{æ}$ par M. Lote dans $b\acute{a}$, $k\acute{a}$, $\varepsilon\acute{a}$, $\ddot{u}\acute{a}$, $y\acute{a}$ et a par M. Rigal; $\acute{æ}$ qui a paru trois fois $æ$ à M. Rigal; et $æ$ qui s'est fermé pour M. Lote 4 fois et pour M. Rigal 2. A 80 mètres, l'$\acute{a}$ s'est ouvert (a) une fois pour M. Lote, 3 fois pour M. Rigal; l'u s'est fermé 6 fois pour M. Lote et une seule fois pour M. Rigal. On voit par là que les voyelles qui offrent le moins de solidité à l'état isolé, i, u, o, sont raffermies par la consonne précédente.

Dans la seconde expérience, la distance d'audition a été portée jusqu'à 250^{m}. Tous les groupes formés d'une con-

sonne et d'une voyelle ont été essayés et dans un ordre
varié à 200, 150, 100, 50, 30, 20ᵐ, puis pour quelques
combinaisons à 210, 220, 230, 240, 15 et 10ᵐ. Je résume
les nombreuses données ainsi obtenues en indiquant : 1° le
nombre de fois que le son n'a pas été entendu en deçà de
200ᵐ, et 2° au delà, entre 200 et 240ᵐ, en raison des expériences faites (cette indication est inutile avant 200, tous
les groupes ayant été essayés une fois chacun); 3° les distances extrêmes auxquelles les voyelles ont été perçues ;
4° enfin les confusions de timbres entre voyelles.

Les deux premières colonnes donnent le degré d'audibilité
de la voyelle uniquement considérée comme son, en dehors
de toute espèce de timbre. Et l'on remarquera que, dans
chaque série, la perceptibilité du son diminue avec l'ouverture de la voyelle. Si l'on observe une ou deux irrégularités dans la 1ʳᵉ colonne, cela tient sans doute à la brièveté
de *o œ u*. La voyelle qui a le plus de portée est l'*é*; celle qui
en a le moins est l'*u*.

La troisième colonne indique la limite de la compréhensibilité des voyelles pour les cas les plus favorables où elles
ont été nettement comprises.

La quatrième colonne met en évidence la stabilité des
genres vocaliques, le passage d'un genre à l'autre étant rare
et ne se produisant qu'à de grandes distances, par suite de
la prédominance pour l'auditeur de certains sons composants et l'extinction de certains autres.

Elle montre aussi dans quelle limite les timbres de chaque
famille de voyelles se conservent. Plusieurs remarques intéressantes seraient à faire, en particulier sur la qualité de
l'oreille et les habitudes acoustiques de l'auditeur : là où
l'audition de M. Rigal est correcte, celle de M. Lote varie

suivant une loi constante, qui dépend en grande partie des habitudes parisiennes, et qui peut être résumée ainsi qu'il suit :

Les voyelles fermées et les voyelles ouvertes tendent vers les moyennes. Parmi les moyennes, les unes (*a œ o*) tendent à se confondre avec les ouvertes ; les autres avec les fermées :

á	—	*a*		*a*	—	*à*
é ê	—	*e*		*œ*	—	*œ̀*
í	··	*i*		*o*	—	*ò*
œ́ œ̀	—	*œ*		*e*	—	*é*
ú	—	*u*		*i*	—	*í*
ó ò	—	*o*		*u*	—	*ú*
ú	—	*u*		*u*	—	*ú*

C'est vers 200 ou 150^m que la confusion des moyennes commence en général pour M. Lote. Aux plus grandes distances, les voyelles ouvertes ou fermées semblent moyennes.

Avec l'éloignement, l'analyse des nasales se fait peu à peu et d'une façon régulière. Pour l'auditeur qui part de la plus grande distance et s'avance vers le sujet parlant, d'abord apparaît une voyelle pure, qui se rapproche ensuite de plus en plus de la voyelle qui sert de base à la nasale ; enfin la nasalité se fait sentir. Ainsi *ã* est entendu *o* à 220^m, puis *ò* à 200, puis *á*, enfin *ã*, ce qui se produit à 150^m pour M. Lote.

On a de même pour *ẽ* : *a à é*, enfin *ẽ* à 150^m.

$$— \tilde{e} : œ\ œ̀ \quad — \quad \tilde{e} \quad —$$
$$— \tilde{o} : e\ a\ ò\ ó \quad — \quad \tilde{o} \quad —$$

	Non entendu avt 200ᵐ.	200-240	entendu	Confondu avec d'autres voyelles
a̓	»	5/32	240	a̓ 220 e 210. — a̓ 200 L. 7 fois 220. 30. a̓ 150 L. (32 fois). — 20. a̓ L. 50.
a̓	»	9/34	240	œ 230 e 210. — a̓ L. 150 32 f. 100 R. 6 f. 50 L. 5 f.
e̓	»	2/22	240	œ 30 L. 258 R.. — e 150 L. et après 200, 6 f.
e	5	2/16	240	è 150 et 50 L. 240 R. — régulièrement é L. 150 — 20.
é	4	6/22	240	è i R. 200. — e 240, 230, 220, 100, 30 R. — 220 L.
i	8	5/16	220 L. 230 R.	e 230. — i 200 R. 3 f. 100 L. 2 f.
í	11	10/18	210 L. 220 R. et 230 R.	e 200 L. i 200 u 150 L. — i régᵗ L. jusqu'à 20ᵐ.
œ̓	2	2/24	240	o 210 u 200 e 230 a 240. — œ̓ 200 L. — œ 100, 210-240 R. 210-240 L. œ̓ 220 R.
œ	2	3/24	230 L. 240 R.	a 210 o 230. — œ̓ 200, 2 f. 220 L., et régᵗ œ 200-20; œ̓ 150.
œ̓	11	9/24	230	uu 210. — œ L. 200, 6 f. 150, 8 f. 210-220; R. 100, 7 f. 210-220.
u	8	12/26	220 L. 230 R.	ff 200 o 210 œ 220. — u R. 200; L. 30-10.
ü	2	13.22	200 u L. 220 R. et 230 u.	é 200 œ 220. — u L. 150, 4 f., R. 1 f.; 200 L. 15 f. R. 5 f. 100 L. 8 f. R. 3; L. 50, 30, 20.
ò	1	6/12	220 L. 240 R.	o R. 220, 2 f., L. 230.
o	5	10/20	220 L. 240 R.	ó R. 200, 230. — ò 210 L. R. — régᵗ jusqu'à 20ᵐ
ô	19	13/24	220	u 100 L. œ 200. — é 200. — i 210. — ò 220 L. R. L. 230, 200, et 50 4 f. R. 1 f.
u	36	15/18	200 L. 220 R.	o 30 L. — ui L. 150, 17 f., 100, 10 f. 50, 1 f. 30; R. 150 et 20.
ú	38	12/12	150 L. 200 R.	œ 100 L. — u 200, 2 f. R. 150 L. 2 f. R. 1 f. 100 R. 50 L. 30, 20 régᵗ.
à	9	5/24	100 L. 220 R.	o L. 200, 3 f. 220. ò L. 200, 7 f. R. 5 f. 210 L. R. 230 R. — d L. 150, f. 20 R. 230, 2 f. a L. 230, 240. à L. 210. œ L. 200, 2 f. — œ̓ L. 50, 3 f.
ã	7	8/8	200	a 200 L. 5 f. R. 5 f.; 100 L.; d 200 R.; œ L. 200, 150; è L. 150, 18 f.; ð L. 50 œ̓ R. 20.
œ̃	13	10 16	150 L. 230 R.	œ 200 L. 7 f., 150 L. 11 f. 15; œ̃ 200 L. 3 f. R. 5; 150 L. 3. — ; ẽ L. 100 ð R. 220.
ð	12	9.24	220	e L. R. 220; a L. 200; d R. 200; ò 200; L. 6 f. œ L. 200, 3 f. ò L. 150 6 f. — i R. 210. — e R. 230. — R. 210. — ẽ L. R. 100, 2 f. — à L. 50. — ð L. 50. à R. 200.

La différence de force, qui distingue la tonique finale de l'atone initiale dans les mots de deux syllabes, se reconnaît à l'audition, si l'on se place à une distance convenable. Ainsi la dernière voyelle *seule* a été entendue avec ou sans consonne à 150^m dans :

brochant	*εà*		bandé	*é*
touchant	*à*		transi	*i*
chanteau	*ŏ*		chanson	*õ*
chanceux	*œ̆*		bourdon	*õ*

à 100^m dans :

chanson	*õ*		lavoir	*wa*
grivois	*wa*		loulou	*u*
Lindois	*wa*		joujou	*u*
bouchon	*εo*		goulu	*u*
brisons	*ò*		pijon	*plò*

même à 65^m dans :

château *ó*		couteau *ó*		appas *à*
chapeau *ó*		rustaud *ó*		Colas *à*

Dans la phrase écoutée de très loin, l'accent oratoire se fait sentir le premier, avant la tonique du mot. Des lignes suivantes dites à voix modérées :

> « Dors, enfant sur les bras
> De ta mère,
> Pendant que ton père
> Travaille là-bas
> Pour toi. »

M. Lote a entendu :

à 45^m, *en* seul de *enfant*;

à 40^m, *enfant*;

à 30, à 20 et à 10^m, tout jusqu'à « pour toi »;

à 5, 50, tout.

M. Rigal :

à 45,   « dors enfant » avec l'accent sur *en*;
        « Dors mon enfant sur les bras de ta mère;
à 40,   « Tu n'entends pas ton père là-bas, là-bas »;
à 30 et à 20, tout, sauf « pour toi »;
à 10^m, tout.

> (Exp. faite sur la route de Versailles, à
> La Croix-de-Berny.)

Les voyelles qui ressortent le plus sont :

> Dòrs à(fant) sur les brà
> De ta mère
> Pendà que ton père
> Travaille là bà.

Le début de la Mort de Roland, enregistré pour le *Précis de prononciation française*, a été écouté à 200 mètres. Je ne peux évidemment pas garantir qu'il a été débité par moi exactement de la même façon à près de cinq années d'intervalle. Cependant l'étude détaillée du morceau prouve que les variantes ont été peu considérables, et la comparaison m'en paraît instructive. Je reproduis donc à ce titre, pour chaque voyelle, le tableau de la *hauteur musicale* (H. M.), de la *quantité* (Q), de l'*intensité mécanique* définie par le rapport de l'amplitude et de l'acuité (I. M.), en soulignant les syllabes entendues autant de fois qu'elles l'ont été, dans cinq lectures successives, par M. Lote et M. Rigal (p. *1057-1058*). Ces indications, qui ne portent que sur des moyennes, sont complétées, pour le premier membre de phrase, par les figures 680 et 681, où l'on peut suivre d'un coup d'œil toutes les variations de l'intensité, et, pour le morceau entier, par les tracés originaux eux-mêmes (fig. 689-691) que, grâce aux soins et à l'habileté de la Maison Bertin, j'ai pu faire graver sans retouches.

H. M. 140 154 146 154 130 150 160 160 160 180.200.220
Q. 5 17,5 5,5 21 12 10 10,5 5 10 19
I. M. 35 42 26 30 10 18 27 31 30 29.10.9.0
Læ kôt ro - lã è ku - eé [ʒ|uʒ ã̃ pè

A. { L.
   { R.

H. M. 130 130 140 140 150 130 130 130 110 100 90
Q. 7 9 9 10 8 8 12 5,2 6 12 6
I. M. 29 23 30 19 26 18 19 21 7 5
il a tur - né sõ vi - zaj vèr l es - - payœ

A. { L.
   { R.

H. M. 140 150 150 120 120 150 150 150 150 140 120
Q. 9 5,5 14 11 6 6 21 5,5 5 7 25
I. M. 26 18 23 27 30 19 27 13 12 31 4
il sœ prãt a sœ suvnir dœ pluʒ-yœr eóʒ

A. { L.
   { R.

H. M. 140 160 150 160 140 140 160 110
Q. 5 19 4 29 5,5 6 11,5 31
I. M. 27 39 14 17 37 20 52 23
dœ lã dœ tèr kil a kõ-kiʒ

A. { L.
   { R.

H. M. 150 160 140 110 160 160 154 160 146 126 100
Q. 5,5 8 9 20 7 24 5 9 6 22 5
I. M. 47 21 18 9 49 43 23 37 21 27
dœ la dús frãs dèʒ om dœ sõ li - ɲa - jœ

A. { L.
   { R.

H. M. 140 140 140 140 140 140 150 140 134 134 130.108
Q. 9 4,3 5 7 10 4 22 8 11 8 16
I. M. 44 14 16 19 22 31 25 25 13 10 25
dœ ear - lœ-maɲ sõ se - ɲèr ki la el - vé

A. { L.
   { R.

H. M.	140	150	160	160.150	140	140	140	140	140	1060.90.
Q.	8	9	11	22	11	5	9	7	9	14
L. M.	13	20	17	16	19	20	23	29	37	26
	e	dé	frà	- sé	dòl	il	è	si	e	mé

A. { L.
   { R.

H. M.	130	150	160	160	160	160	160	140	180.200	140	140
Q.	9	5,5	19	9	12	9	13	11	27	8,6	14
L. M.	33	31	47	25	14	21	30	36	19	21	29
	il	nœ	pœ	sà	- pé	- ee	dà	plœ	- ré	e	dà

A. { L.
   { R.

H. M.	140	120	100	140	150	150	160.170	140.160	140
Q.	7	11	14	16	14	6,3	13	26	6
I. M.	12	19	26	12	36	29	26	14	20
	su	pi	ré	mèz	il	nœ	vé	pi	sœ

A. { L.
   { R.

H. M.	150.160	150	160	160	140	130.120.114	100	140
Q.	10,8	4	5,5	7	7,2	26	6	9
I. M.	15	19	19	22	29	12		20
	metr	àn	u - bli	lüi		mè - mœ	il	

A. { L.
   { R.

H. M.	130.140.150	140	150.160.170	180.190	140°	140	134
Q.	16	6,5	16,3	?	7,8	17	9
I. M.	38	20	20.40.28	7	18	31	27
	ba	sa	kul	- pœ	e	dmàd	a

A. { L.
   { R.

H. M.	140	120	108
Q.	8	8	16,6
I. M.	35	16	20
	dyœ	par	- dõ.

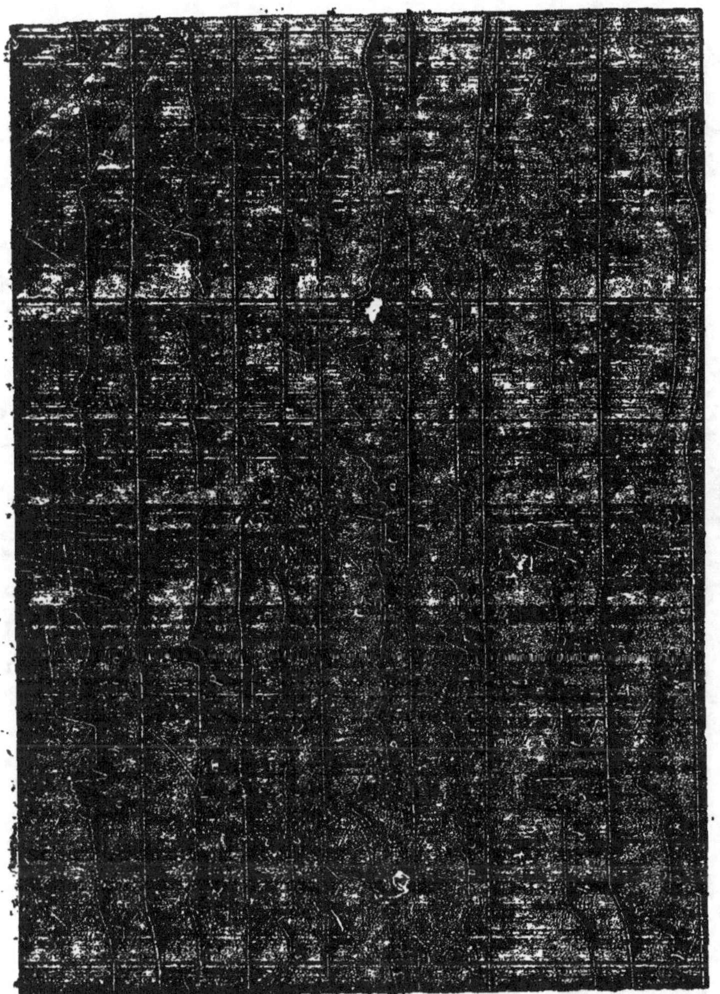

Fig. 689.

Figures agrandies sur les originaux de 1.556 et réduits sur l'agrandissement photographique de 1.265. L'intensité mécanique (p. 1056) a été mesurée au microscope sur les originaux; l'amplitude des consonnes (p. 1058) sur l'agrandissement. La durée peut se mesurer directement sur les figures en comptant 9 dixièmes de millimètres pour 1 centième

Fig. 690.

de seconde. — Une seule retouche sur le cliché (et peu heureuse) en de français, sur la ligne de la bouche seulement. Les interruptions de vibrations sur la ligne de la bouche qui se voient ailleurs sont sur les originaux. — Les lignes pointillées marquent le synchronisme entre la ligne de la bouche (la 1re) et celle du nez (la 2e) et d'autres phénomènes le commencement ou la fin d'une explosion, etc., pas toujours le commencement et la fin des articulations. — Dans la

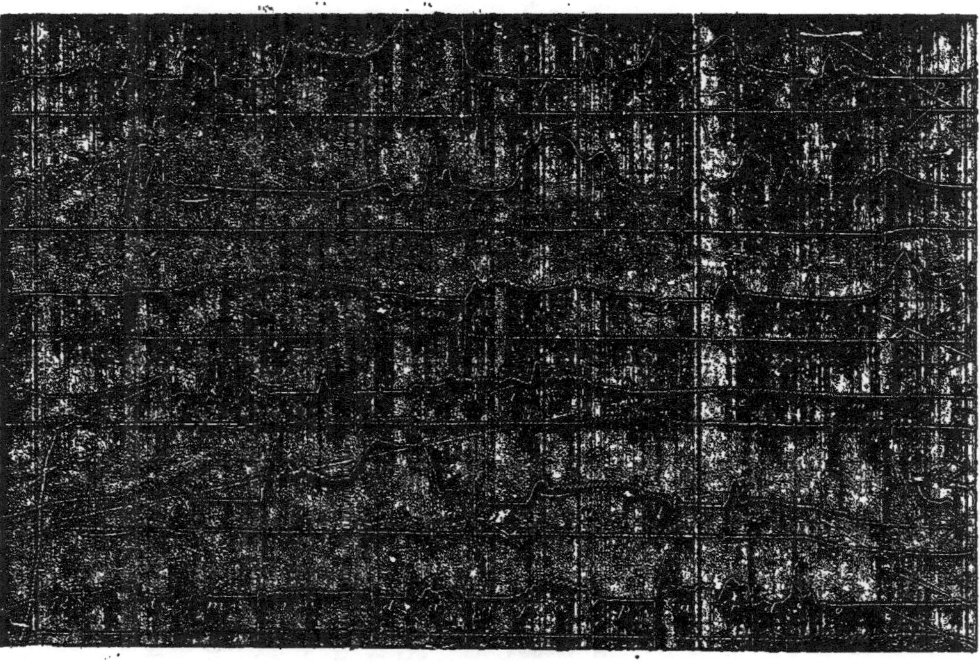

Fig. 691.

durée des voyelles, sont retranchées l'explosion et l'implosion de la consonne. — La reprise d'air et le silence outre les groupes du souffle, distingués par des chiffres, n'ont été conservés qu'une fois (fig. 689). Un petit cartouche (fig. 690) donne le tracé normal de [r]*ouché sous un* [*pin*].

Des comparaisons, qu'on peut faire entre ces différents documents, il résulte :

1° Que les voyelles les mieux entendues sont celles qui portent l'accent de la phrase ;

2° Que ces voyelles peuvent avoir un tracé moins ample que d'autres qui ne sont pas entendues, si celles-ci sont plus fermées, ou nasales, ou placées au début de la phrase : mais qu'en général elles ont une plus grande durée ;

3° Que des voyelles atones interconsonantiques non entendues ont un tracé d'une ampleur telle qu'il faut y reconnaître l'influence de la consonne, dont le jet d'air continue à agir sur le tambour ;

4° Que la durée des voyelles influe beaucoup sur leur audibilité ;

5° Que des variantes assez considérables peuvent exister pour deux auditeurs que l'on est en droit de considérer comme normaux. Ainsi dans *plœré*, l'un a entendu la première, l'autre la seconde syllabe.

Nous avons déjà observé que les voyelles fermées demandent plus de souffle que les voyelles ouvertes, c'est-à-dire en réalité un plus grand effort. Cet effort supplémentaire se fait instinctivement pour donner plus de puissance à ces voyelles, sans pourtant les rendre égales aux voyelles plus ouvertes. Nous voyons donc ici, nettement établie, la différence entre l'intensité articulatoire et l'intensité auditive.

De même, l'effort réclamé par l'explosion ou l'implosion de la consonne peut augmenter l'amplitude de la voyelle contiguë, atone ou tonique, sans lui communiquer une valeur acoustique correspondante (cf. *le comte, couché* fig. 680, 681 et p. 1056), preuve que l'intensité propre de la voyelle n'est tout à fait sûre qu'à une certaine distance des consonnes.

IX. — Les consonnes ont été étudiées dans trois séries d'expériences, qui ont donné des résultats nombreux et variés. Tous ne sont pas purement phonétiques, et quelques-uns doivent être rapportés à des causes étrangères (abaissement involontaire de la voix, distractions des auditeurs, bruits produits dans le voisinage, etc.). Je les reproduis tous cependant sans distinction, laissant au lecteur le soin de faire lui-même le triage en établissant des comparaisons qui nous prendraient ici trop de place.

La 1re expérience a eu lieu à la Croix-de-Berny et n'a porté que sur les consonnes associées à la seule voyelle *a*. Les groupes *la, ra, ẅa* n'ont donné aucun son à 90 mètres, *ta* et *ma* à 100. Aucune des autres consonnes n'a été entendue sûrement à cette distance. La limite de compréhensibilité constante a été pour :

p	30^m	*f*	40	*m*	50
b	30	*v*	50	*n*	50
t	60	*s*	60	*l*	60
d	40	*z*	60	*r*	60
k	60	*ɛ*	90	*y*	50
g	70	*j*	60	*w ẅ*	50

D'autres expériences faites à Clamart avec des voyelles variées ont donné des résultats différents et, je crois, plus justes. Les auditeurs étaient placés d'abord à 100^m, puis à 80.

Ont été entendus et compris :

p	à 100^m 5	fois contre	7	à 80^m 4	fois contre	4
b	— 2	—	12	— 2	—	8
t	— 7	—	3	— 3	—	7
d	— 3	—	5	— 2	—	6

	à 100ᵐ	4 fois contre		à 80ᵐ	6 fois contre	
k	à 100ᵐ	4 fois contre 4		à 80ᵐ	6 fois contre 4	
g	—	5	— 5	— 6	— 6	
f	—	6	— 4	— 5	— 3	
v	—	1	— 10	— 2	— 10	
s	—	4	— 4	— 6	— 2	
z	—	1	— 5	— 3	— 1	
ɛ	—	6	—. 2	— 6	— 0	
m	—	7	— 3	— 3	— 1	
n	—	3	— 5	— 4	— 6	
l	—	0	— 10	— 1	— 7	
r	—	10	— 0	— 8	— 0	
y	—	6	— 7	— 7	— 3	
w'	—	5	— 1	— 6	— 0	
ẅ	—	1	— 5	— 1	— 1	

Soit par ordre de compréhensibilité :

$r\ 18/0 = 18$ $y\ 13/10 = 1,3$ $n\ 7/11 = 0,63$
$w\ 11/1 = 11$ $k\ 10/8 = 1,25$ $d\ 5/11 = 0,45$
$\epsilon\ 12/2 = 6$ $g\ 11/11 = 1$ $\ddot{w}\ 2/6 = 0,33..$
$m\ 10/4 = 2,5$ $l\ 10/10 = 1$ $h\ 4/20 = 0,2$
$s\ 10/\epsilon = 1,66..$ $p\ 9/11 = 0,81$ $v\ 3/20 = 0,15$
$f\ 11/7 = 1,57$ $z\ 4/6 = 0,66..$ $l\ 1/16 = 0,06$

Enfin des expériences méthodiques ont porté sur chaque consonne associée à chaque voyelle. Les auditeurs étaient placés successivement à 200, 150, 100, 50, 30 et 20 mètres. Comme complément, ils ont écouté certaines combinaisons pour lesquelles on pouvait supposer une limite plus rapprochée ou plus éloignée, les unes à 15, 10 et 5 mètres, les autres à 210, 220, 230, 240 et 250 mètres.

Les différences de compréhensibilité ressortent du tableau suivant où sont marqués les nombres de fois que chaque consonne a été reconnue sur 21 épreuves :

Distances :

	5 m. L	5 m. R	10 L	10 R	15 L	15 R	20 L	20 R	30 L	30 R	50 L	50 R	100 L	100 R	150 L	150 R	200 L	200 R
p	21	21	21	21	21	21	20	21	18	20	16	19	15	16	4	12	1	7
b	—	—	—	—	—	—	21	21	17	21	6	12	4	2	3	0	0	3
t	—	—	—	—	—	—	20	21	21	21	19	28	13	9	7	9	2	4
d	—	—	—	—	—	—	16	17	20	20	18	14	10	5	9	1	1	2
k							20	19	18	21	17	12	14	13	5	13	0	6
g	—	—	—	—	—	—	19	19	18	19	13	14	12	12	10	4	0	0
f	21	21	21	21	21	21	20	19	17	19	13	15	8	11	6	9	2	4
v	—	—	—	—	—	—	20	18	16	14	12	9	2	3	6	2	1	0
s	—	—	—	—	—	—	21	21	19	21	18	20	12	14	8	16	1	9
z	—	—	—	—	—	—	21	21	21	21	18	18	7	16	8	9	0	1
ʃ	—	—	—	—	—	—	20	20	21	21	19	19	18	18	20	20	12	1
j	—	—	—	—	—	—	21	21	21	21	17	20	11	14	11	8	2	4
m	—	—	—	—	—	—	21	21	19	21	17	18	10	15	2	4	1	0
n	—	—	—	—	—	—	19	21	19	18	20	19	9	11	0	7	0	0
ŋ	—	—	20	21	20	20	17	20	19	20	16	19	4	13	1	2	0	0
l	—	—	21	21	21	21	21	21	21	21	17	21	5	14	1	2	2	1
r	—	—	—	—	—	—	21	21	20	20	20	20	21	20	17	15	5	14
ʼy	—	—	—	—	—	—	21	21	18	18	18	19	9	18	10	13	5	9
w	—	—	—	—	—	—	17	20	21	20	18	20	19	21	16	20	10	13
w̃	—	—	21	20	20	20	19	21	16	17	16	17	13	18	8	18	1	10

	210 L	210 R	220 L	220 R	230 L	230 R	240 L	240 R	250 L	250 R
p	0	2	0	3	0	0				
b										
t	3	2			1	0				
d	0	0								
k	0	0								
g										
f										
v										
s	0	0								
z										
ʃ	13	15			9	15	11	7	0	0
j										
m										
n										
ŋ										
l										
r	2	12			1	5				
ʼy	2	5			0	6				
w					0	0				
w̃										

Pour faciliter la comparaison, additionnons les nombres de fois où la consonne a été comprise par chacun des auditeurs, et remplaçons dans le tableau le chiffre 42, qui exprime la totalité des cas pour chaque expérience, par un trait (—).

	5^m	10	15	20	30	50	100	150	200
p	—	—	—	41	38	35	31	16	8
b	—	—	—	—	38	28	6	3	3
t	—	—	—	41	—	39	22	16	6
d	—	—	—	33	40	32	15	10	3
k	—	—	—	39	39	29	27	18	6
	—	41	41	38	37	27	24	14	0
f	—	—	—	39	36	28	19	15	6
v	—	—	—	38	30	21	5	8	1
s	—	—	—	—	40	38	26	24	10
ʒ	—	—	—	—	—	36	23	17	1
ɛ	—	—	—	40	—	38	36	40	29
j	—	—	—	—	—	37	25	19	6
m	—	—	—	—	40	37	25	6	1
n	—	—	—	40	37	39	20	7	0
ŋ	—	41	40	37	39	35	17	3	0
l	—	—	—	—	—	38	19	3	3
r	—	—	—	—	40	40	41	32	19
y	—	—	—	—	36	37	27	23	14
w	—	—	—	37	41	38	40	36	23
ü	—	41	40	40	33	33	31	26	11

La différence de compréhensibilité, nulle à 5^m, va en s'accentuant jusqu'à 150 mètres. A 10^m, nous voyons les consonnes se séparer en 2 groupes (g v $ü$ se comprenant déjà moins bien); à 15, en 3 (v et $ü$ se détachant de g); à 20, en 7 (b s $ʒ$ j m l r y 42, p l 41, $ɛ$ n 40, $ü$

k s 39, g v 38, ʋ ŭ 37, d 33); à 30, en 9 (ɩ ʒ ε j l 42, w 41, d s m r 40, k ʋ 39, p b 38, g n 37. s y 36, y w̆ v 30); à 50, en 12 (r 40, ɩ n 39, s ε l w 38, j m y 37, ʒ 36, p ʋ 35, w̆ d 32, k 29, b s 28, g 27, v 21). En même temps que les consonnes se séparent les unes des autres, les limites de compréhensibilité s'écartent progressivement, et des différences, insoupçonnées d'abord, s'accentuent avec la distance. A 100ᵐ, presque toutes les consonnes sont isolées. A 150, nous n'avons plus que 2 groupes; mais il s'en reforme d'autres à 200ᵐ. On en jugera mieux par un tableau :

100 ᵐ		150		200		Ordre probable avec coefficient de compréhensibilité.	
r	41	ε	40	ε	29	ε	13,3
w	40	w	36	w	12	w	12
ε	36	r	32	r	19	r	10,6
w̆	31	w̆	26	y	14	w̆	8,6
p		s	24	ŭ	11	s	8
k	27	y	23	s	10	y	7,6
y		j	19	p	8	j	6,3
s	26	k	18	ɩ	6	k	6
j	25	ʒ	17	k		ʒ	5,6
m		p	16	f		p	5,4
g	24	ɩ		j		ɩ	5,3
ʒ	23	f	15	b	3	s	5
ɩ	22	g	14	d		g	4,6
n	20	d	10	l		d	3,3
f	19	v	8	v	1	v	2,6
l		n	7	ʒ		n	2,3
ʋ	17	m	6	m		m	2
d	15	h	3	g	0	b	1,6
b	6	ʋ		n		l	1,3
v	5	l		ʋ		ʋ	1

Il ressort de la comparaison de ces chiffres que les rapports les plus voisins de la vérité sont ceux que fournit la distance de 150 mètres. C'est celle que je choisis en m'aidant des colonnes voisines pour dédoubler les groupes ; et, donnant à *ụ* la valeur *1*, je réduis les autres de 1/3, en forçant un peu certains chiffres, pour avoir le *coefficient de compréhensibilité* (voir colonne 4).

L'influence de la voyelle sur la compréhensibilité de la consonne est un fait dont il faut aussi tenir compte.

Nous avons pour en juger :

1° Les cas où le groupe n'est pas même entendu comme son, à savoir sur 42 épreuves, à 200 ᵐ :

cons + *ụ*	41 fois	*cons* + *í*	11	*cons* + *ü*	4	*cons* + *ō*	10
u	38	*i*	15	*u*	7	*ȃ*	12
ŏ	16	*é*	9	*œ̈*	7	*ȧ*	8
o	5	*e*	5	*œ*	4	*ẽ*	8
ò	3	*è*	3	*œ̈*	3		
à	2	*n*	1				

A 150ᵐ n'ont pas été entendus *dœ* et *lŏ* (2 fois) ; à 100, *ü̈u* (2 fois) et *nȧ* (1 fois).

Les consonnes qui ont ainsi disparu sont :

avec *ụ* : toutes, sauf *j*.

— *u* : toutes, sauf *ɛ l n*.
— *ŏ* : *p* (2) *b* (2) *t d k* (2) *g ʃ v ɛ m r l ü̈*.
— *o* : *b j m r l*.
— *ò* : *p s ʒ*.
— *à* : *ɛ ü̈*.

— *í* : *p g s ʒ j n r* (2) *l ŋ y*.
— *i* : *p d g ʃ s ʒ ɛ j n r l ŋ y w ü̈*.
— *é* : *t d k f v s m l ŋ*.

— *e* : *g ʒ n ŋ w*.
— *é* : *p b k*.
— *a* : *p*.

— *ú* : *v ŋ y w*.
— *u* : *p ʃ ʒ n l ŋ ẅ*.
— *œ́* : *p t d v j l w*.
— *œ* : *b d w ẅ*.
— *œ̀* : *p g ŋ*.

— * õ* : *p b (2) t d k (2) v ʒ ẅ*.
— *œ̃* : *p (2) t (2) d k g v (2) s ʒ ẅ*.
— *ã* : *t k v j n ŋ w ẅ*.
— *ẽ* : *p t k ʃ s n ŋ (2)*.

2° Les cas où la voyelle seule est entendue, soit sur 42 :

	200ᵐ	150	100
ú	1	18	4
u	1	10	0
ò	4	1	3
o	14	3	0
ô	6	2	0
à	11	0	0

	200	150	100	50	30	20
í	13	6	8	1	1	0
i	3	3	3	0	0	1
é	6	6	6	0	0	1
e	5	0	3	0	0	0
è	4	1	1	0	0	0
a	4	0	0	0	0	0

	200	150	100	50
ũ	15	0	1	2
ũ	9	0	0	1
œ́	2	1	5	0
œ	1	1	0	0
œ̀	12	0	1	0

	200	150	100	50
ã̃	7	0	0	0
ã	7	2	1	0
õ̃	7	0	1	1
ẽ	7	2	1	0

Les consonnes qui ont ainsi disparu, la voyelle subsistant, sont :

avec *ú* — 200ᵐ : *j*; — 150 : *p (2) b (2) t (2) ʌ (2) g (2) ʃ v ε j m n y w ẅ*; — 100 : *v j (2) w*.
— *u* — 200 : *ε m ł*; — 150 : *b ʃ v s m r (2) y w (2)*.
— *ò* — 200 : *ʃ s m ŋ*; — 150 : *p*; — 100 : *t v m*.
— *o* — 200 : *p t d k (2) ʒ (2) ʃ v ʒ (2) j n y*; — 150 : *v m w*.
— *ô* — 200 : *p b k ε m ŋ*; — 150 : *m n*.

— ɑ̇ — 200 : *p b t d f s m n l ɥ y.*

— i̇ — 200 : *b t d k g f v s ʒ j m ɥ w;* — 150 : *m n r ɥ* (2); — 100 : *p l g v ɛ l ɥ y;* — 50 : *g;* — 30 : *ɑ̇.*

— i — 200 : *b t m;* — 150 . *p k n;* — 100 : *k s ɥ;* — 20 : *n.*

— é — 200 : *g ʒ* (2) *j r n;* — 150 : *t d k f n l;* — 100 : *p d v ʒ n l.*

— e — 200 : *t d f j m;* — 100 : *d m n.*

— è — 200 : *ʒ j n w̄;* — 150 : *r;* — 100 : *n.*

— a — 200 : *d g v n.*

— ü — 200 : *p* (2) *b t* (2) *d k* (2) *g f m n r w w̄;* — 100 : *ʒ;* — 50 : *g w.*

— u — 200 : *b* (2) *d g s m r ɥ w;* — 50 : *r.*

— ǽ — 200 : *ʒ* (2); — 150 : *g;* — 100 *b* (2) *j l n.*

— œ — 200 : *m;* — 150 : *w̄.*

— è̀ — 200 : *b* (2) *d* (2) *k f ɛ r ɥ y ǖ* (2); — 100 : *ɛ.*

— ȯ — 200 : *p g f s m n r.*

— ã̇ — 200 : *b f s ɛ m n y;* — 150 : *ɥ;* — 100 : *y.*

— ã — 200 : *b g f s* (2) *ʒ r l;* — 50 : *m.*

— ẽ — 200 : *b g ʒ j m y w̄;* 150 : *p d;* — 100 : *n.*

Je n'ai que cinq cas où la consonne seule a été entendue :

ɛ à 210ᵐ dans *ɛu* (L. R.) et dans *ɛu* (L.).

— à 240ᵐ dans *ɛȯ* et dans *ɛo* (L.).

r à 220ᵐ dans *ré* (L.).

3° Les cas où la voyelle modifie la compréhensibilité de la consonne. Nous considérerons d'abord les résultats des épreuves faites à 200, 150 et 100 mètres. La consonne a un timbre d'autant plus clair et doit être considérée comme d'autant plus intense que son point d'articulation est plus voisin de celui de la voyelle et son timbre plus différent. On conçoit en effet que plus le passage de la consonne à la voyelle est simple, moins il se produit de sons parasites capables d'égarer l'oreille ; et que plus le son de la voyelle est différent de celui de la consonne, moins il y a danger de confusion.

Dans le tableau qui suit, un chiffre unique ou le premier, s'il y en a deux, indique les auditions correctes et concordantes pour les deux auditeurs ; le second chiffre, séparé du précédent par une virgule, les auditions correctes isolées ; le *zéro* signifie, suivant sa place, ou manque d'accord, ou absence d'audition correcte. Sont compris de 200 à 100 mètres :

$p +$ a e (4), á è u ã ò (2,2), ĭ ò o u ú (2,1), é ĕ (2), ǽ (0,3), ò œ̀ œ̀ ú (0,2), œ œ̃ (0,1), o i ĕ (0,0).

$b +$ a (2), ò (0,2), è è é o ǽ ĕ (0,1), le reste : 0,0.

$t +$ ã (4), e œ̀ œ ò (2,1), ĕ (2), á a ò (0,3), è é ĭ o ò ǽ œ̃ (0,2), i u u u ú (0,1).

$d +$ é (2,2), ú (2), á ò œ̀ w ã ĕ œ̃ (0,2), ĭ o u ú ò (0,1), a e é i œ̀ u (0,0).

$k +$ ò (4,1), a e u (2,2), ǽ ú œ̃ (2,1), á é ú (2), œ̀ á ĕ (0,3), ò u ò (0,2), i œ (0,1), é ĭ (0,0).

$g +$ ò ã (4), a é œ̃ (2,1), e è (2), i ú ò (0,2), á l ò ò œ̀ œ̂ u (0,1), e u ú (0,0).

$f +$ œ (4,1), ò (4), ô (2,2), a œ̀ œ́ (2,1), é i (2), ú (0,3), e u œ̃ (0,2), á é ĭ ê (0,1), v ò u ú (0,0).

$v +$ a (0,2), á e i ĭ œ́ ĕ (0,1) ; tout le reste 0,0 (è é ò o ò u ú, œ̀ œ u ú ã ò œ̃).

$s +$ e œ ò (4,1), u œ̃ (4), o œ̀ (2,2), ò ú œ́ (2,1), u (2), é (0,4), a ò (0,3), á é i ú œ̃ (0,2), i ĕ (0,1).

$z +$ v (4,1), u (4), i (2,3), á ĭ ò ú (2,1), a œ (2), u ĕ ò

(0,2), *è é o œ ã œ* (0,1), *œ ù* (0,0).

e + *a e é o œ ã ẽ* (6), *â ò ó u œ n ú* (4,1), *i í ò* (2), *è*
(2,2), *ù œ œ* (2,1).

j + *o œ* (4), *œ* (2,2), *é i í ò ó n* (2,1), *u œ u ã œ* (0,2),
â a è e ẽ ò (0,1) *ú* (0,0).

m + *é* (2,2), *o œ ò* (2,1), *é ò u œ ẽ* (2), *u ã* (0,2), *à a c ó*
ù œ (0,1), *i í œ ú* (0,0).

n + *a u œ* (2,1), *â ú* (2), *œ ẽ* (0,2), *é e i í ò o œ u ó* (0,1),
é ó ú ã œ (0,0).

y + *ò œ œ* (2), *o œ* (0,2), *á a é i u n ã œ* (0,1), *e é í ó u ú*
u ẽ ò (0.0).

l + *á ú œ œ n* (2), *õ* (0,3), *ò œ* (0,2), *a è c o ó u œ ã*
(0,1), *é i í u ẽ* (0,0).

r + *ò œ œ œ* (6), *á a e é o ó ú ã ẽ* (4,1), *ú ò* (4), *é i u œ*
n (2,1), *í* (0,0).

y + *ò* (6), *ò à* (4,1), *ú* (4), *é e o œ œ œ* (2,2), *a é u ẽ* (2,1),
á u ò (0,2), *i ú œ* (0,1), *í* (0,0).

m + *a é e é ò œ è œ* (6), *â i œ u ã* (4,1), *ľ œ ú ẽ* (4), *o*
(2,2), *n* (2), *o ú* (0,2).

w̃ + *ò à ò* (4), *á é i ľ o* (4,1), *e ò ẽ* (2,2), *a u œ œ* (2,1),
œ (0,3), *é à* (0,2), *u ú* (0,1), *ú* (0,0).

Au-dessous de 100^m, il suffit de signaler les quelques cas
où pour les deux auditeurs les consonnes n'ont été entendues qu'à moins de 40 mètres, à savoir :

b + *á œ œ ù œ.*

g + *ú.*

f + *e o u ú ú.*

m + *i.*

w̃ + *ú*, qui n'a été compris qu'au-dessous de 30 mètres.

Il est inutile de faire remarquer comment tous ces
exemples rentrent dans la formule. Un exemple ou deux

suffisent : *kò* est plus solide que *ke* : voisinage des deux articulations ; *yl ûú* ne se comprennent qu'à une faible distance : confusion des deux sons.

4° Les variantes dans les appréciations d'un même son pour les deux auditeurs à la même distance. Je ne relève que les cas où, pour l'un des deux, l'audition a été correcte.

Se sont confondus :

p avec *t* (*ú*), *k* (*ò o ó à è*), *b* (*ò*) *ú*, *g* (*ò v*), *ʃ* (*á u ú ã*), *s* (*é*), *w* (*è õ æ̃*), *ʒ* (*ú*).

b — *t* (*è*), *p* (*é ò*), *v* (*è*).

t — *k* (*a œ*), *p* (*é æ̃*), *g* (*ò è*), *d* (*é ò ó u*), *s* (*á a è e ò æ*), *ʒ* (*é i*), *ʃ* (*é*).

5° Les indécisions d'un même auditeur (R.) :

$$p - \overset{k}{p}. \qquad s - \overset{v}{p}.$$
$$g - \overset{k}{\underset{b}{\textit{ʒ}}}. \qquad \textit{ʒ} - \overset{\textit{s}}{\textit{ʒ}}.$$
$$v - \overset{b}{p}.$$

6° Les impressions successives données par une même consonne. Quand l'auditeur est à la limite d'audition, la syllabe le frappe comme un léger bruit : *ne* (200ᵐ R) a pu se confondre avec *ɛ* ou *ʒ*. En deçà, la voyelle apparaît seule ; puis un souffle indique la place de la consonne encore indécise, et peut être interprété arbitrairement par une constrictive ou même une explosive. Plus près, on sent une spirante qui se teint de la nuance soit de la consonne émise, soit de la voyelle entendue. Ainsi *to* pourra être entendu *so* (200ᵐ R) sous l'influence du *t*, ou *ão* (100ᵐ R) sous celle de l'*o* ; *pi dí ví* sonneront *sí* sous l'influence de l'*í*. Plus près encore, le vrai caractère de la consonne se détache et paraît immuable à des distances plus ou moins rapprochées. Un *p*, dans *po*, peut encore être entendu *ko* à 30^m; *di* confondu avec *gé* à 50^m (L. R.) et à 30^m (R.); *ti* avec *ki* à 50^m (L. R.) et à 20^m (L.); *du* avec *tu* à 20^m (L. R.); *gu* avec *vu* à 30^m (L. R.); *gi* avec *di* encore à 15 et à 10^m (L.); *vi* avec *wi* à 20^m (L. R.); *fu* avec *eu* à 30^m (L. R.); *sá* avec *tá* à 30^m (L.); *ei* et *eu* avec *ti* et *tu* à 50^m (L.); *sú* et *sœ* avec *sú sœ ə* :· même distance (R.); *nœ* avec *lœ* à 30^m (L. R.); *rú* avec *nu* à 30^m (R.); le *ŋ*, qui sonne le plus souvent *y* de 200 à 100^m, peut encore être pris pour un *n* à 20^m (*nó nu nẽ* L.), même à 15^m (*nu* L. R.), et à 10^m (*nu* L.); le *w̃* peut aussi se scinder et sonner *y* (*yñ* L. R.), ou *u* (*ué wẽ* L. R.) à 30 mètres (*uẽ*, 15^m L. R. 10 R.), le *y* peut être entendu *l* (150-50^m R.), *ly* (100 R.).

En général, la distance tamise les consonnes comme les voyelles; et les plus solides montrent leur cohésion. Entre autres, l'analyse du *ŋ* est intéressante : elle indique dans cette articulation moins une *n* mouillée qu'un *y* nasalisé. De 200 à 100^m, sur 92 cas où la consonne a été entendue, elle a sonné correctement *ŋ* 17 fois ; sur les 75 autres, *y* a ressorti 54 fois, *l* (variante du *y*) 4, *j* (autre variante) 1, *g* 4, *k* 3, soit pour l'élément guttural 66 fois ; *z̃* 2, *n* 3, *l* 2, soit pour l'élément dental 9 fois; le *w* une fois seulement (*nõ* = *võ* 200^m L.).

Dans les mots isolés, qui ont été étudiés dans une expérience faite un peu au hasard à 150, 100, 50 et 20 mètres de distance, on retrouve les mêmes conditions d'audibilité et, de plus, l'effet de l'accent et de la combinaison des consonnes. C'est à ces deux derniers points que se borneront nos remarques.

L'influence de l'accent est évidente dans un mot comme *chanson*. Si nous comparons les deux syllabes, nous verrons qu'à force égale d'émission *chan* se comprend mieux que *son* (p. 1066). Or dans *chanson*, c'est *sõ* qui est entendu à 150ᵐ (R.). Un mot comme *bouchon*, qui est entendu *čõ* à 100ᵐ (L.), ne serait pas probant parce que *čõ* est beaucoup plus compréhensible de loin que *bu*. A rapprocher de *chanson* : râteau (*ātõ* 150ᵐ R.). Dans « rions » « filons », je constate un déplacement de l'accent (*ri, fi* à 65ᵐ). De même dans *morfondu* (*morfõ*) à 150ᵐ (R.).

Pour les consonnes simples, nous avons à les considérer entre voyelles et à la fin des mots.

Intervocaliques :

p. — chapeau, vaporeux (150ᵐ); mais *appelons* = *açalõ* (L.), *rklõ* (R.) à 150ᵐ. L'*e* muet, quoique prononcé avec soin, a été impuissant à maintenir le *p*.

b. — Lambin : *gãdĕ* (150 L.), *lãbĕ* (150 R. et 100 L.).

t. — bateau, pataud (*batõ* L. R.); château, râteau (*cātõ* L. *ātõ* R.), mais plateau (*õ* L.), 150.

d. — tendu, pendu, 100ᵐ; pendule (R. 150ᵐ); brandir (*rādir* 100, et 50 R.); blondin (150ᵐ), mais bandé (*é* L. *vāté* R.).

k. — moqueur (150ᵐ).

g. — gigot, nigaud (100ᵐ).

f. — bouffi (*upé* R. *pati* L. 150ᵐ; *i* L. *tupi* R. 100ᵐ).

s. — chanson (*õ* L., *asõ* R. 150ᵐ; *õ* L. *eósõ* R. 100ᵐ); chausson, R. (*eótõ* 150ᵐ, *tósõ* 100 L.); vaisseau (*õ* L., *esó* R. 150ᵐ); chanceux (*œ* L. *eãžé* R. 150ᵐ); ponceau (*õeó* L. *põeó* R. 150ᵐ; *õ o* L. *põsó* R. 100ᵐ); transi (*i* L. *ãje* R. 150ᵐ).

ž. — raison (100), prison (150), brisons (*ri õ* L. *prižõ* R. 150ᵐ; *õ* L. *rižõ* R. 100ᵐ).

č. — touchant (*ã* L. *tučã* R. 150); blanchi; achetons; j'achète L. (*kaeč* R. 150, *eaeč* 100 R.); bouchon (*gujõ* L. *yuεõ* R. 150ᵐ); manchon (*mãlõ* L. *pãεõ* R. 150ᵐ; *rãsõ* L. 100ᵐ).

j. — pijon (*plõ* R. 150, non entendu par L.) ; goujon (*kuyõ* L. 100) ; joujou (*u* L. *juju* R. 100).

n. — ténébreux ; fini (*i it* L. *fini* R. 150) ; Pinaud (*piyõ* L. 100 ; *fiyõ* L. 50 ; *pinõ* R. 100 et 50ᵐ, *finõ* 20ᵐ).

v. — oignon (100).

l. — pelure R. (150ᵐ), L. (100) ; malheureux (150) ; moulu (*u* R. 150), mulu (L. R. 100) ; goulu (*ú* L. *ure* R. 100 ; *gulu* 50 ; *vulu* R. 20) ; loulou (*u* L. *lulu* R. 100ᵐ) ; calin (*a à* L. *nanē* R. 150).

r. — heureux, peureux, malheureux, vaporeux (150ᵐ).

y. — vermillon ; voyons (100ᵐ).

Finales de mot :

p. — lampe (*jãdr* L., *lãp* R. 100ᵐ).

k. — roc (*rob* L. *rõ* R. 100).

g. — gangue (*dãs* L. 100, *dãd* 50ᵐ ; *yã* R. 100).

s. — lance (*rã* L., *lãf* R. 100).

ε. — bûche R. (*pú* L.) 150 ; grièche (*grief* R. *grief* L. 150) ; planche et blanche (150).

j. — juge (*u* L. *jul* R. 150 et 100ᵐ) ; frange (*rã* L., *prãdr* R. 100ᵐ ; *prãdr* L. *frãj* R. 50ᵐ) ; change (*eãvr* L. *jãr* R. 100 ; *eãvr* L. *eãj* R. 50ᵐ) ; fange (*ã* L. *vãdr* R. 100 ; *fãt* L. *fãj* R. 50ᵐ).

l. — pandule R. (*pãdu* L. 150ᵐ).

r. — moqueur, pelure, parleur, farceur, brandir (150ᵐ).

Finales de syllabe :

r. — barbu (*barb* R. 150 ; *barbu* 100 L., *parbu* R.) ; fourbu L. (*furþu* R.) 100 ; parleur (150) ; cerceau (150) ; farceur. R. (*ar œr* L.) 150 ; fourche, fourchu, chercher (150); marbre (*marb* R. 150; *marbræ* L. R. 100^m); vermillon (100^m); bourdon (*dõ* L. *rutõ* R. 150); marteau R. (*ar ó* L. 150 et 100^m); martre (*a* L. *marb* R. 150; *marbr* L., *marr* R. 100^m).

ε. — ach(e)ter (*aɛaté* L. *ajté* R. 150).

Groupes :

l. — *p* : planchard (*àɛàr* L., *lãɛà* R. 150; *lãɛhar* L., *làchà* R. 100^m); plateau R. (*ó* L.) 150^m; plongeant 150 (*lõjã* 100 L.); planche R. (*blãɛ* L.) 150.
  aplomb (150).
  temple (*à* L., *tãpl* R. 100 ; *tãl* L., *tãp* R. 50^m).

b : Blanchard (*brãɛaj* R.) 150^m; blanchi (*frãɛi* 150; *lãɛi* R. 20); blanche (*lãɛ* L., *plãɛ* R. 100; *lãɛ* L., *blãɛ* R. 50); blondin 150, (*rõdɛ* L. 100^m).
  Table (*a* L., *tab* R. 100^m).

r. — *p* : prison, pràlin (100); prendre (*brãɛ* L., *rãd* R. 150; *brãɛ* L., *rãd* R. 100).
  pampre R (*pã* L. 100; *pà* L., *pãp* R. 50).

b : brochant (*ɛã* L., *lõɛã* R. 150 ; *grõɛã* L., *rõɛà* R. 100; bris R. (*ri* L. 150; *pri* R. 100); brisons (*riõ* L., *prizõ* R. 150 ; *õ* L., *rizõ* R. 50); branler R. (*rãjɛ* L. 150 et 100).
  chambre (*ɛã* L. R. 150 ; *ɛãvr* L., *ɛãb* R. 100).

k : crin (*dra* L., *grɛ* R. 150; *grɛ* L. 100).

g : grondin (*rõdɛ* 150 et 100; *rõdɛ* 20 R.); grieche, 150 ; grivois R. 150 (*wa* L. 150 et 100).

v : ouvrier L. (*prié* R. 150^m).
  lèvre (*èvre* L., *tèlæ* R. 150 ; *gèbræ* L., *lèbr* R. 100).

y. — *p* : pied, 150 ; *pien (*byè* L., *byè* R. 100; *byɛ*, L. R. 50^m).

b : bien (*byè* L., *byè* R. 100 ; *vyè*, L. 50ᵐ).

s : laurier R. (*dãsyé* L.) 100.

l : lièvre (*évræ* L., *pyè* R. 150 ; *pyà* R. 100).

w. — *p* : poing (*wè* (L., *wò* R. 150 ; *wè* L. *pwè* R. 100).

b : Blois R. (*wa* L. 150 ; *hwa* 100).

d : Lindois (*wa* L. ; *lêtwa* R. 150 ; *wah, èdwa* R. 100).

v : voyons (*wayõ* 100) ; lavoir (*valwar* L., *fèr bwar*
R. 150 ; *wa* L. 100).

On peut tirer de là les conclusions suivantes :

1° La longueur du mot le rend plus intelligible. Tous les mots de trois syllabes, sauf un, ont été compris ; les mots de deux l'ont été plus souvent que ceux d'une seule.

2° Les consonnes médiales ne semblent pas moins compréhensibles que les initiales ; au contraire, on peut préjuger en leur faveur.

3° Les consonnes finales de mots sont les moins claires.

4° Pour ce qui est des consonnes qui terminent une syllabe, les exemples permettent de juger seulement de la stabilité de l'*r*. Je renvoie, pour les autres, aux conclusions insérées dans mon travail sur le patois de Cellefrouin.

5° Dans les groupes, les semi-voyelles, l'*r* et l'*l*, sont les mieux entendues.

6° Il est clair que dans certains cas l'auditeur se laisse aller à deviner, et qu'il dit plus qu'il n'entend, suivant le sens suggéré par une syllabe. Si l'on voulait être sûr du résultat acoustique, il faudrait procéder, comme j'ai déjà fait, par combinaisons artificielles vides de sens[1].

---

1. *Les Modifications phonétiques du langage*, p. 38-40. Comparer les résultats obtenus dans des conditions différentes.

Il reste maintenant à savoir si toutes ces différences d'intensité, que l'oreille reconnaît dans les consonnes, se retrouvent dans les tracés et répondent à des différences dans l'intensité mécanique.

Le morceau sur la mort de Roland (fig. 689-691), déjà étudié pour les voyelles, nous fournira la matière de cet examen. Comparons les consonnes d'après leurs amplitudes mesurées en millimètres sur un agrandissement photographique (p. 1058).

k — Entendus : *comte* ($7^{mm}6$), *-quises* (5,8), *coulpe* (4,8). Non entendus, *couché* (1^{mm} 5), *qu'il* (3,7) *con*-quises (5).

La différence entre *con* et *-quises* se trouve accentuée par la durée de l'explosion à son point de plus grande intensité (1 centième et demi de seconde pour le 1er, 3 pour le second). Pour *coulpe*, l'amplitude est moindre que pour *con*, mais la durée est double (3 cent. de sec.). Il faut donc tenir compte de la durée de l'explosion.

p — Entendus : *pin* (6,5), *peut* (7,5). s'em*pé*cher (4,5), *pas* (4).

Non entendus : sou*pirer* (3), *pardon* (8). Ce dernier mot pourrait faire difficulté, mais il faut noter que le p, plus ample que tous les autres, a une explosion très courte (produite par un jet très rapide mais de faible diamètre) et qu'il est suivi d'une voyelle brève et grave. La durée de la voyelle et sa hauteur influent donc sur l'audibilité de la consonne.

pl — Entendu : *pleurer* (2,5). Non entendu : *plusieurs* (1,5).

pr — *prend* (2,8), entendu.

sp — es*pagne* (1,7), entendu.

lp — coul*pe* (5), non entendu.

Pour *pl*, la différence est normale ; *pr* n'a pas de correspondant. Ces trois exemples montrent que l'addition d'une consonne (*l r*) au *p* a pour effet de diminuer considérablement l'écoulement de l'air, en raison de l'obstacle qui est ajouté.

La comparaison de *sp* et de *lp* ne peut pas être rigoureuse. Cependant, il y a lieu de s'étonner que l'explosion soit si peu ample dans le 1ᵉʳ exemple, et si forte dans le second. La raison en est dans la différence de durée qui existe pour l'occlusion : Es-*p*-agne (11 centièmes de sec.), coul-*p*-e (8). Nous avons là l'indice d'une fermeture plus forte dispensant d'employer un courant d'air considérable.

t. — Entendus : *tant* (14,4), *terres* (12).

Non entendu : *tourné* (5,5), pren*d* a (9), don*t* il (2,2).

L'amplitude de *t* dans *prend à* pourrait paraître excessive ; mais remarquons que l'occlusion est courte (5 cent. de sec.) et la voyelle brève : l'occlusion a donc été relâchée et le jet d'air moins contenu.

tr. — Co*m*te Roland (14), me*ttr*e (7) entendus.

d. — Entendus : *d'en* (4,6), *d'en* (9), *demande* (5,5 et 5,7).

Non entendus : *d* (11 9,5 3) et *des* (9,5) au commencement des groupes expiratoires, *de* (2 4 3) et *des* (3) au milieu, *dont* (5), par*don* (8).

Le 1ᵉʳ *d'en* a été entendu 2 fois et le 2ᵉ 3, différence justifiée par l'amplitude et la hauteur musicale. Dans *demande*, *de-* a été entendu 1 fois, et *mande* 4 fois ; la durée et la hauteur de la voyelle en sont cause. L'*a* de *de-* peut disparaître, et de fait il a disparu dans la diction inscrite. Le tracé est intéressant en ce qu'il montre que la disparition de la voyelle est compensée par une augmentation de force dans l'articulation de l'*m* suivante, dont l'occlusion s'allonge (cf. se *mettre*), et dans l'appel de l'air, qui fait descendre la plume au-dessous de la normale (comparez un cas tout à fait semblable dans *torom kwat*, p. 493).

Nous saisissons ici sur le vif l'influence du commencement et de la fin de l'acte expiratoire. L'organe incomplètement tendu ou déjà un peu relâché laisse passer une plus grande quantité d'air (fait déjà observé p. 831). C'est, en effet, ainsi que s'explique l'amplitude accidentelle de *de des* à l'initiale et de *pardon*. Quant à *dont* (5) comparé à *d'en* (4,6), la différence de hauteur suffit à faire comprendre la différence d'audition.

> *dy* — Dans *Dieu*, l'explosion est nulle; nous avons l'arculation d'une spirante.
>
> *b* — Un seul mot *ba* (11), le mieux entendu de tout le morceau.
>
> *ɛ* — Entendus : cou*ché*(implosion du *ɛ* 6,2, explosion 5).

Non entendus : *chose* (5-4), *charlemagne* (10-7) s'empêcher (7-6,3).

La différence d'audibilité entre cou*ché* et s'em*pêcher* s'explique par l'intensité des voyelles (-*ché* 27; -*cher* 21). Le *ɛ* de *charlemagne* n'a tant d'amplitude, malgré le peu d'intensité de la voyelle (12), qu'en raison de sa place au début du groupe expiratoire.

> *s* — Quatre mots seulement ont été entendus : Fran*ce* (6,5-6), Fran*çais* (6,5-10,:), s'em*pêcher* (8-7), *sa* (8,5-7,5).

Non entendus : *son* (6,5-3,2), *se* (7-5,2), *se* (7,4), *souvenir* (5,4), dou*ce* (6), *son* (9,5-5), *seigneur* (7-9,5), *si* (8-8,5), *soupirer* (10-6,5), *se* (8,5-4,5).

Le tracé de *s*, comme celui de *ſ*, marque très nettement l'implosion et l'explosion qui sont rarement égales. Leur amplitude dépend de l'intensité des articulations contiguës. Si une syllabe accentuée précède, l'implosion est la plus ample (*sa*, *son*, etc.); si l'accent vient après, c'est l'explosion qui montre le plus d'intensité (Français, *seigneur*). Le timbre de la voyelle n'est pas non plus indifférent; *a u i* demandant plus de souffle que *a*, et la consonne en est influencée (cf. *sa* et *si*). La quantité de la voyelle sur laquelle s'appuie le *s* exerce aussi une action (cf. Fra*n*ce, 20 cent.de sec., et Fra*n*çais, 22, qui ont les voyelles les plus longues). Quant à la durée de la consonne, elle semble sans effet: le *s* a bien 18 centièmes de seconde dans Fra*n*ce et seulement 5,5 dans dou*c*e; mais il n'en a duré que 12 dans Français, 9 dans *sa* et dans *s'*empêcher, pendant que nous trouvons 13 dans *s*on visage et *s*oupirer, 14 dans *s*eigneur et 16 dans *si*.

Donc, si l'on peut expliquer chaque cas, il est cependant bien difficile de tirer de l'amplitude du tracé de l'*s* une règle pour l'intensité. Et il est vraisemblable qu'un plus grand nombre d'exemples nous aurait amenés à la même conclusion pour le *ſ*.

ſ — Le *ſ* se trouve dans deux mots qui ont été entendus: vi*s*age (1) et li*gn*age (3). La différence d'amplitude vient de la chute, dans un cas, et le maintien, dans l'autre, de l'*œ*.

ʒ — Entendus : *s*ous un (2), conqui*s*es (3), mais (3,5-5).

Non entendu : cho*s*es (0,5).

Avec *y*, entendu : plusieurs (3,5).

v. — Entendu : élevé (4,8).

Non entendus : visage (1), vers (2,5), souvenir
(0,8), veut (4-3,2).

L'amplitude est ici d'accord avec l'audibilité.

l. — Entendus : Ro*l*and (2,5), *l*'a (4,5) ; — é*l*evé (4) ;
— p*l*eurer (3,5) ; — cou*l*pe (0,5).

Non entendus : *l*e (3), i*l* a (3,5), *l*'Espagne (0,8)
i*l* se (0,7) qu'i*l* a (3), de *l*a douce (6), *l*ignage
(2,5), char*l*emagne (2,5).

i*l* est (2,2), i*l* ne (4), i*l* ne (0,5), i*l* bat (1,5) ;
— p*l*usieurs (2), oub*l*i (2,5), *l*ui (4).

Nous retrouvons ici l'influence du début d'un groupe
expiratoire (*l*e, 3 ; de *l*a, 6 ; i*l* ne 4 etc.). En dehors de ce
cas spécial, l'accord entre la force de l'expiration et de
l'impression auditive est assez clair. Il semble pourtant que
*l*ui aurait dû être entendu ; mais il faut croire plutôt à l'influence du *w* qui réclame beaucoup de souffle, comme au
contraire le voisinage du *p* dans cou*l*pe a réduit pour l'*l* le
courant d'air.

r. — Entendus : p*r*end (1,5), souveni*r* de (0), plusieu*r*s
choses (5), te*rr*es (4), F*r*ance (6,5), seigneu*r* qui
(2,5), F*r*ançais (3), pleu*r*er (14), soupi*r*er (7),
mett*r*e (9).

Non entendus : *R*oland (14), tou*r*né (5), vers
l'Espagne (0), Cha*r*lemagne (1), pa*r*don (5).

Un très grand rapprochement des points d'articulation
fait disparaître les battements : *ir d* (souveni*r* de), *èr l* (ver
l'Espagne) — il s'agit ici de l'*r* de la pointe de la langue.

Étant donnée l'audibilité très grande de l'*r*, il y a lieu
de s'étonner que *Ro* n'ait pas été entendu. Les battements

ont été sans doute influencés par l'explosion du *t* précédent. L'*r* de *pardon* a subi le sort du mot entier rendu inaudible de loin par l'abaissement du ton.

Pour les nasales, il y a à mesurer l'explosion par la bouche (*b*) et la courbe d'écoulement de l'air par le nez (*n*).

> *m* — Entendus : hommes de … (*b* o — l'*m* est implosive seulement : *n* 2), mais (*b* 0,6 ; *n* 1,8), même (*b* o ; *n* 2,5), demande (*b* 1 ; *n* 2,2).
> Non entendus : aimé (*b* 2 ; *n* 2) ; même (*b* o ; *n* 0,7).

La différence entre les deux *m* de « même » est à noter. Mais pourquoi *m'* n'a-t-il pas été entendu ? C'est évidemment la chute énorme du ton (de 140 à 106 et au-dessous) qui en est cause.

> *n* — Entendus : tourné (*b* o ; *n* 1,5), souvenir (*b* 2 ; *n* 2).
> Non entendus : *ne* peut (*b* 4,5 ; *n* 3), *ne* veut (*b* 3,2 ; *n* 2,3), en oubli (*b* 3 ; *n* 1,7).

Il faut se souvenir que la consonne entre voyelles peut dépenser plus d'air que la consonne précédée ou suivie d'une autre consonne ; que, en outre, au début des groupes, on est plus prodigue de souffle, surtout pour *œ u* : et toute difficulté disparaîtra.

> *ɲ* — Entendus : lignage (*b* 1,5 ; *n*) ; seigneur (*b* 2,2 ; *n* 2,5) ; Espagne (*n* 0,5), Charlemagne (*n* 1).

Lignage a été compris 3 fois ; *seigneur* 6 fois. La différence d'amplitude est justifiée. Noter la faiblesse des finales.

Comme conclusion, il faut reconnaître que, si le souffle employé pour les consonnes peut donner, au point de vue de l'intensité, des renseignements utiles et appréciables d'un coup d'œil, que si l'on peut trouver des explications plausibles pour les cas embarrassants, il ne fournit pas une règle sûre et précise sur laquelle on puisse compter, étant soumis à trop de causes perturbatrices.

La précaution même que j'ai prise de faire épeler les phrases, avant de les inscrire d'après un débit naturel, me paraît insuffisante dans l'ensemble des cas, et ne saurait être utilisée que comme un indice pour des cas particuliers, comme j'ai fait du reste, et très simples [1].

La mesure de l'amplitude de la voyelle, corrigée d'après l'audibilité propre à chaque consonne, reste donc la seule règle vraiment pratique.

Mais comment mesurer l'amplitude ?

Rien de plus simple, quand la courbe est celle d'un son simple. On n'a qu'à choisir pour commencement et pour fin de la période les deux points les plus bas ; la perpendiculaire, menée du point le plus élevé de la courbe à la ligne qui unit ces deux points, donne l'amplitude (voir une des courbes composantes, fig. 84 et 742). Pour une courbe complexe figurant plusieurs sons composants (comme la résultante, fig. 84 et 742), le problème est plus difficile.

M. Roudet [2], sans se poser la question ainsi, cherche la mesure de l'intensité dans la marche de la plume, qui

---

1. *Les Modifications phonétiques du langage*, p. 70-74. Comparez BOURDON, *Application de la méthode graphique à l'étude de l'intensité de la voix*, dans l'*Année psychologique*, 1898, p. 369-378.

2. *Méthode expérimentale pour l'étude de l'accent*, dans *La Parole*, an. 1899, pp. 321-344.

correspond au déplacement de la membrane et, par suite,
au mouvement vibratoire de l'air. Il mesure donc la projection AB pour la 1re partie de la courbe (fig. 692), AC
pour la seconde et ainsi de suite. Le total, divisé par la
durée de la période, lui fournit l'expression de l'intensité
moyenne.

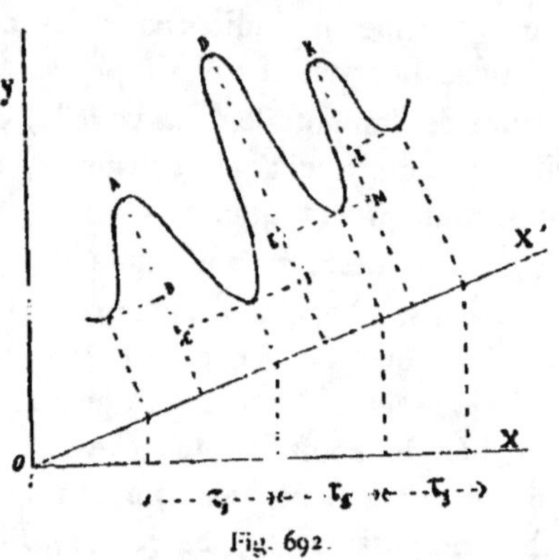

Fig. 692.

γ axe mené suivant la génératrice du cylindre. — ox, axe perpendiculaire à oy, sur lequel
se mesurent les durées τ_1, τ_2, τ_3. — ox', axe parallèle à la direction d'une spire du
tracé hélicoïdal produit par le déplacement du chariot (avec mes nouveaux appareils, cette
correction est négligeable).
Le schéma représente à volonté trois vibrations simples, ou une vibration complexe et dans
ce cas la durée totale de la vibration est $\tau_1 + \tau_2 + \tau_3$.

M. Poirot[1] calcule, d'après le théorème de Fourier, l'amplitude de chaque son partiel ; et il en déduit l'intensité
physique i_n par la formule :

$$i_n = v_n \, a_n^2$$

1. *Quantité et accent dynamique*, dans *Mémoires de la
Société néo-philologique à Helsingfors*, IV, p. 365-396.

v_n étant la hauteur musicale et a_n l'amplitude d'un son de rang n (voir p. 7). Puis il additionne les intensités partielles pour obtenir l'intensité totale. Enfin, craignant les erreurs provenant des conditions variables des expériences et ne s'attachant qu'aux valeurs relatives, il égale à 100 le maximum d'intensité dans chaque mot et réduit le reste à proportion.

Pour moi, cherchant dans l'amplitude des sons du langage, non une mesure réelle de l'intensité, mais simplement un élément de comparaison avec des amplitudes de signification expérimentale déterminée d'avance, je me suis borné à mesurer dans les vibrations complexes, comme dans les vibrations simples, uniquement l'amplitude *maxima*.

Appliquons ces trois procédés à deux courbes connues (fig. 84 et 742). M. Poirot obtiendra les amplitudes des courbes composantes. Fig. 84 : $21^{mm} + 8,5 + 14 = 43, 5.$ — fig. 742 : $26^{mm}5 + 52 = 78, 5.$ M. Roudet, fig. 84 : $14^{mm} + 15,5 + 3 + 26 + 21,5 = 97, 75.$ — fig. 742 : $311^{mm} 5.$ Je trouverais : pour la 1re courbe $38^m 5$; pour la 2e, 65^{mm}. Le procédé de M. Roudet donne un chiffre supérieur à l'amplitude totale (2,2 fois plus grand dans le 1er cas, près de 4 fois dans le 2e) et variable suivant la forme de la courbe. Le mien conduit à un résultat inférieur : il serait égal si les amplitudes *maxima* concordaient en un même point ; il ne peut jamais être supérieur. On doit reprocher à M. Poirot de ne pas tenir compte de l'interférence dans les sons composants (p. 14-16).

Bien que l'effort ne suffise pas (voir toutefois p. 242) à définir l'intensité pour quiconque n'est pas sourd, il y aurait néanmoi⁻ intérêt à le mesurer directement. Jusqu'ici, j'ai reculé devant la complexité du phénomène. Il est vrai que, dans des cas isolés, on peut le prendre par des côtés abordables. C'est ce qu'a fait M. Poirot, dans l'article déjà cité, pour des groupes contenant des labiales. Il a cherché la *pression intrabuccale* et la tension *musculaire* dans la prononciation des groupes ăpa, ăpa, ăppa, ăba, ăba, ăbba. A l'aide du manomètre enregistreur de Hürthle, relié à un simple tube de verre pour la pression, d'une petite ampoule pleine d'eau pour la tension musculaire, il a obtenu, en millimètres d'eau, des variations comparables à chaque instant avec le temps, exprimé en centièmes de seconde. Résultats : la consonne double a la pression la plus forte ; vient ensuite le *p* de *ăpa* (accent à coupe brusque) ; puis celui de *ăpa* (accent à coupe lente). Le *pp* ressemble à mon *vv* (fig. 153) : au milieu de la tenue se produit une dépression, ce qui n'a pas lieu pour mes occlusives doubles (fig. 150, 152, 154). Voici, comme exemple, les variations de pression de 2 en 2 centièmes de seconde pour l'un des doubles *p*, que je prends au hasard :

0 4 19 48 78 **92** 82 58 38 33 34 41 51
61 **64** 54 37 3 0

IV

L'ACCENT ET LE RYTHME

Quand l'expérimentateur est suffisamment armé pour suivre toutes les variations de timbre, de quantité, de hauteur musicale et d'intensité, il ne lui manque rien pour déterminer tous les éléments physiologiques de l'accent et du rythme. Quant aux éléments psychiques, c'est sur son ingéniosité à savoir choisir ses sujets, ses exemples, et à conduire ses expériences, qu'il doit compter.

Je n'ai donc presque rien à dire de plus sur cet immense

sujet, qu'ont déjà préparé la phonétique comparative[1] et quelques expériences[2], et que de bons travailleurs sont en train d'explorer en différents sens.

La question de l'*accent* n'est pas épuisée aujourd'hui, quand on a découvert que telle ou telle syllabe est *accentuée* ou *atone*, qu'elle est frappée d'un accent d'acuité ou d'intensité, de l'accent du mot ou de celui de la phrase. Il faut mettre en évidence tous les contrastes qui différencient chaque partie de la syllabe, chaque syllabe du mot et de la phrase, non seulement par leur intensité et leur hauteur moyennes, mais par toutes leurs variations d'intensité et de hauteur, avec les modifications de timbre et de quantité, qu'elles subissent par le fait seul qu'elles entrent dans les cadres mélodiques et rythmiques du langage.

---

1. Voir Sièvers, *Grunzüge der Phonetik*; Jespersen, *Fonetik*; Wundt, *Völkerpsychologie* (*Die Sprache*); Thomson, *Linguistique générale*.

2. Je signale seulement quelques-uns des travaux publiés (les notes feront connaître les autres) : Ernst A Meyer, *Beiträge zur deutschen Metrik* (1897); Roudet, *Méthode expérimentale pour l'étude de l'accent*, déjà cité. — R. Gauthiot, *De l'accent et de la quantité en lituanien* (*La Parole*, an. 1900, p. 143-157), et A. Meillet, dans *La Parole*, 1900, p. 193-200. — Arthur Korlén, *Quelques expériences pour l'accent tonique en suédois* (*La Parole*, 1902, p. 2-20) — Popovici, *Sur l'accent en sarbo-croate* (*La Parole*, 1902, p. 299-307) et dans *Recherches expérimentales sur une prononciation roumaine* (*La Parole*, 1902, p. 246 et suiv.; 1903, p. 310-322). — Poirot, *Contribution à l'étude de l'e muet* (*Mémoires de la Société néo-philologique à Helsingfors*, III, p. 540 et suiv.) *Quantité et accent dynamique* (*Ibid.*, IV, p. 365-396, avec planches et notes bibliographiques).

Le *rythme*[1] est le retour périodique de pieds de coupes d'incises, de phrases, dont la mesure est réglée, d'un côté par les variations de l'effort articulatoire et les limites de l'expiration, de l'autre par le besoin d'expression et les exigences de la pensée.

Prenons comme exemple le début de la *Mort de Roland*, pour lequel nous possédons toutes les données nécessaires (fig. 680-681). Il est vrai que nous avons des réserves à faire à cause de l'insuffisance de *l'intensité mécanique* ; mais nous pourrons y suppléer par le tableau (p. 1057) et par les tracés eux-mêmes (fig. 689).

La première phrase est formée de deux incises. La 1re est *suspensive à finale aiguë*. Dans un autre analogue (*il bat sa coulpe*), l'acuité a même gagné l'*e* muet après l'accent. Mais la finale aurait pu tout aussi bien être grave, comme cela s'est présenté dans des variantes, et comme nous pouvons le constater dans la phrase suivante (...*de plusieurs choses*).

Cette première incise comprend deux coupes : *Le comte Roland* et *est couché sous un pin*. Les deux finales sont longues et aiguës ; mais la première est la plus intense, le voisinage de la pause ayant diminué la seconde pour l'intensité mécanique et, dans une proportion moindre cependant, pour l'audibilité. Chaque coupe se compose de deux pieds : deux iambes (*le comte, Roland*) ; un dactyle (*est couché*) ; un anapeste (*sous un pin*). Tous vont du grave à l'aigu, avec une intensité croissante. On peut les représenter schématiquement ainsi :

---

1. « Le rythme est constitué, dans le temps ou dans l'espace, par la répétition d'unités sensiblement égales pour l'oreille ou pour l'œil » (*Verrier*).

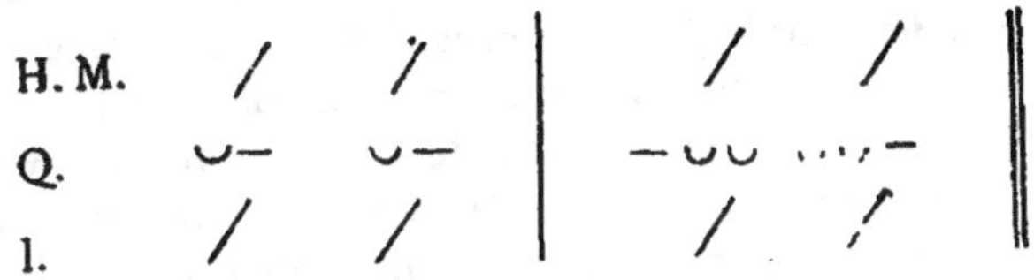

H. M.

Q.

l.

La 1re syllabe est *grave-ascendante-monotone*

La 2^e, *aiguë-grave-aiguë*, bicirconflexe,

La 3^e, *aiguë-descendante*

La 4^e, *monotone-bicirconflexe-monotone*

La 5^e, *grave-bicirconflexe-monotone*

La 6e, *circonflexe-grave*

Qu'il me suffise d'avoir fait ces quelques remarques. Le lecteur pourra les compléter lui-même sans peine. Il constatera en outre qu'en français, dans le récit tel qu'il a été lu, l'accent est resté à sa place historique, c'est-à-dire sur la dernière syllabe sonore des polysyllabes, et analogiquement sur la dernière syllabe des groupes, toutes les fois qu'il n'a pas été contrarié par l'expression d'une idée ou d'un sentiment. Dans ce cas, la longueur, l'acuité et l'intensité sont réunies sur la même syllabe (*rolą*, *viząj*, *suvnįr*... etc.; *lœ kŏt, il sœ prą*... etc.).

Les coupes, la pause finale, l'émotion, l'emphase amènent des changements sensibles : la pause fait reculer l'acuité ; l'émotion et l'emphase, l'intensité.

Mais les changements d'accent ne portent pas seulement sur la durée, la hauteur et l'intensité : ils entraînent des modifications importantes dans le timbre. Le parisien nous fournit de ce fait un exemple remarquable. Toute voyelle tonique moyenne, quand il lui arrive d'être frappée par l'accent du groupe ou de la phrase, devient ouverte, si elle est susceptible de cette qualité, sinon elle se ferme ; toute voyelle ouverte ou fermée, quand elle est tonique, se ferme ou devient moyenne. Ainsi par exemple : cave (*kav*), s'il est frappé d'un accent fort, deviendra *kăv* ; Seine (*sĕn*) deviendra *sĕn*, etc. ; par contre l'*ɛ̈* de aime (*ɛmœ*) deviendra *ɛ* dans aimer (*ɛmé*) ; et l'*ô* de « côte » (*kôt*) sera *o* dans côtelette (*kotlĕt*), etc.

L'accent excerce encore une action destructive, bien con-

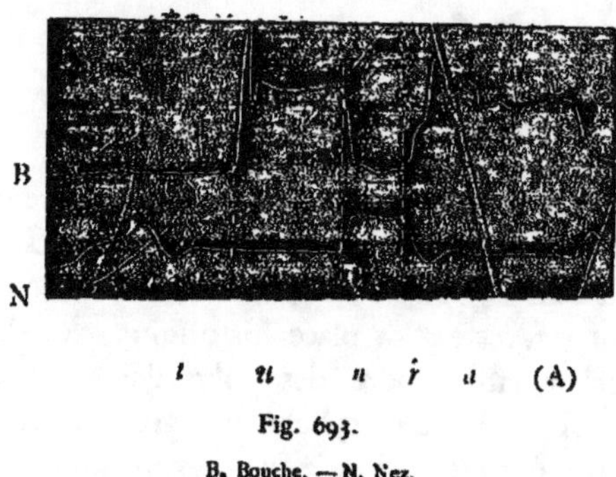

Fig. 693.

B. Bouche. — N. Nez.

nue, sur les syllabes atones. A cet égard, le malgache est pour nous un excellent champ d'étude. On y voit les atones encore pleines s'amoindrir par degrés et disparaître, en même temps qu'on peut mesurer les variations de durée, de hauteur musicale et d'intensité. Comparer, par exemple, l'*a* de *tendra* « action d'apporter », qui est entier (fig. 693), celui de *gaga* « étonné », entendu *gágæ* (fig. 694), et celui de *zaza*

« petit enfant », qui est encore complet dans le tracé
du souffle, mais qui a perdu les vibrations du larynx

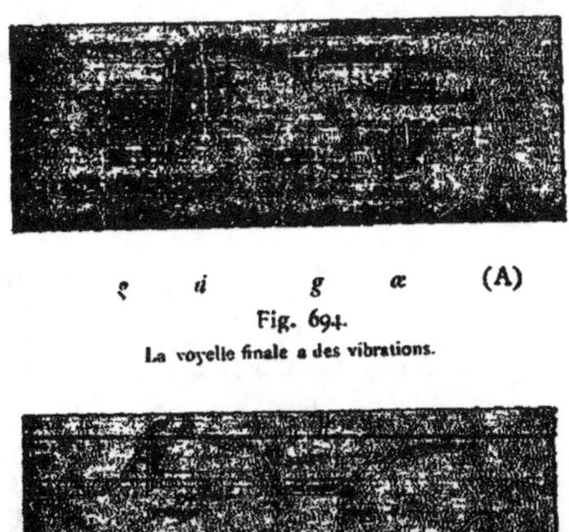

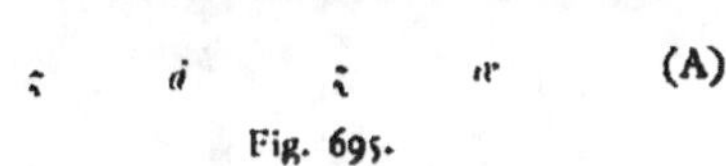

Fig. 694.
La voyelle finale a des vibrations.

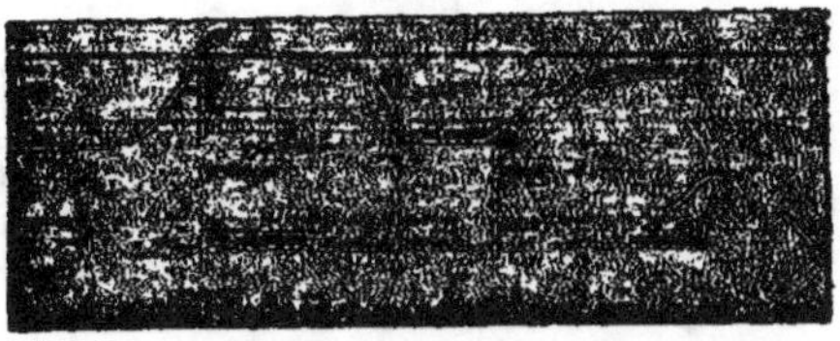

Fig. 695.
La voyelle finale est sans vibrations.

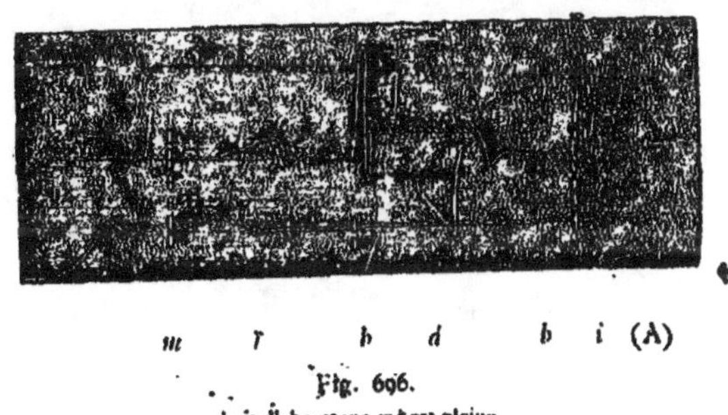

Fig. 696.
La syllabe atone m'est pleine.

(fig. 695); comparer encore l'atone *mi* dans *mibabi* « porter sur le dos » (fig. 696), et dans le composé artificiel

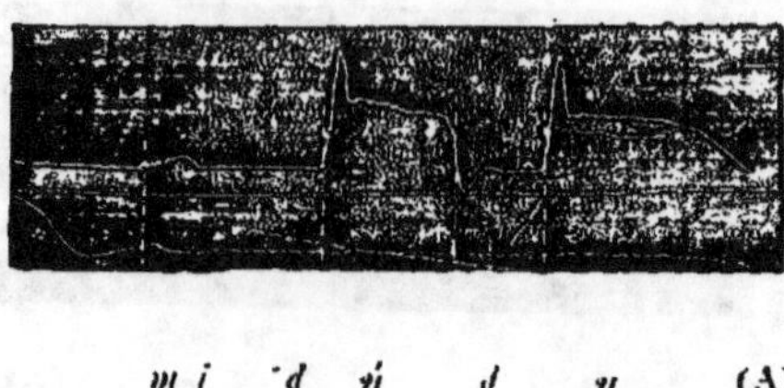

Fig. 697.

la syllabe atone *mi* est très réduite.

Fig. 698.

l'*i* final est sonore.

Fig. 699.

L'*i* final est simplement chuchoté.

midodo (fig. 697). La durée considérable de l'atone, par rapport à la tonique, ne la sauve pas. Comparez l'*i* final de *bibi* (fig. 698) et de *mibabi* (fig. 699).

La poésie, le chant, l'art oratoire utilisent, pour nous charmer, les éléments musicaux et rythmiques de la parole, et peuvent, à cet égard, servir de thèmes à des travaux du plus grand intérêt. J'ai moi-même commencé une étude de ce genre en collaboration avec M. Brunot ; mais différentes préoccupations nous ont attirés d'autres côtés. Je ne retiens de nos premières expériences que ces deux points : 1° Les syllabes qui, prononcées isolément, ont presque toutes la même durée, se rangent dans le vers en pieds réguliers ; — 2° La régularité des pieds et des hémistiches est d'autant plus parfaite que le lecteur est plus ignorant, c'est-à-dire moins influencé par les éléments psychologiques. Depuis, avec de petits tambours et mon nouvel appareil (fig. 702), j'ai inscrit, sous l'inspiration de M. de Souza, pour son traité *Poésie et Poétrie*, divers groupes rythmiques. Je reproduis deux strophes :

> Ma belle cousine
> Est là-bas dormant
> Dans la mousseline,
> O prince charmant !

(fig. 700)

> O mont paternel,
> Pourquoi donas-tu
> A mon tronc flexible
> Ses écailles chaudes ?

(fig. 701)

Dans cette dernière, écrite à la file, je n'ai jamais senti des vers. Je ne puis nier cependant qu'elle ne soit parfaitement rythmée, beaucoup mieux que la première (comparez les deux figures). Si mon oreille n'est pas encore faite au vers libre, je comprends cependant que pour d'autres le rythme puisse suffire. J'ai au moins gagné ceci que les vers classiques, dépourvus de rythme, ne sont plus des vers pour moi.

La manière de compter les pieds n'est point indifférente ; et il peut être légitime d'abandonner la tradition. Ainsi le vers de W. Scott :

With hawk and horse and hunting-spear

inscrit par M. Verrier, peut se scander de trois façons [1] :

1. Scansion croissante :

With hawk | and horse | and hunt | ing-spear

Cent. de sec.   68   62   58   71

2° Scansion décroissance ordinaire :

With | hawk and | horse and | hunting- | spear

Cent. de sec.   60   61   53

3° Scansion, que M. Verrier appelle normale, d'une syllabe forte à une syllabe forte :

With h | awk and h | orse and h | unting-sp | ear

Cent. de sec.   60   60   60

Cette dernière scansion rappelle l'idée de M. Grégoire. L'ayant combattue pour la coupe des syllabes, je ne vois aucun inconvénient à l'adopter dans la formation des pieds. Il est clair que dans un système, composé de fortes et de faibles, l'occlusion, tout comme la constriction, précédant une forte, appartient à la partie faible du pied.

---

1. *La scansion normale des vers anglais* (Revue de l'enseignement des langues vivantes, an. 1903-1904, p. 241-248).

Fig. 700.

Fig. 701.

Les études sur le chant permettent de constater, avec une exactitude parfaite, les libertés que les artistes de talent prennent, dans l'exécution, avec la note et la mesure. Soit par exemple :

Suivons note par note, en mesurant seulement la hauteur moyenne pour chaque *demi-dixième* de seconde, et en remplaçant par des traits (—) les chiffres semblables :

a (la_2 = 217,5 v. d.). 165 175 190 195 200 220 — — 210 215; 230 220) — 210 25; 220 — 215 — — 220 — 210 — — — —

Ainsi la note, attaquée doucement en *mi*, s'est élevée progressivement à *la*, qu'elle n'atteint qu'après 25 centièmes de seconde ; puis elle a oscillé autour de 217 (220 et 215 en général) pour descendre vers la fin à 210, où elle s'est tenue 25 centièmes de seconde.

-*dieu* (sol_2 = 195,75 v. d) occlusion et explosion 175 pendant 10 cent. de seconde ; — *ieu*, 195 pendant 60 cent. de sec. ; puis à la fin 190 pendant 30 cent. de sec.

La voix a baissé, comme il arrive souvent sur la consonne, mais elle est tombée juste sur la semi-voyelle et la voyelle (*yœ*), et s'est maintenue ferme sans modulations jusqu'à la baisse finale.

ma (fa_2 = 181, 25, mi_2 = 162, 12) : *m*, 190 (10 cent. de sec.) ; -*a*, 185 282 182 180 175 170 165 — —

Le passage de *sol* à *fa* et à *mi* s'est opéré par degrés. La descente, commencée à partir de la fin de la voyelle précédente, a été suspendue par l'*m*, mais elle est accomplie dès le début de l'*a* ; elle s'est faite en 10 cent. de sec. entre le *fa* et le *mi*.

mie (*fa* $\sharp_2$) : *m*, 165 175 — 180 — 1,75 ; -*ie*, 180 jusqu'à la fin.

Je ne pousserai pas plus loin. Mais je ferai remarquer que si les notes n'ont pas été attaquées et tenues sur la hauteur mathématique, ce n'est pas par impuissance de la part du chanteur (il l'a bien montré pour -*dieu* et -*ie*), mais par un sentiment très artistique des lois de l'expression. Les intervalles musicaux n'ont donc pas dans le chant la rigidité et l'étendue qu'on peut leur supposer.

Les quatre mesures du morceau sont de longueurs uniformément variées : la 1re a duré 330,7 cent. de sec. ; la 2e, 231,5 plus un silence pour la respiration de 31 ; la 3e, de 273 ; la 4e, de 220. Si l'on ne faisait entrer en ligne de compte que la durée des voyelles, on aurait respectivement : 278,5   159   222   200

La longueur de la note écrite est encore moins observée. L'unité étant la croche, nous comptons (toujours en centièmes de seconde) :

Note	2		1		1			1'/			'/2		1			1	
	a	d	i	en	m	a		m	ie	(5/7)	a	d	i	en	m	o	n
Éléments	134,5	7	24	108	21	36		29	40	(31)	55	20	7,5	25,5	9	58,5	6,5
Syllabe	—		139		57			69			-	53			54		
Voyelle	--		108		36			40			—	25,5			58,5		

Note		1	1		1		1		4	
	â	me	a	d	i	eu	m	a	ï	ie
Éléments	58	12	60	7	20	69,5	12	34,5	20	200
Syllabe	70		-	96,5			46,5		220	
Voyelle	58		-	69,5			24,5		200	

On voit par ce tableau que ni la syllabe (2ᵉ ligne), ni la voyelle (3ᵉ ligne) ne fournissent une mesure fixe pour l'unité. L'addition à la syllabe de l'occlusion de la consonne suivante (que l'on peut faire aisément d'après la 1ʳᵉ ligne) ne donne pas un meilleur résultat. C'est l'empire des lois prosodiques, dont le compositeur n'a pas tenu compte, qui se fait sentir victorieusement au chanteur. Ainsi les atones *ma mon* sont diminuées; la tonique du premier *adieu*, malgré l'allongement expressif de l'*a*, n'a pu être suffisamment abrégée; et le second, en dépit de l'écriture, reproduit le mouvement du premier.

ARTICLE V

Des modifications phonétiques.

Rechercher les évolutions phonétiques actuellement agissantes, en découvrir le point de départ dans la langue et dans le pays, en suivre les progrès, en marquer les limites et le terme, c'est bien la plus douce tâche du phonéticien.

Il en a trouvé les premiers indices au moyen de ses appareils, alors même que son oreille n'a été frappée de rien d'anormal, comme il en reconnaîtra par eux les dernières traces. Après que son attention aura été mise en éveil, il lui faudra sortir de son laboratoire et poursuivre de village en village, de famille en famille, auprès des représentants des générations successives, ses passionnantes recherches. Souvent l'oreille lui suffira, aiguisée par l'expérience. Mais souvent aussi il sentira le besoin de revenir à sa méthode ordinaire et d'utiliser le palais artificiel et les quelques appareils dont il aura formé son laboratoire portatif. Et il demandera à des expériences aisées, faites sur les indigènes eux-mêmes, qu'il aura pu y décider, et répétées assez souvent pour assurer l'inconscience du sujet, une solution qui s'imposera par son caractère objectif.

Tout en se conformant, pour le choix des sujets à observer, aux règles déjà posées (p. 318 et suiv.), il ne se montrera pas aussi difficile pour les documents oraux qu'il sera à même de recueillir, par la bonne raison que ceux-ci demandent moins de temps. Mais il ne sera pas moins scrupuleux à noter tous les détails (p. 320), antécédents linguistiques, condition sociale, âge, origine, lieux d'habitation, nature du sol, régime des eaux, climat, mode de nourriture, genre de vie etc., qui lui permettront d'en préciser la valeur.

C'est grâce à ces précautions qu'il reconnaitra bien vite le degré de généralité qu'il est possible d'accorder aux phénomènes observés : il ne tardera pas, par exemple, à s'apercevoir que les transformations anciennes sont seules générales, que le particularisme le plus étroit est la loi de celles qui sont en train de s'accomplir. C'est grâce à elles encore qu'il pourra surprendre et dater les formes variées sous lesquelles se présentent, à leurs diverses étapes, les évolutions phonétiques. Les conceptions fondées sur une vue trop superficielle des faits, et principalement des faits anciens, ne le retiendront pas longtemps. Il ne croira pas, par exemple, que l'existence ou l'absence, dans une langue, des groupes semblables à ceux qui, à un moment donné, viennent à s'y produire, soit pour quelque chose dans les destinées ultérieures de ceux-ci. Il ne s'imaginera pas avoir donné une raison suffisante des évolutions phonétiques en invoquant une tendance qui porte le langage à se débarrasser du superflu et à mettre en relief le nécessaire.

Il ne se contentera ni d'un principe de moindre effort, ni d'un déplacement du sens musculaire. Il ne perdra pas la foi en la constance des lois phonétiques ; mais il saura reconnaître les tempéraments qu'elle comporte.

Dans ses explorations fructueuses, il reconnaîtra toutes les causes qui viennent accélérer, retarder, contrarier même l'application de ces lois ; il se rendra un compte exact de ce que peut l'influence du sens, des catégories de mots, de l'apport étranger, de l'imitation.

Ainsi, il pourra arriver à pénétrer la vraie cause des phénomènes qui auront captivé sa pensée.

Pour moi, après avoir étudié de près les parlers de mon pays natal, comparant les changements phonétiques des temps anciens, avec ceux de notre époque, j'ai pu écrire[1] :

« Les transformations philologiques de cette époque ancienne présentent un caractère particulier : elles coïncident pour la plupart si exactement avec la limite des paroisses, qu'elles suffiraient presque toutes seules à déterminer les divers groupes qui s'étaient formés au sein de la population.

Mais bien différentes sont les modifications contemporaines, celles dont nous pouvons embrasser à la fois les premiers débuts et les derniers développements. Celles-ci ne suivent qu'une seule direction géographique et ne paraissent dépendre que des seules conditions physiques des lieux et des habitants. Nous avons vu les mouvements phonétiques partir d'un point déterminé, remonter graduellement la vallée sans que les divisions par communes soient pour rien dans leur marche, se propageant aux centres les

---

1. *Modifications phonétiques du langage*, conclusion, p. 348 et suiv.

plus actifs, débutant par les mots d'un usage le plus commun, s'annonçant à l'avance dans des lieux écartés, retardés ou accélérés par l'apport dans la population indigène d'éléments étrangers de provenances diverses, saisissant au berceau les enfants et respectant les vieillards, mais parfois entraînant les personnes mûres qui suivent par un choix volontaire et réfléchi, tantôt se précipitant avec impétuosité, tantôt s'avançant pas à pas, parfois même reculant en deçà des positions acquises pour recommencer de nouveau, jusqu'à ce qu'enfin ils se fixent, effaçant toutes les inégalités, comme s'ils n'avaient rencontré aucun obstacle et triomphé d'un seul coup.

On dirait une mer envahissante qui submerge ses bords. Dans sa marche victorieuse, le flot monte toujours, recouvrant d'abord les parties basses et ne laissant émerger que des îlots, seuls témoins des limites primitives. Au début, on peut jouir du spectacle de la lutte que se livrent les éléments, on peut suivre les efforts de la mer, sa marche en avant, ses reculs momentanés, ses infiltrations, préludes d'une conquête définitive. Mais on vient trop tard, quand la lutte a cessé et que la mer dort tranquille sur les obstacles submergés.

Si telles sont les transformations vivantes, et que tout autres nous apparaissent celles qui ont été accomplies dans une période ancienne, ce n'est pas assurément que celles-ci aient obéi à d'autres lois ; mais c'est que, depuis, elles ont été en partie recouvertes par des transformations nouvelles ou voilées par des emprunts postérieurs. Ainsi s'est faite à peu près l'unité de langage dans certains groupes de population, paroisse, baronnie, archiprêtré, et province même. Mais l'accord que l'on observe sur certains points entre les limites de la géographie administrative et celles de la phonétique n'a rien de constant, trahissant pas là une origine tout artificielle.

L'apport de cet élément étranger, qui, dans certains cas, est le grand principe-unificateur, mais qui n'est pas le seul, nous vient du même point et suit la même voie que les modifications phonétiques, pénétrant peu à peu, timidement d'abord par des mots isolés, puis envahissant des classes entières et effaçant jusqu'aux dernières traces de certaines évolutions locales. C'est ainsi que, depuis le haut moyen âge, la ligne de démarcation que l'on s'est plu à tracer entre les dialectes du Nord et ceux du Midi n'a cessé de s'infléchir vers l'Est et le Sud, et l'on peut prévoir que, s'il vit assez, le patois de Cellefrouin, supprimant sans relâche par un travail moitié volontaire, moitié instinctif, les traits limousins qu'il renferme, n'apparaîtra plus que comme un dialecte de pure langue d'oïl et entrera dans la classe du français du Sud-Ouest. Alors, si un Corlieu n'est pas là pour avertir que « le vieil langage angoumoisin a retenu beaucoup de termes... du limousin », le linguiste aura besoin d'être bien attentif pour n'être pas dupe de cette conspiration que trament, avec persévérance, contre sa bonne foi, des générations désireuses d'ennoblir leur langage.

C'est, pensera-t-on, affaire de race. Disons plutôt affaire de volonté : le pauvre subit l'influence du riche. Disons, si l'on veut, affaire de géologie, car la richesse vient du sol ; affaire de pure administration aussi, car le pouvoir entraîne la considération. Les Limousins, rattachés au département de la Charente, ne veulent déjà plus être *Limousins* ; ils sont *Charentais*. Ainsi un nouveau groupement se fait : une nouvelle *race* se prépare, et une nouvelle *langue* aussi.

Telles se montrent les évolutions phonétiques : libres dans leur marche, mais parfois voilées dans leurs résultats par des emprunts étrangers.

Mais il nous est permis de pénétrer plus avant dans la science des transformations du langage, et de porter nos regards sur le principe même déterminant de ces évolutions.

Ce principe est dans l'enfant. Ou bien c'est une tendance absolue et héréditaire qui le porte à modifier dans un sens déterminé le jeu des organes de la parole ; ou bien c'est une nécessité imposée par la loi rythmique qui gouverne les organismes vivants.

Pourrions-nous remonter à une cause unique ? Peut-être. Réunissons tous les traits propres à caractériser une évolution dans ce qu'elle a de primordial, en faisant abstraction de ses conséquences sur les groupements secondaires qui en sont nés, et dont la réduction s'impose pour ainsi dire d'elle-même :

1° Le point de départ d'une évolution phonétique ne réside pas dans une cause accidentelle. Les transformations individuelles qui sont dues à des causes de cette nature restent isolées : ce sont des défauts de langue, et ceux qui en sont affligés ne font pas école ; on les cite, on ne les imite pas.

2° La cause déterminante de l'évolution est d'ordre général ; elle agit sur la masse de la population. C'est une sorte d'épidémie à laquelle personne n'échappe.

3° L'évolution est déjà préparée chez les parents ; mais elle n'éclate que chez les enfants, lorsque ceux-ci entrent en possession de la langue. C'est donc une conséquence de l'*hérédité*. En effet, des parents, quittant un village où l'évolution est sur le point de se faire jour et se transportant dans un autre où celle-ci est moins avancée, n'arrêtent pas par ce fait la marche encore latente de l'évolution dans leur famille. D'autre part, des parents, venus de villages plus archaïques, rendent, pour un temps plus ou moins long, leurs enfants réfractaires à l'évolution qui se produit dans le lieu de leur nouvelle résidence.

4° La cause générale qui provoque l'évolution n'appartient ni à l'ordre intellectuel, qui n'a qu'une influence tout à fait secondaire sur les transformations phonétiques, ni aux organes auditifs, dont l'insuffisance ne se fait sentir qu'après les premières étapes de l'évolution, mais uniquement au système phonateur.

5° Cette cause n'agit pas en même temps sur l'ensemble de l'organisme vocal, comme ferait une loi générale de *moindre effort* ; mais elle exerce une action *élective* et, dans un groupe de générations, *transitoire* sur des points déterminés.

6° Considérée dans l'organe où elle se produit, l'évolution se manifeste par un défaut de coordination *ou* de précision dans les mouvements : prolongation ou anticipation du mouvement ou du repos, amoindrissement ou exagération de l'effort nécessaire. L'excès est rare ; le défaut est la règle.

7° La correction du mouvement est toujours recherchée par le sujet parlant. Ici l'instrument trahit la volonté. L'évolution est *inconsciente*.

8° L'évolution se fait jour d'abord entre les articulations les plus voisines, celles qui l'appellent naturellement ; puis elle se propage à tous les cas analogues : elle est *progressive pour le son*.

9° A ses débuts, l'évolution n'est pas invincible ; elle traverse un *moment critique*, où elle peut être effacée momentanément par un effort accidentel, entravée par un exercice approprié et continu, ou même peu à peu détruite par des causes étrangères à la volonté.

10° L'évolution ne tarde pas à devenir *nécessitante*, et le son qu'elle affecte ne peut être emprunté d'un parler étranger sans en subir la loi.

11° L'évolution a une fin qui est marquée par ce fait, que le son sur lequel elle porte redevient prononçable et peut être emprunté.

12° La sphère d'action de l'évolution varie suivant les lieux. Circonscrite en d'étroites limites dans les pays de montagnes, elle occupe de vastes territoires dans les plaines. Dans les zones limitrophes, comme la nôtre, elle prend la forme d'une ceinture qui remonte peu à peu des parties basses vers les hauteurs : elle est *progressive pour le lieu* comme pour le son. »

Et j'ajoutais : « Une cause de cette nature, à supposer qu'elle dépende des conditions générales de climat, de salubrité, de vie, doit être commune aux habitants d'un même village, d'une même région, et se manifester chez tous à peu près en même temps, plus tôt toutefois sur les bords fiévreux des rivières que sur les plateaux, et, au sein d'un même village, plus tôt dans les familles venues de la plaine que dans celles qui sont indigènes ou descendues des hauteurs ; plus tôt même dans quelques sujets exceptionnellement délicats que dans l'ensemble de la population.

Un exercice constant neutralise chez les adultes les effets de cette anémie sur le langage ; mais ce correctif manque aux enfants. Ceux-ci, trompés par un organisme qui ne répond qu'imparfaitement aux impulsions de leur volonté, croient dire ce qu'ils ne disent pas, et ne font aucun effort supplémentaire pour atteindre à la pureté absolue de l'articulation. C'est alors que l'évolution phonétique prend naissance. Dans la suite, elle suivra toutes les phases de l'anémie ; elle progressera avec elle, et, suivant ses divers degrés, sera *vincible* ou *nécessitante* ; elle s'étendra aux mêmes régions et finira en même temps : sans doute, les sons transformés ne remonteront pas la pente descendue, mais ceux d'où ils sont nés pourront être empruntés à d'autres langues ou renaître d'anciennes combinaisons ; l'organisme aura reconquis sa vigueur primitive, et avec elle la puissance de les reproduire. »

Aujourd'hui, après plus de 18 ans de réflexions et d'observations nouvelles sur le malade, sur l'homme sain, les vices de prononciation, la surdité, je ne trouve rien à changer au fond de la doctrine. Mais je retirerais ce que le mot d'*anémie* a de trop fort : il s'agit d'un affaiblissement nerveux imperceptible autrement que par la parole, que le mot employé a pu faire exagérer, mais que je continue à croire très réel (cf. p. 303). J'accorderais, je crois, plus à l'oreille, qui peut être influencée par les mêmes causes que les organes de la parole. (cf. p. 313-314). Enfin je serais plus explicite sur les évolutions *régressives*, que j'avais déjà, du reste, signalées, par exemple le retour à leur point de départ d'un *a* devenu *è*, d'un *k* changé en *ç* entraînant avec eux des sons de même timbre, mais d'autre origine, ce qui permet de reconnaître le sens de la progression.

CHAPITRE VII

APPLICATIONS DE LA PHONÉTIQUE EXPÉRIMENTALE

La phonétique est avant tout une science d'observation ; mais l'observation conduit naturellement à la pratique. La connaissance des mouvements qui produisent des sons du langage et de leur composition physique sert, d'une part, à les enseigner, et, d'autre part, à juger l'état des organes eux-mêmes. De là deux sortes d'applications. Les unes pédagogiques : correction des vices de prononciations, enseignement des langues vivantes et de la parole aux sourds-muets, rééducation des sourds ; les autres d'ordre médical : diagnostic précoce de certaines maladies des organes de la parole et de l'audition, indication de moyens propres à les guérir.

ARTICLE I

Éducation des organes de la parole et de l'ouïe.

Dans l'enseignement maternel, cette double éducation se fait en même temps en commençant par l'ouïe. La mère parle et l'enfant cherche à reproduire le son qu'il a entendu. Si l'ouïe est défectueuse ou vient à manquer, l'acquisition du langage est imparfaite ou nulle. Dans ce cas, il faut recourir à d'autre sens, à la vue et au toucher, ou rectifier et (si c'est possible) réveiller l'oreille elle-même. Il reste donc des *vices de prononciation* à corriger, et une *éducation de l'oreille* à compléter ou à refaire.

La prononciation des langues étrangères s'acquiert par les mêmes moyens et rencontre les mêmes obstacles, agrandis par la force de l'habitude. La langue est déjà faite à certains mouvements, et l'oreille à certains sons : les nuances leur échappent. L'*enseignement par la vue*, appliqué dès le début, viendrait singulièrement hâter le succès; ou, plus tard, il ferait disparaître rapidement les défectuosités. J'en ai de si nombreux exemples que l'efficacité du moyen est pour moi hors de doute. Les échecs sont imputables à l'oreille.

Comme toute éducation, c'est par une gymnastique appropriée que se fait celle de nos organes vocaux et acoustiques : la fonction perfectionne l'organe.

I

GYMNASTIQUE DE LA PAROLE

Les appareils qu'on emploie dans ce but sont : le palais artificiel, le tambour indicateur, le manomètre, les guide-langue, les explorateurs du larynx, l'appareil à flammes de Kœnig.

Le *palais artificiel* sert toutes les fois que la langue doit s'appliquer sur le palais. Dans la plupart des cas, il suffit de montrer la tache faite par l'articulation correcte; sinon on fait un palais artificiel pour la personne à qui l'articulation doit être enseignée, et on lui fait voir en quoi consiste l'erreur. (Voir p. 52 et suiv., 590, 614 et les nombreuses figures représentant des palais artificiels.)

Le *tambour indicateur* (fig. 702, 3) est un tambour ordinaire disposé de façon que le levier ait des déplacements de grande amplitude, susceptibles d'être mesurés à l'œil au besoin sur un cadran. C'est le premier appareil d'utilité pratique que j'ai préparé. M. Burguet y a ajouté un petit timbre mobile pour frapper l'oreille en même temps que les yeux. Relié à une ampoule exploratrice de la langue ou des lèvres, le tambour rend visible le mouvement exécuté. Quand il est rattaché à une embouchure ou à une olive nasale, il montre la force d'expiration et le degré d'élévation du voile du palais.

Le *manomètre* (fig. 702, 1 et 2) rend les mêmes services; mais il est moins sensible pour les phénomènes délicats, comme la nasalité, par exemple. Il est surtout bon pour faire connaitre les degrés de force des mouvements articulatoires. M. Laclotte s'est appliqué à en augmenter la sensibilité (2); M. Montelbetti, à supprimer les chocs du liquide (1).

Les *guide-langue* sont des tiges flexibles, auxquelles on a donné une forme convenable pour guider la langue dans ses mouvements et la mettre en place. Une simple aiguille à tricoter, que j'ai détrempée, me suffit; mais on peut s'en procurer de tout préparés d'avance. Ils servent à repousser la langue en arrière, à en écarter les bords, à en abaisser le dos, à faire creuser un sillon médial, à indiquer le point où une occlusion doit se produire, etc. C'est M. Gutzmann, de Berlin, qui le premier, je crois, a cherché une forme fixe pour un petit appareil de ce genre. M. Burguet en a imaginé d'autres, ainsi que M. l'abbé Meunier. Je complète les guide-langue par le manche d'une cuillère à dessert, quand il s'agit d'abaisser fortement la pointe de la langue pour faire soulever la racine.

Les *explorateurs du larynx* sont, suivant le but qu'on se propose ou bien les capsules (p. 97) qui recueillent les vibrations pour les inscrire, ou quelque chose comme l'ex-

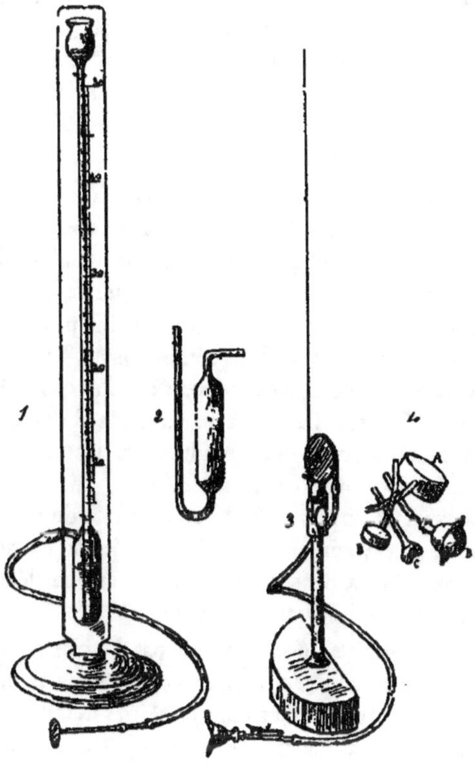

Fig. 702.

1 et 2. *Manomètre*. Le liquide est coloré avec quelques gouttes de carmin. — 3. *Tambour indicateur* sans le cadran. — 4. Ampoules : A, B, pour la langue ; C, pour la pression des lèvres ; D, pour l'avancement des lèvres. Quand l'équilibre du liquide ou de l'air est détruit, on le rétablit à l'aide de la soupape *s*.

plorateur du Dr Rosapelly (fig. 43-45), qui les fait entendre et que j'ai conservé pour cet usage.

L'*appareil à flammes de Kœnig* rend visibles les vibrations du larynx et peut être utilisé dans l'enseignement des sonores. M. Laclotte en a fait préparer un avec deux capsules : une pour le maître, l'autre pour l'élève, si bien que celui-ci peut s'essayer à reproduire les sinuosités du modèle. En montant le miroir sur un mouvement d'horlogerie, M. Montalbetti a rendu l'appareil d'un usage plus commode (voir p. 111).

Quand le mécanisme de l'articulation est compris et que le mouvement peut être exécuté sans l'appareil, le rôle du maître n'est pas fini ; il change d'objet. L'élève doit arriver à prononcer par la seule habitude ce qu'il sait seulement par réflexion. Pour l'y aider, le maître lui proposera comme sujets d'exercice d'abord les combinaisons les plus faciles, et il ne passera que successivement à celles qui présentent de réelles difficultés. La connaissance de la phonétique lui sera d'un grand secours pour graduer les exercices suivant les difficultés personnelles de son élève.

Si, malgré tous ses efforts et la sûreté de sa méthode, il n'arrive pas à faire prendre l'habitude de l'articulation, il sera autorisé à penser que l'oreille est en défaut. Et c'est de ce côté qu'il devra porter ses soins.

Ces généralités, dont n'aurait pas besoin un phonéticien expérimenté, suffiraient à la rigueur. Mais il ne sera peut-être pas inutile d'entrer dans quelques détails pratiques sur la correction des vices de prononciation, l'enseignement des langues vivantes, l'éducation des aphasiques et des sourds-muets.

Vices de prononciation.

Les vices de prononciation sont organiques ou purement fonctionnels.

Les vices organiques les plus communs sont dus à une perforation du palais et à une insuffisance du voile. Toutes les articulations sont alors nasalisées : les *p*, les *b* deviennent des *m*; les *t* et les *d*, des *n*. Les voyelles pures paraissent moins altérées, parce qu'elles supportent toutes un peu de nasalité. *Papa* et *baba* sont donc *mama*, etc. Le premier remède consiste en une bonne opération chirurgicale, qui sera suivie d'une rééducation totale de la parole; car l'enfant, gêné par son infirmité, n'a pu l'apprendre correctement. Si la substance manque et qu'il ne soit pas possible de fermer la voie nasale, le résultat sera forcément imparfait. J'ai constaté de réels succès obtenus au moyen de palais artificiels munis d'une lame de caoutchouc en guise de voile.

Les vices fonctionnels peuvent aussi intéresser le voile du palais. Il n'est pas rare de rencontrer des enfants chez qui cet organe ne présente aucune défectuosité apparente, et qui sont affligés de nasonnement. Ces enfants sont sujets à rejeter leurs aliments par le nez et peuvent difficilement souffler par la bouche. Pour amener le voile du palais à un fonctionnement normal, on proposera les exercices suivants : souffler dans des trompettes ; éteindre des bougies à une distance de plus en plus longue ; placer dans l'une des narines une olive reliée à un tambour indicateur, boucher l'autre et souffler en faisant un effort pour que le levier reste immobile ; reprendre ce dernier exercice avec des mots et des phrases ne contenant aucune nasale, par exemple : « Papa part ce soir pour Paris. »   .

Chez d'autres sujets, l'incoordination des mouvements du voile est telle que ce sont justement les consonnes nasales qui font défaut. Le remède est le même que dans le premier cas : se rendre maître des mouvements du voile, et prononcer les nasales de façon à ébranler le levier du tambour uni à l'ampoule du nez.

La dénasalisation des voyelles, si elle ne provient pas uniquement d'une erreur de l'oreille, est attribuable à une paresse du voile, qui, une fois soulevé, refuse de descendre. Même remède que précédemment.

D'autres fois, le conduit des fosses nasales est obstrué en avant; il s'en suit un nasonnement pareil à celui d'une personne enrhumée. Ce défaut relève de la chirurgie.

Mais les vices les plus communs dépendent de la langue, qui, mal guidée au début par une oreille peu sensible, n'a pas trouvé les vraies places de certaines articulations. Plusieurs de ces défauts ont reçu des noms. Ce sont :

1° Le *zézaiement*. On apppelle ainsi la transformation de *c j* en sifflantes *s z* (un *sat* pour un *chat*, un *zouzou* pour un *joujou*). C'est un défaut commun chez les enfants et qui fait, à tort, le bonheur des parents. D'ordinaire il disparait avec l'âge, mais pas toujours. Et, dans ce cas, il devient ridicule. Remède : reculer un peu la langue et élever la pointe, y aider avec un guide-langue ; faire disposer les lèvres en pavillon de trompette, et faire entendre un *c* prolongé; puis proposer successivement les syllabes *chou*, l'*u* demandant une position assez voisine pour les lèvres et la langue, *chaud, champ*, etc., et finir par *ché chi*.

Une autre sorte de zézaiement auquel je réserverais le nom de *blésité*, consiste à prononcer *s z* avec la langue allongée entre les dents. Remède : indiquer la place de la pointe de la langue derrière les dents inférieures, faire

siffler *ss!* en écartant avec une aiguille à tricoter les bords
de la langue, qui pourraient dépasser. Les sujets chez
qui ce vice persiste ont besoin de refaire l'éducation de
leur oreille.

2° Le *chuintement*, c'est-à-dire le changement du *s z* en
c j. La langue est trop reculée et les lèvres trop avancées.
On fera allonger la pointe de la langue et l'on abaissera le
milieu avec une aiguille à tricoter appuyée en travers, les
deux bouts étant tenus entre les doigts. Faire appliquer les
lèvres sur les arcades dentaires. Demander de chuchoter *ss!*
très doucement et apprendre à distinguer ce son de celui
du *c*! Enfin faire prononcer *s* avec une voyelle, que l'on
choisira très voisine : *i, u, é* ; on finira par les voyelles les
plus éloignées par leur articulation, *o, u*. Après la sourde *s*,
on passera à la sonore *z*.

3° Le *chlintement*. J'ai donné ce nom barbare au défaut
qui consiste à dire quelque chose comme *çl* à la place de *s* :
œ çlu pour *un sou*. La langue est posée de telle sorte
que le courant d'air, au lieu d'être direct et de passer
sur les incisives, est porté de côté et fait entendre un *ch*
allemand doux (*ich*), qui serait suivi d'une *l* mouillée.
Remède : demander que la mâchoire soit tenue bien d'aplomb
et que la langue, bien étalée, se sente mordue par les dents
des deux côtés, la pointe derrière l'arcade inférieure, et faire
siffler doucement *ss*. Au besoin avec une aiguille creuser
la gouttière centrale, pour obliger le bord, trop lâche, à se
relever. Une trace de la position de la langue prise au
palais artificiel montre très bien l'erreur de l'articulation.

4° *Substitution d'une dentale à une gutturale, de t à k*. C'est
encore un défaut d'enfance. Mais j'ai vu plusieurs enfants qui
étaient arrivés jusqu'à une douzaine d'années sans avoir pu
s'en défaire. C'est pour l'un d'eux que j'ai eu l'idée d'em-

ployer une ampoule placée derrière les dents et reliée à un tambour à long levier. Le levier devait s'agiter pour *ta* et rester immobile pour *ka*.

Le plein succès ne s'est pas fait attendre deux jours. Pour des enfants plus jeunes, je me contente de repousser la langue à l'aide d'un manche de cuillère ou seulement de mes doigts, ou bien encore j'indique, avec une aiguille mousse, le point du palais que la langue doit toucher.

5° *Substitution d'une occlusive à une constrictive, de t à s c* (Mar*t*el pour Mar*c*el, *t*armes pour *ch*armes). C'est un défaut que j'ai corrigé très rapidement avec une ampoule et le tambour indicateur. Il s'agissait de montrer l'excès de pression de la langue contre le palais. J'aurais encore pu employer le palais artificiel.

6° *Substitution d'une constrictive à une occlusive*. Ce défaut est le contraire du précédent. On peut le corriger avec les mêmes appareils.

7° *Echange entre l n j r*. Une *l* devient *n* quand, l'occlusion étant complète sur les deux côtés de la langue, le courant d'air prend, pour sortir, la voie nasale. Supprimez la nasalité, le reste suivra.

Le *j* peut être remplacé par *l* et *J*eanne devenir *l'âne*, quand, la pointe de la langue se fixant induement au palais, l'air se fraie un chemin le long des bords. Remède : faire descendre la pointe de la langue avec une aiguille à tricoter dirigée vers le fond de la bouche.

L'*r* aussi, dans le jeune âge, se change en *l* et pour la même raison. Faire abaisser la pointe de la langue : cela est facile pour l'*r* grasseyée (on peut la maintenir en bas avec le doigt) ; c'est plus difficile pour l'*r* linguale, car, la pointe devant produire les battements, il n'est pas possible d'y toucher.

8° *Echange entre les semi-voyelles. Piano* peut devenir dans la bouche des enfants *pwano.* C'est un défaut qui ne se maintient pas.

9° *Suppression de consonnes.* L'*r* devant consonne tombe très souvent dans le langage enfantin, mais pour peu de temps. Un cas tenace a été celui-ci : la suppression totale du *k* devant une voyelle ou son remplacement par une petite aspiration : *'anô = canon.* J'ai employé le manche de cuillère et l'ampoule avec le tambour indicateur; mais je suis arrivé plus vite au but, en partant d'un *k mouillé* suivi de *i (ki),* puis en passant à *kô ku.*

Les troubles fonctionnels du larynx sont rares. Je n'ai rencontré que deux ou trois cas où *b* sonnait comme *p, d* comme *t, g* comme *k,* etc. On tâche de faire reporter l'effort sur le larynx en conseillant de diminuer la force articulatoire. Je me suis servi avec succès de l'ampoule placée au point d'articulation et en faisant distinguer, à l'aide du tambour indicateur, la douce de la forte.

Comme le *bégaiement* relève surtout de la gymnastique respiratoire, je renvoie plus loin, à l'article où il en est traité, pour la correction de ce défaut.

Langues vivantes.

Toutes les langues renferment des sons difficiles à reproduire pour ceux qui ne les ont pas parlées dès l'enfance, à tel point que des personnes même très cultivées conservent toute leur vie, dans leur prononciation, des particularités défectueuses de leur province ou de leur nationalité. Toutes les langues, en effet, apprises un peu tard s'accommodent à l'idiome maternel, dont elles empruntent en grande partie le système phonétique ; c'est pour cela que, dans sa prononciation, se trahit, souvent dès la première syllabe, l'indigène de telle province ou de tel pays. L'oreille, reconnaissant dans les langues étrangères des sons voisins de ceux auxquels elle est accoutumée, n'est pas frappée de la différence; et l'œil, trompé par l'écriture, persuadera une identité qui n'existe pas. Mais l'homme dont on parle la langue ne partage pas les mêmes illusions. Et, s'il est assez poli pour n'en pas rire, si même il proteste de son admiration, qui peut être sincère, il n'en sent pas moins d'une façon certaine qu'il a affaire à un étranger.

La phonétique expérimentale met entre les mains du maître des moyens efficaces pour enseigner rapidement ce qui d'ordinaire échappe à l'oreille, et elle met à la portée de l'élève un contrôle continuel, qui lui permet de rectifier ses exercices pratiques.

Toute prononciation d'une langue, pour être parfaite, doit en reproduire les sons et la mélodie. Ces deux choses demandent à être enseignées par deux méthodes différentes.

Pour les sons, on montre comment se fait l'articulation, quels sont les organes qui y prennent part, et l'on indique les moyens les plus simples de les mettre en jeu. Comme illustration de la méthode, je vais choisir mes exemples exclusivement dans le français, les procédés qui conviennent à une langue pouvant être facilement appliqués aux autres.

ɲ — L'*n mouillée* de *agneau* présente de grandes difficultés aux peuples de langue germanique. La consonne la plus voisine qu'ils possèdent est l'*ŋ* (*n gutturale*). Mais depuis trois siècles, on leur apprend à la confondre avec *ny*. Les Russes mêmes ne prononcent correctement l'*ɲ* que devant *i* et *u*, voyelles qui appellent la mouillure. Mais j'en ai entendu beaucoup prononcer *ny* devant *a o u*. Cependant ils possèdent l'articulation juste dans *ɲáɲa* « servante », *ŋòpa* « palais de la bouche ». L'appareil le meilleur et le plus simple pour enseigner l'*ŋ* mouillée est le palais artificiel (fig. 403).

Consonnes dures suivies d'une voyelle mince, i u. — Les Russes les mouillent; c'est un défaut national. Un russe dira *èstitu* « Institut » *ŋu* « nu », *ŋi* « nid, » etc. C'est avec le palais artificiel qu'on lui enseignera l'articulation correcte. On pourra lui faire remarquer que les voyelles françaises sont comme leur *u*, qui ne mouille pas les consonnes précédentes.

i tr l — La prononcaition du *t* et surtout du *tr* est caractéristique de l'anglais. L'articulation est trop reculée (fig. 703) : reporter la pointe de la langue vers les dents et

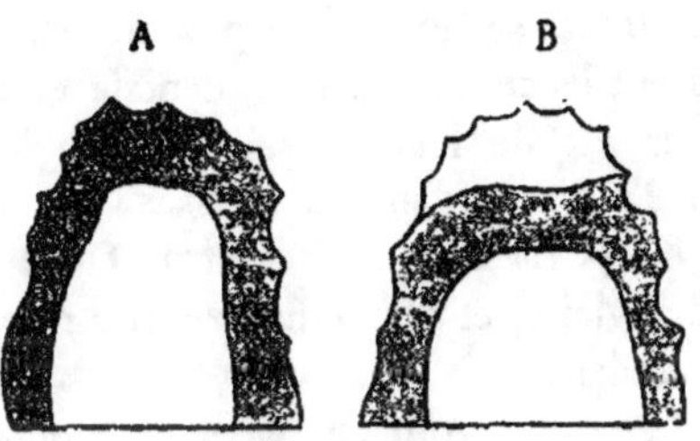

Fig. 703.
Groupe *tr*.
(Palais artificiel).

A. en français. — B. en anglais.

articuler avec plus de force.

L'*l* des Anglais est également trop en arrière pour les Français (fig. 601).

Le palais artificiel est un moyen précieux pour enseigner ces articulations. On peut encore se servir d'une petite ampoule avec un appareil indicateur (tambour ou manomètre). Quand l'ampoule est placée au point d'articulation des consonnes françaises, le levier du tambour indicateur s'agite, si la consonne est correcte ; sinon il demeure immobile. Le contraire se produit si on place l'ampoule au point d'articulation des consonnes anglaises. Le contrôle, on le voit, est excellent pour les exercices.

Un défaut spécial de l'*l* anglaise à la finale, où elle est très sonore et presque vocalique, vient de l'élévation exagérée, pour nous, de la racine de la langue. En demandant de porter la pointe en avant, plus même qu'il n'est nécessaire, nous provoquons comme conséquence l'abaissement voulu. On conseille encore très efficacement de faire suivre cette *l* d'un petit *e* muet : cessant alors d'être finale, elle devient correcte ; et l'*œ*, que nous faisons entendre nous-mêmes dans une prononciation énergique, n'a rien de déplaisant.

r. — L'*r* française fait le désespoir des étrangers et bien à tort. Ils ont le choix entre l'*r* dentale et l'*r* grasseyée. Le meilleur est de leur conseiller celle de leur propre langue, en l'accommodant au français. Veiller principalement sur l'*r* + *consonne*, qui est trop faible dans les pays de langue anglaise, et sur l'*r* finale qui abrège en Russie la voyelle précédente.

ɛ j. — Les Anglais ont une façon de prononcer *ɛ j* (*passion*, *pleasure*) assez éloignée de la nôtre. Et, en général, ils n'y prennent pas garde. Leurs *ɛ j* donnent la même impression que s'ils étaient mouillés ou suivis d'un *y*. *Chat* sonne dans leur bouche comme *chiat* (*ɛa* ou *ɛya*), *jardin* comme *jiardin*. Recommander d'allonger les lèvres (d'après la fig. 602) et de reculer la langue (fig. 600) ; chuchoter un *ɛ* très léger, faire répéter et recommencer ainsi jusqu'à ce qu'on ait obtenu un son tout à fait correct. Plus le chuchotement est doux, plus le son est pur et facile à imiter.

Puis passer de *ɛ* à *œu*, *œ*. D'ordinaire, la position prise pour la consonne seule est abandonnée dans la combinaison avec la voyelle. On revient alors au premier exercice, et l'on reprend ensuite le second. A moins que l'oreille ne soit trop défectueuse, cet exercice suffit.

Occlusives sourdes. — L'explosion de ces consonnes en français est presque sonore; elle n'est sourde que fort peu de temps (2 ou 3 centièmes de seconde au plus), et l'occlusion est forte par compensation. Dans les langues germaniques, l'explosion est soufflée et sourde; en conséquence l'occlusion est plus faible. On rend sensibles de plusieurs manières la force de l'explosion et la masse de l'air expiré : une syllabe *pa* française, émise devant une petite bougie ou une simple allumette, agite seulement la flamme, le *pa* allemand l'éteint ; si l'on remplace la bougie par une petite boule de papier placé sur le dos de la main, le *pa* français la dérange à peine, le *pa* allemand la fait tomber ; l'air de l'explosion, reçu dans une ampoule reliée à un tambour indicateur, imprime au levier un léger déplacement pour le *pa* français, un déplacement considérable pour le *pa* allemand (le manomètre fonctionne moins bien dans ce cas, le liquide opposant au souffle une trop forte résistance); la syllabe *pa*, dite simultanément par un Français et par un Allemand et répétée jusqu'à épuisement du souffle, après une inspiration profonde, durera beaucoup plus longtemps dans la bouche du Français, parce qu'il dépense beaucoup moins d'air à chaque articulation. Cet exercice est en même temps un excellent procédé pour apprendre à ménager le souffle, par le seul désir de tenir plus longtemps. On s'exerce à augmenter la pression articulatoire au moyen de l'ampoule et du tambour indicateur. Dès que l'on diminue la masse d'air, la glotte s'ouvre moins et les cordes vocales

sont toutes prêtes pour entrer, sans perte de temps, en vibration.

Cette particularité, inconnue encore de bons phonéticiens
il y a une vingtaine d'années, est devenue classique aujour-
d'hui. Mais le défaut est encore très commun.

Occlusives sonores. — Pour les peuples de langue germanique, surtout pour les indigènes de l'Alsace du centre et du
sud de l'Allemagne, les occlusives sonores françaises sont
d'une imitation fort malaisée. Toute la difficulté réside en
ce que le larynx doit entrer en vibration pendant l'occlusion. Comment faire sortir de l'air à travers la glotte, la
bouche étant fermée ? La force de l'articulation, qui caractérise les douces de ces peuples, est un obstacle de plus en
paralysant l'action du larynx. Plusieurs professeurs ont
conseillé de faire effort pour prononcer *mb nd ng* au lieu
de *b d g* : ils obtiennent les vibrations qu'ils demandent,
mais en plus des vibrations nasales fortes qui sont très cho-
quantes. Ce qu'il faut conseiller, c'est de modérer l'articulation et de porter tout l'effort sur le larynx. Celui qui dispose d'un bon explorateur Rosapelly (fig. 45) ou autre, bien
réglé pour son larynx (ce qui est rare), pourra s'aider du
contrôle de l'appareil dans les nombreux exercices qui lui
sont nécessaires. Un moyen plus simple est à la portée de
tous : que l'on ferme avec les doigts les conduits de ses deux
oreilles et que l'on prononce *na la*, en les prolongeant
un peu ; on sent alors, comme un roulement de tambour,
les résonances du tympan. Il ne peut en être autrement.
Les vibrations du larynx se communiquent à tout l'air contenu dans les cavités supérieures et par la trompe d'Eus-
tache à celui de l'oreille moyenne. Le tympan en est ébranlé ;
mais à l'état ordinaire ses vibrations se perdent dans l'air
libre. Si l'on bouche le conduit externe, il vibre en chambre

close ; à son tour, il ébranle l'étrier dans la fenêtre ovale ; et le son est perçu. Une fois que l'expérience est faite avec *n* ou *l* surtout, qui est généralement sonore, on a un point de comparaison pour juger si l'articulation des sonores a été complète du côté du larynx, la même résonance devant se produire pour *b d g*.

Constrictives sonores (*z ʒ*). — Le cas est analogue à celui

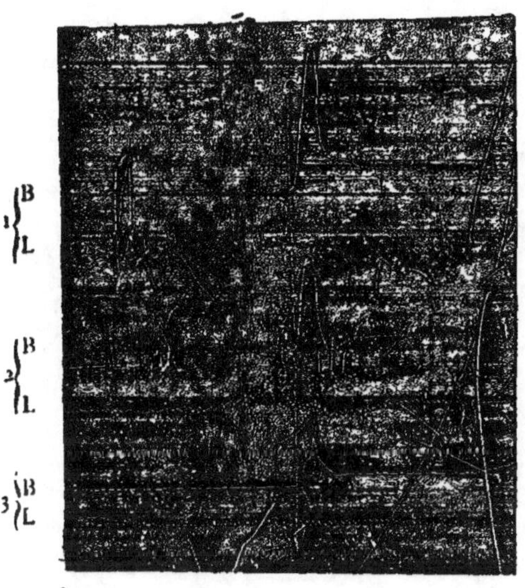

Fig. 704.

Explosives sonores françaises.
B. Souffle de la bouche. — L. Larynx.
1. *ba*. — 2. *da*. — 3. *ga*.

des occlusives. Le larynx vibre pendant toute la tenue des consonnes.

Nasales (*m, n*). — Ces deux consonnes peuvent être insuffisamment sonores (fig. 345-348).

Contrôle des consonnes sonores. — Le contrôle du fonctionnement du larynx se fait par comparaison avec le moment de l'explosion. On recueille les vibrations au moyen d'une capsule, le courant d'air avec une embouchure, et on les enregistre sur le cylindre noirci.

Le tracé des sonores françaises (fig. 704) sert de modèle :

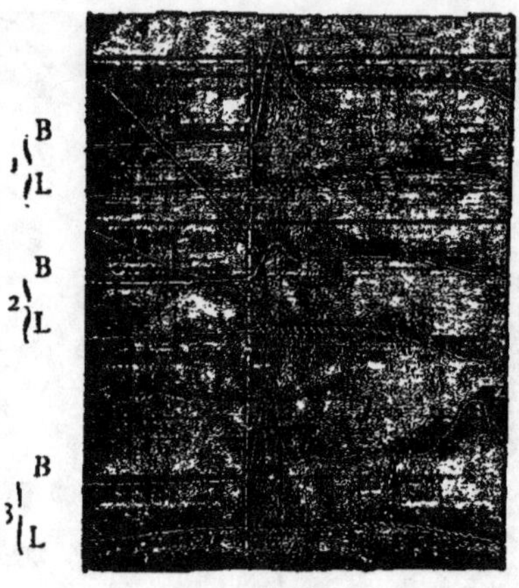

Fig. 705.

Explosives sonores dites par un Américain.

B. Bouche. — L. Larynx,
1. ba. — 2 da. — 3. ga.

on voit que le larynx redouble d'activité à mesure qu'approche l'explosion. Pour les mêmes consonnes, un Américain oublie les vibrations pendant l'occlusion (fig. 705), une Allemande les donne très fortes au début, mais ne peut les continuer jusqu'au moment essentiel (fig. 706), un autre Américain tombe dans le même défaut en l'atténuant (fig. 707), une Anglaise prolonge outre mesure l'occlusion sonore (fig. 708); avertie, et croyant se corriger, elle rèvient au défaut contraire (fig. 709). Avec un peu d'exercice, on finit par trouver la juste mesure; et, quand on a réussi, l'épreuve en donne la certitude [1].

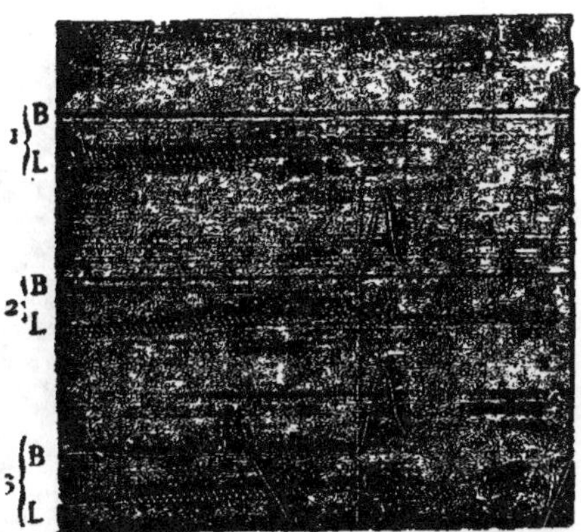

Fig 706.

Explosives sonores dites par une Allemande.

B. Bouche — L. Larynx.
1. ba. — 2. da. — 3. ga.

Voyelles pures. — Les positions successives de la langue dans chacune des séries *a à é e é i i, a æ œ œ́ u ú, a à ò o ó u ú*, sont déterminées à l'aide d'une ampoule placée dans la région moyenne, en avant pour les deux premières, en arrière pour la troisième, et reliée au manomètre. On choisit cet ampoule d'une grosseur telle que, pour *a*, le liquide se

---

1. *Enseignement de la prononciation par la vue* dans *Mélanges de phonétique expérimentale.*

déplace à peine, et que, pour les voyelles extrèmes (*i u u*),
il ne soit pas expulsé au dehors. Si, au lieu de parcourir la
série entière, on voulait limiter l'expérience à deux ou trois
voyelles, par exemple, mettre en relief la distinction des
moyennes (*e, œ, o, i, u, u*) par rapport aux voyelles de la même
famille (*é é, œ œ, ó ó, i, u, u*), il serait avantageux de se ser-

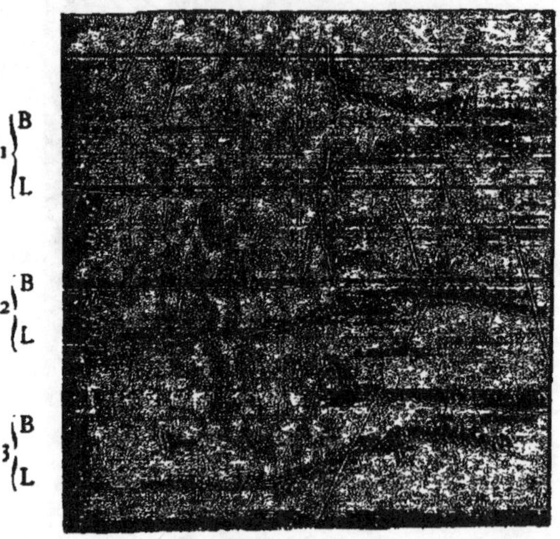

Fig. 707.

Explosives sonores dites par un Américain

B. Bouche. — L. Larynx.
1. *bi*. — 2. *da*. — 3. *ga*.

vir d'une grosse ampoule : les indications obtenues seraient
plus claires. De temps en temps on fera pénétrer de l'air
dans l'appareil pour remplacer celui que la pression aura
chassé.

Les variations du courant d'air projeté sur la main de

l'élève sont encore un bon moyen pour faire sentir la différence qui existe entre certaines voyelles, par exemple, entre

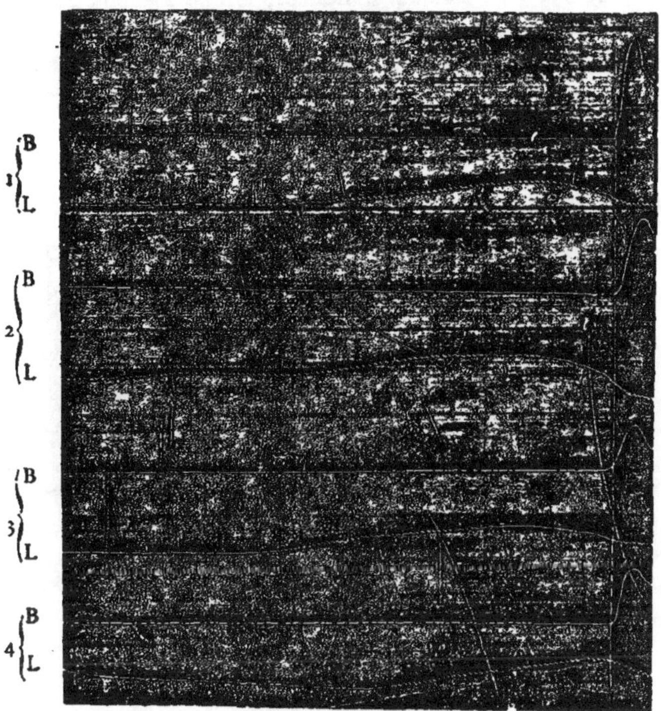

Fig. 708.

Exploxives sonores dites par une Anglaise.

(1re expérience).

B. Bouche. — l. Larynx.

1. *ba.* — 2. *da.* — 3. *ga.* — 4. *ba.*

ó et *ò* que les Russes confondent généralement.

Les mouvements des lèvres sont enseignés au moyen

d'un miroir où l'élève peut se voir en même temps que son maître, ou bien encore avec des ampoules convenables reliées soit au tambour indicateur, soit au manomètre.

Les voyelles, dans certains pays, dans les États-Unis, par exemple, sont souvent nasalisées. On corrigera ce défaut, comme il a déjà été dit, au moyen d'une ampoule mise dans une narine, l'autre étant bouchée, et reliée à un tambour indicateur (p. 115).

Fig. 709.

Explosives sonores dites par une Anglaise

(2ᵉ expérience).

B. Bouche. — L. Larynx.
1. *ba.* — 2. *da.* — 3. *ga.*

Voyelles nasales. — Deux choses sont à montrer : les positions de la langue et l'ouverture de la voie nasale.

Pour les positions de la langue, il suffit de savoir qu'elles sont à peu près les mêmes :

pour *a* et *ã* ;

— *é*   *ê* et *æ̃* avec la fermeture des lèvres en plus ;

— *o* et *õ*.

Fig. 710.

Voyelle & dite par un Français (1) par une Allemande (2).

N. Nez. — B. Bouche.

Les vibrations nasales caractéristiques (N), qui se voient dès le début de la voyelle française (1) n'apparaissent avec une certaine amplitude qu'à partir du second tiers de la voyelle dite par l'Allemande (2).

Quant à l'ouverture de la voie nasale, on fera remarquer qu'elle commence avec la voyelle et qu'elle cesse avec elle. Chez les étrangers, notamment ceux de langue germanique, le voile du palais ne s'abaisse pour donner passage à l'air qu'après le début de la voyelle buccale (fig. 710). Chez

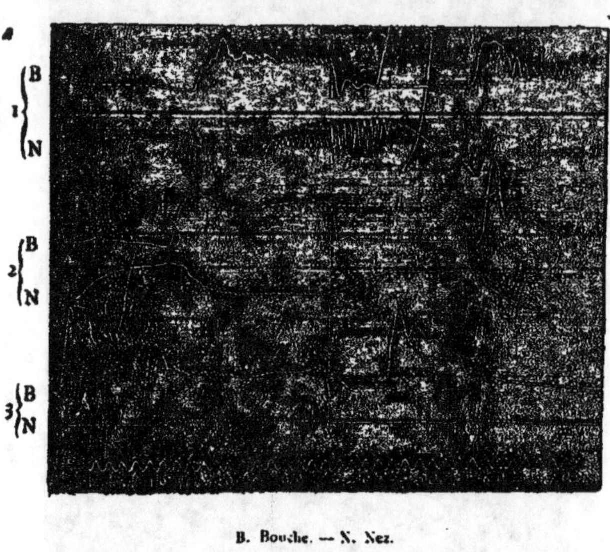

B. Bouche. — N. Nez.

Fig. 711.

Tracés comparatifs de la voyelle *ô* avec *n* en rouergat (1) et en agenais (2) et sans *n* en français (3).
La ligne pointillée limite la voyelle nasale et la sépare de l'*n* en rouergat et en agenais, du *t* en français. Le diapason donne 1 '50 de seconde ; l'échelle, les *centièmes*.

les Français du Midi et aussi chez plusieurs étrangers, le voile du palais reste abaissé après la fin de la voyelle buccale ; et, le larynx continuant à vibrer, une consonne nasale suit la voyelle. C'est l'introduction dans le français actuel d'une articulation qui a depuis longtemps disparu. Comparez *conte* en rouergat, en agenais et en français (fig. 711), et *lointain* dans le français d'un Méridional qui a suivi les écoles de Paris (fig. 712).

Les résultats de l'éducation phonétique s'est fait sentir et chez le Rouergat et chez l'Agenais (fig. 713). Cependant la comparaison de ces tracés avec celui de *conte* en vrai français (fig. 714) suffit pour faire voir ce qui manquait

Fig. 712.

Voyelle *ü* suivie d'une *n* devant *t* dans le français d'un Rouergat.

L'*n* est comprise entre les deux premières lignes pointillées. La bouche est fermée après la première, et l'occlusion du *t* commence après la seconde.

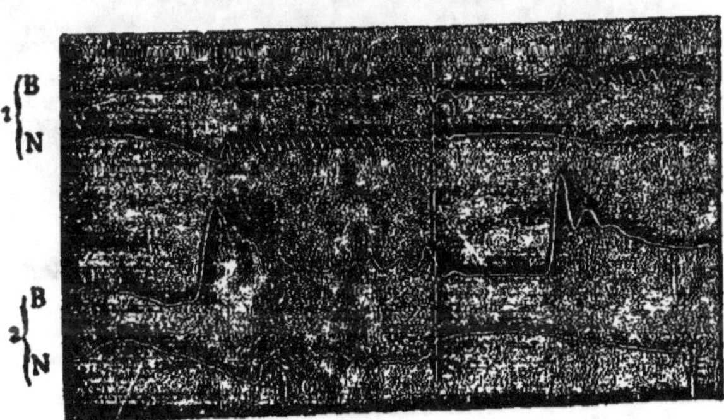

Fig. 713.

La voyelle nasale dans le français d'un Rouergat (1), d'un Agenais (2). La ligne pointillée, marque la fin de la voyelle.

Fig. 714.

L'occlusion du *k* est marquée à la fois sur le tracé de la bouche et sur celui du nez par l'abaissement de la ligne. Chez le sujet mis ici en expérience, le voile du palais fonctionne avec précision.

Remarquer le rapport qui existe entre les deux courants d'air, celui de la bouche (B) et celui du nez (N) : le partage se fait de telle sorte que, si l'un est fort, l'autre est faible et réciproquement.

Noter aussi que l'explosion du *t* se fait sans vibrations laryngiennes (comparer avec la fig. 711, nᵒˢ 1 et 2) : il n'y a pas d'*e* muet.

La 1ʳᵉ ligne pointillée marque l'explosion du *k*; la 2ᵉ, la fin de la voyelle *ō*.

Fig. 715.

La voyelle nasale *ō* dans e français d'un Agenais,
(2ᵉ expérience).

La ligne nasale du nᵒ 1 présente encore quelque irrégularité ; mais celle du nᵒ 2 est parfaite. La ligne buccale, à l'approche du *t*, est irrégulière et correspond à une sorte de grognement vélaire. — Cette dernière défectuosité a disparu pour mon oreille après quelques exercices complémentaires.

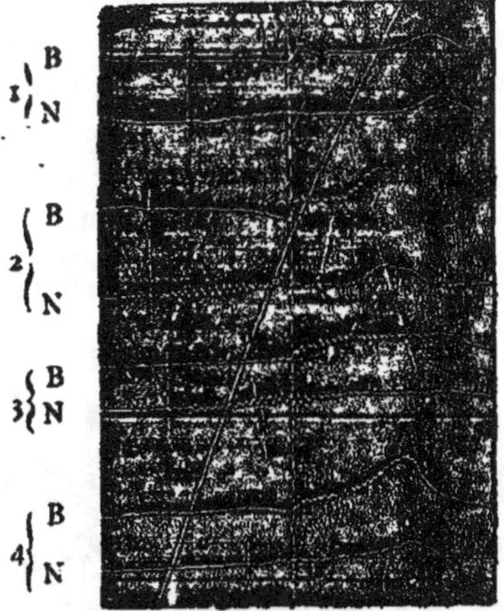

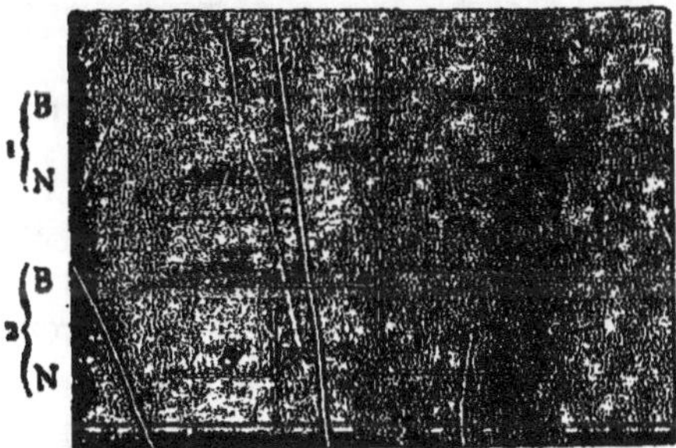

Fig. 716.

Nasales saxonnes et imitation des nasales françaises par un Saxon.

1. *na* en saxon. — 2. *na* en français.
3. *ma* en saxon. — 4. *ma* en français.
Les tracés sont disposés selon l'explosion de la consonne, qui est marquée par une ligne
pointillée continue. Le début de chaque nasale est indiqué par de petites lignes pointillées.

Fig. 717.

Nasales intervocaliques en français.
L'n et l'm sont limitées par les deux lignes pointillées

encore. Après de nouveaux efforts, l'agenais s'est rapproché considérablement de l'articulation correcte (fig. 715); mais on sent encore (1 et 2) dans le tracé de l'air buccal la marque d'un tremblement organique, qui s'est produit vers la fin de la voyelle au point où se trouvait le défaut, et une insuffisance nasale (1) également à la fin de la voyelle. A une reprise (2), la ligne nasale est devenue tout à fait correcte.

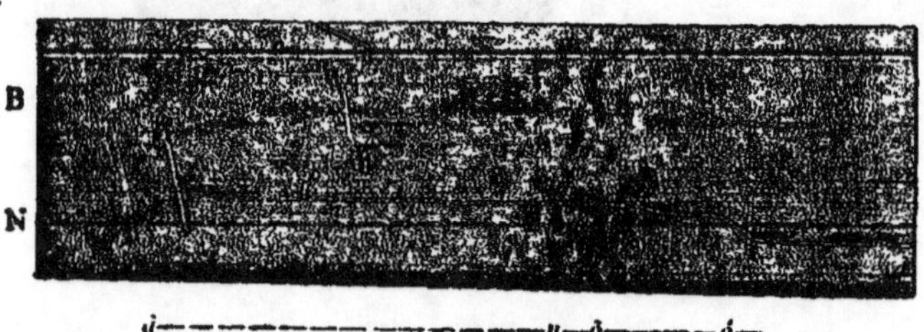

Fig. 718.

anncan dit par une Suédoise.

L'étude détaillée de ce tracé est fort intéressante. La nasalité dure depuis la première ligne pointillée jusqu'à la dernière : elle commence presque en même temps que la voyelle, 2 centièmes de seconde seulement après. L'*a* est donc nasal, et la nasalité est forte, car le courant d'air qui sort par le nez est à peu près égal à celui de la bouche. Puis vient une résonnance bucco-nasale, très prolo gée, qui va jusqu'à la seconde ligne pointillée. A ce point se produit une explosion buccale, qui est marquée par le redressement de la ligne et qui serait celle d'une *n* véritable, si elle était précédée d'une occlusion complète de la bouche. Naturellement, le voile du palais s'est un peu relevé et la ligne du nez commence à fléchir, mais le courant d'air est encore assez considérable pour produire une voyelle nasale. Ce n'est qu'après la 3ᵉ ligne pointillée que la voyelle est devenue pure (la figure n'en donne que les deux tiers).

Les tracés des prononciations étrangères révèlent souvent de singulières erreurs. Un Saxon, que je priai à Marbourg d'inscrire *n* et *m* dans *na ma*, selon sa prononciation allemande et puis en français, a donné les formes variées (fig. 716), où le type saxon (nᵒˢ 1 et 3) correspond bien aux nasales françaises. Mais, pensant que celles-ci devaient être différentes des siennes, il s'est appliqué à modifier ses articulations nationales en exagérant la nasalité de l'*n* (2), et en diminuant celle de l'*m* (4). J'ai trouvé chez une Suédoise

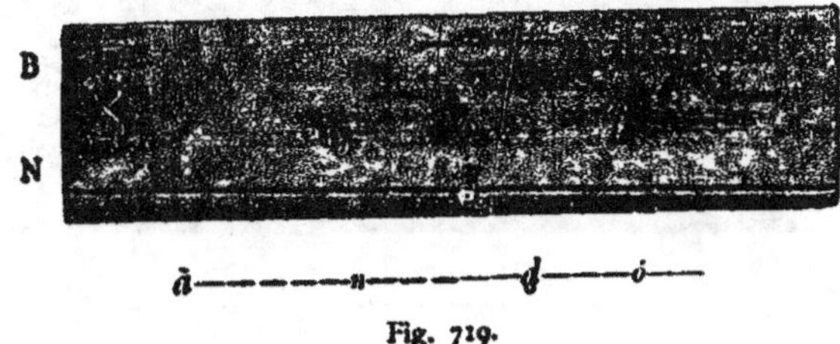

Fig. 719.

ŋ dédoublé en *nǧ* dans le mot *agneau* dit par une Suédoise.

Entre les deux premières lignes pointillées, *a* nasalisé; entre la 2ᵉ et la 3ᵉ, *n*; entre la 3 et la 4ᵉ, *ǧ*, puis *ŏ*.

quelque chose de tout à fait étrange. Les tracés de *anneau* et *agneau*, que je représente ici schématiquement (fig. 717), deviennent pour elle (fig. 718 et 719) quelque chose

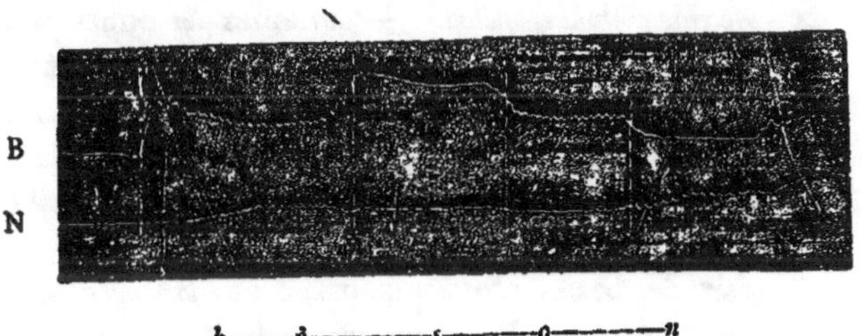

Fig. 720.

Consonne dite par un Français.

Entre les deux premières lignes pointillées, explosion de *k* et *ð*; entre le 2ᵉ et la 3ᵉ, *s*; entre la 3ᵉ et la 4ᵉ, *o*; après, *n* et *e* muet final.

comme *andô*. *Consonne* (fig. 720) est défiguré en *konsôn*
(fig. 721) [1].

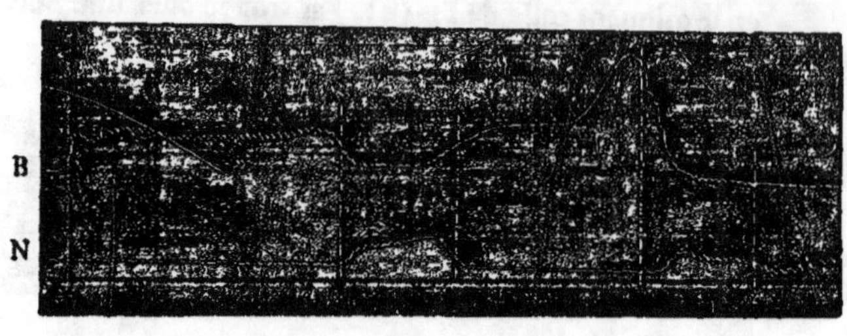

Fig. 721.

Voyelle *ô* décomposée en *o* + *n* dans la bouche d'une Suédoise.

Entre les deux premières pointillées, *o* nasalisé ; entre la 2e et la 3e ligne *n* ; puis *s*, *ô* et le commencement de l'*n* (la fin ayant été supprimée).

Attaque, union des articulations, assimilation. — Sur tous
ces points il y a des différences entre les langues, qui, pour
être moins remarquées, n'en ont pas moins une grande
importance, si l'on recherche la perfection du langage (Voir
p. 483, 936, 963). La correction est facile.

Accent, rythme et mélodie. — Certaines personnes prennent
très facilement les *accents* étrangers ; d'autres, et c'est le plus
grand nombre, y sont tout à fait réfractaires. Le maître
fera remarquer les différences d'accentuation entre la langue
à apprendre et la langue maternelle : l'élève ne les recon-
naîtrait pas d'ordinaire de lui-même. Et je lui conseille de
choisir de beaux morceaux parlés au *phonographe* ou au
gramophone (je préfère ce dernier), de les expliquer, de les
faire redire plusieurs fois par l'appareil, puis par l'appareil

1. *L'enseignement de la prononciation par la vue.*

et l'élève, enfin par l'élève seul. Au bout de peu de temps, il sera étonné des progrès accomplis. Si le gramophone peut être imparfait au point de vue de la pureté de l'articulation, il est excellent pour l'intonation, la mélodie de la phrase et la diction.

Sourds-muets, aphasiques et hystériques.

Je n'ai ici que quelques essais personnels à signaler, le temps et l'occasion m'ayant manqué pour pousser l'expérience un peu loin. Mais ce que j'ai vu suffit à me convaincre que l'application des données fournies par la phonétique expérimentale rendrait plus rapide et plus efficace l'enseignement de la parole aux sourds-muets et aux aphasiques.

Le premier qui a tenté un essai de ce genre est M. Rota, qui se trouvait à Paris juste au moment où M. Rosapelly faisait ses expériences dans le laboratoire de M. Marey[1]. D'autres ont continué, mais, je crois, sans avoir une vue assez nette de la méthode à suivre. M. l'abbé Meunier dans un intéressant article[2] rend compte de l'éducation d'une sourde, qui devait être un sujet exceptionnel. Comme il arrive souvent dans toute œuvre de début, les moyens employés par M. Meunier sont assez compliqués. S'il avait continué, il n'aurait gardé de ses inventions que l'utile, et se serait contenté, pour bien des cas, des procédés plus simples en usage dans les écoles de sourds-muets.

Je ne sacrifierais donc pas ceux-ci; je les complèterais. Et, dans l'emploi des appareils destinés à montrer le travail caché, j'aurais grand soin de ne pas distraire la vue de l'élève, qui doit s'affiner au point de suppléer à l'insuffisance de l'oreille.

---

1. Giuseppe Rota, *L'Emancipazione dei sordo-muti*, 1879.
2. Publié dans *La Parole*, an. 1900, p. 65-85.

Il est inutile d'entrer ici dans les détails. Je ne pourrais que répéter ce que le lecteur sait déjà, ou ce qu'il devinera aisément de lui-même.

La rééducation des *aphasiques* devrait se faire, je pense, d'après les mêmes principes. J'ai été obligé d'interrompre mes premiers essais, faute de temps.

Pourrai-je jamais les reprendre ?

Quant aux *hystériques*, c'est l'ordre dans l'enseignement de la parole qui est essentiel, si l'on veut arriver vite au succès. Comme il s'agit de leur rendre la confiance en eux-mêmes et leur persuader qu'ils n'ont qu'un léger effort à faire pour recouvrer l'usage de la parole, il importe de commencer par les articulations les plus faciles et de passer successivement aux autres suivant leurs affinités. En me conformant à ce principe, j'ai pu, en fort peu de temps, rendre la parole à une hystérique, sous les yeux d'un médecin qui, procédant sans méthode, venait d'échouer.

On demandera avec autorité la voyelle *a*, d'abord seule, puis unie à des consonnes dans des syllabes simples *ba, ma, na*, etc., dans des mots *papa, tabac, maman* ; puis d'autres voyelles et d'autres mots ; enfin des phrases. (Voir aussi *Gymnastique respiratoire.*)

II

GYMNASTIQUE DE L'OUÏE

L'éducation de l'oreille ne peut se faire utilement que si l'organe ne réclame pas le secours de la médecine et si l'état général de la santé est satisfaisant. Le phonéticien ne vient qu'après le médecin ou concurremment avec lui, ses connaissances spéciales, restreintes à la science du langage (champ bien vaste encore), limitant sa mission à la gymnastique de l'ouïe.

Les sons du langage, proposés aux personnes atteintes de surdité, donnent des renseignements rapides sur l'état de l'oreille. Mais, pour que ces renseignements soient justes, il ne faut employer que des articulations simples et bien définies; et, pour qu'ils soient compris, il faut connaître exactement la composition des sons. Par exemple : l'*u* n'est pas entendu : donc l'oreille ne saisit pas les notes graves ; l'*i* n'est pas compris : c'est la perception des notes aiguës qui manque ; les voyelles seules sont perçues et non les consonnes : il y a des lacunes aux environs de 1000 v. d., etc.

Mais cet examen se fait bien mieux, et d'une façon tout à fait précise, au moyen d'une série de diapasons qui permette d'explorer toutes les régions de l'oreille et d'en mesurer le pouvoir auditif. La seule collection complète de ce genre qui existe, c'est le *Grand Tonomètre de Kœnig*. Et c'est grâce à lui que je puis produire tous les sons des gammes musicales, se succédant vibration par vibration, et ceux des gammes suraiguës suivant les intervalles de tons et demi-tons, bien au delà de la limite des sons perceptibles.

Le champ auditif d'une oreille ayant été exactement tracé, on peut juger aisément, par la disposition des points faibles ou des lacunes, si le mal réside dans l'oreille moyenne (tympan, osselets) ou dans l'oreille interne et le cerveau. Une diminution de l'ouïe croissant d'une façon régulière dans le sens soit des notes graves, soit des notes aiguës, fait penser à une insuffisance dans le fonctionnement des muscles du marteau et de l'étrier. Des trous, comme on en voit (fig. 524, 525), ne paraissent s'expliquer que par une affection qui intéresse spécialement certains faisceaux du nerf auditif.

L'éducation de l'oreille a pour but de combler ces lacunes par des rappels à l'activité ou des suppléances.

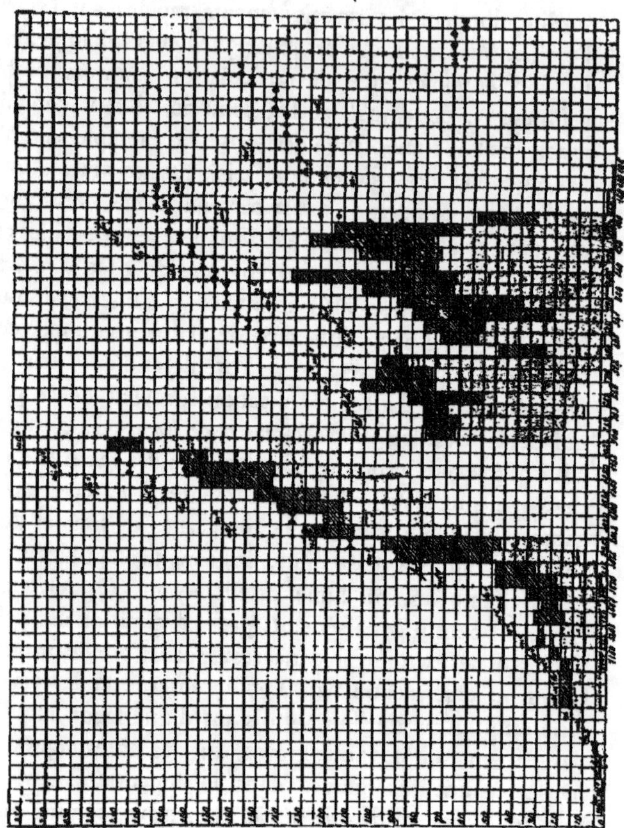

Fig. 722.

Le blanc, au-dessous de la partie ombrée, représente le champ auditif du 24 octobre; la partie ombrée claire, les acquisitions faites le 12 novembre; les hachures, celles qui ont été constatées le 27 mars; toute la partie blanche entre les hachures et l'un des deux pointillés qui limitent au champ auditif normal, ce qui restait à acquérir. Le pointillé fin limite le champ auditif d'une oreille excellente; le pointillé gros, celui d'une oreille ordinaire.

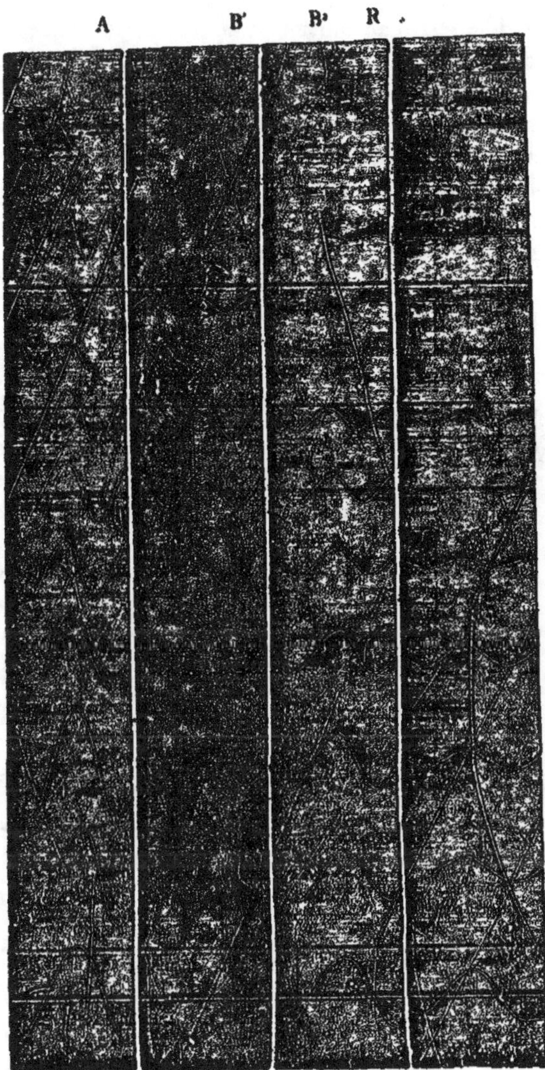

Fig. 723.

A. Amplitude de la vibration, quand le diapason est ébranlé ; B¹, quand le sourd cessait de l'entendre le 1ᵉʳ mois . B². quand il ne l'entendait plus le 2 juin. R, quand je cessais de l'entendre

Elle se fait au moyen de la parole elle-même et surtout des diapasons, qui ont un pouvoir excitateur incomparable.

Jusqu'ici, je faisais noter chaque jour l'état de l'oreille. On relevait ces constatations sur des tableaux et l'on obtenait ainsi les variations du champ auditif pour les sons choisis. De temps en temps, une nouvelle enquête générale fixait les résultats obtenus. Il est en effet indispensable, pour stimuler l'attention du sourd, de lui montrer ses progrès. Voici, à titre d'exemple, le tableau acoustique de l'une des personnes dont j'ai surveillé la rééducation (fig..722 et 723).

Aujourd'hui j'ai une méthode plus simple et beaucoup plus efficace. Ne faisant pas d'abord moi-même l'éducation des sourds et me contentant de la diriger, je n'avais pas pu découvrir les vraies conditions du succès. Je m'étais imaginé que la gymnastique de l'ouïe devait prendre pour point de départ les notes mal entendues, et que c'était sur elles que devait se concentrer l'effort de l'instructeur pour contraindre l'oreille à les entendre. Je pensais encore qu'il était loisible de passer d'une note à une autre sans s'inquiéter de l'étendue de l'intervalle. Les améliorations obtenues entretenaient mon erreur, que les échecs n'avaient pu détruire : je les attribuais à l'incapacité de l'organe. Mais, m'étant astreint moi-même à un travail que je demandais à des aides, j'ai bien vite reconnu : d'abord que ce n'est pas des lacunes, mais de la partie saine de l'oreille qu'il faut partir ; puis que ce n'est pas par grands intervalles qu'il faut progresser. L'éducation des sourds se fait comme toutes les éducations, qui, en prenant pour base la possibilité physiologique actuelle, enrichissent le fonds antérieur par de minimes, mais constantes, acquisitions. Des exemples sont nécessaires pour bien faire comprendre la nouveauté de la méthode et son efficacité.

A. Un académicien de 72 ans, arthritique héréditaire, entend encore à 7 mètres le diapason de 3.008 v. d., mais ne perçoit pas celui de 3.260. Au lieu d'insister, comme j'aurais ordonné de faire précédemment, j'ai compris que je devais me rapprocher de la 1re note : je propose successivement 3.100 3.152 3.191, 3.217 3.229 et j'arrive à 3.260 qui n'oppose plus aucune difficulté. Ce fut pour moi le fait révélateur. Au cours des exercices, je constatai que l'oreille droite du sourd entendait aiguës des notes qui étaient graves pour la gauche ; ainsi s'expliquait l'impossibilité, datant déjà de dix ans, d'écouter la musique, qui paraissait une horrible cacophonie. Je cherche la note pour laquelle les deux oreilles sont d'accord, puis j'élargis le cercle en haut et en bas. Après avoir gagné toutes les notes supérieures au delà de 1.594, j'essaie 928 : la différence entre les deux oreilles se trouve être d'une octave ; la droite ne perçoit qu'un « cri ». Je descends par une marche lente ; mais, après 1.344, essayant 1.312, je me heurte à un obstacle infranchissable. Obligé de reculer, je ne progresse plus que par intervalles de *quatre, trois* et même d'*une* vibration : 1.312 est gagné en une séance. Je tente de franchir d'un seul coup la distance entre 976 et 910 : « c'est un cri aigu, comme un coup de canif dans l'oreille droite ». Je reprends ma progression lente par 4 ou 1 vibration. Les notes 692 « qui est pointue », 688 « qui ressemble à un bruit de scie », n'ont opposé qu'une faible résistance. Je relève encore quelques passages, tellement les faits me semblent importants. De 660 (juste) à 658 où la différence est d'un demi-ton, 659 ne suffit pas comme intermédiaire : la différence d'un demi-ton subsiste ; il faut passer par 659,5 et l'accord se fait. Après 386, qui est bien entendu, 384 ne l'est pas : 385 va bien ; je reprend 384, il n'est pas entendu ;

je remonte à 384,5 qui va. Je reviens à 384 : « bien beau ! »
De même, 296, juste ; 294, différence d'*un* ton ; 295, juste ;
294, différence d'*un quart* de ton (grâce à l'intermédiaire,
gain des trois quarts) ; 294,5, juste ; 294, juste ! Et ainsi de
suite jusqu'à 32 v. d.

B. Un ingénieur, 60 ans, champ auditif diminué au-
dessous de 900 v. d. A partir de cette note, les intervalles
possibles ont été d'abord de 25 ; mais 704 n'a pu être
acquis qu'en passant par 703, et 700 que par les intermédiaires 702,5 et 701. Puis il a fallu progresser par vibration
ou demi-vibration, enfin par deux ou trois.

C. Une dame, 45 ans, champ auditif diminué au-dessous
de 3.136 v. d. La progression a été quelquefois par 30 ou
25 12 9 7 6 5, ordinairement par 4, dans les cas difficiles
par 1 ou une demie aux environs de 2.718.

D. Un missionnaire, 32 ans. Après 3.200, qui est bien
entendu, 3.136 ne va pas. J'ai dû passer par des intermédiaires de 4 vibration et une fois de 2. De 1.596 à 1.592,
j'ai proposé successivement 1.595 qui laissait un reste, puis
1.595,5 qui a été bien entendu, ainsi que 1.595 1.595,5
1.594 1.593,5 ; alors 1.592 n'était pas complètement
acquis : il a fallu passer encore par 1.592,5 pour que l'audition fût entière.

E. Une petite fille de 12 ans, qui avait cessé d'entendre
d'une oreille. Après avoir reconquis l'audition pour les notes
aiguës, jusqu'à 45,5 v. d. qu'elle entendait bien, elle ne
percevait pas 44 ; mais elle a gagné cette note sans peine
par les intermédiaires 45 et 44,5. La *demi-vibration* au-
dessous (43,5) n'a pas été perçue. Il m'a fallu, pour reprendre
la marche en avant, la diviser en 20 parties (soit des 40mes
de vibration), puis en 30 (soit des 60mes) ; ce qui équivaut à
une progression de 1 sur 870 v. d. dans le premier cas,
sur 1.305 dans le second.

A tous les degrés de l'échelle, c'est donc par le choix d'intervalles extrêmement rapprochés que le progrès est assuré. La progression a dû être, dans les trois premiers cas de 1 sur 1.313 (A), de 0,5 sur 701,5 (B) et sur 2713,5 (C).

Cela revient à dire qu'entre le son entendu et le son proposé la différence de longueur d'onde (à 20°) a été de : $0^{mm}275$ (A), 0,5 (B), 0,016 (C). De la sorte, la progression a été de : $\frac{1}{951}$ (A), $\frac{1}{979}$ (B), $\frac{1}{798}$ (C), que l'on peut considérer comme la mesure du surplus de l'effort demandé.

Quand cet effort est exactement proportionné à la réceptivité de l'organe, le succès vient de lui-même sans tâtonnement, sans résistance, et la parole est entendue sans éducation spéciale.

Mais, si les exercices n'ont pas été poussés jusqu'au bout, à cause de l'âge du sujet ou de l'insuffisance de l'organe, la rééducation de la parole devient nécessaire, les progrès accomplis dans l'audition gênant les habitudes phonétiques antérieures, et les sons caractéristiques pouvant n'être pas suffisamment perçus. On prononce alors les sons à bonne distance pour qu'ils soient bien compris ; au besoin on les écrit, ou l'on convient d'un signe ; et l'on s'éloigne progressivement. Si le progrès se fait attendre, on prend les diapasons donnant les sons caractéristiques, tels qu'ils ont été déterminés ci-dessus ; on exerce l'oreille ; et, quand ils paraissent suffisamment entendus, on reprend les exercices avec la parole. *Le succès sera immédiat.*

Au temps où je tâtonnais encore, j'ai fait poursuivre parallèlement les exercices aux diapasons et à la voix. Je reproduis (fig. 724) le tableau des résultats obtenus jour par jour, avec les alternatives de recul et de progrès au commencement et à la fin de chaque séance. On a com-

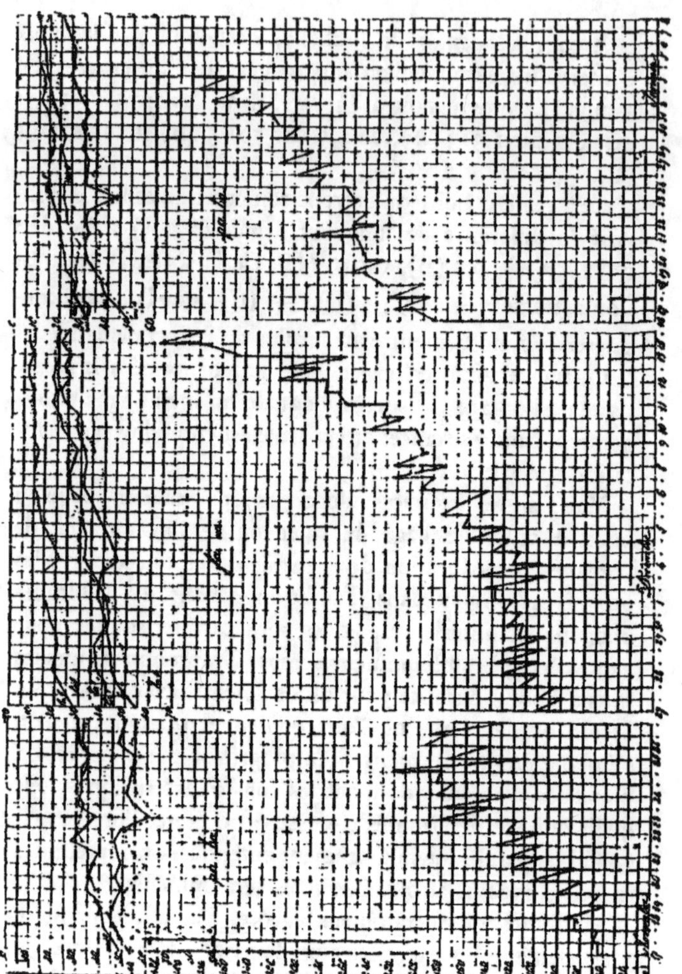

Fig. 724.

mencé par *pa ba* ; mais, le 26 novembre, ayant constaté un arrêt, j'ai fait passer à *fa* et *va*. Quand ces deux syllabes ont été entendues à la distance de plus de 4 mètres, j'ai fait reprendre *pa ba*, dont la perception, qui n'avait rien perdu, reprit sa marche ascendante. Cependant l'audition des diapasons, qui dès le début accusait pour *mi*, une perte de 90 secondes, s'acheminait progressivement vers la normale (o).

Une vie calme et paisible, à l'abri de soucis, est une condition indispensable du succès. J'en ai eu deux exemples : un grand armateur a vu, au cours de son traitement, son ouïe baisser tout à coup à la réception d'une fâcheuse nouvelle ; et un chef d'ordre religieux, dont l'oreille avait fait des progrès pendant les vacances, est presque retombé dans son état antérieur, dès qu'il a été repris par l'engrenage de ses innombrables occupations.

L'éducation de l'oreille n'est malheureusement pas l'œuvre d'un jour. Il y faut de la patience et du temps. Et le succès n'est pas toujours assuré. Toutefois je suis convaincu que les exercices acoustiques, bien conduits, alors même qu'ils n'auraient pas eu des résultats pratiques bien appréciables, servent toujours, ne serait-ce qu'à retarder les progrès du mal. Mais, quand l'organe ne se prête pas à une éducation réellement efficace, on ne tarde pas à s'en apercevoir ; car on a chaque jour un contrôle qui ne peut tromper. La lenteur des progrès, s'ils sont constants, ne doit pas décourager ; c'est plutôt un pronostic favorable.

Les personnes âgées, qui ont dépassé la cinquantaine, peuvent bénéficier dans une mesure plus ou moins large des exercices acoustiques. Mais ce sont surtout les jeunes et les enfants qu'il y a intérêt à soigner. On prévient ainsi des surdités précoces, qu'il serait plus tard difficile d'enrayer.

Les vices de prononciation sont des indices certains que l'oreille offre des défectuosités. C'est le cas de les rechercher et de les guérir. Quelquefois le seul exercice de la parole correcte suffit à améliorer l'oreille. C'est sans doute pour ce motif que les articulations étrangères ne sont bien entendues que si l'on a appris à les reproduire, et que c'est redresser l'oreille que de corriger ou d'enseigner les mouvements articulatoires. Mais parfois, le mal est trop profond et demande l'excitation plus énergique des diapasons.

Le motif qui m'a fait préférer les diapasons aux autres sources sonores, c'est qu'ils produisent des sons simples d'une intensité qu'on peut facilement modérer ou augmenter et même renforcer considérablement, au moyen de puissants résonateurs, qui en sont le complément indispensable surtout pour les notes graves [1]. Depuis mes dernières expériences, vu la petitesse des intervalles qu'il peut être nécessaire de prendre, on demeurera d'accord, avec moi, je pense, que nul autre procédé de gymnastique ne leur est comparable.

Dans quelle mesure les sourds-muets pourraient-ils profiter d'une culture raisonnée de l'ouïe? L'expérience, je crois, malgré divers essais, n'a pas encore été faite d'une façon définitive.

Je suis à mon premier cas entrepris sérieusement. Il s'agit d'une petite sourde-muette de 7 ans, qui n'avait donné, avant de m'être confiée, aucun signe d'une audition quelconque. L'examen objectif montre une rétraction exagérée du tympan avec saillie anormale de l'apophyse externe du manche du marteau. Du reste, menbrane transparente et mobile. Voile du palais normal.

---

1. *Phonétique expérimentale et surdité.*

J'ai commencé par lui donner la notion du son et à demander d'elle qu'elle fasse connaître quand elle entend et quand elle cesse d'entendre. Elle a d'abord mimé les gestes de son institutrice que j'avais prise, en même temps qu'elle, pour sujet d'expérience ; puis elle a fait connaître spontanément ses impressions, témoignant beaucoup de joie, quand le diapason était fortement ébranlé, et réclamant avec insistance, en me montrant mon archet, une nouvelle excitation, quand il venait à s'éteindre.

Les premières notes que j'ai pu faire entendre ont été 224 et 250 v. d. renforcées par leurs résonateurs. J'ai pu assez vite mesurer ce qui lui manquait par rapport à une audition normale, et apprécier le progrès. En quelques jours, il a été de 45 secondes pour 234. J'avais bien trouvé, semble-t-il, le champ auditif subsistant. Il comprenait les notes graves, 160 et 80, mais il n'atteignait pas 64. Du côté de l'aigu, il renfermait les notes 250 235 246 ; mais il s'arrêtait à 290 qui n'était pas entendu.

La note 64 a été gagnée la 4ᵉ séance ; puis 50 après quelques exercices ; enfin 44.

Dans la région des notes aiguës, j'ai atteint successivement 430 450 700 750 900 1.000 1.026 1.512 2.036 2.048 2.528 2.700 3.364 4.060. Mais je dois soupçonner des trous, car 480 et 700 n'ont pas été entendus du premier coup et 1.106 déplaisait. J'ai une autre raison malheureusement trop bonne. Je n'ai encore pu ni lui faire entendre la parole, ni lui apprendre à moduler un chant. Il est vrai que je n'ai donné qu'une quarantaine de séances. Quant aux bruits, ils ont été remarqués de plus en plus : des pas dans une pièce voisine, des coups, un objet qui tombe, l'automobile dans la cour, etc.

ARTICLE II

Applications médicales.

Les données et les·procédés de la phonétique expérimentale peuvent aider à faire le diagnostic de certaines maladies, à insinuer des méthodes de gymnastique propres à les guérir et à contrôler les résultats.

DIAGNOSTICS

Je n'ai encore à signaler que trois exemples. Un léger assourdissement des consonnes sonores permet de reconnaître les premiers débuts de la paralysie labio-glosso-laryngée, avant que le laryngoscope ait pu la déceler. Un crochet dans le tracé *expiratoire* donne à craindre de la tuberculose. Et la simple vue du tableau d'un champ auditif apprend si le mal affecte l'oreille moyenne ou l'oreille interne (p. 1140).

GYMNASTIQUE ORGANIQUE

Cette gymnastique a pour but de rétablir le fonctionnement physiologique des cordes vocales, de l'appareil respiratoire dans le bégaiement, de l'oreille dans les bourdonnements.

Parésie des cordes vocales.

Dans cette affection. les cordes vocales s'affrontent mal ou sont lentes à s'affronter [1]. On en mesure le degré en inscrivant les mouvements respiratoires du thorax ou de l'abdo-

---

1. Voir Dr P. OLIVIER, *Etiologie et traitement de certains troubles vocaux* (*La Parole*, an. 1899, p. 364-482).

men au moyen du *pneumographe* (fig. 31). Il suffit de demander au sujet de prendre une inspiration profonde et de tenir une voyelle aussi longtemps que possible. Si les cordes vocales s'affrontent dès le début, il n'y a pas de perte de souffle et le tracé expiratoire suit une direction légèrement ascendante; dans le cas contraire, le souffle s'échappe plus ou moins brusquement et la ligne s'élève en proportion. Si, pendant toute l'émission de la voyelle, la glotte reste entr'ouverte, l'air sort avec une trop grande abondance et

Fig. 725.

Expiration pendant la tenue d'une voyelle.

Le tracé plein es: celui de la malade, le pointillé représente une expiration normale.
i, inspiration ; e, expiration.
La verticale marque le moment où la glotte laisse passer le souffle pour la voyelle.
L'échelle mesure le temps en *secondes*.
Le 1er tracé est du 12 janvier 1899; le 2e du 6 mars de la même année. Le progrès se mesure à la distance qui sépare chacun des tracés de la normale, pointillée au-dessous.

imprime au levier inscripteur un déplacement excessif, ce qui fait monter la plume au-dessus de la normale (fig. 725).

La plupart des sujets que j'ai vus dans ce cas étaient obligés par état de se servir beaucoup de leur voix : actrices, chanteurs, professeurs de chant, vendeurs, etc. Et tous avaient, malgré leurs dénégations, de mauvais estomacs.

Au lieu de mettre ces malades au repos absolu et d'at-

tendre ainsi la guérison, je conseillai au médecin, qui les soi-
gnait, de leur indiquer un régime pour améliorer leurs
digestions et un exercice méthodique et modéré de leurs
cordes vocales. Cet exercice, qui avait pour but de les ame-

Fig. 726.

Expiration pour la tenue d'une voyelle.

1. Expérience du 15 février 1899. 2. Exp. du 1er mars.

ner progressivement à se rapprocher, consistait à répéter
plusieurs fois par jour (deux ou trois) de profondes inspirations et à tenir des voyelles [1]. Après une semaine ou deux,
on reprenait le tracé de la respiration et l'on était à même

1. *Historique des applications pratiques de la Phonétique
expérimentale*, 1899, dans *Mélanges de Phonétique expérimentale*, I.

de juger, par comparaison avec les tracés déjà obtenus, du progrès accompli.

La jeune fille (18 ans), dont je viens de reproduire le tracé expiratoire avait, au moment de la première expérience, la voix (déjà cassée dès l'âge de dix ans par la lecture publique) discordante et absolument désagréable. Deux mois après, sa voix était devenue bonne et mieux soutenue[1]. Mais les tracés (fig. 725) prouvent qu'elle n'était pas encore entièrement guérie.

Je cite encore le cas d'une artiste de l'Opéra-Comique frappée soudainement d'impuissance vocale (son souffle était épuisé au bout de 9 secondes) et qui fit, en 15 jours, des progrès tels que sa situation fut sauvée (fig. 726).

Les exercices recommandés ne profitaient pas seulement, comme on le voit par les tracés, aux cordes vocales; ils augmentaient encore la capacité respiratoire. La jeune fille donnait au spiromètre de 2 litres 06 à 2,30 au debut; à la fin, elle arrivait à 3,10.

Insuffisance respiratoire.

Cette affection est surtout à soigner chez les enfants et chez les bègues. Elle se reconnaît au jeu irrégulier de l'appareil respiratoire et au peu d'amplitude de ses mouvements. Je donne, comme exemple, le 1er tracé de la respiration d'un enfant prise à trois niveaux différents, à l'abdomen, au bas des côtés, au sommet de la poitrine (fig. 727), et le 2e tracé (fig. 728) obtenu deux mois après. Dans l'intervalle, les mouvements de la respiration se sont régularisés et ont acquis de l'ampleur; et, en

---

1. Dr P. OLIVIER, article cité.

même temps, la quantité d'air introduite dans les poumons s'est considérablement augmentée. On devine le changement qui a dû se produire. Bon élève jusqu'à 10 ans, l'en-

Fig. 727.   Fig. 728.

Tracés de la respiration.

I et II. — Respiration abdominale ordinaire (I) et forcée (II).
III et IV. — Respiration costale inférieure ordinaire (III) et forcée (IV).
V et VI. — Respiration costale supérieure ordinaire (V) et forcé (VI).
Les tracés II, IV, VI (20 fév. et 27 déc.) font voir l'accroissement de la *puissance respiratoire*; I III V, le progrès dans l'acte même de la respiration; VII, l'amélioration dans la tenue d'une voyelle. L'attaque a été très forte le 20 février; pourtant la durée a été très longue sans que la provision d'air ait été complètement utilisée.

fant avait perdu toute aptitude au travail intellectuel ; il était enroué et s'enrhumait aisément. Au moment de la 2ᵉ expérience, il avait déjà repris la première place dans sa classe, il travaillait avec plaisir, sa voix était devenue claire et ne s'enrhumait plus. Il avait été soumis au régime lacté et à des exercices de gymnastique respiratoire [1].

Les exercices que je conseille sont très simples. Ils se réduisent à trois. Deux sont de gymnastique active : 1º mettre les mains sur les hanches et prendre de profondes inspirations; 2º tendre les bras en avant, renverser les mains dos contre dos, mettre les bras en croix en inspirant, et les laisser tomber le long du corps en expirant. Le troisième, de gymnastique passive, consiste en ceci : se placer derrière le malade, le prendre par les deux bras, soulever la cage thoracique pendant qu'il inspire, abaisser les bras et tâcher de faire toucher les coudes pendant qu'il renvoie l'air. Dans bien des cas, les deux premiers ont suffi.

L'examen se fait en plaçant successivement le pneumographe aux trois niveaux indiqués, ou mieux encore en y disposant trois pneumographes qui fonctionnent synchroniquement (fig. 729).

L'avantage de la méthode, c'est qu'elle fournit au médecin des données positives sur les états successifs de son malade, et au malade la preuve de l'efficacité des exercices auxquels il se livre et l'encouragement nécessaire pour qu'il les continue assez longtemps.

Bégaiement.

Dans le *bégaiement* [2], c'est l'appareil respiratoire qu'il faut

---

1. Dʳ NATIER, *La Parole*, an. 1901, p. 321 et suiv., et 1902, p. 577 et suiv.

2. Voir Dʳ P. OLIVIER, *Le Bégaiement dans la littérature*

soigner. On emploiera donc les mêmes moyens que ci-
dessus. En outre, on *commandera* avec autorité au malade
de ne plus bégayer. Pour cela, il devra : 1° ne jamais entre-
prendre de parler sans avoir auparavant rempli ses poumons

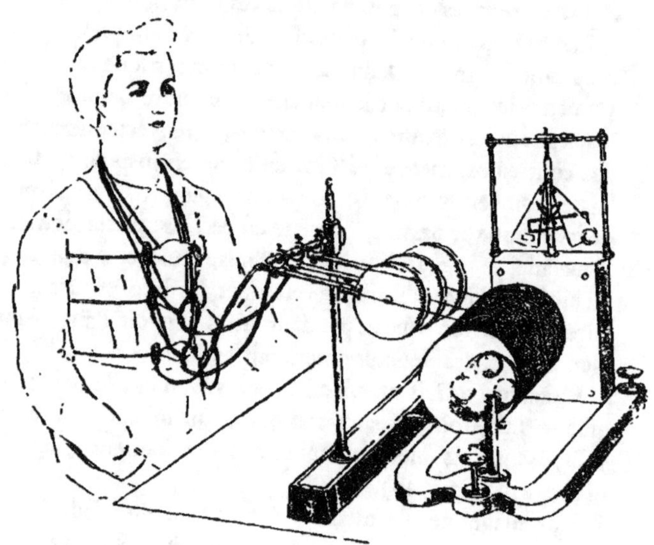

Fig. 799.

Inscription simultanée des trois types de respiration.

par une bonne inspiration ; 2° parler lentement, et ne
pas dire plus de 3 ou 4 mots sans respirer ; 3° s'arrêter net

---

médicale (*La Parole*, an. 1899, p. 721-745); Dr ABADIE,
Bégaiement dysarthrique par lésion limitée de la capsule interne
(*La Parole*, an. 1902, p. 321 et suiv.).

si une syllabe quelconque fait obstacle, respirer tranquillement et ne reprendre la parole que quand l'équilibre
fonctionnel aura été complètement rétabli. Avec les exercices
respiratoires, ces conseils suffisent pour qui possède une
forte dose de bonne volonté. Un prêtre, d'abord incapable
de lire une oraison en public, en est arrivé à se faire rechercher comme prédicateur. Pour me récompenser de mes conseils, il est venu me débiter un de ses sermons. Mais une
pareille force de volonté est rare chez les bègues. Aussi est-il
bon de les isoler plus ou moins et de les confier à un instructeur expérimenté. J'ai connu un homme, qui, se voyant
une belle carrière fermée par son bégaiement, s'est corrigé en
15 jours. Le premier bègue dont je me suis occupé (1897)
était un enfant d'une douzaine d'années. Son précepteur
s'était chargé de lui faire faire les exercices en plein air sans
lui demander d'autre travail. J'avais prêté un spiromètre
pour le contrôle journalier. Au bout de 22 jours, le poids
était augmenté de 2 kilog. et il avait fallu élargir les gilets ;
la tenue de la voyelle á avait été portée de 12 à 30 secondes ;
et la lecture correcte, impossible auparavant, pouvait durer
20 minutes sans hésitation. Après 73 jours, on me rendit
mon spiromètre : l'enfant était guéri.

Je viens de prendre sur un jeune bègue (23 ans) des
tracés que j'aime à reproduire (fig. 730) parce qu'ils
montrent bien les heureux effets de la méthode, même
pour la santé. La 1re expérience (lignes pleines) est du
18 juillet 1908 ; la 2e (lignes pointillées) du 12 août suivant. La superposition des tracés en facilite la comparaison.
Au début, la respiration abdominale (A et A') était presque
nulle ; elle s'est considérablement développée. La costale
inférieure a gagné aussi ; mais elle est moins utilisée dans la
parole. La costale supérieure n'a pas varié en volume, ce

qui est un gain. Mais, fait très important, l'expiration s'est
régularisée et les deux crochets suspects en B, B' et C ont
disparu.

D'ordinaire le traitement est assez long, et le bègue guéri
a toujours besoin de se surveiller, car son système nerveux
n'est jamais complètement restauré.

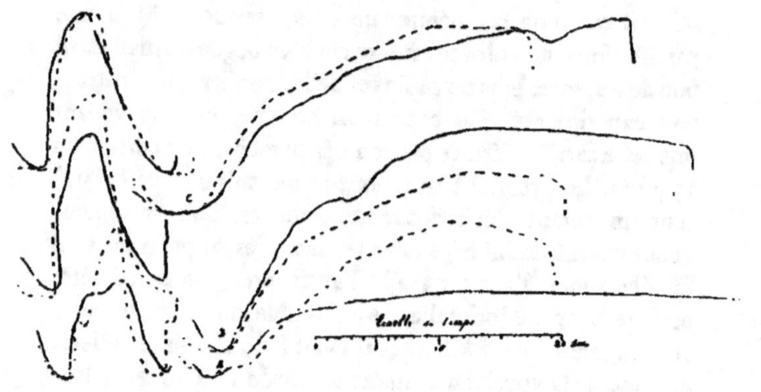

Fig. 730.

Tracés de la respiration chez un bègue.

A. Respiration abdominale. — B. Costale inférieure. — C. Costale supérieure
A'. B'. C'. Expirations aux mêmes niveaux que A. B. C. dans la tenue d'une voyelle.

Dysphonie nerveuse.

Le Dr P. Olivier raconte qu'il a guéri une dysphonie
nerveuse en une seule séance par la gymnastique respiratoire.

« Après, dit-il, avoir affirmé énergiquement la guérison
en quelques instants, j'apprends à la malade à respirer convenablement et silencieusement. Puis je lui fais prononcer

des voyelles, qu'elle attaque brusquement après une inspiration profonde ; on recommence jusqu'à ce qu'on obtienne
un résultat parfait ; enfin je la fais lire avec les mêmes précautions. En dix minutes, j'obtiens le résultat cherché : au
grand étonnement de la mère présente, la voix est rede-
venue telle qu'avant la maladie. Et à l'examen laryngos-
copique, on voit maintenant les cordes s'affronter exactement. »

Bourdonnements d'oreilles.

A ma connaissance, un malade, à qui on faisait entendre
un fort diapason pour exercer son oreille, avait été en même
temps guéri de ses bourdonnements. Mais c'était un cas
isolé, et des essais analogues étaient restés infructueux.

Depuis, j'ai eu l'idée que, dans certains cas au moins,
l'oreille bourdonnante pourrait être assimilée à une machine fonctionnant à vide, à une meule tournant sans avoir
de grain, à un estomac grondant par manque de nourriture. Et j'ai pensé qu'il suffisait de lui donner la nourriture
convenable, le son correspondant à ses bourdonnements
pour l'amener peu à peu, par un fonctionnement normal,
à rentrer dans le repos dès que l'excitation extérieure
cesserait.

Mon premier essai a été couronné de succès. Le missionnaire déjà signalé (p. 1145) avait rapporté du Japon des
bourdonnements qui duraient depuis 5 ans, et des élancements, qui paraissaient se confondre avec le battement
du pouls et qui n'avaient pas cessé depuis 3 ans.

J'ai fait entendre le diapason de 185 v. d. avec résonateur, jusqu'à ce que le bourdonnement parût moins fort.
Voici comment le malade a caractérisé le changement :
« J'entendais le bruit de la mer comme à 1 kilomètre,
maintenant comme à 8, de très très loin. » Puis, j'essaye

le diapason de 50 v. d. avec résonateur. Il produit un effet calmant. Les bourdonnements se changent en bruit d'eau dans les rapides. Les élancements disparaissent et laissent un sentiment de vide. A la neuvième séance, le 11e jour, le diapason de 50 ne suffisant plus, j'ai pris celui de 64. Et tout bruit d'oreille a disparu. Revenus pendant quelques heures deux jours après, à la suite de cautérisations du pharynx, ils ont été chassés à nouveau dans une seule séance pour ne plus reparaître.

Un autre malade avait des bruits affolants. Traités de la même manière, ils ont été successivement calmés et sont devenus supportables. Le temps a manqué pour pousser le traitement jusqu'au bout.

APPENDICE

I

VICES DE PRONONCIATION ET APPLICATIONS MÉDICALES

Ces sujets ayant été traités dans le chapitre V (p. 1114 et 1151), le lecteur est prié de s'y référer pour les renvois à l'appendice des pages 36, 269, 633 et 303.

II

PERFECTIONNEMENTS ET APPAREILS NOUVEAUX

Plusieurs indications ont été données dans le cours de l'ouvrage, à mesure que le besoin s'en faisait sentir. Il me reste à compléter ce qui a été dit ou à combler des lacunes volontaires.

Tambours inscripteurs. — J'ai apporté à ces appareils tels qu'ils ont été décrits (p. 80 et suiv.) de nombreuses modifications pour les approprier à mes besoins.

Les organes de réglage ont été simplifiés : avec une simple vis, on les fixe dans toutes les positions utiles.

Les cuvettes, mieux adaptées aux phénomènes à observer, sont devenues plus larges et plus profondes pour les grandes quantités d'air à emmaganiser (p. 816), ou très petites et étroites, quand on n'a que des vibrations à inscrire sans déplacement d'air (p. 731-739), quand on veut obtenir les vibrations secondaires (p. 574), ou qu'on recherche une grande sensibilité (p. 844).

Avec un double fond ou un rebord mobile, j'ai construit un tambour à tension réglable qui s'emploie pour enregistrer les tracés synchroniques comparables pour l'amplitude, comme, par exemple, ceux des mouvements respiratoires pris à différents niveaux (fig. 709).

L'air a été amené par une ouverture centrale sur le milieu de la membrane, en vue d'une meilleure inscription.

La membrane élastique peut alors, à volonté, être choisie très mince, en caoutchouc dilaté par exemple, et donner des déplacements très sensibles et en même temps des vibrations, ou très rigides, si l'on recherche surtout l'indication des harmoniques.

Le levier, débarrassé de ses articulations et allégé, n'est plus qu'une simple paille fixée par une charnière à un support mobile sur la tige, et attachée à la membrane par une colonnette d'aluminium portée sur un pied, à l'imitation de l'oreille, ou par un fil de cuivre tordu et courbé en cercle à sa base (Montalbetti). Pour donner au levier un plus grand déplacement, je les colle simplement sur la membrane, le petit bras allant du bord au centre (p. 816, 844). Si l'on renverse la cuvette, ce levier se déplace dans le même sens que les autres. En réduisant le déplacement des leviers, on peut inscrire des morceaux d'une grande étendue (p. 817).

La meilleure pointe que j'aie trouvée est l'épine de centaurée chausse-trappe, ou chardon étoilé ; c'est elle qui m'a fourni les tracés les plus fins (p. 415). Mais la corne, employée au début, et l'or, essayé depuis, ont des avantages de solidité qui me les font conserver.

Oreille inscriptrice. — Je l'ai nommée aussi *inscripteur à membrane* (p. 476), l'ayant transformée pour l'inscription

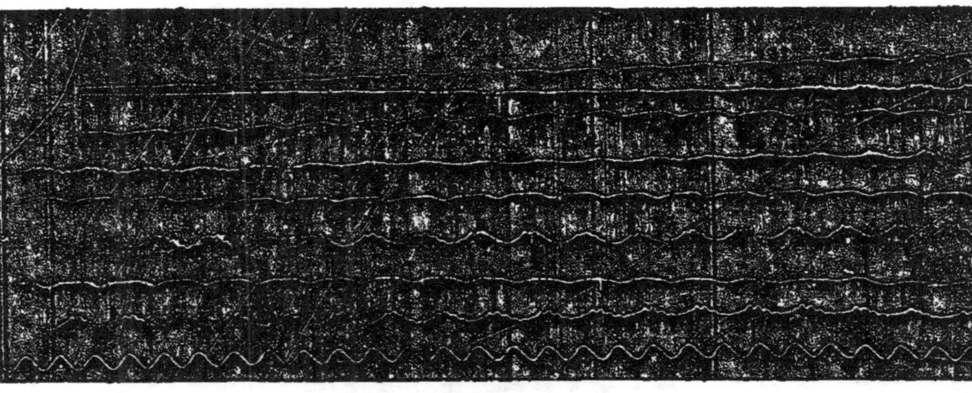

Fig. 731.

Voyelle *d*

Tracé du courant d'air (1re ligne). — Tracé de l'inscripteur électrique (2e ligne). — Diap. 200 v. d.

Fig. 732.

1. *pa* en russe (*p* mouillé); 2. *pa* (*p* dur). — Diap. 88 v. d.

des voyelles (p. 387, 388). Elle a reçu un levier du nouveau modèle comme les tambours. L'entrée a été redressée pa une pièce mobile.

Inscripteur à plaque. — Ce n'est qu'un reproducteur de phonographe muni d'un levier inscripteur (p. 379).

Inscripteur électrique. — Je ne l'ai pas encore modifié, comme je me propose de le faire. Mais j'en ai obtenu de superbes tracés de voyelles, auxquels j'ai fait allusion (p. 807). En voici un spécimen (fig. 731). C'est la voyelle *á*, qui a été inscrite en même temps avec un tambour à membrane de caoutchouc. Je me proposais d'étudier le synchronisme des transmissions électrique et aérienne. Les points comparés dans les deux tracés ont été déterminés par les plumes elles-mêmes portées sur le chariot, qui était déplacé à la main. Il n'y a donc pas d'erreur de construction ; et les mêmes points ont été marqués d'un simple trait sur la figure. On voit une fois de plus que les objections faites contre le synchronisme des inscriptions simultanées sont sans valeur.

Tambourin (p. 970). — C'est un tambourin d'enfant, qui se place de face comme l'inscripteur du phonographe. J'ai donné un spécimen des tracés obtenus (fig. 655).

M. Montalbetti a disposé de même l'inscripteur à plaque ;

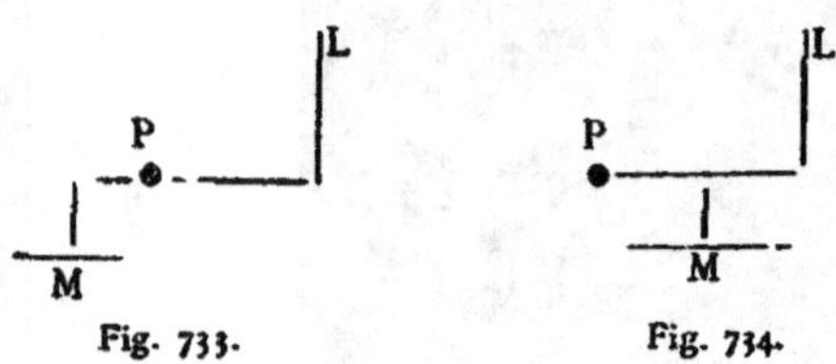

Fig. 733.   Fig. 734.

M. Membrane. — P. Point d'appui. — L. Levier inscripteur.

et M. Ščerba s'en est servi pour inscrire *pa* avec un *p* mouillé (1) et avec un *p* dur (2) (fig. 732).

La nouveauté de l'appareil consiste dans la forme du levier que j'ai coudé (fig. 733) afin de pouvoir disposer la membrane parallèlement au cylindre.

M. Montalbetti a changé la place du point d'appui (fig. 734).

Appareils enregistreurs. — La nécessité d'inscrire les morceaux d'une certaine étendue, en vue de l'étude du rythme et de la hauteur musicale, m'a contraint de chercher un nouvel appareil enregistreur, celui qui est décrit (p. 68 et suiv.) étant de trop faible dimension et surtout son chariot ne présentant pas une stabilité suffisante.

Profitant d'un puits de 17 mètres que j'avais au Collège de France, j'ai fait installer l'enregistreur à poids de M. Weiss, dans lequel les changements de vitesse sont obtenus au moyen d'ailes mobiles. Mais il me fallait le compléter par un chariot. Le mécanicien, chargé de ce travail, me persuada qu'il y aurait avantage à changer le principe même de l'appareil. On ne demanderait au poids descendant librement qu'une seule vitesse, qui serait régularisée par de grandes ailes; et la multiplication du mouvement serait obtenue au moyen d'engrenages. L'appareil, ainsi construit, avait une marche régulière; mais ce n'était qu'un raccommodage. Je commandai l'appareil définitif (fig. 735) avec différentes modifications. Je fis remplacer les engrenages par des plateaux et des galets de façon à avoir des changements de vitesse en nombre illimité. Le constructeur eut lui-même l'idée de faire entraîner l'axe par un ruban d'aluminium supportant le poids, et de donner au chariot la forme de ceux des machines à diviser.

Tout aurait bien marché sans le ruban, qui n'a jamais pu être réglé et qui s'est rompu bien des fois. J'ai dû remplacer le moteur à poids par une turbine. Heureusement, la pression de l'eau de source à Paris est suffisamment uniforme.

Fig. 734.
Nouvel appareil enregistreur

A, B, C, D, E, appareils inscripteurs — F. Pile. — G. Chariot. — HH. Ses roues. — I. Son rail. — J. Règle qui le tient en équilibre. A' son frein, — K. Commande de la règle — K' Commande du cylindre (1/4 de tour), du cylindre et du chariot (1/2 tour). — L. Cylindre. — M. Plateau du cylindre. — N. Son galet. — P. Plateau du chariot. — Q. Frein. — R. Turbine. — S. Arrivée de l'eau. — T. Mono-mètre. — UU. Poulies. — VV. Régulateur. — X. Arbre de couche.

Le chariot est très solide et l'on peut, sans aucun embarras, inscrire pendant toutes les expériences et simultanément les vibrations d'un diapason.

Au moment où le ruban me causait de l'ennui, je suis revenu à l'enregistreur de M. Weiss. Au lieu de faire agir le poids directement sur le barillet, j'ai interposé deux rouages, en vue d'en diminuer la course et de combattre ainsi la force d'accélération. Puis j'ajoutai un plateau à gorge pour la commande du chariot. Dans ces conditions, les ailes étant placées verticalement de façon à ne plus jouer que le rôle d'un simple volant, j'ai obtenu, le chariot étant en marche, une régularité parfaite à la grande vitesse. Mais, si je diminuais les poids, ou si j'étendais les ailes, la marche cessait d'être régulière. Enfin, j'ai obtenu la régularité dans la marche lente en réduisant le diamètre d'un pignon dans le rouage qui commande les ailes. En variant donc les dimensions de ce pignon, on obtiendra toutes les vitesses désirables. Il ne reste plus, me semble-t-il, qu'à lui adapter un chariot semblable à celui de l'appareil précédent, pour en faire le plus régulier, sinon le plus commode, des enregistreurs.

Quand j'étais en train, je me suis préoccupé de l'enregistreur portatif à mouvement d'horlogerie, et j'en ai fait construire un pour mon ami M. Grammont, qui réunit, avec une marche excellente, tous les perfectionnements réalisés dans les autres (fig. 528).

Explorateur du larynx. — Sur les dimensions à donner à la capsule, voir pages 99, 473, 474, 726 et 731.

L'explorateur général que j'ai employé (p. 725) diffère de celui qui avait été décrit (p. 99) et qui, à l'expérience, s'est montré insuffisant. La capsule laryngienne a été assez réduite pour n'être influencée que par le seul thyroïde et sa tige appuyée sur deux pointes fixes fonctionne comme un levier.

Explorateur de la langue de M. Atkinson (p. 278). — M. Atkinson a remplacé, pour l'exploration de la langue, le ruban de godiva, par un fil de laiton glissant dans un tube recourbé, qu'on tient dans une position fixe en l'appuyant par un cran d'arrêt (qu'on peut déplacer) contre les dents et par le bout recourbé contre le palais. Le relevé de tous les points sert à fixer la position totale.

Appareil de M. Samojloff. — Une plaque vibrante en poudre de liège comprimée de 1^{mm} d'épaisseur, 3^{cm} de diamètre (espace libre). Une colonnette au centre, qui, butée d'un côté contre une pointe de liège, entraîne dans son mouvement un losange de liège portant un miroir (7^{mm} sur 5). L'image est reçue sur une plaque photographique mue par un pendule. Le pendule, une fois lâché, est empêché de revenir en arrière à la fin de sa course par un crochet qu'il a fait basculer en passant dessus et qui se redresse de lui-même (*Zur Vokalfrage* dans l'*Archiv für die ges. Physiol.*, 1899).

Appareil pour la mesure directe des incisions du phonographe (fig. 736 et 737). — Cet appareil, créé par M. Boeke, a été employé par M. Verschuur (p. 855).

Le microscope (p) est porté par le support mobile (r) et le chariot (s), qui glisse sur deux rails parallèles (w), mû par une vis (t) s'engrenant dans une crémaillère (x), placée entre les rails. Un indice (u), le long d'une règle graduée en millimètres (v), marque le déplacement du chariot.

Le rouleau du phonographe (a) est engagé sur un manchon conique (b), qui est porté par une tige ($c\,c$) fixée sur l'axe (f) au moyen d'une vis (e). Deux buttées ($d\,b$) main

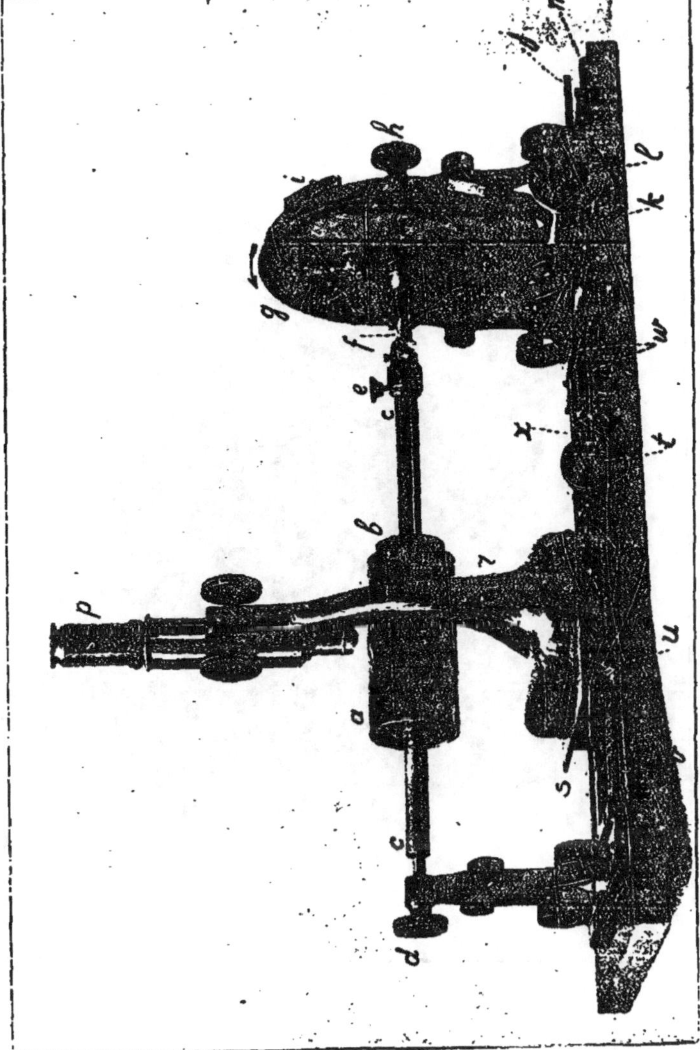

Fig. 786.

Fig. 737.

tiennent l'axe. Quand la vis (*e*) est desserrée, le cylindre est libre; quand elle est serrée, le cylindre dépend du volant (*g*).

La flèche indique la direction à donner au volant pour reproduire le mouvement suivant lequel a été inscrit le phonogramme.

Le bord du volant est divisé en 360°. Un vernier (*i*) permet de prendre des *dixièmes* de degrés. Au moyen de l'indice (*u*) et du vernier, on peut toujours retrouver un point quelconque sur le rouleau.

La longueur de la période et de chacune de ses parties est donnée par la mesure de l'arc de cercle. La durée résulte de la longueur de l'arc et de la vitesse du cylindre au moment de l'inscription. On est averti, chaque fois que l'on fait un dixième de tour, par le bruit d'un petit ressort (*n*), qui vient frapper contre les entailles qui partagent le plateau interne de la vis (*l*) en 10 segments égaux. Cette vis, fixe en o^1 (o^2 ne sert qu'à empêcher la force morte), est mobile à l'autre bout et obéit au ressort (*j*). Elle s'engrène en *q* avec les dents du volant.

La largeur de chacune des petites cavités creusées dans la cire se mesure au micromètre. On en déduit la profondeur d'après des tables dressées par Boeke (*Pflüger's Archiv*, an. 1899, p. 497-516).

Agrandissement des gravures du phonographe et du gramophone. — M. Hermann a modifié, pour le rendre plus sensible, en vue des tracés des consonnes, son appareil pour l'agrandissement des gravures du phonographe (p. 118, 124, 391, 425). Voici le croquis de son dernier appareil (fig. 738). H, le miroir vu en-dessous; *c*, la pointe qui suit la gravure du cylindre. G, F et C, système de trois leviers, dont l'un (G) sert de support au miroir, l'autre s'articule avec G, le troisième porte la pointe. Une tige (*f*) en laiton exerce une légère pression sur le levier (G), pour que la pointe (*r*) reste bien dans le sillon du tracé. Cette pointe, dont le bout est arrondi, était d'abord en acier; aujourd'hui, elle est en verre de 7/10 de millimètres d'épaisseur, au lieu de 9/10 qu'elle avait antérieurement. Les contacts entre les leviers sont également en verre. D est une tige qui empêche le levier de retomber (*Phonophotographische Untersuchungen*, 1894).

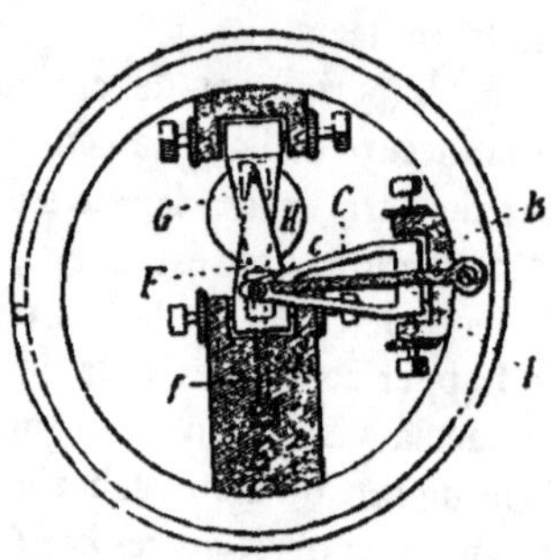

Fig. 738.

M. Scripture a choisi les tracés du gramophone pour ses agrandissements. Le gramophone présente cet avantage que la pointe, au lieu de sculpter dans la cire, est appelée seulement à faire un léger tracé sur un disque de zinc enduit de cire fondue dans de la benzine ou sur une plaque de verre couverte d'une légère couche d'huile de lin et de noir de fumée. Les empreintes sont fixées d'après les procédés de la photogravure (*The elements of experimental Phonetics*, p. 53). L'appareil d'agrandissement se compose d'un levier simple ou articulé appuyé sur une pointe, qui entre dans la gravure et écrit sur un cylindre enregistreur. L'axe du levier est fixe, le disque seul fait les mouvements nécessaires pour que la courbe tout entière défile sous la pointe. La plume du levier est articulée de manière à régulariser la pression sur le papier. Un compteur du temps électrique permet de retrouver la place des tracés agrandis. Le mouvement est donné par un moteur électrique et transmis à tout l'appareil (voir pour les figures et les détails *Reseárches in experimental Phonetics*, chap. II). Pour transcrire un tour de disque, l'appareil demande 5 heures.

Synthèse des voyelles. — Des deux sirènes à ondes construites par Kœnig pour la synthèse des sons, l'une est au Laboratoire de Phonétique expérimentale du Collège de France, l'autre à celui de l'Université de La Havane.

M. Hermann, en vue de donner une preuve expérimentale de son système sur la composition des voyelles, a construit un appareil de synthèse dont on trouvera la description dans son article *Ueber synthese von Vokalen* (*Archiv für die ges. Physiologie*, an. 1902). Au moyen d'un disque percé de trous ou découpé en dents, il communique à la plaque d'un téléphone des vibrations correspondant à la caractéristique d'une voyelle interrompue périodiquement, les interruptions marquant la fondamentale. Le succès a été complet pour *á* et *é*.

Contrôle des appareils inscripteurs. — La sirène à ondes peut encore servir à montrer la fidélité des tambours à inscrire les mouvements vibratoires. Il y a identité entre la courbe que l'on fait parler et celle qui est reproduite à la condition que l'inscription soit faite à une vitesse modérée, de façon à éviter des mouvements propres de l'appareil et des harmoniques nouveaux.

J'ai fait l'expérience avec l'oreille inscriptive reliée à un petit entonnoir placé en avant de la lame d'air ébranlée par le disque.

III

LONGUEURS D'ONDES

Si l'on a besoin de calculer la longueur d'onde d'un grand nombre de sons à une même température, on a plus vite fait d'en tracer la courbe, comme je l'ai conseillé p. 785. Pour cela on se sert de papier quadrillé : les nombres de vibrations sont portés en abscisses, et les longueurs d'onde de sons choisis (les plus faciles à calculer) en ordonnées ; puis on réunit tous les points au moyen d'une règle flexible ; et l'on obtient d'un seul coup tous les intermédiaires.

Chaque millimètre peut correspondre à une vibration double.

Comme c'est l'emploi du résonateur universel qui rend nécessaire la connaissance de la longueur d'onde, et que dans ce cas c'est le *quart* de cette longueur qui importe, on fera bien de dresser le tableau d'après cette donnée (v. p. 767). Pour les sons graves jusqu'à 700 v. d., il suffit de représenter *centimètre* par *centimètre*. De 700 à 2.500, on prendra un *demi-centimètre* pour un *millimètre*. Au delà, le *centimètre* n'aura plus que la valeur du *millimètre*. Avec ces trois échelles successives, la courbe est très claire et n'occupe pas trop de place.

IV

ANALYSE MATHÉMATIQUE DES COURBES

Le moyen d'analyser les courbes sonores d'après le théorème de Fourier a été indiqué sommairement p. 199-

203. Cela suffit pour qui est mathématicien ou qui veut se contenter d'avoir une idée de la méthode. Mais les linguistes, qui désireraient faire eux-mêmes cette analyse, pourraient souhaiter des éclaircissements complémentaires et quelques facilités nouvelles pour leur travail. C'est en leur faveur qu'a été rédigée cette note, dont les éléments essentiels m'ont été fournis par mon collègue et ami M. Chailan. Pour être à même de tout comprendre, il suffit de posséder des notions très élémentaires d'algèbre et de trigonométrie, ce qui ne demande pas beaucoup de temps.

Je vais ajouter des formules, des exemples et des procédés de simplification pour les calculs.

FORMULES

1° *Définition de l'axe moyen, du point initial et de l'amplitude d'une sinusoïde.*

Un mouvement pendulaire, auquel on assimile l'onde sonore simple (p. 6), est représenté graphiquement par une sinusoïde (fig. 739).

L'axe ox de la sinusoïde est la droite que tracerait le levier inscripteur si la membrane, au moment précis où elle va entrer en vibration, était maintenue à l'état de repos.

Le point o est celui où se trouve le levier inscripteur lorsqu'il quitte, pour vibrer, sa position d'équilibre.

Si nous prenons pour axe des x l'axe moyen, et pour origine le point initial (fig. 739), la sinusoïde décrite a pour équation :

$$y = C \sin \frac{2\pi}{T} x \qquad (9)$$

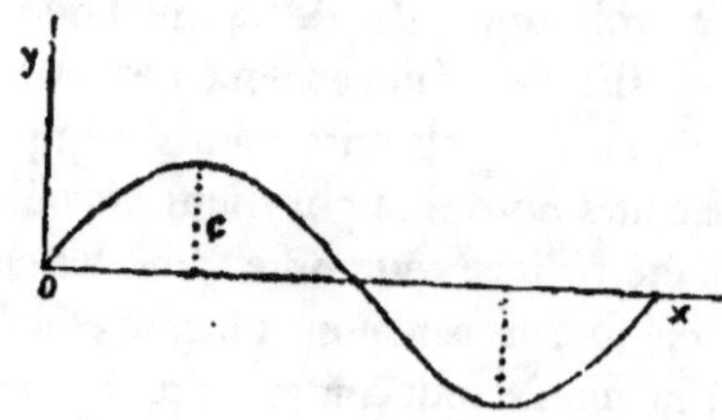

Fig. 739.

Caractéristique de la forme d'une sinusoïde.

dans laquelle C représente l'ordonnée *maxima*, ou demi-amplitude (voir p. 201). Celle-ci étant connue, ainsi que la longueur de la période (T), nous pouvons construire la courbe.

Donc le nombre C est *la caractéristique de la forme* d'une sinusoïde.

2° *Détermination du point initial et de l'axe moyen d'une sinusoïde.*

Si, prenant une période sinusoïdale, nous construisons les axes *oy* et *ox* précédemment définis (p. 199), l'équa-

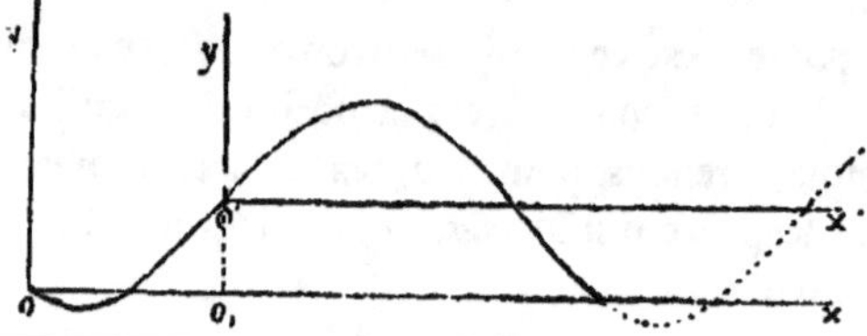

Fig. 740.

Caractéristiques de position de la sinusoïde.

tion de la sinusoïde contient alors les quantités $\frac{1}{2}A_0$ et

α provenant du changement d'origine de coordonnées :

$$y = \frac{1}{2}A_0 + C \sin\left(\frac{2\pi}{T}x + \alpha\right) \qquad (10)$$

ou en appliquant la formule de trigonométrie du sinus de la somme de deux arcs et en posant [1] :

$$C \sin \alpha = A \qquad C \cos \alpha = B$$

$$y = \frac{1}{2}A_0 + A \cos \frac{2\pi}{T}x + B \sin \frac{2\pi}{T}x \qquad (11)$$

x et y étant les coordonnées d'un point dans le système $x\,o\,y$
x' et y' — du même point — $x'\,o'\,y'$.
$o\,o_1$ et $o_1\,o'$ — du point initial — $x\,o\,y$

nous avons :

$$x = x' + o\,o_1 \qquad y = y' + o_1\,o'$$

Remplaçant x et y par leurs valeurs dans (10), nous obtenons :

$$y + o_1\,o' = \frac{1}{2}A_0 + C \sin\left[\frac{2\pi}{T}(x' + o\,o_1) + \alpha\right]$$

---

1. Cette transformation donne encore par division :

$$tg\,\alpha = \frac{A}{B} \qquad \text{Formule (8)}$$

et par addition des carrés :

$$C = \sqrt{A^2 + B^2} \qquad \text{Formule (7)}$$

De là aussi :

$$\sin \alpha = \frac{A}{C} \qquad \cos \alpha = \frac{B}{C}$$

ou, en remplaçant C par sa valeur dans (7), les formules (14) et (15).

Or, pour que cette équation représente la sinusoïde rapportée à son axe moyen et à son point initial, il faut qu'elle se réduise à :

$$y = C \sin \frac{2\pi}{T} x$$

Ce qui exige, en l'écrivant d'abord :

$$y - o\,o' = \frac{1}{2} A_0 \quad C \sin \left[\frac{2\pi}{T} x' + \frac{2\pi}{T} o\,o_1 + \alpha \right]$$

que

$$o\,o' - \frac{1}{2} A_0 = o \qquad \text{ou} \quad o\,o' = \frac{1}{2} A_0$$

et que

$$\frac{2\pi}{T} o\,o_1 + \alpha = o \qquad \text{ou} \quad o\,o_1 = - T \frac{\alpha}{2\pi}$$

Donc le point initial de la sinusoïde a :

$$\text{pour abscisse} \quad o\,o_1 = - T \frac{\alpha}{2\pi} \tag{12}$$

$$\text{pour ordonnée} \quad o\,o' = \frac{1}{2} A_0 \tag{13}$$

Si, par ce point, nous menons $o'x'$ parallèle à ox, nous avons l'axe moyen de la sinusoïde.

Donc $\frac{1}{2} A_0$ et α sont les *caractéristiques de position* de la sinusoïde par rapport aux axes choisis dans l'analyse.

$3°$ *Calcul de l'abscisse du point initial.*

α est donné par les formules :

$$\sin \alpha = \frac{A}{\sqrt{A^2 + B^2}} \tag{14}$$

$$\cos \alpha = \frac{B}{\sqrt{A^2 + B^2}} \tag{15}$$

d'où :

$$\mathrm{tg}\, \alpha = \frac{A}{B}$$

Une tangente donnée peut convenir à deux arcs, α' et α'', qui sont compris entre 0 et $360°$, de telle sorte que, si l'un est α', l'autre est $180° + \alpha'$. Mais le signe du sinus ou du cosinus, fourni par l'une des deux formules (14) et (15), fait cesser l'ambiguïté : on prend celle des valeurs, α' ou α'', qui a pour son sinus ou son cosinus le signe indiqué par la formule employée.

α étant connu, il ne reste plus, pour trouver le point initial de la sinusoïde, qu'à appliquer la formule (12) : diviser α par $360°$, multiplier le quotient par T, longueur de la période, et changer de signe le résultat.

4° Détermination de l'axe moyen et des points initiaux dans un mouvement vibratoire régulièrement périodique.

Prenons la formule (2) p. 200 :

$$y = \frac{1}{2} A_0 + C_1 \left(\sin \frac{2\pi}{T} x + \alpha_1 \right) + C_2 \left(\frac{2\pi}{T} 2 x + \alpha_2 \right) + \ldots$$

L'axe moyen (ox') est le même pour toutes les sinusoïdes ; c'est la parallèle à ox menée à la distance $\frac{1}{2} A_0 = o_1 o'$ (fig. 740).

On calculera les abscisses des différents points initiaux $(o o_1, o o_2, o o_3 \ldots)$ comme précédemment ; mais on remarquera bien que, T représentant la période du mouvement pendulaire total, les abscisses des différents points initiaux sont.

$$T \frac{\alpha_1}{2\pi} \qquad\qquad -\frac{T}{2} \frac{\alpha_2}{2\pi} \ldots\ldots \qquad\qquad \frac{T}{i} \frac{\alpha_i}{2\pi} \qquad\qquad (17)$$

REMARQUE. — Ces résultats nous permettent de figurer chacune des sinusoïdes composantes en mettant en évidence leurs caractéristiques.

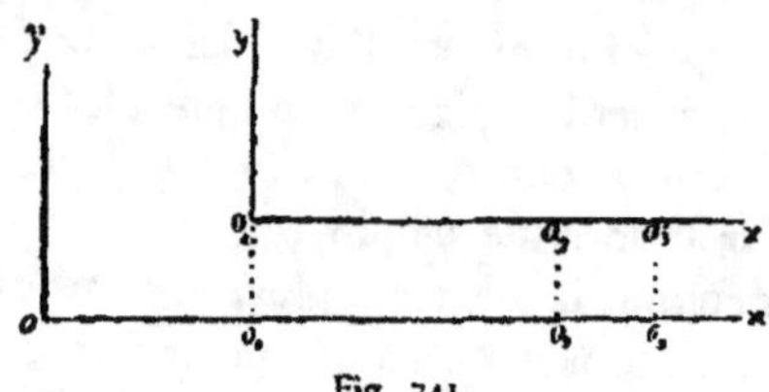

Fig. 741.

Points initiaux des sinusoïdes.

5° *Différences de phases.*

Si nous voulons seulement comparer les différents sons composants figurés par les sinusoïdes, il est inutile de calculer les abscisses des points initiaux; il nous suffit de calculer les positions de chacun de ces points par rapport au point initial du son fondamental, c'est-à-dire des longueurs (fig. 741) :

$$O_1 O_2 \qquad O_1 O_3 \ldots\ldots \qquad O_1 O_i$$

ou

$$\frac{T}{2\pi}\left(\alpha_1 - \frac{\alpha_2}{2}\right) \frac{T}{2\pi}\left(\alpha_1 - \frac{\alpha_3}{3}\right)\cdots \frac{T}{2\pi}\left(\alpha_1 - \frac{\alpha_i}{i}\right) \qquad (18)$$

ou, mieux encore, calculer les quantités proportionnelles à ces différences, soit :

$$\alpha_1 - \frac{\alpha_2}{2} \qquad \alpha_1 - \frac{\alpha_3}{3} \ldots\ldots \alpha_i - \frac{\alpha_i}{i} \qquad (19)$$

Ce sont les différences de phase.

EXEMPLES

Dans les exemples qui suivent, je ne me propose qu'une chose : aider les débutants. Les courbes analysées

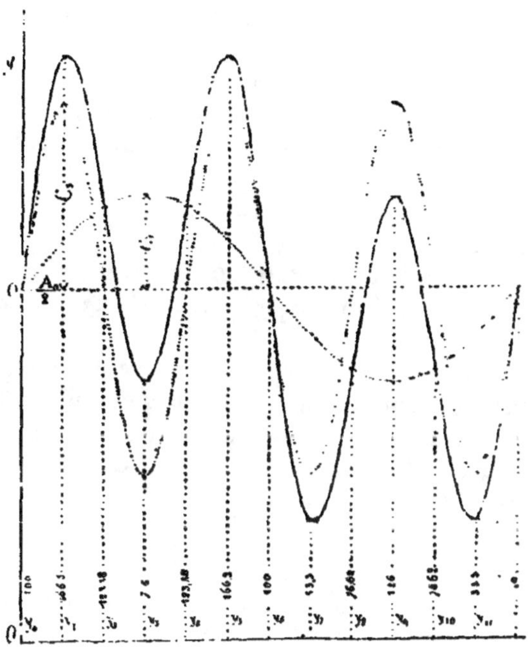

Fig. 742.

Demi-amplitudes (Reproduction réduite de moitié).

ont été construites graphiquement et les mesures n'ont été prises qu'à quelques dixièmes de milimètres près, et des

décimales ont été omises. De là quelques légères différences entre les quantités calculées et mesurées, dans la
seconde courbe.

Première courbe.

Commençons par une courbe très simple, composée de
deux sinusoïdes qui représentent un son fondamental (I)
et le 2e harmonique (III) sans différence de phase. Le
point initial est situé en o' sur oy. La grande période (I)
a pour longueur 144^{mm}, et pour demi-amplitude 27^{mm}. La
petite est $\frac{1}{3}$ de la grande et a une demi-amplitude égale
à 53^{mm}.

Cette courbe est représentée (fig. 742) à la moitié de sa
grandeur.

La période est partagée en 12 divisions, ce qui nous
donne 12 ordonnées : y_0, y_1, ...y_{11} (la 13e n'étant que la
reproduction de la 1re, y_0).

Chacune des ordonnées ayant été mesurée, écrivons
sur une colonne, à la suite les unes des autres, toutes les
valeurs de y et, en face, sur deux lignes, le produit de
chaque ordonnée par sin 30°, cos 60° ($= 0,5$), et cos
30°, sin 60° ($= 0,866$) :

		cos 60 sin 30	cos 30 sin 60
y_0	100		
y_1	166, 5	83, 25	144, 189
y_2	123, 38	61, 69	106, 847
y_3	74	37	64, 084
y_4	123, 38	61, 69	106, 847
y_5	166, 5	83, 25	144, 189
y_6	100		
y_7	33, 5	16, 75	29, 011
y_8	76, 62	38, 31	66, 352
y_9	126	63	109, 116
y_{10}	76, 62	38, 31	66, 352
y_{11}	33, 5	16, 75	29, 011

Pour trouver les A et les B, nous n'aurons qu'à prendre dans ce tableau les valeurs indiquées par les formules de la page 202.

Nous avons :
Pour l'axe moyen :

$$6\,A_0 = 100 + 166,5\ldots + 33,5 = 200 \quad \frac{1}{} A_0 = 100$$

Pour la première sinusoïde (I) :

$$6\,A_1 = +
\begin{array}{lll}
100 & - & 61,69 \\
144,189 & & 144,189 \\
61,69 & & 100 \\
38,31 & & 29,011 \\
\underline{29,011} & & \underline{38,31} \\
373,200 & - & 373,200 \quad = 0
\end{array}$$

$$A_1 = 0$$

$$6\,B_1 = +
\begin{array}{lll}
83,25 & - & 16,75 \\
106,847 & & 66,352 \\
74 & & 126 \\
106,847 & & 66,352 \\
\underline{83,25} & & \underline{16,75} \\
454,194 & - & 292,204 \quad = 161,99
\end{array}$$

$$B_1 = 27$$

Les A et les B étant connus, la formule (7), p. 201, nous permet de calculer C_1, ou la demi-amplitude.

Ici, A étant égal à zéro, $C_1 = \sqrt{B^2}$ ou B.
Donc :

$$C_1 = 27$$

Comme nous sommes censés ignorer la composition de la courbe et ne pas savoir que la 2e courbe composante manque, cherchons A_2 et B_2. Le calcul donne :

$$A_2 = 0$$
$$B_2 = 0$$

D'où :

$$C_2 = 0$$

Passons à la courbe qui représente le 2e harmonique (III). Nous obtenons :

$$A_3 = 0$$
$$B_3 = 53$$

Donc :

$$C_3 = 53$$

Si nous poussions plus loin, nous devrions encore trouver des *zéros* pour les coefficients.

Les sinusoïdes étant dégagées, cherchons leur position par rapport à l'axe des y.

Nous connaissons l'axe moyen $\frac{1}{2} A_0$.

Reste à déterminer z.

Nous avons, suivant la formule (8), page 201 :

$$tg_1 z = \frac{0}{27,06} = 0$$

Donc :

$$z' = 0 \qquad z'' = 180_0$$

Or (15) $\qquad \cos z_1 = \dfrac{27,06}{\sqrt{27,06^2}} = 1$ étant positif

$$z_1 = z' = 0$$

Donc le point initial de la sinusoïde (I) est sur l'axe des y.

Même raisonnement et même résultat pour z_2.

Deuxième courbe.

Abordons maintenant une courbe plus compliquée, celle qui a été figurée page 199, au tiers de sa grandeur.

Mesurons :

1° La période : 134^{mm};

2° Les ordonnées : 25   43,6..., etc.

Puis multiplions les ordonnées par les coefficients sin 30° et sin 60°.

Enfin, pour faciliter les opérations, dressons le tableau suivant où nous n'aurons plus qu'à prendre les différentes valeurs de y :

y_0	25		
y_1	43,5	21,75	37,67
y_2	34,7	17,35	30,05
y_3	5,5	2,75	4,76
y_4	11,5	5,75	9,96
y_5	43,5	21,75	37,67
y_6	48	24	41,56
y_7	43,5	21,75	37,67
y_8	78	39	67,54
y_9	121,5	60,75	105.32
y_{10}	101	50,05	87,46
y_{11}	44,3	22,15	38,36

En appliquant les formules de la page 202, nous obtenons :

$$6 A_0 = 25 + 53,5 + \ldots = 600 \qquad \frac{1}{2} A_0 = 50$$

(ordonnée du point initial (13), déterminant l'axe moyen).

La même quantité mesurée $= 50^{mm}$.

$$6 A_1 = \left. \begin{array}{rr} + 25 & - 5,75 \\ + 37,67 & - 37,67 \\ + 17,35 & - 48 \\ + 50,5 & - 37,67 \\ + 38,36 & - 39 \\ \hline 168,88 & - 168,09 \end{array} \right\} = 0,79 \quad A_1 = 0,13$$

De même :

$$6 B_1 = - 231,39 \quad \text{et} \quad B_1 = - 38,565$$

D'après la formule (7) :

$$C_1 = \sqrt{0,0169 + 1480,7104} = 38,56. \text{ Mesuré} = 38,5$$

On calcule de même :

$$A_2 = -\ 13,20$$
$$B_2 = -\ 0,056 \qquad C_2 = \sqrt{174,254} = 13,20. \text{ Mesuré} = 13,4$$

$$A_3 = -\ 11,53$$
$$B_3 = -\ 19,20 \qquad C_3 = \sqrt{502,58} = 22,59. \text{ Mesuré} = 22,5.$$

Pour $A_4 \cdot B_4$, A_5 B_5, on trouverait zéro, s'il n'y avait aucune erreur dans le tracé et dans les mesures.

Maintenant que nous connaissons chacune des trois sinusoïdes composantes, nous avons à trouver leurs positions respectives.

D'après la formule (8), page 201 :

$$\text{tg } \alpha_1 = \frac{0,13}{-\ 38,48} = -\ 0,003370$$

La tangente étant négative, calculons tg $x = 0,00337$.
Cherchons dans la table le logarithme de ce nombre. Comme nous avons trois zéros, la caractéristique est $\bar{3}$. La mantisse est 52763. Donc :

$$\text{Log tg } x = \bar{3},52763$$

La table des logarithmes des tangentes nous donne :

$$x = \begin{cases} \text{pour } \bar{3},50512 & 0° \ 11' \\ \text{pour la différence } 60 \times \dfrac{3251}{3779} = & 35° \end{cases}$$
$$\overline{\qquad\qquad 0° \quad 11' \ 35°}$$

Donc :

$$\alpha'_1 = 180° - 0° \ 11' \ 35° \qquad \alpha''_1 = 360° - 0° \ 11' \ 35°$$

Or (14)

$$\sin \alpha_1 = \frac{0,13}{38,48} \text{ est positif}$$

Donc :

$$\alpha_1 = \alpha'_1 = 179°\ 48'\ 25.$$

La mesure de la période étant 142^{mm}, la formule nous donne pour l'abscisse du point initial o'_1 :

$$o'_1 = -\ 143 \times \frac{179°\ 48'\ 25''}{360°} = -\ 71,35$$

Le résultat étant négatif, le point initial est situé sur l'axe moyen $\left(\frac{1}{2}\ A_0\right)$, à gauche du point o' à une distance de $71^{mm}35$.

On pourra vérifier le résultat obtenu sur la figure 743 qui reproduit, grandeur naturelle (un peu réduite par la gravure), la portion de la courbe analysée, située à gauche du point o'.

Nous avons de même :

$$\text{tg } \alpha_1 = \frac{-\ 13,20}{-\ 0,12} = 110$$

$$\text{Log tg } \alpha_2 = 2,39794$$
$$\alpha'_2 = 89°\ 46'\ 14'' \qquad \alpha''_2 = 180° + 89°\ 46'\ 14''$$
$$\alpha_2 = \alpha''_2 = 269°\ 46'\ 14''$$
$$o'_2 = -\ \frac{143}{2} \times \frac{959174''}{1296000''} = -\ 52,9$$

Le point initial est donc indiqué à $52^{mm}9$, à gauche du point o'.

Enfin :

$$\text{tg } \alpha_3 = \frac{-\ 11,53}{19,20} = -\ 0,6005$$

$$\text{Log tg } x = \overline{1},77851$$
$$x = 30°\ 59'\ 4''\ 5$$
$$\alpha'_3 = 180° - 30°\ 59'\ 4''\ 5 \qquad \alpha''_3 = 360° - 30°\ 59'\ 4''\ 5$$
$$\alpha_3 = \alpha''_3 = 329°\ 55''\ 5$$
$$o'_3 = -\ \frac{143}{3} \times \frac{1184455''\ 5}{1296000} = -\ 43,538$$

Le point initial de la 3ᵉ sinusoïde est situé à 43ᵐᵐ538 de o′.

Si, au lieu de chercher le point initial de toutes les sinusoïdes, nous nous contentons de calculer la distance

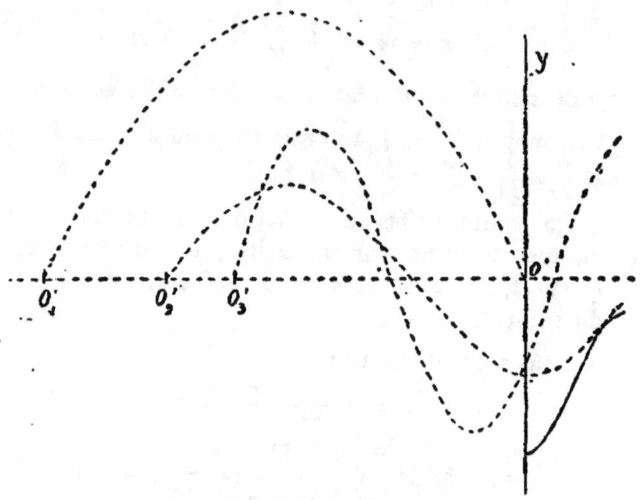

Fig. 743.

Différences de phases (Réduction : 0,975).

qui existe entre le point initial de chaque sinusoïde secon daire et celui de la première, nous trouvons avec la for- mule (18) :

Pour la 2ᵉ sinusoïde :

$$\frac{143}{360} \times \left(179° \ 48' \ 25'' - \frac{269° \ 57' \ 6''}{2} \right)$$

ou

$$\frac{143}{1296000''} \times 161390'' = 17^{mm}815$$

Pour la 3ᵉ sinusoïde :

$$\frac{143}{360^\circ} \times \left(179^\circ\ 48'\ 25'' - \frac{329^\circ\ 55'}{3} \right) = 27^{mm}85$$

Enfin, si nous ne désirons connaître que la différence de phase, nous aurons, en appliquant la formule (19) :

Pour la 2ᵉ sinusoïde :

$$179^\circ\ 48'\ 25'' - \frac{269^\circ\ 57'\ 6''}{2} = 44^\circ\ 49'\ 52''$$

Pour la 3ᵉ :

$$179^\circ\ 48'\ 25^\circ - \frac{329^\circ\ 55}{3} = 70^\circ\ 8'\ 7''$$

soit pour les deux sinusoïdes :

$$\frac{44^\circ\ 49'\ 52''}{360^\circ} \quad \text{et} \quad \frac{70^\circ\ 8'\ 7''}{360}$$

ou

$$\frac{161392''}{1296000''} \quad \text{et} \quad \frac{252486''}{1296000''}$$

Rapports égaux à ceux que nous fournissent les distances des points initiaux comparés avec la longueur totale de la période, à savoir :

$$\text{le 1ᵉʳ à } \frac{17,815}{143} \quad \text{le 2ᵉ à } \frac{27,85}{143}$$

C'est dire que la différence de phase avec le son fondamental est d'environ :

pour le 1ᵉʳ harmonique, de 0,124
pour le 2ᵉ   —   0,194

PROCÉDÉS DE SIMPLIFICATION

Le calcul des A et des B est bien laborieux et presque uniquement machinal. L'idéal serait de le faire au moyen d'une machine à analyser. M. Udny Yule en propose une (*Philosophical Magazine*, 5ᵉ série, t. XXXIX, p. 307, an. 1895. Voir *Journal de Physique*, an. 1896, p. 317-319).

L'établissement des formules, fournissant la valeur des A et des B pour un nombre d'ordonnées donné, est rendu très facile par l'emploi de tables préparées d'avance.

L'application de ces formules si longues, où les erreurs peuvent se glisser si aisément, est bien simplifiée par l'application de grilles qui ne laissent voir que les valeurs à employer.

1° TABLES

Les tables ont été faites pour des calculs supposant 72 divisions. On aura, sans doute, rarement le courage de se livrer à ce luxe d'opérations. M. Pipping se contente de 48 ordonnées, et M. Hermann de 40. Mais dans des cas spéciaux, on peut désirer aller au delà des limites ordinaires.

La même table peut servir pour :

6 8 9 12 18 24 36 divisions.

On conserve les lignes des A et des B jusqu'à et y compris les indices :

2 3 4 5 8 11 17

L'on prend la colonne y_0 et les colonnes dont les indices sont divisibles par :

12 9 8 6 4 3 2

en ne tenant pas compte des autres colonnes et en remplaçant les indices figurant sur les tables par les quotients des nombres précédents.

	y_0	y_1	y_2	y_3	y_4	y_5	y_6	y_7	y_8	y_9	y_{10}	y_{11}	y_{12}	y_{13}	y_{14}	y_{15}	y_{16}	y_{17}
A_1	1	cos 5	cos 10	cos 15	cos 30	cos 25	cos 30	cos 35	cos 40	sin 45	sin 40	sin 35	sin 30	sin 25	sin 20	sin 15	sin 10	sin 5
A_2	1	cos 10	cos 20	cos 30	cos 40	sin 40	sin 30	sin 20	sin 10	0	− sin 10	− sin 20	− sin 30	− sin 40	− cos 40	− cos 30	− cos 20	− cos 10
A_3	1	cos 15	cos 30	sin 45	sin 30	sin 15	0	− sin 15	− sin 30	− sin 45	− cos 30	− cos 15	− 1	− cos 15	− cos 30	− sin 45	− sin 30	− sin 15
A_4	1	cos 20	cos 40	sin 30	sin 10	− sin 10	− sin 30	− cos 40	− cos 20	− 1	− cos 10	− cos 40	− sin 30	− sin 10	sin 10	sin 30	cos 40	cos 20
A_5	1	cos 25	sin 40	sin 15	− sin 10	− sin 35	− cos 30	− cos 5	− cos 20	− sin 45	− sin 0	sin 5	sin 30	cos 35	cos 10	cos 15	cos 40	sin 25
A_6	1	cos 30	sin 30	0	− sin 30	− cos 30	− 1	− cos 30	− sin 30	0	sin 30	cos 30	1	cos 30	sin 30	0	− sin 30	− cos 30
A_7	1	cos 35	sin 20	− sin 15	− cos 40	− cos 5	− cos 30	− sin 25	sin 10	sin 45	cos 10	cos 25	sin 30	− sin 5	− sin 40	− cos 15	− cos 20	− sin 35
A_8	1	cos 40	sin 10	− sin 30	− cos 20	− cos 20	− sin 30	sin 10	cos 40	1	cos 40	sin 10	− sin 30	− cos 20	− cos 20	− sin 30	sin 10	sin 45
A_9	1	sin 45	0	− sin 45	− 1	− sin 45	0	sin 45	1	sin 45	0	− sin 45	− 1	− sin 45	0	sin 45	1	sin 45
A_{10}	1	sin 40	− sin 10	− cos 30	− cos 20	− sin 20	sin 30	cos 10	cos 40	0	− cos 40	− cos 10	− sin 30	sin 20	cos 20	cos 30	sin 10	− sin 40
A_{11}	1	sin 35	− sin 20	− cos 15	− cos 40	sin 5	cos 30	cos 25	sin 10	− sin 45	− cos 10	− sin 25	sin 30	cos 5	sin 40	− sin 15	− cos 20	− cos 35
A_{12}	1	sin 30	− sin 30	− 1	− sin 30	sin 30	1	sin 30	− sin 30	− 1	− sin 30	sin 30	1	sin 30	− sin 30	− 1	− sin 30	sin 30
A_{13}	1	sin 25	− sin 40	− cos 15	− sin 10	cos 35	cos 30	− sin 5	− cos 20	− sin 45	sin 20	cos 5	sin 30	− sin 35	− cos 10	− sin 15	cos 40	cos 25
A_{14}	1	sin 20	− cos 40	− cos 30	sin 10	cos 10	sin 30	− sin 40	− cos 20	0	cos 20	sin 40	− sin 30	− cos 10	− sin 30	cos 30	cos 40	− sin 20
A_{15}	1	sin 15	− cos 30	− sin 45	sin 30	cos 5	0	− cos 15	− sin 30	sin 45	− cos 30	cos 15	− 1	cos 15	− cos 30	sin 45	− sin 30	sin 15
A_{16}	1	sin 10	− cos 20	− sin 30	cos 40	cos 40	− sin 30	− cos 20	sin 10	1	sin 10	− cos 20	− sin 30	cos 40	cos 40	− sin 30	− cos 20	sin 10
A_{17}	1	sin 5	− cos 10	− sin 15	cos 25	sin 25	− cos 30	− sin 35	cos 40	sin 45	cos 40	− sin 35	− cos 30	sin 25	cos 25	− sin 15	− cos 10	cos 5
A_{18}	1	0	− 1	0	1	0	− 1	0	1	0	− 1	0	1	0	− 1	0	1	0
A_{19}	1	− sin 5	− cos 10	sin 15	cos 20	− sin 25	− cos 30	sin 35	cos 40	− sin 45	− sin 40	cos 35	sin 30	− cos 25	− sin 20	cos 15	sin 10	− cos 5
A_{20}	1	− sin 10	− cos 20	sin 30	cos 40	− sin 30	− sin 20	cos 10	sin 10	− 1	sin 10	cos 30	sin 30	− cos 40	− cos 40	sin 30	sin 20	cos 15
A_{21}	1	− sin 15	− cos 30	sin 45	sin 10	− cos 15	− sin 30	− sin 45	cos 30	sin 45	− cos 30	cos 15	− 1	cos 15	− cos 30	sin 45	− sin 30	sin 20
A_{22}	1	− sin 20	− cos 40	cos 30	− cos 10	cos 10	sin 40	− cos 20	sin 10	− sin 45	cos 10	sin 40	sin 30	− cos 10	− sin 30	cos 30	cos 40	sin 15
A_{23}	1	− sin 25	− sin 30	cos 15	− sin 10	cos 30	sin 5	− cos 20	cos 40	− sin 45	sin 20	cos 5	sin 30	− sin 35	− cos 10	sin 15	cos 40	− cos 25
A_{24}	1	− sin 30	− sin 30	cos 15	− cos 40	cos 30	1	cos 35	sin 10	sin 45	− cos 10	sin 25	sin 30	− cos 5	sin 40	sin 15	− cos 20	cos 35
A_{25}	1	− sin 35	− sin 10	cos 30	− cos 20	cos 10	sin 30	cos 10	cos 40	0	− cos 40	cos 10	− sin 30	− sin 20	cos 20	− cos 30	sin 10	sin 40
A_{26}	1	− sin 40	sin 10	sin 45	− cos 20	cos 10	cos 40	− sin 45	1	− sin 45	0	− 1	− sin 30	sin 45	0	− sin 45	sin 10	sin 10
A_{27}	1	− sin 45	0	sin 45	− 1	sin 45	0	− sin 10	cos 40	1	cos 40	− sin 10	− sin 30	cos 20	− cos 20	sin 30	sin 10	sin 45
A_{28}	1	− cos 40	sin 10	sin 30	− cos 20	cos 20	− sin 30	− sin 25	sin 10	− sin 45	cos 10	− cos 25	sin 30	− sin 5	sin 40	− cos 15	cos 40	− cos 20
A_{29}	1	− cos 35	sin 20	sin 15	− cos 40	cos 30	− sin 30	− cos 35	sin 20	sin 15	− cos 40	cos 30	− sin 30	− cos 35	sin 20	sin 15	− cos 40	− cos 5
A_{30}	1	− cos 30	sin 30	0	− sin 30	cos 30	− 1	cos 30	− sin 30	0	sin 30	− cos 30	1	− cos 30	sin 30	0	− sin 30	cos 30
A_{31}	1	− cos 25	sin 40	− sin 15	sin 10	− cos 40	cos 5	− cos 20	sin 15	− sin 20	− sin 5	sin 30	− cos 35	cos 10	− cos 15	cos 40	cos 40
A_{32}	1	− cos 20	cos 40	− sin 45	cos 30	− cos 40	cos 40	− cos 20	1	− cos 20	cos 40	− sin 30	sin 10	sin 10	− sin 30	cos 40	cos 40
A_{33}	1	− cos 15	cos 30	− sin 45	sin 30	− cos 15	1	sin 15	− sin 30	sin 45	− cos 30	cos 15	− 1	cos 15	− cos 30	sin 45	− sin 30	− sin 30
A_{34}	1	− cos 10	cos 20	− sin 30	cos 40	− sin 20	sin 30	− sin 20	sin 10	0	− sin 30	sin 20	− sin 30	sin 40	− cos 40	cos 30	− cos 20	− cos 20
A_{35}	1	− cos 5	cos 10	− cos 15	cos 20	− cos 25	cos 30	− cos 35	cos 10	− sin 45	sin 40	− sin 35	sin 30	− sin 35	sin 0	− sin 15	sin 0	− sin 5

A	y_{18}	y_{19}	y_{20}	y_{21}	y_{22}	y_{23}	y_{24}	y_{25}	y_{26}	y_{27}	y_{28}	y_{29}	y_{30}	y_{31}	y_{32}	y_{33}	y_{34}	y_{35}
A_1	0	− sin 5	− sin 10	− sin 15	− sin 20	− sin 25	− sin 30	− sin 35	− sin 40	− sin 45	− cos 40	− cos 35	− cos 30	− cos 25	− cos 20	− cos 15	− cos 10	− cos 5
A_2	− 1	− cos 30	− cos 20	− cos 30	− cos 40	− sin 40	− sin 30	− sin 30	− sin 10	0	sin 10	sin 20	sin 30	cos 40	cos 40	cos 30	cos 20	cos 10
A_3	0	sin 15	sin 30	sin 45	cos 30	cos 15	1	cos 15	cos 30	cos 45	sin 30	sin 15	0	− sin 15	− sin 30	− sin 45	− cos 30	− cos 15
A_4	1	cos 20	cos 40	sin 30	sin 10	− sin 10	− sin 30	− cos 40	− cos 20	− 1	− cos 20	− cos 40	− sin 30	− sin 10	sin 10	sin 30	cos 40	cos 20
A_5	0	− sin 25	− cos 40	− cos 15	− cos 10	− cos 35	− sin 30	− sin 5	sin 20	sin 45	cos 20	cos 5	cos 30	sin 35	sin 10	− sin 5	− sin 40	− cos 25
A_6	− 1	− cos 30	− sin 30	0	sin 30	cos 30	1	cos 30	sin 30	0	− sin 30	− cos 30	− 1	− cos 30	− sin 30	0	sin 30	cos 30
A_7	0	sin 35	cos 20	cos 15	sin 40	sin 5	− sin 30	− cos 25	− cos 10	− sin 45	− sin 10	sin 25	cos 30	cos 5	cos 40	sin 15	− sin 20	− cos 35
A_8	1	cos 40	sin 10	− sin 30	− cos 20	− cos 20	− sin 30	sin 10	cos 40	1	cos 40	sin 10	− sin 30	− cos 20	− cos 20	− sin 30	sin 10	cos 40
A_9	0	− sin 45	− 1	− sin 45	0	sin 45	1	sin 45	0	− sin 45	− 1	− sin 45	0	sin 45	1	sin 15	0	− sin 15
A_{10}	− 1	− sin 40	sin 10	cos 30	cos 20	sin 20	− sin 30	− cos 20	− cos 40	0	cos 40	cos 10	sin 30	− sin 20	− cos 20	− cos 30	− sin 10	sin 40
A_{11}	0	− sin 35	cos 20	sin 15	− sin 40	− cos 5	− sin 30	sin 25	cos 10	sin 45	− sin 10	− cos 25	− cos 30	− sin 5	cos 40	cos 15	sin 20	− sin 35
A_{12}	1	sin 30	− sin 30	− 1	− sin 30	sin 30	1	sin 30	− sin 30	− 1	− sin 30	sin 30	1	sin 30	− sin 30	− 1	− sin 30	sin 30
A_{13}	0	− cos 25	− cos 40	sin 15	cos 10	sin 35	− sin 30	− cos 5	− sin 20	sin 45	cos 20	sin 5	− cos 30	− cos 35	sin 10	cos 15	sin 40	− sin 25
A_{14}	− 1	− sin 20	cos 40	cos 30	− sin 10	− cos 10	− sin 30	sin 40	cos 20	0	− cos 20	− sin 40	sin 30	cos 10	sin 10	− cos 30	− cos 40	sin 20
A_{15}	0	cos 15	sin 30	− sin 45	− cos 30	sin 15	1	sin 15	− cos 30	− sin 45	sin 30	cos 55	0	− cos 15	− sin 30	sin 45	cos 30	− sin 15
A_{16}	1	sin 10	− cos 20	− sin 30	cos 40	cos 40	− sin 30	− cos 20	sin 10	1	sin 10	− cos 20	− sin 30	cos 40	cos 40	− sin 30	− cos 20	sin 10
A_{17}	0	− cos 5	− sin 10	cos 15	sin 20	− cos 25	− sin 30	sin 35	sin 40	− sin 45	− cos 40	sin 35	cos 30	− sin 25	− cos 20	sin 15	cos 10	− sin 5
A_{18}	− 1	0	1	0	− 1	0	1	0	− 1	0	1	0	− 1	0	1	0	− 1	0
A_{19}	0	cos 5	− sin 10	− cos 15	sin 20	cos 25	− sin 30	− sin 35	sin 40	sin 45	− cos 40	− sin 35	cos 30	sin 2	− cos 20	− sin 15	cos 20	sin 5
A_{20}	1	− sin 10	− cos 20	sin 30	cos 40	− cos 40	− sin 30	cos 20	sin 10	− 1	sin 10	cos 20	− sin 30	− cos 40	cos 40	sin 30	− cos 20	− sin 10
A_{21}	0	− cos 15	sin 30	sin 45	− cos 30	− sin 15	1	− sin 15	− cos 30	sin 45	sin 30	− cos 15	0	cos 15	− sin 30	− sin 45	cos 30	sin 15
A_{22}	− 1	sin 20	cos 40	− cos 30	− sin 10	cos 10	− sin 30	− sin 40	cos 20	0	− cos 20	sin 40	sin 30	cos 10	sin 10	cos 30	− cos 40	− sin 20
A_{23}	0	cos 25	− cos 40	− sin 15	cos 10	− sin 35	− sin 30	cos 5	− sin 20	− sin 45	cos 20	− sin 5	− cos 30	cos 35	sin 10	− cos 15	sin 40	sin 25
A_{24}	1	− sin 30	− sin 30	1	− sin 30	− sin 30	1	− sin 30	− sin 30	1	− sin 30	− sin 30	1	− sin 30	− sin 30	1	− sin 30	− sin 30
A_{25}	0	sin 35	cos 20	− sin 15	− sin 40	cos 5	− sin 30	− sin 25	cos 10	− sin 45	− sin 10	cos 25	− cos 30	sin 5	cos 40	− cos 15	sin 20	sin 35
A_{26}	− 1	sin 30	sin 0	− cos 30	cos 20	− sin 20	− sin 30	cos 10	− cos 40	0	cos 40	− cos 10	sin 30	sin 20	− cos 20	cos 30	− sin 10	− sin 40
A_{27}	0	sin 45	− 1	sin 45	0	− sin 45	1	− sin 45	0	sin 45	− 1	sin 45	0	− sin 45	1	− sin 45	0	sin 15
A_{28}	1	− cos 40	sin 10	sin 30	− cos 20	cos 20	− sin 30	− sin 10	cos 40	− 1	cos 40	− sin 10	− sin 30	cos 20	− cos 20	sin 30	sin 10	− cos 40
A_{29}	0	− sin 35	cos 20	− cos 15	sin 40	− sin 5	− sin 30	cos 25	− cos 10	sin 45	− sin 10	− sin 25	cos 70	− cos 5	cos 40	− sin 15	− sin 20	cos 45
A_{30}	− 1	cos 30	− sin 30	0	sin 30	− cos 30	1	− cos 30	sin 30	0	− sin 30	cos 30	− 6	cos 30	− sin 30	0	sin 30	− cos 30
A_{31}	0	sin 25	− cos 40	cos 15	− cos 10	cos 35	− sin 30	sin 5	sin 20	− sin 45	cos 20	− cos 5	cos 30	− sin 35	sin 10	sin 15	− sin 40	cos 25
A_{32}	1	− cos 20	cos 40	− sin 30	sin 10	sin 10	− sin 30	cos 40	− cos 20	1	− cos 20	cos 40	− sin 30	sin 10	sin 10	− sin 20	cos 40	− cos 20
A_{33}	0	− sin 15	sin 30	− sin 45	cos 30	− cos 15	1	− cos 15	cos 80	− sin 45	sin 30	− sin 15	0	sin 15	− sin 30	sin 45	− cos 30	cos 15
A_{34}	− 1	cos 30	− cos 20	cos 30	− cos 40	sin 40	− sin 30	sin 20	− sin 10	0	sin 10	− sin 20	sin 30	− cos 40	cos 40	− cos 30	cos 20	− cos 10
A_{35}	0	sin 5	− sin 10	sin 15	− sin 20	sin 25	− sin 30	sin 35	− sin 40	sin 45	− cos 40	cos 35	− cos 30	cos 55	− cos 20	cos 15	cos 10	cos 5

	y_{36}	y_{37}	y_{38}	y_{39}	y_{40}	y_{41}	y_{42}	y_{43}	y_{44}	y_{45}	y_{46}	y_{47}	y_{48}	y_{49}	y_{50}	y_{51}	y_{52}	y_{53}
A_1	− 1	− cos 5	− cos 10	− cos 15	− cos 20	− cos 25	− cos 30	− cos 35	− cos 40	− sin 45	− sin 40	− sin 35	− sin 30	− sin 25	− sin 20	− sin 15	− sin 10	− sin 5
A_2	1	cos 10	cos 20	cos 30	cos 40	cos 40	sin 30	sin 20	sin 10	0	− sin 10	− sin 20	− sin 30	− sin 40	− cos 40	− cos 30	− cos 20	− cos 10
A_3	− 1	− cos 15	− cos 30	− sin 45	− sin 30	− sin 15	0	sin 15	sin 30	sin 45	cos 30	cos 15	0	− cos 15	− cos 30	− sin 45	− sin 30	− sin 15
A_4	1	cos 20	cos 40	sin 30	sin 10	− sin 10	− sin 30	− cos 40	− cos 20	− 1	− cos 20	− cos 40	− sin 30	− sin 10	sin 10	sin 30	cos 40	cos 20
A_5	− 1	− cos 25	− sin 40	− sin 15	sin 10	sin 35	cos 30	cos 5	cos 20	sin 45	sin 10	− cos 20	− cos 35	− cos 30	− sin 35	− sin 10	sin 15	sin 40
A_6	1	cos 10	sin 30	0	− sin 30	− cos 30	− 1	− cos 30	− sin 30	0	sin 30	cos 30	1	cos 30	sin 30	0	− sin 30	− cos 30
A_7	− 1	− cos 35	− sin 20	sin 15	cos 40	cos 5	cos 30	sin 25	− sin 10	− sin 45	− cos 10	− cos 25	− sin 30	sin 15	sin 40	cos 5	cos 20	sin 35
A_8	1	cos 40	sin 10	− sin 30	− cos 20	− cos 20	− sin 30	sin 10	cos 40	1	cos 40	sin 10	− sin 30	− cos 20	− cos 20	− sin 30	sin 10	cos 40
A_9	− 1	− sin 45	0	sin 45	1	sin 45	0	− sin 45	− 1	− sin 45	0	sin 45	1	sin 45	0	− sin 45	− 1	− sin 45
A_{10}	1	− sin 40	− sin 10	− cos 30	− cos 40	− sin 5	sin 30	cos 10	cos 20	sin 45	sin 10	− cos 20	− cos 40	− sin 5	sin 30	cos 10	cos 20	sin 40
A_{11}	− 1	− sin 35	sin 20	cos 15	− cos 40	− sin 5	− cos 30	− cos 25	− sin 10	sin 45	cos 10	− sin 25	− sin 30	cos 15	cos 40	− sin 5	cos 20	sin 35
A_{12}	1	sin 30	− sin 30	− 1	− sin 30	sin 30	1	sin 30	− sin 30	− 1	− sin 30	sin 30	1	sin 30	− sin 30	− 1	− sin 30	sin 30
A_{13}	− 1	− sin 25	sin 40	cos 15	sin 10	− cos 35	sin 30	cos 5	cos 20	sin 45	cos 10	− sin 40	− sin 30	cos 10	− sin 20	− cos 30	cos 40	sin 25
A_{14}	1	sin 20	− cos 40	− cos 30	sin 10	cos 10	− sin 30	− sin 40	− cos 20	0	cos 20	sin 40	− sin 30	− sin 10	cos 10	− cos 30	cos 40	− sin 20
A_{15}	− 1	− sin 15	cos 30	sin 45	− sin 30	− cos 15	0	cos 15	sin 30	− sin 45	− cos 30	sin 25	1	sin 15	− cos 30	− sin 45	sin 30	cos 15
A_{16}	1	sin 30	− cos 10	− sin 30	cos 40	cos 40	− sin 30	− cos 20	sin 10	1	sin 10	− cos 20	− sin 30	cos 40	cos 40	sin 30	− cos 20	sin 20
A_{17}	− 1	− sin 15	cos 30	sin 15	− cos 20	− sin 25	cos 30	sin 35	− cos 40	− sin 15	sin 40	sin 35	− sin 30	− cos 25	sin 20	cos 15	− sin 40	cos 5
A_{18}	1	0	− 1	0	1	0	− 1	0	1	0	− 1	0	1	0	− 1	0	1	0
A_{19}	− 1	sin 5	cos 10	− sin 15	− cos 20	sin 25	cos 30	− sin 35	− cos 40	sin 45	sin 40	− sin 35	− sin 30	cos 25	sin 20	− cos 25	− sin 10	cos 5
A_{20}	1	− sin 10	− cos 20	sin 30	cos 40	− cos 40	− sin 30	cos 20	sin 10	− 1	sin 10	cos 20	− sin 30	− cos 40	cos 40	sin 30	− cos 20	sin 10
A_{21}	− 1	sin 15	cos 30	− sin 45	− sin 30	cos 15	0	− cos 15	sin 30	sin 45	− cos 30	− sin 15	1	− sin 15	cos 30	sin 45	sin 30	cos 5
A_{22}	1	− sin 20	− cos 40	cos 30	sin 10	− cos 10	sin 30	sin 40	− cos 20	0	cos 20	− sin 40	− sin 30	cos 10	− sin 10	− cos 30	cos 40	sin 20
A_{23}	− 1	sin 25	sin 40	− cos 15	sin 10	cos 35	− cos 30	− sin 5	cos 20	− sin 15	− sin 20	cos 5	− sin 30	− sin 35	sin 10	− sin 45	− cos 40	cos 25
A_{24}	1	− sin 30	− sin 30	1	− sin 30	− sin 30	1	− sin 30	− sin 30	1	− sin 30	− sin 30	1	− sin 30	− sin 30	1	− sin 30	− sin 30
A_{25}	− 1	sin 35	sin 20	− cos 15	cos 40	sin 5	− cos 30	cos 25	− sin 10	− sin 45	cos 30	− sin 25	− sin 30	cos 5	sin 40	sin 15	cos 20	sin 35
A_{26}	1	− sin 40	− sin 10	cos 30	− cos 20	sin 20	sin 30	− cos 10	cos 40	0	− cos 40	cos 10	− sin 30	− sin 20	cos 20	− cos 30	sin 10	sin 40
A_{27}	− 1	sin 45	0	− sin 45	1	− sin 45	0	sin 45	− 1	sin 45	0	− sin 45	1	− sin 45	0	sin 45	− 1	sin 45
A_{28}	1	− cos 40	sin 10	sin 30	− cos 30	cos 20	− sin 30	− sin 10	cos 40	− 1	cos 40	− sin 10	− sin 30	cos 20	− cos 20	sin 30	sin 10	− cos 40
A_{29}	− 1	cos 35	− sin 20	− sin 15	cos 40	− cos 5	cos 30	− sin 25	− sin 10	sin 45	− cos 10	cos 25	− sin 30	− sin 5	sin 40	− cos 25	cos 10	sin 35
A_{30}	1	− cos 30	− sin 30	0	− sin 30	cos 30	− 1	cos 30	− sin 30	0	sin 30	− cos 30	1	− cos 30	sin 30	0	− sin 30	cos 30
A_{31}	− 1	cos 25	− sin 40	sin 15	sin 10	− sin 35	cos 30	− cos 5	cos 20	− sin 45	sin 20	sin 5	− sin 30	cos 35	− cos 10	cos 15	− cos 40	sin 25
A_{32}	1	− cos 20	cos 10	− sin 30	sin 10	sin 10	− sin 30	cos 10	cos 20	1	− cos 0	cos 40	− sin 30	sin 10	sin 10	− sin 30	cos 40	cos 20
A_{33}	− 1	cos 15	− cos 30	sin 45	− sin 30	sin 15	0	− sin 15	sin 30	− sin 45	cos 30	− cos 15	1	− cos 15	cos 30	− sin 45	sin 30	sin 25
A_{34}	1	− cos 10	cos 20	− cos 30	cos 40	− cos 10	sin 30	− sin 20	sin 10	0	− sin 10	sin 20	− sin 30	sin 10	− cos 10	cos 30	− cos 20	cos 10
A_{35}	− 1	cos 5	− cos 10	cos 15	− cos 20	cos 25	− cos 30	cos 35	− cos 40	sin 45	sin 40	sin 35	− sin 30	sin 25	− sin 20	sin 15	− sin 10	sin 5

	y_{54}	y_{55}	y_{56}	y_{57}	y_{58}	y_{59}	y_{60}	y_{61}	y_{62}	y_{63}	y_{64}	y_{65}	y_{66}	y_{67}	y_{68}	y_{69}	y_{70}	y_{71}
A_1	0	sin 5	sin 10	sin 15	sin 20	sin 25	sin 30	sin 35	sin 40	sin 45	cos 40	cos 35	cos 30	cos 25	cos 20	cos 15	cos 10	cos 5
A_2	— 1	— cos 10	— cos 20	— cos 30	— cos 40	— sin 40	— sin 30	— sin 20	— sin 10	0	sin 10	sin 20	sin 30	sin 40	cos 40	cos 30	cos 20	cos 10
A_3	0	— sin 15	— sin 30	— sin 45	— cos 30	— cos 15	— 1	— cos 15	— cos 30	— sin 45	— sin 30	— sin 15	0	sin 15	sin 30	sin 45	cos 30	cos 15
A_4	1	cos 20	cos 40	sin 30	sin 10	— sin 10	— sin 30	— cos 40	— cos 20	— 1	— cos 20	— cos 40	— sin 30	— sin 10	sin 10	sin 30	cos 40	cos 20
A_5	0	sin 25	sin 40	cos 15	cos 10	cos 35	— sin 30	sin 5	— sin 30	— sin 45	— cos 20	— cos 5	— cos 30	— sin 35	— sin 10	sin 15	sin 40	cos 25
A_6	— 1	— cos 30	— sin 10	0	sin 30	cos 30	1	cos 30	sin 30	0	— sin 30	— cos 30	— 1	— cos 30	— sin 30	0	sin 30	cos 30
A_7	0	— sin 35	— cos 20	— cos 15	— sin 40	— sin 5	sin 32	cos 25	cos 10	sin 45	sin 10	— sin 25	— cos 30	— cos 50	— cos 40	— sin 15	sin 20	cos 35
A_8	1	cos 30	sin 10	— sin 30	— cos 20	— cos 20	— sin 30	sin 10	cos 40	1	cos 40	sin 10	sin 45	— sin 30	— 1	— sin 45	0	sin 45
A_9	0	sin 45	1	sin 45	0	— sin 45	1	— sin 45	0	sin 45	1	sin 45	0	— sin 45	— 1	— sin 45	0	sin 45
A_{10}	— 1	— sin 40	sin 10	cos 30	cos 20	sin 20	— sin 30	— cos 10	— cos 40	0	cos 40	cos 10	sin 30	— sin 20	— cos 20	— cos 30	— sin 10	sin 40
A_{11}	0	— cos 35	— cos 20	— sin 15	sin 40	cos 5	— sin 30	— sin 25	— cos 10	— sin 45	sin 10	cos 25	cos 30	sin 5	— cos 40	— cos 15	— sin 20	sin 35
A_{12}	1	sin 30	— sin 30	— 1	— sin 30	sin 30	1	sin 30	— sin 30	— 1	— sin 30	sin 30	1	sin 30	— sin 30	— 1	— sin 30	sin 30
A_{13}	0	cos 25	cos 40	— sin 15	— cos 10	sin 30	cos 5	sin 20	— sin 45	— cos 20	— sin 5	cos 35	— sin 10	— cos 15	— sin 40	— sin 5	— sin 40	sin 25
A_{14}	— 1	— sin 20	cos 40	cos 30	— sin 10	— sin 30	sin 40	sin 20	cos 20	0	— cos 20	— sin 40	sin 30	sin 10	sin 10	— cos 30	— cos 15	sin 20
A_{15}	0	— cos 15	— sin 30	sin 45	cos 30	— 1	— sin 15	cos 30	sin 45	0	— sin 30	— cos 15	0	cos 15	sin 10	— sin 45	— cos 30	sin 15
A_{16}	1	sin 10	cos 20	— sin 30	cos 40	— sin 30	— c s 20	sin 10	1	sin 10	— cos 20	sin 30	— sin 30	cos 40	cos 40	sin 30	— cos 20	cos 10
A_{17}	0	cos 5	sin 10	— cos 15	— sin 20	cos 25	sin 30	— cos 35	— sin 40	sin 45	cos 40	— sin 35	cos 30	sin 25	cos 20	— sin 15	cos 10	sin 5
A_{18}	— 1	0	1	0	— 1	0	1	0	— 1	0	1	0	— 1	0	1	0	— 1	— 1
A_{19}	0	— cos 5	— sin 10	cos 15	— sin 30	sin 30	— cos 35	— sin 40	— sin 45	cos 40	sin 35	— cos 30	— sin 25	cos 20	sin 15	— cos 10	— sin 30	— sin 10
A_{20}	1	— sin 10	— cos 20	sin 30	cos 40	— cos 40	cos 20	sin 10	— 1	sin 10	sin 30	cos 15	0	— cos 15	sin 30	sin 45	— cos 10	— sin 10
A_{21}	0	cos 15	— sin 30	— sin 45	cos 30	— 1	sin 15	cos 30	— sin 45	— sin 30	cos 15	0	— cos 15	sin 30	sin 45	— cos 30	— cos 20	— sin 15
A_{22}	0	sin 20	cos 40	— cos 30	— sin 10	cos 10	— sin 30	— sin 40	cos 20	sin 45	— cos 20	sin 40	sin 10	— cos 10	sin 10	cos 30	— sin 10	sin 25
A_{23}	0	— cos 25	cos 40	sin 15	— cos 10	sin 35	sin 30	— cos 5	sin 20	— sin 30	sin 10	— cos 25	cos 30	sin 20	— cos 20	cos 30	— sin 10	cos 15
A_{24}	1	— sin 30	— sin 30	1	— sin 30	— sin 30	1	— sin 30	— sin 30	1	— sin 30	— sin 30	1	— sin 30	— sin 30	1	— sin 30	sin 30
A_{25}	0	cos 35	— cos 20	sin 15	sin 40	— cos 5	sin 30	sin 25	— cos 10	sin 10	— cos 25	cos 30	sin 5	— cos 40	cos 30	— sin 15	— sin 30	sin 15
A_{26}	— 1	sin 40	sin 10	— cos 30	cos 20	— sin 20	— sin 30	cos 10	— cos 40	cos 40	— cos 10	sin 30	sin 20	— cos 20	cos 30	cos 40	— cos 20	— cos 40
A_{27}	0	— sin 45	1	— sin 45	0	sin 45	— 1	sin 45	0	— sin 45	1	— sin 45	0	sin 45	— 1	sin 45	0	— sin 45
A_{28}	1	— cos 40	sin 10	sin 30	— cos 20	cos 20	— sin 30	— sin 10	cos 40	cos 40	— cos 20	sin 30	sin 10	— sin 30	cos 20	cos 10	cos 20	— cos 40
A_{29}	0	sin 35	— cos 20	cos 15	— sin 40	sin 5	sin 30	— cos 25	cos 10	cos 10	— cos 40	sin 15	— cos 30	sos 5	— cos 20	— cos 15	cos 40	— cos 5
A_{30}	— 1	cos 30	— sin 20	0	sin 30	— cos 30	1	— cos 30	sin 30	sin 30	— sin 30	cos 30	— 1	cos 30	0	sin 30	— cos 30	sin 30
A_{31}	0	— sin 25	cos 40	— cos 15	cos 10	— cos 35	sin 30	— sin 5	— sin 20	— sin 20	— cos 20	cos 5	— cos 30	sin 35	sin 30	— sin 15	sin 30	— cos 25
A_{32}	1	— cos 20	cos 40	— sin 30	sin 15	sin 10	— sin 30	cos 40	— cos 20	— cos 20	— cos 20	cos 40	— sin 30	sin 10	sin 10	— sin 30	cos 40	— cos 20
A_{33}	0	sin 5	— sin 30	sin 45	— cos 30	cos 15	— 1	cos 15	— cos 30	— cos 30	sin 45	sin 15	0	— sin 15	sin 30	— sin 45	cos 30	— cos 15
A_{34}	— 1	cos 10	— cos 20	cos 30	— cos 40	sin 40	— sin 30	sin 20	— sin 10	— sin 10	sin 10	— sin 20	sin 30	— sin 40	— sin 40	— cos 30	cos 20	— cos 10
A_{35}	0	sin 10	sin 10	— sin 15	sin 20	— sin 25	sin 30	— sin 35	sin 40	sin 40	— sin 45	cos 40	— cos 35	cos 30	— cos 25	— cos 20	cos 15	cos 5

	y_0	y_1	y_2	y_3	y_4	y_5	y_6	y_7	y_8	y_9	y_{10}	y_{11}	y_{12}	y_{13}	y_{14}	y_{15}	y_{16}	y_{17}
B_1	0	sin 5	sin 10	sin 15	sin 20	sin 25	sin 30	sin 35	sin 40	sin 45	cos 40	cos 35	cos 30	cos 25	cos 20	cos 15	cos 10	cos 5
B_2	0	sin 10	sin 20	sin 30	sin 40	cos 40	cos 30	cos 20	cos 10	1	cos 10	cos 20	cos 30	cos 40	sin 40	sin 30	sin 20	sin 10
B_3	0	sin 15	sin 30	sin 45	cos 30	cos 15	1	cos 15	cos 30	sin 45	sin 30	sin 15	0	− sin 15	− sin 30	− sin 45	− cos 30	− cos 15
B_4	0	sin 20	sin 40	cos 30	cos 10	cos 10	cos 30	sin 40	sin 20	0	− sin 20	− sin 40	− cos 30	− cos 10	− cos 10	− cos 30	− sin 40	− sin 20
B_5	0	sin 25	cos 40	cos 15	cos 10	cos 35	sin 30	sin 5	− sin 20	− sin 45	− cos 20	− cos 5	− cos 30	− sin 35	− sin 10	sin 15	sin 40	cos 25
B_6	0	sin 30	cos 30	1	cos 30	sin 30	0	− sin 30	− cos 30	− 1	− cos 30	− sin 30	0	sin 30	cos 30	1	cos 30	sin 30
B_7	0	sin 35	cos 20	cos 15	sin 40	sin 5	− sin 30	− cos 25	− cos 10	− sin 45	− sin 10	sin 25	cos 30	cos 5	cos 40	sin 15	− sin 20	− cos 35
B_8	0	sin 40	cos 10	cos 30	sin 20	− sin 20	− cos 30	− cos 10	− sin 40	0	sin 40	cos 10	cos 30	sin 20	− sin 20	− cos 30	− cos 10	− sin 40
B_9	0	sin 45	1	sin 45	0	− sin 45	− 1	− sin 45	0	sin 45	1	sin 45	0	− sin 45	− 1	− sin 45	0	sin 45
B_{10}	0	cos 40	cos 10	sin 30	− sin 20	− cos 20	− cos 30	− sin 10	sin 40	1	sin 40	− sin 10	− cos 30	− cos 20	− sin 20	sin 30	cos 10	cos 40
B_{11}	0	cos 35	cos 20	sin 15	− sin 40	− cos 5	− sin 30	sin 25	cos 10	sin 45	− sin 10	− cos 25	− cos 30	− sin 5	cos 40	cos 15	sin 20	− sin 35
B_{12}	0	cos 30	cos 30	0	− cos 30	− cos 30	0	cos 30	cos 30	0	− cos 30	− cos 30	0	cos 30	cos 30	0	− cos 30	− cos 30
B_{13}	0	cos 25	cos 40	− sin 15	− cos 10	− sin 35	sin 30	cos 5	sin 20	− sin 45	− cos 20	− sin 5	cos 30	cos 35	− sin 10	− cos 15	− sin 40	sin 25
B_{14}	0	cos 20	sin 40	− sin 30	− cos 10	− sin 10	cos 30	cos 40	− sin 20	− 1	− sin 20	cos 40	cos 30	− sin 10	− cos 10	− sin 30	sin 40	cos 20
B_{15}	0	cos 15	sin 30	− sin 45	− cos 30	sin 15	1	sin 15	− cos 30	− sin 45	sin 30	cos 15	0	− cos 15	− sin 30	sin 45	cos 30	− sin 15
B_{16}	0	cos 10	sin 20	− cos 30	− sin 40	sin 40	cos 30	− sin 20	− cos 10	0	cos 10	sin 20	− cos 30	− sin 40	sin 40	cos 30	− sin 20	− cos 10
B_{17}	0	cos 5	sin 10	− cos 15	− sin 20	cos 25	sin 30	− cos 35	− sin 40	sin 45	cos 40	− sin 35	− cos 30	sin 25	cos 20	− sin 15	− cos 10	sin 5
B_{18}	0	1	0	− 1	0	1	0	− 1	0	1	0	− 1	0	1	0	− 1	0	1
B_{19}	0	cos 5	− sin 10	− cos 15	sin 20	cos 25	− sin 30	− cos 35	sin 40	sin 45	− cos 40	− sin 35	cos 30	sin 25	− cos 20	− sin 15	cos 10	sin 5
B_{20}	0	cos 10	− sin 20	− cos 30	sin 40	sin 40	− cos 30	− sin 20	cos 10	0	− cos 10	sin 20	cos 30	− sin 40	− sin 40	cos 30	sin 20	− cos 10
B_{21}	0	cos 15	− sin 30	− sin 45	cos 30	sin 15	− 1	sin 15	cos 30	− sin 45	− sin 30	cos 15	0	− cos 15	sin 30	sin 45	− cos 30	− sin 15
B_{22}	0	cos 20	− sin 40	− sin 30	cos 10	− sin 10	− cos 30	cos 40	sin 20	− 1	sin 20	cos 40	− cos 30	− sin 10	cos 10	− sin 30	− sin 40	cos 20
B_{23}	0	cos 25	− cos 40	− sin 15	cos 10	− sin 35	− sin 30	cos 5	− sin 20	− sin 45	cos 20	− sin 5	− cos 30	cos 35	sin 10	− cos 15	sin 40	sin 25
B_{24}	0	cos 30	− cos 30	0	cos 30	− cos 30	0	cos 30	− cos 30	0	cos 30	− cos 30	0	cos 30	− cos 30	0	cos 30	− cos 30
B_{25}	0	cos 35	− cos 20	sin 15	sin 40	− cos 5	sin 30	sin 25	− cos 10	sin 45	sin 10	− cos 25	cos 30	− sin 5	− cos 40	cos 15	− sin 20	− sin 35
B_{26}	0	cos 40	− cos 10	sin 30	sin 20	− cos 20	cos 30	− sin 10	− sin 40	1	− sin 40	− sin 10	cos 30	− cos 20	sin 20	sin 30	− cos 10	cos 40
B_{27}	0	sin 45	− 1	sin 45	0	− sin 45	1	− sin 45	0	sin 45	− 1	sin 45	0	− sin 45	1	− sin 45	0	sin 45
B_{28}	0	sin 40	− cos 10	cos 30	− sin 20	− sin 20	cos 30	− cos 10	sin 40	0	− sin 40	cos 10	− cos 30	sin 20	sin 20	− cos 30	cos 10	− sin 40
B_{29}	0	sin 35	− cos 20	cos 15	− sin 40	sin 5	sin 30	− cos 25	cos 10	− sin 45	sin 10	sin 25	− cos 30	cos 5	− cos 40	sin 15	sin 20	− cos 35
B_{30}	0	sin 30	− cos 30	1	− cos 30	sin 30	0	− sin 30	cos 30	− 1	cos 30	− sin 30	0	sin 30	− cos 30	1	− cos 30	sin 30
B_{31}	0	sin 25	− cos 40	cos 15	− cos 10	cos 35	− sin 30	sin 5	sin 20	− sin 45	cos 20	− cos 5	cos 30	− sin 35	sin 10	sin 15	− sin 40	cos 25
B_{32}	0	sin 20	− sin 40	cos 30	− cos 10	cos 10	− cos 30	sin 40	− sin 20	0	sin 20	− sin 40	cos 30	− cos 10	cos 10	− cos 30	sin 40	− sin 20
B_{33}	0	sin 15	− sin 30	sin 45	− cos 30	cos 15	− 1	cos 15	− cos 30	sin 45	− sin 30	sin 15	0	− sin 15	sin 30	− sin 45	cos 30	− cos 15
B_{34}	0	sin 10	− sin 20	sin 30	− sin 40	cos 40	− cos 30	cos 20	− cos 10	1	− cos 10	cos 20	− cos 30	cos 40	− sin 40	sin 30	− sin 20	sin 10
B_{35}	0	sin 5	− sin 10	sin 15	− sin 20	sin 25	− sin 30	sin 35	− sin 40	sin 45	− cos 40	cos 35	− cos 30	cos 25	− cos 20	cos 15	− cos 10	cos 5

	y_{18}	y_{19}	y_{20}	y_{21}	y_{22}	y_{23}	y_{24}	y_{25}	y_{26}	y_{27}	y_{28}	y_{29}	y_{30}	y_{31}	y_{32}	y_{33}	y_{34}	y_{35}
B_1	1	cos 5	cos 10	cos 15	cos 20	cos 25	cos 30	cos 35	cos 40	sin 45	sin 40	sin 35	sin 30	sin 25	sin 20	sin 15	sin 10	sin 5
B_2	0	— sin 10	— sin 20	— sin 30	— sin 40	— cos 40	— cos 30	— cos 20	— cos 10	— 1	— cos 10	— cos 20	— cos 30	— cos 40	— sin 40	— sin 30	— sin 20	— sin 10
B_3	— 1	— cos 15	— cos 30	— sin 45	— sin 30	— sin 15	0	sin 15	sin 30	sin 45	cos 30	cos 15	1	cos 15	cos 30	sin 45	sin 30	sin 15
B_4	0	sin 20	sin 40	cos 30	cos 10	cos 10	cos 30	sin 40	sin 20	0	— sin 20	— sin 40	— cos 30	— cos 10	— cos 10	— cos 30	— sin 40	— sin 20
B_5	1	cos 25	sin 40	sin 15	— sin 10	— sin 35	— cos 30	— cos 5	— cos 20	— sin 45	— sin 20	sin 5	sin 30	cos 35	cos 10	cos 15	cos 40	sin 25
B_6	0	— sin 30	— cos 30	— 1	— cos 30	— sin 30	0	sin 30	cos 30	1	cos 30	sin 30	0	— sin 30	— cos 30	— 1	— cos 30	— sin 30
B_7	— 1	— cos 35	— sin 20	sin 15	cos 40	cos 5	cos 30	sin 25	— sin 10	— sin 45	— cos 10	— cos 25	— sin 30	sin 5	sin 40	cos 15	cos 20	sin 35
B_8	0	sin 40	cos 10	cos 30	sin 20	— sin 20	— cos 30	— cos 10	— sin 40	0	sin 40	cos 10	cos 30	sin 20	— sin 20	— cos 30	— cos 10	— sin 40
B_9	1	sin 45	0	— sin 45	— 1	— sin 45	0	sin 45	1	sin 45	0	— sin 45	— 1	— sin 45	0	sin 45	1	sin 45
B_{10}	0	— cos 40	— cos 10	— sin 30	sin 20	cos 20	cos 30	sin 10	— sin 40	— 1	— sin 40	sin 10	cos 30	cos 20	sin 20	— sin 30	— cos 10	— cos 40
B_{11}	— 1	— sin 35	sin 20	cos 15	cos 40	— sin 5	— cos 30	— cos 25	— sin 10	sin 45	cos 10	sin 25	— sin 30	— cos 5	— sin 40	sin 15	cos 20	cos 35
B_{12}	0	cos 30	cos 30	0	— cos 30	— cos 30	0	cos 30	cos 30	0	— cos 30	— cos 30	0	cos 30	cos 30	0	— cos 30	— cos 30
B_{13}	1	sin 25	— sin 40	— cos 15	— sin 10	cos 35	cos 30	— sin 5	— cos 20	— sin 45	sin 20	cos 5	sin 30	— sin 35	— cos 10	— sin 15	cos 40	cos 25
B_{14}	0	— cos 20	— sin 40	sin 30	cos 10	sin 10	— cos 30	— cos 40	sin 20	1	sin 20	— cos 40	— cos 30	sin 10	cos 10	sin 30	— sin 40	— cos 20
B_{15}	— 1	— sin 15	cos 30	sin 45	— sin 30	— cos 15	0	cos 15	sin 30	— sin 45	— cos 30	sin 15	1	sin 15	— cos 30	— sin 45	sin 30	cos 15
B_{16}	0	cos 10	sin 20	— cos 30	— sin 40	sin 40	cos 30	— sin 20	— cos 10	0	cos 10	sin 20	— cos 30	— sin 40	sin 40	cos 30	— sin 20	— cos 10
B_{17}	1	sin 5	— cos 10	— sin 15	cos 20	sin 25	— cos 30	— sin 35	cos 40	sin 45	— sin 40	— cos 35	sin 30	cos 25	— sin 20	— cos 15	sin 10	cos 5
B_{18}	0	— 1	0	1	0	— 1	0	1	0	— 1	0	1	0	— 1	0	1	0	— 1
B_{19}	— 1	sin 5	cos 10	— sin 15	— cos 20	sin 25	cos 30	— sin 35	— cos 40	sin 45	sin 40	— cos 35	— sin 30	cos 25	sin 20	— cos 15	— sin 10	cos 5
B_{20}	0	cos 10	— sin 20	— cos 30	sin 40	sin 40	— cos 30	— sin 20	cos 10	0	— cos 10	sin 20	cos 30	— sin 40	— sin 40	cos 30	sin 20	— cos 10
B_{21}	1	— sin 15	— cos 30	sin 45	sin 30	— cos 15	0	cos 15	— sin 30	— sin 45	cos 30	sin 15	— 1	sin 15	cos 30	— sin 45	— sin 30	cos 15
B_{22}	0	— cos 20	sin 40	sin 30	— cos 10	sin 10	cos 30	— cos 40	— sin 20	1	— sin 20	— cos 40	cos 30	sin 10	— cos 10	sin 30	sin 40	— cos 20
B_{23}	— 1	sin 25	sin 40	— cos 15	sin 10	cos 35	— cos 30	— sin 5	cos 20	— sin 45	— sin 20	cos 5	— sin 30	— sin 35	cos 10	— sin 15	— cos 40	cos 25
B_{24}	0	cos 30	— cos 30	0	cos 30	— cos 30	0	cos 30	— cos 30	0	cos 30	— cos 30	0	cos 30	— cos 30	0	cos 30	— cos 30
B_{25}	1	— sin 35	— sin 20	cos 15	— cos 40	— sin 5	cos 30	— cos 25	sin 10	sin 45	— cos 10	sin 25	sin 30	— cos 5	sin 40	sin 15	— cos 20	cos 35
B_{26}	0	— cos 40	cos 10	— sin 30	— sin 20	cos 20	— cos 30	sin 10	sin 40	— 1	sin 40	sin 10	— cos 30	cos 20	— sin 20	— sin 30	cos 10	— cos 40
B_{27}	— 1	sin 45	0	— sin 45	1	— sin 45	0	sin 45	— 1	sin 45	0	— sin 45	1	— sin 45	0	sin 45	— 1	sin 45
B_{28}	0	sin 40	— cos 10	cos 30	— sin 20	— sin 20	cos 30	— cos 10	sin 40	0	— sin 40	cos 10	— cos 30	sin 20	sin 20	— cos 30	cos 10	— sin 40
B_{29}	1	— cos 35	sin 20	sin 15	— cos 40	cos 5	— cos 30	sin 25	sin 10	— sin 45	cos 10	— cos 25	sin 30	sin 5	— sin 40	cos 15	— cos 20	sin 35
B_{30}	0	— sin 30	cos 30	— 1	cos 30	— sin 30	0	sin 30	— cos 30	1	— cos 30	sin 30	0	— sin 30	cos 30	— 1	cos 30	— sin 30
B_{31}	— 1	cos 25	— sin 40	sin 15	sin 10	— sin 35	cos 30	— cos 5	cos 20	— sin 45	sin 20	sin 5	— sin 30	cos 35	— cos 10	cos 15	— cos 40	sin 25
B_{32}	0	sin 20	— sin 40	cos 30	— cos 10	cos 10	— cos 30	sin 40	— sin 20	0	sin 20	— sin 40	cos 30	— cos 10	cos 10	— cos 30	sin 40	— sin 20
B_{33}	1	— cos 15	cos 30	— sin 45	sin 30	— sin 15	0	sin 15	— sin 30	sin 45	— cos 30	cos 15	— 1	cos 15	— cos 30	sin 45	— sin 30	sin 15
B_{34}	0	— sin 10	sin 20	— sin 30	sin 40	— cos 40	cos 30	— cos 20	cos 10	— 1	cos 10	— cos 20	cos 30	— cos 40	sin 40	— sin 30	sin 20	— sin 10
B_{35}	— 1	cos 5	— cos 10	cos 15	— cos 20	cos 25	— cos 30	cos 35	— cos 40	sin 45	— sin 40	sin 35	— sin 30	sin 25	— sin 20	sin 15	— sin 10	sin 5

	y_{36}	y_{37}	y_{38}	y_{39}	y_{40}	y_{41}	y_{42}	y_{43}	y_{44}
B_{1}	0	− sin 5	− sin 10	− sin 15	− sin 20	− sin 25	− sin 30	− sin 35	− sin 40
B_{2}	0	sin 10	sin 20	sin 30	sin 40	cos 40	cos 30	cos 20	cos 10
B_{3}	0	− sin 15	− sin 30	− sin 45	− cos 30	− cos 15	− 1	− cos 25	− cos 30
B_{4}	0	sin 20	sin 40	cos 30	cos 10	cos 10	cos 30	sin 40	sin 20
B_{5}	0	− sin 25	− cos 40	− cos 15	− cos 10	− cos 35	− sin 30	− sin 5	− sin 20
B_{6}	0	sin 30	cos 30	1	cos 30	sin 30	0	− sin 30	− cos 30
B_{7}	0	− sin 35	− cos 20	− cos 15	− sin 40	− sin 5	sin 30	cos 25	cos 10
B_{8}	0	sin 40	cos 10	cos 30	sin 20	− sin 20	− cos 30	− cos 10	− sin 40
B_{9}	0	− sin 45	− 1	− sin 45	0	sin 45	1	sin 45	0
B_{10}	0	cos 40	cos 10	sin 30	− sin 20	− cos 20	− cos 30	− sin 10	sin 40
B_{11}	0	− cos 35	− cos 20	− sin 15	sin 40	cos 5	sin 30	− sin 25	− cos 10
B_{12}	0	cos 30	cos 30	0	− cos 30	− cos 30	0	cos 5	cos 30
B_{13}	0	− cos 25	− cos 40	sin 15	cos 10	sin 35	− sin 30	cos 40	sin 20
B_{14}	0	cos 20	sin 40	− sin 30	− cos 10	− sin 10	cos 30	− sin 15	− sin 20
B_{15}	0	− cos 15	− sin 30	sin 45	cos 30	− sin 15	− 1	− sin 30	cos 30
B_{16}	0	cos 10	sin 20	− cos 30	− sin 40	sin 40	cos 30	− sin 20	− cos 10
B_{17}	0	− cos 5	− sin 10	cos 15	sin 20	− cos 25	− sin 30	cos 35	sin 40
B_{18}	0	1	0	− 1	0	1	0	− 1	0
B_{19}	0	− cos 5	sin 10	cos 15	− sin 20	− cos 25	sin 30	cos 35	− sin 40
B_{20}	0	cos 10	− sin 20	− cos 30	sin 40	sin 40	− cos 30	− sin 20	cos 10
B_{21}	0	− cos 15	sin 30	sin 45	− cos 30	− sin 15	1	− sin 30	− cos 30
B_{22}	0	cos 20	− sin 40	− sin 30	cos 10	− sin 10	− cos 30	− sin 15	sin 20
B_{23}	0	− cos 25	cos 40	sin 15	− cos 10	sin 35	sin 30	cos 40	− sin 20
B_{24}	0	cos 30	− cos 30	0	cos 30	− cos 30	0	cos 5	− cos 30
B_{25}	0	− cos 35	cos 20	− sin 15	− sin 40	cos 5	− sin 30	− sin 25	cos 10
B_{26}	0	cos 40	− cos 10	sin 30	sin 20	− cos 20	cos 30	− sin 10	− sin 40
B_{27}	0	− sin 45	1	− sin 45	0	sin 45	− 1	sin 45	0
B_{28}	0	sin 40	− cos 10	cos 30	− sin 20	− sin 20	cos 30	− cos 10	sin 40
B_{29}	0	− sin 35	cos 20	− cos 15	sin 40	− sin 5	− sin 30	cos 25	− cos 10
B_{30}	0	sin 30	− cos 30	1	− cos 30	sin 30	0	− sin 30	cos 30
B_{31}	0	− sin 25	cos 40	− cos 15	cos 10	− cos 35	sin 30	− sin 5	sin 20
B_{32}	0	sin 20	− sin 40	cos 30	− cos 10	cos 10	− cos 30	sin 40	− sin 20
B_{33}	0	− sin 15	sin 30	− sin 45	cos 30	− cos 15	1	− cos 25	cos 30
B_{34}	0	sin 10	− sin 20	sin 30	− sin 40	cos 40	− cos 30	cos 20	− cos 10
B_{35}	0	− sin 5	sin 10	− sin 15	sin 20	− sin 25	sin 30	− sin 35	sin 40

	y_{45}	y_{46}	y_{47}	y_{48}	y_{49}	y_{50}	y_{51}	y_{52}	y_{53}
B_{1}	− sin 45	− cos 40	− cos 35	− cos 30	− cos 25	− cos 20	− cos 15	− cos 10	− cos 5
B_{2}	1	cos 10	cos 20	cos 30	[illegible]	[illegible]	[illegible]	[illegible]	[illegible]
B_{3}	− sin 45	− sin 30	− sin 15	0	[illegible]	[illegible]	[illegible]	[illegible]	[illegible]
B_{4}	0	− sin 20	− sin 10	− cos 30	[illegible]	[illegible]	[illegible]	[illegible]	[illegible]
B_{5}	sin 45	cos 20	cos 5	cos 30	[illegible]	[illegible]	[illegible]	[illegible]	[illegible]
B_{6}	− 1	− cos 30	− sin 30	0	[illegible]	[illegible]	[illegible]	[illegible]	[illegible]
B_{7}	sin 45	sin 10	− sin 25	− cos 30	[illegible]	[illegible]	[illegible]	[illegible]	[illegible]
B_{8}	0	sin 40	cos 10	cos 30	[illegible]	[illegible]	[illegible]	[illegible]	[illegible]
B_{9}	− sin 45	− 1	− sin 45	0	[illegible]	[illegible]	[illegible]	[illegible]	[illegible]
B_{10}	0	sin 40	− sin 10	− cos 30	[illegible]	[illegible]	[illegible]	[illegible]	[illegible]
B_{11}	− sin 45	sin 10	cos 25	cos 30	[illegible]	[illegible]	[illegible]	[illegible]	[illegible]
B_{12}	0	− cos 30	− cos 30	0	[illegible]	[illegible]	[illegible]	[illegible]	[illegible]
B_{13}	sin 45	cos 20	sin 5	− cos 30	[illegible]	[illegible]	[illegible]	[illegible]	[illegible]
B_{14}	− 1	− sin 20	cos 40	cos 30	[illegible]	[illegible]	[illegible]	[illegible]	[illegible]
B_{15}	sin 45	− sin 30	− cos 15	0	[illegible]	[illegible]	[illegible]	[illegible]	[illegible]
B_{16}	0	cos 10	sin 20	− cos 30	[illegible]	[illegible]	[illegible]	[illegible]	[illegible]
B_{17}	− sin 45	− cos 40	sin 35	cos 30	[illegible]	[illegible]	[illegible]	[illegible]	[illegible]
B_{18}	1	0	− 1	0	1	0	− 1	0	1
B_{19}	− sin 45	cos 40	sin 35	− cos 30	[illegible]	[illegible]	[illegible]	[illegible]	[illegible]
B_{20}	0	− cos 10	sin 20	cos 30	[illegible]	[illegible]	[illegible]	[illegible]	[illegible]
B_{21}	sin 45	sin 30	− cos 15	0	[illegible]	[illegible]	[illegible]	[illegible]	[illegible]
B_{22}	− 1	sin 20	cos 40	− cos 30	[illegible]	[illegible]	[illegible]	[illegible]	[illegible]
B_{23}	sin 45	− cos 20	sin 5	cos 30	[illegible]	[illegible]	[illegible]	[illegible]	[illegible]
B_{24}	0	cos 30	− cos 30	0	[illegible]	[illegible]	[illegible]	[illegible]	[illegible]
B_{25}	− sin 45	− sin 10	cos 25	− cos 30	[illegible]	[illegible]	[illegible]	[illegible]	[illegible]
B_{26}	0	− sin 40	− sin 10	cos 30	[illegible]	[illegible]	[illegible]	[illegible]	[illegible]
B_{27}	− sin 45	1	− sin 45	0	[illegible]	[illegible]	[illegible]	[illegible]	[illegible]
B_{28}	0	− sin 40	cos 10	− cos 30	[illegible]	[illegible]	[illegible]	[illegible]	[illegible]
B_{29}	sin 45	− sin 10	− sin 25	cos 30	[illegible]	[illegible]	[illegible]	[illegible]	[illegible]
B_{30}	− 1	cos 30	− sin 30	0	[illegible]	[illegible]	[illegible]	[illegible]	[illegible]
B_{31}	sin 45	− cos 20	cos 5	− cos 30	[illegible]	[illegible]	[illegible]	[illegible]	[illegible]
B_{32}	0	sin 20	− sin 10	cos 30	[illegible]	[illegible]	[illegible]	[illegible]	[illegible]
B_{33}	− sin 45	sin 30	− sin 15	0	[illegible]	[illegible]	[illegible]	[illegible]	[illegible]
B_{34}	1	− cos 10	cos 20	− cos 30	[illegible]	[illegible]	[illegible]	[illegible]	[illegible]
B_{35}	− sin 45	cos 40	− cos 35	cos 30	[illegible]	[illegible]	[illegible]	[illegible]	[illegible]

	y_{54}	y_{55}	y_{56}	y_{57}	y_{58}	y_{59}	y_{60}	y_{61}	y_{62}	y_{63}	y_{64}	y_{65}	y_{66}	y_{67}	y_{68}	y_{69}	y_{70}	y_{71}
B_{1}	− 1	− cos 5	− cos 10	− cos 15	− cos 20	− cos 25	− cos 30	− cos 35	− cos 40	− sin 45	− sin 40	− sin 35	− sin 30	− sin 25	− sin 20	− sin 15	− sin 10	− sin 5
B_{2}	0	− sin 10	− sin 20	− sin 30	− sin 40	− cos 40	− cos 30	− cos 20	− cos 10	− 1	− cos 10	− cos 20	− cos 30	− cos 40	− sin 40	− sin 30	− sin 20	− sin 10
B_{3}	1	cos 15	cos 30	sin 15	sin 30	sin 15	0	− sin 15	− sin 30	− sin 15	− sin 30	− sin 15	− cos 30	− cos 15	[illegible]	− cos 15	− cos 30	− sin 45
B_{4}	0	sin 20	sin 40	cos 30	cos 10	cos 10	cos 30	sin 40	sin 20	0	− sin 20	0	− sin 20	− sin 40	− cos 30	− cos 10	− cos 10	− cos 30
B_{5}	− 1	− cos 25	− sin 40	− sin 15	sin 10	sin 35	cos 30	cos 5	cos 20	sin 45	sin 0	− sin 5	− sin 30	− cos 35	− cos 10	− cos 15	− cos 40	[illegible]
B_{6}	0	− sin 30	− cos 30	− 1	− cos 30	− sin 30	0	sin 30	cos 30	0	cos 30	1	cos 30	sin 30	0	− sin 30	− cos 30	− 1
B_{7}	1	cos 35	sin 20	− sin 15	− cos 40	− cos 5	− cos 30	− sin 25	sin 10	sin 30	sin 10	sin 45	cos 10	cos 5	sin 30	− sin 5	− sin 40	− cos 15
B_{8}	0	sin 40	cos	cos 30	sin 20	− sin 20	− cos 30	− cos 10	− sin 40	0	− sin 40	0	sin 40	cos 10	cos 30	sin 20	− sin 20	[illegible]
B_{9}	− 1	− sin 45	0	sin 45	1	sin 45	0	− cos 45	− 1	− sin 45	− 1	− sin 45	0	sin 45	1	sin 45	0	− cos 45
B_{10}	0	− cos 40	− cos	− sin 30	sin 20	cos 20	cos 30	sin 10	− sin 40	− 1	− sin 40	− 1	− sin 10	sin 10	cos 30	cos 20	sin 20	[illegible]
B_{11}	1	sin 35	− sin 20	− cos 10	− cos 40	sin 5	cos 30	cos 25	sin 10	sin 40	sin 10	− sin 45	− cos 10	− sin 25	sin 30	cos 5	sin 40	[illegible]
B_{12}	0	cos 30	cos 30	0	− cos 30	− cos 30	0	cos 30	cos 30	0	cos 30	0	− cos 30	− cos 30	0	cos 30	cos 30	0
B_{13}	− 1	− sin 25	sin 5	cos 15	sin 10	− cos 35	− cos 30	sin 5	cos 20	sin 45	cos 20	sin 45	− sin 20	− cos 5	− sin 30	sin 35	cos 10	[illegible]
B_{14}	0	− cos 20	− sin 40	sin 30	cos 10	sin 10	− cos 30	− cos 10	sin 20	1	sin 20	1	cos 20	cos 40	− cos 30	sin 10	cos 10	[illegible]
B_{15}	1	sin 15	− cos 30	− sin 15	sin 30	cos 15	0	− cos 15	− sin 30	sin 45	− sin 30	sin 45	cos 30	− sin 15	0	cos 30	sin 15	[illegible]
B_{16}	0	cos 10	sin 20	− cos 30	− sin 40	sin 40	cos 30	− sin 20	− cos 10	0	− cos 10	0	cos 10	sin 20	cos 30	sin 40	sin 40	[illegible]
B_{17}	− 1	− sin 5	cos	sin 15	− cos 20	− sin 25	cos 30	sin 35	− cos 40	sin 45	− cos 40	sin 45	cos 30	− sin 15	cos 30	sin 20	[illegible]	[illegible]
B_{18}	0	− 1	0	1	0	− 1	0	1	0	− 1	0	1	0	− 1	0	1	0	− 1
B_{19}	1	− sin 5	− cos	sin 15	cos 20	− sin 25	− cos 30	sin 35	cos 40	− sin 45	cos 40	sin 35	− sin 20	cos 15	− sin 30	sin 35	cos 10	[illegible]
B_{20}	0	cos 10	− sin	− cos 30	sin 40	sin 40	− cos 30	− sin 20	cos 10	0	cos 10	0	− cos 10	sin 20	− cos 30	sin 40	sin 40	[illegible]
B_{21}	− 1	sin 15	cos	− sin 45	− sin 30	cos 15	0	− cos 15	sin 30	sin 45	sin 30	1	cos 20	− cos 40	− cos 30	sin 10	sin 45	[illegible]
B_{22}	0	− cos 20	sin	sin 30	− cos 10	sin 10	cos 30	− cos 40	− sin 10	1	− sin 20	1	cos 20	cos 10	cos 30	sin 10	sin 30	[illegible]
B_{23}	1	− sin 25	− sin 40	cos 5	− sin 10	− cos 35	cos 30	sin 5	− cos 30	sin 45	sin 20	− cos 5	sin 30	sin 15	− cos 10	sin 15	cos 40	[illegible]
B_{24}	0	cos 30	− cos 30	0	cos 30	− cos 30	0	cos 30	− cos 30	0	cos 30	cos 30	0	cos 30	− cos 30	0	cos 30	[illegible]
B_{25}	− 1	sin 35	sin 20	− cos 15	cos 40	sin 5	− cos 30	cos 25	− sin 10	− sin 45	cos 10	− sin 15	− sin 30	cos 5	− sin 40	− sin 15	cos 10	cos 25
B_{26}	0	− cos 40	cos 10	− sin 30	− sin 20	cos 20	− cos 30	sin 10	sin 40	− 1	sin 40	sin 10	cos 10	sin 30	sin 40	[illegible]	[illegible]	[illegible]
B_{27}	1	− sin 45	0	sin 45	− 1	sin 45	0	− sin 45	1	− sin 15	0	sin 45	cos 30	sin 45	0	− sin 45	1	[illegible]
B_{28}	0	sin 40	− cos 10	cos 30	− sin 20	− sin 20	cos 30	− cos 10	sin 40	0	sin 40	sin 20	sin 40	cos 0	cos 30	sin 20	sin 20	[illegible]
B_{29}	− 1	cos 35	− sin 20	− sin 15	cos 40	− cos 5	cos 30	− sin 25	− sin 10	sin 45	− cos 10	cos 5	− sin 30	− sin 5	sin 40	− cos 30	cos 40	[illegible]
B_{30}	0	− sin 30	cos 30	− 1	cos 30	− sin 30	0	sin 30	− cos 30	1	− cos 30	sin 30	0	− sin 30	cos 30	[illegible]	[illegible]	[illegible]
B_{31}	1	− cos 45	sin 40	− sin 10	sin 15	− sin 35	0	− cos 5	− sin 20	sin 45	sin 30	− cos 35	− cos 15	− cos 35	cos 10	− cos 15	[illegible]	[illegible]
B_{32}	0	sin 20	− sin 40	cos 30	− cos 10	cos 10	− cos 30	sin 40	− sin 20	0	sin 20	− sin 10	cos 30	− cos 15	cos 10	− cos 30	sin 40	[illegible]
B_{33}	− 1	cos 15	− cos 30	sin 45	− sin 30	sin 15	0	− sin 15	sin 30	− sin 45	cos 30	− cos 15	1	− cos 15	cos 30	− sin 15	sin 30	[illegible]
B_{34}	0	− sin 5	sin 20	− sin 30	sin 40	− cos 40	cos 30	− cos 20	cos 10	− 1	cos 10	− cos 40	sin 40	− sin 30	sin 20	− sin 30	sin 20	[illegible]
B_{35}	1	− cos 5	cos 10	− cos 15	cos 30	− cos 25	cos 30	− cos 35	cos 40	− sin 45	sin 40	− sin 35	sin 30	− sin 25	sin 20	− sin 5	[illegible]	[illegible]

LIGNES TRIGONOMÉTRIQUES EMPLOYÉES DANS LES TABLES

ANGLES	SINUS	COSINUS
5	0,087 15	0,996 19
10	0,173 64	0,984 80
15	0,258 81	0,965 92
20	0,342 02	0,939 69
25	0,422 61	0,906 30
30	0,500 00	0,866 02
35	0,573 57	0,819 15
40	0,642 78	0,766 04
45	0,707 10	0,707 10

2° GRILLES

Les grilles s'appliquent sur les tableaux contenant les valeurs des ordonnées et les produits des ordonnées par les sinus, rangés, comme ci-dessus, dans les carrés d'un papier quadrillé (fig. 744).

On fait une grille pour chaque A et chaque B.

Voici comment on peut procéder, en prenant pour modèle A calculé avec 12 ordonnées, comme dans les exemples ci-dessus :

On inscrit, au crayon, dans chaque carré de haut en bas, la série des y : $y_0\,y_1\,\ldots y_{11}$; dans une seconde colonne, $y_0 \sin 30°$, $y_1 \sin 30°\ldots$, $y_{11} \sin 30°$; dans une troisième, $y_0 \sin 60°\;y_1 \sin 60°\ldots y_{11} \sin 60°$ (fig. 745). Puis on prend dans la table, les uns après les autres, les termes de la formule, et on les marque sur le carré qui leur correspond, en reportant à côté le signe dont ils sont affectés. On n'a plus alors qu'à découper les carrés qui ont été ainsi marqués, et à écrire dans le haut A. La grille est prête; et, reportée sur le tableau des valeurs de v, elle ne laisse voir à travers ses petites fenêtres que celles dont on a besoin pour le calcul de A, (fig. 746).

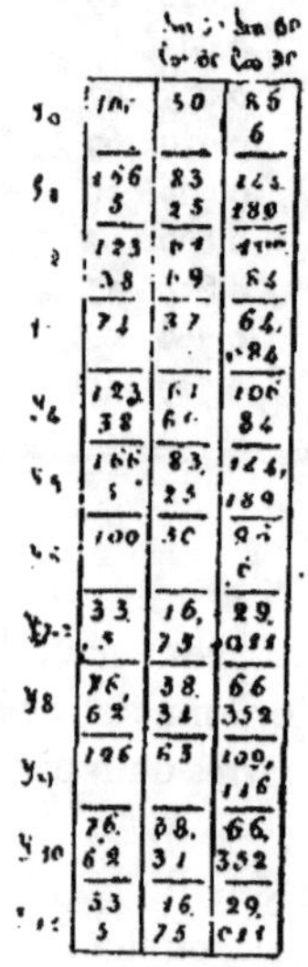

Fig. 744

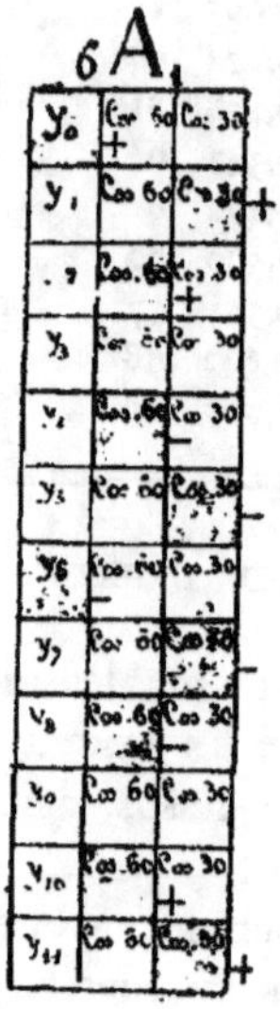

Fig. 745

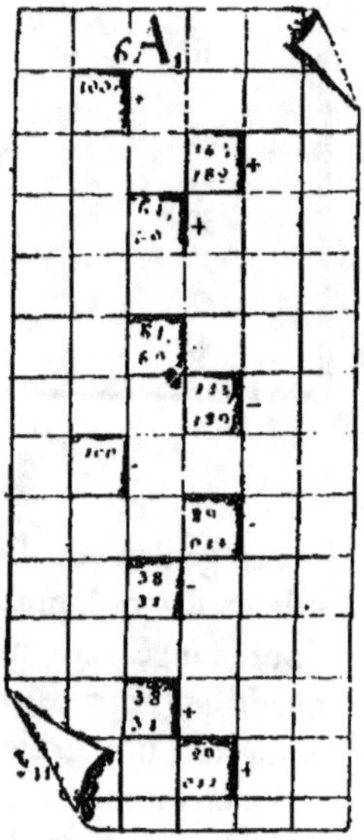

Fig. 746

3° PROCÉDÉ DE M. HERMANN

Outre ses grilles pour 40 ordonnées (fig. 747 et 748), M. Hermann a dressé un Tableau, où les valeurs de y se succèdent demi-millimètre par demi-millimètre, et où les valeurs de $y \cos x$ sont données sans décimales. Je les emprunte à la *Revue générale des sciences*, 1898, p. 669. Cette simplification est rendue possible par l'agrandissement considérable de ses courbes.

GRILLES DE M. HERMANN

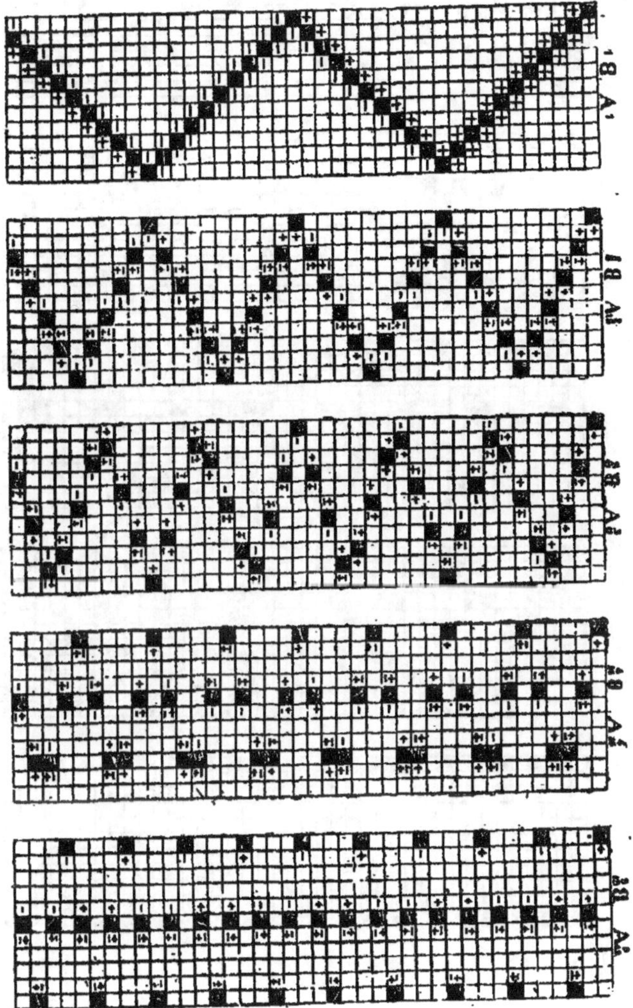

Fig. 747.

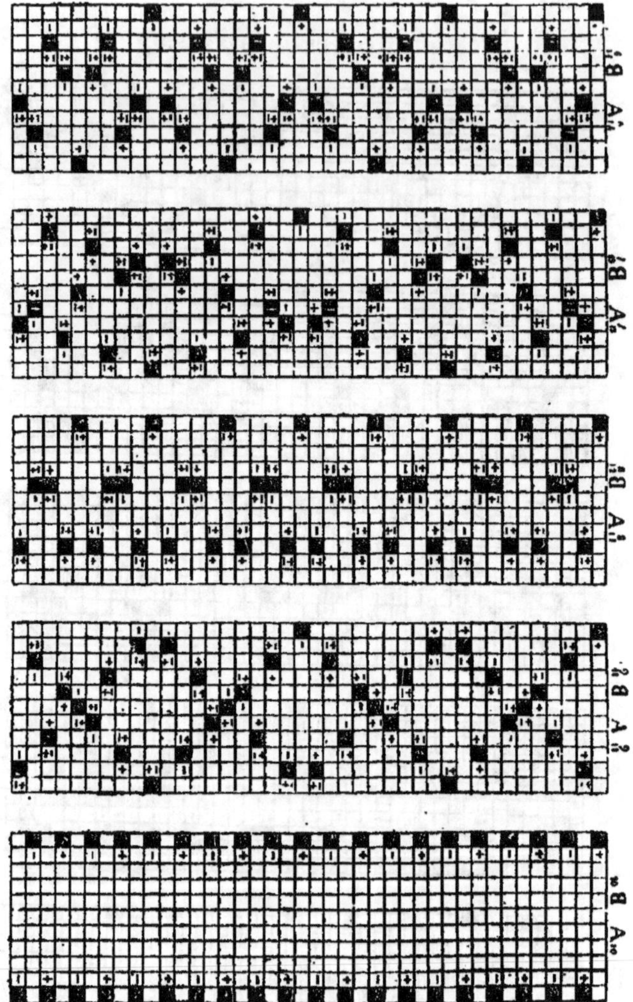

Fig. 748.

Produits de Y par les cosinus de 9° a 90°.

Y	Y cos 9°	Y cos 18°	Y cos 27°	Y cos 36°	Y cos 45°	Y cos 54°	Y cos 63°	Y cos 72°	Y cos 81°	Y cos 90°
0	0	0	0	0	0	0	0	0	0	0
0.5	0	0	0	0	0	0	0	0	0	0
1	1	1	1	1	1	1	0	0	0	0
1.5	1	1	1	1	1	1	1	0	0	0
2	2	2	2	2	1	1	1	1	0	0
2.5	2	2	2	2	2	1	1	1	0	0
3	3	3	3	2	2	2	1	1	0	0
3.5	3	3	3	3	2	2	2	1	1	0
4	4	4	4	3	3	2	2	1	1	0
4.5	4	4	4	4	3	3	2	1	1	0
5	5	5	4	4	4	3	2	2	1	0
5.5	5	5	5	4	4	3	2	2	1	0
6	6	6	5	5	4	4	3	2	1	0
6.5	6	6	6	5	5	4	3	2	1	0
7	7	7	6	6	5	4	3	2	1	0
7.5	7	7	7	6	5	4	3	2	1	0
8	8	8	7	6	6	5	4	2	1	0
8.5	8	8	8	7	6	5	4	3	1	0
9	9	9	8	7	6	5	4	3	1	0
9.5	9	9	8	8	7	6	4	3	1	0
10	10	10	9	8	7	6	5	3	2	0
10.5	10	10	9	8	7	6	5	3	2	0
11	11	10	10	9	8	6	5	3	2	0
11.5	11	11	10	9	8	7	5	4	2	0
12	12	11	11	10	8	7	5	4	2	0
12.5	12	12	11	10	9	7	6	4	2	0
13	13	12	12	11	9	8	6	4	2	0
13.5	13	13	12	11	10	8	6	4	2	0
14	14	13	12	11	10	8	6	4	2	0
14.5	14	14	13	12	10	9	7	4	2	0
15	15	14	13	12	11	9	7	5	2	0
15.5	15	15	14	13	11	9	7	5	2	0
16	16	15	14	13	11	9	7	5	3	0
16.5	16	16	15	13	12	10	7	5	3	0
17	17	16	15	14	12	10	8	5	3	0
17.5	17	17	16	14	12	10	8	5	3	0
18	18	17	16	15	13	11	8	6	3	0
18.5	18	18	16	15	13	11	8	6	3	0
19	19	18	17	15	13	11	9	6	3	0
19.5	19	19	17	16	14	11	9	6	3	0
20	20	19	18	16	14	12	9	6	3	0
20.5	20	19	18	17	14	12	9	6	3	0
21	21	20	19	17	15	12	10	6	3	0
21.5	21	20	19	17	15	13	10	7	3	0
22	22	21	20	18	16	13	10	7	3	0
22.5	22	21	20	18	16	13	10	7	4	0
23	23	22	20	19	16	14	10	7	4	0
23.5	23	22	21	19	17	14	11	7	4	0
24	24	23	21	19	17	14	11	7	4	0
24.5	24	23	22	20	17	14	11	8	4	0
25	25	24	22	20	18	15	11	8	4	0
25.5	25	24	23	21	18	15	12	8	4	0
26	26	25	23	21	18	15	12	8	4	0
26.5	26	25	24	21	19	16	12	8	4	0
27	27	26	24	22	19	16	12	8	4	0
27.5	27	26	25	22	19	16	12	8	4	0
28	28	27	25	23	20	16	13	9	4	0
28.5	28	27	25	23	20	17	13	9	4	0
29	29	28	26	23	21	17	13	9	5	0
29.5	29	28	26	24	21	17	13	9	5	0
30	30	29	27	24	21	18	14	9	5	0
30.5	30	29	27	25	22	18	14	9	5	0
31	31	29	28	25	22	18	14	10	5	0
31.5	31	30	28	25	22	19	14	10	5	0
32	32	30	29	26	23	19	15	10	5	0
32.5	32	31	29	26	23	19	15	10	5	0
33	33	31	29	27	23	19	15	10	5	0

Produits de Y par les cosinus de 9° à 90° (SUITE).

y	y cos 9°	y cos 18°	y cos 27°	y cos 36°	y cos 45°	y cos 54°	y cos 63°	y cos 72°	y cos 81°	y cos 90°
33.5	33	32	30	27	24	20	15	10	5	0
34	34	32	30	28	24	20	15	11	5	0
34.5	34	33	31	28	25	20	16	11	6	0
35	35	33	31	28	25	21	16	11	6	0
35.5	35	34	32	29	25	21	16	11	6	0
36	36	34	32	29	26	21	16	11	6	0
36.5	36	35	32	30	26	22	17	11	6	0
37	37	35	33	30	26	22	17	11	6	0
37.5	37	36	33	30	27	22	17	12	6	0
38	38	36	34	31	27	22	17	12	6	0
38.5	38	37	34	31	27	22	18	12	6	0
39	39	37	35	32	28	23	18	12	6	0
39.5	39	38	35	32	28	23	18	12	6	0
40	40	38	36	32	28	24	18	12	6	0
40.5	40	38	36	33	29	24	18	13	6	0
41	41	39	36	33	29	24	19	13	7	0
41.5	41	39	37	34	29	24	19	13	7	0
42	42	40	37	34	30	25	19	13	7	0
42.5	42	40	38	35	30	25	19	13	7	0
43	43	41	38	35	31	25	20	13	7	0
43.5	43	41	39	35	31	26	20	13	7	0
44	44	42	39	36	31	26	20	14	7	0
44.5	44	42	40	36	32	26	20	14	7	0
45	45	43	40	36	32	27	20	14	7	0
45.5	45	43	40	37	32	27	21	14	7	0
46	46	44	41	37	33	27	21	14	7	0
46.5	46	44	41	38	33	27	21	14	7	0
47	47	45	42	38	33	28	21	15	8	0
47.5	47	45	42	38	34	28	22	15	8	0
48	48	46	43	39	34	28	22	15	8	0
48.5	48	46	43	39	34	29	22	15	8	0
49	49	47	44	40	35	29	22	15	8	0
49.5	49	47	44	40	35	29	22	15	8	0
50	50	47	44	40	35	29	23	15	8	0
50.5	50	48	45	41	36	30	23	16	8	0
51	50	48	45	41	36	30	23	16	8	0
51.5	51	49	46	42	37	31	23	16	8	0
52	51	49	46	42	37	31	24	16	8	0
52.5	52	50	47	43	37	31	24	16	8	0
53	52	50	47	43	38	31	24	16	8	0
53.5	53	51	48	43	38	32	24	17	9	0
54	53	51	48	44	38	32	25	17	9	0
54.5	54	52	48	44	39	32	25	17	9	0
55	54	52	49	45	39	32	25	17	9	0
55.5	55	53	49	45	39	33	25	17	9	0
56	55	53	50	45	40	33	25	18	9	0
56.5	56	54	50	46	40	33	25	18	9	0
57	56	54	51	46	40	34	26	18	9	0
57.5	57	55	51	47	41	34	26	18	9	0
58	57	55	52	47	41	34	26	18	9	0
58.5	58	56	52	47	42	35	26	18	9	0
59	58	56	53	48	42	35	27	18	9	0
59.5	59	57	53	48	42	35	27	18	10	0
60	59	57	53	48	43	35	27	19	10	0
60.5	60	57	54	49	43	36	27	19	10	0
61	60	58	54	49	43	36	27	19	10	0
61.5	61	58	55	49	43	36	28	19	10	0
62	61	59	55	50	44	37	28	19	10	0
62.5	62	59	55	50	44	37	28	19	10	0
63	62	60	56	51	45	37	28	20	10	0
63.5	63	60	56	51	45	37	29	20	10	0
64	63	61	57	52	46	38	29	20	10	0
64.5	63	61	57	52	46	38	29	20	10	0
65	64	62	58	53	46	38	29	20	10	0
65.5	65	62	58	53	47	39	29	20	10	0
66	65	63	59	53	47	39	30	20	11	0
66.5	66	63	59	54	47	39	30	21	11	0

Produits de Y par les cosinus de 9° à 90° (SUITE).

Y	Y cos 9°	Y cos 18°	Y cos 27°	Y cos 36°	Y cos 45°	Y cos 54°	Y cos 63°	Y cos 72°	Y cos 81°	Y cos 90°
67	66	64	60	54	48	40	30	21	11	
67.5	67	64	60	55	48	40	30	21	11	0
68	67	65	61	55	48	40	31	21	11	0
68.5	68	65	61	55	49	40	31	21	11	0
69	68	66	61	56	49	41	31	21	11	0
69.5	69	66	62	56	49	41	31	22	11	0
70	69	66	62	57	50	41	31	22	11	0
70.5	70	67	63	57	50	42	32	22	11	0
71	70	67	63	58	50	42	32	22	11	0
71.5	71	68	64	58	51	42	32	22	11	0
72	71	68	64	58	51	43	32	22	12	0
72.5	72	69	65	59	52	43	33	22	12	0
73	72	69	65	59	52	43	33	23	12	0
73.5	73	70	65	59	52	44	33	23	12	0
74	73	70	66	60	53	44	33	23	12	0
74.5	74	71	66	60	53	44	34	23	12	0
75	74	71	67	61	53	45	34	23	12	0
75.5	74	72	67	61	54	45	34	23	12	0
76	75	73	68	61	54	45	35	24	12	0
76.5	76	73	68	62	54	45	35	24	12	0
77	76	73	69	62	55	46	35	24	12	0
77.5	77	74	69	63	55	46	35	24	12	0
78	77	74	69	63	55	46	35	24	12	0
78.5	78	75	70	65	56	47	36	24	12	0
79	78	75	70	64	56	47	36	24	13	0
79.5	79	76	71	64	57	47	36	25	13	0
80	79	76	71	65	57	47	36	25	13	0
80.5	80	76	72	65	57	48	36	25	13	0
81	80	77	72	66	58	48	36	25	13	0
81.5	81	77	72	66	58	48	37	25	13	0
82	81	78	73	66	58	48	37	25	13	0
82.5	82	78	73	67	58	48.5	37	25.5	13	0
83	82	79	74	67	59	49	38	26	13	0
83.5	83	79	74	68	59	49	38	26	13	0
84	83	80	75	68	59	49	38	26	13	0
84.5	84	80	75	68	60	50	38	26	13	0
85	84	81	76	69	60	50	38	26	14	0
85.5	85	81	76	69	61	51	39	26	14	0
86	85	82	77	70	61	51	39	27	14	0
86.5	86	82	77	70	62	51	39	27	14	0
87	86	83	78	70	62	51	40	27	14	0
87.5	87	83	78	71	62	52	40	27	14	0
88	87	84	78	71	62	52	40	27	14	0
88.5	88	84	79	72	63	53	40	27	14	0
89	88	85	79	72	63	53	40	28	14	0
89.5	89	85	80	72	63	53	41	28	14	0
90	89	86	80	73	64	53	41	28	14	0
90.5	90	86	81	73	64	54	41	28	14	0
91	90	87	81	74	64	54	41	28	14	0
91.5	91	87	82	74	65	54	41	28	14	0
92	91	87	82	75	65	55	41	29	15	0
92.5	92	88	83	75	65	55	42	29	15	0
93	92	88	83	75	66	55	42	29	15	0
93.5	93	88	84	76	66	55	42	29	15	0
94	93	89	84	76	66	56	42	29	15	0
94.5	94	89	85	77	67	56	43	29	15	0
95	94	90	85	77	67	56	43	29	15	0
95.5	95	90	86	77	67	56	43	30	15	0
96	95	91	86	78	68	56	44	30	15	0
96.5	96	91	86	78	63	57	44	30	15	0
97	96	92	87	78	68	57	44	30	15	0
97.5	97	92	87	79	69	57	44	30	15	0
98	97	93	87	79	69	57	44	30	15	0
98.5	98	93	88	80	70	58	45	31	12	0
99	98	94	88	80	70	58	45	31	15	0
99.5	99	94	89	81	71	58	45	31	15	0
100	99	95	89	81	71	59	45	31	16	0

PROCÉDÉ DE M. VERNER

M. Karl Verner a indiqué une méthode de calcul qui simplifie énormément le travail. Elle a paru dans les *Neuphilologische Mitteilungen* de Helsingfors 15 septembre 1903. C'est M. Poirot qui me l'a fait connaître.

En voici brièvement le principe :

Si on prend un nombre d'ordonnées *multiple de* $4 = 4n$, les valeurs *absolues* des sinus et des cosinus qui entrent dans les équations sont, outre 0 et 1, au nombre de n-1. M. Verner les appelle α, β, γ, δ... En mettant ces valeurs en facteur commun dans les différentes équations qui donnent la valeur de A_1 A_2 A_3... A_z et de B_1 B_2... B_i, il ne reste plus dans les équations que *des produits des nombres* α, β, γ, δ... *par des sommes algébriques de 4 ordonnées.* Les groupes de 4 ordonnées ainsi formés sont au nombre de $n + 1$, M. Verner les numérote de 0 à n. Chacun d'eux peut être pris avec quatre combinaisons différentes de *signes* qu'il appelle C, D, E, F. Par exemple, avec 12 ordonnées on aurait :

$$C_1 = y_1 + y_5 - y_7 - y_{11} \qquad C_2 = y_2 + y_4 - y_8 - y_{10}$$
$$D_1 = y_1 - y_5 - y_7 + y_{11} \qquad D_2 = y_2 + y_4 - y_8 + y_{10}$$
$$E_1 = y_1 - y_5 - y_7 - y_{11} \qquad E_2 = y_2 - y_4 + y_8 - y_{10}$$
$$F_1 = y_1 + y_5 + y_7 + y_{11} \qquad F_2 = y_2 + y_4 + y_8 + y_{10}$$

M. Verner — et c'est là l'essentiel de sa méthode — donne un schéma permettant de *former a priori toutes ces sommes algébriques.* Comme chacune d'elles entre dans plusieurs équations, il y a une économie de temps notable. M. Verner indique d'ailleurs quelques autres simplifications accessoires, avec le moyen de calculer l'erreur probable suivant le nombre d'harmoniques que l'on a choisi.

PROCÉDÉ DE M. ROUDET

Pour simplifier, M. Roudet a construit un petit appareil qui lui donne sans aucune écriture et par une série d'opérations purement mécaniques la valeur des coefficients A et B.

L'appareil se compose d'un rectangle de papier quadrillé au millimètre que l'on colle sur un carton (fig. 749). L'axe OO' est parallèle aux petits côtés. AB est gradué dans les deux sens à partir de O'. Sur OO', on élève des perpendiculaire en des points (E, F, H, correspondant sur la figure à cos 80°, 70°, 60°...) qui partagent cette ligne proportionnellement aux sinus et aux cosinus du premier quadrant, de sorte que l'on ait par exemple :

$$\frac{OE}{OO'} = \sin 10^\circ = \cos 80^\circ ; \quad \frac{OF}{OO'} = \sin 20^\circ = \cos 70^\circ ; \quad \frac{OH}{OO'} = \sin 30^\circ = \cos 60^\circ \dots \text{ etc.}$$

Chacune des perpendiculaire est graduée au moyen de la même unité que AB. Sur le bord AB, on dispose un petit curseur mobile en carton ou en métal. Au point O, on fixe un pivot (une punaise par exemple) qui retient un fil dont l'autre extrémité est mobile ; et l'appareil est construit.

Le fil sert à faire les produits d'un sinus ou d'un cosinus par une ordonnée, qui forment chaque terme des équations donnant la valeur de A et de B. On tend le fil en le faisant passer par le point M de AB correspondant à la valeur de l'ordonnée, et, par suite de la similitude des triangles, on lit immédiatement le produit à l'intersection du fil et de la droite verticale qui répond au sinus ou au cosinus considéré.

Le curseur sert à faire la somme algébrique des termes. On le déplace d'un nombre de divisions égal à la valeur du terme dans le sens AB lorsque le terme est positif, dans le

C
B
Cos
Sin
80°
10°
70°
20°
60°
30°
50°
40°
40°
50°
30°
60°
20°
70°
10°
80°
16
15
14
13
12
11
10
9
8
7
6
5
4
3
2
1
O'
-1
-2
-3
-4
-5
-6
-7
-8
-9
-10
-11
-12
-13
-14
-15
-16
O
D
A

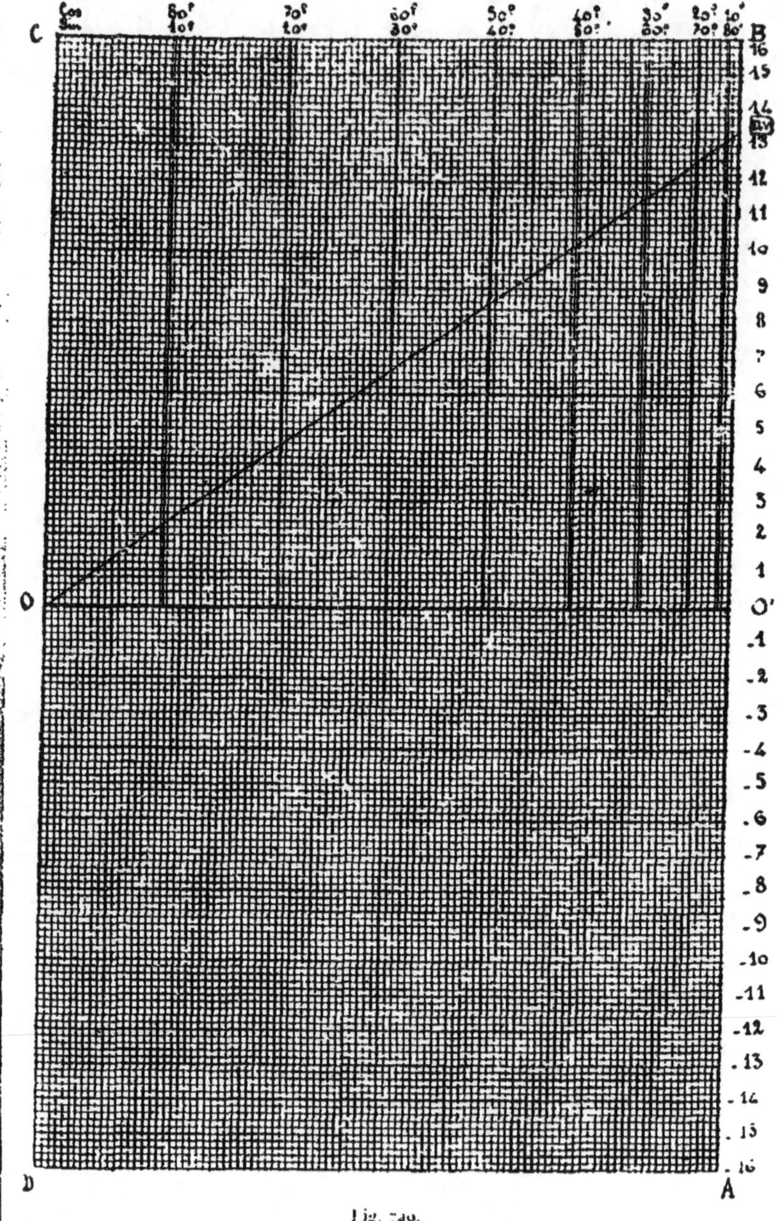

Fig. 740.

sens BA lorsque le terme est négatif. Quand les opérations sont terminées, il n'y a qu'à lire le chiffre postif ou négatif indiqué par le curseur.

En donnant à chaque division de la graduation verticale une longueur de 5^{mm}, on arrive à une approximation très suffisante. L'approximation est évidemment d'autant plus grande que l'appareil est construit sur une plus grande échelle[1]. A l'échelle de la figure, la 1re perpendiculaire (en allant de gauche à droite) est à 17^{mm} 36, la deuxième à 34,20, la troisième à 50... etc. (voir le tableau des lignes trigonométriques, p. 1200.)

<h1 style="text-align:center">V</h1>

<h3 style="text-align:center">ADDITIONS ET CORRECTIONS</h3>

Onde sonore. Vibration double, simple (p. 5 et 6). — L'onde sonore est encore dite *vibration*. A l'onde complète, correspond la vibration double (V. D.); à la demi-onde, la vibration simple (V. S.). L'onde (fig. 1) se compose d'une partie positive (*b*), d'une partie négative (*a*). Pour compter les vibrations, au lieu de partir du point d'origine, qui est sur l'axe moyen (voir fig. 5, II, la suite des petites vibrations), et qu'il est souvent difficile de déterminer, le plus simple est de faire commencer la vibration au point le plus bas. Par conséquent, on comptera, non à partir de *a*, mais de *f*; et, de là jusqu'au point correspondant plus loin, 1 vibration, qui sera une vibration double, absolument égale à celle qui va de *a* à *d*. Ce qui revient à dire

---

1. *La Parole*, an. 1900, p. 17-22.

que, dans la rangée, il y a autant de vibrations qu'il y a de têtes.

Palais artificiel (p. 57). — Aujourd'hui, je préfère les palais artificiels en *ouranine*. Cette substance, solution préparée par M. Montalbetti, s'étend au pinceau sur le contre-moule en plâtre, légèrement huilé. On passe trois couches successives, qui sèchent immédiatement. Sur la 3e, on étale une feuille très mince de coton hydrophile, que l'on fait adhérer en .apotant avec les doigts ; puis on passe une nouvelle couche sans déplacer le coton et l'on expose à la chaleur d'un réchaud pendant cinq minutes. Dès que la substance commence à sécher, on tamponne, puis on passe deux autres couches, et l'on expose à la chaleur pendant 1 quart d'heure environ, en tamponnant de temps en temps. Quand on juge que le palais est bien sec, on le trempe dans l'eau froide, et on le laisse à l'air. Le lendemain, on a un palais artificiel très mince, léger et souple.

Pour blanchir le palais, le talc vaut mieux que la craie. On l'étend avec un petit tampon de ouate.

Cuvette à vernir (p. 75). — La cuvette peut être reliée au flacon à vernis par un caoutchouc. En plaçant le flacon au-dessus de la cuvette, on la remplit ; en le remettant au-dessous, on la vide. On a l'avantage de manipuler le vernis sans se salir les doigts.

Microscopie (p. 151)). — Dans un très nombre de cas, je remplace le microscope par une forte loupe enchâssée dans une monture de lunettes, et j'emploie pour les *mesures* un décimètre dont j'ai fait diviser un centimètre en *dixièmes de millimètre*. Avec de l'habitude, on peut facilement prendre un *quart de dixième*. Dans les mesures prises par M. l'abbé Rigal au microscope, et par moi avec la loupe, l'accord est constant.

Analyse physique (p. 175). — Après avoir pratiqué l'analyse physique de la parole, je suis moins sceptique sur la valeur de ses résultats. On en a jugé, du reste, par la suite. Le chapitre consacré à l'analyse physiologique s'est largement enrichi de recherches où la physique peut réclamer une large part. Les données de la physiologie n'en demeurent pas moins intéressantes pour localiser les sons et les rapporter à leur cause. Cette sorte d'analyse n'a pas baissé dans mon estime ; l'autre a grandi.

Articulation (p. 333). — Il faut entendre par ce mot, non seulement les actes nécessaires à la production d'un son, mais le son lui-même envisagé du point de vue physiologique. Ainsi un *a*, par exemple, est, suivant que l'on considère les mouvements physiologiques ou leur effet, une articulation ou un son.

Caractéristique de l'á (p. 354 et 362). — J'ai pu croire que l'*a*, inscrit (fig. 158), était un *a* ouvert, surtout d'après les résultats de l'analyse. Je ne connaissais pas alors la caractéristique de mon *a ouvert*. C'était une erreur. Mon *a ouvert* est beaucoup plus aigu. Et c'est bien un *a fermé* que j'ai inscrit. La différence entre la caractéristique indiquée par le diapason à poids glissant et le 7ᵉ son composant vient uniquement de ce que l'analyse des courbes ne peut faire connaître que les *harmoniques voisins* de la caractéristique, en raison du renforcement dont ils bénéficient.

Explosives (p. 446). — Je n'emploie plus le terme d'*explosive* pour désigner une *occlusive*, l'explosion n'étant pas essentielle aux occlusives, puisqu'elles peuvent être réduites à la seule implosion, par exemple *p* dans *apu* (fig. 641) et dans *aptitude* (fig. 656).

Audibilité des consonnes nasales (p. 572). — Compléter par les pages 1062 et suivantes.

Tension des semi-voyelles (p. 635). — J'ai dit ici que le maximum de tension est plus considérable pour *y* que pour l'*i* ; et dans le *Précis de prononciation française*, j'ai justement écrit le contraire. En somme, la contradiction n'est qu'apparente. Pour le *w̃*, il y a accord entre moi et la Parisienne qui a fourni l'expérience du *Précis* (fig. 750) : il est moins tendu que l'*u moyen* (*Les Modifications phonétiques du langage*, p. 28). Il en est de même pour le *w*. Le *y* est

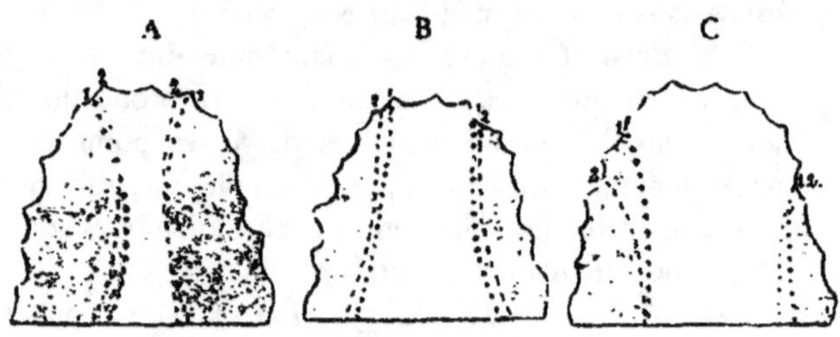

Fig. 750.

Comparaison de *i* et *u* avec les semi-voyelles *y* et *w̃*. A. 1. i ; — 2. ja. B. 1. u ; — 2. w̃ua. — C. 1. u ; — 2. wa. La partie ombrée correspond à la voyelle.

moins clair. Dans *Les Modifications phonétiques*, je l'ai noté plus tendu que *i* moyen, moins tendu que l'*i* fermé. C'est aussi en somme ce que dit la figure 750.

Sons naissants (935). — J'aurais encore pu rappeler les semi-voyelles qui se montrent dans les diphtongues, par exemple (fig. 484, 2 et 485). C'est grâce à un processus de ce genre que *ma fwa ó* (ma foi, oui !) est devenu *ma fwa gó*, en passant par *ma fwa wó* dans l'ancien patois de Nanteuil-en-Vallée.

Assimilation à distance (p. 982). — L'assimilation de *s* dans *couché sous un pin* se lit (fig. 681 et 689).

Rééducation de l'oreille (p. 1145). — La rééducation des sourds étant une œuvre laborieuse et demandant de leur part une grande persévérance, je crois utile, pour les encourager, de leur présenter l'exemple du Père missionnaire dont j'ai déjà parlé (p. 1145). En quatre mois, son oreille est devenue normale pour tous les sons compris entre 2.814 v. d. et 160, et il est à croire qu'elle le deviendra pour les notes au-dessous. Quant à la conversation, toute gêne a disparu.

« J'en suis venu, dit-il, à oublier mon mal et à croire que j'ai été toujours bien portant. »

Insuffisance respiratoire (p. 1156). — Lors de la dernière incorporation des recrues dans son régiment, M. le Dr Thooris a eu l'idée de soumettre à la gymnastique respiratoire les jeunes soldats reconnus très faibles de constitution par l'application de la formule :

$$i == T - (P + p),$$

dans laquelle i (indice numérique) représente le degré de force, T la taille, P le poids, et p le périmètre thoracique pris au repos à la hauteur des mamelons.

La taille et le périmètre sont exprimés en centimètres ; le poids en kilogrammes.

L'indice est de 1 à 20 pour les bonnes constitutions, de 21 à 25 pour les moyennes, de 26 à 30 pour les faibles, au-dessus de 30 pour les très faibles.

Chez les 30 jeunes gens, dont les indices dépassèrent 30, la respiration fut inscrite au moyen de 3 pneumographes agissant simultanément et placés au niveau du manubrium (M) ou poignée de sternum, de l'appendice xyphoïde (X) et de l'épigastre (E).

Il s'en trouva 16 qui avaient une respiration diaphragmatique normale : versés dans le rang, ils augmentèrent

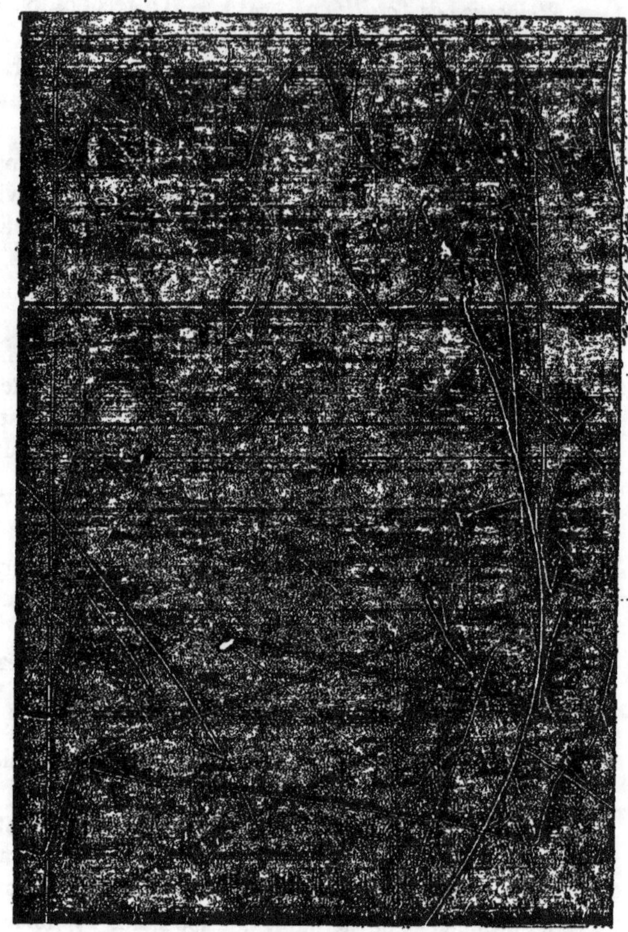

Fig. 751.

Pointillé, avant les exercices. — Traits, après la 1ʳᵉ semaine. — Traits et points, après la 2ᵉ semaine. — Ligne pleine, après la 3ᵉ semaine.

A. *Respiration*. — *a b*, amplitude de l'inspiration; *b c*, amplitude de l'expiration. — M, resp. costale supérieure; N, costale inférieure; E, abdominale.

B. *Émission d'une voyelle*. — Amplitudes : *o p* (inspiration), *p r* (expiration).

Respiration.

	Avant les exercices			Après la 1re semaine			Après la 2e semaine			Après la 3e semaine		
	M	X	E	M	X	E	M	X	E	M	X	E
Durée	1,80	1,9	1,3	2,6	2,4	3,6	2,7	2,8	2,6	3,2	3,2	3,5
Amplitude	46	34,1	46,4	49	44,9	36,8	52	54,3	41,7	44,5	38,6	53,8
Durée	1,76	1,71	1,22	3,11	3,09	3,07	2,39	2,55	2,89	3,64	3,71	3,63
Amplitude	39,6	35,8	16,25	49,3	47,1	43	53,6	57,5	42,9	46,6	42,2	48,7

Émission d'une voyelle.

	Avant les exercices			Après la 1re semaine			Après la 2e semaine			Après la 3e semaine		
	M	X	E	M	X	E	M	X	E	M	X	E
Durée	0,1	0,7	0,5	0,3	0,7	0,8	0,5	1,6	1,6	2,6	3	3,5
Amplitude	22	16	6	30	32	19	23	38	32	50	43	38
Durée	12	8,16	5,3	7,1	7,5	8,4	13,3	13,7	18	30	30	29
Amplitude	15	18	7	31	31	16	10	33	27	55	51	46

Résultats.

	Avant les exercices	Après la 1re semaine	Après la 2e semaine	Après la 3e semaine
Poids	56 k.	56,6	57,3	57,5
Périmètre thoracique	85	86,3	87,3	89

rapidement, grâce à un travail modéré et à une excellente alimentation, de poids et de périmètre thoracique.

Les 14 autres, nourris comme les premiers, ont suivi pendant trois semaines des exercices exclusivement respiratoires. Les tracés de leur respiration, pris à la fin de chaque semaine et superposés (fig. 751), montrent les progrès accomplis.

Un tableau numérique contenant les moyennes de 4 sujets complète les tracés et donne les variations de durée, d'amplitude, de poids et de périmètre.

L'initiative de M. Thooris a vivement frappé l'attention du commandement. Elle mérite d'être encouragée et imitée non seulement à la caserne, mais aussi dans les maisons d'éducation.

———

ARRIÈRE-PROPOS

En déposant la plume, treize ans après l'avoir prise, j'éprouve le besoin de m'excuser d'un aussi long retard pour une œuvre si courte.

Conçu sur un plan très restreint et écrit en quelques mois au début de l'année 1896 en vue du prix Volney, qu'il obtint en manuscrit, ce travail devait tenir en 300 pages et le prix ne devait pas dépasser 6 francs.

Mais, au moment même de l'impression, les chapitres III et IV s'enrichirent considérablement des lectures que je fis alors: Je ne me bornais plus à recueillir le fruit de mes réflexions personnelles et de mes propres expériences ; je voulais mettre le lecteur au courant des travaux déjà accomplis et presque entièrement ignorés des linguistes. Je dois avouer que je ne faisais pas exception.

Il s'ensuivit des frais considérables de surcharges, de tableaux, de clichés. Et les prévisions de l'éditeur furent largement dépassées. Le prix dut être porté à 20 francs. Ce ne fut point, si j'ai bonne mémoire, sans lui causer des embarras avec quelques souscripteurs qui avaient eu connaissance de nos intentions premières. Mais la plupart ou les ignora, ou accepta les nouvelles conditions sans murmure.

Un premier fascicule parut en juin 1897. Et je crus

pouvoir annoncer la fin pour le commencement de 1898. C'est que je comptais n'avoir plus rien à ajouter à mon manuscrit.

Le second fascicule fut retardé jusqu'en juillet 1901. Voici comment je m'en excusai auprès de mes lecteurs.

« Lorsque, disais-je, j'interrompis, en juin 1897, la publication de mes *Principes de phonétique expérimentale*, pour prendre un repos nécessaire, le reste de mon manuscrit n'exigeait pas plus de 12 à 15 feuilles avec des clichés assez peu nombreux et d'une exécution peu coûteuse. L'impression pouvait être achevée en quelques mois.

C'est sur ces bases que l'éditeur a pu évaluer le prix du volume et le promettre pour le commencement de 1898.

Mais la création du laboratoire de Phonétique expérimentale au Collège de France, en augmentant mes moyens de recherche, vint modifier heureusement tous mes plans. Mon manuscrit ne tarda pas à me paraître trop sommaire, incomplet. De nouvelles expériences étaient faites, un nouvel inscripteur de la parole me faisait pénétrer plus avant dans des questions que j'avais à peine effleurées, et en soulevait d'autres que je n'avais pas entrevues.

Pouvais-je livrer un manuscrit qui ne représentait plus à mes yeux l'état de la science ? Ni l'éditeur ni moi ne l'avons pensé. Et c'est ce qui explique en grande partie le retard qu'a éprouvé ce second fascicule.

Pouvais-je, d'autre part, faire des économies sur les figures et me contenter de descriptions là où il me paraissait nécessaire de montrer la réalité, au risque d'augmenter considérablement la dépense ? Je ne le crus pas davantage. Et M. Welker, dont j'ai toujours admiré l'esprit large et généreux, calma mes scrupules d'un mot : « Faisons bien », me dit-il.

J'ai usé, abusé peut-être, de la liberté qui m'était si gracieusement accordée. La partie de mon manuscrit primitif, que je donne aujourd'hui, aurait contenu en une vingtaine de pages ; elle forme un fascicule de 20 feuilles, égal au premier. Et les rares figures, presque toutes schématiques, que je comptais faire clicher ont été remplacées par 336 figures, dont 40 occupent la page entière, 1 même deux pages, et dont la plupart représentent des tracés réels agrandis par la photographie ou sous le microscope et retouchés à la loupe.

En présentant ce fascicule, j'offre donc (je l'avoue) une minime partie des matières que j'avais annoncées, et j'ose espérer qu'on ne m'en saura pas mauvais gré. Mais l'éditeur livre à ses premiers souscripteurs bien plus qu'il n'avait promis, et je leur demande de ne pas s'en plaindre.

Après cette seconde partie en viendra une troisième, dont l'impression se poursuivra sans interruption. Elle contiendr. la fin de l'ouvrage et ne demandera pas plus de 15 à 20 feuilles. »

Je me trompais encore. Des études de détail non prévues, et surtout l'acquisition d'un matériel d'acoustique tel qu'aucun Etablissement au monde ne peut offrir l'équivalent, devaient amener un nouveau retard de 7 ans, et doubler le nombre des feuilles annoncées.

Mon travail ne se présente donc pas avec la belle ordonnance, l'équilibre parfait des œuvres nées d'un seul jet, comme un éclair de la pensée. Mais peut-être y trouvera-t-on l'harmonieux développement que donne l'unité de dessin aux œuvres qui ont vécu. Puissé-je ne pas me faire illusion ! Ou daigne le lecteur me pardonner ! C'est dans cet espoir que je me confie à sa bienveillance.

J'ai contracté au cours de ce travail bien des dettes de reconnaissance. Je voudrais ne faillir à aucune. Je n'ai garde d'oublier que c'est à la sollicitation de M. Bréal et de M. Welker que je l'ai entrepris, que plusieurs de mes élèves m'ont fourni une collaboration utile. Et je conserve un souvenir ému de mon vrai initiateur, mon regretté Maître Gaston Paris, et de tous ceux qui, en se soumettant à mes expériences, m'ont apporté un concours précieux et désintéressé.

TABLE ANALYTIQUE

TABLE DES MATIÈRES

CHAPITRE III
Moyens artificiels d'expérimentation.

ART. I. — MÉTHODE GRAPHIQUE.

CHAPITRE V

Organes de la parole.

5° Voyelles, semi-voyelles, consonnes.

II. — Classes particulières.

D'après les organes :

1° VOYELLES.

LANGUE.

LÈVRES.

Notes composantes.

III. — Intensité.

CHAPITRE VII.

Application de la phonétique expérimentale.

Art. 1.

IV. — ANALYSE MATHÉMATIQUE DES COURBES.

V. — ADDITIONS ET CORRECTIONS.

ERRATA

Page 118, ligne 19, au lieu de Bocke, lire : Boeke.
— 180 — 12, au lieu de ut_3, lire : ut_3.
— — — 13, au lieu de mi_3, sol_3, lire : mi_3, sol_3.
— — — 14, au lieu de fa_3, lire : mi_3.
— 239 — 3, au lieu de 86, lire : 85.
— 240 — 13, au lieu de 87, lire : 88.
— 249 — 11, lire : antérieur, au lieu de postérieure, et réciproquement.
— 254 — 6, au lieu de était, lire : étant.
— 258, dernière ligne de la légende, lire : c' au lieu de b' et réciproquement.
— 256, lignes 8 et 9, lire : du cricoïde.
— 268, lignes 23, au lieu de vocalisation, lire : nasalisation.
— 275 — 7, au lieu de a, lire d.
— 290, dans la légende, au lieu de Gm, lire : Gsm.
— 300, ligne 8, au lieu de IX, lire : X.
— — — 22, ajouter : (XII).
— 307 — 9, au lieu de sur, lire : sous.
— 340, sous la figure 125, lire *fafa*.
— 360, avant-dernière ligne, lire : C, 0,54.
— 364, ligne 27 à supprimer. Lire : elle est indiquée par un pointillé pour toutes les périodes.
— 418, au lieu de vibrantes, je préfèrerais : marginales et vibrantes.
— 446, au lieu d'explosives, lire : occlusives.
— 465, sous la figure, lire : Échelle D (fig 228).
— 485, remplacer le signe du *ain*, comme il a été dit p. 872.
— 489, ligne 4, au lieu de Papouins, lire : Pahouïns.
— 490, ligne 15 et 491 sous la figure, lire : Circassien.
— 500, sous la fig. 260, lire : *polyæ*.

Page 561, sous la fig. 349, lire : Pahouins.
— 586, sous la figure, lire : *l* explosive.
— 655, sous la figure, lire : 4. *ȯ*.
— 661, dans la légende, lire : 6 *lóg*, 3. *lóg*.
— —, dans le palais n° 13, le tracé 4 doit être noté 3, et dans la
      légende correspondante, lire : *lóg* (3).
— 665, dans la légende, lire : 1. *a, ȯ, e, ė.*
— 707, ligne 5. le dernier numérateur, lire 10,5 au lieu de 105.
— 740, ligne 23. au lieu de voyelle fermée, grave, lire : voyelle
      ouverte, grave.
— 746, ligne 26. au lieu de 4648, lire : 3648.
— 911, sous la figure 594. lire : *ḳe*, au lieu de *ḳé*.